Ottilianer Reihe · Band 5
Schriften zur Geschichte und Sendung der Missionsbenediktiner

Der Gründer

P. Andreas Amrhein OSB
(1844 -1927)
Schriften

hg. von Cyrill Schäfer OSB

EOS

Umschlag: P. Andreas Amrhein im 82. Lebensjahr (1925)

Bibliografische Information der Deutschen Bibliothek
Die Deutsche Bibliothek verzeichnet diese Publikation
in der Deutschen Nationalbiografie; detaillierte bibliografische Angaben
sind im Internet unter http://dnb.ddb.de abrufbar.
ISBN 3-8306-7239-X

Einleitung

Die Gründungsgeschichte der Missionsbenediktiner ist zu einem guten Teil identisch mit der Biographie ihres Gründers, P. Andreas Amrhein (1844-1927). Ähnlich wie bei anderen Kongregationsgründern und benediktinischen Reformern des 19. Jahrhunderts – Abt Bonifaz Wimmer, Dom Pietro Cassaretto, Dom Prosper Guéranger, den Gebrüdern Wolter – ist eine Beschäftigung mit seiner Person unausweichlich, wenn man sein Werk besser verstehen will. Und ähnlich wie bei den genannten Persönlichkeiten versperren innere Brüche und Kanten den Zugang, vor allem wenn man Kirchengeschichte in hagiographische Muster pressen möchte. Dennoch ist die Aufarbeitung von Gründungsgeschichte nicht nur für den Historiker interessant. Wohl bei den meisten Ordensreformen – auch bei der Rückbesinnung Amrheins auf den missionarischen Aspekt des benediktinischen Lebens – spielte ein vertieftes Verständnis des eigenen Ursprungs eine entscheidende Rolle. Dies spricht auch das Zweite Vatikanische Konzil aus, wenn es für die immer wieder erforderliche Erneuerung der Ordensinstitute die Rückbesinnung auf die Gründungsanliegen nahe legt (Perfectae Caritatis 2b).

Der vorliegende Band möchte daher einen Zugang zu den Quellen schaffen, indem er P. Andreas Amrhein selbst sprechen lässt. Aufgenommen wurden zunächst solche Schriften Amrheins, die dieser selbst als sein geistiges Vermächtnis ansah: die programmatischen „Sieben Grundgedanken", die autobiographischen „Anfänge und Kämpfe eines Missionsberufes" sowie der Bericht „Zum Anfange unserer Congregation". Alle drei Schriften ließ er in seinen letzten Lebensjahren den Archiven der damaligen Ottilianer Abteien und den Missionsbenediktinerinnen von Tutzing mit dem Hinweis zukommen, dass sie in authentischer Weise die Ursprünge und Ziele der Missionsbenediktiner beschrieben.

Dazu kommen weitere Schriften Amrheins, die für dessen Lebensgeschichte bzw. die Entwicklung der Kongregation aufschlussreich sind: autobiographische Zeugnisse in Briefform, Entwürfe, Programm- und Werbeschriften der Anfangsjahre sowie die ersten Konstitutionen der Missionsbenediktiner. Die dort festgehaltenen Inhalte und Prinzipien überschneiden sich nicht selten in Formulierungen, Beispielen und Zitaten, ja übernehmen oft wörtlich frühere Äußerungen. Das Anliegen dieser Gebrauchsschriften war ja auch weniger Originalität des Inhalts und des Ausdrucks als vielmehr Überzeugungsarbeit bei unterschiedlichen Zielgruppen – kirchliche oder staatliche Stellen, eine breite Öffentlichkeit oder Privatpersonen, Kandidaten oder Förderer – zu leisten, wozu je nach Adressat ein Wechsel der Ausdrucksformen oder Schwerpunkte ausreichend war. Trotz solcher inhaltlicher Wiederholungen schien es ratsam, ein möglichst vielfältiges Kaleidoskop an schriftlichen Äußerungen zusammenzutragen, das helfen mag, den Anliegen des Gründers auf die Spur zu kommen.

Diese Quellensammlung ist zudem als ein Baustein für die noch zu schreibenden Biographie von P. Andreas Amrhein gedacht. Es ist etwas unglücklich, dass es noch kein geschlossenes Werk in dieser Richtung gibt, auch wenn es nicht an Teildarstellungen mangelt. Das Fehlen einer anspruchsvollen Biographie hat dabei nicht ausschließlich mit den schwierigen Lebensumständen des Gründers zu tun, sondern erklärt sich zu einem guten Teil aus der außerordentlich schwierigen Quellenlage: Lebenszeugnisse Amrheins sind auf mehr als 20 Archive in sechs Ländern verstreut, was bereits als Ausdruck für Amrheins bewegtes Leben und seine vielfältigen Kontakte gesehen werden kann. Jeder bisherige Versuch einer biographischen Darstellung musste daher mit umfangreichen Quellenstudien beginnen, die dann oft gar nicht mehr zum eigentlichen Anliegen vorstießen ließen. Es ist vor allem der unermüdlichen Sammeltätigkeit der Archivare von St. Ottilien – P. Dominikus Enshoff, P. Leander Bopp, P. Frumentius Renner, Erzabt Jeremias Schröder und Br. David Gantner – sowie von Sr. Bernita Walter von Tutzing zu danken, dass sich allmählich das Bild zu klären beginnt.

Editionsprinzipien und Kommentar

Herkunft und Geschichte der einzelnen Texte werden jeweils zu Beginn der Textwiedergaben erläutert. Als allgemeine Prinzipien seien hier nur erwähnt, dass Wert auf eine flüssige Lesbarkeit der Texte gelegt wurde. Daher sind Interpunktion und Orthographie in schonender Weise dem heutigen Standard angepasst. Siglen, Abkürzungen und Verkürzungen, die dem heutigen Leser weniger vertraut sind, werden in ausgeschriebener Form wiedergegeben, Rechtschreibefehler und Verschreiber stillschweigend korrigiert. Amrhein bezeichnete viele der in den Texten genannten zeitgenössischen Personen, Institutionen und Orte aus Diskretionsgründen nur mit einem Buchstaben. Da der zeitliche Abstand derartige Rücksichtnahmen nicht mehr nötig scheinen lässt, wurde – soweit bekannt – der ausgeschriebene Name eingesetzt.

Ganz überwiegend unterdrückt wurden die zahllosen und optisch verwirrenden Texthervorhebungen durch Unterstreichungen, Sperrungen, Fettdruck etc. Es geht dabei zwar einiges vom emphatischen Charakter der Texte und damit ein Stilmerkmal Amrheins verloren, steigert aber beträchtlich die Lesbarkeit.

Wenn von einem Text mehrere authentische Versionen Amrheins existieren (bei Abschriften erweiterte er durchaus gerne oder nahm stilistische Umformulierungen vor), so wurde grundsätzlich versucht, eine möglichst frühe Fassung wiederzugeben und wichtigere Varianten der Abschriften in den Anmerkungen aufzuführen. Eine lückenlose Aufführung der Varianten war oft nicht möglich, da dies einen kompletten Abdruck des Alternativtextes bedeutet hätte. Vom Prinzip des frühesten Textes wurde dort abgegangen, wo der spätere Text offensichtlich die reifere Fassung darstellt.

Bei den Anmerkungen selbst war eine Zweiteilung erforderlich. Amrhein arbeitete bei der Erstellung, Herausgabe oder Abschrift seiner Texte oft mit Einfügungen und Randnoten. Diese werden jeweils als alphabetische Fußnoten am Seitenende wiedergegeben, wo auch die Textvarianten aufgeführt sind. Erläuterungen und Kommentierungen des Herausgebers wurden dagegen mit arabischen Zahlen gekennzeichnet und ans Ende der jeweiligen Texte gesetzt. Die Textkommentierung und -erschließung hätte sicher noch sehr viel reichhaltiger ausfallen können. Doch ist das Anliegen dieser Quellenedition zunächst einmal die Bereitstellung von zumeist schwer zugänglichen Texten. Eine Auswertung wird hoffentlich an anderer Stelle erfolgen.

Sehr hilfreich erwiesen sich Hinweise und Korrekturen, die mir Erzabt Jeremias Schröder, Abt Ivo auf der Maur und P. Dominikus Drexl freundlicherweise zuteil werden ließen. Dankbar bin ich P. Sales Vollmann für seine Hilfe bei den Transkriptionen. Großes Entgegenkommen zeigten die Archivare der Abteien St. Ottilien, Schweiklberg, Münsterschwarzach und Beuron sowie der Diözesanarchive Augsburg, Regensburg und Rottenburg-Stuttgart, des Geheimen Staatsarchivs und Bundesarchivs in Berlin und der Propagandakongregation. Ihnen allen möchte ich sehr herzlich für alle Mühen danken. Besonderen Dank darf ich meinem Vorgesetzten, Erzabt Jeremias Schröder, aussprechen, der die Vorstudien und den Druck dieser Quellenausgabe uneingeschränkt unterstützt hat.

Sankt Ottilien, am Fest des hl. Rhabanus Maurus 2006

P. Cyrill Schäfer OSB

Inhaltsverzeichnis

Anhang

Autobiographische Schriften

Beginn des Lebenslaufes von 1880 (Archiv der Erzabtei Beuron, Personalakte P. Andreas Amrhein).

Lebenslauf (1880)

Zu den wichtigsten Zeugnissen über Amrheins Jugendzeit zählt der von ihm verfasste handschriftliche Lebenslauf vom 27. November 1880, der in seinen Beuroner Personalakten aufbewahrt wird. Zur Zeit der Abfassung war Amrhein gerade aus der belgischen Abtei Maredsous in die englische Neugründung Erdington übergesiedelt. Man kann vermuten, dass die von Abt Maurus Wolter damit verbundene Aussicht auf einen baldigen Missionseinsatz ihn zu einem Rückblick auf die eigene Lebensgeschichte anregte, der sich in seiner direkten Ansprache an Gott und dem teilweise geständnishaften Charakter offensichtlich von den *Confessiones* des Augustinus inspirieren lässt.

Der Bericht endet etwas unvermittelt mit dem Hinweis, dass ein Schluss folgen werde, der aber – falls je verfasst – nicht in den Akten zu finden ist. Der nicht ganz klare Zusammenhang des sorgfältig erstellten und umfangreichen Lebensrückblickes mag apologetischer Art sein: der Bericht hebt frühe Anlagen zu einem aktiven Apostolat hervor, ein Thema also, um das Amrhein bereits jahrelang mit seinen Vorgesetzten rang. Da der Bericht auf Makulaturpapier niedergeschrieben wurde, war er wohl zunächst für den eigenen Gebrauch – eventuell zur Berufungsklärung – bestimmt. Der heutige Fundort in den Personalakten lässt vermuten, dass Amrhein ihn später seinen Oberen zukommen ließ, möglicherweise als Untermauerung der Argumente, mit denen Amrhein um eine Freistellung für die Mission ersuchte. In einem Brief aus Erdington vom 25. Januar 1882 an Abt Maurus (Personalakten Beuron) bringt Amrhein ebenfalls ausführliche und teilweise gleichlautende Lebensrückblicke, die seine missionarische Berufung belegen sollen, und verweist wegen weiterer Einzelheiten auf frühere autobiographische Skizzen, womit eben der Lebenslauf von 1880 gemeint sein könnte.

Das Anliegen des Berichtes ist es, persönlichkeitsprägende Elemente der Lebensgeschichte herauszuarbeiten. Amrhein hebt dabei Kindheitseindrücke, seine Familiengeschichte und seinen beruflichen Werdegang hervor. Seine Heimatverwurzelung findet ihren Ausdruck in einem zeittypischen romantischen Bildvokabular, das leicht ins Schwärmerische und Verklärende übergeht, aber auch sonst von Amrhein gerne in frühen Schriften benutzt wurde. Die ausführliche Schilderung der Familienverhältnisse entspricht einer persönlichen engen Familienbindung Amrheins: bis an sein Lebensende hielt er gute Kontakte zu seiner Verwandtschaft und fand bei ihr gerade in schwierigen Zeiten Hilfe und Unterstützung. Ein Zug, der sich im Alter verlieren wird, ist die sehr kritische Einstellung zu seiner künstlerischen Tätigkeit, die er als Ausdruck von „Sinnenlust" verurteilt. Bestimmend mag dabei ein Eindruck sein, den er im zweiten Teil der „Anfänge und Kämpfe eines Missionsberufes" so beschreibt: *„Übrigens beschäftigte ich mich mit der Kunst im Kloster stets nur mit Widerwillen, weil ich dadurch von meinem »verrückten« Missionsgedanken abgebracht werden sollte".*

Lebenslauf

Ut in omnia glorificetur Deus

Meine Heimat ist ein Weiler, „Schlössli" genannt, bei dem Marktflecken Beromünster im Kanton Luzern[1]. Das kleine Tal, in dessen Sohle sich die schöne, etwa 1000 Einwohner zählende Ortschaft zwischen zwei Kirchen, der Chorherrenstiftskirche und der Pfarrkirche[2] hinzieht, wird im Osten durch eine Hügelkette von dem Ballwiler- und Hallwilerfern und ihren Rebgeländen geschieden, nach Westen durch sanfte Höhen von dem Sempacherfern, und im Süden begrenzt die Kette der Alpen, eine Reihe von Schneegebirgen, den malerischen Horizont, jedoch in einer Entfernung von mindestens 20 Stunden. Das im Jahre 720 gestiftete Chorherrenstift[3] mit ehrwürdiger Kirche, mit ca. 35 Chorherren- und Kaplanenhäusern, mit den geschichtlichen Traditionen, den reichen Paramenten und seltsamen Zeremonien im Gottesdienst, mit dem überaus schönen Geläute von 10 Glocken, denen ich stets mit Rührung lauschte, wenn sie Sonntags in der Abenddämmerung das einsame Tal mit den Klängen des Ave Maria erfüllten, der regelmäßig gebaute Marktflecken mit seinen patriarchalischen, sangesliebenden Einwohnern, die Wiesen und Kornfelder und Obstbaumgelände der Umgebung – das alles bildete von meiner Kindheit das Gemälde meiner täglichen Eindrücke und Seelenempfindungen. Ich überschaute es täglich von meiner Wohnung aus, die auf einem Hügel lag. Hier verflossen meine unschuldigen ersten Jahre des Lebens. Meine Großeltern väterlicher Seite waren ehrsame Bauernleute und besaßen einen Hof nicht unfern vom „Schlössli". Ihre acht Söhne waren kränklich und verkauften den Hof, worauf dann ein jeder sich ein kleines Heim gründete, wo er ohne besondere Beschäftigung still und zurückgezogen von den bescheidenen Zinsen lebte, als Sonderlinge, gut konservative Bürger und katholische Christen. Sie liebten allesamt die Lektüre, besonders die geschichtliche, die Einsamkeit, das Reisen und die Jagd und machten in der Mechanik allerlei kleine Erfindungen. Ich bin der Erbe ihrer Familieneigenheiten und Neigungen geworden. Mein Vater Johann Georg Amrhein heiratete die Schwester des Kunstmalers Bucher[4], der nach sechsjährigem Aufenthalte in Rom nach Luzern zurückkehrte und mir in der Folge mit seinen Erzählungen den Reisedrang nach Italien ins kindliche Gemüt einprägte. Später lebte er in Basel, wo er 1874 starb. Das Porträt meines Vaters, das ich nach Beuron brachte, ist von Bucher gemalt. Ohne dasselbe hätte ich von meinem seligen Vater keine

Idee. Denn als ein Blutsturz seinem 39-jährigen Leben ein plötzliches, wenn auch gottlob nicht unvorbereitetes Ende machte, am St. Katharinentage 1845[5], lag ich als 1 ½-jähriges Kind in der Wiege neben seinem Totenbette. (Ich bin am Tage der hl. Agatha, 5. Februar 1844[6] geboren und getauft)[a]. Meine Mutter blieb Witwe bis 1848. In unserer Heimatgemeinde waren drei Brüder, von denen der älteste Bürgermeister („Ammann"), der zweite Pfarrer, der dritte Oberlehrer der Gemeinde war. Der letztere wurde mein Stiefvater. Er hieß Amrein, ähnlich wie mein Vater, war aber aus einer nicht verwandten Familie. Alle diese drei Brüder standen der Gemeinde während 30 Jahre vor. Zu dem einem ging ich in die Schule, zu dem anderen in die Katechese, zu dritten in die Ferien. Das Leben in unserem Hause war Tag für Tag so regelmäßig und so fromm und wohl geordnet, dass ich mich wundere, wie ich trotzdem so unordentlich werden konnte. Jeden Morgen, Sommer und Winter, wohnte der Vater der ersten Reihe der Messen nach der Matutin der Chorherren bei und ging dann regelmäßig noch in die Pfarrkirche ins „Amt". Er tat dies stets nüchtern und bei jeglichem Wetter. Um 9 Uhr ging die Mutter ins Konventamt der Chorherren und nahm mich mit, sobald mein Alter es erlaubte. Abends nach dem Nachtessen, das stets nur aus einer nahrhaften Suppe bestand, betete die Familie gemeinsam den Rosenkranz mit der Litanei, dem sogenannten „allgemeinen" Gebete und der „offenen Schuld". Als Kommuniontage waren festgesetzt: die Hauptfeste des Herrn und der Mutter Gottes und in jedem Monat der erste Sonntag. (Der letztgenannten Kommuniontag an jedem „Monatssonntag" wird in Beromünster von vielen Bürgern beobachtet). Jeden Samstagabend wurde aus Goffiné[7] Evangelium und Epistel des folgenden Sonntags mit Erklärung vorgelesen und die Nacht hindurch ein Licht zum Trost der armen Seelen gebrannt, während in einem Muttergotteskapellchen beim Hause (an dem Platze erbaut, wo Herzog Leopolds Leiche nach der Sempacher Schlacht lag)[8] ein zweites Licht auf Kosten der Gemeinde zu Ehren der Mutter des Herrn brannte. Die christlichen biederen Grundsätze, die der Stiefvater seinen Schulkindern einprägte, hatte er teils von Hause aus, teils vom Lehrerseminar im Zisterzienserkloster St. Urban[9] aus ins Le-

[a] Im Folgenden eine durchgestrichene Variante: „Johann Georg Amrhein hinterließ mich seiner kränklichen Witwe als einziges Kind. Er hatte sie ermahnt, mich streng zu erziehen und die teuere Mutter hielt um so treuer dieses Versprechen als ihr überaus nervenschwaches und sanguinisches Temperament einerseits und andererseits ihre große Sittenreinheit und Religiosität ohnehin zur Strenge gegen sich und andere führten. Sie blieb Witwe bis 1848. Unterdessen hatte ich in verfrühter Reife den Gebrauch des Gedächtnisses und der Sprache empfangen und meine erste Erinnerung reicht vor das dritte Jahr herauf".

ben mitgebracht. Gott weiß, Vater und Mutter versäumten keine Pflicht an mir, und ich bin ihnen dieses Zeugnis um so mehr schuldig, als meine völlige Ausartung das Gegenteil vermuten lassen könnte. Noch muss ich auch meines Paten und Großvater (mütterlicher Linie) innigst dankbar gedenken. Bei meiner Taufe hatte er mich dem hl. Joseph besonders vertrauensvoll ans Herz gelegt und er begleitete mich bis zu seinem heiligmäßigen Tode (1876) mit seinen sozusagen immerwährenden Gebeten. Alljährlich durfte ich ihn in Begleitung der Eltern zur Zeit der Kirchweihe und ihrer landesüblichen Kuchen und Backwaren besuchen. Seine Hausandachten waren mir kein kleines Kreuz, weil sie gar zu lang dauerten. Täglich eine halbe Stunde weit zur Kirche, jeden Abend nicht enden wollende Gebete und Rosenkränze, dazu noch – was mir übrigens eine Entschädigung war – die tägliche Verlesung der Legende des Tagesheiligen. Bei ihm las ich im zehnten Jahre die ersten Missionsberichte (er hielt die Annalen der Propaganda) und begann, von ihm ermuntert, nach den Verdiensten des Apostolates Verlangen zu tragen. Dies war mein Familienkreis.

Der Arzt hatte meine Mutter ernstlich ermahnt, mich nicht springen und nicht aus den Augen zu lassen, da ich dermaßen schwächlich und oft krank war, dass er mir nur ein kurzes Erdendasein prophezeite. So kam es, dass ich meine ganze Kinderzeit einsam zubrachte. Einem einzigen Altersgenossen, Freund Anton, war erlaubt, mit mir zuweilen zu spielen, sonst durfte ich niemals zu den anderen Kindern, durfte nicht mit ihnen Schlitten fahren, nicht Schlittschuh laufen, nicht spielen, nicht baden, ich schaute ihnen oft weinend aus dem Fenster zu. Die Folge war entscheidend für meinen Charakter. Es blieb mir das abgeschlossene Wesen und niemals, selbst nicht in den Studienjahren, fühlte ich mich in einer Gesellschaft heimisch, die aus mehr als zwei oder drei Personen bestand. Ferner veranlasste mich die Langeweile des Alleinseins, mich in den Büchern in etwa zu entschädigen. Zuerst begann ich die Bilder darin nachzumachen und später auch den Text zu lesen, und so begann der Lesetrieb und der Sinn für Kunst sich auszubilden. Ein Heft voll Zeichnungen aus der Kinderzeit habe ich noch aufbewahrt. Das erste Blatt enthält das Bild einer Kirche in Australien, aus einem Band der Weltgemäldegalerie. Beides, Bilder wie Lektüre, ob welchen der Geist allzu früh reifte, wirkten verderblich und verkehrend auf meine Sinnesrichtung, machten mich zum Romantiker und Schwärmer und ich verabredete schon künftige Reise- und Tatenpläne. Ich las schon im zehnten Jahre die Dichter, sogar Schiller, Körner, Tiedge, versuchte mich bereits im neunten Jahre in einem einaktigen Schauspiele und arbeitete im folgenden Jahre an einem dreiaktigen, wovon ich noch lange einige Fragmente als Curiosa behalten habe. Meine vorherrschend aktive Richtung des Herzens gab sich ebenso frühzeitig kund. Eine Nachbarin besuchte ich in ihrer Todeskrankheit, um ihr täglich von der Höhe eines Schemels aus, mit

Weihwasser das Kreuzzeichen zu machen und mit ihr zu beten. Einer anderen alten Nachbarsfrau, die nicht lesen konnte, las ich alle Geschichten vor, die mir wohl gefielen – ob der Geschichte des ägyptischen Josefs vergoss ich stets Tränen – und gab mir alle Mühe, die Alte im Lesen zu unterrichten, was meine Geduld nicht sehr bewährte. Ich erbat mir die Erlaubnis, den Armen das Almosen reichen zu dürfen und bat die Bettler dann dringend, doch bald wieder zu kommen, eine Höflichkeit, ob der die Mutter mich einst tadelte, aber des Lachens sich nicht erwehren konnte. Als ein Omen erschien es mir auch, dass beim ersten Male, als ich den Opfergang während einer Gedächtnisfeier als nächster Verwandter mitmachte, statt um den Altar herumgehend den Kreuzer auf das Opfertischchen zu legen, ich direkt die Stufen des Altares hinaufstieg und mein Scherflein mitten auf den Altar zu Kelch und Patene legte. Ich glaube, es war in meinem sechsten Jahre.

Mein Schul- und Studiengang war folgender. Den Schulbesuch begann ich, als ich fünf Jahre zählte (1849). Zwei Jahre lange lernte ich beim Unterlehrer und vier Jahre bei meinem Stiefvater, dann kam ich in die Bezirkschule. Der Lehrer derselben hatte eine eigentümliche Manier, das Selbstdenken zu wecken. Nachdem er z.B. in den Naturfächern, besonders in der Physik, eine Vorkenntnisse beigebracht hatte, ließ er diejenigen Experimente und Erscheinungen, welche sich aus jenen Kenntnissen folgern ließen, von den Schülern durch eigenes Nachdenken erkennen und erklären, was zwar viel Zeit kostete, aber überaus anregend war. Unter ihm begann meine Vorliebe für Geschichte und Physik. Er verdarb mich aber leider für zeitlebens durch unpädagogisches Loben, weckte meinen Ehrgeiz und was noch verderblicher war – er war liberal, mahnte mich vor den „Schwarzröcken", die mich zu den „ihrigen" machen wollen und impfte mir Vorurteile gegen das ein, was er „Missbräuche" nannte. Mein Aufsatzheft, das ich unter ihm (im zweiten Jahr) geschrieben, zählte über 300 Seiten.

Nun trat ich in das Progymnasium ein, das ist in die Stiftsschule zu Münster[10]. Der Vorsteher war ein frommer, eifriger Priester, vermochte aber den schlimmen Einfluss des vorigen Lehrers nicht zu bannen. Ich trieb viel Allotria, machte z.B. einen Versuch mit einer Orgel, deren Töne durch Wasserstoffgas erzeugt wurden, und dachte an nichts weniger, als ein Geistlicher zu werden. Während des zweiten Jahres (1859) starb meine gute Mutter, umgeben von sechs Kindern, deren jüngstes ich aus der Taufe gehoben (Clemenzia). Das älteste meiner Stiefgeschwister, Anna, war zehn Jahre alt, (jetzt ist sie an Friedensrichter Stocker in Abtwil verheiratet), Alois, der älteste der drei Knaben war von der Mutter etwas verhätschelt worden, gegenwärtig hat er nach zehnjährigem Universitätsstudium als stud. medicinae erst ein Examen gemacht und macht uns viele Sorgen, der jüngere, Hermann, hatte die Abneigung meiner von Natur sehr heftigen, obwohl sonst so guten Mutter zu erdulden gehabt, gegenwärtig ist er ein braver Postbeamter und hat die Tochter eines gutkatholischen Arztes zur Frau. Das jüngste, Jean, folgte dem Vater in die Schulmeisterei.

Nachdem ich mit zwei Jahren das Progymnasium absolviert hatte, kam ich nach Luzern und trat im dortigen Gymnasium in die Syntax ein (1859/60). Mein Professor, Johann Anbi, war Geschichtsforscher und begünstigte daher meine Neigung für dieses Spezialfach, während ein Professor aus Deutschland, Dr. Eckardt[11], der Verfasser einer guten Ästhetik, der Tragödie „Sokrates" etc., mich dergestalt fesselte, dass ich die meiste Zeit seinem Fache, der Literatur, widmete. Das Übrige ging nebenher. 1860/61 machte ich die zweite Syntax und 1861/62 die erste Rhetorik. In diesem Jahre, meinem 18. Lebensjahre, fühlte ich mich in einer Affäre vom Rektor dermaßen unschuldigerweise in der Ehre gekränkt, dass ich mit Erlaubnis meines Vormundes, Onkel Hans Amrhein, den Bitten und Vorstellungen des Rektors entgegen, vom Gymnasium austrat. Unmittelbar darauf befiel mich eine Krankheit, die mich nach wenigen Tagen an den Rand des Grabes brachte. Niemand hoffte mehr, dass ich genesen werde. Ich selbst dachte nicht ans Sterben trotz meiner furchtbaren Schmerzen. Der liebe Gott und die schmerzhafte Mutter von Gormund, zu welchen ein Gelübde gemacht wurde, verlängerten mein Leben. Ich genas, vermochte aber einige Zeit nicht mehr zu gehen. Nach einigem Monaten erfasste mich die Sehnsucht, fort, weit fort zu reisen. Das beleidigte Ehrgefühl duldete mich nicht länger in der Heimat. Auf Vermittlung eines Arztes erhielt ich Erlaubnis und Geld zur Reise nach Italien. Ich hatte vor, nach meiner gänzlichen Wiederherstellung in Italien irgend ein Berufsstudium zu ergreifen, wobei ich zunächst an Geschichte oder Literatur oder Naturwissenschaften dachte. Der Gedanke an die Kunst lag mir fern. 1862 reiste ich also mutterseelenallein in das fremde südliche Land, bereiste längere Zeit Oberitalien und kam nach Florenz, von dem ich aus den Büchern so schöne Vorstellungen mitbrachte.

An einem sonnig goldenen Abend in der Blumenstadt angekommen, galt mein erster Gang einem Kloster, wo ich in Ermangelung der italienischen Sprachkenntnisse einen lateinisch verfassten Brief abgab, des Inhalts, dass ich Verlangen trage nach der klösterlichen Einsamkeit. Und es war mein heiliger Ernst. Aber ich hatte nicht vor, immer zu bleiben. Ich sehnte mich nur nach einer längeren Retraite. Ich fand aber nicht hier, sondern in einem Servitenkloster der Apenninen Aufnahme, wo ich längere Zeit als Gast gar glückliche Tage verlebte[12]. Das Abenteuer dieser Klosterfahrt habe ich oft genug erzählt. Ungern verließ ich das monastische Asyl und kehrte nach Florenz zurück. Die ersten Monate brachte ich in den Archiven und Bibliotheken zu, wo ich inedierte Manuskripte und deutsche und Schweizerische Urkunden kopierte. Da ich aber keinen Seelenführer und keinen Meister hatte, ward mein Seelenzustand mehr und mehr vernachlässigt. Der sinnlicher Zauber der Natur und Kunst, die mich umgaben, verstrickten mein Herz. Ich fürchtete weder Gott noch Menschen mehr und liebte nur mein Vergnügen. Dies rächte sich alsbald schwer in meiner Berufswahl. Denn der nämliche Leichtsinn, welcher bewirkte, dass ich nicht nach Gottes Wohlgefallen fragte, dagegen nach jedem Einfall und Begehren des weltlichen Herzens, derselbe bewog mich eines Tages auch zum Eintritt in die Akademie. Das Künstlertum entsprach meiner damaligen Sinnesrichtung am besten. Als mir nach zwei Jahren der 1. Preis zuerkannt wurde, da knüpfte die Eitelkeit fest, was der Leichtsinn spielend eingefädelt hatte. Gleichwohl machte ich mir wenig Mühe um fernere Lorbeeren. Denn ich teilte die Zeit in drei Teile: eine Zeit zum Studium in den Bibliotheken, eine Zeit zum *dolce far niente* und eine Zeit zum Kunststudium. So gingen Literatur, Kunst und Sinnenlust fünf Jahre lang (1862-67) Hand in Hand durch die Wüstenei meiner Seele. War es da nicht ein Wunder der lieben Gottesmutter, dass ich trotzdem den hl. Glauben in keinem Punkte jemals verlor? Ja, dass ich den Hohn der Kameraden niemals scheute, wenn ich mich offen als Katholik bekannte, oder wenn ich z.B. die liebe Gottesmutter und ihre unbefleckte Empfängnis entschieden in Schutz nahm? Oder wenn ich den Mut und die gerechte Entrüstung in mir verspürte, in einer Versammlung, wo den Religiosen Feindseliges nachgeredet wurde, zu zischen und Stillschweigen zu verlangen? Ging ich zwei Jahre lang nicht zum Tische des Herrn, so geschah es gegen bessern Antrieb, nur weil ich der Leidenschaft zu entsagen die Kraft nicht hatte und die Buße mir noch fern war. Gleichwohl führte mein Alleinsein in der Fremde zu beständiger Beobachtung meiner selbst und ich begann, das innere Leben mit seinen Regungen und Leiden und Tätigkeiten Tag für Tag aufzuzeichnen – eine Art von „Tagebuch der Seele“ entstand, das viel Lehrreiches enthalten mag. Ich führte es fort bis zu meiner Profess, 9 Jahre lang. Im Herbst 1864 kehrte ich heim, fand Alois Habermacher[13], meinen einstigen Schulkameraden, in großer Pein, weil er Theologie studieren sollte und Künstler zu werden verlangte. Ich bemühte mich für ihn um ein Stipendium, und er begleitete mich nach München, wo ich mein Logis mit ihm teilte. München behagte mir nach Florenz in keiner Weise. Ich verließ es bald und reiste nach Paris (Herbst 1865). Aus Furcht vor Kameradschaft und den Folgen, die ich aus Erfahrung kannte, vermied ich alle Bekanntschaft und blieb in der Weltstadt so einsam wie ein Einsiedler. Es behagte mir, so ungesehen und unbeachtet zu sein, während Millionen an meinen Blicken vorübergingen. Ich arbeitete sehr fleißig und lebte sehr nüchtern. Die Akademie vermied ich ganz und beschränkte mich auf Studien im Louvre. Als aber einst meine Mappe mit allen Früchten meines Fleißes von

¼ Jahr gestohlen wurde, ließ ich in der Kunst nach und studierte mehr in der Bibliothek, bei Tag in der Bibliothèque Impériale, von 6 Uhr Abends bis 10 Uhr in der Bibliothèque Sainte Geneviève[14]. Ich begann damals das Material zu sammeln für den Nachweis, „welcher Schönheitsbegriff nach den ältesten Schrift- und Kunstmonumenten der ältesten Völker der ursprüngliche gewesen ist", eine Arbeit, zu welcher ich bis zu meinem Klostereintritt den Stoff aus der orientalischen Literatur und Kunst mühsam zusammentrug (Im Kloster blieb er natürlich liegen). Im Herbst 1866 zog ich nach Karlsruhe, arbeitete aber daselbst fast ausschließlich an genannter Abhandlung, nachdem ich bei Maler Lessing[15] (dem Hußverherrlicher) glücklicherweise keine Aufnahme in seinem Privatatelier gefunden hatte. Einen andern längern Aufsatz „Die volkstümliche Schönheitslehre und ihr Einfluss auf die Erziehung" übergab ich dem Drucke (November 1866). Mit dem Jahreswechsel 1866/67 bereitete Gott meine Umwandlung und meine vita nuova vor. (Schluss folgt).[16]

Ich wohnte bei der Geheimratswitwe V., einer alten protestantischen Dame, und kam durch sie in einige angenehme Familienzirkel. Daselbst lernte ich die Frau Baurat Dietz[17] kennen, welche insofern einen entscheidenden Einfluss auf mich ausübte, als sie mich in bester Absicht veranlasste, die Oster-Missionspredigten des Jesuitenpater Roh[18] zu besuchen. Der von der Gnade schon vorbereitete Augenblick der Befreiung war gekommen, die Freiheit, nach der ich mich mit so vielen Tränen schon lange gesehnt hatte. Ich empfing die hl. Sakramente. Es war, als ob vor meinen Augen sich eine ungeahnte Welt enthüllt hätte; in kürzerer Zeit als man sonst braucht, um irgend etwas zu lernen, hatte ich vom Leben und seinem Endzweck einen Begriff bekommen, den ich nie zuvor gekannt. Ich begann mich zu fragen: „Wozu lebe ich?" „Warum lebe ich?" und bei Tag und Nacht schwebte mir diese Frage vor und wurde allmählich zum Maßstab, den ich an alle Dinge und an jede Tätigkeit anlegte. Ich hielt bald nur mehr das, was einige Früchte bringt, für wert der Arbeit und der Zeit. Und so fing ich dann an darauf zu sinnen, wie ich Gottes Ehre wirken könne und Gottes Willen erfüllen, und ich dachte, zuerst das Werk bei mir selbst zu beginnen. Von dieser Zeit an, Frühjahr 1867, nahm meine Übung der allwöchentlichen Beicht und Kommunion ihren Anfang, und ich behielt dieselbe ziemlich treu drei Jahre lang, das heißt bis zu meinem Klostereintritt, wo sie dann Pflicht wurde. Sie bildete besonders bei meinem zweiten Pariseraufenthalte (Sommer 1867) meine Schutzwehr und zugleich die Brücke zur geistlichen Berufsgnade, die ich daselbst empfing. Es ging so zu. Die neuen Lebensanschauungen und Lichter der Gnade fesselten mich dergestalt, dass in mir die Sehnsucht erwachte, auch anderen und recht vielen dieses nämliche Glück zu verschaffen und auch für andere ein Anlass zur Rettung zu werden, wie es jener fromme Prediger für mich gewesen war. Die Kunst erschien mir zum ersten Mal ungenügend zur Erreichung dieses hohen Lebenszieles, und ich kämpfte mit dem Entschlusse, das sinnenfällige Ideal zu verlassen und mich dem Dienste des ewigen Schönheitsideals, d.h. des Ebenbildes Gottes und seiner Wiederherstellung in den Seelen mit allen Kräften zu wiehen. Überdies begann ich die Kunst als die einstige Förderin meines Verderbens zu hassen, und dieser Hass ist bis zur gegenwärtigen Stunde geblieben. Auch die bloße Umwandlung der Historienmalerei in die religiöse Malerei änderte nichts an dieser Abneigung; denn die Erinnerungen bleiben dieselben (Ich bemerke dies, da es sonst den Anschein haben könnte, diese Abneigung sei erst entstanden, seitdem ich die Kunst im Gehorsam wieder betreiben muss und sei somit von Anfang an nichts als eine Versuchung gegen den hl. Gehorsam). Im Konzepte eines Briefes aus jenen Tagen der Umwandlung lese ich wörtlich: „Das steht nun einmal in meinem Entschlusse für immer fest: Ich suche, wodurch ich am meisten nützen, Gutes wirken, und nicht das, wodurch ich am meiste Ehre oder Gut erwerben kann." (Diesen Satz unterstrich ich, wie die Entschlossenheit es mir eingab, mit doppelter Linie). Ferner: „Ein ungestümer Drang nach Tätigkeit, nach Wirken, jagt mich immer an und ganz besonders, wenn ich ernstlich nachdenkend das Diesseits mit dem Jenseits vergleiche. Als ob mir von meinem Leben nur noch ein kurzer Rest verbliebe, den ich möglichst noch zum Besten verwenden sollte, so hastigen Trieb fühle ich seit einem halben Jahre. Doch will ich den harten Kampf noch andauern lassen, und die Seele sich in Ruhe klären lassen und nicht mit einem voreiligen Entschlusse in neue und größere Unruhe stürzen... Will mein Friede nicht wiederkehren, dann muss ich mich entschlossen entscheiden..." An einer andere Stelle desselben Briefes: „... Zu was ich mich entschließen würde, wenn ich die Malerei verließe, das brächte mir vielleicht im Lebens nichts ein als Anfeindung, Verfolgung, Verkennung und Schmerz; aber ich fühle Kraft in meinem reinen guten Zwecke, dafür alles zu verleugnen, was nach gewöhnlichen Begriffen das Glück des Lebens bildet. Nur in dieser Kraft werde ich den Mut gewinnen, meinen Beruf zu ändern, wenn es der Wille der Vorsehung sein sollte." An einer weiteren Stelle lese ich: „... Schon längst, wenn ich sinnend vor Gemälden stand, pflegte ich mich zu fragen: Kann das beste Gemälde einen Fehlenden mahnen, einen Tugendlosen zur Besserung bewegen? Kann es Zweifel lösen und die Seele durch Glaube oder Hoffnung zum Frieden und zu Gott führen? Kann es Laster verhindern und die Tugend liebenswürdiger machen? Reinigt es die Liebe im Menschen? Kann es überhaupt das wirken, was Wort oder Tat, was Schrift oder Beispiel und was ein Leben voll Opfer und Hingebung mit der Gnadengewalt erwirken können? Das beste, kunstvollste Gemälde ist dazu nicht imstande, usw." Diese Stellen, einem vertraulichen Briefe entnommen, der in das innerste schauen lässt und an den vertrautesten Freund gerichtet, nichts als die ungezierte Wirklichkeit schildert, erklärt den ganzen inneren Vorgang. Noch konnte ich mich aber nicht entschließen zum Priestertum; das Tagebuch spricht den Gedanken aus: In der Stellung eines Laien werde ich unter Laien mehr Einfluss haben und mehr Gutes wirken als im geistlichen Amte, da man das Wirken der Priester vielfach auf sein Standesinteresse zurückführt. Gleichwohl sagte ich einst nach hl. Kommunion in meiner Pfarrkirche St. Sulpice zum innewohnenden Herrn: „Ecce ego servus tuus, ist es dein Wille, dass ich Priester werde – so fremd mir dieser Gedanke auch ist – fiat voluntas tua". Doch schwankte ich in diesem Punkte gewaltig, bis ein merkwürdiger Vorfall, den ich Dankbarkeit gegen Gott nicht verschweigen zu dürfen glaube, mit einem Male vollständig und für alle Zeit der Ungewissheit ein Ende machte. Es war Vorabend vor Pfingsten, dem unvergesslichen Pfingstfest 1867. Von der Beichte in St. Thomas d'Aquin heimgekehrt, legte ich mich noch ganz und gar unschlüssig in Betracht meines Berufswechsels zur Ruhe. Da weckte mich am Morgen des Festes der laute und deutliche Ruf: „Verlasse alles, aber alles!" Ich sah niemand, hatte auch keinen Traum gehabt, hatte nur die weckende Stimme vernommen. Ich erschrak, erhob mich und fiel auf die Knie, und wunderbar: aller Zweifel, alles Zaudern war urplötzlich verschwunden; so ganz, als hätte ich nie zuvor ein anderes Lebensziel für möglich gehalten als das hl. Priestertum, und was bei meinem Temperament noch wunderbarer erscheinen mag – von dieser Stunde an hat die göttliche Barmherzigkeit, deren Werk dies alles ist, nicht einen einzigen Augenblick des Schwankens oder der Reue über die neue Berufswahl zugelassen. Der Entschluss ward noch bestärkt, als ich zum Zwecke der Betrachtung vor der hl. Kommunion die hl. Schrift aufschlug und das erste Blatt wieder die Worte enthielt: „Verlasse alles…" (Lk 9,23). Besonderen Eindruck hatte mir der mit stärkerer Stimme wiederholte Zusatz: „… aber alles!" gemacht. Seitdem habe ich oft gedacht, es sei hiermit offenbar die gänzliche Dahingabe des monastischen Berufes verstanden gewesen. Doch ich verstand dies damals noch nicht in diesem Sinne, diese Idee lag noch zu ferne, und ich dachte vorerst nur an den geistlichen Stand und seine Mission.

O Gott, verzeihe mir in meinem Unverstand. Hätte ich dir ganz und nicht bloß halb gefolgt, wie ganz anders wäre alles gekommen! Doch auch dies war dein hl. Wille, dass es nicht so kommen sollte! Ich verließ Paris im Juli 1867, um sogleich in Luzern die vor fünf Jahren verlassenen Studien wieder aufzunehmen. Durch Privatstudium vieles nachholend, kürzte ich jedoch auf den Rat der Professoren den Studienlauf möglichst ab und kam so bald auf die Universität Tübingen, wo ich in der Aula philosophische Kollegien hörte und im Konvikt theologische. Ich blieb daselbst bis zum Eintritt in Beuron zu Pfingsten 1870, drei Jahre nach dem Pfingstfest 1867.

(Über den Tübinger Aufenthalt und die 10 Jahre im Kloster folgt Schluss).[19]

Anmerkungen

[1] Der Ortsteil „Schlössli" (ungefähr 10 Gehminuten südwestlich vom Ortskern von Beromünster entfernt) gruppiert sich um einen mittelalterlichen Wohnturm des 11. Jhs., eben das Schlössli, in dem früher der Propst des Chorherrenstiftes seinen Sitz hatte. Die erhöhte Lage erlaubt einen guten Ausblick auf das Tal, in dem Beromünster liegt.

[2] Die Pfarrkirche St. Stephan geht noch auf das 11. Jh. zurück, wobei im 17. Jh. eine völlige Erneuerung im Barockstil erfolgte.

[3] Eine Ortsgründung bereits um 720 ist wohl legendär. Die Forschung geht davon aus, dass ein Adeliger namens Bero wohl im 10. Jh. die Stiftung der Chorherrensiedlung in die Wege leitete. Die Stiftskirche St. Michael selbst stammt in ihren ältesten Teilen noch aus dem 11. Jahrhundert. Im Jahr 1806 war das Chorherrenstift in ein Eremitenstift für betagte Priester umgewandelt worden, die in den umliegenden Pfrundhäusern ihren Lebensabend verbrachten.

[4] Johann Bucher (1796-1873), geboren in Gunzwil, Aufenthalt in Rom als Mitglied der Schweizer Garde. Nach seiner Rückkehr in die Schweiz zunehmende Bekanntheit als Porträtmaler und früher Vertreter der Photographie. Seit 1847 Wohnsitz in Basel.

[5] 25. November 1845.

[6] Amrhein ist eigentlich am 4. Februar geboren und wurde einen Tag später getauft. Diesen Irrtum hat er in späteren Dokumenten berichtigt.

[7] P. Leonhard Goffiné OPraem (1618-1719), Spiritual, Pfarrer und Volksschriftsteller. Sein hier erwähntes Hauptwerk, die „Hauspostille" (1695), enthält Erklärungen zu den Schriftlesungen der Sonn- und Feiertage. Das Werk erfreute sich großer Beliebtheit, wurde in fast alle europäischen Sprachen übersetzt und erlebte bis in die Mitte des 20. Jahrhunderts über 120 Auflagen.

[8] Heute Leopoldskapelle genannt. Nach der Überlieferung soll hier der Leichnam von Herzog Leopold von Österreich abgelegt worden sein, als dieser nach der Schlacht von Sempach (1386) nach Kloster Königsfelden überführt wurde.

[9] Im Zisterziensterkloster St. Urban entstand 1780 das erste Lehrerseminar der Schweiz.

[10] Beromünster wird lokal gerne mit Münster abgekürzt (Freundlicher Hinweis von Abt Ivo auf der Maur, Uznach).

[11] Ludwig Eckardt (1827-1871), geboren in Wien, veröffentlichte bereits mit 19 Jahren ein erstes Drama. Nach dem misslungenen Aufstand von 1848 Flucht in die Schweiz, wo er als Professor für Ästhetik und Literatur der Kantonsschule in Luzern wirkte. Nach einer kurzen Zeit als Hofbibliothekar in Karlsruhe (1862), Zeitungsredakteur in Mannheim, später Vortragstätigkeit zu literarischen Themen auf Reisen durch Deutschland. Neben mehreren Dramen und eines Romans vor allem Verfasser von ästhetischen und literaturkritischen Schriften.

[12] Monte Senario, das Mutterkloster der Serviten, etwa 20 km außerhalb von Florenz.

[13] Alois Habermacher (1843-1905), geboren in Rickenbach. Nach Theologiestudium Beginn eines Kunststudiums in München (1864-67), das er in Rom fortsetzte. Später Rückkehr zur Theologie. 1874 Übertritt zur altkatholischen Kirche, wo er als Pastor bis zu seiner Verehelichung (1879)

wirkte. Mit seiner Frau zog er nach Paris, wo er als geschätzter Kopist von Malereien im Louvre ein Einkommen fand.

[14] Die bedeutende Bibliothek ist in der ehemaligen Abtei St. Geneviève neben dem Pantheon untergebracht.

[15] Karl Friedrich Lessing (1808-1880), Ausbildung an den Kunstakademien Berlin und Düsseldorf. Seit 1858 als Direktor an der Karlsruher Kunstakademie. Zunächst Vertreter der spätromantischen Landschaftsmalerei, später der Historienmalerei. Seine Huss-Bilder wurden zu Symbolbildern des politischen Liberalismus.

[16] Der eigens für nötig gehaltene Hinweis auf eine Fortsetzung könnte darauf hindeuten, dass Amrhein seine Lebensgeschichte während der Abfassung anderen zur Lektüre überließ.

[17] Auguste Dietz, geb. Maier, Ehefrau des Freiburger Oberbaurats Karl Dietz. Mit der Familie Maier-Dietz verband Amrhein seit der ersten Begegnung in Karlsruhe im Jahre 1866 eine lebenslange Freundschaft.

[18] P. Peter Roh SJ (1811-72), volkstümlicher Prediger und Volksmissionar. Der gebürtige Schweizer lehrte seit 1842 in Freiburg i.Ue. und seit 1849 in Löwen, bis der Jesuitenorden ihn ab 1850 für Volksmissionen in Deutschland einsetzte. Er wirkte auch als Berater des Paderborner Bischofs beim I. Vatikanischen Konzil mit, wo er zur Kerngruppe derer gehörte, die sich für die Infallibilität einsetzten.

[19] Der hier angekündigte Schluss wurde wohl nicht verfasst. Der erste Teil der „Anfänge und Kämpfe eines Missionsberufs“ deckte jedoch anhand von Briefen die erwähnte Periode weitgehend ab.

Anfänge und Kämpfe eines Missionsberufes

Einführung

In die ersten Nummern der von ihm selbst redigierten Missionsblätter nahm P. Andreas 1888 vierzehn Briefe in mehreren Fortsetzungen auf, die er als „Anfänge und Kämpfe eines Missionsberufes" betitelte. Diese Briefe waren ausweislich ihrer Eingänge zwischen 1866 und 1870 von einem ungenannten Schreiber an einen Advokaten Dr. W. gesandt worden. Amrhein wollte diese Briefe – wie der Titel sagt – exemplarisch für das Reifen einer Missionsberufung verstanden wissen. Während der Absender der Briefe Amrhein selbst war, gibt der Empfänger einige Rätsel auf: nach Hinweisen der Briefe handelt sich um einen Schweizer Jugendfreund, mit dem Amrhein in München beisammen war. Dies deutet darauf hin, dass es sich um Alois Habermacher (1843-1905) handelt, mit dem Amrhein eine kurze Zeit in München gemeinsam Kunst studierte, bevor er 1867 nach Paris weiterzog. Dass die Briefe von einem Advokat Dr. W. ediert wurden, ist daher wohl als Mystifikation zu werten, da ja Amrhein selbst seine eigenen Briefe herausgab. Manche Formulierungen der im Original nicht erhaltenen Briefe wirken geglättet und überarbeitet. Andererseits bleibt genug an Spontanem und Situationsbezogenem erhalten, so dass von einer grundsätzlichen Echtheit der Briefe ausgegangen werden kann. Zudem wird Amrhein angesichts seiner vielfachen Belastung in dieser Zeit kaum die Möglichkeit gehabt haben, umfangreiche Änderungen vorzunehmen.

Eine Fortsetzung dieser Briefe ergab sich über 40 Jahre später. Der resignierte Klostergründer hatte nach zehn Wanderjahren im Stuttgarter Marienhospital als Schwesternseelsorger eine neue Heimstatt gefunden. Erzabt Ildefons Schober von Beuron, der von 1896-1902 P. Andreas als Generalsuperior der St. Benediktus-Missionsgenossenschaft nachgefolgt war, hatte über die Jahre hinweg einen lockeren Briefwechsel mit Amrhein aufrechterhalten. Anlässlich eines freundschaftlichen Namenstagsgrußes bat der nunmehrige Erzabt von Beuron seinen ehemaligen Noviziatskollegen, über die Anfangsjahre der Missionsbenediktiner einige schriftliche Aufzeichnungen zu verfassen. P. Andreas kam diesem Wunsch zwischen 1912-14 in Form einer Reihe von Briefen an den Erzabt nach, die in geschlossener Form über die Jahre von 1870 bis 1887 berichten. Dabei knüpfte Amrhein nahtlos an die erste Briefserie an, was er auch durch die Betitelung als 2. bzw. 3. Teil der „Anfänge und Kämpfe eines Missionsberufes" zum Ausdruck brachte.

Die Briefe sind offensichtlich bereits mit einem Blick auf die Nachwelt geschrieben worden und enthalten trotz mancher persönlicher Wendungen eine literarisch ausgefeilte Rechtfertigung des eigenen Lebenswerkes. Möglicherweise erhoffte sich P. Andreas eine Verbreitung seitens des Erzabtes, die aber durch dessen schwere Krankheit und baldigen Tod (1918) nicht zustande kam. So entlieh Amrhein die Briefe aus dem Nachlass des Erzabtes und ließ Abschriften davon erstellen, die er dem Erzabt von St. Ottilien, den Äbten von Schweiklberg, Münsterschwarzach und Seoul sowie Bischof Thomas Spreiter als authentisches Dokument zur Frühgeschichte der Kongregation zukommen ließ.

Bei der Vervielfältigung seiner Briefe ließ Amrhein jeweils die Eingangs- und Schlussteile weg, die mit dem eigentlichen Bericht nichts zu tun hatten. Während dieser Endredaktion unterteilte er auch die Briefe an Schober in zwei Teile: Der erste Teil mit 12 Briefen berichtet über die Zeit vom Eintritt in Beuron bis zur Gründung in Reichenbach, während der dritte Teil mit 5 Briefen über die Jahre von Reichenbach bis zur Aussendung der ersten Missionsexpedition handelt. Auch die Titel der Teile spiegeln diese Gliederung wieder: der zweite Teil greift den Titel der früheren Briefserie „Anfänge und Kämpfe eines Missionsberufes" auf und versteht sich offenbar als dessen Fortsetzung, während der dritte Teil um die „Anfänge und Kämpfe einer Missions-Klostergründung" kreist.

Auffällig ist im dritten Teil das Fehlen der Briefe 4, 5, 6 und 8, obwohl der durchgehende Fluss des Berichtes dadurch nicht beeinträchtigt scheint. Dies ist wohl so zu verstehen, dass Amrhein bei einer Zwischenredaktion noch nachträglich weitere Briefe an andere Adressaten einfügte, die sich gleichfalls mit der Kongregationsgeschichte befassen und daher als Ergänzung der Briefe an Schober genutzt werden konnten. Tatsächlich sind auch noch die Briefe 4 und 6 an Erzabt Norbert Weber aus den Jahren 1919 und 1920 erhalten. Diese wirken jedoch mit ihrer Erörterung von Detailfragen innerhalb des Textflusses eher störend und wurden offensichtlich von Amrhein später selbst wieder entfernt, wie Textverweise zwischen den Briefen erkennen lassen.

Der erste Teil der autobiographischen Briefe sollte den Lesern der „Missionsblätter" exemplarisch den Werdegang einer Kloster- und Missionarsberufung vermitteln. Zeitlich reichen sie daher von der ersten Ahnung einer geistlichen Berufung während der Pariser Studienjahre bis hin zur Verwirklichung des lange überdachten Entschlusses durch den Eintritt in die Abtei Beuron. Der Inhalt verknüpft dabei das persönliche Suchen mit freundschaftlichen Neckereien, Lektüreeindrücken, Naturschilderungen, Erörterungen theologischer, weltanschaulicher, ästhetischer oder geschichtlicher Art und Erlebnissen und Erlebnissen während der Aufenthalte in Paris, Luzern und Tübingen.

Die über 40 Jahre später erfolgte Fortsetzung fiel demgegenüber weit sachlicher und themabezogener aus. Amrhein knüpfte nahtlos an seinen Eintritt in Beuron an, um in gelegentlich anekdotischer Weise, aber doch weitgehend zügig seinen Werdegang in verschiedenen Beuroner Klöstern, die langsame Verselbständigung durch Aufenthalte in Mill Hill und Steyl und den eigentlichen Beginn seiner Gründung in Reichenbach und Emming-St. Ottilien darzustellen. Amrhein weist selbst darauf hin:

„Es wäre ... noch manches ... zu berichten, wenn es mir darum zu tun wäre, meine Memoiren zu schreiben. Aber ich beschränke mich bloß auf das, was zu den „Kämpfen und Anfängen meines Missionsberufs" und auf die „Vorgeschichte der Gründung von St. Ottilien" irgend einen Bezug hat" (Teil 2, Brief 8).

Ein besonderes Anliegen ist ihm dabei vor allem im dritten Teil die Berichtigung von „Falschberichten" über seine Person, die – so seine Befürchtung – auch nachteilige Folgen für sein Werk haben könnten.

Der erste Teil der „Kämpfe und Anfänge" folgt der gedruckten Version im ersten Jahrgang der Missionsblätter von 1889 (Sp. 67-78, 106-117, 157-168, 214-225). Die Originalbriefe selbst sind offensichtlich verloren gegangen.

Größere Schwierigkeiten bereiten dagegen der zweite und dritte Teil. Von den genannten Abschriften ist heute nur noch eine handschriftliche Schweiklberger Version in vier Heften vollständig erhalten (Schweiklberger Archiv, 234-1). Daneben gibt es noch eine typographische Abschrift des dritten Teils in Münsterschwarzach (Archiv Münsterschwarzach, Amrhein). Beide Abschriften stammen nicht von Amrhein selber, was die Vielzahl stilistischer Varianten erklären mag. Da die Schweiklberger Fassung vollständig erhalten ist, wurde sie als Grundlage der folgenden Textwiedergabe genommen. Manche Auslassungen und offenkundige Sinnfehler des dritten Teils wurden anhand der Münsterschwarzacher Briefe verbessert, während die stilistischen Varianten unberücksichtigt blieben, da sie kaum erwähnenswert scheinen.

In die Originalbriefe hat Amrhein bei seiner Endredaktion gelegentlich Anmerkungen eingefügt, die dort jeweils mit NB. gekennzeichnet sind und im Folgenden in den Fußnoten erscheinen. Eingeleitet wird die Abschrift durch ein Inhaltsverzeichnis der Briefinhalte, das sich in gekürzter Form noch einmal am Anfang jedes Briefes findet. Im Folgenden wurden lediglich die längeren Inhaltsangaben jedem Brief vorangesetzt und in einzelnen Fällen durch Varianten der Kurzform erweitert. Bei der Abschrift ließ Amrhein die Anreden und Schlussformeln jeweils fort. Vom Abdruck der Briefe 4 und 6 des dritten Teils wurde aus den oben angegebenen Gründen abgesehen.

Anfänge und Kämpfe eines Missionsberufes
Erster Teil (1866-1870)

Briefe, mit Erlaubnis ihres Verfassers veröffentlicht von ihrem Empfänger, Advokat Dr. W.

1. Brief, Paris, Fastnacht 1866 (13. Februar)

Mein Freund! – Hättest du es gedacht – die Weltstadt an der Seine ist für mich nicht viel anders als was die Wüste von Ober-Ägypten oder ein dichter Wald für einen Einsiedler war! Noch immerwährend fern zu sein von allen Menschen, mitten im Gewühl von zwei Millionen Seelen! Umbraust vom Lärm eines Weltmarktes und des tollen Faschings, – selbst aber schweigsam vom Morgen bis in die Nacht und Tag um Tag! Ich meide absichtlich jede Bekanntschaft, um ausschließlich meinem Studium zu leben. Auch denk' ich mir, wer weiß wohin eine leichtsinnige Bekanntschaft führen würde! An einem Orte, wo es zahllose Gelegenheiten zu Zerstreuungen und Genüssen gibt, fürchte ich den Umgang mit Freunden, die ich erst gewinnen und kennen lernen müsste. Dafür wird mir die Einsamkeit ein wahrer Genuss. Ich finde, sie sei die Quelle eines Friedens, der mir früher unbekannt war, selbst damals, als du und ich zusammen in der bayerischen Hauptstadt so gemütlich sangen: „Freund, ich bin zufrieden".

Die langen Abende nach der Tagesarbeit verlebe ich regelmäßig im großen Arbeitssaale der Bibliothek St. Geneviève, der von 6 bis 10 Uhr Nachts eine Menge von Bücherwürmern nährt und manch' armem Habenichts gratis Licht und Wärme spendet[1]. Ich sehne mich schon beim Erwachen nach diesen Feierabendstunden, weil ich sie ungestört meinem alten Lieblingsstudium der morgenländischen Literatur widmen kann. Du erinnerst dich, ich las dir einmal das Lun-yu, die Gespräche des großen chinesischen Weisen Konfuzius vor[2], und du warst mit mir einig in der Bewunderung dieser Dokumente vorchristlicher Weisheit, über die nichts geht als das Evangelium. Ich habe in drei Jahren, was in chinesischen Klassikern durch Übersetzungen uns zugänglich ist, so ziemlich erschöpft. Hunderte von Stellen notierte ich mir, die mir als Zeugnisse der Uroffenbarung aufgefallen sind, an die ein christlicher Glaubensbote überraschend schön die Lehre Christi anknüpfen könnte! Wie hoch stehen diese alten Denker über den Philosophen unserer Tage, welche ihre Augen vor der Sonne der geoffenbarten Wahrheit schließen und versuchen, mit ihrer Vernunft sich ein apartes Lichtchen anzuzünden! Es ist ein förmlicher Rückschritt! Gegenwärtig beschäftigen mich die Philosophien und Poesien der alten Inder. Ob dem „Lotus des guten Gesetzes“, dem „Gesetz des Manu“, den „Puranas“ und den „Veden“[3] habe ich recht ausdauernd den Kopf zwischen die Hände genommen; denn da ist der irdische Boden himmlischer Weisheit schon mit orientalischer Üppigkeit dicht überwuchert. Ich bewundere nur den Jesuiten Nobili[4], der darin noch Anknüpfungspunkte genug fand, dass er das Evangelium als das verlorene letzte Buch der Veden verkünden, und dadurch Tausende von gelehrten Brahmanen zur göttlichen Erkenntnis führen konnte! – Es ist doch etwas Erhabenes um die ewige wechsellose Wahrheit! Wir empfangen sie mühelos und schätzen ihren Besitz nur halb oder gar nicht. Andere wären überglücklich gewesen, sie zu finden; sie suchten sie mühsam und umsonst! Wir sind sehr undankbar und überdies verzweifelt lieblos. Wir besitzen das Licht und lassen Millionen noch im Finstern tappen. Oft wandelt mich ob meinen alten Philosophen ein eigentümlicher Trieb und Drang an, – die leuchtende Fackel des christlichen Glaubens, die brennende Fackel der christlichen Liebe zu erfassen und hinaus zu eilen in die ferne Welt, um in tausend Herzen, die der Wahrheit würdiger wären als wir Undankbaren, das Licht und Feuer vom Himmel zu entzünden. Aber was will ich Laie! Es ist meines Amtes.

Habe ich die indische „Weisheit“ überstanden, so gehe ich an das Zendavesta der Perser[5]. So vergehen mir die stillen Abendstunden in Gesellschaft der Weisen aus dem Morgenlande. Den Tag über sitze ich gewissenhaft zu Füßen der abendländischen Doktoren, wenn ich nicht zur Abwechslung mit der „schönen Kunst“ die Zeit verliere. Wahrlich, mir wird dabei immer leerer und leerer zu Mute. Ich möchte oft alles für Zeitverlust halten, was nicht Bezug hat auf das allein Notwendige, das Eine Genügende, Allumfassende, das absolut Sichere und Gewisse, das ewig Verdienstliche. Ich weiß nicht, ob du mich ganz verstehst...

2. Brief, Paris, am Palmsonntage 1866 (25. März)

Der brave Briefbote hat ein hübsches Ostergeschenk davongetragen, als er mich endlich mit einem Briefe von dir beglückte. Aber, mein Lieber, du schwingst ein grimmes Schwert, dass Gott erbarm'! Was haben dir denn die Priester angetan, dass du wünschest, sie wären alle bei den Chinesen und Hottentoten und ließen Europa in Ruhe! „Und am Ende, so ahnt es mir“, schreibst du, „wirst auch du noch Einer!“ Als ich ein Knabe war, stellte einst mein Großvater[6], du kennst den frommen Mann, die Frage an mich: „Wolltest du nicht Geistlicher werden?“ „Nein“, gab ich entschieden zur Antwort, „ein Kaplan oder Chorherr will ich nicht werden; ein Missionär für die Heidenkinder, das wäre mir schon lieb. Aber nein, ich will ein Schriftsteller werden wie Christoph Schmid.“[7] Der Greis lächelte und meinte: „Gerade dieser sei ein Chorherr gewesen“. Nun sind es seitdem schon 12 Jahre her und heute, am Palmsonntage, als ich in der Kirche Saint Sulpice kniete, hörte ich zum ersten Mal tief aus dem Innern heraus wieder die Frage: „Wolltest du nicht Geistlicher werden?“ Im Zisterzienserinnen-Kloster zu Frauenthal betet meine Tante, die fromme Nonne, schon zwanzig Jahre, dass sie dies noch erlebe. Und der Großvater hilft ihr sicher und vielleicht auch Vater und Mutter dort oben über den Sternen... Es ist aber ein Gedanke, für mich noch so groß und so fremdartig, ich weiß nicht, soll ich davor zurückschrecken oder soll ich darum beten! Nur so viel ist mir heute klar geworden, wie nie zuvor: „Ich soll und ich will fortan dies mein einziges Erdenleben so teuer als möglich verkaufen. Ich muss für das Edelste, Nützlichste, für etwas sehr Gottgefälliges leben, für etwas Unvergängliches, Bleibendes. Es wäre ja ewig schade, für etwas gelebt zu haben, was weniger Wert hat als Seele und Leben, die nimmer vergehen. Was mag dies wohl sein, was Seele und Leben an Wert übertrifft? Nur Gott selbst und seine Gnade und Glorie! Dies ist's also, wofür ich nur mehr leben soll, nur mehr leben mag! Was nicht nach diesem Einen Ziele führt, soll nicht mehr mein Weg sein!“

Mein lieber Freund, lass' dir erzählen, wie ich heute zu diesem durchschlagenden Entschlusse kam.

Nach dem Gottesdienste ging ich spazieren und trat in das Museum des Louvre. Im Saale, wo die schönsten Meisterwerke der Malerei wie zum Triumph der Kunst vereinigt sind, saß ich über eine Stunde lang, Murillo's unvergleichlichem Madonnenbilde gegenüber... Du kennst es ja, dieses himmlische Gebilde, von Engeln auf Wolken getragen, mit gefalteten Händen und eine unendliche Verklärung im emporgerichteten Blicke; dabei auch Rafaels Madonna mit der Wiege, Tizians Grablegung, Correggios hl. Familie und hinter mir Veronese's grandiose Hochzeit von Cana; dazwischen aber auch große verführerische Nacktheiten von heidnischer Kunstvollendung, wie z.B. eine Ariadne, die von Scharen der Beschauer stets umdrängt ist. Siehe, dachte ich, die Schöpfer all' dieser Bilder sind jetzt schon seit zwei oder drei Jahrhunderten in der Ewigkeit; aber so leben und wirken sie auf Erden in ihren Werken fort. Der Schöpfer des schlimmen Bildes, das vielleicht Tag für Tag einige Herzen und Augen zur Sünde reizt, kann doch unmöglich so selig in Gott ruhen, wie der andere Künstler, der mit seinem Bilde fortwährend Seelen zur Andacht stimmt. Wie ungleicher Art sind da die Früchte gleicher Talente, gleicher Mühe und Arbeit! Wie verschieden die Verdienste! Aber selbst die guten, erbaulich schönen Kunstgebilde – so folgerte ich weiter – was sind sie im Vergleich mit den unsterblich schönen Ebenbildern Gottes, mit den Seelen! Und die Schlussfolgerung immer weiter spinnend, schrieb ich bei dieser Betrachtung in mein Notizbuch: „Hätte ich auch das Genie und den Anspruch auf den Ruhm eines Rafael oder Tizian, gern verzichtete ich darauf für das Verdienst eines schlichten Priesters, der auch nur ein einziges Kind durch Taufe und Erziehung zum Ebenbilde Gottes und Erbe der himmlischen Glorie zu weihen die Gnade besäße. Dies ist die wahre Kunst, die beste Wissenschaft, unsterbliche Seelen gottähnlich und gottgefällig, also himmlisch schön und glückselig zu machen." – Dies ist von allen der schönste, der edelste und herrlichste, ja ein ganz göttlicher Lebensberuf. Nach diesem Ziele soll jetzt all' mein Streben gehen.

3. Brief, Paris, am hl. Pfingstfeste 1867 (9. Juni)

Ein volles Jahr und darüber hat es gebraucht, mich zur Einsicht zu führen, was wohl Gottes Wille sein. Man sollte nicht glauben, wie viel mir deine Einwendung anfangs zu schaffen machte – dass überzeugungstreue Katholiken heute einen größeren Einfluss ausüben, wenn sie denselben als Laien und nicht als Geistliche betätigen. Ich gebe zwar zu, dass dies bei einigen Laien, die wir kennen, in hohem Grade zutreffe, sei es, dass sie als Abgeordnete des Volkes die Rechte der Kirche in den Parlamenten vertreten, sei es, dass sie als Beamte gut wirken, sei es, dass sie unter ihren Standesgenossen im katholischen Sinne mit Eifer und Erfolg Propaganda machen. Aber dieses sind so seltene Talente, dass ich von ihnen keinen Schluss auf mich machen darf. Ferner haben ganz eigene, günstige Lebensumstände zusammengewirkt, den rechten Mann auf den rechten Fleck zu stellen, und hierin ist man nur selten seines Glückes eigner Schmied. Was aber vor allem in Betracht kommen muss, ist das, dass man nicht einen vorhandenen priesterlichen Beruf zum Opfer bringen darf, selbst nicht in der Hoffnung und Absicht, als Laie mehr wirken zu können. Denn von diesem Berufe gilt der Spruch der Schrift, dass nur derjenige, dem es von Gott gegeben ist, wie dem Aaron, zum Priester berufen sei, und Niemand dies sich selber geben könne. Ein solcher aber muss dem Herrn im Priesterstande dienen. Ich höre dich schon fragen, von woher ich denn die Gewissheit habe, dass diese Gnade auch mir gegeben sei. Gewissheit kann es da nicht geben; aber man wird nicht irren, wenn man schließt, ein priesterlicher Beruf sei wirklich da, wo von folgenden fünf Dingen keines fehle:

1. Eine heilige Absicht ohne irdische Hintergedanken; 2. Eine beharrliche und unwiderstehliche Neigung zum Priestertum; 3. die hierzu notwendigen Talente und geistigen wie körperlichen Kräfte; 4. Wenn Gott die Lebensumstän-

de so fügt, dass dem Vorhaben, Priester zu werden, keine unüberwindlichen Hindernisse im Wege stehen; 5. Endlich, wenn in Bezug auf die keusche Enthaltsamkeit eine energische, moralische Kraft und eine günstige körperliche Konstitution den Sieg über das Fleisch mit Gottes Gnade leicht oder wenigstens nicht zu schwer machen.

Ich glaube nicht, dass ich zuviel sage, wenn aus dem Vorhandensein aller dieser fünf Hauptbedingungen auf das sichere Vorhandensein des priesterlichen Berufes schließen zu sollen meine.

Mein Gott, wie viel gäbe man darum, in solchen Lebensfragen, welche Tag und Nacht und Wochen und Monate dem Geiste vorschweben, eine Art von heiligem Orakel beraten zu können, – etwa wie bei den Israeliten einen hohenpriesterlichen Brustschild, aus welchen ein Strahl von oben durch ein Licht- oder Schattenspiel in den geheimnisvollen Edelsteinen dem Fragenden „Ja" oder „Nein" antworten würde! Doch dies muss ein Strahl der Gnade tun; und die Vernunft mit ihrem natürlichen Lichte ist jener Brustschild, in welchem der Gnadenstrahl wie im schönen Widerscheine des Edelsteines aufleuchten und deutlich sagen muss: „Ja, es ist Gottes Wille" oder „Nein, Gott will es nicht".

4. Brief, Paris, Pfingstmontag 1867 (10. Juni)

Ich bin gestern durch einen ganz unerwarteten Besuch unterbrochen worden. Dr. G., der mit dir Rechtsgelehrtheit studiert und dir von Heidelberg her ein sehr freundliches Andenken bewahrt hat, ist zur Weltausstellung hierher gekommen. Die Zerstreuung dieser mir angenehmen Begegnung war mir nötig. Das ewige Alleinsein fiel mir an Festtagen oft recht schwer.

Doch lass mich mein gestriges Thema weiterspinnen. Der Gedanke an jene mir liebgewordenen fremden Völker, mit deren Literatur, Religionen und Sitten ich mich vertraut gemacht habe, und die noch alle des höchsten Gnadenschatzes der Wahrheit, Freiheit und Gotteskindschaft entbehren müssen (weil wir mit dem vollen Besitz dieses Schatzes protzend, uns um jene armen Fremdlinge blutwenig kümmern), – der Gedanke an diese zum größten Teil gottentfremdeten Völker von 1 Milliarde Seelen hat endlich den Ausschlag gegeben in meinem langen Kampfe.

Am gestrigen Feste ist er zur Ruhe gekommen. Ja, vor allem die Liebe zu den bedauernswerten Heidenvölkern und der innere Drang und Antrieb, zu ihrem Heile dasjenige beizutragen, was ich bei meinen Nebenstudien als erfolgreiche Mittel der Christianisierung kennen gelernt hatte, trugen zur Entscheidung bei... Nenne ich es ein Opfer? Wenn Ja, dann rede ich sehr menschlich, muss mich eigentlich schämen, die Annahme eines so großen Gnadengeschenkes jemals als Opfer empfunden zu haben. Jetzt, da ich mich entschieden, empfinde ich mehr die Freude eines Gewinnes als den Schmerz eines Opfers. Wie macht sich der Mensch so breit und wichtig und hält die Bagatelle, die er hingibt, für so groß im Vergleich zu dem Unermesslichen und Unschätzbaren, welches Gott dafür gibt!

Es ist mir selbst unbegreiflich, – gestern noch unentschieden, fühle ich jetzt eine Festigkeit, die nichts fürchtet, je wieder anderen Sinnes werden zu können. Ein menschlicher Rat wurde mir nicht zu Teil, und das ist gut, sonst könnte mir einst der Teufel mit der Versuchung kommen, als habe ich mir den Beruf einreden lassen. Als ich am Vorabend von Pfingsten zu ziemlich später Stunde nach St. Thomas d'Aquin ging und mein Anliegen dem Beichtvater vorbrachte, war er, was bei der großen Hitze nach stundenlanger Anstrengung im Beichtstuhle leicht verzeihlich ist, in Schlaf versunken und wachte verwirrt auf, ohne von meiner Lebensfrage auch nur ein Wort zu wissen. Den allzu Müden schonend, der an diesem Tage vielleicht schon Hunderten das Sakrament der Buße gespendet hatte, schwieg ich für jetzt, um Morgen aufs Neue zu kommen, hatte es dann aber nicht mehr nötig. Es machte mir nämlich einen unverwischbaren Eindruck, dass ich am Morgen drauf an einem lauten Rufe erwachte, der deutlich sprach und zwar auf deutsch: „Verlasse alles!" – Erschrocken auffahrend sah ich niemanden. Der Eindruck verstärkte sich, als ich mich angekleidet und zur Morgenbetrachtung angeschickt hatte und meine Hand, wie vom Engel des „guten Zufalls" geführt, gerade eine Stelle aufschlug, wo es wieder hieß: „Verlasse alles... !" Du brauchst hierbei nicht an etwas Wunderbares glauben. Wunder passieren meinesgleichen nicht so leicht. Traum, Halluzination, Zufall, kurz alles gebe ich zu. Etwas Wunderbares lag nur in der damit verbundenen vollständigen Verbannung aller Ungewissheit und sozusagen plötzlichen Erzeugung eines unerschütterlichen, ruhigen Entschlusses, wo bisher im jahrelangen innern Widerstreit kein solcher möglich gewesen war.

Heute, zumal nach der hl. Kommunion, sinne ich schon viel darüber nach, wie ich denn „alles verlassen" könne. Was heißt das bei mir? Worin soll es bestehen? Doch nicht im Ordensberuf?! Nein, soweit bin ich noch nicht, und ich denke, du stimmst mir bei. Auch kenne ich ja keinen Orden, keinen Ordensmann.

5. Brief, Paris, am Fronleichnamsfeste 1867 (20. Juni)

Mein Aufenthalt hier hat jetzt keinen Zweck mehr, es sei denn, ich wolle in ein hiesiges Missionsseminar eintreten. Aber ich kann mich nicht dazu verstehen.

Ich würde dann Mitglied einer französischen Genossenschaft, und ich meine, in Deutschland müsse es auch Missionsgenossenschaften geben. Eine Nation wie die deutsche wird doch auch etwas zu der wahren, weil christlichen Zivilisation der Heidenwelt mitwirken wollen. Ich gedenke also, meine Berufsstudien jenseits des Rheines zu machen, und werde Paris verlassen. Die traute Einsamkeit, die mit all' ihren Gnaden mich hier zum Leben meines heiligen Berufes geboren hat, wird mir unvergesslich bleiben. Ich werde sie wohl nirgends wiederfinden; denn jetzt geht's in die Gesellschaft zurück.

Ich bringe dir die kopierten Bilder aus dem manessischen Kodex, die du gewünscht hast, mit. Ich suchte in der reichhaltigen Manuskriptenbibliothek des Palais Mazarin lange umsonst nach diesem Buch altdeutscher Minnelieder, weil es wahrscheinlich der vielen Ritterfiguren wegen unter den Chroniken verzeichnet war. Über die Pariser Weltausstellung berichte ich dir mündlich. Ich habe bis jetzt nur, was mich speziell interessierte, angesehen: die ethnologisch merkwürdigen Dinge aus China, Japan, Indien und der Südsee. Da ist im Ausstellungspark unter anderem ein Haus mit lauter Sachen aus den Missionen der Wesleyanersekte[8], ein Haus voll Fetische und Götzen aller Art, aller Farben und Grimassen. Ein Männchen mit weißer Krawatte und immer süßem Lächeln erklärt die schauerlich komische Götterwelt unserer armen, armen Mitmenschen jenseits des Ozeans. Es ergriff mich eigentümlich. Ich sah mich schon in kühner Phantasie ein Museum von abgetanen Göttern anlegen, von deren Furcht und Täuschung ich mit meinen Mitarbeitern irgendein Heidenvolk einst zu befreien hoffe. Beim Anblicke des himmelweiten Unterschiedes zwischen den bewunderungswürdigen Industrie- und Kunstprodukten der chinesischen, japanischen und indischen Heidenländer und denjenigen der rohen Wilden Afrikas und der Südsee, wurde mir der ganz richtige Ausspruch Chateaubriands klar, es müsse ein großer Unterschied zwischen Missionen und Missionen geben: bereits zivilisierte Heiden müssen mit Hilfe der erhabensten Wissenschaften zum Christentum gebracht werden; unzivilisierte, barbarische Heiden dagegen mit Hilfe des Handwerks und Arbeitsunterrichts (Chateaubriand, Geist des Christentums)[9]. Ich will diesen lehrreichen Grundsatz im Auge behalten.

Heute besuchte ich eine Ausstellung anderer Art, das „Museum der Martyrer" im großen Missionsmuseum Rue du Bac. Es ist eine rührende, hochehrwürdige Reliquienstätte von Blutzeugen unserer Zeit, die in China für Christus gelitten und gestorben. Mehrere davon ehrt die Kirche schon als Selige, und noch leben von ihnen Brüder, Schwestern und Freunde. Welche Ehre, welche Gnade, welch' selige Freude muss es sein, einen heiligen Martyrer zum Bruder, zum Freunde, zum Kinde zu haben! ...

6. Brief, L. (Schweiz), 28. September 1867

Lass doch der kleinen Welt die Freude am Urteilen, lasse ihr die Lust am Schwatzen! Über sich selbst ohne Urteil, muss sie notwendig etwas anderes richten, was nicht von der Welt ist, und nichts wird mehr verurteilt, als was man nicht versteht. Das ist das erste, worauf sich jeder gefasst machen muss, der nach Vervollkommnung strebt: das Urteil der Welt! Die Beweggründe meiner Berufswahl kann ich nicht öffentlich verkündigen! Hielt es doch schon hart genug, sie dir, meinem Intimus, unter vier Augen klar zu machen. In der Berufsfrage genügt es, sich selbst klar zu sein, und dann gehe man unbeirrt seinen Weg nach dem bewussten Ziel. Dem Vorwurf der Unbeständigkeit wird man nicht entgehen, wenn man sich zum Bessern wendet; denn dies heißt ja im weniger Guten nicht beharrlich sein. Auch kommen solche Entschließungen den Leuten stets zu plötzlich, weil sie nicht wissen können, wie langsam der Entschluss gereift ist; darum muss man in derartigen Anliegen selbständig und ganz „Mann" sein!

Der Beruf ist übrigens eine Sache der göttlichen Vorsehung, mehr als die Welt dies weiß.

Denke dir die Freude meines frommen Großvaters, der den ganzen langen Tag in seinem Lehnstuhl betet, als ich kam und ihm sagte, wie Gott ihn erhört habe; und stelle dir gar den Jubel der alten Tante im Kloster vor, die ich seit 18 Jahren nicht mehr gesehen hatte! Wäre das feste Gitter nicht gewesen, ich glaube, sie hätte mich beinahe umarmt. So begegnet man auf all' seinen Wegen beiden Dingen, dort Missverständnis, hier Verständnis.

Apropos! Gratuliere zum Michaelsfeste! „Komisch", wirst du sagen, „heiße ich etwa Michael?" Jawohl, ich hoffe, dass wir beide, du und ich, im wörtlichen Sinne „Michael" heißen. „Noch komischer", hör' ich dich replizieren. Ich aber bleibe dabei; ja selbst das Zünglein der großen Seelenwaage, auf der wir dereinst im kritischen Augenblick unseres „Übergangs" samt all' unsern Werken gewogen werden, heißt „Michael", und wiegt alles und schätzt alles und entscheidet alles nach der Frage: „Wer wie Gott?" und „Was wie Gott?" Wenn nun ein Mensch nach eben dieser Frage seine Berufswahl getroffen hat, indem er dasjenige, was Gottes ist, allem andern vorzog, wie der hehre Erzengel die Sache Gottes dem Luzifer vorzog, heißt ein solcher Mensch nicht ebenfalls im tiefsten Sinne des Wortes „Michael – Wer ist wie Gott?" ... Darum nochmals, weil wir beide angefangen haben, „Michael" zur Parole unseres Lebens zu machen, gratuliere ich dir wie mir selbst und wünsche dir und mir St. Michaels Huld!

Grüße an alle meine Mitbürger und Mitbürgerinnen vom St. Michaels-Amt![a] Noch glaube ich das achtstimmige wundervolle Glockengeläute der altehrwürdigen St. Michaels-Stiftskirche zu hören, das mich in den Knabenjahren zur feierlichsten Kirchweihstimmung erhob! Noch sehe ich im Abendsonnenglanz St. Michaels Standbild vom hohen Turm in mein Zimmer auf dem „Schlössle" herüberstrahlen! Grüße mir die liebe Heimat.

7. Brief, Tübingen, Ostern 1869 (28. März)

Bewogen von der Verehrung für zwei berühmte Lehrer, die ich schon letztes Jahr hochschätzen lernte, verbleibe ich auch dieses Jahr noch an Württembergs Hochschule. Prof. Dr. v. Hefele[10] ist es vor allen, der als Professor der Kirchengeschichte und christlichen Archäologie, aber auch als väterlicher Freund, mich fesselt. Wie klar, wie schön und wie lebendig schildert er die Geschichte der Kirche! Ich glaube, ich verdanke seinen Darstellungen der Orden und Ordensstifter, ohne dass er es ahnt, einen langersehnten Lichtstrahl bezüglich dessen, was Gott weiter von mir will, damit ich einst meinen Beruf so gut wie möglich erfülle.

Man nenne es „fixe Idee" – item, bei allem schwebt mir mein Ziel vor. Im Hörsaal, wie daheim hinter den Kollegheften oder hinter den Codices der Schlossbibliothek, auf einsamen Erholungsgängen in den Linden- und Platanenalleen längs des Neckars wie im munteren Freundeskreis, – wo immer ich bin, schwebt mir die künftige Aufgabe mit der Frage vor: wie löse ich sie am besten? Die Geschichte erscheint mir dabei als zuverlässigste Lehrmeisterin. Sowohl, was man vermeiden, als was man nachahmen soll, um mit Erfolg zu wirken, lässt sich daraus an Exempeln lernen. Ich höre daher die Vorlesungen der Kirchengeschichte schon zum zweiten Male und studiere sie mit Beiziehung von Spezialwerken.

Eine Frage gibt es nun, die mich mehr und mehr beschäftigt: Kann ein Weltpriester, ein einzelner Mann, Nachhaltiges wirken in der Heidenmission? Er hat Mitarbeiter nötig: aber wer arbeitet mit ihm eines Sinnes? – Sollte er nicht etwas Bleibendes gründen? Wer übernimmt es aber nach seinem Hingang? Wer setzt sein Werk in seinem Geiste fort? Wer vollendet und erhält es für alle Zukunft?

[a] Heimat des Verfassers.

Diese Fragen führten mich auf die geschichtliche Wahrnehmung, alle Missionäre, alle apostolischen Männer der nachapostolischen Zeiten, welche Dauerndes für die Bekehrung und die Erziehung heidnischer Völker schufen, seien Ordensmänner gewesen, haben sich in Klöstern oder klösterlichen Instituten auf ihr apostolisches Amt jahrelang vorbereitet, seien von Ordensbrüdern begleitet und unterstützt worden, und wenn sie starben, haben ihnen die Ordensgenossen Nachfolger gegeben, die das mühsam Begonnene im Geiste des Gründers fort und fort erhielten, so dass die Söhne mit Frohlocken ernteten, was der Vater in Tränen gesät hatte. So haben die Benediktiner, so die Franziskaner und Dominikaner, so die Jesuiten, so die Lazzaristen und wie sie alle heißen gewirkt.

Du kannst dir leicht denken, wie bei solchen Erwägungen immer und immer wieder die Erinnerung an die Stimme vom Pfingstfest zu Paris: „Verlasse alles..." an Verständlichkeit gewinnt! Soll also mein Beruf wirklich den Ordensstand erfordern? Es ist leichter, alles andere zu verlassen als sich selbst. Der Vater der Waldensersekte hat all sein Geld in die Gassenpfützen geworfen, aber sich selbst behalten. Im Orden aber muss man sich und alles drangeben. Und das wäre wohl im vollsten Sinne jenes „Allesverlassen..."

In vergangener Nacht habe ich manche stille Stunde lang diesen Gedanken erwogen und am Morgen fand ich den Mut, bei der Kommunion dem Herrn zu sagen: „Ich bin entschlossen!" Es ist weiter nichts als ein Schritt der Konsequenz. Um ein richtiger Missionär zu werden, muss ich erst Ordensmann werden. Soweit bin ich im Reinen. Nun aber die zweite Frage: Was für ein Ordensmann? Mein lieber Lehrer wird mir auch hierin auf die rechte Spur verhelfen.

Ich benützte die Ferien, um in der Ostschweiz, für die zweitnächste Generalversammlung des Schweizer Studentenvereins einen geeigneten Ort auszukundschaften. Ich werde also in Deine Nähe kommen. Könnten wir uns nicht in St. Gallen treffen? Ich möchte wieder einmal St. Gallen sehen. Welch' goldner Klang diesem altehrwürdigen Namen innewohnt! St. Gallen, Fulda, Corvey – ! ...

8. Brief, Tübingen, Weihnachten 1869 (25. Dezember)

Wie du aus Zeitungen sicher längstens weiß, ist mein lieber, mein unvergesslicher Lehrer Bischof geworden. Ich soll ihm um Neujahr eine prächtige Adresse mit den Unterschriften all' seiner Schüler aus der Schweiz überreichen. Einer der Konsekratoren war ein Benediktinerabt vom neuerstandenen Kloster Beuron im Donautal, der erste Benediktiner, den ich je gesehen[11]! Wie ehrwürdig erschien mir das Kleid dieses Ordens, dem zwei Drittel von Europa das Christentum und seine Bildung verdankt! Gerne hätte ich den Saum des schwarzen, wallenden Gewandes an die Lippen gedrückt, aus Ehrerbietung vor diesem wahrhaft apostolischen Institut! Die Geschichtsbilder, die mir mein bischöflicher Lehrer von der stillen, aber nachhaltig segensvollen Wirksamkeit des Ordens St. Benedikts entworfen hatte, und die Lebensbilder ihrer großen Mönche und Apostel, die ich zur Ergänzung des Gehörten in den Acta Sanctorum Ordinis St. Benedicti der Mauriner nachlese, – sie scheinen mir immer zu sagen: „Da ist es, was du suchst! In diesem Orden verlasse alles und du wirst alles finden, was du brauchst, um den Beruf aufs Beste zu erfüllen. Willst du vor allem dich selbst gründlich zu Gott bekehren, hier wird es dir zur ausdrücklichen Pflicht[a]. Willst du die Gnade, die du selbst gefunden, auch andern Seelen zum Heile werden lassen, – hier hast du hierzu die Schule der leuchtendsten Vorbilder! Der hl. Ordensstifter war selbst ein Heidenmissionär, der einzige unter allen Ordensstiftern, so viel mir bekannt ist. Aber leider sagt man mir, der Orden habe die Tradition dieser apostolischen Tätigkeit längst verlassen und betreibe dafür nur mehr Aszese und Wissenschaft. Ich muss mich doch näher erkundigen. Wenn dem so ist, so wende ich den suchenden Blick anderswohin. Finde ich aber, dass dem nicht so sei, so werde ich zu Ostern sicher schon im Benediktinerkloster „Auferstehung" feiern. Ich fürchte aber, es sei in der Tat, wie man mir sagt. Denn wo in der Welt liest man jetzt von Benediktinern, die nach Art der alten Missionsklöster Germaniens und Britanniens tätig seien![b] Und doch scheint mir dieser Orden wie kein anderer namentlich für die Ausbreitung des hl. Glaubens in jenen kulturlosen Ländern geschaffen zu sein, wo die Religion einerseits durch Gebet und Gottesdienst, andererseits durch Werke der leiblichen Barmherzigkeit, durch körperliche Arbeiten der Kultur und durch die Erziehung der jungen Generation, nicht in offenen Schulen, sondern in internen Schulasylen erst vorbereitet und eingeführt werden muss. Denn das vermögen nur klösterliche Familien mit zahlreichen Laienbrüdern zu leisten, und die Benediktiner pflegen solche zu gründen. Ich habe sowohl die Regeln der Gesellschaft Jesu als die der Benediktiner aufmerksam gelesen und finde, jene ersteren nehmen vorzüglich auf Priester und weniger auf Laienbrüder Bedacht, letztere aber zumeist auf Brü-

[a] Die Benediktiner legen das Gelübde der Bekehrung der Sitten, conversio morum, ab.

[b] Der Schreiber dieser Zeilen hatte damals noch keine Kunde von der seit 1845 gegründeten Benediktinermission Neu-Nursia unter den Wilden von Westaustralien. Auch sind seitdem in Asien, Amerika und Afrika Benediktinermissionen entstanden.

der und fast ausnahmsweise auf Priester. Mit der Zeit hat sich letzteres ganz geändert; aber ich habe die ursprüngliche Einrichtung im Auge.

Doch ich werde mit Unwillen gewahr, welch doktrinäre Epistel ich heute geschrieben habe. Wenn man Monate und Jahre lang nichts mehr als dozieren hört, wird man unbemerkt schließlich selbst ein unausstehlicher Dozent, in Gesprächen wie Briefen; und würde ich jetzt dichten wollen, ich glaube, es gäbe lauter Meistersänger-Lehrgedichte, und Homer bekäme ein hölzernes Bein. Ich hatte ja eigentlich bloß im Sinne, dir mitzuteilen, dass ich in den historischen Missionserfolgen des Benediktinerordens einen Lichtstrahl für meine persönliche Ordensfrage wahrzunehmen glaube und vorhabe, mich baldmöglichst zu entscheiden, weil mit dem Weggehen meines geliebten Lehrers Dr. v. Hefele der Hauptmagnet für mich aus Tübingen entfernt wurde.

Zum Christkind wünsche ich dir von ganzem Herzen, du mögest Gott in der Höhe zur Ehre und Gott möge dir dafür auf Erden zum Frieden gereichen, zu jenem Frieden, den die Welt nicht geben kann.

9. Brief, Tübingen, Silvesterabend 1869 (31. Dezember)

Jahreswende! Hausväter, Kaufleute und Schatzmeister schließen ihre Rechnungsbücher, zählen Einnahmen und Ausgaben, Gewinn und Verlust zusammen und berechnen den Stand des Vermögens und den Erfolg des Geschäftes. Der alte Zeitgott Saturnus, der „haarige, sensenführende Kronos", dem heute sein Kind 1869 begraben und morgen ein anderes dafür geboren wird, war vor Zeiten nicht umsonst der Hüter des Staatsschatzes und des Staatsarchives, welche darum stets in Saturntempeln aufbewahrt wurden; denn Gewinn und Verlust an Habe sowie an Verdiensten rühren nur von der guten oder schlechten Benützung der Zeit her. Wer die Zeit schätzt, gewinnt ihre Schätze.

Ich glaube dieses Jahr nicht verloren zu haben, gab es auch manchen Tagverlust, weniger durch Muße als durch nutzlose Arbeit. Der Geselligkeit brachte ich freilich auch manches Zeitopfer, aber wie ich hoffe, nicht ohne Gewinn. Ich habe vom Werte guter Gesellschaft unter Studierenden der Hochschule eine höhere Meinung gewonnen, als ich zuvor hatte, und viele Beobachtungen an Studenten, welche guten oder schlechten oder gar keinen Studentenverbindungen angehören, haben bewirkt, dass ich erklärt-katholischen Verbindungen oder Vereinen mit festen Prinzipien der Religiosität und Moralität jetzt offen das Wort rede[12]. Schattenseiten haben unstreitig auch diese. Eine Gefahr der Bummelei, der Eitelkeit und des Geldverklopfens liegt immer zur Hand. Sie haben aber eine noch ungleich größere gute Seite. Schließt ein Universitätsstudent sich einem Vereine oder einer Verbindung an, die auf sittlich-religiöse

Prinzipien hält (wie die ausgesprochen katholischen Studentenverbindungen alle), so steht sein sittliches Betragen und sein religiöses Leben unter der Kontrolle vieler. Ich weiß Fälle, wo Studierenden von ihrer Verbindung die Wahl gelassen wurde, sittengefährliche Bekanntschaften, zu vieles Trinken, Nichtbesuch der Kollegien und dergleichen entweder aufzugeben oder aus der Verbindung auszuscheiden. Existierten keine katholischen Verbindungen, so würden Hunderte gerade der fähigsten und darum aufgewecktesten jungen Leute aus gesellschaftlichem Triebe sich den Korps und Burschenschaften anschließen, welche den Duell- und Saufunfug als Hauptsache kultivieren und darin in sittlich religiöse Gefahren jeder Art laufen. Jetzt tragen sie die Farben katholischer Verbindungen, genießen harmlose Jugendfreuden mit Maß und Anstand und bleiben lebenslänglich katholischen Freunden und Kartellbrüdern und hiermit auch der katholischen Sache treu zugetan.

Den unvermeidlichen Auswüchsen jugendlichen Leichtsinnes und Übermutes wirkt häufig das Beispiel und die Autorität vortrefflicher älterer Mitglieder entgegen. Ich habe einen Freund unter den Kandidaten der Medizin (Mediziner sind sonst keine Betbrüder), „Teut" nennt man ihn, der täglich nicht bloß einer hl. Messe anwohnt, täglich pflegt er auch Mittags, wenn andere beim Kaffee und Kartenspiel sitzen oder spazieren, in der einsamen Kirche ein halbes Stündchen Betrachtung zu halten. Oft sehe ich ihn daselbst sogar noch einmal in der Abenddämmerung bei Schein der „Ewigen Lampe" still in sich gesammelt zu knien. Ein unanständiges Wort, ein Exzess, wagt sich nie in seine Gegenwart. Er übt in seinem milden, liebevollen Ernst eine eigentümliche Gewalt auf seine ganze Verbindung aus und gibt ihr ein besonderes, edleres Gepräge, keineswegs des Muckertums, denn er stimmt selbst auch gern ein munteres Lied an und „kommt einem die Blume oder einen Quart vor". In seinem Fach ist er so tüchtig, dass sein anatomisches Präparat, das er zum Doktorexamen bereitete, vom Professor der Chirurgie allen Zuhörern als mustergültig vorgestellt wurde. Schau, eine Studentenverbindung, die solche Leute hat, kann nur von Nutzen sein fürs ganze Leben[a].

Ich kenne hier einen anderen Bruder Studio von derselben schwarz-weiß-grünen Verbindung, der seine freie Zeit eifrigst zum Gutestun verwendet[13]. Dieser Studio hat auf die Dauer seines hiesigen Aufenthaltes für arme Leute Freikarten auf ein tägliches Mittagessen gestiftet. Wenn er aber nicht zu reich-

[a] Er starb kaum 8 Monate nach dem Datum dieses Briefes an Typhus.

lich bei Geld ist, ermöglichst er seiner Börse diese Mehrausgabe dadurch, dass er erstens seiner vielgeliebten Pfeife oder Zigarre entsagt, zweitens bei längerer „Sitzung“ nicht über drei Glas trinkt, endlich dass er wöchentlich zwei Mal statt ins „Himmelreich“ (Restauration) zum Mittagstisch, nur zum Kaffee und zu einer Schachpartie ins Museum geht und so jedes Mal 24 Kreuzer seinem eigenen Mund abspart für den Mund seiner Armen. Am letzten Weihnachtsabend fand er ein kindliches Festvergnügen darin, dass er 12 arme, alte Männer um sich sammelte und ihnen ein Abendessen gab. Da hättest du dabei sein sollen! Weißhaarige Männer an Krücken, Blinde an der Hand von Kindern, gebückte zitternde Leutchen in geborgten Kleidern, die zu weit und zu lang um die Glieder schlotterten, – kurz, es war eine auserwählte Gesellschaft, wie man sie selten reichgedeckter Tafel beisammen trifft. Er hatte mehrere Tage gebraucht, um sie alle aus den Hütten der „Gogerei“ (schmutziges Stadtviertel der ärmeren Bürgerschaft in Tübingen) zusammen zu bringen. Und erst die Gespräche, nachdem die Befangenheit gewichen, der Hunger gestillt, die Überbleibsel samt den Geschenken sorglich in Papier verpackt und eingesackt waren! Wie sich da die Zungen lösten, bei einem silberhaarigen Invaliden sogar zum Toaste lösten! Der Gastgeber aber ging herum und bediente und meinte, noch nie habe er einen so frohen Weihnachtsabend verlebt. Derselbe Bruder Studio hat es nebenbei noch täglich auf Krankenbesuch abgesehen. Letzthin stieß er freilich auf Schwierigkeiten. Bei einem protestantischen Kranken aus Odessa (Russland) begegnete es ihm, dass derselbe bei dem Besuch des katholischen Studenten mehr und mehr die Vorurteile gegen die „Papisten“ verlor und schließlich von Katholisch-Werden sprach. Alsbald stellte sich der protestantische Pastor und die Pastorin ein, die sich noch niemals hatten sehen lassen. Kaum saß unser Student am Krankenbett, trat immer auch schon eine der lutherischen Nachbarinnen ins Zimmer. Es war, als hätte sich eine weibliche Türwache gebildet. „So habe ich doch das erreicht“, sagte er einst zu einer, „dass der Kranke nicht mehr wie seit 2 Jahren so gänzlich verlassen ist.“

Ich könnte dir noch manches erzählen, aber ich schreibe ja keinen Kalender. Ich wollte nur meine Behauptung illustrieren, dass Studentenverbindungen, in denen einige ältere Mitglieder das Gute erstreben, ohne Zweifel auf die jüngeren gut einwirken müssen. In politischer Hinsicht ist dies z.B. beim großen schweizerischen Studentenvereine eklatant. Du wirst sehen, mit der Zeit erwachsen daraus katholische Majoritäten bei Wahlen und in den Ratsälen. In religiöser Beziehung, glaube ich, werden wir in nächster Zeit ebenfalls eine Probe erleben. Die Studierenden wie die Lehrer allerorts fassen in der Unfehlbarkeitsfrage jetzt schon lebhaft „Posto“, was entschieden unklug und gefährlich ist; denn wenn einmal die Definition des Dogmas erfolgt, sei sie bejahend oder verneinend, so behält nur eine Partei Recht und die andere sieht sich in die Notwendigkeit versetzt, entweder zu gestehen, sie haben geirrt und für wahr zu halten, was sie am Tag zuvor noch mit aller Sicherheit lächerlich gemacht haben, oder aber bei ihrer Meinung zu verharren und dadurch schismatisch und häretisch zugleich zu werden. Ich habe an verschiedene Freunde in diesem Sinne warnende Briefe geschrieben und hoffe, auch du lässt dich warnen. Denn du wirst sehen, was geschieht! Die katholischen Studentenverbindungen werden sich samt und sonders für das Dogma erklären, mag es so oder anders lauten. Denn sie halten zusammen und stehen prinzipiell zur Kirche. Die Mitglieder nichtkatholischer oder gemischter (indifferenter) Genossenschaften aber und solche, die keiner Verbindung angehören, werden zum großen Teil haltlos schwanken und in Gefahr laufen, sich aufzulehnen, und viele davon werden abfallen[a]. Ich bitte auch dich mit der ganzen Überzeugungsinnigkeit eines treuerprobten Freundes, lass doch in dieser Angelegenheit dein dialektisches Talent einstweilen noch ruhen, um es dann um so siegreicher ins Feld zu führen, wenn du nach der Entscheidung sicher gehen kannst.

Zum neuen Jahr 1870 das Beste! Es möge für dich ein gnadenreiches Segensjahr sein. Für mich wird es hoffentlich der Anfang einer *vita nuova*[b]. Ich werde mit dem Ordenseintritt nicht mehr lange zögern, etwa noch bis Ostern oder höchstens Pfingsten. Ein wildes Volk der Südseeinseln feiert die Jahreswende dadurch, dass es alle alten irdenen Töpfe zu Scherben zusammenschlägt und vom neuen Jahre an neue Gefäße gebraucht. Der Topf meines alten irdischen Lebens möge in Stücke gehen, schenkt mir Gott zu besserer Bewahrung des neuen Weines der Gnade ein neues Gefäß nach seinem Wohlgefallen, ganz seinem Dienst geweiht.

[a] Ist buchstäblich eingetroffen.

[b] Eines „neuen Lebens". Anspielung auf ein Werk des italienischen Dichters Dante „la vita nuova", wo derselbe in allegorischer Weise schildert, wie ihm der Liebe zu Beatrice (Seligmacherin), jener engelreinen, mystischen Gestalt der Gnade, der Gotteserkenntnis (Theologie) und Gottesliebe, welche ihm die Führerin zu den seligen Himmelsräumen des Paradiso wurde, ein „neues Leben" zuteil war. Ein solcher neuer Lebensabschnitt, will der Verfasser des Briefes sagen, stehe auch ihm bevor, wenn er im neuen Jahre das Ordensleben antreten werde.

10. Brief, Tübingen, April 1870

Heute begruben wir unsern Wirt, den Tropf, der immer betrunken war. Herr Pastor (der Verstorbene war Protestant) sprach am Grabe über die sehr zutreffenden Worte Jakobs: „Wenige und böse sind die Tage meines Lebens", worauf statt des Weihwassers jeder eine von den Blumen, die um den Grabesrand gestreut waren, auf den Sarg hinunterwarf und sich entfernte. Ich wandelte noch durch die Gräberreihen des hügelauf und -ab sich dehnenden Friedhofs, um Uhland, des edlen Dichters Ruhestatt zu suchen. Ich spähte nach dem schönsten, größten Monument. Ein prächtiges Marmordenkmal vom reinsten Weiß schimmerte durch die Trauerweiden. „Da wird Tübingens Ruhm begraben liegen", dachte ich mir und schritt darauf zu, las aber enttäuscht: „Hier ruht im Frieden N.N. Seifensieder (folgt ein Gedicht). Auf Wiedersehen". Das war also der Besitzer jener Fabrik, der ich die Abtötung meines Geruchssinnes verdanke. Weiter forschend traf ich endlich auf eine mit Efeu umwobene Granitplatte, schwer und vierkantig, worauf in Goldlettern nichts als die paar Worte stehen: „Ludwig Uhland".

Große Tote bedürfen weiter nichts als ihres Namens über ihrer Asche. Ihr Volk weiß schon mehr von ihnen als die längste Inschrift sagen könnte, und das Übrige weiß Gott. Das genügt. Je unbekannter ein Toter, desto länger ist oft die Grabschrift. Ein Prachtdenkmal eines verdienstlosen Unbekannten hat etwas Widerliches, erinnert höchstens an den Mammon, den er am Grabe zurücklassen musste. Da lobe ich mir eher noch jenes kunst- und kostenlose Denkmal, welches die Stadt Paris auf ein Grab des Friedhofs Père Lachaise alljährlich neu pflanzen lässt, – lebende Kartoffelstauden, zum dankbaren Andenken, dass Frankreich dem dort Ruhenden die Einführung der Kartoffeln verdanke. Ich wünsche mir selbst in allem Ernste ein ähnliches Grab, wo dankbare Hände nur Weizen und eine Rebe pflanzen würden, zur Erinnerung, dass irgend ein ferner Erdenwinkel, irgend ein fremdes Völklein dem hier unten Schlafenden die Einführung der „wahrhaften Speise" und des „wahrhaften Trankes", die ihnen bis dahin unbekannt gewesen, verdanke. Hiermit komme ich wieder auf mein *ceterum censeo*. Kinderseelen, die ein Missionär getauft und für Gott erzogen hat; Arme, die er mit Jesu Schätzen reich gemacht, Kranke, die er zum Heiland gebracht, Sterbende, die er dem zweiten Tode entrissen; Sklaven, deren geistige und leibliche Ketten er gesprengt; Diener Gottes, die er zum Dienste Gottes herangebildet und sich zugesellt hat als Mitarbeiter im Leben und Fürbitter im Tode, – das nenne ich im buchstäblichen Sinne „lebendige Immortellen", die das einsame Grab mit unverwelklichen Blüten zieren. In meinen kühnsten Hoffnungen trage ich hiernach Verlangen. Sollte es aber absolut ein Grabmal aus Stein sein, so wünsche ich es mir in Gestalt einer Kirchtürschwelle, der Schwelle eines Kirchleins, das ich irgendwo erbaut hätte, wo die seligmachende Wahrheit zuvor nie gepredigt, wo der Seligmacher zuvor nie angebetet worden war, und wo nun eine Gemeinde neubekehrter Christen, meine Gott geborenen Kinder der Gnade, aus- und eingehen würden, den Vater im Himmel anzubeten im Geiste und in der Wahrheit. Hier, nahe beim Weihwasserbecken, würde Generation auf Generation gewiss reichlich den gesegneten Tau aussprengen und sprechen: „Gott habe unsern armen Vater selig. Er hat für unser Heil gelebt und gelitten. Ohne ihn wären wir noch Heiden in Satans Gewalt. Gott sei ihm selbst nun gnädig und barmherzig." Dürfte ich Letzteres nicht um so eher hoffen? Fürwahr, wenn keiner eine größere Liebe hat, als wer sein Leben hingibt für seine Freunde – dann muss ich glauben, dass jene Liebe, in der ich mit und für Jesus mein Leben zur Rettung der Seelen hingegeben hätte, in und durch Jesus eine Menge meiner eigenen Sünden bedecken würde. Ich möchte sagen, dies beruhe gewissermaßen auf Gegenseitigkeit. Die vorher ohne Hoffnung gewesen und dann durch Vermittlung des Missionärs zum Erbe des Himmels gelangten, die werden dadurch in Wirklichkeit auf ewig seine Freunde und werden ihn, wenn es mit ihm zur Neige geht, in ihre ewigen Gezelte aufnehmen, um so mehr, je weniger sich Andere um ihr Wohl und Wehe bekümmert hatten. Davon bin ich fest überzeugt. Ich vermute, der Geist Gottes habe deshalb durch Isaias gesprochen: „Von denen, welche gerettet sein werden, *ex eis, qui salvati fuerint,* werde ich senden nach Afrika, nach den fernen Inseln, die von Mir noch nichts gehört haben, dass sie ihnen Meine Herrlichkeit verkünden". Nicht als ob ein Missionär seines Heils schon sicher wäre. Sicher aber liegt in der Übung der größten Liebe die Bürgschaft der besten Hoffnung. Dass aber die Heidenmission zu den Werken dieser Liebe gehört, ist bei den Opfern, die sie erfordert und bei dem Ziel, das sie erstrebt, über allen Zweifel erhaben.

Die kalte Gleichmütigkeit, womit der Christ Jahr aus Jahr ein dem Untergang von 28 Millionen Nicht-Christen zuschaut, – (durchschnittlich so viele Heiden und Mohammedaner sterben jährlich), unbekümmert um das Los von 28 Millionen, die ohne Glauben, ohne Taufe, ohne Buße, also größten Teils gewiss in ihren Sünden sterben, weil sie den Namen nicht gekannt noch angerufen, in welchem allein Heil ist, – dies gehört zu denjenigen dunklen Dingen, die ich nie und nimmer zu fassen vermag. In jeder Minute sterben durchschnittlich 72 Menschen (nimmt man nach der Statistik als Durchschnitts-Verhältnis der Sterbefälle 1:37 an). So oft mein Puls schlägt, tritt eine Seele vor ihren Richter und vernimmt eines der zwei unabänderlichen Lose: „Gerettet" – „Verloren", aber nur jede siebte Seele kommt aus der rettenden Arche, der katholischen Kirche, und von den 72 gehören nur 21 dem christlichen Bekenntnis überhaupt an. Die Übrigen zählt der Apostel zu den *ceteri qui spem non habent*[a].

Wenn wir auch der milden Ansicht gern beipflichten, dass die ewige Barmherzigkeit wohl manche Seele aus dieser *massa damnata* in ihrer letzten Not noch erleuchte und rette, so bleiben doch immerhin noch genug Millionen übrig, die im Zeitstrome eines jeden Jahres wie Ertrinkende an uns vorübergeschwemmt werden, dem Ozean einer trostlosen Ewigkeit zu. Und wir sitzen ruhig am Ufer und rühren nicht Hand noch Fuß zum Rettungswerke in dieser übergroßen, herzzerreißenden Not. Man kann in Wahrheit das Bild des Jammers nicht übertreiben. Mit größerem Recht, als die sturmbedrängten Jünger zum schlafenden Herrn geschrieen, als sie unterzugehen fürchteten, rufen Minute für Minute 50 bis 60 dem Untergang zusteuernde Seelen aus den Todesschatten des Heidentums uns Schlafenden zu: „Liegt dir nichts daran, dass wir zu Grunde gehen? *Non ad te pertinet, quia perimus?*" Das „Lied vom braven Mann" feiert zwar eine schöne Tat. Sie galt der mutigen Rettung einiger Menschenleben, die nach einigen Jahren dem Tode doch nicht mehr entgehen konnten. Ich glaube aber, dem gebührt ein Loblied aller Engel, ein ewiges Alleluja, der sein Leben an die Rettung unsterblicher Seelen wagt.

11. Brief, Tübingen, Ende April 1870

Mein Viellieber, diesmal warst du prompt mit der Antwort. Daran will ich ein Exempel nehmen und ungesäumt deine Antwort wieder beantworten, auch wenn wir nicht jenen beiden Freunden gleichen wollen, welche abends sich wechselseitig endlos heimgeleiteten, weil an der Haustüre des einen immer wieder umgekehrt wurde, um ach den andern bis zur Haustüre zu geleiten, und so fort, bis sie endlich das Los warfen, wessen Liebe und Höflichkeit sich für besiegt erklären und zurückbleiben müsse.

„Sind den alle Heiden des Teufels?", wirfst du mir entgegen, und diese deine Einwendung gegen meinen letzten Brief hoffe ich schon das erste Mal mit so viel Glück und Liebe heimzugeleiten, dass du vollkommen befriedigt, künftig mit deiner Juristentheologie daheim bleibst. Ich doziere dir aber absichtlich nichts nach eigenen Heften vor, sondern habe mir zu deiner und meiner und anderer Belehrung aus hl. Vätern und Doktoren, sowie aus alten und neuen

[a] 1 Thess 4,12.

Philosophen, eine kleine Abhandlung geschrieben unter dem Titel: „*Qui spem non habent,*" oder „Sind denn die Heiden alle ewig verloren?"[a]

Es ist ein Thema, das viele wie ein dunkles, furchtbares Mysterium vor dem Volke verschleiern zu sollen glauben. Es gab einst eine Zeit, wo ein Weltweiser (Plato) sogar verbot, über das Wesen Gottes vor dem Volke zu reden, weil dies eine zu schwierige und ungewisse Sache sei. Aber diese Zeit, welche gerade die des Heidentums war, ist vorbei, und vor dem Kinde, wie vor dem Mütterchen, vor dem Holzhacker nicht minder wie vor dem Doktor darf und kann jetzt offen über Gott und Göttliches geredet werden. So glaube ich, dürfen wir beide uns wohl mit einem Gegenstand befassen, vor welchem man nur dann zurückschrecken müsste, wenn kirchliche Autoritäten hierüber ganz geschwiegen hätten, oder wenn man durch ein vermessenes Urteil dem Gerichte des Allgerechten und zugleich Allgütigen in etwa vorzugreifen wagte. Ich beschränke mich aber, wie gesagt, auf Zitate, welche ich an einem Gedankenfaden zusammenreihe, und enthalte mich jeder eigenen Äußerung.

12. Brief, Tübingen, Anfangs Mai 1870

Schön, lieblich schön ist das Neckartal; schön muss es jetzt eigentlich überall sein, wohin immer der holde Frühling sein Blumenfüllhorn über die grünenden Gefilde ausschüttet und ein jugendlich frisches unverdorbenes Gemüt darin das frohe Sinnbild der Auferstehung und der künftigen neuen Erde ahnt. Gestern am Feiertage pilgerte ich nach Bebenhausen hinaus, zur wiesengrünen, waldumsäumten Klostereinsamkeit, einst Abtei mit burgartigen Toren und Ringmauern, jetzt königliches Jagdschloss. Die herrlichen, von hohen Stein-Palmen getragenen Hallen des Kapitelsaales, des Sommerrefektoriums, des architektonisch sehr sehenswerten Kreuzgangs mit dem prächtig variierenden Maßwerk, in der Gotik verschiedener Epochen, – all' die fleißig behauenen Steine, sie reden von Zeiten frommer Geschlechter; aber das Schweigen der in ihren Räumen verklungenen Psalmen scheint unsere Zeit anzuklagen. Es mutet den Wanderer eigentümlich an, wenn er durch die hohen langen Dormitorien (gangartige Räume, die als Schlafsäle dienten) an den Mönchszellen vorüberschreitend jetzt an einigen reich renovierten eichenen Türen, über deren Schwelle nie ein Weib getreten, nun Aufschriften liest, wie z.B.

[a] Diese Abhandlung wird mit Fortsetzungen in diesen Blättern zum Abdruck kommen *(Nicht erschienen. Anm. des Herausgebers).*

(Zimmer der) Hofdame, – oder Kammerzofe, – oder Oberstallmeister oder wie die königlichen Hofchargen heißen mögen. Noch einige Jahrhunderte, vielleicht kaum zwei oder drei, – und auch diese Inschriften werden weichen müssen, und Fabrikler oder verwahrloste Kinder oder Narren oder Sträflinge kehren ein, die Mannen der unausbleiblichen Ära des Throne- und Altäre stürzenden Sozialismus. Als ich auf dem Heimwege am Waldsaum, wo's über den Berg geht, niedersaß, um das Kloster im Abendsonnenschein, still in mir gesammelt, nochmals zu betrachten, kam mir der alte Gedanke wieder, den ich so oft schon in mir erwogen: das Christentum mit den Wohltaten seiner Institutionen macht seine Runde um die Erde wie das Tageslicht; es rückt westlich vor und im Osten weicht es, und über Länder, die einst im Lichte der Wahrheit strahlten, bricht allmählich wieder Dämmerung und Nacht herein, – (denke nur an Ägypten und Palästina, an Syrien, Kleinasien und Byzanz), – während andere Völker, die bis dahin in dem Schatten des Todes schliefen, aufwachen, weil ihr Tag beginnt. Europa scheint wie ein Sommernachmittag schon seines Lichtes müde zu sein; ihm dämmert der Abend und andern Leuten der Morgen, und wer weiß, ob das große „Himmlische Reich der Mitte" (China), das sich dem Lichte aus dem Westen nicht erschließen mag, es nicht, wenn es einst aus dem Osten (Amerika) kommt, bereitwillig annehmen wird, weil dann auch seine Zeit, die der „Vater in Seiner Macht festgesetzt hat", gekommen sein wird?! So müssen wir uns nicht wundern, wenn die soziale Machtstellung der hl. Kirche in Europa stetig niedergeht, von Jahrhundert zu Jahrhundert. Es ist der Kreislauf der Erde und der Zeit. Wenn der unreine Geist, falls er ausgetrieben worden, wüste Orte durchzieht und sucht, wo er sich niederlasse, so scheint er die Weise des reinen und guten Geistes der Wahrheit nachzuäffen, der, wenn er irgendwo verschmäht und verdrängt wird, andere Orte und andere Menschen aufsucht, die seiner würdiger sind, und seien es auch Wildnisse oder wilde Bewohner. Lies nur die Apostelgeschichte: Zu den Juden von Ikonien sprachen Paulus und Barnabas mit aller Freimütigkeit: „Euch musste das Wort Gottes zuerst verkündigt werden; da ihr es aber verwerfet und euch selbst des ewigen Lebens für unwürdig erkläret, siehe, so wenden wir uns zu den Heiden! Denn so lautet der Befehl des Herrn an uns..." Ebenso redete Paulus zu den Juden von Korinth und von Rom, als sie die Lehre des Heils verwarfen (Apg 13,46; 18,6; 28,28). Das ist die Erklärung des Geheimnisses, warum zu Zeiten, wo christliche Völker von Christus abfallen, die Heidenmissionen aufblühen. Wir gerade leben in solchen Zeiten. Klöster wie dieses Bebenhausen, deren Erbauer und Bewohner längst im Grabe modern – (Sokrates möge mir den inkorrekten Ausdruck verzeihen; denn er verbot, nach seinem Hingang von ihm zu sagen „Sokrates" sei gestorben und begraben worden, da er dann ja erst recht zum Leben eingegangen sei), – Klöster wie dieses Bebenhausen, das einst in Waldeseinsamkeit eine Schule der Religion und Wissenschaft gewesen, werden in den Wildnissen von Amerika, Afrika und Asien erstehen und durch Lehre und Beispiel, Gebet und Arbeit, Opfer und Mühen, den Völkern jenen Segen bringen, den Europa jetzt ohne Dank verschmäht, nachdem es seine Früchte ein Jahrtausend lang genossen hat.

Zwar wirst du vielleicht einwenden, Afrika habe schon einmal seine Klöster besessen, und wirst auf Stellen in den Werken Livingstones[14] und anderer hinweisen, welche von Klosterruinen berichten, die sie z.B. in portugiesischen Kolonialländern Westafrikas angetroffen haben[a].

Well, sagt der Engländer, aber was hat sie denn aussterben und veröden lassen? Die europäischen Regierungen, zur Zeit als Männer des Unglaubens am Ruder waren! Die Missionen und Missionäre waren vom Mittelalter her noch ganz von den Fürsten und nachher von ihren Regierungen abhängig, welche sie mit ihren Geldern erhielten. Die Briefe eines hl. Franz Xaver geben Zeugnis hiervon. Es bedurfte der Erlaubnis des Königs, wollte ein Missionär eine Kolonie betreten oder verlassen. Mitarbeiter musste er sich vom Könige erbitten, und die nötigen Hilfsgelder spendete die königliche Kasse. Gelangte ein unchristlicher Machthaber zur Regierung, so versagte er beides, und die Missionen, statt unterstützt zu werden, erfuhren alle möglichen Schikanen und Hindernisse. Was haben nicht Spanien und Portugal auf diese Weise in Peru, Paraguay und Mexiko und anderswo verbrochen! Welch' herrliche, mühsam gebaute, Saatfelder des Christentums sind nicht durch sie zu Grunde gegangen! Die aufgehobenen Klöster in Europa konnten für die Missionsklöster keine Novizen mehr erziehen, und so mussten dieselben aussterben. Daher auch die Kirchen- und Klosterruinen im Bistum Luanda (Afrika)[15]. Heutzutage sind die Missionen nicht mehr von Fürsten und Regierungen, sondern nur von Rom, von den Ordensgenossenschaften und der christlichen Wohltätigkeit gutgesinnter Katholiken abhängig; und so ist ihr Fortbestand sicherer und ihr Wirken freier.

[a] Einige dieser Stellen, welche in mancher Hinsicht höchst interessant sind, mögen hier folgen. Livingstone in seinen „Missionsreisen und Forschungen in Südafrika, 2. Band“ berichtet:... *(Anmerkung des Herausgebers: Vom Abdruck des sehr langen Zitats, das anscheinend vor allem ungenutzten Druckraum füllen sollte, wird abgesehen).*

13. Brief, Tübingen, im Mai 1870

Auf dem Heimweg von Bebenhausen ging ich über die hopfenbewachsenen Höhen bis zu einem Aussichtspunkte, von wo ich im Abendsonnenglanze den Neckar wie eine Silberstraße am Fuße der Rebgelände und des Schlossbergs dahinziehen sah, rechts vom steilen Hügel her, wo „droben die Kapelle steht", (die Kapelle des bekannten Uhland'schen Liedes), bis wo linker Hand im Schatten der Bergeshalde der schöne Fluss verschwindet, während fern im Süden der stolze Hohenzollern im letzten Strahl des Tages glühte. Ich habe seitdem diesen Punkt in freien Stunden wiederholt besucht, habe auch an einem schönen Sonntag in Begleitung einiger Freunde die herrlich restaurierte Stammburg der Hohenzollern erklommen und durchwandert, wo Tags zuvor ein furchtbares Gewitter nicht weniger als sieben Mal den Blitz auf die Türme und Zinnen der preußischen Königsburg entladen hatte, was die Leute auf einen bevorstehenden großen Krieg Preußens deuten[a]. Man muss sich beim Anblick der blühenden, lächelnden Natur, wie sie sich jetzt in bräutlichem Schmuck darstellt, unumwunden gestehen: die Erde ist schön! Und die sich von ihrem Glück und Liebreiz fesseln und täuschen lassen, haben vorübergehend Grund dazu! Es ist eine Versuchung! Bei dem Gedanken, dass ich diesem Glück jetzt bald entsagen werde, nicht weil ich müsse, sondern wolle, und dass ich im Begriffe stehe, wie mein Hausherr mir vorzustellen pflegt, mich bei jungen Jahren „in Klostermauern zu vergraben", könnte mich diese Versuchung wirklich beschleichen; ich fühle es. Der Lenz ist mir noch niemals so schön erschienen, meine Jungend niemals noch lebensfreudiger, mein Glück noch niemals so ungetrübt, noch nie Wissenschaft und Freundschaft mehr anziehend, als jetzt, wo es gilt, all' dies der Entsagung zum Opfer zu bringen. Aber es ist ein Opfer der Liebe Gottes, und dies mit Kränzen der Freude auf den Altar zu legen, finde ich gerade jetzt recht geziemend. Du siehst, ich gehe wahrlich nicht ins Kloster, weil ich mit der Menschheit und mir selber etwa zerfallen wäre; das wäre sicher kein wahrer Beruf. Man verleugnet beim Ordenseintritt ja nicht das, was an Freundschaft, Freude und Naturgenuss gut, unschuldig und ideal ist, sondern weicht nur dem aus, was daran nicht Gott gefällig und der Seele eher ein Hemmnis als eine Förderung im Streben nach höheren Gütern sein könnte. Die wunderbare Himmelspoesie der Naturauf-

[a] Diese abergläubische Deutung hat sich bekanntlich wenige Monate darauf unverhofft bewahrheitet.

fassung eines seraphischen Franziskus, welcher Sonne, Mond und Sterne, Blumen und Vöglein, Feuer und Quellen als liebe „Brüder und Schwestern" grüßte, ist ein sprechender Beweis dafür. Ihr erscheint die Natur im Gewande der Schönheit nur um so verklärter; und was Weltlichgesinnten eine Fessel ist, die sie vom Verständnis der überirdischen Güter abhält, wird zum starken Bande der Gnade, welche die Seele mit inniger Gewalt zum Schöpfer anzieht und zum Dienste des Schöpfers, der alles so geschaffen, dass alles gut war. Wohl deshalb fühle ich mich gerade jetzt zur glückseligsten Zeit am mächtigsten angezogen, dem innern Ruf zu folgen und zu eilen, die Paradiesespforte aufzusuchen, vor der ein Cherub mit flammendem Schwerte Wache hält. Das Schwert wird schneiden und brennen und nicht schonen; aber es gibt denen, die überwinden, den Ritterschlag siegreicher Streiter Christi, die zum Frieden eingehen dürfen.

14. Brief, Abtei Beuron an der Donau, am hl. Pfingstfest 1870 (5. Juni)

Als das Pfingstfest nahte und der dritte Jahrtag jenes unvergesslichen Pentekostes, die mir zu Paris die Entscheidung meines Berufes zur Reife brachte, lies ich mich gern finden, als drei brave Freunde und Kommilitonen mir den Vorschlag machten, mit ihnen die Pfingstferien zu geistlichen Exerzitien zu benützen. Ahnte ich doch, die Tage des Antrittes einer neuen Berufsperiode seien nun gekommen! Bei der Abstimmung über den Ort der Exerzitien fiel die Wahl auf das Benediktinerkloster Beuron, von dessen landschaftlich anmutiger Lage Freund Teut und mein Hausherr die schönste Schilderung machten, und von dessen jungendfrischer Disziplin Professor v. Aberle mir viel Rühmliches erzählte. Auch hatte ich den Abt und Gründer dieses Klosters bei der Bischofsweihe zu Rottenburg als einen seltenen Geistesmann preisen hören, welcher, ursprünglich ein Benediktiner von St. Paul in Rom, von Papst Pius IX. Erlaubnis und Segen zur Einführung seines Ordens in Preußen erlangt hatte. An der Vigil des Festes traten wir mit dem Morgenrot die fromme Fahrt an; Freund Commer[16], ein Doktor beider Rechte und echtes Berlinerkind, von Temperament Choleriker, von der Maritz, Theologe, ein nobles, ostpreußisches Phlegma, Neffe des Bischofs von Kulm, der Rechtskandidat M., ein sanfter württembergischer Melancholiker; und als viertes Rad meine Wenigkeit; wie du weißt, ein Sanguiniker. Aus der symmetrischen Zusammensetzung der vier Temperamente erwarteten wir mit Recht die schönste Harmonie. Die Reise – halb Fahrt, halb Fußtour, halb Wallfahrt, halb Erholung, war über alle Beschreibung schön. Ein eigentümliches Sehnen und Ahnen verstärkte in mir alle Eindrücke, womit die Frühlingsschönheit des durchwanderten Donautales einerseits, der Reiz mittelalterlicher Klosterideen und Heiligenideale andererseits, sowie der verstärkte Trieb und Drang zur Selbstvervollkommnung und gänzlichen Berufshingebung nun mit aller Gewalt auf meine Seele einwirkten. Abends als wir aus einer Waldschlucht heraustretend im letzten Dämmerlicht ein von hohen Felsen wie von Mauern umfriedetes Kloster vor uns sahen und herrliche Glockenklänge mit dem Echo der Felswände gebetsartig zum Abendstern emporhallten, – zum sichtbaren und unsichtbaren Abendstern, der auch der Morgenstern ist, das Alpha und Omega, – da waren wir am Ziele, knieten nieder und beteten, tief ergriffen von der Weihe dieser heiligen Einsamkeit.

Am andern Tage wohnten wir in der überfüllten Abteikirche dem Pontifikalamt und der feierlichen Gelübdeablegung einiger Novizen bei. Gesenkten Blickes, ruhigen Ganges, Ernst und Friede im Ausdruck und in der Haltung Würde, so zogen die Mönche paarweise an uns vorüber zum Chore. Der Prälat, eine auf den ersten Blick schon vertrauengewinnende Erscheinung, schloss den Zug mit zahlreichen Offizianten. Nicht Pauke noch Posaune, nicht Fidel noch Flöte, – nur die vollen Klänge der Orgel begleiteten den Gesang (Choral), der alsbald die hl. Handlung verschönte und dessen altehrwürdigen Weisen für das Ohr das sind, was die Zeremonien der Liturgie für das Auge, beide von einem ebenbürtig hohen und alten Adel kirchlicher Schönheit. Man ist ganz Ohr und Auge und doch nicht zerstreut. Beten und Schauen und Lauschen fallen in einem Akt der Andacht zusammen. Da erfüllen Choral und Liturgie offenbar ihre Aufgabe. Alles war mir neu, besonders die Gelübdeablegung...[a]

Zwei Zipfel des Grabtuches, unter welchem die Neuprofessen bis zur Kommunion lagen, wurden von zwei Laien gehalten, die man aus dem anwesenden Volke holte. Ein sonderbarer Zufall fügte es, dass ich einer dieser Grabtuchträger war. Der Zeremoniar, der mich holte, wird kaum geahnt haben, wie nahe daran ich als „Totengräber" sein werde, selbst in das mystische Grab zu fallen, dessen schwarze Decke ich zu stützen hatte. Darunter lag auch ein Mitbruder unserer Tübinger Verbindung![17]

Nach dem Mittagessen, das wir mit den Mönchen im Refektorium einnahmen, begannen wir die Exerzitien. Doch von den Vieren nur drei. Der junge ostpreußische Edelmann war durch den Ernst der vormittägigen Feier so abgeschreckt worden, dass er im Gasthaus blieb und Tags darauf allein zur *alma mater* zurückkehrte. Das Erdreich war in mir zur Aufnahme der Saat scheint's

[a] Die hier folgende Beschreibung derselben lassen wir aus, weil in Nr. 4 der Missionsblätter der Artikel „Eine Gelübdeablegung" eine im Wesentlichen gleiche Feierlichkeit geschildert hat.

genügend vorbereitet. Schon am andern Tag, als wir zur Rekreation beim Abte eingeladen waren, konnte ich die Äußerung wagen: „Wenn die Benediktiner Missionstätigkeit besäßen, wollte ich hier um Aufnahme bitten!..." Erinnere dich meiner früheren Briefe, und du wirst diesen meinen Wunsch sowohl als auch dies mein Bedenken verstehen. Vergleiche damit besonders die Briefe aus Tübingen von Ostern 1869.

In einer Besprechung mit dem Abte und dem Novizenmeister[18] wiederholte ich diesen bedingten Herzenswunsch und vernahm zu meiner vollständigen Zufriedenstellung die Antwort, die ich ebenso gern hörte als glaubte, weil sie wirklich die Geschichte zum Belege hat: dass der Orden des hl. Benediktus, obwohl ein „beschaulicher" Orden, dessen eigentlicher Zweck in der Selbstheiligung bestehe, dennoch oder vielmehr gerade deshalb, auch in der Mission, zur Rettung unzähliger Seelen und zur Christianisierung vieler Heidenvölker wenigstens ebenso Großes gewirkt habe als irgend ein anderer Orden von denen, die man „tätige" nennt. Die Antwort fand ich sehr bescheiden! Denn man hätte sagen dürfen: „noch Größeres", schon deshalb, weil seine Blütezeit in die Jahrhunderte der christlichen Glaubensverbreitung in Europa fiel und daher große Nationen, wie die britische, skandinavische und germanische, diesem Orden ihre Bekehrung zur seligmachenden Religion verdankten. Diese vielfach vergessene Wahrheit kann man laut werden lassen ohne im Geringsten sich jenes törichten Fehlers schuldig zu machen, welcher der Kirche schon so viel Schaden gebracht, indem man Orden gegen Orden abschätzt und einen über den andern zu erheben sucht, was gewiss gerade so tadelnswert ist, wie das von Thomas von Kempis verurteilte Streiten über den Vorrang der einen Heiligen vor andern.

Freund Commer, der „Doktor des beiderseitigen Rechts", wie ich ihn zu betiteln pflege, warnt mich ernstlich. Er kennt nicht meine langjährigen innern Vorgänge und führt meinen reifenden Entschluss auf den „ersten Eindruck" zurück. Er meint, ich sollte ihn erst reiflicher erwägen und unterdessen noch das letzte Semester der Theologie beendigen und den Doktorhut holen, wofür ich schon die Dissertation geschrieben. Am Pfingstmontag eröffne ich mich aber allen Ernstes dem Abte und bat ihn, es vor Gott zu überlegen, ob ich dies erst tun oder darauf verzichten soll, um gleich einzutreten. Nach einer kurzen Bedenkzeit entschied er sich für das Letztere, ich solle gleich dableiben. Ich finde, er habe Recht, denke ich daran, dass dieser Beruf ein Ruf Christi ist, und dass Jesus dem Jüngling, den er zur Nachfolge berufen, nicht einmal mehr erlaubte, vorher seinen verstorbenen Vater zu beerdigen. Der Ordens- und Missionsberuf ist eine so seltene und so erhabene Gnade, dass man sie durch langes Zögern mit Recht verscherzt. Welcher Wohltäter hält seine Gabe dem Armen tage- und monatelang hin, bis der Tor sich ausbesonnen, ob er sie annehmen wolle oder nicht? Besinnt er sich zu lange, so zieht der Gönner mit Unwillen Hand und Gabe zurück. Und so beschloss ich denn, die unaussprechlich große Gnadengabe rasch zu erfassen, und tat es mit dem dankbaren Gefühl eines reich Beglückten.

Nach dreitägiger Geistessammlung und Seelenerfrischung, die am Morgen des vierten Tages mit dem Empfang der hl. Sakramente schloss, geht's noch für ein paar Tage ins Neckarstädtchen zurück, zum Verpacken meiner Siebensachen. Ginge es an, so überließe ich dies am liebsten einem Freunde, und setzte keinen Fuß mehr vor die Klosterpforte. Empfange vorher noch meinen ersten Gruß aus dem Burgfrieden meiner künftigen *civitas Dei*!

Anmerkungen

[1] Die bedeutende Bibliothek ist in der ehemaligen Abtei St. Geneviève neben dem Pantheon untergebracht.

[2] Die „Gespräche“ (Lunyu) des Konfuzius (551-479 v.Chr.), die wichtige Aussprüche und Reden des Weisheitslehrers enthalten, stellen die Hauptschrift des Konfuzianismus dar.

[3] Veden: Hauptschriften des Hinduismus, die seit ca. 900 v.Chr. gesammelt wurden.

[4] P. Roberto de Nobili SJ (1577-1656) begründete die Missionsmethode der Adaption, die kulturelle Anpassung der christlichen Heilsbotschaft an das jeweilige kulturelle Umfeld. Seine kompromissbereite Haltung gegenüber hinduistischen Gebräuchen führte zu ersten Missionserfolgen in Südindien.

[5] Avesta: Das heilige Buch der parsischen Religion, das in seinen ältesten Teilen wohl auf Zoroaster (ca. 6. v.Chr. zurückgeht).

[6] Amrheins Großvater mütterlichseits, Josef Bucher, der gleichzeitig sein Taufpate war, lebte in Römerswil nicht weit entfernt von Gunzwil. Er verstarb 1876 im Rufe der Heiligkeit.

[7] Christoph v. Schmid (1768-1854), bayrisch-schwäbischer Lehrer und Pfarrer. Seine Kinder- und Jugendbücher, vor allem seine biblische Geschichte für Kinder, waren in vielen Auflagen weit verbreitet.

[8] Der englische Geistliche John Wesley (1703-1791) rief die methodistische Bewegung ins Leben, die im 19. Jahrhundert eine besonders intensive Missionstätigkeit ausübte.

[9] Vicomte François-Auguste Chateaubriand (1768-1848), Leitfigur der französischen Romantik. In seiner programmatischen Schrift „Le Génie du Christianisme“ (1802) verteidigt er die katholische Kirche gegen die Vorwürfe der Aufklärung, wobei er vor allem den kulturellen und künstlerischen Beitrag des Christentums hervorhebt. Theologisch wenig tiefgründig, aber sprachgewaltig trug dieses weit verbreitete Werk wesentlich zur katholischen Restauration des 19. Jahrhunderts bei.

[10] Karl Joseph v. Hefele (1809-1893) folgte 1840 Johann Adam Möhler auf dem Tübinger Lehrstuhl für Kirchengeschichte, Patrologie und Christliche Archäologie nach. Nach seiner Mitarbeit an der Vorbereitung für das 1. Vatikanische Konzil wurde er 1869 zum Bischof von Rottenburg ernannt.

[11] Abt Maurus Wolter von Beuron (1825-1890). Gründete mit seinem Bruder Placidus das Donaukloster im Jahre 1863.

[12] Amrhein trat 1869 der Tübinger Studentenverbindung CV Guestfalia bei, die 1859 als nichtschlagender katholischer Studentenverein gegründet worden war. Er blieb bis zu seinem Klostereintritt 1870 aktives Mitglied und wurde Mitbegründer einer Schweizer Sektion.

[13] Die Art der folgernden Schilderung legt nahe, dass Amrhein hier eigenes Tun beschreibt.

[14] David Livingstone (1813-1873), schottischer Missionar und Entdeckungsreisender, der in seinen vielgelesenen Reiseberichten durch Afrika viel dazu beitrug, in Europa Interesse für Afrika zu wecken. Amrhein bezieht sich hier auf Livingstones „Missionary Travels and Researches in South Africa“ (1857).

[15] Von Luanda, der Hauptstadt Angolas aus betrieben seit dem 16. Jahrhundert Jesuiten, Franziskaner und Karmeliten Missionsarbeit, die jedoch aufgrund politischer Schwierigkeiten und Personalmangel immer wieder Rückschläge erlebte.

[16] Ernst Commer (1847-1928), bekannter Neuscholastiker und Professor in Wien, der später einer der führenden Gegner des Modernismus wurde.

[17] Es handelt sich um P. Anselm Schott OSB (1843-1896), der nach seiner Priesterweihe in Rottenburg 1868 im folgenden Jahr in Beuron eintrat, wo er im Beisein Amrheins am 6. Juni 1870 seine Gelübde ablegte. Nach der Vertreibung der Mönche aus Beuron siedelte P. Anselm nach Maredsous über (1876-1881). Nach der Rückkehr in das Donaukloster begann er sein volkstümliches „Messbuch der hl. Kirche" (1. Auflage, Freiburg 1884), das auch als der „Schott" bekannt wurde.

[18] Als Novizenmeister in Beuron waltete in dieser Zeit P. Benedikt Sauter (1835-1908), seit 1885 erster Abt von Emaus.

Anfänge und Kämpfe eines Missionsberufes
Zweiter Teil (1870-1884)

Vorwort des Verfassers

Unter diesem Titel erschienen in dem ersten und einzigen Jahrgang der vom Gründer der Benediktiner-Missionskongregation von St. Ottilien im Jahre 1889 selbst redigierten „Missionsblätter, Illustrierte Zeitschrift für das katholische Volk“ eine Serie von „Briefen des Gründers“, ohne Nennung der Namen „mit Erlaubnis ihres Verfassers veröffentlicht von ihrem Empfänger, Advokat Dr. W.“ Es waren offenherzige Mitteilungen an einen Freund und Studiengenossen und berichten die lautere Wahrheit, ohne Dichtung. Nach ihrer Veröffentlichung fanden sie viel Beachtung. Der erste apostolische Präfekt der genannten Kongregation, P. Maurus Hartmann, zum Beispiel, bekannte später seinem Obern, dass er durch dieselben zum Missionsberuf animiert worden sei und bezeichnete die Stellen darin, welche auf ihn besonders Eindruck gemacht hatten. Seit 1889 sind bald drei Jahrzehnte verflossen, – eine lange Zeit für eine Fortsetzung! – und nun hält es der Verfasser, angesichts seines nahen Lebensendes, für opportun, eine zweite Serie von Briefen unter derselben Überschrift nachfolgen zu lassen. Auch diese sind echt. Es waren Berichte des Gründers, in Briefform an den Erzabt Ildefons Schober der Beuroner Kongregation adressiert, welche nach dem Tode dieses verehrungswürdigen Prälaten (1918) aus dessen Korrespondenzen-Nachlass ihrem Verfasser (auf dessen Bitte) gütigst zur Verfügung gestellt wurden. Dass sie auch dem hochwürdigsten Adressaten beachtenswert erschienen, bezeugen die eigenhändigen Vermerke, welche der Empfänger auf die Kuverts geschrieben, z.B. „Wichtige Briefe der letzten Zeit“, oder: „Über einiges Wichtiges aus des Verfassers Lebens“.

An der Spitze des ersten Briefes ist zu lesen: „Einiges aus meinem Ordens- und Missionsberuf, was bisher nur Wenigen oder Niemanden bekannt war“. Diese Unkenntnisse der wahren Verhältnisse hatten viele und große Irrtümer zur Folge, nicht bloß in der Meinung derer, welche den Verhältnissen ferne stehen, sondern sogar, – ja noch mehr! – innerhalb der Kongregation und unter ihren näheren Freunden selbst. Jeder Irrtum und jede Unwahrheit rächt sich und wirkt schädlich. Aus diesem Grunde erachtet es der Gründer am Rande seines Grabes für Gewissenspflicht, offen und ehrlich der Wahrheit Zeugnis zu geben. Der Erzabt selig, der Empfänger dieser 2. Briefserie, der mit dem Gründer auf derselben Bank im Noviziat gesessen und der das in den Berichten Enthaltene miterlebt hatte, fand nichts daran auszusetzen, was der Wahrheit und Richtigkeit entgegen wäre. Möge daher die Mitteilung derselben ihrem guten und nützlichen Zwecke entsprechend Beachtung finden!

Stuttgart, 5. Januar 1912

Tief gerührt von der Liebe, womit Eure Gnaden sich des vierzigsten Gedächtnistages meiner Ordensprofess erinnert haben und mir im Andenken daran Gebet und Segen gespendet, komme ich im Geiste, um Ihnen aus ganzem Herzen dafür zu danken[a]. Der Gedanke daran weckt in mir eine Menge Erinnerungen und Empfindungen sehr gemischter Art, welche aber alle auf die dankbare Anbetung der allgütigen göttlichen Vorsehung hinleiten und zum Lobpreis ihrer unendlichen Liebe und Macht. Einige dieser Erinnerungen waren bisher den meisten unbekannt geblieben, weil sie *in abscondito* geschahen oder von Anfang an als streng persönlich nur meinen Obern und mir bekannt waren, und weil davon aus Gründen geflissentlicher Zurückhaltung nicht gesprochen wurde. Die Eingeweihten sind größtenteils hinübergegangen in jene Geisterwelt, die nur noch durch Erinnerungen zu uns spricht. Was sie als Geheimnisse oder als „Privatkenntnisse" mit sich hinübernahmen, gehört aber der Vorgeschichte und der Gründungsgeschichte der Kongregation von St. Ottilien an und wird daher namentlich Eure Gnaden interessieren, den zweiten Vater derselben, insofern sie Ihnen bisher nicht bekannt gewesen sein sollten. Aber auch an schon Bekanntes in dieser Sache erinnert zu werden, wird Eure Gnaden nicht lästig fallen, weil Ihre Erinnerung als Bestätigung geschätzt wird. Ich habe mir darum vorgenommen, um einer Gewissenspflicht gegenüber der Kongregation, deren erster, wenn auch unwürdiger Vater ich durch Gottes Gnadenfügung war, zu genügen, das bisher Verschwiegene oder nicht allgemein Bekannte zu Papier zu bringen, ehe ich sterbe, – ganz schlicht und durchaus wahr, wie vor dem Angesichte des (allmächtigen) allwissenden Richters selbst niedergeschrieben, der mich darnach beurteilen wird. Sprach er doch zum Propheten: *Reduc me in memoriam, et judicemur simul; narra, si quid habes, ut iustificeris!* (Ps 43,26).

[a] Auf Weihnachten 1911 hatte der H.H. Erzabt dem Gründer zum 40. Jahrestage seiner Profess (25. Dez. 1871) gratuliert. Sr. Gnaden befanden sich i. J. 1871 noch im Noviziat als Postulant.

Ich erlaube mir, diese Erinnerungen bruchstückweise, in Form von Briefen, Eure Gnaden nach und nach vorzulegen und dabei mich auf das zu beschränken, worüber am wenigsten bekannt geworden ist oder worüber die größten und bedeutendsten Irrtümer und Unwahrheiten verbreitet sind. Anderes übergehe ich.

Um den hl. Segen bittend, usw...

1. Brief

Mein Doppelberuf für Ordensstand und Mission – Einfluss der Kirchengeschichte auf meine Berufswahl – Wie es kam, dass der Missionsberuf mich in den Benediktinerorden und nach Beuron führte – Pfingstexerzitien, die Vorgänge meiner Anmeldung, Berufsentscheidung und Aufnahme in Beuron – Unvorbereitete plötzliche Weltentsagung, Einkleidung (10. Juli 1870)

Wer den ersten Teil der Anfänge und Kämpfe eines „Missionsberufes" in den Missionsblättern des Jahres 1889 gelesen hat, dessen erster Brief von Paris und dessen letzte Briefe von Tübingen und von Beuron aus datiert sind, wird sich wundern über die Tatsache, dass gerade der Missionsberuf es war, der mich in den Benediktinerorden geführt hat! Schien dies doch damals prinzipiell unvereinbar zu sein. Dennoch ist es sehr wohl begründet. Denn damit ist nicht gesagt, dass der fundamentale Hauptzweck des Benediktinerordens, d.i. der Zweck des eigenen Seelenheils und der aszetischen Selbstheiligung, erst in zweiter Linie mich bewogen habe. Nein, gewiss nicht! Aufrichtigst fühlte ich das Bedürfnis, vor allem auf mein eigenes Heil der Seele zu wirken, als das Erste und die notwendigste Vorbedingung des Zweiten. Dann aber auch wie meine Seele, so auch andere Seelen retten zu helfen. Damit ist das Doppelmotiv meines Ordenseintritts ausgesprochen.

Ehe ich nach Beuron kam, hatte ich zwischen der Wahl des Jesuiten- und Kapuzinerordens unentschieden geschwankt. Die Lektüre des Lebens des hl. Franz v. Assisi, vom hl. Bonaventura geschrieben, machte mich für den Orden S. Francisci geneigt, der ja auch in ausländischen Missionen sich betätigt, die Lesung der „Briefe des hl. Franz Xaver" dagegen für den Orden des hl. Ignatius. Aber die Kirchengeschichte, vorgetragen vom Professor v. Hefele an der Universität Tübingen, klärte meinen schon drei Jahre früher (1867) gefassten Entschluss, mich der Heidenmission zu widmen und ihr zu Lieb dem weltlichen Stand zu entsagen, dadurch auf, dass sie mir drei große Wahrheiten an geschichtlichen Beispielen vor Augen stellte, nämlich:

Erstens, dass der apostolische Missionsberuf eine allem vorgehende Selbstbekehrung erfordere, eine möglichst vollkommene *conversio morum* der eigenen Seele; und dass aus diesem Grunde nächst den Aposteln die Religiosen am meisten für die Ausbreitung der christlichen Heilswahrheit geleistet haben, da dieselben den „Stand der Vollkommenheit" gewählt und das Evangelium im eigenen, ganz gottgeweihten Leben verkörpert hatten.

Zweitens, dass aber der Religiose als Völkerapostel, selbst wenn er die Heiligkeit und Wundergabe eines hl. Franz Xaver besitzt, dennoch nur dann Nachhaltiges und Jahrhunderte Überdauerndes wirken kann, wenn er nicht vereinzelt tätig ist, sondern in Gemeinschaft mit Ordensgenossen, die womöglich feste, vom Mutterhaus aus stets mit monastischem Nachwuchs verstärkte oder ergänzte klösterliche Niederlassungen bilden, von denen aus, wie aus Mittelpunkten des christlichen Unterrichts und christlicher Kultur und Gesittung, sich das Evangelium und die Kirche Christi ausbreiten können, ohne jemals von Lehrern und Seelenhirten verlassen wieder auszusterben.

Und drittens, dass aus diesen beiden Ursachen, namentlich aber aus dem zweiten Grunde, kein anderer Orden so Großes und so dauernd Nachhaltiges für die Bekehrung und Gesittung der Völker geleistet hat, als der Orden St. Benedikts, welcher *stabilitas* und *conversio morum* gelobt und der in den zu bekehrenden Heidenländern Europas überall Klöster gegründet hat, in der Geschichte berühmt gewordenen Zentren des Christentums und der Zivilisation.

Als ich solches aus dem Munde des verehrtesten meiner Lehrer hörte, gingen mir klare Lichter auf, wo ich bisher in Zwielicht und Nebel unsicher den rechten Weg gesucht hatte. Was Jahrhunderte lang sich so erfolgreich bewährt hat, – so dachte ich, – muss sich auch heute noch bewähren, wenn unter ähnlichen Verhältnissen mit den gleichen Mitteln gearbeitet wird. In den unermesslichen Gebieten der noch 900 Millionen zählenden Heiden[a] – größtenteils noch unkultivierten oder halbzivilisierten Länder, – findet der Missionar ganz ähnliche Verhältnisse, wie der Benediktiner sie in den vier ersten Jahrhunderten seines Ordens vorfand. Verfährt er da in derselben Weise, wie damals verfahren wurde, so muss das Werk auch jetzt noch dieselben großen Erfolge haben. Solches bei mir überlegend, kam ich zu dem Entschlusse, weder Kapuziner noch Jesuit zu werden, sondern Benediktiner. Das erschien mir als der beste, sicherste Weg zu meinem Doppelziele des Ordens- und Missionsberufes.

[a] Nach der Statistik 60% der Erdbevölkerung.

Ich hatte aber nie ein Kloster O.S.B. im Leben betreten. Da ich also keines besser als bloß dem Namen nach kannte, gab ich meinem Professor der Exegese, v. Aberle, den ich gleichfalls hoch verehrte, williges Gehör, welcher mir von der jungen Benediktiner-Abtei Beuron, ihrer strengen Ordensreform, ihrem frisch und kräftig aufstrebenden Geiste und speziell von ihrem Gründer und Abt Maurus Wolter höchst anziehende und empfehlende Mitteilungen machte, als ich ihn zu Rate zog. Er fügte bei meinem Abschiedsbesuche, als ich ihm sagte, ich trete in Beuron ein, seiner Aufmunterung hinzu: „Sie werden in Beuron jedenfalls bald im Lehrfache der Theologie Verwendung erhalten, da daselbst Lehrkräfte mangeln". (Vergleiche damit unten den 12. Brief, wo mir von Übelwollenden, die meinen Studiengang nicht kannten, nachgeredet wird, dass ich „keine Theologiestudien" gemacht habe!) Professor v. Hefele, der bald darauf Bischof wurde, bestärkte mich in meinem Vorhaben. Vorerst wollte ich jedoch Beuron aus eigener Beobachtung kennen lernen. Als zu Beginn der Pfingstferien 1870 drei Kommilitonen, welche geistliche Exerzitien machen wollten, mich zur Teilnahme einluden, willigte ich ein, wenn sie in Beuron gemacht würden. So kam ich in Begleitung eines andern Theologen, eines Doctor iur. utr. und noch eines Juristen nach Beuron. Die Eindrücke habe ich im letzten Briefe des ersten Teils der „Anfänge und Kämpfe eines Missionsberufes" unmittelbar nach ihrer Empfindung geschildert. Ich müsste kein „homo cordis" sein, wie der Brief des Apostels Petrus den Gemütsmenschen nennt, wenn sie mich kühl gelassen und mir nicht das Gefühl eingeflößt hätten, hier sei der Ort, den ich suche. Das feierliche Pontifikalamt, der von schönen, wohlgeschulten Stimmen vorgetragene Choralgesang, den ich zum ersten Mal im Leben im Rhythmus der richtig verstandenen Neumen und in der vom Gefühle des Wortsinnes inspirierten Dynamik des echten gregorianischen Gesanges vortragen hörte: die mit dem Amte verbundene Feier einiger Professen, worunter die eines Kartellbruders (P. Anselm Schott), wobei eine sonderbare Fügung mich zum Träger eines Zipfels des „mystischen Leichentuches" macht, unter welchem die Neuprofessen bis zur Kommunion und bis zum Auferstehungsrufe des Diakons auf dem Angesicht liegen: *Surgite! et illuminabit vos Christus*, der Anblick aszetischer Gestalten und der durchweg sichtlichen Disziplin, – dies alles und dazu die zur Weltabgeschlossenheit wie geschaffene Klausur hoher Felswände rings um das idyllische Donautal-Gelände der Abtei, wirkte mit Übermacht auf mein empfängliches Gemüt. Die Betrachtungen und Gebete der Exerzitien trugen ebenfalls das ihrige bei. Nur ein Bedenken ließ mich noch nicht zu einem Entschlusse kommen: es war die Sorge, dass dieses Haus ausschließlich das aszetische Leben der „Beschaulichkeit" pflege und für das „tätige" Ordensleben in der Heidenmisson und Mission überhaupt, vielleicht wenig Verständnis, jedenfalls keine Vorliebe übrig habe, und ich fragte mich vor Gott: Kann ich hier zum Berufe deines Dienstes in deiner großen Ernte kommen?

Am zweiten Pfingsttage kam ich in der Rekreation nach dem Mittagessen neben dem V. Abt zu sitzen. Ich bemerkte, dass ein italienischer Dominikaner, der in Beuron die Summa des hl. Thomas lehrte und dem ich gestern mich anvertraut hatte, ins Ohr des Abtes Verrat übte, und drohte ihm scherzhaft mit dem Finger. Der Abt fragte mich lächelnd: „Sagt der Pater die Wahrheit?" Ich gab – von den laut sich unterhaltenden Gästen nicht verstanden – zur Antwort:

„Wenn die Beuroner Benediktiner-Missionstätigkeit pflegten, würde ich es für eine Gnade halten, hier Aufnahme zu finden. Ich habe mir seit Beginn meiner Theologie-Studien vor drei Jahren die ausländische Mission unter den Heiden zum Beruf und Lebensziel erkoren."

Der Abt erwiderte hierauf: „Dieses Ziel können Sie nirgends besser erreichen als in demjenigen Orden, dem so viele Völker und Länder Europas Christentum und Kultur verdanken, – im Benediktiner-Orden."

Es fiel mir wieder ein, was ich hierüber in Prof. v. Hefeles Kirchengeschichte gehört hatte. Nach der Vesper besuchte ich den P. Novizenmeister (P. Benedikt Sauter, den nachmaligen Abt des Beuroner Klosters Emaus in Prag)[1], vor dem ich das dem Abt Gesagte wiederholte und hierauf eine dem Sinne nach gleichlautende Antwort erhielt.

Nach diesem Bescheid ging ich kurz entschlossen zum Abt und legte die Entscheidung über meinen Beruf oder Nichtberuf für Beuron ganz mit Gottvertrauen in seine Hand, ihn bittend, sie vor Gott zu überlegen; ich wolle sie als Gottes Stimme erkennen und befolgen. Andern Tags, dem 3.der Exerzitien, gab der Abt mir den sehr bestimmten, vorbehaltlosen Bescheid: „Es ist Gottes Wille: bleiben Sie hier!".....

Ich fragte, ob es sofort zu geschehen habe, oder ob ich noch vorher die Doktor-Dissertation, an der ich schon längere Zeit gearbeitet, vollenden und den schon in Aussicht gestellten Doktorgrad erwerben dürfe, was zum Schluss dieses laufenden Semesters bestimmt zu erwarten sei. Der Abt war nicht dafür: ich solle dem Hl. Geist, der mich zu seinem Feste hierher geführt, ohne Zögern folgen.

Hiermit war mein Entschluss fertig. Denn ich hatte Gott innigst und mit vollstem Vertrauen gebeten, dass er mir seinen Willen durch seinen Diener, den Abt, kund tun wolle. Ich blieb also sofort in Beuron, und meine drei Begleiter kehrten ohne mich zur Universität zurück.

Als ich etwas später genötigt war, zur Ordnung materieller Zeitlichkeiten in die Heimat und nach Tübingen zu reisen, versuchten viele, sowohl Laien als auch Geistliche, mich von meinem Vorhaben oder doch wenigstens vom Kloster Beuron abzuhalten, namentlich zwei, darunter ein Priester, die als ausgetretene einstige Novizen Beurons nicht gut darauf zu sprechen waren. Im unbegrenzten Vertrauen, dass mir Gott durch den Abt seinen hl. Willen kundgetan habe, blieb ich aber fest und kehrte mit einem Freunde, den ich zum Miteintritt bewogen hatte, ins Kloster zurück. Am Schutzfeste des hl. Vaters Benediktus (10. Juli 1870) wurde ich eingekleidet.

2. Brief

Unterschied zwischen meinem ursprünglichen und einem nachträglichen Missionsberuf im Ordensstande – Mein Noviziatsmartyrium – Die beabsichtigte prophetische Wahl meines Klosternamens. Schreckliche Weissagung, die damit verknüpft wurde – Meine übergroße physische Schwäche, die mir angeboren war, erliegt den Härten meiner Noviziatsprüfungen – Ein Infirmar, wie er nicht sein soll (zur Belehrung berichtet). Das Verdikt des groben Bauerndoktors – Die jede Missionstätigkeit ausschließende französische Benediktiner-Maxime im Noviziat, veranlasst mich, austreten zu wollen. Was mich bewog zu bleiben – Profess (25. Dezember 1871)

Es ist meine Überzeugung, ein Missionsberuf, wie dieser mir gegeben ward, welcher jahrelang existierte, bevor der Ordensberuf sich als notwendiger Begleiter zu erkennen gab und sich ihm zugesellte, sei ohne Zweifel ganz verschieden von einem „nachgeborenen", erst nachträglich einem Ordensmann in den Sinn gekommenen Missionstriebe, der ja auch von einer Unbeständigkeit im Ordensberuf herrühren kann und oft nur schwer davon zu unterscheiden ist. Diesen großen, wesentlichen Unterschied bei meinem ausnahmeartigen, dem Ordensberufe lange vorausgegangenen Missionsberuf zu machen, war Sache jener Gnade, welche der hl. Benedikt von dem Obern fordert, nämlich der „Gabe der Unterscheidung der Geister". Diese Gottesgabe war denjenigen Obern zweiten und dritten Grades, mit denen ich unmittelbar in täglicher Berührung stand, leider nicht gegeben; und da – wie Eure Gnaden selbst wissen – der gute Abt Maurus vom Rat und Urteile dieser seiner Ratgeber und Senioren mehr als gut war sein eigenes Urteil abhängig zu machen pflegte, so musste ich bald wahrnehmen, dass die Abtsworte, welche mich im Hinblicke auf das Missionsziel zum Entritt in Beuron bewogen hatten, so gut wie vergessen oder nicht gesprochen waren. Denn alles zielte auf die Unterdrückung und Tilgung dieser dem „Gehorsam" und der „Stabilitas" widerstrebenden

„Versuchungen des Eigenwillens“ und der „Fantasterei“ hin, wie man mein Missionsideal der Zukunft gar bald nannte.

Dessen ungeachtet entschloss ich mich, auszuharren, im unerschütterlichen Glauben an den Willen Gottes, dessen „Gedanken ja nicht der Menschen Gedanken sind“, und trat am Feste des Apostels Thomas, 21. Dezember 1870, mein Noviziat an. Als *nomen novum* erhielt ich den Namen des Apostels Andreas.

Zeitlebens bleibt meinem Gedächtnisse eingeprägt, was mein V. Abt zu mir sagte, als ich nach der Feier zu ihm kam, um ihm zu danken. Sein Äußeres nahm einen fast erschreckenden Ausdruck der Inspiration an, starren Blick, laute Stimme und großen Nachdruck! „Frater Andreas!“ rief er aus, „nicht umsonst gab ich Ihnen den Kreuzapostel zum Schutz- und Namensheiligen. Wenn Sie wüssten und in diesem Augenblick voraussehen würden, welch' Kreuz, welch' Leiden, welche Demütigungen im Leben auf Sie warten, würden Sie vor meinen Füßen hier ohnmächtig zusammenbrechen!“...

Worte, Stimme und Aussehen waren die eines vaticinierenden Propheten. Ich schrak im Innersten zusammen. Diese Worte prägten sich unauslöschlich in mein Gedächtnis ein, und ich erinnerte mich seitdem vieltausendmal daran, so dass ich sie jetzt noch buchstäblich wiederholen kann. Sie gingen vollständig in Erfüllung. Der Obere, in dessen Hand ich im Vertrauen auf Gott mein Schicksal deponierte, hatte prophetisch gesprochen: es war künftige Wahrheit.

Schon gleich im Noviziate begann die Erfüllung. Mein Noviziat war ein Martyrium für Leib und Seele und ich muss es für eines der Wunder der Gnade halten, wofür ich Gott Dank schulde, dass ich nicht erlag. Zunächst war es mein von Geburt an sehr wenig widerstandsfähiger Körper, welcher zu versagen drohte. Kind kranker Eltern, welche beide jung starben (der Vater starb am Blutsturz, als ich 1 ½ Jahre alt war, meine an Nervenzerrüttung leidende Mutter 13 Jahre darnach) – schien auch ich den Todeskeim in mir zu tragen. Vor meinem 20. Lebensjahr hatte ich wohl ein Dutzend Mal in Lebensgefahr geschwebt und vier mal hielt man meine Rettung für ein Wunder. Noch im 18. Lebensjahre hatten die drei Ärzte, welche mein besorgter Vormund an mein Krankenbett berief, mich für „unrettbar“ erklärt. Ein längerer Aufenthalt in Italien und Frankreich hatte hierauf meine genesende Gesundheit gefestigt, aber nur durch große Selbstschonung. Niemals hatte ich die Lebensweise meiner gesunden Altersgenossen mitmachen können. So war mein physisches Befinden noch zur Zeit meines Klostereintritts, im vollendeten 26. Lebensjahr. Nun musste aber die Selbstschonung aufhören, die mich bisher erhalten hatte.

Schon die Tag für Tag in immer gleicher Monotonie sich wiederholenden Noviziatsübungen, die von 4 Uhr morgens bis 9 Uhr abends in ununterbrochener Aufeinanderfolge Geist und Körper in Spannung erhalten, stellen selbst ganz gesunde Ordensaspiranten auf eine Probe, welche viele auf die Dauer nicht aushalten. Diese waren es nicht, die mir zu schwer fielen. Mit Liebe und Eifer machte ich sie mit (Nur verursachte eine übermäßige Anstrengung mich abends in der Komplet einer nervösen Schlafsucht zu erwehren, ein plötzliches starkes Ohrengeräusch, ein Sausen und Rauschen, das bis heute, – 42 Jahre lang – auch nicht eine Stunde lang mich wieder verlassen hat. Die Bitte, von den langen Gebeten nach der Komplet dispensiert zu werden, war mir abschlägig beschieden worden). Andere Ursachen, die *caritatis causa* hätten verhütet werden können und sollen, waren es, die mich an der Gesundheit schädigten. Es widerstrebt mir im höchsten Grade, darüber zu berichten, weil es den Anschein von Klage und Anklage hat, – was ich durchaus nicht mag noch beabsichtige. Aber ich halte es belehrungshalber für gut, daran zu erinnern, weil Fehler begangen wurden, von denen ich schon damals dachte, dass sie in meinem künftigen Missionskloster O.S.B., wenn der liebe Gott ein solches vorhabe, nicht vorkommen dürfen. In dieser guten Absicht will ich wenigstens einiges erwähnen.

Freude und Genuss an den wöchentlichen gemeinschaftlichen Spaziergängen in die schönen Umgebungen des Klosters wurden mir stark verkümmert, wenn es bergauf ging, was meistens der Fall war bei den hohen abschüssigen Talwänden längs der Donau daselbst. Wie die Ärzte sagen, habe ich für eine große Lunge einen merkwürdig engen Brustkorb, was zur Folge hat, dass ich von Kindheit auf bis heute nicht ohne Herzklopfen, Keuchen und Atemnot nebst Blutandrang zum Gehirn hohe Stiegen und Anhöhen besteigen kann. Wenn nun meine Mitnovizen rüstig bergan eilten, war ich notgedrungen zum langsam Gehen und dadurch zu unfreiwilligem Zurückbleiben gezwungen und schien gegen die Vorschrift zu fehlen, beisammen zu bleiben, worüber der Novizenmeister stets unwillig wurde und mich zu schnellem Nachkommen aufforderte. Denn er schrieb diese, wie meinte, „geflissentliche Absonderungen" meinen „regelwidrigen Sonderbestrebungen" zu. Mir aber machte es einen entmutigenden Verdruss, weil ich ohne Verschuldung als ungehorsam erschien trotz meines besten Willens.

Der Winter meines Noviziatsjahres 1870/1 war außergewöhnlich streng und kalt, besonders in der rauen Alb und an der oberen Donau. Die Kälte blieb längere Zeit im Mittel von 20 Grad unter Null. Ich sah Eure Gnaden damals als Postulant im warmen langen Winterüberzieher über dem Postulantenhabit, während ich den ganzen Winter hindurch ohne Winterkleider, in der nämlichen leichten Bekleidung, welche ich im Sommer und Herbst getragen hatte, die furchtbare Winterkälte zu bestehen hatte. Die Schuld lag wahrscheinlich an mir selbst. Wenn ich darum gebeten hätte, würden mir, – so glaube ich sicher, – ebenfalls winterliche Unter- und Oberkleider gegeben worden sein, da sich genug solche unter meiner mitgebrachten Habe befand (die mir aber nicht zur eigenen Verfügung frei stand). Dass ich nicht darum bat, war keineswegs Stolz, der nicht bitten mag; den kannte ich nicht; sondern es war weiß Gott was anderes, sei es vielleicht törichter, unvernünftiger Abtötungswille, oder jedenfalls Simplicitas, richtiger „Dummheit", welche gehorsamst abwarten wollte, bis diejenigen für mich sorgen werden, welchen die Sorge oblag. Im Grunde genommen wäre dies auch das Richtige im Kloster. Aber ich muss bekennen, ungebeten wurde von niemanden für mich gesorgt: nur die gewöhnliche Leibwäsche und Bettwäsche wurde mir zu den festgesetzten Zeiten gebracht, gleich allen andern. Die Abteikirche war damals ungeheizt und da der Gottesdienst Stunden währte, fror ich ganz entsetzlich! Ein Vierteljahr und länger! Schüttelfrost und Zähneklappern war noch das Erträglichere; aber ein schneidender Schmerz im Rückenmark und in der Brust, ein so wehtuendes Zusammenschnüren, dass es mir den Atem beklemmte, waren fast unerträglich. Da fehlte ich offenbar durch Mangel an kindlichem Zutrauen, welches so große Leiden offen bekannt und um den Schutz warmer Winterkleider gebeten hätte. Ich zweifle nicht, dass er mir gewährt worden wäre. So aber musste ich krank werden. Ich wurde durch und durch rheumatisch, und die Erkältungen traten der Reihe nach in jeder Form zu tage. Husten mit Auswurf fast zum Ersticken, Migräne mit tagelangem Erbrechen, kolikartige Unterleibsleiden, hohes Fieber, Zahnschmerzen, bösartige eiternde Frostwunden an Händen und Füßen, namentlich Halsleiden mit Entzündungen und Verschwellung im Innern und höchst schmerzliches Magenweh, wechselten fast ohne Unterbrechung ab oder traten auch zu zwei oder drei auf. Die meisten dieser Leiden wurden chronisch und verschwanden erst nach vielen Jahren durch mehrwöchige irisch-römische Schwitzkuren oder noch später durch eine Kur beim Pfarrer Kneipp. Zum Unglück für mich verstand der Infirmarius, Bruder R. nichts von den zu seinem wichtigen Amte nötigen Kenntnissen. In der Welt Schullehrer, im Kloster Organist, kannte er von der Medizin weniger als ein Dorfbader. Von Diagnose wusste er nicht eine Spur. Weil mir immer etwas fehlte und viel fehlte, glaubte er, ich sei ein „imaginärer Kranker", ein wehleidiger Hypochonder und brachte leider auch die Obern alle dazu, dass sie dies glaubten. In der Folge davon wurde mir jede Schonung versagt, um mir meine eingebildeten Übel durch das Gegenteil des Bedürfnisses auszutreiben. Nur zwei Beispiele zum Zwecke der Belehrung, wie selbst in einem guten Kloster durch die Schuld eines unverständigen und dazu hartherzigen Infirmars schwer an Leib und Seele der Leidenden gefehlt werden kann und wie höchst wichtig daher die Pflicht des Obern ist, das Amt des Infirmars nur solchen zu übertragen, die dazu in jeder Beziehung befähigt und geeignet sind.

Es war nach dem Ausbruch meines erstmaligen Halsleidens im Kloster, das der Wiederausbruch eines vier Jahre früher überstandenen, durch einen berühmten Homöopathen kurierten Kehlkopfleidens war, diesmal mit einer Mandelentzündung verbunden. Sonst mit einer lauten Stimme begabt, brachte ich beim Chorgebet und Chorgesang trotz schmerzhafter Versuche kein lautes Wort hervor. Dreimal – zuerst vom fr. Zelator, dann vom Subprior, schließlich vom P. Prior in Person – wurde ich aufgefordert, lauter zu rezitieren. Ich entschuldigte mich, aber strengte mich umsonst an zu gehorchen. Da ließ mich V. Abt vor aller Augen zu sich rufen und neben ihm Platz nehmen, mit strengem Befehl, meine Stimme hören zu lassen. Wohl größere Schmerzen, aber kein lauteres Wort brachte meine Anstrengung zustande. Als ich sah, dass der Abt sich darüber erzürnte, bat ich unter Tränen um Erbarmen und Schonung, weil der Halsschmerz es mir unmöglich mache, fand aber keinen Glauben. Aus fortgesetztem Mangel an Schonung verschlimmerte sich das Übel so, dass auch keine Hausmittel mehr halfen und schließlich ein Pater mich zu einem Kehlkopf-Spezialisten nach Tübingen bringen musste, der das Leiden konstatierte und behandelte. Die beiden entzündeten Mandeln, die herausgeschnitten werden sollten, ließ ich aber nicht entfernen in der irrigen Furcht, dass es mich am künftigen Missionsberufe hindern würde. Infolgedessen hatte ich später an häufigen Rückfällen zu leiden.

Der zweite Fall, dessen ich hier zur Warnung und Lehre gedenke, ereignete sich im nämlichen strengen Winter, als fußhoher Schnee die ungebahnten Wege bedeckte, durch die der wöchentliche Spaziergang der Patres und Novizen führte. Es hatte sich an einem meiner Knie unmittelbar unter und über der Kniescheibe ein sogenannter „Knieschwamm" gebildet, eine große Geschwulst von der Größe einer Kinderfaust, aus welcher Wasser sickerte. Unser Infirmar hatte sie mit Jod bepinselt und fest umbunden. Ich konnte das Knie nicht mehr biegen. Dennoch wurde ich vom gemeinsamen Chordienst nicht dispensiert und musste mit den Andern im Chore knien, was ich nur mit einem Knie vermochte, – das andere musste ich ausgestreckt halten; – aber noch schmerzlicher war es mir, dass ich auch vom gemeinsamen Ausgang durch den hohen Schnee nicht zurückbleiben durfte! Da ich das Knie nicht biegen konnte, was ja beim Gehen und zumal beim Waten durch so hohen Schnee nicht zu vermeiden war, kam ich mit meinem steifen Knie fast nicht mit und litt unter den Anstrengungen und Schmerzen unsäglich, so dass ich, schweißtriefend, zu erliegen meinte. Zu Tod ermattet heimgekehrt, musste ich auch noch Komplet und die langen Abendgebete, bei denen gekniet wird, im Chore mitmachen. Als ich beim Auskleiden die Fußbekleidung vom ausgeflossenen Wasser des Knies durchnässt und die Geschwulst vergrößert fand, nahm ich im Gefühle völliger menschlicher Verlassenheit meine Zuflucht zur Mutter Gottes, zu der ich ein kindliches Vertrauen hatte. Mit Lourdeswasser, das ein befreundeter Lourdespilger mir einst mitgebracht hatte, benetzte ich Kompressen und band sie unter Gebet und Tränen um das kranke Knie, bevor ich zu Bett ging. Man möge es mir glauben oder nicht, – gleichviel, ich gebe Gott und seiner „Mutter der Barmherzigkeit" nach der Wahrheit der Tatsache dankbar die Ehre! – es geschah während der Nacht an mir eines jener viel tausend Lourdeswunder, zu deren Danksagung die Grotte von Lourdes damals so oft, fast täglich vom Tedeum und Magnificat widerhallte. Als ich am frühen Morgen das Knie losband, war es vollständig heil und von Geschwulst keine Spur mehr!... Der Infirmar schrieb es der Heilwirkung der gestrigen Überanstrengung zu. Denn ich hütete mich, ihm etwas vom Lourdeswasser zu sagen aus Furcht, er könnte es mir wegnehmen für seine „Apotheke"! Auch den Obern verschwieg ich es; denn es ist psychologische Wirkung und Ursache: ungerechtfertigtes Misstrauen vonseiten der Obern erzeugt im aufrichtigst meinenden Untergebenen Mangel an Vertrauen zu den Obern. Ich könnte diesen Bericht um viele Beispiele vermehren, wovon einige mich noch tiefer demütigten und schmerzlicher prüften, ohne mich aber im Beruf wankend zu machen, denn ich hatte Cassians „Väter der Wüste" gelesen und mir gemerkt, dass dieselben ihre Novizen oft noch vielleicht härteren Proben unterworfen haben. Ich wollte diese in ihrer Standhaftigkeit nachahmen. Nur einmal brachte eine derartige Prüfung mich nahezu um den Beruf. Es war die folgende.

Da stundenweit in der Umgebung unseres Klosters kein Arzt wohnte und ein solcher nur in Notfällen gerufen wurde, bekamen wir fast nie einen zu Gesicht. Einmal, als ein Dorfarzt in das nahe H. kam, wurden etwa fünf unserer Patienten vom P. Subprior dahin begleitet und dem Bauerndoktor zur Konsultation vorgeführt. Ich war auch darunter. Nachdem meine Mitpatienten abgefertigt waren (unser lieber Fr. Thomas[2] bekam gegen seine Blähungen ein Pfund pulverisierte Holzkohle verschrieben), kam ich dran. Vorher nahm P. Subprior den Doktor bei Seite, und ich konnte erlauschen, dass er ihm von mir mitteilte, ich sei Hypochonder ohnegleichen, er solle mir gehörig die Wahrheit sagen; denn es fehle mir nichts. Der Doktor trat vor mich und mit der Stimme und dem Blicke eines rauen Unteroffiziers, der einen dummen Rekruten abkanzelt, sprach er barsch: „Sie frage ich nicht, was ihnen fehlt! Ich sehe es Ihnen schon an, was Ihnen fehlt, – nichts! Oder Vielmehr es fehlt Ihnen Verstand und Einsicht einzusehen, dass so ein eingebildeter „Kranker" ein Kreuz ist für den Arzt, ein Kreuz für die, welche um ihn sein müssen, ein Kreuz für sich selber und eine „Last" fürs ganze Kloster oder wo sie wohnen!" Damit war die Konsultation fertig... Das war zu viel! In diesem Augenblick verließ mich die Beharrlichkeit und blitzte in mir der Entschluss auf: Morgen ziehst du fort! Jetzt ist's genug. „Well", sagte ich, „ich werde das Kloster entlasten!" Mit diesem Entschluss ging ich zu Bett. Ein eindrucksvoller Traum, der mich teils belehrte, teils warnte und aus dem ich morgens erwachte, wirkte so auf mich ein, dass ich mich vom Abte umstimmen ließ und blieb, obgleich ich mich von da an von Beuron fortsehnte. Hätte ich der Versuchung nachgegeben, so gäbe es heute keine Congregatio Ordinis S. Benedicti pro missionibus exteris, kein St. Ottilien (es wäre heute noch der verrufene Weiler Emming), keinen Erzabt von St. Ottilien, keinen Abt von Schweiklberg oder von Münsterschwarzach oder von Seoul, noch ein Apostolisches Vikariat Daressalam mit einem Benediktiner-Bischof an der Spitze. Da es aber offenbar Gottes Wille war, dass dies entstehen und bestehen solle, ist es eine menschlich schwer zu beantwortende Frage, auf wem die größere und die größte Verantwortung für das Nichtentstehen gelastet hätte, wenn ich diesen wahrlich nicht leichten Prüfungen unterlegen wäre.

Doch genug von den leiblichen Leidensproben. Noch schwerer waren die geistigen. Jedoch kann ich mich darüber kurz fassen, da das Vorzubringende auch Eure Gnaden vom Noviziat her selbst bekannt ist. Sie werden sich erinnern, dass unser Novizenmeister P. Benedikt Sauter sein Noviziat für die erst zu gründende Beuroner Kongregation in Solesmes, der Abtei der französischen Benediktiner der Reform des Abtes Guéranger gemacht hatte und dass wir in seinem Novizenunterricht ganz im Geiste und in den Prinzipien dieser französischen Reform gebildet wurden, ja dass vielfach geglaubt wurde, Beuron sei nur eine deutsche Filiale von Solesmes. Noch öfter und stärker hörten wir die französischen Reformprinzipien und -lehren in den Vorträgen des gleichfalls in Solesmes unter Guéranger gebildeten P. Zeremoniars Bonifatius Wolff[3] betonen. Als Hauptgrundsatz des Benediktinerordens wurde uns gelehrt: der oberste, weil ausschließliche eine Zweck unseres Ordens sei die Bekehrung, Rettung und Heiligung der eigenen Seele; und die Mittel zum Zwecke seien: das stabile Verharren im Kloster und das gehorsame Leben nach der Regel der Vollkommenheit, die uns St. Benedikt gegeben. Jeder andere Zweck, also Seelsorge und Mission zur Bekehrung und Besserung anderer Seelen als der eigenen, liege außerhalb des wahren Benediktiner-Ordenszweckes[a].

[a] Das ist ohne Zweifel der Grund, warum später der einzige Gegner im Kardinalskollegium der Propaganda, der gegen meine Eingabe zur Gründung einer Benediktinerkongregation pro missionibus exteris seine Stimme geltend machte, der Solesmeser Mönch und Schüler des Abtes Guéranger, Kardinal Pitra O.S.B., war.

Diese scharf betonte und in allen Variationen vorgebrachte Lehre schien mir im Widerspruche mit den Worten des Abtes und Novizenmeisters zu stehen, womit sie mich zum Eintritt bewogen hatten: dass ich meinen angestrebten Missionsberuf nirgends besser realisieren könne als im Benediktiner-Orden, dem so viele Länder und Völker Europas das Christentum verdankten![a] Ich fragte den Novizenmeister mit den Worten des Völkerapostels (Röm 10,15): „Wie konnten denn die Benediktiner die Heiden zum Christentum, zum Glauben an Christus bekehren, wenn sie ihnen nicht Christum predigten? Wie konnten sie ihnen predigen, wenn sie nicht gesandt waren, gesandt sowohl vom eigenen Orden und Obern als auch vom Apostolischen Stuhle? Wenn es nun aber richtig und wahr wäre, dass Mission und seelsorgliche Tätigkeit nicht im Ordenszwecke, sondern außerhalb des Benediktiner-Ordenszweckes lägen, so wäre die Christianisierung Europas ja eigentlich nicht dem Benediktinertum zu verdanken, sondern nicht-benediktinischen Nebentätigkeiten der Missionäre. Wie dürften sich die Benediktiner gleichwohl rühmen, halb Europa zum Christentum bekehrt zu haben?"

Mit solchen Einwendungen der Logik machte ich mich immer weniger und weniger beliebt bei den Obern, und sie ließen es mich fühlen. Ich gewann immer mehr die Überzeugung, sie seien entschlossen, mich während des Noviziats von meinem Missionsideal abzubringen und nach der Profess mich Kraft des gelobten Gehorsams davon fernzuhalten, für ganz und für immer. Ich fühlte mich ganz grenzenlos enttäuscht. Und als der letzte Monat des Noviziatsjahres gekommen war, wenn der Novize die schriftliche Eingabe um Zulassung zu den Gelübden einreichen soll, erklärte ich dem Abte, mich beim Eintritt getäuscht zu haben und austreten zu wollen. Die Gründe legte ich dar, wie sie hier geschrieben stehen.

Obwohl ganz aufrichtig und auch nach meiner jetzigen Überzeugung nicht unrichtig, sondern dem ganzen Anschein nach durchaus wahr motiviert, war das Austrittsbegehren dennoch eine Versuchung und lag, wie ich jetzt klar erkenne, nicht in Gottes Willen, welcher wollte, dass ich die Ordensschule bis zum Ende durchmache, um alles das zu lernen, was ich einst lehren sollte, damit die von Gott vorgesehene und geplante neue Ordensfamilie den guten Geist der wahren, in der Solesmenser und Beuroner Kongregation gepflegten Disziplin in ihrer alten ursprünglichen Auffassung bekomme und darauf gegründet

[a] Siehe oben im Briefe I.

werde, um das wirken zu können, was die Benediktinerklöster der ersten Zeit zur Verbreitung des christlichen Glaubens und Lebens gewirkt haben. Daher gab der Geist Gottes dem Abte ein, mir mit der Ungnade Gottes zu drohen, wenn ich auf dem Austritt beharre. Ich litt damals an so großer Ängstlichkeit des Gewissens, dass mein Gewissen sich durch diese Drohung unwiderstehlich gefesselt fühlte. Ich konnte nicht mehr anders, ich musste bleiben.

Und so legte ich denn am heiligen Weihnachtsfeste des Jahres 1871 die Gelübde auf die Regel des hl. Vater Benediktus ab und sang aus aufrichtig flehendem Herzen das *Suscipe me Domine!*

3. Brief

Meine Subdiakonats-, Diakonats- und Priesterweihe, Primiz – Die erste Filiale von Beuron: Gründung der Abtei Maredsous (Belgien). Meine Beteiligung daran, Lehrzeit für künftige eigene Klostergründungen. Meine Infirmartätigkeit – Ich erkranke, die Ärzte erklären mein Leiden für unheilbar. Rückkehr ins Mutterkloster – Das irrtümliche ärztliche Verdikt wird das größte Hindernis meines Missionsberufes. Folgen.

Das Jahr 1872, das auf meine Profess folgte, brachte mir die Weihegnaden des geistlichen Standes. Dieses durfte noch vor Ablegung der *vota solemnia* geschehen, weil ich nicht auf den titulum paupertatis (Klostertitel), sondern auf den Patrimoniumstitel geweiht werden konnte. Zur gegenseitigen Freude empfing ich die Subdiakonats- und Diakonatsweihe von der Hand meines so hochverehrten und geliebten Lehrers der Kirchengeschichte und der christlichen Archäologie, Dr. v. Hefele, jetzt Bischof von Rottenburg, gleichzeitig mit bekannten Württemberger Alumnen des Seminars. Die hl. Priesterweihe dagegen erteilte mir mit den Badenser Klerikern der Rms. Erzbischof v. Kübel, im Seminar St. Peter bei Freiburg, am Feste U.L. Frau vom Berge Karmel, am 16. Juli 1872. Am Sonntag, den 28. Juli brachte ich, buchstäblich „mit Furcht und Zittern" und in tiefster Erregung der Seele, Gott das erste hl. Messopfer dar, in der Abteikirche zu Beuron. Unter den Andächtigen, womit die Kirche überfüllt war, befanden sich weder Verwandte noch Bekannte, da ich keine Anzeige und keine Einladung erlassen hatte.

Im Herbste desselben Jahres wurde unser V. Abt von reichen Notablen Belgiens eingeladen, auf Gütern der Familie Desclée eine neue Abtei zu gründen. Mr. Jules Desclée[4], einer der beiden Söhne der Familie, welche als Freiwillige für den hl. Vater Papst Pius IX. gegen Garibaldi gekämpft hatten, war an einem Arme schwer verwundet, aber dann in der Höhle des hl. Benedikt zu Subiaco durch ein Wunder plötzlich geheilt worden, als er die Gründung einer Abtei gelobt hatte.

Ein guter Freund von ihm, ebenfalls päpstlicher Zuavenoffizier, ältester Sohn des belgischen Grafen de Hemptinne, war bei den Benediktinern in Beuron eingetreten und saß neben uns im Noviziat, wie Eure Gnaden sich erinnern[a]. Mr. Desclée wandte sich daher an seinen Freund in Beuron, als er seine Gelübde einlösen wollte, und durch diesen an unsern Abt. Nebst Landgütern stand hierzu ein Bardepot von 2 Millionen als Anfangsschenkung zur Verfügung. Der Abt überlegte es sich lange und nicht ohne Sorge, da dies die erste Neugründung der noch zu jungen, kaum zehnjährigen Beuroner Kongregation war. Als er die Zustimmung gab, war es schon November. Unter den fünf Patres und drei Brüdern, welche er dazu bestimmte, die Gründung zu beginnen, befand sich auch der Neopresbyter P. Andreas, ein *servus inutilis* zu diesem groß angelegten Unternehmen. Ich denke, Gott habe dies gefügt in der Absicht, derselbe solle *in praxi* lernen, wie eine Klostergründung O.S.B. von ihren ersten Anfängen an zustande kommt, um das Gelernte einstens zu einem gleichartigen Werke für Gottes Ehre zu verwerten.

Es war für mich eine sehr lehrreiche und interessante Zeit. Es ließe sich darüber ein gutes Buch schreiben. Hier nur ein paar Notizen, die Eure Gnaden vielleicht neu sind. – In Begleitung unseres Abtes ging die Fahrt über Luxemburg und Namur ins Wallonengebiet Belgiens, wo die in Tournai wohnenden Multimillionäre Desclée begütert sind. Es war schon Nacht, als wir 9 Mönche unter dem Gesange des *Ave Maris stella* in einem Nachen über die breite Meuse setzten, am Ufer drüben empfangen von einer Reiterschar, die unsern dort bereitstehenden zwei Wagen beim Fackelschein teils vorausritten, teils nachfolgten. Unser künftiges Pfarrdorf Denée, wo wir übernachteten, war beleuchtet. Musik und Kirchengesang – freilich barbarischer Art für deutsche Ohren – und der Curé mit der Dorfbewohnerschaft im Festkleid, begleiteten uns in Prozession zur Kirche, trotz später Nachtstunde. Andern Tags bezogen wir unser Interim-Klösterchen, ein großes Bauerngehöft nach der landesüblichen Art von Pachthöfen belgischer Großgrundbesitzer, des massiven Aussehens halber vom Volke „Burgen, chateaux" genannt, die alle ein großes Viereck steinerner Gebäude bilden, bestehend aus einem Landhaus für die Herrschaft, Pächterhaus, Stallungen, Ökonomiegebäude und einem Nachts

[a] P. Hildebrand de Hemptinne, der erste Abtprimas des Benediktinerordens, † 1913.

geschlossenen großen Tor. Unser Klösterchen umfasste den Teil des herrschaftlichen Landhauses und war schon fix und fertig in kleine Zellen eingeteilt, und klösterlich solid möbliert: ein Kapelle mit schönem Altar, Refektorium, Konferenzzimmer mit theologischer und aszetischer Bibliothek, Küche, Sprechzimmer, Pforte, – kurz alles Nötige, klein beisammen. Ein Dachreiter mit Glocke war neu. Ein kleiner Park mit Garten vor dem Hause, zur Zeit entlaubt, verhieß Schatten für „übers Jahr im andern Sommer". Maredsous hieß das heimelige Nestchen, im Grunde eines kleinen Wiesentales gelegen.

Der Winter 1872 auf 1873 und das Frühjahr darauf verstrichen ob fast täglichen Exkursionen in der Umgegend, um den geeignetsten Bauplatz für die künftige Abtei auszukundschaften. Die fleißigen Einwohner wunderten sich darob und es gab schon Leute, die über die „Landstreicher-Mönche" die Köpfe schüttelten. Als die Bauzeit kam, fiel die Wahl des Bauplatzes am Schlusse einer Novene auf die mit Unterholz bewachsene steile Anhöhe, an deren Fuß unser Klösterchen lag. Der Platz erwies sich als providentiell. Denn sämtliches Baumaterial konnte im Umkreise von 1,5 km, also in unmittelbarer Nähe, aus dem Boden des Klostergrundes selbst ausgegraben und auf improvisierten Feldbahnen zur Baustelle gebracht werden, – der harte, in Belgien „Granit" genannte Stein zu den massiven Mauern, welche durchweg aus Hausteinen bestehen. Daneben hydraulischer Kalk bester Qualität, einige hundert Schritte davon ein weites Lehmbodenfeld für die Millionen Backsteine zu den Gewölben, in improvisierten Feldziegeleien nach Wallonen-Art (ohne Öfen) auf freiem Feld gebrannt; am Fuße des Klosterhügels Mörtelsand und Kies. Diese Providenz ersparte viel Zeit und Mühe und Geld, da all dieses Material weither auf der Achse hätte herbeigeschafft werden müssen und auch als Material große Ankaufssummen gekostet hätte.

Die Baupläne wurden im Verlaufe des Winters vom Baron Béthune[5], dem bekannten Architekten und eigentlichen Begründer der nach den besten alten Vorbildern neuerstandenen Gotik in Belgien, nach wahrhaft großen Ideen entworfen und von einem sehr tüchtigen, erfahrenen Ingenieur, Mr. Soreil, ausgeführt. Architekt Béthune wohnte während der Zeit, in welcher er an den Plänen und ihren Details arbeitete, bei uns im Klösterchen, um sich fortwährend über alles und jedes informieren zu können, was zu einer Abtei unseres Ordens erforderlich und praktisch war[a]. R.P. Hildebrand de Hemptinne und

[a] Meine Studien über die Erfordernisse einer Benediktinerabtei nach den Bedingungen der hl. Regel St. Benedikts findet sich als Konzept noch irgendwo unter meinem schriftlichen Nachlass *(Anmerkung des Herausgebers: nicht auffindbar).*

ich nahmen an den architektonischen Arbeiten Anteil als gelehrige Schüler. Was wir dabei lernten, konnten wir später wohl verwerten, P. Hildebrand zum Bau von St. Anselm in Rom, und ich zum Baue des älteren Teiles von St. Ottilien nach selbst gezeichneten Plänen.

Der Tag, an welchem in Anwesenheit unserer kleinen Kommunität und einiger vornehmer Gäste der Bauführer Mr. Mousty die Front der Abtei absteckte, um mit dem Bau zu beginnen, blieb mir in Erinnerung. Ein Wolkenbruch durchnässte uns zum Schluss bis auf die Haut und da keiner von uns zwei Habite und zwei Paar Schuhe hatte (weil der Abt bei Beginn des Werkes verordnet hatte, dass zur Übung der Armut ein jeder von uns nur einen Habit usw. mitbringen sollte), so waren wir allesamt genötigt, am hellen Tag so lange ins Bett zu liegen, bis die wassertriefenden Kleider und Hemden am Feuer getrocknet waren.

Für die Fundamente wurde in 1,5 bis 2 Meter Tiefe der Felsgrund bloßgelegt, auf welchem die Abtei ruht. Die Feier der Grundsteinlegung war großartig. Der Bischof der Diözese Namur und der Abt von Beuron, beide im Pontifikal-Ornat, gefolgt von unserer Kommunität und dem Diözesanklerus, den Stiftern und ihren Freunden – Baronen, Grafen, Senatoren – umschwärmt von Volksscharen, zogen in Prozession vom Interimsklösterchen bergan zum Bauplatze und nach beendigter Fundamentensegnung zurück zum Gastmahle in der hohen geräumigen Tenne des Ökonomiegebäudes, die über und über mit Draperien verhängt, als Speisehalle diente. Auf der in den Fundament-Grundstein eingeschlossenen Urkunde mussten wir nach den Stiftern und dem Abt auch unsere Namen eintragen. Hoffentlich kommt das Dokument nie mehr zum Vorschein vor dem jüngsten Tage, indem das darauf gebaute Haus Gottes bestehen bleiben möge, bis der Herr kommt!

Von meiner Beschäftigung ist nichts von Bedeutung zu berichten. In der Pfarrfiliale Maredret, von Maredsous eine halbe Stunde entfernt[a] hatte ich gewöhnlich den Gottesdienst zu besorgen. Mehr Arbeit machte mir mein Ämtchen als Infirmar, auf welches ich viel Fleiß und Sorgfalt verwendete, weil auch viele von den Einwohnern der Umgegend Hilfe beim „Père André“ suchten, bis schließlich die Ärzte der Nachbarschaft sich beklagten. Als aber die Cholera

[a] In der wallonischen Sprache heißt Maredret „Ober-Moor“ und Maredsous „Unter-Moor“.

als Epidemie auftrat und auch unser P. Hildebrand de Hemptinne an dieser Seuche erkrankte, so dass er isoliert werden musste, da gestattete der Arzt gern, die ganze Behandlung und Pflege dem „Père André" zu überlassen. Ich schloss mich also mit meinem lieben Cholerakranken in ein Krankenzimmer ein und blieb so viele Tage und Nächte lang mit ihm isoliert, bis ich mit warmen Kamillen-Tauchbädern und heißen Kamillen-Dampf-Schwitzbädern und andern Mitteln meines guten Doktorbuches ihn durchgebracht hatte und ihn als genesen wieder zur Kommunität zurückbrachte. Noch als Abt-Primas erinnerte er mich später daran. Ich fand aber, es habe hierzu nichts anderes gebraucht als Caritas. Denn diese kennt keine Furcht und keinen Ekel, und keine Mühe ist ihr zuviel. Auch ist ein Infirmar, der selbst weiß, was Leiden sind, mehr zur Caritas geneigt, als einer, dem nie etwas fehlt. Das erfuhr auch noch ein anderer Confrater. Derselbe bekam den „Knieschwamm", der genau aussah, wie der meinige gewesen war, von dessen Nichtbehandlung ich im vorigen Briefe berichtete. Belehrt durch die Erfahrung an mir selbst, ließ ich den Patienten so lange (bei drei Wochen) im Bette ruhen und der Zimmerruhe pflegen, bis das Übel geschwunden war, anstatt ihn auch zu allen Knieübungen der Gesunden zu zwingen.

Indessen hieß es bei mir bald: *medice, cura teipsum*. Ich habe mich im vorigen Brief darüber verbreitet, wie und weshalb meine von Kindheit auf gebrechliche Gesundheit im Noviziatsjahr fast völlig zusammengebrochen war und welche vielfältige Leiden die Folge waren. In Maredsous verschlimmerte sich mein Befinden, besonders die nervösen Schmerzen, so arg, dass unser Hausarzt und unser P. Subprior mich zu Dr. Lefèvre, einem bekannten Löwener Arzt brachten, zur Untersuchung. Nach einer Betastung der Wirbelsäule, welche schmerzhafte Stellen aufwies, erklärte mich der Arzt für „schwer rückenmarksleidend". Und was die Ärzte sonst den Patienten zu verschweigen pflegen, sagte er mir in aller Gegenwart ins Gesicht: „Ich müsse mich auf lange und noch zunehmende Leiden gefasst machen". Dem mich begleitenden Subprior Johannes Blessing[6] teilte er beim Weggehen mit: „Hoffnung auf Heilung sei nicht mehr vorhanden. Ich werde körperlich und ebenso auch geistig mehr und mehr verfallen bis zum völligen Ruin". Obwohl leise gesprochen wurde, verstand ich alles. Der „Zufall", welcher mir als „Nemesis" erschienen, hatte es gefügt, dass der P. Subprior, der hiervon Ohrenzeuge sein musste, jener nämliche war, der dem groben Bauerndoktor, von dem ich im vorigen Brief erzählte, suggeriert hatte, ich sei ein Hypochonder, dem nichts fehle; er solle mir nur ernstlich den „Text lesen"! Jetzt hatte er dem Abte brieflich nach Beuron das Gegenteil zu melden. Mich aber entmutigte das trostlose ärztliche Verdikt nicht. Ich verglich die Aussprüche der beiden Doktoren miteinander und dachte mir: Die Wahrheit wird wohl in der Mitte zwischen den beiden Extremen „Nichts fehlen" und „Unheilbar" liegen. So war es auch.

Das ärztliche Gutachten fand aber bei den Obern und Mitbrüdern Glauben und daraufhin ließ der Abt mich ins Mutterhaus nach Beuron zurückkommen, wo mir jede Schonung zuteil wurde. Das war mein Glück und meine beste Kur. Nur das machte mir Kummer, dass alle, namentlich die Obern, auch die ärztliche Prophezeiung, ich werde allmählich der geistigen Versimplung bis zur schließlichen Geistesumnachtung entgegengehen, ernst nahmen und im Glauben daran jetzt schon begannen, mich von jeder geistigen Betätigung und Mitarbeit auszuschließen. So durfte ich von da an nicht an den Moralbesprechungen und sogenannten „Casus-Konferenzen" für den Beichtstuhl, an den Pastoralkonferenzen und dergleichen teilnehmen; bei theologischen Kontroversen, bei exegetischen Fragen (worüber ich gerade viel studiert hatte) wurde ich nicht mehr angehört; selbst in der Rekreation fand ich für gut zu schweigen, weil ein Wort von mir nicht mehr Beachtung fand. Eine Abnahme meiner Geisteskräfte, sei es der Urteilskraft oder des Gedächtnisses und überhaupt auch meine Kenntnisse nahm ich aber an mir nicht wahr; auch nicht im Geringsten! Daher machten mir diese tief demütigenden Beobachtungen großen Kummer im Hinblick auf den angestrebten Missionsberuf, weil darin die Gefahr begründet lag, dass man meine Missionspläne und Missionsgedanken für die fixe Idee eines angehenden Verrückten ansehen werde. In der Tat war dem so, wie ich später konstatierte, auch nachdem anstatt der prophezeiten allmählichen Verschlimmerung eine ärztlich beglaubigte Besserung eingetreten war, welche anhielt. Trotzdem fasste man das nicht zu unterdrückende Wieder- und Wiedererscheinen dieser meiner Zukunftsideen für eine offenbar pathologische Erscheinung auf, welche nachgerade lächerlich gemacht und bespottet wurde. Diese Wahrnehmung hatte etwas tief Entmutigendes wegen der Folgen, die vorauszusehen waren. Es drohte mir daraus ein unübersteigbar hohes Hindernis zu erwachsen. Ich erinnere mich, welchen Trost es mir bereitete, als ich im „Leben Don Boscos" las, dass auch er, als er seine große, gesegnete Gründung plante, von seinen Freunden für verrückt gehalten wurde, ja sogar nur mit Not dem Irrenhaus entging, wohin sie ihn schon gebracht hatten! Aber noch etwas anderes war damit durch einen Causalnexus verknüpft, was mir außerordentlich leid tat: es litt darunter die väterliche und kindliche Liebe, die im Kloster – zumal im Benediktinerkloster – zwischen Obern und Untergebenen bestehen soll, da nach der St. Benedikts-Regel der Obere nicht bloß ein Superior, noch bloß ein „Erster" (prior), noch nur ein „Führer und Lenker" (rector), auch nicht bloß ein „Hüter und Wächter" (guardiano) usw., sondern ein „Vater" (abbas) sein soll, der von Söhnen geliebt und gefürchtet werde. So konnte mir nicht verborgen bleiben (denn der Beweise gab es zu viele!), dass ich die Liebe und Wertschätzung meines Abtes – und nicht allein seine, sondern auch die der andern Regimen-Grade alle – und die der Mehrzahl der übrigen Familienmitgliedern, die um meine „Sezessionsbestrebungen" wussten, dieserhalber mehr und mehr verloren und dass ich von denselben schließlich mit persönlicher Abneigung und fühlbarem Unwillen ertragen wurde. Das wurde auch von denen wahrgenommen, welche mir die brüderliche Liebe immer bewahrten, wie z.B. vom guten P. Gérard van Caloen[a], R.P. Anselm Schott[b], R.P. Suitbert Bäumer, R.P. Thomas Elsässer und R.P. Ildephons Schober, die es herzlich bedauerten. Da ich mir das Vaterverhältnis zu den geistlichen Söhnen und das Kinderverhältnis derselben zum geistlichen Vater in unserm Orden besonders innig vorgestellt hatte, litt ich unter dem Missverhältnisse, in das ich berufshalber gekommen war, weit mehr als ich es zu sagen vermag. Und alles das um des Missionsberufes willen. Aber es musste so kommen. Gott hatte seine heiligen Absichten bei diesen Zulassungen.

4. Brief

1874 und 1875: Gründliche Erholung durch zwei längere Vakanzen (mit einer Kur) bewirkt eine fast völlige Genesung – Aufhebung des Klosters Beuron. Dreiteilung der Kommunität. Auszug – Ich bin beauftragt mit einer Partie der Chor- und Laienprofessen im „fürstlich hohenzollernschen Schlosse" Beuron zurückzubleiben. Meine Beschäftigungen als „Hofkaplan" und Instruktor der fürstlichen „Dienerschaft" (Laienbrüder) – Beglückende Aufklärung und Beruhigung in meinem Missionsanliegen durch eine Korrespondenz mit dem frommen Gottesmann Rektor Janssen.

Ein geschäftlicher Auftrag von unserm Abte, nach dem Tode meines Onkels und einstigen Vormundes eine Erbschaftsangelegenheit in meiner Heimat zu ordnen, verschaffte mir im Spätherbst bis Dezember 1874 eine fast zweimonatige Abspannung, während welcher mir von alten Freunden viel Liebes und Gutes erzeigt wurde[c]. Im Sommer 1875 war sie mir nochmals vergönnt, als

[a] R.P. Gerard, in der Welt Baron, Sohn des Senators van Caloen, stets Freund der Mission, jetzt Erzbischof O.S.B. in Brasilien, in dessen Erzdiözese unsere Missionsschwestern eine blühende, segensreich wirkende Niederlassung haben.

[b] Der Verfasser des bekannten „Schott'schen Messbuches" und Herausgeber der Desclée'schen liturgischen Bücher.

[c] Ein Freund meiner Akademiezeit, Bildhauer Franz Sales Amlehn in Sursee, Kt. Luzern, z.B. ließ es sich nicht verwehren, eine lebensgroße Büste von mir zu modellieren und in Gips gegossen im schweizerischen Kunstsalon 1875 auszustellen. Andere gewährten mir kostenfreies Logis mit Pension usw.

ich die Erlaubnis zu einer fünfwöchigen Kur von irisch-römischen Schwitzbädern erhielt. Diese Vakanzen stellten mich wieder her, so dass am Schluss derselben eine ärztliche Diagnose von einem Rückenmarkleiden keinen Rest mehr konstatieren konnte, bloß hochgradige Nervosität mit Nebenerscheinungen und starke Disposition zu rheumatischen Leiden[a]. Ja, der Badearzt behauptete, der Löwener Dr. Lefèvre müsse sich gewaltig geirrt haben. Ich könne unmöglich in dem von ihm angegebenen Grade rückenmarkkrank gewesen sein.

Als ich im Spätsommer 1875 von meiner Badekur nach Beuron zurückkehrte, fand ich das Kloster in Aufregung wegen der durch die „Maigesetze" dekretierten Klosteraufhebung. Vergeblich hatte sich die Stifterin, Fürstin Katharina von Hohenzollern (geborene Fürstin Hohenlohe)[7], an Kaiser Wilhelm I. gewandt, um doch wenigstens die Schonung Beurons als Hohenzollern-Stiftung zu erwirken. Ein Beamter kam und nahm das Inventar und Mitgliederverzeichnis auf. Was nun folgte, wissen Eure Gnaden selbst. Sollten diese brieflichen Berichte aber auch von Späteren gelesen werden, so will ich für diese schreiben, was ihnen sonst unbekannt bliebe und speziell das mich persönlich Betreffende für die, welche sich dafür interessieren.

Es fand eine Dreiteilung der Abtei statt. Ein kleiner Teil der Mitglieder wurde in das neue belgische Kloster Maredsous versetzt; der Abt mit dem Hauptteil siedelte in das fast leere Servitenkloster Volders in Tirol über; ein dritter Teil, aus etwas über 20 Mann bestehend, hatte in Beuron zurückzubleiben, welches nicht mehr „Kloster", sondern „fürstliches Schloss" oder „Residenz der verwitweten Frau Fürstin" hieß. Unter den Zurückbleibenden war auch ich. Es fiel der erste Schnee, als der traurige Auszug nach Volders stattfand. Mit uns in Beuron ging eine große Umwandlung vor. Wir alle wurden das „Hofgesinde" der Fürstin. P.R. Bernhard[8] behielt sein bisheriges „Pfarramt" von Beuron bei. Für uns war er „Prior", P.R. Stephan war „Hofbibliothekar" und katalogisierte die zurückgelassene Klosterbibliothek; meine Wenigkeit figurierte als „Hofkaplan", der in der Abtskapelle vor den Fürstlichkeiten täglich zu zelebrieren hatte. Außerdem oblag es mir, als Instruktor den 15 Laienbrüdern, die als fürstliche „Diener" oder „Knechte" zurückgeblieben, Konferenzen zu halten, sie beichtzuhören usw. Ein Bruder trug als „Schloß-

[a] Acht Jahre später (1883) fand der berühmte Freiburger Diagnostiker Dr. Baumann, der mich untersuchte, ganz dasselbe: nur sehr große Nervenschwäche mit einem damit zusammenhängenden Herzfehler ohne größere Bedeutung.

Portier" Livrée und Schnurrbart. Im Hause trugen wir den Ordenshabit, beim Ausgehen Säkularkleidung. Gottesdienst, außer dem Pfarrgottesdienst, wurde bei geschlossenen Türen und mit gedämpften Stimmen gehalten. Als „fürstliches Schloss" war das Kloster niemand zugänglich. Ich hatte vom Abte den Auftrag, die tief niedergeschlagene Stifterin, die Fürstin (welche zudem herzleidend war), sowie ihre Damen, wozu beständig die Fürstin von Fürstenberg, ihre Freundin, zählte, täglich durch Vorträge zu unterhalten. Ich las u.a. und kommentierte die „Göttliche Komödie" von Dante und trug zur Abwechslung etwas Kunstgeschichtliches oder über Themata der christlichen Ästhetik vor. Vergessen habe ich zu erwähnen, dass auch die drei Meister der Beuroner Kunstschule, P. Gabriel[9], P. Lukas[10] und Fr. Desiderius[11] mit ihrem Atelier zurückgeblieben waren. In der langen Bußzeit dieses nur teilweise-klösterlichen Aufenthaltes beteiligte ich mich an Studien der menschlichen Normalfigur („Canon"), wobei von Fr. Desiderius Lenz, seiner Vorliebe für die alte ägyptische Kunst wegen von uns „Ägypter" genannt, der eigentliche Urheber der „Strenge" der Beuroner Kunstrichtung und von P. Gabriel Wüger, dem „Milderer" der Lenz'schen Strengheiten und dem eigentlichen, ausführenden Künstler der Lenz'schen Kompositionen, sowie von mir (einem von der Strenge der Schule abweichenden und selbständige Wege gehenden Nebenarbeiter), drei verschiedene „Normalfiguren" geschaffen wurden. R.P. Lukas Steiner, der dritte der Beuroner Kunstschule, der die Farbenskizzen zu den Gemälden der Schule entwarf, machte sich als Kolorist verdient. Nebenbei beschäftigten mich eigene Studien über die Verwandtschaft der musikalisch-physikalischen Gesetze der Töne (nach den Entdeckungen von Helmholtz) und der Gesetze der musikalischen Harmonie, mit der Harmonie und Symmetrie in den Künsten der Skulptur, Malerei und Architektur, deren Schönheitsgesetze ich auf diesem Wege zu finden, festzustellen und zu begründen suchte. Auch hierüber hielt ich ein paar Vorträge vor den fürstlichen Herrschaften. Als „Dissident" von der mir zu groß erscheinenden Strenge der Beuroner Kunstrichtung kam ich in manchen unangenehmen Konflikt mit den Meistern derselben. Übrigens beschäftigte ich mich mit der Kunst im Kloster stets nur mit Widerwillen, weil ich dadurch von meinem „verrückten" Missionsgedanken abgebracht werden sollte. Eine Mater Dolorosa mit den Leidenswerkzeugen Christi, für die Frau Fürstin entworfen und in „Öl" ausgeführt, war übrigens das Einzige, was ich in Beuron schuf, abgesehen von einem Titelbild zum „Gertrudenbuche" des Abtes und einem Herz-Jesu-Altarbild für die Beuroner Kirche, letzteres als Zwitterding zwischen Lenz'scher und eigener Richtung, mit dem ich daher nicht zufrieden bin. Die große Ruhe und Stille dieses Daseins im aufgehobenen Kloster und die Freiheit von den geistigen und körperlichen Anstrengungen des regelrechten Klosterlebens wirkten sehr heilsam auf meinen Gesundheitszustand und vollendeten die Genesung, wenigstens nahezu. Dass ich dabei mein unabweisbares „ceterum censeo", den Missionsberuf, nicht vergaß, ist natürlich erklärlich. Ich wünschte jetzt vor allen Dingen zur Beruhigung meines immer noch sehr ängstlichen Gewissens die Ansicht eines frommen, erfahrenen Gottesmannes kennen zu lernen, ob mein Missionsbestreben von Gott sei, oder nicht, da mich die wiederholte Äußerung meiner Obern, es sei „nur eine Versuchung des Teufels", sehr schwer beunruhigte und verwirrte. Ich musste hierüber einmal auch einen unbeteiligten Geistesmann zu Rate ziehen, dessen Urteil weder durch ein Vorurteil noch durch ein Selbstinteresse beeinflusst wurde. Wo war aber ein solcher zu finden? Die überaus große Wichtigkeit meiner Frage, sowohl in Hinsicht auf mein eigenes Seelenheil als auch auf das so vieler Seelen, deren Rettung mir vorschwebte, verlieh mir das Recht und sogar die Pflicht, nach einem solchen Berater zu suchen, da ich meine Obern von offenbar unbegründeten Vorurteilen mehrfacher Art befangen glaubte, – was sich nachher auch wirklich bestätigte.

Das Anormale meiner Lage benützend trat ich nach vieler Überlegung in kurze Korrespondenz mit dem frommen Gründer und Obern des Missionshauses in Steyl, Herrn Rektor Janssen. Ein einmaliger Briefwechsel genügte. An den Wortlaut meines Schreibens erinnere ich mich nicht. Doch enthielt sein Inhalt jedenfalls alles Notwendige, woraus die Schlüsse eines sichern, entscheidenden Urteils gezogen werden konnten. Die kurze Antwort lautete: „er habe mein Anliegen im Gebete überlegt und glaube zu sehen, Gott wolle von mir, ich solle dahin trachten und wirken dass der Orden des hl. Benedikt wieder zu seiner alten Missionstradition zurückkehre". Diesen schlicht und bestimmt lautenden Bescheid empfand ich als Ermunterung von oben, von wo alle gottgeweihten Berufe und alle dazu nötigen Berufsgnaden stammen. Er beruhigte, tröstete und bestärkte mich so, dass von da an mein Lebensziel nicht mehr vor mir in der Luft schwebte wie ein Phantom, von dem man nicht weiß, ob es Wirklichkeit oder Täuschung ist. Mir schien mein Ziel jetzt auf sicheren, festen Boden gestellt zu sein. Nur der Weg zu ihm lag mir noch verborgen. Diesen zu finden, überließ ich ferneren Gnadenfügungen der göttlichen Vorsehung und dem unbekannten *tempora et momenta, quae Pater posuit in sua potestate*. Auch diese Hoffnung täuschte nicht.

5. Brief

Rückkehr nach Maredsous (1876). Übersiedlung in den zur Hälfte fertigen Neubau der Abtei. – Meine verschiedenen Beschäftigungen (1876-1880). Infirmardienst – Choralpflege – Historisch-archäologische Forschungen, publiziert in den Studien und Mitteilungen aus dem Benediktiner- und Zisterzienserorden. Kunstaufträge.

Auftrag zu Studien der gotischen Malerei der mittelalterlichen Meister Belgiens. Ein demütigendes Erlebnis, das erbaulich endigte – Praktische Erfolge und Versuche in Physik und Mechanik. Gründe, warum aus Berufsrücksichten nicht verwertet. Erfindung der ersten Automobil-Idee, bestätigt durch Erzabt Plazidus, damals Abt von Maredsous. Unbefugte Selbstzerstörung des Entwurfs (1877/8)

Als nach dreijähriger rüstiger Bautätigkeit die eine Hälfte des massiven Klosterneubaues von Maredsous vollendet und wohnlich eingerichtet war, sollte er von einer großen Kommunität bezogen werden. Und da ich dem falschen Propheten Lefèvre zu Trotz wieder fast ganz genesen war, wurde ich im Juni 1876 kurz vor dem Einzug in den Neubau, wieder nach Maredsous zurückbeordert und nahm von der Beuroner „Schlossherrschaft" und ihrem „Gesinde" Abschied.

Ich kam gerade recht, um in den 14 Tagen bis zum Einzuge schnell noch ein drei Meter hohes Herz-Jesu-Altarbild für die Kapelle zu malen, zu welcher das künftige, sehr geräumige und hohe Refektorium des Neubaues eingerichtet war. Meine Verwendung im neuen Kloster war eine ziemlich mannigfaltige und successiv wechselvolle, bis die 4 Jahre meines zweiten Aufenthaltes in Belgien vorüber waren. Ich hatte auch wieder das Infirmaramt zu übernehmen, dehnte diesmal aber meinen Sorgenkreis nicht über die Klausur hinaus. Ferner hatte ich den gregorianischen Choralgesang, den Eure Gnaden mit fr. Thomas und mit mir zusammen unter Leitung und Schulung des P. Novizenmeisters und Chorallehrmeisters einst eingeübt und den wir als Vorsänger des sogenannten „Kleinen Chors" jahrelang ausgeübt hatten, auch in Maredsous wieder als Vorsänger zu pflegen. Einst erfreute uns der Besuch des Dom Pothier O.S.B. von Solesmes[12], des eigentlichen Vaters der Choralreform, aus deren Schule der Beuroner Choral hervorgegangen ist, des Entdeckers der Jahrhunderte lang nicht mehr gekannten Interpretation der gregorianischen Choralneumen alter Zeit. Er gab uns Unterricht in Vortragen. Mit mir und noch 2 Vorsängern hielt er Übungen[a].

[a] Als ich etwa 14 Jahre später in St. Ottilien auch einen ausgewählten Chor von Vorsängern im gregorianischen Chorale zu unterrichten und einzuüben hatte, was freilich mit Not und Mühe geschah, da ich infolge öfterer Rückfälle meiner Halsentzündungen die Stimme zum Vorsingen verloren hatte, – da hielt ich mich getreu an das Gelernte. Unser erster Chorallehrer in Beuron war ein Schüler Dom Pothiers, P. Benedikt Sauter, der Verfasser des Buches „Choral und Liturgie", gewesen.

Bevor das neue Kloster, an dessen Vollendung noch viele Jahre gearbeitet wurde, zur Abtei erhoben war, stand es unter Prioren, deren erster der junge belgische P. Gerard van Caloen war, von dem ich in früheren Briefen schon Erwähnung machte. Der zweite war ebenfalls ein junger Belgier, P. Robert de Kerchove[13], ein Senatorssohn. R.P. Gerard, der in 4 Sprachen, die er beherrschte, „Schuld-Kapitel" (Culpa) hielt, da in der Kommunität 4 Nationalitäten vertreten waren, war Freund der Geschichte und Geschichtsforschung. Ich machte zur Zeit seines Priorates historische und archäologische Forschungen über den hl. Ordensstifter, sein Leben und seine Regel. In einer Arbeit z.B. wies ich an alten Dokumenten von nicht zu widerlegender Beweiskraft nach, welches die historisch wahre Größe der Hemina und der Libra der hl. Regel war, die bisher für unbekannt und nicht mehr bestimmbar gegolten hatte[a].

Zur Kunsttätigkeit wurde ich besonders auf Betreiben des Barons Béthune, des Architekten unseres Klosters, angehalten. Dieser exklusive Gotiker galt in Belgien nicht bloß in der Architektur, sondern auch in allen andern bildenden Künsten für die erste Autorität hinsichtlich des gotischen Stiles. Er lieferte die Zeichnungen und Farbenskizzen für die Glasmalerei, die Kirchenbemalungen, für alle Kirchengerätschaften, alle Paramente, die Bildhauerarbeiten und für Drucksachen, – alles im gotischen Stil des 13. und 14. Jahrhunderts[b]. Der Beuroner oder „Lenz'sche" Stil war ihm ein Greuel; aber die Béthune'schen gotischen Figuren mir nicht minder. Ich saß zwischen den beiden wie zwischen zwei Stühlen, – am Boden – und wäre gern aufgestanden zu einer selbständigen Stellung. Denn die wahre Kunst, sofern „Kunst" von können stammt, kommt aus dem eigenen Innern und ich konnte mich nicht anders geben, als es mir gegeben war. Ich hatte mich durch gründliches Studium an der klassischen Antike gebildet und für die religiöse Kunst an den alten italienischen Schulen Giotto, Giovanni da Fiesole, Massacio und auch – was Komposition anbelangt – am Raffael. Ich konnte daher weder die steife Unnatur der ägyptischen noch die vertrackte, fromm naiv sein wollende Unnatur der

[a] Abt Placidus ließ diese Arbeit später in der periodischen Zeitschrift „Studien aus dem Benediktiner- und Cisterzienser-Orden" Jahrgang 1883 (in zwei Fortsetzungen) veröffentlichen unter dem schwer erkennbaren Autornamen D.A., d.h. Dom Amrhein oder Dom André, Maredsous. Als Maredsous Abtei wurde, wurde der französische Titel Dom (nicht Don) für Pater eingeführt, wie er in der Abtei O.S.B. von Solesmes von Anfang an bestand.

[b] Die Illustrationen der liturgischen Bücher von Desclée in Tournai rühren von Béthune und seiner Schule her.

gotischen Figuren Béthune's für schön und nachahmenswert halten. Erbauen konnte ich mich nicht daran und hielt sie für unerbaulich auch andern gegenüber. Da Herr Béthune aber an einem „Antlitze des leidenden Heilands", das ich in Maredsous auf die sog „Pax-Tafel" gemalt hatte, Gefallen fand und es eine „méditation" nannte, glaubte er aus mir einen Gotiker machen zu können, wenn ich die Werke der gotischen Malerei der Niederlande studieren würde, und erbat sich von meinen Obern hierzu die Obedienz für mich. Ich musste mit ihm auf 1-2 Monate.

Zunächst brachte er mich nach Bruges, dem unvergleichlichen Kleinod der Gotik, wo er mich bei seinem Bruder einlogierte, dem Chanoine Béthune[14]. Ich nahm das Studium sehr ernst und arbeitete im Museum des Hospitals St. Jean vom Morgen bis Mittag, von der Essenszeit bis zur Dunkelheit, Tag für Tag, Sonntag ausgenommen. Von den berühmten Malereien Memlings auf dem Reliquienschrein der hl. Ursula kopierte ich mit größter Sorgfalt ein figurenreiches Bild vollständig, das die Einschiffung der hl. Ursula mit ihren 10.000 Jungfrauen darstellt. Ich malte es mit Ölfarben. Außerdem malte und zeichnete ich noch eine Menge Farben-, Falten- und Kopfstudien in Aquarell oder Stift. Das berichte ich hier wegen einer Demütigung, die mit einer unbeabsichtigten Erbauung endigte und etwas Charakteristisches hatte. Wegen der großen Entfernung meiner Wohnung vom Arbeitslokal ließ ich meine Studien und Arbeiten immer unter Obhut des Museumswärters zurück und brachte nie etwas nach Hause. Auch war das frische Ölgemälde nicht transportabel und nachher war Zeit zum Brevier. So kam es, dass der gute Chanoine von meinen Arbeiten weder je etwas zu sehen noch zu hören bekam. Besorgt schrieb er seinem Bruder, er solle mich wieder in mein Kloster zurückbringen, weil ich die Zeit mit Nichtstun verliere; ich hätte in all dieser Zeit noch gar nichts gemacht und bringe doch den langen Tag außer dem Hause zu, – scheint's mit Spazierengehen. Baron Béthune kam (von Gent, wo er wohnte) und begehrte bekümmerten Gesichtes zu sehen, was ich gearbeitet hätte. Als ich ihm nun meine Sachen aus dem Museum holte und vorlegte, machte er ganz erstaunte Augen. „Mein Gott! Das alles, so viel, so viel! Ja, wie ist es nur möglich, das alles in so kurzer Zeit zu Stande zu bringen?! Unglaublich! Und alles so fein und sorgfältig ausgeführt! Sie müssen ja wie ein Sklave (un nègre) gearbeitet haben! Aber sagen Sie mir nur doch, mein lieber Pater, warum haben Sie denn nie, gar nie, etwas davon gezeigt, nie davon gesprochen, so dass mein Bruder glaubte, dass Sie die Zeit mit Spazierengehen verbracht haben?" Ich gab zur Antwort: „Wäre der Herr Chanoine ein Oberer, so würde ich ihm allabendlich von meiner Arbeit Rechenschaft gegeben haben. So aber hätte das Vorzeigen meiner Kopien und Studien nur den Zweck gehabt, eine Anerkennung, ein Lob, dafür zu bekommen. Das ist nicht Benediktinerart. Darum kam es mir nicht einmal in den Sinn. Ich hätte sie aber dem Chanoine vor meinem Weggehen gezeigt, aus Dankbarkeit für seine Gastfreundschaft, damit er gesehen hätte, dass dieselbe gut benützt worden sei." Der Herr Baron machte von diesem so einfachen Vorfalle viel Aufhebens im Kreise seiner Bekannten, und man schien sich daran zu erbauen. Lehre: Man erbaut gerade dann, wenn man's am wenigsten sucht und vermutet! – Meine unfreiwillige Studienreise nach Bruges und Gand hatte für mich viel Anregendes und Lehrreiches, da sie mich mit den besten Familien Belgiens durch Baron Béthune und Graf de Hemptinne bekannte machte. Aber für die Kunst der Gotik brachte sie mir nicht den erwarteten Nutzen. Außer einer Verbesserung der Kolorits und der Technik profitierte ich nichts. Die Wandgemälde der Abtskapelle von Maredsous – fast das Einzige, was ich darnach in Kunst leistete – geben davon Zeugnis. Außerdem richtete ich ein Atelier ein und unterrichtete einige Kunstschüler. Das war fast alles. Ich konnte mir nicht helfen: meine Gedanken waren beim Zeichnen und Malen anderswo! Ich musste zu viel an das denken, was St. Chrysostomus in seiner Homilie zum Evangelisten Matthäus ausgesprochen hat: „Fürwahr, für viel erhabener und vorzüglicher als jeden Maler, jeden Bildhauer, überhaupt als jeden Künstler halte ich den, der die Kunst versteht, Sinn und Geist der Jugend zu bilden." Diese Kunst war und blieb mein Verlangen und mein Sehnen.

Einer andern Beschäftigung in Maredsous will ich noch gedenken, da sie mehr als jede andere im Stand gewesen wäre, mich von meinem Lebensideale abzubringen, wenn dies überhaupt möglich gewesen wäre. Von früher Jugend auf, besonders vom Gymnasialstudium an, war mir eine Vorliebe für die Naturwissenschaften, speziell Physik eigen und wenn man dem Zeugnisse des Physikprofessors glauben darf, welcher mich sehr aufmunterte, Physik zu meinem Lebensberuf zu wählen, so besaß ich auch besondere Begabung dafür[a]. Im Kloster Maredsous war die Folge davon, dass ich gelegentlich Prüfungen in diesem Fache machte, meistens im Gebiete der Mechanik und praktisch verwendbar. Dieselben kamen z.T. zur Ausführung, eine davon z.B. in Köln. Ich verweile hier jedoch nicht dabei und gedenke dafür einer andern, die durch meine Schuld nicht zur Ausführung kommen konnte, trotz ihres praktischen Wertes. Es war zur Zeit, als der Bruder des Erzabtes, R.P. Placidus Wolter, Abt von Maredsous geworden war, etwa im Jahre 1878. Damals gab es noch lange kein Automobil. Da kam mir die erste Idee von einem elektrisch sich selbst

[a] Einige Jahre später (1880-82) wurde mir am Benediktiner Progymnasium zu Erdington (England) deshalb das Lehramt der Physik (natural philosophy) und Mathematik übertragen.

bewegenden, lenkbaren Wagen für offene (schienenlose) Straßen. Diese Idee arbeitete ich ganz gründlich durch; alles wurde bis ins Einzelne berechnet; vom Ganzen und jedem Detail Zeichnungen und Pläne nach den berechneten Größenverhältnissen gemacht und alles nach den Gesetzen der Physik eingehend begründet und beschrieben. Die Schrift mit Zeichnungen umfasste bei 50 Seiten. Ich reichte sie dem Abte ein, mit dessen Erlaubnis ich sie verfasst hatte. Abt Placidus sandte sie zur Beurteilung an P. Subprior Johannes Blessing, einem gediegenen Kenner der Physik und Mathematik, welcher, wie Eure Gnaden selbst wissen, für die erste Autorität Beurons in diesen Fächern galt. Dieser schickte sie nach einiger Zeit an unsern Abt zurück mit der vorbehaltlosen Anerkennung der Erfindung. Er habe sie, schrieb er, sorgfältig geprüft und nachgerechnet und finde nichts daran auszusetzen. Er halte sie für physikalisch ganz richtig und praktisch ausführbar. Nun handelte es sich um die Kostenfrage der Ausführung. Ein Modell davon machen zu lassen, widerriet ich, sowohl aus technischen Gründen als auch wegen der schlimmen Erfahrung, die ich bei einer früheren Erfindung gemacht hatte, weil dieselbe, während sie im Modell von einem Feinmechaniker ausgeführt wurde, ehe sie patentiert war, von jemand kopiert, gestohlen und schnell auf einem andern Erfindernamen zum Patent angemeldet worden war und dadurch für mich, d.h. fürs Kloster verloren ging, was mir in späteren Jahren noch zweimal passierte. Die Kosten der Ausführung im Großen schätzte ich auf 20-30.000 Franken, für den ersten Wagen. Die Höhe dieser Summe schreckte den Abt zurück. Ich merkte ihm an, dass es ihm leid tat. Der hochwürdigste Herr sann nun auf andere Möglichkeiten einer Verwendung. Und da er keine fand, kam er auf den Gedanken, meine Schrift mit den Zeichnungen drucken zu lassen, zu veröffentlichen und dadurch ihre Ausführung frei zu geben! Diese Idee, wodurch mein Automobil einem beliebigen Unternehmer ausgeliefert worden wäre ohne Nutzen für das Kloster, erschreckte mich und regte meine Nerven so ungebührlich auf, dass ich in einem Moment trübster Niedergeschlagenheit das Manuskript samt allen Plänen der Erfindung – in den Ofen warf und verbrannte! Auch ging ich nicht mehr daran, es neu zu machen der übermäßig großen Mühe und Arbeit wegen. Es war ein großes Unrecht und eine bedauerliche Torheit von mir! Ich bekenne es und rechtfertige es nicht. Denn der Mönch soll auch kranke Nerven beherrschen. Noch etwa 30 Jahre später, als Abt Plazidus Erzabt von Beuron war und im Jahr 1906 sein fünfzigjähriges Jubiläum feierte, erinnerte derselbe sich daran. Es wurde mir von Ohrenzeugen berichtet, dass er bei der Rekreation nach dem Festmahle den befreundeten Prälaten, welche mich gekannt hatten oder kannten, diesen Vorfall erzählt habe (Eure Gnaden werden wohl selbst es gehört haben) und dabei das Bedauern geäußert, dass durch diesen meinen Missgriff die Ehre der Priorität der Auto-Erfindung für Beuron und den Benediktinerorden verloren war. Denn es vergingen über zehn Jahre, bis man nachher vom ersten Versuche mit dem ersten Automobil in Paris Kunde bekam[15]. Übrigens ist mir klar, warum Gott nicht wollte, dass ich mit dieser seiner Geistesgabe im geistlichen Stand Erfolge ernte, weder damals noch auch später, weil der Wille Gottes in klaren Worten lautet: *Nemo militans Deo implicat se negotiis saecularibus* (2 Tim 2,4). „Militans Deo" erinnert ja an die Worte des Abtes an die Novizen vor der Profess: „Ecce lex, sub qua (Deo) militare vis!" Die mit Schwierigkeiten verbundene Ausführung derartiger Arbeiten würde meine persönliche Leitung, also lange Abwesenheit vom Kloster und Beteiligung an ganz weltlichen Dingen und Sorgen nötig gemacht haben, was vom monastischen Standpunkt aus ebenso unzulässig gewesen wäre, wie vom geistlichen Standpunkt der Verkehr mit der heutzutage meist antiklerikalen Arbeiterschaft der Fabriken. Das Beste wäre jedenfalls gewesen, was mein Abt mit meiner Sache vorhatte.

6. Brief

Entschiedene Schritte meiner Missionsbestrebungen. Abweisung derselben als „Eingebungen Satans". Versicherung anderer Ordensoberer (S.J.), dass sie von Gott kommen. Warum ich dennoch das Anerbieten der letzteren ablehnte, mir meine Sendung von Rom zu erwirken. – In einer Novene heiliger Messopfer leiste ich feierlich auf meinen Namen und jede Ehre im Leben Verzicht zu Ehren des Namens Jesu. Wunderbarer Vorfall, der endlich zur Zusage meines Abtes geführt hat (10. September 1879)

Im Gesamtberichte über meine Beschäftigungen während meines zweiten Aufenthaltes in Maredsous hat mein voriger Brief der Zeit etwas vorgegriffen (1876-1880). Was inzwischen geschehen ist in Bezug auf meine alten Missionsbestrebungen will ich hier nachholen, da zwei bedeutungsvolle Ereignisse zu verzeichnen sind.

Im Jahre 1876 waren sechs lange Jahre verflossen seit dem Pfingstfest 1870, an welchem ich dem Erzabt, damals noch Abt Maurus eröffnete: „Wenn Beuron Missionstätigkeit hätte, würde ich wünschen, in Beuron Aufnahme zu finden" und darauf die hoffnungsvolle Antwort erhielt, dass kein Orden mehr für die Verbreitung des Christentums geleistet habe, als der Benediktinerorden und dass sich also mein Missionsideal nirgends besser realisieren lasse[a]. Gegen

[a] Siehe obiger Brief 1.

Ende dieses Jahres kam Rms. Abt Maurus nach Maredsous zu längerem Verweilen. Kniefällig erinnerte ich seiner Gnaden bei der Gewissenseröffnung an seine und meine obenerwähnten Worte und bat, weil ich mich genesen fühle, um die Gnade meiner Verwendung im Dienste des Evangeliums, einer Verwendung im hl. Gehorsam. Die Antwort war eine harte, entschiedene Ablehnung – hart nicht sowohl wegen der Zurückweisung als wegen ihrer Motivierung: „ich sei vom Satan verblendet, der Teufel habe mir die Missionsidee in den Kopf gesetzt" (wörtlich!). Mich beruhigte zwar die Erinnerung an den anders lautenden Bescheid des frommen Gründers von Steyl[a]. Aber „ut in ore duorum vel trium testium stet omne verbum", wie Herr Jesus selbst sagte (Mt 18,10), zog ich Jahre darauf bei der Gelegenheit, als ich einige Tage bei H. Graf de Hemptinne in Gent zuzubringen hatte, auch noch den Obern des dortigen Jesuitenkollegiums, P. Küntgen S.J., zu Rate. Ich verfasste mein curriculum vitae und fügte kurz gefasst den Hauptinhalt dieser meiner brieflichen Berichte an Eure Gnaden nebst noch anderem auf den Beruf Bezüglichen hinzu und überreichte es dem genannten Pater als Memorandum, um es vor Gott reiflich zu überlegen. Als P. Küntgen im Winter darauf in Yvoir, 5 Stunden von Maredsous, zu predigen hatte, kam er trotz Wind und Wetter zu Fuß nach Maredsous, um mir seine Antwort persönlich zu bringen, die er freilich keinem Schreiben hätte anvertrauen dürfen; denn sie lautete: er habe mit noch zwei andern, erfahrenen Priestern seiner Gesellschaft alles wohl erwogen und um den gottgewollten Rat gebetet, und sie seien alle drei zur Überzeugung gekommen, was ich für die katholische Mission anstrebe, komme von Gott und sei Gottes Wille und Absicht. Er sei bereit, mir in Rom die Dispens von meinen Gelübden zu erwirken, damit ich mein Vorhaben für die Mission ungehindert im Gehorsam unter dem Heiligen Apostolischen Stuhle zur Ausführung bringen könne, da hierzu unter meinen gegenwärtigen Verhältnissen keine Hoffnung vorhanden sei". Der Gedanke, mich zu diesem Zwecke von den Ordensgelübden dispensieren zu lassen, kam nicht von mir. Ich hatte im Memorandum nichts davon erwähnt noch darum gebeten. Meine Antwort hatte daher folgende Fassung: „Es genüge mir vorderhand die unschätzbare, große Beruhigung, zu wissen, dass ich bezüglich meines Missionsberufes und meines Missionsplanes nicht vom Satan „verblendet" noch vom „Teufel" inspiriert sei, sondern dass ich fest glauben dürfe, Gott habe es mir eingegeben und Gott wolle, dass ich es ausführe. Das sei für mich eine so tröstliche Stärkung, dass es mir die Kraft verleihe, noch länger auszuhalten und zu warten bis es Gott gefalle, das Herz

[a] S. oben Brief 4.

meines Abtes dem Missionswerke geneigt zu machen und mich im hl. Gehorsam dazu zu verwenden. Sonst könnten mich später Gewissensskrupeln beunruhigen, dass ich gegen den Gehorsam und eigenwillig gehandelt habe. Ich sei sehr dankbar für das Anerbieten seiner Hilfe beim Heiligen Stuhle in Rom, wolle aber noch keinen Gebrauch davon machen."

Inniger als je nahm ich nun meine Zuflucht zu Opfer, Gebet und Gelöbnissen. Einen Besuch des Benediktinerklosters Afflighem (der belgischen Kongregation), den ich in Begleitung unseres lieben jungen Priors P. Gérard van Caloen machte, weihte ich „Unserer lieben Frau von Afflighem" als Wallfahrt. Und als ich einst neun Messintentionen frei hatte, brachte ich diese Messopfer als „Novene zu Ehren der Mutter Gottes" in folgender, zum täglichen Beten schriftlich verfassten Intention Gott dar: „Für mein ganzes Leben leiste ich Verzicht auf jede Ehre meines Namens und auf meinen Namen selbst, wenn Gott mir dafür die Gnade gewährt, ein Werk zur Verkündigung und Verherrlichung des heiligsten Namens Jesu in Heidenländern und zur Rettung der Seelen, die diesen Namen noch nicht kennen, im heiligen Gehorsam auszuführen".

Mein verehrter, hochwürdigster Herr! Sagen mir doch Euer Gnaden: Hat der Herr diese Intention nicht huldvoll angenommen und als Vertrag gelten lassen? Denn getan, im heiligen Gehorsam vollbracht, ist das angestrebte Werk zur Verbreitung und Verherrlichung des göttlichen Namens Jesu, – aber mein Name, auf den ich verzichtet samt jeder Ehre, soll nicht genannt werden dürfen in Verbindung mit dem Werke, wozu mich Gottes Gnadenwahl und Erbarmung gebraucht hat. So vollständig, ja buchstäblich ist die Erfüllung des Gelöbnisses, durch Fügungen zu Ehren des göttlichen Namens und durch Zulassungen bezüglich meines Namens. Mögen jetzt auch die vier Intentionen gleich so sich erfüllen, die ich so viele Jahre lang (anfangend im Jahr 1874), sei es im *Memento* jedes heilige Messopfers oder bei der heiligen Kommunion dem Herzen des Heilandes empfohlen habe: Verzeihung aller meiner Sünden – meine vollständige conversio morum – dass ich ein Werkzeug Gottes zur Rettung vieler Seelen werde – eine begnadigte selige Sterbestunde![a]

[a] Dieser gelübdeartigen Verzichtleistung wegen unterließ ich später bei der Feier der Grundsteinlegung des neuen Hauptgebäudes von St. Ottilien, d.i. des Mutterhauses der Kongregation von St.Ottilien, auf der Gründungsurkunde, welche in den Grundstein eingemauert wurde, meinen Namen als Gründer oder als Zeuge zu schreiben. Ich schrieb bloß: ego peccator quidam, fundator indignus... Dafür trägt die Urkunde die Namensunterschriften der anwesenden Mitglieder und Zeugen.

Man glaube aber nicht, dass ich mit meinem verpönten Missionsverlangen, das beständig mein Sinnen und Trachten beschäftigte, auch beständig meinen Obern in den Ohren gelegen und ihnen dadurch in einem fort lästig gefallen sei. Das geschah nur regelmäßig von drei zu drei Jahren: 1870 - (1875 fiel wegen Krankheit aus) - 1876 - 1879 - 1882. Von 1876-1879 schwieg ich also davon, zufrieden mit dem, was ich vom R.P. Küntgen S.J. erfahren hatte. In dieser Zwischenzeit beschäftigte mich, was ich im vorigen Briefe berichtet habe. Es war auch in diesen Jahren, dass die Beuroner Kunstschule einer Einladung nach Monte Cassino folgte, um auf das 1400jährige Jubiläum des Geburtsjahres St. Benedikts die sogenannte Torretta, die uralte, vom hl. Ordensstifter bewohnte Stätte, mit Gemälden zu schmücken; und dass Beuron seine dritte ausländische Neugründung zu Erdington in England unternahm. Letztere erwähne ich auch deshalb, weil ich später (1880) dorthin geschickt wurde, um daselbst die letzten paar Jahre meiner Beuroner Vorbereitungszeit für die Mission zu verbringen. Wie es Gott fügte, dass ich dahin kam, will ich jetzt berichten. Im Frühjahr 1879 erhielt ich den Auftrag, nach Landshut in Bayern zu reisen, um eine neue Erfindung des dortigen physikkundigen Bürgermeisters Gehring (Metall-Email), die derselbe der Beuroner Kongregation angeboten hatte, zu prüfen und eventuell zu lernen. Von dort kam ich nach Beuron, um an die „Residenz" der fürstlichen Stifterin, welche schwer herzleidend war, einen eigens konstruierten Balkon anzubringen, von welchem sie, im Rollstuhl sitzend, sich wie in einer Art Lift von ihrer Wohnung in den Garten hinab- und zurückbefördern lassen konnte, ohne dass sie eine Erschütterung erlitt oder einer Gefahr ausgesetzt war, – eine etwas primitive, aber solide Einrichtung, die ihren Dienst zur vollkommenen Zufriedenheit tat und die ich durch zwei Brüder im Kloster selbst herstellen lassen konnte. Mein Aufenthalt in Beuron dehnte sich bis Mitte September aus, – da kam um Maria Geburt der hochwürdigste Erzabt Maurus nach Beuron. Da meine regulären drei Wartejahre seit 1876 „um" waren, nahm ich mir das Herz zu einem neuen Kniefall in der Sache meines mir vor 9 Jahren in Aussicht gestellten Missionswerkes. Aber wider alle Hoffnung wurde ich wieder mit der gleichen Härte und Entschiedenheit abgewiesen, wie vor 5 Jahren (vide oben!). Ja noch verwirrender und schmerzlicher, – der Abt verbot mir mit der größten Strenge, fernerhin noch davon zu sprechen und daran zu denken!! „Dann fühle ich mich durch die Zusage, womit Eure Gnaden mich vor 9 Jahren zum Eintritt in Beuron bewogen haben, betrogen!" rief ich in meinem Schmerze aus, ging zur Kirche und weinte mich vor dem Gnadenbilde der Schmerzhaften Gottesmutter aus. Ich fühlte mich namenlos unglücklich, wie ein um seinen Lebensberuf unabänderlich Betrogener.

Von da ging ich ins Refektorium, wohin mich die Hausglocke rief. Da geschah eine Fügung, die ich nicht anders als einen direkten Eingriff der helfenden

Hand Gottes betrachten kann. Die Brüder saßen beim Vespertrunk, und ihr Vorleser las aus der Legende des Heiligen des folgenden Tages vor. In dem Moment, als ich die Türe öffnete, schallten mir folgende Worte daraus entgegen: „Zu wünschen, in die Mission ausgesandt zu werden, um den Heiden die Botschaft ihrer Erlösung zu bringen, ist zwar schon etwas Gutes und Gott Wohlgefälliges. Aber es ist nicht genug! Du musst deine Obern darum bitten und dich nicht abschrecken lassen, wieder und immer wieder aufs neue zu bitten! Denn um die Standhaftigkeit des Missionsberufes auf die Probe zu stellen, versagen die Obern zuerst ihre Einwilligung, bis sie erkennen, dass Gott es wolle..."[16]

Ich blieb unter der Türe stehen, während dieser ganzen Stelle: so gewaltig fühlte ich mich davon überrascht! Denn es war mir, als ob jemand, welcher sah, was mein ganzes Herz bewegte und der die Lebensfrage, die gerade jetzt meinen Geist beschäftigte, kannte, habe mir darauf direkt geantwortet, um mich zu belehren, zu trösten und mit neuem Mut im Vorsatz zu bestärken. Das war offenbar Gott! Die Fügung war zu sichtlich und überwältigend. Auch fand sie gar bald ihre Bestätigung.

Als die Brüder weggegangen waren, schlug ich in ihrem Buche die vorgelesene Stelle nach. Es waren Worte des hl. Rodriguez an den sel. Petrus Claver, dessen Fest morgen war und dessen Missionsbegehren auch anfänglich von seinen Obern abgewiesen worden war. Der Eindruck auf mich ist nicht zu schildern. Neue Zuversicht beseelte mich und machte mich entschlossen, nach diesem Rate des Heiligen zu handeln, wie wenn er an mich gerichtet gewesen wäre. Ohne zu zögern, kehrte ich mit dem Buche zum Abt zurück, erzählte den verblüffenden Vorfall und las ihm die Stelle vor, an welche ich sofort die Erneuerung „meiner verbotenen Bitte" knüpfte... Nun sah ich in meinem Obern eine überraschende Wandlung vor sich gehen. Vorher so streng und hart, wurde er ruhig und milde und sprach in gütigem Tone, aber doch mit großem Nachdruck, wobei er die Hand aufs Herz legte: „P. Andreas! Warten Sie noch weitere drei Jahre. Diese werden ja bald vorübergehen; – und wenn Sie dann noch auf Ihrer Bitte beharren, dann – das verspreche ich Ihnen! – werde ich selbst Sie in die Mission schicken!" Nie ist dem Abt der heilige Ring in dankbarerer Liebe geküsst worden als jetzt von mir. Der Jubel meines erst so schmerzverstörten Herzens trieb mich wie die Kirche vor den Gnadenaltar, auf dessen Stufen die Tränen meines jetzt gestillten Schmerzes noch nicht trocken waren, und ich mischte sie mit Tränen der dankbarsten Freude, die aus derselben Tiefe des Herzens quollen. *Deo gratias! Ut in omnibus glorificetur Deus!*

7. Brief

Die vom Abt ausbedungene letzte Wartezeit von drei Jahren (1879-1882) – In Maredsous 1880. Meine Sendung von Maredsous nach dem Beuroner Erdington in England 1880-1882 – Meine dortige Beschäftigung als Lehrer der Physik und Mathematik am Progymnasium (Grammar School) und in der Aushilfsseelsorge, die letztere beeinträchtigt durch mein zu spätes Erlernen des Englischen (Anmerkung über philologische Studien der Missionszöglinge) – Ende der 12-jährigen Wartezeit 1870-1882. Der Abt weist mir brieflich das Missionshaus Mill Hill bei London an, wo ich mich zunächst für den Missionsberuf qualifizieren soll. Abschied

Die Zeit des Wartens auf ein längst ersehntes Ziel schleicht langsam dahin, denn die Sehnsucht hat größere Flügel als die Zeit und überholt die ruhige, immer gleiche Eile der Zeit gar bald bei weitem. Das war auch bei meiner dreijährigen Wartezeit der Fall, von welcher der hochwürdigste Vater gemeint hatte: „Drei Jährchen, wie bald gehen die vorüber!" Das Ziel schien mir drei Jahrzehnte entfernt zu sein und zwar aus dem Grunde, weil ich befürchtete, dass meine Gesundheit, namentlich der Nerven, die auch noch nach ihrer Wiederherstellung auf fühlbar schwachen Füßen stand, nicht mehr lange durchhalten könne und dass sie gerade dann wieder brechen werde, wann ich ihrer Festigkeit am nötigsten bedürfte. Die Folge beweist leider, dass dies keine leere Befürchtung war, und dass eine bloß sieben- oder achtjährige Wartezeit der Vorbereitung, für meine zukünftige Aufgabe förderlicher oder besser gewesen wäre als eine zwölfjährige. Als „dürres Holz" tröstete ich mich jedoch mit dem Beispiel „des grünen Holzes", eines hl. Bonifazius z.B., der auch 12 Jahre lang umsonst seinen Abt um die Gnade gebeten hatte, nach Deutschland in die Mission geschickt zu werden. „Wenn das am grünen Holze geschah!..."

Nach dem im vorigen Briefe erzählten Vorfall des 10. September 1879 kehrte ich nach Maredsous zurück und begann die Arbeiten zur Ausschmückung der Abtskapelle, die ein Jahr in Anspruch nahmen[17]. Im November 1880 wurde ich dann mit R.P. Bruno Baudri[18] zusammen nach England geschickt. Wir logierten in London sehr vornehm bei Mr. Stuart Knill[19], dem nachmaligen ersten katholischen Lordmayor der Stadt London seit der Reformation, einem guten Jugendbekannten unseres Abtes, der uns dahin empfohlen hatte. Ich war erbaut zu sehen, dass der Hausherr, angetan mit langem Chorröckchen, uns in seiner Hauskapelle die hl. Messe ministrierte und dies nicht seinem Sohne noch einem Diener überließ. Hier lernte ich das uns fremde Tischzeremoniell eines vornehmen englischen Gastmahls *in praxi* kennen, wobei ein Unerfahrener in manche Verlegenheit geraten kann.

Erdington, wohin wir bestimmt waren, ist ein Landstädtchen von etwa sechstausend Einwohnern und besitzt nur eine stundenlange Häuserreihe längs einer Landstraße von und nach Birmingham, mit zahlreichen zerstreut liegenden Villen und Häuschen für reich und arm, und zählt fünf große, schöne Kirchen mit fünf verschiedenen Bekenntnissen, darunter die katholische die neueste und schönste war. Unser noch kleines, gleichfalls neues und schönes Kloster stand daneben, in Verbindung damit. Kirche und Kloster und die dabei gelegene katholische Schule mit ca. 100 Kindern zeugten für den wunderbaren Aufschwung des Katholizismus in England, da mir erzählt wurde, dass noch 30 Jahre zuvor sich niemand offen als Katholiken bekennen durfte, ohne Schlimmes zu riskieren. Die katholische Kirche war von ihrem Erbauer, einem anglikanischen reichen Geistlichen, Rev. Haigh[20], bei der Grundsteinlegung als anglikanisches Gotteshaus gestiftet worden und war nach ihrer Vollendung als katholische Kirche geweiht, weil ihr Stifter und Erbauer unterdessen katholisch geworden war. Da er nicht lange vor meiner Ankunft gestorben war, hatte ich die Zeichnung zu seinem Grabmal in der Kirche zu entwerfen, mit seiner lebensgroßen Relieffigur in Bronze. Das war meine erste Arbeit. Aus dem Wohnhaus des Stifters, der auch die Benediktiner-Klostergründung veranlasst hatte, war von unserm P. Prior Hildebrand de Hemptinne eine Grammar School, d.h. ein Progymnasium gemacht worden, wo ich englischen Schülern Mathematik, Physik und Zeichnungsunterricht gab. Auch in der Seelsorge fand ich Verwendung. Leider wurde sie längere Zeit beschränkt und verkümmert durch meine Schwierigkeit, in meinem bereits 36 und mehr Jahre zählenden Alter mir die englische Umgangssprache anzueignen. Die Leichtigkeit, womit ich in der Jugend die italienische und französische Sprache gelernt hatte, stand mir nicht mehr zu Gebote. Zu predigen wagte ich auf der englischen Kanzel nicht mehr. Meine erste Predigt hatte ich auf französisch gehalten. In meiner deutschen Muttersprache war mir bisher noch niemals Gelegenheit gegeben worden. Erst als „Missionär" hielt ich später meine erste deutsche Predigt. Ich machte an mir die Erfahrung, wie wichtig es ist, dass angehende Missionare in ihrer Jugendzeit die wichtigsten lebenden Sprachen erlernen, deren sie später bedürfen. Das ist für ihren Beruf wichtiger als Griechisch und Hebräisch. Das wird mir jeder Missionär bestätigen, der im Ausland schon berufstätig war. Die sogenannte „klassische" Bildung darf nicht das praktische Berufsstudium um die beste Lehrzeit bringen.

Als das dritte Wartejahr anbrach, erinnerte ich den hochwürdigsten Vater an sein Versprechen in einem Schreiben, welches klar bewies, dass ich bei meiner ersten Bitte beharre, dass der innere Trieb und Drang zur Heidenmission nicht ab-, sondern eher zugenommen habe. Abt Maurus ließ mir durch seinen Bruder P. Prior Plazidus antworten: „Der hochwürdigste Vater Abt hat entschieden, Sie sollen vorderhand im Missionshause von Mill Hill bei London etwa ein halbes Jahr sich für den Missionsberuf qualifizieren" usw.

Dieses Schreiben bewahre ich auf; denn es bahnte mir den schon seit 1867 angestrebten Lebens- und Berufsweg an, den ich daraufhin ohne Zögern betrat. Um Mitte März 1882 nahm ich von Erdington in aller Liebe und im vollkommenen Frieden Abschied, nachdem seit meinem Eintritt in Beuron 12 Jahre verflossen waren, – eine lange Zeit, die ich immerfort als die notwendige Vorschule für meine spätere Aufgabe betrachtet hatte. Am 18. März, dem Vorabend von St. Joseph, Patronsfest des St. Joseph's College of Mill Hill, langte ich in Mill Hill an, wo mir schon brieflich die Aufnahme als Gast zugesagt war. Auf der Durchreise durch London hatte ich wieder im Hause des Herrn Stuart Knill übernachtet. Als ich in Mill Hill meine Koffer öffnete, nahm ich mit schmerzlicher Überraschung wahr, dass mein Ordenskleid und mein Buch der hl. Regel St. Benedikts daraus entfernt worden war. Als unser hochwürdigster Vater Abt in London einst seiner Ordenstracht wegen vom Pöbel insultiert worden war, so dass er sich, von der Polizei nicht beschützt, in ein Haus hatte flüchten müssen, hatte er angeordnet, dass unsere Patres und Brüder auf Reisen in England wie die Säkularpriester gekleidet sein sollten. So reiste auch ich und hatte daher den Ordenshabit in die Koffer eingepackt. Ihn mir samt hl. Regel wegzunehmen, war ein unberechtigter Missgriff des damaligen Priors P. Leo Linse[21]. *Sanctae pacis causa* reklamierte ich nicht.

Als ich sechs Jahre danach das Kloster Beuron zum ersten Male wieder sah und besuchte, begleitet von drei getauften Negerknaben, trug ich aber wieder das Benediktiner-Ordenskleid, nur mit rotem Gürtel, dem Abzeichen einer eigenen, neuen Kongregation O.S.B., die dadurch ihre Bereitschaft und ihre Verpflichtung kundgibt, für die Ausbreitung des hl. Evangeliums und für der Rettung bedürftiger Seelen das Blut zu vergießen; und wenn dies von Gott nicht gefordert wird, so doch den Schweiß des Opferlebens im großen Felde der göttlichen Seelenernte.

8. Brief

(19. März - 28. Oktober 1882) Die englische und doch internationale Missionsgesellschaft von Mill Hill und ihre Missionsgebiete – Ihr Gründer, Bischof, später Kardinal Vaughan, und der belgische Rektor des Missionsseminars H.F. Benoit würdigen das „Nützliche und Praktische" meines Missionsplanes und wünschen, dass ich ihn für ihre Missionen ausführe. Die Gründe, warum ich nicht darauf einging und das zur Gründung in England mir angebotene moderne Schlossgebäude nicht annahm – Meine Tätigkeit in Mill Hill. Eine Konversion. Eine gewagte Beerdigung. Stellvertretung des Rektors usw. Dessen Zeugnis meiner Qualifikation für den Missionsberuf, daraufhin der Abt mir das erste Dokument seiner definitiven Erlaubnis, mich der Heidenmission zu widmen ausstellt – Abschied von Mill Hill am Feste Simon und Juda

Die englische „Gesellschaft der Missionäre vom heiligsten Herzen Jesu" und ihr Mutterhaus St. Joseph's Missionary's College Mill Hill ist eine Gründung des Rev. Father Vaughan, der als Kardinal-Erzbischof und Primas der katholischen Kirche von England kürzlich gestorben ist[22]. Zur Zeit, als ich nach Mill Hill kam, war er Bischof von Salford[a]. Ein Bruder dieses Bischofs Beda Vaughan O.S.B. war Erzbischof von Sidney (Australien)[23] und ein zweiter Bruder, Benediktinerprior, war der Gründer und Erbauer der großen Abtei Fort Augustus in Schottland, die im Jahre 1891 schon 219 Professen und 91 Novizen und Postulanten zählte (zur Kongregation der englischen Benediktiner gehörend). Die Familie Vaughan ist eine der sehr wenigen zur Reformationszeit katholisch gebliebenen und nicht ausgerotteten Adelsfamilien Altenglands. Die Missionare sind Säkularpriester, befolgen aber eine Regel ähnlich einer Ordensregel, die zur Keuschheit, Armut und zum Gehorsam verpflichtet. Ihre Missionen verteilen sich auf Englisch-Vorderindien, Englisch-Borneo und auf die Neger (ehemaligen Sklaven) Amerikas. Mill Hill ist Seminar. Die Alumnen setzten sich zu meiner Zeit aus Engländern, mehreren Deutsch-Österreichern (Tirolern) und zur Mehrzahl aus Irländern und Holländern zusammen. Die wenigen Professoren (der Philosophie und Theologie) waren Deutsche, Mitglieder der Gesellschaft, die schon in der Mission tätig gewesen waren. Also eine internationale Vereinigung. Gesprochen wur-

[a] Vaughan ist „Vohn" auszusprechen.

de aber nur englisch. Das Haupt der Gesellschaft blieb zwar immer ihr Gründer. Da er aber als Bischof in seiner Diözese Salford residierte, vertrat ihn im Regimen des Missionshauses und der Missionen ein „Rektor", damals Rev. P. Benoît[24] (Familienname), ein Belgier, den ich nachher als einen überaus würdigen und frommen Priester kennen lernte, eine aszetische Erscheinung von wenigen Worten.

Schon vor meiner Ankunft, noch von Erdington aus, hatte ich, um von allem Anfang an wieder mit jener Offenheit zu handeln, welche ich vor meinem Eintritt in Beuron beobachtet hatte, meinen ganzen Missionsplan in seinen Hauptzielen und Hauptgrundsätzen brieflich dem Rektor von Mill Hill mitgeteilt und dazu gesagt, mein halbjähriger Aufenthalt in seinem Missionseminar habe den Zweck, mich zu prüfen und prüfen zu lassen, ob ich mich für das angestrebte Missionswerk qualifiziere. Mein Schreiben wurde an den Gründer, den Bischof von Salford eingesandt, der sich mit meiner Aufnahme zu diesem Zweck sofort und „sehr gerne" einverstanden erklärte. Ich hatte meine Absichten auch aus dem Grunde zum voraus bekannt gegeben, damit nicht die irrige Meinung entstehe, als gedenke ich aus meinem Benediktinerorden aus- und in die englische Missionsgesellschaft überzutreten. Das lag mir fern und blieb mir fern.

Wenige Tage nach meiner Ankunft kam Bischof Vaughan persönlich und sprach mir seinen „vollen Beifall" aus bezüglich meines geplanten Missionswerkes. Ganz besonders gefalle ihm die Idee, die priesterlichen Missionäre mit möglichst vielen, monastisch und technisch vorgebildeten und vorgeprüften Hilfsmissionären aus dem Laienstande (Laienbrüder) zu unterstützen, welche die zahllosen Arbeiten der Mission in unkultivierten und unzivilisierten Heidenländern, wie z.B. die Aufführung der notwendigen Bauten (Missionshäuser, Kapellen und Kirchen, Schulen, Hospitäler, Ökonomiegebäude usw.), die Kultivierung des Landes und Gewinnung der Lebensmittel, den Unterricht der Jugend teils in Elementarschulen, teils in Handwerken jeder nutzbringenden Art, überhaupt all die Beschäftigungen zu übernehmen, welche von Laien geleistet werden können und dadurch die Missionspriester so entlasten, ihnen so viel an Zeit und an Kräften ersparen sollen und können, dass dieselben wie ehemals die durch den Dienst der Diakonen entlasteten Apostel, „nur dem Gebete, der Predigt und Lehre des göttlichen Wortes" und den geistlichen, priesterlichen Pflichten der Seelsorge obliegen können. Das sei ein „wahrhaft apostolischer Gedanke" und verdiene alle Beachtung. Er würde sehr erfreut sein, wenn ich diesen Plan auch für Mill Hill ins Werk setzen wollte.

Bevor der hochwürdigste Herr wegging, führte er mich zu einer älteren vornehmen Dame in der Nähe der Missionskirche, einer Schwester des Lord

Hanmer[25], die einst gleichzeitig mit Wiseman[26], dem nachmaligen Kardinal, in Rom zum katholischen Glauben übergetreten war und dann einen großen Teil ihres Vermögens zur Gründung von Mill Hill geopfert hatte. Er bat mich, sie öfters zu besuchen, da sie in ihrer Rosary-Villa so verlassen und einsam lebe. Ich erwähne dies nur deshalb, weil diese Villa der Ort meiner ersten Missionstätigkeit wurde. Die gute Dame ersuchte mich einst, ob ich nicht den Versuch machen wolle, ihren Gärtner, einen verheirateten braven Protestanten, zum Katholizismus zu bekehren. Derselbe lese in freier Zeit zuweilen in einem katholischen Gebetbuch, das ihm jemand geschenkt habe. Der Versuch, den ich gern übernahm, war von Gott gesegnet. Der schon ziemlich bejahrte Mann wurde nach ein- bis zweimonatigem Unterricht von täglich ein paar Stunden, um welche er früher Feierabend machen durfte, ein eifriger, guter Katholik, und als ich ihm nach dem kirchlichen Akte der Conversio (der in England stets mit der Taufe *sub conditione* verbunden sein muss) die hl. Kommunion reichte, war ich gerührt vom Anblick seiner strömenden Tränen, die von der Lebendigkeit und Tiefe seines Glaubens Zeugnis ablegten. Er ging von damals an niemals an die Arbeit, ohne vorher der Frühmesse in Mill Hill beigewohnt zu haben, obschon er wegen des stundenweiten Weges, den er zu machen hatte, schon um 4 Uhr morgens aufstehen musste. Der irische Gärtner des Missionshauses dagegen, geborener Katholik, war selbst an Sonn- und Feiertagen kaum in den Gottesdienst zu bringen, trotzdem er nicht 150 Schritte vom Kirchenportal entfernt wohnte.

Eines Missionsaktes anderer Art will ich noch gedenken, wozu dieselbe Dame in ihrer christlichen Caritas mir Anlass war, der aber bloß deswegen erwähnenswert ist, weil er von fremdartigen Zuständen in der englischen Diaspora ein eigentümliches Bild bot. Diese fromme Konvertitin hatte einen beim Baue ihrer Villa und des Missionshauses beschäftigten protestantischen Maurer mitsamt seiner Frau und Familie zur katholischen Kirche bekehrt. Derselbe wohnte nachher in seinem Heimatstädtchen, in welchem seit der Reformation noch nie ein Katholik gelebt hatte, ja die ganze Grafschaft im Umkreis von 20 und mehr Stunden war seit Jahrhunderten so ausschließlich protestantisch, dass nirgends ein Katholik, viel weniger ein katholischer Priester und eine katholische Kirchengemeinde mit Gotteshaus existierte. So kam es, dass diese Landschaft und speziell jenes Städtchen keiner katholischen Pfarrei zugeteilt war. Als nun der konvertierte Maurer starb, wurde seine Leiche von keiner katholischen Pfarrei reklamiert und als die ihrige anerkannt, kein fern wohnender katholischer Priester hielt sich für kompetent, die Beerdigung vorzunehmen. Die Familie des Verstorbenen bestand aber mit Entschiedenheit darauf, dass derselbe nur katholisch beerdigt werden dürfe und verweigerte ihre Zustimmung zu einer Beisetzung nach nichtkatholischem „Ritus". Die Witwe kam nun zu Miss Hanmar und beklagte sich unter bitteren Tränen, dass die Leiche ihres Mannes jetzt schon sechs Tage unbeerdigt in ihrem Häuschen liege, was bei der Hitze des Sommers nicht länger möglich sei. Sie wisse sich nicht zu helfen; kein kath. Priester wolle die Beerdigung vornehmen, alle sagten, sie dürften nicht. Miss Hanmar wandte sich nun an mich. Ich zog den Rektor zu Rat und erklärte mich bereit, das Wagnis auszuführen. Er stimmte erfreut zu. Ich ersuchte zunächst die Dame, schleunigst nach London zum Kardinal-Erzbischof zu fahren, demselben die Sachlage mitzuteilen und um Verhaltungsorder für mich zu bitten. Sie tat dies sofort und kehrte nach wenigen Stunden mit dem Bescheid zurück, ich solle, von Akolythen begleitet, nach dem Wohnort des Verstorbenen fahren, im Hause desselben die Einsegnung der Leiche und auf dem protestantischen Friedhof die *benedictio* ihres Grabes vornehmen und dann die Beisetzung der Sorge seiner Familie überlassen. Das geschah nun. Alles schien glatt zu verlaufen, trotz der überall nachdrängenden Neugierigen. Sie verhielten sich ganz still und ruhig und respektvoll bei diesem nie geschauten Bilde. Die Einsegnung im Haus war vorüber, und die Benediktion des Grabes auf dem Friedhof war gerade auch zu Ende, als vom Eingange eine mächtige Stimme zu donnern begann: You intruder „Sie Eindringling, Sie! Wer gibt Ihnen das Recht zu Ihrem Tun?" Es war der Pfarrer des Städtchens. Er kam so aufgeregt daher, wie wenn er mich ins offene Grab hinabwerfen möchte. Das erschrockene Volk strömte stillschweigend nach, um den Ausgang zu sehen. Wäre ich jetzt, weil ich mit der Benediktion schon fertig war, weggegangen, so hätte ich die Figur eines überraschten, verjagten Diebes gemacht. Das durfte nicht sein. Ich trat daher mit der Stola angetan und mit höflicher Verneigung ihm entgegen und bat ihn mit leiser Stimme, die hl. religiöse Zeremonie nicht zu unterbrechen und begann darauf die Benediktion mit ihren Besprengungen und Gebeten zum zweiten Male. Der Pfarrer verstummte und wohnte dem Akte stillschweigend bei. Ebenso die Volksmenge. Um dem Zorn Zeit zu lassen, zu verrauchen, fügte ich noch einen nicht vorgeschriebenen Psalm hinzu. Dann wandte ich mich an den schon ruhiger gewordenen Geistlichen, um meine Handlung als eine durch die Caritas und Religion gerechtfertigte Nothandlung zu entschuldigen. „So wie ich als Katholik für etwas Unrechtes gehalten hätte, ein protestantisches Mitglied Ihrer Pfarrei auf unserm Friedhof katholisch zu beerdigen, so werden ohne Zweifel auch Eure Hochwürden es für ein Unrecht ansehen, einen Katholiken auf Ihrem Friedhof protestantisch beerdigen zu wollen." Da ich so ruhig und nur für den Pfarrer hörbar solche Gründe vorbrachte, erklärte er sich für befriedigt und wir schieden in Höflichkeit. Die Professoren und Alumnen von Mill Hill befürchteten einen Zeitungsskandal. Es erfolgte aber nichts dergleichen. Die Witwe sagte nachher der Miss Hanmar, dass der Vorfall auf die Bevölkerung im Gegenteil einen guten Eindruck gemacht habe[a].

Es wäre aus meiner Mill Hiller Probezeit noch manches Derartiges zu berichten, wenn es mir darum zu tun wäre, meine Memoiren zu schreiben. Aber ich beschränke mich bloß auf das, was zu den „Kämpfen und Anfängen meines Missionsberufs" und auf die „Vorgeschichte der Gründung von St. Ottilien" irgend einen Bezug hat. Die sechs Monate flossen rasch dahin. Ich suchte von allem etwas zu lernen, – sowohl was und wie es in einem Missionsseminar gemacht werden solle, auch was oder wie es nicht gemacht werden dürfe. Dabei studierte und exerzierte ich mit eingehender Aufmerksamkeit die Berichte, Briefe und Lebensbeschreibungen der besten und erfolgreichsten Missionare alter und neuer Zeit, indem ich auch hier und wieder sowohl „positiv" als auch „negativ" zu lernen trachtete, „positiv", um nach richtigen, erprobten Grundsätzen das Nötige und Nützliche nachahmend einst einzuführen, „negativ", indem man aus andern Missgriffen und Misserfolgen lernt, diese zu vermeiden. Von ganz besonderem Nutzen waren mir die ausführlichen und ungemein lehrreichen brieflichen Berichte des hl. Franz Xaver an seinen Obern, den hl. Ignatius[b]. Dann die authentischen, einlässlichen Lebensbeschreibungen des Apostels von England Augustinus und des Apostels der Deutschen St. Bonifazius, sowie der übrigen Benediktiner-Missionare des vorigen Jahrtausends. Auch die Missionsberichte der Neuzeit las

[a] Man könnte meinen, ich hätte klüger gehandelt, wenn ich vorher mit dem protestantischen Pfarrherrn mich verständigt hätte. Würde ich auch vorgezogen haben, wenn ich den Mann vorher gekannt hätte, als einen Mann, der mit sich reden lässt. Aber es bestand für mich die Möglichkeit, dass er einer jener starren Fanatiker sein könnte, deren es in England nicht wenige gibt und der mir strengstens untersagt hätte, die Handlung vorzunehmen. Dadurch wäre mir jede Möglichkeit benommen gewesen, mein Vorhaben entgegen seinem erklärten Protest auszuführen. In dieser Ungewissheit hielt ich es für das Bessere und Sichere, es auf ein *fait accompli* ankommen zu lassen.

[b] Kein Missionär sollte unterlassen, diese zu studieren. Sie belehren nicht bloß, sie regen auch mächtig den echten Missionsgeist an. Auch sollte der Missionar aus den Briefen dieses großen Apostels lernen, über was und in welcher Weise Missionsberichte zu verfassen sind, sei es, um die Obern bis ins Einzelne über alles zu informieren. Franz Xaver schrieb an den Obern knieend. Seine Berichte waren also im Geiste des Gehorsams verfasst, sei es, um der Mission unter den Lesern Freunde und Gönner zu gewinnen, nicht durch Betteleien, sondern durch die begeisternden Eindrücke bei der Vorstellung von den Opfern, aber auch Erfolgen der Missionen und durch die fromme Macht der Erbauung. Die „Missionsblätter" sollten fast ganz aus solchen Berichten bestehen!

ich mit Nutzen, jedoch nach dem Grundsatz: „Prüfet alles, das Beste behaltet!" Daraus gewann ich eine große Menge von Lehrsätzen, Maximen und Regeln der besten, erfolgreichsten Missionstätigkeit monastisch geschulter, frommer Ordensmänner, speziell unseres Ordens, die ich später dem für Laien berechneten „Prospekt" der St. Benediktus-Missionsgesellschaft und den für die Mitglieder der „Congregatio O.S.B. pro missionibus exteris" verfassten, ersten, bischöflich approbierten „Constitutiones" zugrunde legte. In Mill Hill füllte ich mit dieser Sammlung ein umfangreiches Buch, das mir später große Dienste leistete.

Da Mill Hill keine Seelsorge hat, fand ich keine Verwendung darin. Der Rektor übertrug mir die Beichte eines Teiles der Alumnen und den Gottesdienst in einem unfernen Frauenkloster, das mir merkwürdiger war, weil es ein Jahrzehnt vorher noch ein nicht katholisches, der Ritualisten-Sekte angehöriges Kloster gewesen war und dann römisch-katholisch geworden, Äbtissin samt allen Nonnen. In den Sommerferien nahm der gute Rektor mich als Begleiter mit, als er 14 Tage im Seebad Folkstone zubrachte. Nachher vertraute er mir seine Vertretung als Vize-Rektor des Missionskollegs während seiner Reise nach Belgien an und ein anderes Mal als Aufseher über die Alumnen, als dieselben zur Erholung während der Ferien im leeren Landhause eines reichen Missionsfreundes in Essex als alleinige Herren und Meister ein paar Wochen „hausen" durften, selbst den Haushalt besorgend, selbst einkaufend und selbst kochend, – eine lustige Feier, nur etwas zu lustig nach meinen monastischen Begriffen. Jedoch erschwerte mir nichts die Verantwortung. Überhaupt wurde gut dafür gesorgt, dass die „jungen Missionäre" (wie man die Alumnen nannte), gesund und munter blieben. Ich nahm z.B. auch an einem Picknick in einer stundenweit entlegenen Waldlandschaft teil, wohin ein Eselchen das Nötige in zwei Tragkörben der gesamten Missionsgesellschaft nachtrug, die an der Erholung teilnahm. Auf dem Heimwege besuchten wir eine kleine Dorfkirche, in welcher der berühmte Komponist Haydn Organist gewesen war und sein Meisterwerk „Die Schöpfung" komponiert und zum erstenmal aufgeführt hatte. Auch diese „Kunst" ist wichtig für den Beruf, der an die Leibeskräfte und Geistesstärke so große Ansprüche stellt, die Kunst nämlich durch geeignete maßvolle Leibesübungen und Geistesabspannung den Körper frisch und gesund und das Herz in Unschuld fröhlich zu erhalten. Auch das muss gelernt und gelehrt werden, weil es Leute gibt, die hierfür kein Verständnis oder nicht das richtige Maß und Ziel haben, zwei entgegengesetzte und doch gleich schädliche Extreme. Der hochwürdigste Bischof von Salford und der Rektor von Mill Hill ging nun allen Ernstes mit dem Gedanken um, mich mit der Ausführung meiner Idee, eine Genossenschaft von „Hilfsmissionaren" zur Unterstützung der priesterlichen Missionäre ins Leben zu rufen, für die Missionen von Mill Hill zu betrauen.

Eines Tages nahmen sie mich auf eine Reise mit, um ein Schloss zu besichtigen, das dem Bischofe für Missionszwecke angeboten worden war. Ich sollte sehen, ob dasselbe für meine Zwecke sich eigne oder nicht. Ich ging nur ungern mit, weil ich aus den triftigsten Gründen entschlossen war, nicht in England zu beginnen, sondern in einem deutschen Lande. Das Schloss war unbewohnt, aber in vollkommen gutem Zustande und zum Teil noch möbliert. Wir konnten es in allen seinen Teilen besichtigen, aber eine innere Stimme mahnte mich entschieden davon ab. Ich erklärte es daher als ungeeignet für meinen Zweck, weil sich aus diesen herrschaftlichen Räumlichkeiten niemals etwas Klösterliches zur monastischen Erziehung der Insassen machen lasse. Es war auch richtig und wahr, aber den tieferen Grund wagte ich nicht auszusprechen. In den zwei Jahren meines Aufenthaltes in England hatte ich den enormen Charakter- und Auffassungsunterschied zwischen Engländern und Deutschen und zwischen deutschem und englischem Begriff von Ordensdisziplin kennen gelernt. Der Engländer hat einen wahren Horror vor der „Pedanterie" deutscher Disziplin. Unser Kloster Erdington sah in zwei Jahren keinen einzigen englischen Chor-Postulanten und von zwei englischen Brüder-Postulanten ist keiner geblieben, während das rein englische Kloster O.S.B. Fort Augustus mit seiner radfahrenden, Kricket, Football und allen Sport treibenden Communität über hundert Postulanten und Novizen zählte. Die vielen Beobachtungen, die ich bei so vielen mir gebotenen Gelegenheiten gemacht hatte, überzeugten mich von der Unmöglichkeit, in England die zur Gründung eines Klosters vom Ernste der Beuroner oder Solesmenser Disziplin nötigen Elemente und den hierfür erforderlichen Sinn zu finden. Es gab für mich nur die Aussicht nach einer Himmelsrichtung, – nach der, in welcher deutscher Geist und deutsche Sprache vorherrschten. Davon vor Bischof und Rektor zu sprechen, wäre unklug und zweckwidrig gewesen. Mir war das hochherzige Anerbieten des Schlosses zur Realisierung meines Missionsplanes schon an und für sich sehr wertvoll, weil ich vom Gründer und Rektor von Mill Hill dadurch offenbar als „für die Mission qualifiziert" anerkannt wurde. Und das gerade war ja der ausdrückliche Zweck meiner Probezeit in Mill Hill, ausgesprochen im Obedienz-Schreiben meines Abtes: „Sie sollen vorderhand in Mill Hill sich für den Missionsberuf qualifizieren"[a].

[a] Oben s. Brief 7.

Diese Anerkennung erhielt ein ehrliches und offenes Bekenntnis in einem Schreiben des Rektors an meinen V. Abt. Ich durfte von demselben Einsicht nehmen. Der in französischer Sprache verfasste Bericht lautete durchaus günstig. Ich notierte mir daraus folgende Stelle:

„Da die Motive, welche einen Religiosen zu Veränderungen seines Standes und zum Wechsel seiner Verpflichtungen antreiben, nicht selten aus etwas anderem als aus einem wahren Beruf und Antrieb von oben hervorgehen, so stand ich in den Missionsbestrebungen des R.P. Amrhein anfänglich skeptisch gegenüber, musste mich aber im Verlaufe der Zeit und Beobachtung immer mehr überzeugen, dass dieselben in einem wirklichen Missionsberuf, belebt von aufrichtigem Seeleneifer begründet sind. Ich zweifle nicht mehr daran, dass das von R. P. Amrhein intendierte Missionswerk eine Eingebung des hl. Geistes ist..."

Auf dieses Schreiben des H. Rektors Benoît erhielt ich vom hochwürdigsten Abt Wolter ein förmliches Dokument mit der Erklärung, dass ich mich der Missionstätigkeit zur Ausbreitung des christlichen Glaubens in Gebieten der auswärtigen Mission, mit dem Segen des Gehorsams widmen dürfe. Das war von meinen drei sukzessiven Obedienz-Dokumenten mit dem Sigel und der Unterschrift des Abtes Maurus das erste. Mein Berufsschiff, 12 Jahre lang wie im Eismeer eingefroren, konnte jetzt auslaufen, das Eis war gebrochen, die Fahrbahn frei und offen. Der 7. Monat meines Aufenthaltes, der Oktober mit seinen dichten englischen Nebeln war seinem Ende nahe, als ich die Habe meiner monastischen Armut zur Abreise packte.

9. Brief

Abschiedsratschläge, die ich nicht befolgen mochte. Gründe, warum keine Kollekten und keine Kundschaftsreisen vor Beginn meines Vorhabens. Zum Anfang: Meine Wallfahrt zum Grabe des hl. Apostels Matthias in Trier – Winteraufenthalt in Freiburg i.Br., Begegnung mit Alban Stolz. Erbauliches und Unterhaltliches. Wie mein Missionsprogramm sich klärte. Entschluss: Keine Affilierung, selbständige Kongregation O.S.B. mit dem speziellen Zwecke der auswärtigen Missionen. Meine Romreise. Etwas über das Reisegeld – Gute Aufnahme meines Planes in Rom. Die Propaganda erhält günstige Auskunft über meine Person vom Abt, der mich ihrer Obedienz übergibt (sein 2. Dokument) – Ich werde zu weiterer Vorbildung vor Angriffnahme der Gründung noch nach Steyl geschickt

Der hochwürdigste Bischof gab mir den Rat, zuerst eine Kollekten-Reise zu unternehmen, um die nötigen Mittel zu beschaffen, wie er selbst zwei volle Jahre in Europa und Amerika kollektiert habe, bevor er die Gründung von

Mill Hill in Angriff genommen. Ich hörte wohl diesen Rat und schwieg dazu. Im Innern hatte ich das sichere Gefühl, dies nicht zu vermögen, und dazu die Zuversicht, dies wolle Gott nicht von mir, er werde in anderer Weise sorgen. Aus den 12 überstandenen Jahren des Wartens und Sehnens durften nicht 14 werden. – Ferner rieten mir Seine Gnaden, nach der Kollekte die Länder zu besuchen, welche ich zu missionieren gedenke, um die dortigen Verhältnisse vorher aus eigener Anschauung kennen zu lernen. Auch zu diesem durchaus vernünftigen und zweckmäßigen Rate schwieg ich, weil ich nicht ein bestimmtes einzelnes Land schon im Auge hatte, sondern alle heidnischen Länder überhaupt und in erster Linie die bisher verlassensten und daher noch am wenigsten von der „Zivilisation" berührten, wo „Hilfsmissionäre" (Laienbrüder) mehr als anderswo nötig und nützlich wären. Auch das überließ ich mit ruhiger Zuversicht der göttlichen Fügung. Durfte ich freilich nicht erwarten, dass mir oder uns einst im Traume gezeigt werde, wohin das Evangelium uns erwarte, wie dem Apostel Paulus träumte, ein Mazedonier rufe ihn zu „Komm nach Mazedonien und hilf uns!" worauf er, so schreibt die Apostelgeschichte, „die Überzeugung hatte, Gott habe ihn dahin berufen, und sofort abreiste" (Apg 16,10), – so durfte ich doch für gewiss halten, dass der Herr uns zur rechten Zeit den rechten Ort durch irgend eine augenscheinliche Fügung anweisen werde.

So nahm ich denn Abschied von Mill Hill und seinem würdigen Rektor[a] und setzte in einer stürmischen Regennacht, Ende Oktober 1882, über den Kanal, von Dover nach Calais. Am 31. Oktober langte ich in Köln an, wo ich das Fest Allerheiligen und darnach Allerseelen mitfeierte. Hier erhielt ich vom Vater unserer hochw. Patres Bonifaz und Odilo Hr. Prof. Wolff, bei dem ich übernachtete, die erste kleine Missionsgabe, ohne darum gebeten zu haben.

Schon in England hatte ich mir vorgenommen, mein schweres Unternehmen unter den Schutz derjenigen Apostel zu stellen, welche nicht gleich von Anfang an vom Herrn zum Apostolat berufen waren, sondern erst nachträglich, sozusagen als „Spätgeburt" (tamquam abortivi), nämlich die Apostel Matthias und Paulus. War ich doch an meinem Missionsberufe auch so eine Art

[a] Das Reisegeld, etwa 180 Mark, das mir von Mill Hill mitgegeben wurde, da mein Kloster mich nicht damit versah, ist St. Ottilien dem englischen Missionshause noch schuldig, obwohl es, noblerweise, niemals zurückverlangt worden ist. Aber gerade deshalb geriet die Zurückgabe leider in Vergessenheit!

„Spätgeburt"! Am Nachmittag von Allerseelen reiste ich von Köln nach Trier, zu keinem andern Zweck als zu einer Wallfahrt an das Grab des hl. Apostels Matthias. Kirche und Abtei St. Matthias – einst O.S.B. – waren des verödenden Kulturkampfes wegen gänzlich menschenleer und ohne Gottesdienst, so dass darin die tiefste Stille herrschte und von keinem Tritte gestört wurde als nur von dem meinigen. Da ich außer der Wallfahrt keinen andern Zweck meiner Hierherkunft hatte, konnte ich fast den ganzen 3. November 1882 vollständig allein und ungestört am Grabe des Apostels der Andacht obliegen, der in einem auf vier hohen Säulen ruhenden Sarkophage ruht. Gott allein weiß, was in meinem Herzen vorging. Damit sollte das geplante Werk der heiligen Glaubensverbreitung eingeleitet werden.

Andern Tags, den 4. November, reiste ich nach Freiburg i.Br., wo ich im Hause der seit 1865/6 mit mir befreundeten Familie des Oberbaurates Dietz[27] für die Wintermonate Wohnung nahm. Da ich fühlte, dass im Klima von England meine Gesundheit wieder gelitten hatte, ließ ich mein Befinden durch Prof. Dr. Baumann, einen Diagnostiker von bedeutendem Rufe, untersuchen. Er fand mich wegen zu großer Nervenschwäche und Nebenerscheinungen für sehr ruhebedürftig, ehe ich es wagen dürfe, die Strapazen des Missionsberufs auf mich zu nehmen, glaubte aber, dass eine mehrmonatige völlige Schonung mich wieder in Stand zu setzen vermöge. So entschloss ich mich, den Winter in meiner ungestörten Freundeswohnung zuzubringen. Zu Erholungsgängen bietet Freiburgs landschaftliche Lage schöne Wege genug.

Auf einem solchen machte ich die erbauliche Bekanntschaft des H.H. Professors Alban Stolz[28], der damals schon alters- und gesundheitshalber dem Lehrstuhl entsagt hatte und im Hospital der Kreuzschwestern seinen ruhigen Lebensabend verlebte. Ich schätzte ihn schon längst als ebenso tiefsinnigen wie in der Stilform originellen katholischen Volksschriftsteller, der mit seinem „Kalender für Zeit und Ewigkeit" und mit seinen teils geschichtlichen (Leben St. Elisabeths), teils belletristischen Schriften, teils aszetischen Erbauungs- und Andachtsbüchern (Vater unser, Englischer Gruß usw.) Jahr für Jahr seit langer Zeit so viel Gutes gestiftet hatte. Ich erfreute mich an seiner liebevoll freundlichen Gesprächigkeit, womit er sich z.B. über unsern Beuroner P. Pius v. Drais[29] erging, indem er mir erzählte, wie derselbe als schon 60-jähriger Freiherr von Drais sich „vom Alban Stolz" im Katholizismus unterrichten ließ und konvertierte, worauf er nach Beuron ging und noch Chorpater wurde. Von seiner caritativen Wohltätigkeit berichtete mir Professor Stolz höchst erbauliche Anekdoten und Geschichten. Zum Danke dafür erzählte auch ich ihm viele schöne Züge und Fakta aus dem Klosterleben dieses so liebenswürdigen edlen Greises, der sich z.B. von uns Novizen, wie Eure Gnaden sich erinnern werden, niemals seine Schuhe und

Stiefel putzen ließ wie die anderen Patres, sondern immer nur selbst dieses Geschäft besorgte; der trotz seiner 70-80 Jahre im Morgenchore um 4 Uhr regelmäßig der Erste war, früher als alle Jüngeren, usw. Besonders gaudierte Herrn Alban Stolz meine Schilderung von einem Erlebnis in meinem persönlichen Verkehr mit P. Pius. Da dies Eure Gnaden nicht bekannt sein kann, will ich darüber kurz berichten, da Pius sich lebenslänglich daran erinnerte und noch öfter darüber sich erheiterte. Es war in Maredsous, als wir noch im provisorischen Klösterchen im Tale wohnten. P. Pius, bereits über 75 Jahre zählend, war auch Mitglied der kleinen Kommunität, mit dem Ehrenamt des „Ober-Ökonomen". Der Obere trug nun eines Tages P. Pius und mir auf, die berühmte Musterökonomie der Trappisten-Abtei in Chimay zu besuchen, um für unsere künftige Abtei zu lernen, was uns mustergültig erscheine. Der Weg war weit; 3 Stunden von Maredsous bis Yvoir im Klosterwagen; von Yvoir bis Chimay per Bahn, von Chimay bis zu den Trappisten noch eine Stunde im Wagen. Freundlich aufgenommen besichtigten wir die Abtei innen und außen und in allen ihren großartigen industriellen Einrichtungen, waren erstaunt über die unglaublich sorgfältige Reinlichkeit und Ordnung in Haus und Feld und überall und glaubten, noch viel lernen zu können, da wir hierzu eine Woche Urlaub hatten. Als aber der Prior uns schon am Abend des zweiten Tages fragte, wie lange wir noch zu bleiben wünschten und wann wir wieder gehen – eine gesellschaftliche Unfeinheit, die wahrscheinlich ganz harmlos gemeint war –, so erwachte in dem feinfühligen P. Pius der alte „Freiherr und großherzogliche Kämmerer" und er war von mir durch nichts mehr zu halten, nicht einmal bis zum andern Tage. Er fühlte, wir seien zur Last, und begehrte noch abends wegzureisen. Zum Abschied wurden wir mit einer großen Leder-Anhängetasche voll prächtiger Kartoffeln beschenkt, die ich mir umhing. Bis Yvoir, wo wir bei anbrechender Nacht ankamen, ging es im Wagen und per Bahn. Jetzt aber begann die Not. Da wir noch nicht zurück erwartet wurden, war kein Klosterwagen für die letzten Wegstunden an der Bahn, und da Maredsous stundenweit außerhalb jeder Post- und Telegraphenverbindung stand, konnte unsere Ankunft nicht signalisiert werden. P. Pius und ich mussten den weiten, bergan steigenden Weg durch das abgelegene, enge Tal nächtlicher Weile zu machen. Schon drückte mich die Kartoffellast. Aber o weh! P. Pius, nicht mehr gut zu Fuß, erklärte, nachdem erst etwa die Hälfte des Weges zurückgelegt war, dass seine Füße ihn nicht mehr tragen. Auf einem Steinhaufen ausgeruht, brachte er es trotz energischer Anstrengungen nicht mehr weiter. Weit und breit kein Haus, kein Licht! Kein Mensch! Was war da anders zu machen, als – den guten alten Herrn zu tragen? Die Tasche mit den Kartoffeln ließ ich vorne vor der Brust hängen und lud mir den P. Pius hinten auf den Rücken auf. Nichts Leichtes, denn er war von Gestalt so groß wie ich und eher noch stärker gebaut. So ging es unter vielen Ruhepausen über eine Stunde Weges bergan. Zum Glück schien der Mond. Als wir ins Dörfchen Sosoye kamen, schlief schon alles. Nirgends ein Licht als in der Kirche das ewige Lämpchen. Etwa um Mitternacht langten wir „miteinander" am ahnungslos schlummernden Klösterchen an und es gelang mir nach längeren Versuchen, Einlass zu „erklopfen". Dieses kleine, aber nicht ganz leichte Abenteuer belustigte den Hr. Prof. Alban Stolz so ergötzlich, dass er es wahrscheinlich in seinen Kalender für Zeit und Ewigkeit gebracht haben würde, wenn er noch geschriftstellert hätte.

In der ruhigen Winterzeit des Jahres 1882/83 arbeitete ich das seit Jahr und Tag angesammelte Material meiner (früher schon erwähnten) Missionsstudien durch, um es druckfertig zu machen. Die Konzepte wurden durch die Güte der Tochter des Hauses, eines frommen, im Sacre-Cœur-Institut erzogenen Marienkindes – nachher Frau Oberlandesgerichtsrat Betzinger – ins Reine geschrieben; darunter auch der im Jahrgang 1889 meiner Missionsblätter gedruckte Aufsatz „Der Laienbruder als Heidenmissionar" (S. 34, 76, 133), welcher – wenn nachgedruckt (auch anonym) – nur Gutes wirken würde.

Es trat an mich jetzt die Frage heran, ob eine neue Genossenschaft von Hilfsmissionaren O.S.B. denkbar sei, welche auch andern priesterlichen Missionaren als Benediktinern in den Missionsarbeiten Hilfe leisten würden. Unter diesen wären die Missionspriester von Mill Hill in Betracht gekommen, weil der Gründer und Rektor derselben dies so sehr wünschten und zu unterstützen bereit waren. Über diese Angelegenheit trat ich mit Mill Hill in Korrespondenz. Es stellte sich nun heraus, dass man dort meine völlige Eingliederung in die Gesellschaft von Mill Hill zur Bedingung machte. Dies wäre mit meinem Austritt aus meinem Orden gleichbedeutend gewesen. Mein ganzer Plan basierte aber ja gerade auf der Regel und Tradition des Benediktinerordens. Ich durfte und konnte also unmöglich auf die Bedingung der englischen Gesellschaft eingehen. Dadurch zerfiel der ganze Plan meiner zukünftigen Gründung, und ich fühlte mich frei für ein selbständiges Vorgehen.

Auf diesem klaren Standpunkt mit freier Aussicht angelangt, erkannte ich als meine nächste Obliegenheit, mich dem hl. apostolischen Stuhl zur Verfügung zu stellen, behufs Gründung einer selbständigen Kongregation des Benediktinerordens mit dem speziellen Zweck, die im Mönchtum bewährten Mitglieder als *apostoli et evangelistae* (Apg 21,8) zur Ausbreitung des Evangeliums Christi unter den Heiden wirken zu lassen, und zwar nach der Weise und dem Vorbild der Benediktiner-Missionsklöster, welchen Gallien, England, Irland, Deutschland, Holland, die Schweiz, Polen und noch andere Länder das Christentum verdanken.

Zu diesem Zweck, welcher ganz der prophetischen Auskunft des frommen Gründers von Steyl entsprach, wovon oben im 4. Brief die Rede war, reiste ich Ende Februar 1883 von Freiburg durch die Schweiz nach Rom.

Reisen! Aber mit welchen Mitteln? Auf wessen Kosten? Als der Herr seine Jünger aussandte in alle Ortschaften, wohin er sein „Angesicht wandte", um selbst nachzukommen mit der Botschaft „Das Himmelreich ist nahe!" sagte er seinen Glaubensboten: „Ihr sollt weder Gold noch Silber, noch Geld in euren Gürteln tragen, weder eine Reisetasche, noch doppelte Kleidung... Denn der Arbeiter ist seines Unterhaltes wert" (Mt 10, 9; Lk 9,3 10,4-7). Aber nach drei Jahren, am Abende vor seinem Tode, änderte er sein Wort und sprach: „Hat euch damals etwas gemangelt, als ich euch aussandte ohne Beutel und Reisetasche?" „Nein", lautete die Antwort. „Jetzt aber", sagte er weiter, „wer einen Beutel oder eine Reisetasche hat, der nehme sie mit sich!" So ändern sich die Zeiten und Umstände und ihre Bedürfnisse auch für die Diener des Himmelreiches. – Niemand wollte für meine Bedürfnisse aufkommen. Von meinem väterlichen Vermögen hatte ich rund 20.000 Franken als Patrimoniumstitel für meine Weihe in die Kongregation gebracht, die mich als Mitglied aufnahm, und das Übrige hatte ich in mehreren Legaten verteilt, ohne mir etwas für das künftige Werk zurückzubehalten, da die Ordensregel dies aufs strengste verbietet. Ich war noch Mitglied. Daher die Kosten meines Freiburger Aufenthaltes von meinem Kloster gedeckt wurden. Das war dessen Letztes. Von da an blieb ich auf die Vorsehung des Vaters im Himmel angewiesen. Ein Schweizer Pfarrer, einstens Professor an meinem Gymnasium, der mir ein gutes Andenken bewahrt hatte, schenkte mir als erste größere Missionsgabe 300 Franken und damit bestritt ich die Reise zum Vater der Christenheit, nach Rom! Am 28. Februar 1883 langte ich daselbst an.

Drei Tage darnach, am 3. März, empfing ich zum ersten Mal den Segen des Hl. Vaters Papstes Leos XIII. bei der Gelegenheit, als er den Jahrestag seiner Thronbesteigung feierte und, getragen auf der *sedia gestatoria*, an mir vorbeizog, auf dem Wege nach der Sixtinischen Kapelle. Der unmittelbaren Nähe wegen sah ich, dass beim Segen sein Blick auf mir ruhte. Am Bart und am roten Gürtel, den ich schon damals trug, wird er den Missionar erkannt haben. Mit diesem Segen des Stellvertreters Jesu Christi ausgerüstet, wandte ich mich nun an seine S. Congregatio de Propaganda Fide.

Der Sekretär der Propaganda ist das Faktotum derselben, durch dessen Geist und Hände alles geht, was in Missionsangelegenheiten den Weg zum Hl. Vater finden soll, der Hauptvermittler zwischen Heiligkeit und dem Missionar und der Hauptberater des Kardinalpräfekten der Propaganda. Letzterer war damals der Kardinal Simeoni[30]; der Sekretär der Propaganda war Mgr. Jacobini[31], Erzbischof von Tyrus *in partibus infidelium*, ein wahrer christlicher Menschenfreund, immer tätig und unermüdlich im Amt. Man sagte mir, er sei „deutschfreundlich" und ich fand dies bestätigt bei jeder Gelegenheit. An ihn hatte ich mich zuerst zu wenden.

Als ich ihm das Dokument der schriftlichen Erlaubnis meines Abtes, mich den ausländischen Missionen zu widmen vorgezeigt und mit einer kurzen Darlegung meiner Absichten und meines Planes begleitet hatte, nahm er meine Sache mit großem Wohlwollen auf: „Ihr Vorhaben gefällt mir. Es kann für die Missionen außerordentlich nützlich und fruchtbringend werden. Ich werde es dem Kardinalpräfekten vortragen, sobald ich über Ihre Person und Ihre Fähigkeiten die vorschriftsmäßigen Erkundigungen eingezogen habe und dieselben zu ihren Gunsten lauten. Kommen Sie nach etwa 10 Tagen wieder aufs Sekretariat. Ich hoffe, bis dahin werde die Antwort eingetroffen sein."

Die Wartezeit benützte ich zum langersehnten Besuche der Apostelgräber, namentlich St. Peters und St. Pauls, der Katakomben und der hauptsächlichsten andern Heiligtümer Roms und nahm mit historischem und artistischem Interesse auch die am Wege liegenden Altertümer und Kunstwerke Roms wahr. Schnell verstrich die entscheidend-wichtige Zeit. Ich erachtete es für eine besondere Gnade, das hl. Messopfer täglich auf einem Altar in St. Peter darbringen zu können, unter welchem die Leiber der hl. Apostel Simon und Judas ruhen, die daher auch zu den Schutzpatronen von St. Ottilien zählen mögen, denen ich diesen meinen Rombesuch, seinen Zweck und Erfolg, mit der Stimme des kostbaren Blutes Jesu anempfahl in erster Linie aber dem Apostelfürsten Petrus und dem Völkerapostel Paulus, in dessen herrlicher Grabkirche, begünstigt von der andächtigen Stille ihrer Abgelegenheit fuori le mura, ich mehrmals längere Gebetszeit meinen Anliegen widmen konnte. – Nach Ablauf der Zeit teilte mir Msgr. Jacobini ganz erfreut mit, die Auskunft meines Abtes über meine Person laute durchweg günstig und er habe mich der Obedienz der Propaganda übergeben, demzufolge die hl. Kongregation der Propaganda mich in Obedienz nehme und über mich verfüge. Ich solle nun vorderhand meine in Mill Hill begonnenen Vorstudien für die Gründung, Einrichtung und Leitung eines Missionsinstitutes noch einige Zeitlang vervollständigen und zu diesem Zweck für etwa ein halbes Jahr nach Steyl gehen, welches eines der größten, bestgeleiteten und für die Missionen fruchtbarsten Missionshäuser sei, wo ich sicher noch manches lernen könne. Mit diesem beglückenden Bescheide beeilte ich die Rückreise, die aber durch einen eigentümlichen Kampf von streitenden Naturkräften einige Verzögerung erlitt. Es war etwa um Mitte März. Unser Bahnzug wurde auf der ganzen Strecke von Pisa – Spezia – Genua von einem nordwärts ziehenden furchtbaren Gewitter verfolgt. Wir kamen an Brandstätten vorbei, die der Blitz entzündet hatte. Der anschließende Nachtzug von Genua – Alessandria dagegen blieb im Schnee eines Apenninentales stecken, – sei es in einer niedergegangenen Lawine oder in meterhohen Schneewehen, in welchen wir festsaßen, bis die aus dem Schlaf geweckte Bewohnerschaft eines nahen Dorfes das Bahngleis freigemacht und eine telegraphisch zu Hilfe gerufene zweite Lokomotive die Weiterfahrt ermöglichte. Der Gotthardzug war dadurch verpasst und ich musste in Mailand übernachten. Gewiss eine kleine, ganz unschädliche Verzögerung. Hätte ich sie aber als eine weissagende Vorbedeutung von bevorstehenden Hindernissen sehr schwer zu überwindender feindlicher Art und von künftigen Kämpfen mit Gewalten, deren Widerstand kein Mittel scheute, aufgefasst, so wäre dies kein Aberglauben gewesen. Denn was nachfolgte, hätte es bewahrheitet.

10. Brief

Achtmonatiger nützlicher Aufenthalt in Steyl (19. März - 22. November 1883). Vorzüge dieses Missionshauses. Sein würdiger Gründer Rektor Janssen. Der deutsche Kulturkampf versieht Steyl mit Lehrkräften – Diesbezügliche traurige Aussichten für eine Gründung in Deutschland – Meine Beschäftigungen in Steyl – Meine erste deutsche Predigt. Eine lehrreiche Aushilfe in der Seelsorge; die improvisierte dreitägige Mission im Städtchen N. Der Rektor berichtet über mich an den Abt. Ich erhalte darauf vom Abt das besiegelte dritte und endgültige Dokument meiner definitiven Erlaubnis zur Missionstätigkeit unter der Obedienz des hl. Stuhles, (i.e. der St. Propagandae fidei), datiert v. Prag 28. August 1883. Ende meiner zweiten „Lehrzeit". Der Tag der Arbeit ist gekommen.

Der gute Herr Rektor von Steyl[32], vom Wunsche der Propaganda benachrichtigt, war damit nicht bloß einverstanden. In Kenntnis meiner Armut schickte er mir sogar das Reisegeld. Am 18. März, dem Feste des in Steyl besonders verehrten Erzengels Gabriel, der auch der Jahrestag meiner vorjährigen Ankunft in Mill Hill und der Tag vor St. Joseph war, kam ich nach Steyl, am Ufer der breit und voll dahinströmenden Maas gelegen, die mir von Maredsous her bekannt war.

Ich war erstaunt über die Größe der Anstalt, die große Anzahl der Zöglinge, die Vortrefflichkeit der Organisation, über den Geist der Frömmigkeit und des Eifers, der die Anstalt beseelte, aber nicht weniger auch über die großartigen Hilfsmittel, über welche sie verfügte, und über den reichlichen Gebrauch vorteilhafter Mittel moderner Technik. Ich glaube, in Bezug auf diese Beobachtungen viel gelernt zu haben für meine künftige Aufgabe.

Von außerordentlichem Nutzen waren für mich die vertraulichen Mitteilungen des Gründers und seiner ältesten Alumnen, jetzt Patres, über die Erlebnisse und Erfahrungen in der ersten Zeit der Gründung, die mit „vier Häuptern" statt bloß mit einem Haupte begann, und über gewisse große Schwierigkeiten, welche anfangs zu überwinden waren, weil sie das Zustandekommen und das Gedeihen des Werkes einige Jahre lang in Frage stellten, bis bloß ein Haupt regierte, nämlich das, von dem der Gedanke des Werkes ausgegangen war. Ich merkte mir das alles wohl, um es in eventuellen ähnlichen Lagen zu verwerten.

Außer dem Gewinne in geistigen Dingen profitierte ich zu Steyl auch im Technischen. Ich sah z.B., mit welchem großen Nutzen man dort ohne fremde Architekten und Ingenieure, bloß mit eigenen Kräften von Mitgliedern, die größten Gebäude aufführte, – das große Seminar, ferner ein mehrstöckiges geräumiges Haus für die Missionsdruckerei und den Missions-Verlag, eine originelle, sehr schöne und stilvolle Doppelkirche, aus einer nicht etwa niedrigen und gedruckten, sondern hochgewölbten Unterkirche und darüber eine prächtige Oberkirche bestehend, erstere für den Gottesdienst und die Gebetsversammlungen der Laienbrüder, die obere für die Priester und studierenden Zöglinge, – alles nach den Entwürfen und unter der technischen Leitung eines Mitgliedes der Gesellschaft vom göttlichen Worte gebaut, das auch die Gebäude in der Mission erstellte. Ferner wurde ich über den reichlichen Nutzen einer eigenen Druckerei für eigene periodische Zeitblätter, sowie für katholische Schriften und Bücher eigenen Verlages belehrt, welcher das Missionshaus Steyl vom ersten Anfang an einen bedeutenden Teil seiner Einkünfte verdankte. Auch dies nahm ich mir zum Vorbild. Freilich muss es nur mit eigenen und nicht mit fremden Kräften geschehen, wenn es sich „rentieren" soll. Einmal wurde ich vom Hochw. Rektor an eine holländische Ausstellung nach Amsterdam und ein anderes Mal nach Antwerpen geschickt mit dem Auftrag, unter den ausgestellten Maschinen nach praktischen Motoren zu suchen für die neugebaute Druckerei.

Für die Fenster der neuen Doppelkirche entwarf und zeichnete ich auf Verlangen eine Anzahl Kompositionen für die Glasgemälde der Fenster der neuen Kirche, worunter die Bilder der drei heiligen Erzengel Michael, Raphael und Gabriel (der drei Namens- und Schutzpatrone der drei Missionshäuser der Steyler Missionsgenossenschaft, St. Michael in Steyl, St. Raphael in Rom, St. Gabriel bei Wien)[33].

Ich konnte auch Aushilfe in der Seelsorge für auswärts und im Beichtstuhl und im Gottesdienst des Missionshauses leisten. Hier war es, wo ich im elften Jahr meines Priestertums die erste deutsche Predigt hielt. Ich erinnere mich noch, wie infolge meines noch nicht ganz gehobenen Nervenleidens das Memorieren der geschriebenen Predigt mir beschwerlich fiel und mich in der völligen Freiheit und Frische des Vortrags hinderte, so dass ich nachher es für besser und vorteilhafter hielt, Predigten bloß wohl zu prämeditieren als zu schreiben und einzustudieren. Die erste und zwar ungesuchte Übung hierin verschaffte mir folgender, auch sonst für mich lehrreiche Vorfall.

Der greise Bischof von Roermond[34], unter dessen Obedienz die Propaganda mich für die Dauer meines Aufenthaltes in Steyl gestellt hatte, weil er der Bischof der Diözese war, hatte mir liebevoll alle Fakultäten für die Seelsorge erteilt. Ich bekam nun einmal den Auftrag, die Pastoration einer Stadtpfarrei der Diözese auf einige Zeit zu übernehmen und zwar aus folgender Veranlassung. Die Pfarrei des kleinen Städtchens N. stand mit ihrem Pfarrer (Pole von Nation) in Zerwürfnis. Seines übertriebenen Rigorismus halber wollte niemand mehr bei ihm beichten. Ein Kaplan oder Vikar stand ihm nicht zur Seite, an den sich die renitente Gemeinde hätte halten können als Ersatz. Nur eine Anzahl Betschwestern suchten noch seinen Beichtstuhl auf. Als nun eine derselben aus Verzweiflung darüber, dass sie „ewig verloren sei", weil sie nicht Jungfrau geblieben, sondern sich verheiratet hatte, wenige Tage vor meiner Ankunft sich erhängte, machte man im Städtchen allgemein den Pfarrer dafür verantwortlich, weil er die Pönitenten im Beichtstuhl verrückt mache. Auf dieses hin entfernte sich der Pfarrer – ich weiß nicht, ob freiwillig oder nicht und ob für immer oder auf einige Zeit. Das war die Veranlassung, dass ich beauftragt wurde, für die „Vakanz des Pfarrhofs" die Pastoration zu übernehmen. Das benützte jetzt die Gemeinde wie ein Mann, wieder zu den lang entbehrten Sakramenten zu gehen. Der Beichtstuhl war von morgens früh, wenn die Kirche zum Angelus geöffnet wurde, den ganzen Tag bis zum Anbruch der Dunkelheit belagert. Das war für einen einzigen Beichtvater ebenso anstrengend als erfreulich. Als ich aus den Beichten erkannte, welchen Schaden die Seelen durch den unsinnigen Rigorismus und den *zelus amarus* ihres „Seelsorgers" erlitten hatten, und da gerade zwei Feiertage auf einander folgten (d.h. Sonntag auf Feiertag), improvisierte ich eine dreitägige Mission, an der die ganze Gemeinde mit erbaulichem Eifer teilnahm. Obwohl meine neun Predigten nur Stegreif-Predigten waren (Beichtstuhl und Gottesdienst ließen mir keine Zeit, auch nur eine davon zu schreiben oder zu studieren), war die Kirche doch jedes Mal so überfüllt, dass ich nur mit Mühe und Not zur Kanzel gelangen konnte. Der fromme Eifer der Gläubigen wirkt begeisternd auch auf den Prediger.

Für meine Person waren diese höchst anstrengenden, aber trostreichen Tag von großem Nutzen, weil sie die Lehre St. Benedikts von der Überheblichkeit des *zelus amarus, qui ducit ad infernum*[35], und von der Notwendigkeit der hl. *Discretio*, d.i. der Mäßigung und Milde in Sachen der Seelenleitung mit unauslöschlichen Eindrücken meinem Geiste einprägten, weil sie mir die verheerenden Folgen des Gegenteils der *Discretio* vor Augen führten. Diese Lehren gaben sie mir bezüglich der Seelenleitung auf den Weg mit.

Einen großen Vorteil, um den Steyl zu beneiden war, hatte dieses freilich schon festgegründete und stark entwickelte Missionshaus meinem künftigen Unternehmen auf deutschem Boden jedenfalls voraus, – wenigstens für die Dauer des Kulturkampfes, welcher in Deutschland einen so großen Priestermangel zur Folge hatte, nämlich eine genügende Zahl tüchtiger geistlicher Lehrkräfte für den Unterricht im Missionsseminar. Der Kanzelparagraph berüchtigten Andenkens hatte viele deutsche Kapläne gezwungen, ins Ausland zu fliehen. Steyl lag zwar auf holländischem Boden, aber so nahe bei der deutschen Grenze, dass seine Poststation deutsch war. Dieser Umstand erleichterte die Fügung, welche Steyl mit fünf guten, jungen Lehrkräften versah, von denen zwei sich der Genossenschaft später eingliederten, die drei andern aber lehrtätig blieben, bis der Kulturkampf abflaute und ihnen die Rückkehr in die Seelsorge gestattete[36]. Als Gast aß ich am Gasttisch, aber ohne mit ihnen in nähere Berührung zu treten. Wie schon früher in Mill Hill, so zog ich auch ein Steyl das „Für-mich-sein" vor.

Eine Kleinigkeit, kaum der Tinte wert, verdross mich doch ein wenig: ich hatte auf Wunsch des Rektors meine zwei persönlichen Missionsabzeichen, die ich in Mill Hill frei war zu tragen, dem Aufenthalt in Steyl zum Opfer zu bringen: Vollbart und rotes Cingulum[37]. Als ich andern morgens in die Sakristei kam, weigerte sich mein Messdiener, mir zu ministrieren, weil er für den Pater Amrhein bestimmt sei! Meine geistlichen Herrn Tischgenossen waren mit der Veränderung nicht einverstanden.

Nach Verfluss des fünften Monats erstattete Herr Rektor Janssen meinem Abte über mich Bericht. Ich habe von seinem Inhalt keine Kenntnis. Er muss aber mit dem Bericht des Rektors von Mill Hill übereingestimmt haben und den Abt von meinem Berufe endgültig überzeugt haben. Denn er legte seiner Antwort an Rektor Janssen ein Dokument für mich bei, welches mir die Ausübung des Missionsberufs im Gehorsam gegen den Heiligen Apostolischen Stuhl, d.h. die hl. Kongregation der Propaganda, endgültig zuerkannte und mit meines Abtes Segen begleitete. Es ist dies das dritte letzte und definitive Dokument meiner äbtlichen Obedienz für die Mission, datiert vom 28. August 1883 in Prag. Es ist lateinisch verfaßt und trägt Siegel und eigenhändige Unterschrift des Maurus Wolter, Abbas gen. Congr. Beuron O.S.B. Der Erzabt trug damals noch den Titel Generalabt, wie ja Eure Gnaden wissen, und bestätigt bloß, was er der Propaganda geschrieben und diese mitgeteilt hatte, dass „R.P. Andreas die Erlaubnis habe, in den auswärtigen Missionen für die Ausbreitung des christlichen Glaubens zu wirken und dass derselbe zu diesem Zweck der Obedienz der S.C. Propaganda Fidei unterstellt sei". Das Dokument schließt mit einem ausdrücklichen „Segenswunsch aus väterlichem Herzen".

Das ist das offizielle Dokument, das mich vor allen Behörden, kirchlichen und staatlichen, von da an über meine Obedienz und eine geregelte Stellung auswies. Damit hatte mein Abt sein mir feierlich gegebenes Versprechen vom 10. September 1879 eingelöst, mich nach einer bestimmten Wartezeit mit seinem Willen und Segen der Missionstätigkeit widmen zu lassen, und sein Begehren vom März 1882, dass ich mich vorerst in einem Missionshaus qualifizieren solle, hatte mit Gottes Gnade zu einer zweimaligen Bestätigung dieser meiner Qualifikation in zwei Missionshäusern geführt[a]. Jetzt konnte ich mit gerechtfertigter Seelenruhe ans Werk Gottes gehen.

Noch in Steyl begann ich die Redaktion meiner späteren Eingabe an die Kardinäle der Propaganda, zu dem Zwecke der Gründung einer selbständigen *Congregatio O.S.B pro missionibus exteris*. Aber dazu war noch lange Zeit. Denn die *constitutio loci* musste vorausgehen, sollte die Eingabe auf festem Boden fußen. Es musste schon etwas vorhanden sein, wo und womit begonnen werden konnte.

11. Brief

Die Wahl des Ortes meiner Gründung wird überlegt und beraten – Die Geldmittelfrage überlasse ich der göttlichen Vorsehung. Durch welche Vorgänge und Fügungen die Ortswahl auf Reichenbach in Bayern gelenkt wurde, eine ehemalige Abtei, jetzt großenteils Ruine, von zwei geistlichen Wohltätern in Regensburg mir zum Missionshausprojekt angeboten – Mein enttäuschter Besuch beim australischen Missionsbischof und Abt Salvado O.S.B. in Brüssel. Seine Lehre beim Anblick des großartigen Bildes von Reichenbach: Was groß beginnt, zerfällt; was klein und demütig anfängt, gedeiht – Ein schmerzlicher Verzicht aus Rücksichten der Caritas

Inzwischen überlegte ich mir, wo Gott sein erstes Haus, das Mutterhaus seiner neu zu gründenden Familie haben wollte. Die Entscheidung war durch die schwierigen Zeitumstände des Kulturkampfes außerordentlich erschwert. Ich war entschlossen, nur für Deutschland und daher womöglich nur auf deutschem Boden das geplante Missionswerk ins Leben zu rufen. Deutsch-

[a] vgl. oben 6. Brief, Bericht vom 10. Sept. 1879, und 8. Brief, Bericht vom Jahre 1882.

land war ja das einzige Land, welches noch kein katholisches Missionshaus innerhalb der Reichsgrenze besaß. Aber dieses Deutschland seufzte damals noch unter der Prüfung des sogenannten Kulturkampfes und duldete keine Ordensleute mehr. Alle, auch die nicht dem Jesuitenorden „affiliierten", wie der Ausdruck damals lautete, die Benediktiner, hatten das deutsche Vaterland verlassen müssen, mit Ausnahme der Bayerischen Benediktiner, welche eine königlich-bayerische Stiftung (von König Ludwig I.) waren. Bayern aber unter König Ludwig II., der zum Altkatholizismus neigte, und unter seinem liberalen Ministerpräsidenten v. Lutz[38], wollte kein neues Kloster entstehen lassen, auch nicht O.S.B. Wie durfte ich nun hoffen, als Benediktiner unter solchen Umständen in Deutschland ein monastisches Institut ins Leben rufen zu können, was doch meine feste Absicht und *conditio sine qua non* war? Ferner, wie konnte ich bei dem großen Priestermangel, den der Kulturkampf verschuldete, die geistlichen Lehrkräfte für das Missionsseminar finden, wie das Steyler Seminar solche besaß, und wie konnte ich auf den Eintritt von Priestern und Klerikern hoffen? Das zwang mich, mein suchendes Auge auf ein kulturkampffreies Land zu richten, das an Deutschland grenzte, also auf Luxemburg oder auf Deutsch-Österreich. Von Luxemburg riet mir Herr Rektor Janssen ab, wegen der Nähe zu Steyl. So schien nur Österreich übrig zu bleiben. Da ich aber auf Kandidaten und Postulanten aus Deutschland lieber als aus Österreich reflektierte, so dachte ich an die Nähe von Passau oder Salzburg.

Eigentümlich, dass mir dabei gar nicht in den Sinn kam, mich zu fragen, woher zu einer solchen Neugründung die Geldmittel zu bekommen seien, trotzdem ich als *monachus* keinen Pfennig mehr besaß, wie im vorigen Brief schon gesagt wurde, und mir auch nicht im Traume einfiel, vorher noch ein paar Jahre mit einer Kollektenreise zu verlieren oder sonst jemanden damit zu beauftragen. Ich zweifelte gar nicht, dass Gott mir das Nötige zu seinem Werke schon verschaffen werde, wenn Gott das Werk wolle. Und diese Zuversicht ward vollkommen gerechtfertigt. Noch nie ist ein Missionswerk, das auf der apostolischen und monastischen Vollkommenheit des Evangeliums und der evangelischen Räte fußte, nicht zustande gekommen oder wieder zu Grunde gegangen, weil es an Geldmitteln fehlte. Ich war und bin deshalb kein Freund von Kollekten. Das Vorbild aller Missionare, St. Paulus, lobte wohl und segnete Sammlungen für notleidende Neubekehrte, unternahm aber niemals eine Sammlung persönlich. Er dankte wohl für milde Gaben, die ihm selbst geschickt wurden, für seine eigenen Bedürfnisse, „arbeitete aber lieber mit Anstrengung Tag und Nacht, um für sich und seinen Begleiter das Notwendige zu verdienen, um niemanden lästig zu fallen, – ja um noch zu haben, um den Bedürftigen geben zu können".

Diese apostolische Gesinnung nahm ich von Anfang an (siehe „Prospektus“) unter die Hauptgrundsätze meiner künftigen Benediktinermissionäre auf. Wenn es je ein Missionsunternehmen monastischer Art gegeben hat, dessen Entstehungsgeschichte für die Wahrheit und Richtigkeit dieser Gesinnung als Zeugnis dienen kann, so ist es das der Benediktiner-Missionäre von St. Ottilien.

Unter den Zöglingen zu Steyl war ein junger Oberpfälzer namens Alois Pöppel, für den der Beichtvater der Clarissen zu Regensburg, Hr. Scheugenpflug[39], ein für die Heidenmission begeisterter, von Haus mit Glücksgütern gesegneter Priester, das Erforderliche zur Aufnahme in Steyl bezahlte. Dieser Zögling wusste, dass sein Gönner einen bayrischen Missionär Koller unterstützte, der unter den Kongonegern mutterseelenallein, ohne einer Gesellschaft anzugehören, wirkte, und dass er gern helfen würde, ein Missionshaus ins Leben zu rufen. Pöppel teilte ihm mit, in Steyl befinde sich ein Benediktiner, welcher vorhabe, ein solches Haus zu gründen. Woher er das wusste, ist mir nicht bekannt. Hr. Scheugenpflug trat hierauf mit mir in Korrespondenz, und ich teilte ihm meinen Plan in Kürze mit, wobei ich aber die Notwendigkeit des monastischen Charakters desselben betonte.

Dieser Priester stand mit Domvikar Dengler in Regensburg in Verbindung, der als Kirchenbaumeister (Architekt) ein schönes Nebeneinkommen hatte. Hr. Scheugenpflug weckte in ihm großes Interesse für das Missionsprojekt. Dengler hatte erst vor kurzem das im Jahr 1803 aufgehobene Benediktiner-Kloster Reichenbach in der Oberpfalz, das seines baulichen Verfalles und des Fallimentes der in ihm errichteten Porzellanfabrik wegen auf Abbruch ausgeschrieben war, um die Summe von nur 3000 Mark pietätshalber angekauft, ohne auch noch zu ahnen, wofür. Auf Herrn Scheugenpflugs Mitteilung hin sandte er mir ein wunderschönes lithographisches Bild der ehemaligen Abtei von Reichenbach und bot das Gebäude mir für meinen Plan zum Kaufe an. Ich war entzückt von dem imposanten Anblick des auf steiler Anhöhe gelegenen und mit seinen burgähnlichen Türmen und Ringsmauern und mit seiner großen wohl erhaltenen Kirche (die aber nicht mehr dazu gehört) weithin das Regental überschauenden, seit 80 Jahren verlassenen Gotteshauses. Ursprünglich eine Burg, dann Abtei O.S.B., muss Reichenbach im Mittelalter berühmt gewesen sein. Denn ich fand seinen Namen auf einer der vatikanischen großen Karten der Erdteile Europa, Asien und Afrika, welche ein Papst an den Wänden einer Galerie des Vatikans im 16. Jahrhundert malen ließ. Da steht außer den Abteien St. Gallen, Luxeuil, Cluny usw. auch Reichenbach (im ehemaligen Stammsitz des Vandalenvolkes, d.i. in der bayrischen Oberpfalz) eingezeichnet. Jetzt aber, wie Dengler mir mitteilte, war nur ein kleiner Teil des mächtigen Bau-Quadrums noch bewohnbar und bewohnt; der größte Teil befand sich im Zustand gräulicher Verwüstung und Zerstörung und war unbewohnbar. Die sehr soliden Mauern waren aber restaurationsfähig. Das Innere müsste vom Erdboden bis zum Dach neu gebaut werden. Als ich Herrn Dengler meine Armut bekannte und schrieb, dass ich weder zum Ankauf noch zur Instandsetzung die Mittel besitze, bot er mir das Gebäude als Missionsgeschenk an und versprach, zusammen mit Herrn Scheugenpflug alle Kosten zu übernehmen. Nun lohnte sich freilich die Reise, um den providentiellen Platz für den Beginn des Werkes zu besichtigen und die Vorbereitungen desselben, von dem noch viele sehr wichtige Fragen, z.B. die Frage nach der Genehmigung von Seiten der Regierung, des Bischofs usw. offen standen, eventuell in Angriff zu nehmen. Es handelte sich um den Anfang! In der Geschichte der Ordensgenossenschaften findet man das bleibende Mutterhaus häufig an einem andern Platz als da, wo der Anfang gemacht worden war. Nicht Subiaco, sondern Monte Cassino wurde die „Wiege" unseres Ordens. Die deutsche Reform-Kongregation von Beuron begann in Kleve (Rheinland) wenige Jahre lang, dann verlassen. So war für die erste Benediktiner-Missionskongregation St. Ottilien der große alte Steinhaufen von Reichenbach bestimmt, zum Bau von St. Ottilien den Grundstein zu liefern, wie die Ruinen der zerstörten Stadt Bregenz von den Gründern von St. Gallen (St. Gallus) und von Bobbio (St. Columban) als Ausgangspunkt bewohnt wurden. Der große Fruchtbaum steht ja selten da, wo er zuerst gepflanzt wurde, sondern da, wohin er aus der Baumschule versetzt wurde.

Kurz vor meiner Abreise von Steyl begab ich mich nach Brüssel, um Mgr. Salvado, Bischof und Abt O.S.B. (Spanier)[40], den Gründer der ersten Mission unter den Eingeborenen Australiens (welche von den Europäern für unzivilisierbar gehalten wurden), zu besuchen und zu beraten. Sein Buch über seine Gründung, „Nova Norcia" genannt[a], hatte mich schon in meiner Noviziatszeit vor 12 Jahren mächtig angeregt und interessiert und ich hatte mir daraus höchst wichtige Lehren für Missionen unter Unzivilisierten gemerkt, – nicht bloß positive Lehren, wie man das und jenes machen solle und zu machen sei, sondern auch negative Lehren, was zu vermeiden sei oder anders gemacht werden müsse, – jene zur Nachahmung, diese zur Nichtnachahmung. Zur Nachahmung luden die Erfolge seiner monastischen Missionsmethode ein,

[a] Nova Norcia, italienisch geschriebene Geschichte der Gründung, in der Bibliothek von Beuron vorhanden, verfasst von Mgr. Salvado selbst.

die darin bestand, dass er die wilden Nomaden, die er durch Wohltaten der Caritas gewann, sesshaft machte, und rings um das Missionshaus und die Kapelle ansiedelte; ferner darin, dass er eine Klosterkommunität zum Mittelpunkte dieser Neophitenkolonie machte, aus Mönchen bestehend, welche die Neophyten in allen nützlichen Arbeiten, Gewerben, Handwerken unterrichteten, geleitet von einigen Ordenspriestern der Kommunität. Dies war alte Benediktiner-Missionsmethode und Ordenstradition. Die beschloss ich festzuhalten. Dagegen wollte ich vermeiden, was ich an den üblen Folgen und an den großen Schwierigkeiten der Fortexistenz der Gründung von Neu-Nursia und der Reinerhaltung klösterlichen Geistes als bedauerlich erkannte. Salvado hatte nämlich die Mission im fernen Missionslande unternommen, ohne vorher in Europa ein Missionshaus seines Ordens ins Leben gerufen zu haben, wo die Berufe sowohl bezüglich des Ordenslebens als auch der Missionstätigkeit vor der Aussendung geprüft und ausgebildet werden konnten, und von wo aus die fernen Missionen seiner Gründung ununterbrochen durch vorgeprüfte und vorgebildete Professen – Priester und Laienbrüder – hätten ergänzt und forterhalten und vermehrt werden können. In Folge dessen war er genötigt, alle drei Jahre (circa) die weite Reise nach Europa und Rückreise nach Australien zu unternehmen und in Europa Monate, ja Jahre lang, sich sorgend abzumühen, Mittel zu sammeln und neue Mitarbeiter anzuwerben, die er, ohne vorher ihren Ordens- und Missionsberuf prüfen zu können, mitnehmen musste und daher, wie es sich denken lässt, mit der Mehrzahl von ihnen die bittersten und auch kostspieligsten Enttäuschungen erlebte. Auch jetzt war der 70-jährige vielgeplagte Mann zu diesem Zweck nach Europa gekommen, – weiß Gott, zum „wievielten" Male! Diese Erfahrungen des sonst so hochverdienten Missionsbischofs hatte ich mir als warnende Lehre zu Herzen genommen. Und da ich vorhatte, persönlich eine ausländische Mission zu schaffen, hielt ich es für absolut nötig, vorher ein Missionshaus (O.S.B.) mit einer fest gegründeten Genossenschaft oder Kongregation ins Leben zu rufen. Diesen Grundgedanken schöpfte ich also aus Salvados Buch „Neu-Nursia" und trug Verlangen, den Verfasser zu Rate zu ziehen, als ich gerade im Begriffe stand, ans Werk zu gehen. Ich fand mich bei unserer Begegnung in Brüssel empfindlich enttäuscht durch den wenig freundlichen Empfang, – sei es, dass er die Motivierung meines offen dargelegten Planes als einen Vorwurf seiner Unterlassung empfand, oder sei es, dass er gerade jetzt auch wieder an einer Folge derselben litt: ich traf bei ihm nämlich einen jungen belgischen Priester Moreau, den er in der Abtei O.S.B. von Maredsous ein Noviziatsjahr hatte machen lassen, um ihn jetzt mitzunehmen nach Australien und der jetzt aus einem mir unbekannten Grund nicht mitging. Als derselbe von meinem Unternehmen hörte, suchte er mich auf und bot sich mir an. Aber aus Rücksichten der Caritas gegen den greisen Abt und Bischof brachte ich es nicht übers

Herz, ihn anzunehmen, trotzdem es mir wie eine gütige Fügung der Vorsehung erscheinen wollte, einen ersten Mitarbeiter, der im Beuroner Geist gebildet und geprüft war, zu bekommen. Ich kämpfte hart mit mir selbst, aber die Caritas siegte und ich lehnte *contra cordem* das so sehr erwünschte Anerbieten ab. Ich musste es leider schwer büßen, als ich so lange ganz allein die Last zu tragen hatte, bis ich nahezu gebrochen war. Eine wertvolle Lehre, welche die Reise wohl lohnte, erhielt ich noch von Salvado. Als ich ihm das Bild von Reichenbach zeigte und er das großartige Gebäude betrachtete, sprach er in seinem strengen Ton: „Fangen Sie so groß an, wird Ihr Werk zugrunde gehen. Fangen Sie klein an und dürftig und bescheiden, so wird es gesegnet sein und gedeihen!" St. Ottilien war in der Tat klein und dürftig und bescheiden. Das Wort war prophetisch.

12. Brief

Höchst schädliche Verleumdungen, womit Satan gegen das Missionswerk Sankt Benedikts intrigierte und dessen Anfang fast bis zur Unmöglichkeit erschwerte. Gründliche Widerlegung derselben (aus Überdruss und Ekel bis zum Todesjahr zurückbehalten) – Vollständiger Nachweis meiner mir fälschlich oder irrtümlich abgesprochenen theologischen Ausbildung. Zeugnis noch lebender gleichzeitiger Studienfreunde während der sechs Semester meiner Theologie. Meine vom Abt verhinderte Doktorpromotion. Die fertige Dissertation (neue „Forschungen über die Geschichte, Geologie und Physik der Sintflut") noch vorhanden. Erklärung der Entstehung dieses Irrtums – Die äußerst verderblichen Wirkungen der anderen Lüge, welche durch die vorliegenden Berichte an Erzabt Ildephons ad absurdum geführt ist, nämlich: ich habe das Missionswerk als „ausgesprungener Mönch" unternommen. Worin ich „Fantast" war

Seit dem Tage, an welchem Christus, als er dem Saulus erschienen war, von demselben sagte: „Ich will ihm zeigen, wie viel er für meinen Namen leiden soll", war die apostolische Arbeit der Heidenmission mit Leiden über Leiden verbunden: mit „Gefahren unter den eigenen Landsleuten, Gefahren unter Heiden, Gefahren in Städten, Gefahren in Wüsten, Gefahren zur See, Gefahren von falschen Brüdern..." (2 Kor 11,26). Ohne würdig zu sein, dem Heidenapostel auch nur die Schuhriemen aufzulösen, war mir dennoch, schon ehe ich das Werk für die Rettung der Heiden auch nur anfing, ein voll gerütteltes Maß von Leiden beschieden. Der Leiden darf ich mich rühmen. *Gloriamur in tribulationibus... Pro me nihil gloriabor, nisi in infirmitatibus meis.* Der Feind der Seelen sah in seiner Intelligenz voraus, wie viele Seelen ihm das geplante Missionsordenswerk entreißen und wie viel es zur Ehre Gottes beitragen würde, wenn es zustande käme, und suchte es daher mit allen Mitteln, namentlich der Lüge zu hintertreiben. Die Lieblosigkeit eines „falschen Bruders" bot ihm die erste Hand dazu.

Fast jede Klosterkommunität hat irgend ein unvollkommenes Mitglied, das wegen seiner Fehler zu fürchten ist, weil sie vielen zu einer oft schwer zu ertragenden Prüfung werden. Ein solches war damals in Maredsous und kam auf meiner Reise nach Köln eigens nach Steyl, um mir einen womöglich unübersteigbaren Felsblock in den Weg zu legen. Zu allem Unglück war ich gerade abwesend, und er konnte ungehindert reden und verleumden. Dieser *falsus frater* kannte meine Verhältnisse auch nicht von ferne, weder die der Vergangenheit, noch die der Gegenwart. Er wusste gar nichts von alldem, was meine bisherigen 12 Berichte an Eure Gnaden enthalten, – nichts von den Studienjahren meines langen zwanzigjährigen Bildungsganges, der meinem Klostereintritt unmittelbar vorausgegangen war; nichts von meiner offen bekannten Bedingung, die ich an mein Aufnahmegesuch geknüpft hatte, nichts von meinen Verhandlungen mit dem Generalabt und von dessen mündlichen und schriftlichen Zusagen; nichts von meiner Obedienzübergabe von Seiten meines Abtes an den Hl. Stuhl, noch von meiner Obedienzübernahme von Seiten desselben, nachdem vom Abte über meine Person günstige Auskunft an die Propaganda gegeben worden war. Das war ihm alles ganz unbekannt, weil der Generalabt, um zu verhüten, dass auch andere Confratres durch mein Beispiel verführt, d.h. zum Verlangen nach Missionstätigkeit inspiriert werden, alles mir Gewährte geheim hielt, so dass nur die Senioren darum wussten, die zum Stillschweigen verpflichtet waren. Infolge dieser Geheimhaltung argwöhnte nun jener *falsus frater*, dass ich mich ohne Erlaubnis aus der Kongregation entfernt habe, also ein *monachus fugitivus*, wenn nicht gar ein *apostata* sei. Diese Gedanken auszusprechen und als Tatsache zu behaupten, daraus machte er sich kein Gewissen. Das tat er wirklich während meiner dreitägigen Abwesenheit bei Mgr. Salvado in Brüssel, am Gasttisch des Missionshauses Steyl, in Gegenwart meiner täglichen fünf Tischgenossen, Professoren des Seminars (der vier westfälischen Kapläne, die ich früher schon erwähnt habe, und eines römischen Dr. theol. Abel), leider auch in Abwesenheit des Rektors Janssen, der seine Aussagen hätte korrigieren können.

Diesen großen Unwahrheiten fügte er noch so viele Detraktionen über mich bei, dass der Priester, der mir als Ohrenzeuge davon Bericht erstattete, beifügte, er habe es als Christenpflicht erachtet, vom Tische aufzustehen und wegzugehen, um solches sündhafte Gerede nicht mehr anhören zu müssen. Böses konnte er mir nicht nachsagen (aus mir einen „ausgesprungenen Mönch" zu machen war aber des Bösen genug!); er erniedrigte dafür an mir Charakter und Bildung. Den Charakter, indem er mich als „Fantast“ hinstellte und die Bildung, indem er behauptete, ich sei bloß *„artiste“* und besitze keine wissenschaftliche, namentlich keine theologische Bildung.

Was den ersten Vorwurf anbelangt, so glaube ich selbst, es musste wenigstens der Anschein ihm recht geben. Denn liest man meinen Bericht über die Vorgänge meines Klostereintrittes (oben 1. und 2. Brief), so muss man denken, mein blinder Glaube, dass der Wille Gottes durch den mir bis dahin fremden Abt bekannt gegeben wurde, und mein sofortiges Aufgeben und Entsagen meines eigenen Urteils und eigenen Willens; dieses vorzeitige „Selbstopfer“, womit ich dem Worte: „Es ist Gottes Wille, dass Sie sofort dableiben“, mit blindem Gottvertrauen Folge leistete und nicht mehr mit meinen Begleitern zur Universität zurückkehrte, und das schon eingeleitete Doktor-Examen auf das Wort des Abtes mit bereitwilligem Verzicht fahren ließ, trotzdem alle Vernunftgründe gegen den Verzicht sprachen, all das, so muss man denken, sei nur entweder einem Heiligen oder einem fanatischen Phantasten möglich. Da ich nun trotz meiner wahrhaft reinen und selbstlosen Absichten kein „Heiliger“ war, so kann ich in der Tat nur ein Phantast gewesen sein, der es herzlich gut und redlich meinte, aber immerhin ein Phantast und Fanatiker! In diesem Punkte sündigte mein Kritiker, trotz seines lieblosen Willens, wenigstens nicht gegen Wahrheit und Gerechtigkeit.

Anders verhält es sich dagegen mit seiner andern Detraktion bezüglich meines vermeintlichen Mangels an wissenschaftlicher, theologischer Bildung. Wäre ich, was ich nicht bin, noch je habe werden wollen: „Ordensstifter“, so würde ich mir nichts aus diesem Vorwurfe machen, – im Hinblick auf einen hl. Benedikt, der seine Studien abbrach und Eremit wurde, ehe ihn Gott zum Stammvater des abendländischen Monachismus machte, oder auf einen hl. Franziskus, der keine Studien wissenschaftlicher Art machte. Da ich aber Klostergründungen O.S.B. anstrebte, welche mit „Missionsseminarien“ zur Ausbildung priesterlicher Missionare verbunden sein müssen, so kann es nicht gleichgültig sein, ob der Gründer ein *homo ignarus theologiae rudisque scientiarum litterarum* oder *homo peritus* war, als das bayrische Staatsministerium sein erstes „Missionsseminar“ genehmigte und in dem Erlass ihm den Titel „Seminardirektor“ gab (11. April 1884). Man lege es mir also nicht übel aus, als ob ich mich von der Eitelkeit verleiten ließe, die Wahrheit in dieser Sache aufzudecken. Von 1850 bis 1870, in diesen 20 Jahren, war ich ununterbrochen nur mit „Lernen“ beschäftigt und niemals „berufstätig“, also von meinem ersten Schuljahre an bis zum Eintritt in Beuron, nämlich:

6 Jahre Volksschule und Realschule, 1850/1, 1851/2, 1852/3, 1853/4, 1854/5, 1855/6.

6 Jahre Gymnasium, 1856/7, 1857/8, 1858/9, 1859/60, 1860/1, 1861/2 (an 2 Gymnasien).

3 Jahre Akademie, 1862/3, 1863/4, 1864/5 (Florenz, München[a], Paris).

2 Jahre Philosophie und Orientialia, 1865/6, 1866/7 (Paris, Universität der Sorbonne).

3 Jahre Theologie, 1867/8, 1868/9, 1869/70 (Universität Tübingen).

Da in Beuron unter den Chorpatres gegenwärtig noch ein Zeit- und Studiengenosse meiner sechs Theologiesemester lebt, nämlich R.P. Stephan Waldner[41], mit dem ich in den 2 letzten Semestern kameradschaftlich verkehrte und mit dem ich mehrere Kollegien der Kirchengeschichte und der christlichen Archäologie bei Prof. Dr. v. Hefele, der Dogmatik bei Prof. Dr. v. Kuhn[42], der Exegese Neues Testament bei Prof. v. Aberle[43], der Exegese Altes Testament bei Prof. Himpel[44] und der Moral bei Prof. Linsenmann[45], gemeinsam hörte und nachschrieb, so können Eure Gnaden die Wahrheit meiner Aussagen durch einen verlässigen Zeugen kontrollieren und bestätigen lassen, und ich bin dadurch weiterer Beteuerungen enthoben. Er kann auch den Fleiß meines Kollegbesuches bezeugen, da er mich tagtäglich in den Hörsälen und in der Kirche des Konvikts sah. Er hätte mich auch in den Lehrsälen der philosophischen Fakultät sehen können, wo ich ein paar Kollegien belegt hatte, und bei Prof. v. Köstlin[46], Lehrer der christlichen Ästhetik und Kunstgeschichte, woran sich noch heute ein anderer Mitschüler lebhaft erinnert, d.i. Msgr. Kümmel[47], Chefredakteur des „Stuttgarter Deutschen Volksblattes" und „Katholischen Sonntagsblattes". Nicht vergessen darf ich drei andere noch lebende Zeit- und Studiengenossen aller meiner sechs Semester in Tübingen: Generalvikar v. Ege[48] in Rottenburg, Domkapitular v. Eisenbarth[49] und Pfarrer Fuchs[50] (Ellwangen), welche alle drei in treuer Freundschaft mich hier aufgesucht und zu sich eingeladen haben[b]. Die Studien meiner Kollegien genügten mir aber nicht. Jede freie Zeit benützte ich zu historischen und exegetischen Spezialstudien, deren Resultate ich in Abhandlungen niederschrieb und den Professoren vorlegte. An der Dissertation zur Erlangung des „Doktorhutes" arbeitete ich schon

[a] In München bloß vorübergehend, nicht inskribiert.

[b] Seit dem Datum dieses brieflichen Berichtes 1913 sind die letztgenannten 3 Freunde gestorben, v. Eisenbarth und Fuchs 1914, v. Ege etwas später. Die vorher genannten Studiengenossen Waldner und Kümmel leben heute noch.

über ein halbes Jahr, als ich zu meinem Unglück den Rat des Abtes Maurus, auf den „Doktor" zu verzichten, um sofort im Kloster einzutreten befolgte. „Zu meinem Unglücke", sage ich heute. Denn diese meine Phantasterei rächte sich bitter in meiner ganzen Zukunft, weil der „Dr. theol." hinter meinem Namen das verlogene Geschwätz, dass ich „keine Theologie studiert" habe und daher unfähig sei, ein Seminar zur Heranbildung von Missionspriestern zu gründen und zu leiten, zum voraus unmöglich gemacht und mich dadurch vor den größten Hindernissen und Demütigungen bewahrt hätte[a].

In meiner Fantasterei zu Anfang meines monastischen Berufes glaubte ich nicht bloß die Schüler der „Väter der Wüste" nachahmen zu sollen, die zur Abtötung des eigenen Verstandesurteils jahrelang dürre, wurzellose Stecken begießen mussten, als ob es Pflanzen wären, sondern meinte, auch den weisen Sokrates zum Vorbild nehmen zu sollen, von welchem Cicero schreibt: *Apud Platonem Socrates se omnium rerum inscium fingit rudem* (Cic. Brut. 84). Jetzt aber, nach all den Erfahrungen, wie verkehrt das war, fühle ich mich genötigt, den hl. Apostel Paulus nachzuahmen in seinem offenen und ungenierten Bekenntnisse, wo er sich mit andern vergleicht und schreibt: „Übrigens, da so viele nach dem Fleische sich rühmen, so kann auch ich mich rühmen. Kluge Leute wie ihr habt ja gerne Geduld mit Toren... Ich rede töricht; aber wie andere prahlen, kann auch ich prahlen. Sind sie Hebräer? Ich auch. Sind sie Kinder Abrahams? Ich auch. Sind sie Diener Christi? (Ich rede noch weniger weise) plus ego" (2 Kor 11,18-23).

Wie erklärt sich aber die Tatsache, dass ein Confrater, der auch nicht längere Zeit als ich Theologie studiert hatte, in der nämlichen Zeit, dagegen viel weniger gelernt hatte als ich, doch von mir glaubte und aussagte, ich besitze keine höhere wissenschaftliche und namentlich keine theologische Bildung? Und wie kam es, dass bloß von mir das geglaubt und behauptet, nicht auch von irgend einem andern meiner sechssemestrigen Studiengenossen der Theologie? Diese Frage deutet mit Fingern auf den Ursprung des Irrtums.

[a] Das noch vorhandene Traktat der Doktordissertation behandelt die „Sintflut" nach ihren historischen und geologischen Beweisen und stellt auf Grund von (hier zum ersten Mal verwerteten) physikalischen Gesetzen, namentlich der Hydrostatik und der Erdbebentheorie, fest, dass die Flut keine lokale und keine bloß partiale war noch sein konnte, sondern eine universale war und sein musste. Gestützt wird der biblische Bericht durch eine kritische historisch-astronomische Untersuchung des gleichaltrigen chinesischen Sintflutberichtes im Buche Schu-king und geschützt gegen einen babylonischen Keilinschriften-Sintflutbericht, dessen späteren Ursprung ich nachwies, usw.

An allem war die Kunsttätigkeit schuld, zu der ich entgegen meiner Neigung, aus aszetischen Gründen der Willensabtötung im Kloster angehalten wurde und offenbar auch in der Absicht, mich dadurch von meinen Missions-Ideen abzubringen. Da mich die akademische Ausbildung hierzu befähigte, wurde ich von den Klosterinsassen, welche um meine regelrechte wissenschaftliche Schule und mein vollständiges Theologiestudium nichts wussten, gleich den übrigen drei Künstlern der Beuroner Kunstschule taxiert, welche außer Volksschule und einigen Jahren Kunstakademie keinerlei weitere Bildung in irgend einer Wissenschaft genossen hatten und von welchen drei gleichwohl zwei (R.P. Gabriel Würger und R.P. Lukas Steiner) im Kloster Beuron Priester geworden waren. Aus Unkenntnis des großen Unterschiedes zwischen ihrer und meiner Vorbildung zum Priestertum, wurde ich ihnen hierin gleichgestellt und mit ihnen verwechselt. Anders ist der Irrtum nicht zu erklären.

Die unheilvolle Nachwirkung der Verleumdungen am Steyler Gasttische kettete sich aber noch mehr an die andere Unwahrheit fest, ich sei nicht im Gehorsam, sondern eigenmächtig aus meinem Kloster in die Welt zurückgekehrt und suche jetzt in einem Missionshaus unterzukommen, – ich sei also das, was im Kirchenrecht ein *monachus fugitivus* oder gar *apostata* genannt wird[a]. Von fünf Ohrenzeugen dieser Verleumdung waren wenigstens drei – wenn nicht vier – welche dem *calumniator* glaubten und es später, als sie in die heimatliche Diözesen zurückkehrten, weiter verbreiteten, so in der Diözese Köln, wo es durch Dr. Scheeben zur Kunde seines Freundes, des Sekretärs des Bischofs von Regensburg gelangte, namentlich aber in der Diözese Münster i.W., wohin es durch zwei westfälische Priester vom Gasttische zu Steyl kolportiert wurde. Das ist gerade das Schreckliche und Verderbliche der Verleumdung, dass sie sich großartig durch Übertragung verbreitet. *Detractores Deo odibiles*, lehrt der Apostel (Röm 1,30). Als ich zwei Jahre später (1885) von den H.H. Scheugenpflug und Dengler gezwungen wurde, den Katholikentag in Münster i.W. zu besuchen und mich zu einer Rede meldete, sah ich, dass einer meiner einstigen geistlichen Tischgenossen zu Steyl und Ohrenzeuge meiner Verleumdung durch den Pater aus Maredsous, – jetzt Kaplan in Münster – zum Vorsitzenden des Festkomitees, Dr. Scheeben, trat und ihm etwas ins Ohr flüsterte, worauf Dr. Scheeben[51] mir mit strenger Miene die Rednerbühne verbot. Auf meine Frage nach Grund des Verbotes erhielt ich zu meinem Entsetzen

[a] Eine Lüge, welche durch den Inhalt dieser Briefe 1 bis 11 widerlegt ist.

die offene Antwort, es sei nicht statthaft, dass ein ausgetretener Ordensmann hier spreche!! Ein Dr. theol. Janssen, der als mein Tischnachbar im deutschen Campo Santo zu Rom meine Legitimations-Papiere von meinem Abt und von der Propaganda in den Händen gehabt hatte und jetzt am Komiteetisch saß, hörte dies und belehrte den Vorsitzenden über seinen schweren Irrtum, worauf ich die Rednerbühne besteigen durfte. Eine glückliche Fügung, ohne welche der Unternehmer des ersten katholischen Missionshauses auf deutschem Boden das Opfer einer höchst ungerechten und gänzlich unwahren Nachrede geworden und am Katholikentag ohne jede eigene Verschuldung die traurigste Figur gewesen wäre! – Dieselbe fürchterliche Lüge, ich sei ein „ausgesprungener Mönch“, die ihren Ursprung offenbar im Vater der Lüge, dem Satan selbst hatte, um dadurch das Gotteswerk der Mission unmöglich zu machen, kam durch seinen rheinländischen Sekretär auch dem Bischof von Regensburg zu Ohren, zugleich mit der andern Lüge, dass ich keine theologische Bildung habe. Die Folge war, dass dieser Bischof mir erklärte, er werde niemals für mein Missionshaus einen Priester weihen und mich fragte: „Wie mögen Sie doch in ihren Konstitutionen die Mitglieder durch Klostergelübde binden wollen, da Sie selbst Ihre Klostergelübde der *stabilitas* und der *obedientia* gebrochen haben?“

Eure Gnaden können sich vorstellen, wie tief schmerzlich ich gelitten habe durch so ungerechte und direkt lügenhafte Anklagen, – mehr aber noch durch ihre so schädlichen Folgen für das Werk!

Anmerkungen

[1] Abt Benedikt Sauter (1835-1908), erster Novize Beurons, seit 1863 Erster Kantor von Beuron und 1885 erster Abt von Emaus.

[2] P. Thomas Elsässer (1844-1917), gemeinsame Profess mit Amrhein im Jahre 1871 und gleichfalls Entsendung nach Maredsous im Jahre 1871, wo er als Lehrer tätig war. Aufenthalt von 1880-1884 in Erdington. 1914 Rückkehr nach Beuron.

[3] P. Bonifatius Wolff (1844-1920), Profess 1868, danach für ein Ausbildungsjahr nach Beuron gesandt, wonach er in Beuron als Zeremoniar tätig war. Seit 1872 Einsätze in Maredsous (Novizenmeister) und seit 1886 in Erdington (Prior). 1895 –1911 mit der Reform von Cesena betraut.

[4] Jules Desclée (1833-1911), belgischer Herausgeber und großer Förderer der katholischen Kirche.

[5] Jean Baptiste Baron de Béthune (1821-1894), Begründer der neugotischen Bewegung in Belgien. Zu seinem Werk zählen der Beginenhof von Sint-Amandsberg und die Schlösser von Loppem und Sint-Andries. Sein Hauptwerk ist jedoch das Kloster einschließlich der Kirche von Maredsous, wo er bis hin zu den Paramenten und Einrichtungsgegenständen Entwürfe anfertigte.

[6] P. Johannes Blessing (1843-1913), Kantor, Organist und Glockenkundler, der u.a. die Geläute von Beuron, Maria Laach und Maredsous zusammenstellte. Er gehörte 1872 zur Gründungsmannschaft von Maredsous. 1876 begleitete er als Oberer die Beuroner Kunstschule bei ihrem Aufenthalt in Montecassino.

[7] Katharina Fürstin v. Hohenzollern (1817-1893). In zweiter Ehe verheiratet mit dem regierenden Fürsten Karl v. Hohenzollern-Sigmaringen. Nach ihrer Verwitwung 1857 Umzug nach Rom, wo sie über ihren Vetter, Gustav Kardinal v. Hohenlohe, mit P. Maurus Wolter und dessen Klostergründungsplänen bekannt wurde. Erwarb für diesen die Gebäude des ehemaligen Augustinerchorherrenstifts Beuron und hielt sich dort während der Kulturkampfzeit vom 8.12.1875 bis zum 19.5.1887 als Hüterin der verwaisten Klostergebäude auf.

[8] P. Bernhard Kober (1867-1901), 1869 Profess, seit 1870 Prior und Pfarrer von Beuron. Während der Aufhebung Beurons (1875-1885) Aufenthalt in der Erzabtei als „Kaplan der Fürstin Katharina".

[9] P. Gabriel Wüger (1829-1892). Nach der Ausbildung an der Münchener Kunstakademie Ateliergemeinschaft in Nürnberg mit dem späteren P. Desiderius Lenz und gemeinsamer Italienaufenthalt. 1870 Eintritt in Kloster Beuron, wo er mit P. Desiderius Lenz die Kunstschule begründete.

[10] P. Lukas Steiner (1849-1906), Schüler Wügers, 1872 Eintritt in Beuron, wo er einer der Hauptvertreter der Kunstschule wurde.

[11] Fr. Desiderius Lenz (1832-1927). Nach der Ausbildung an der Bayerischen Akademie der Bildenden Künste Berufung als Kunstprofessor nach Nürnberg. 1862 Beginn eines Kunststipendiums in Rom, wo er mit den Nazarenern in Verbindung stand und die ägyptische Kunst entdeckte, deren Formen von nun an sein Wirken bestimmten. 1868 Bau der Mauruskapelle in Beuron, wo er 1872 als Klaustraloblate eintrat. Dort Begründung der Beuroner Kunstschule mit Hauptwerken in der Beuroner Gnadenkapelle, Montecassino und St. Gabriel in Prag.

[12] D. Joseph Pothier (1835-1923), bekannter Liturgist und Choralforscher, Subprior von Solesmes 1862-1893, Prior von Ligugé 1893-1895, erster Abt von St. Wandrille seit 1898. Herausgeber der

„Revue du Chant Grégorien“. Von Papst Pius X. zum Vorsitzenden der „Päpstlichen Kommission für die vatikanische Edition der gregorianischen liturgischen Bücher“ ernannt. Schuf die Grundlage für den vatikanischen „Liber gradualis“.

13 P. Robert de Kerchove bzw. Kerckhove (1846-1942), Prior in Maredsous und Leiter des Studienhauses in Löwen. Als aus dem Studienhaus 1899 die Abtei Keizersberg (Mont César) erwuchs, wurde P. Robert zum ersten Abt ernannt. Nach der Gründung der Kongregation der Verkündigung wurde Abt Robert ihr erster Präses.

14 D. Felix A.L. Béthune (1824-1909), der jüngere Bruder des Architekten Jean-Baptiste Béthune, war Kanoniker in Gent und ein bekannter Kunstsammler.

15 Auf der Pariser Weltausstellung von 1889 stellte der Erfinder Gottlieb Daimler (1834-1900) das erste funktionsfähige Automobil vor, das ein großes öffentliches Echo auslöste und bald darauf in Serienproduktion hergestellt wurde. Die ständige Weiterentwicklung des Motors und die damit einhergehenden Versuche, ihn für Fahrzwecke einzusetzen, machte die Erfindung des Automobils in den 70er und 80er Jahren des 19. Jahrhunderts zu einer Frage der Zeit.

16 Der von Amrhein leicht geänderte Text findet sich in: Andreas Räß, Nikolaus Weis, Leben der Heiligen Gottes, Bd. 2, Mainz, 11.-13. Auflage, S. 307.

17 Die ehemalige Kapelle mit dem Fresko der Weihnachtsdarstellung ist heute in ein Büro umgewandelt worden. Der Altar ist entfernt, ebenso wie die sonstige Bemalung, mit Ausnahme des Weihnachtsfreskos.

18 P. Bruno Baudri (1851-1887) wurde 1880 gemeinsam mit Amrhein in die Beuroner Neugründung Erdington ausgesandt, wo er das Amt des Subpriors bekleidete.

19 Sir Stuart Knill (1824-1898) war während seines Studiums in Bonn zum katholischen Glauben konvertiert. Nach seiner Rückkehr nach London übernahm er das väterliche Geschäft. Seit 1885 bis zu seinem Tod Alderman, 1889/90 Sheriff of London, 1892 Lord Mayor, 1893 Verleihung des Adelsprädikats. Gegen Ende des 19. Jahrhunderts gehörte er zu den prominentesten Vertretern der katholischen Laien Englands. Als Mitglied des Londoner Stadtrats übernahm er 1892 das Amt des Lord Mayor.

20 Der zum katholischen Glauben konvertierte Geistliche Daniel Haigh (1819-1879) hatte 1850 in seiner Pfarrei Erdington (Erzbistum Birmingham) auf eigene Kosten eine neugotische Kirche errichten lassen einschließlich eines großen Pfarrhauses. Nach der Aufhebung der Abtei Beuron bot er 1876 auf Anregung des Birminghamer Erzbischofs William B. Ullathorn OSB das Anwesen den deutschen Mönchen zur Nutzung an.

21 P. Leo Linse (1850-1910), seit 1876 in Erdington, dort 1882 als Nachfolger von P. Hildebrand de Hemptinne zweiter Prior von Erdington. Seit 1886 Prior und seit 1888 Abt des schottischen Klosters Fort Augustus.

22 Der englische Geistliche Herbert Vaughan (1832-1903) gründete 1866 die „St. Joseph's Society for Foreign Missions of Mill Hill“ (MHM) bei London. 1872 wurde er zum Bischof von Salford und 1892 zum Erzbischof von Westminster und 1893 zum Kardinal ernannt. Für die Missionsgesellschaft, die vor allem in den englischen Kolonien tätig war, rekrutierte Bischof Herbert auch viele Missionare aus anderen Ländern, besonders aus Holland und Tirol.

23 Roger William Bede Vaughan (1834-1883) trat 1854 in die Benediktinerabtei Downside ein, die damals an der Einführung einer kirchlichen Hierarchie in Australien beteiligt war. 1873 traf Vaughan in Sidney ein, wo er 1877 Nachfolger des Benediktinererzbischofs John Bede Polding wurde. Um den Bedürfnissen der weitgestreckten Diözese entgegenzukommen, löste er die Benediktinergemeinschaft auf und verteilte die Patres auf einzelne Pfarreien.

[24] Der flämische Geistliche P. Peter Benoît war Sekretär von P. Herbert Vaughan und übernahm 1872 nach dessen Ernennung zum Bischof von Salford die Leitung des Missionsseminars Mill Hill, dem er bis 1892 vorstand.

[25] Gemeint ist wohl Lord John Hanmer (1809-1881), viktorianischer Dichter und bekannter Förderer der katholischen Kirche.

[26] Nicholas Patrick Kardinal Wiseman (1802-1865), wurde 1850 zum ersten Erzbischof von Westminster ernannt. Seine literarisch-wissenschaftliche Tätigkeit und seine Popularität trugen viel zur katholischen Erneuerung in England bei.

[27] Oberbaurat Karl Dietz. Amrhein war seit seiner Studienzeit mit dem Karlsruher Friedrich Maier (verst. 1869) und dessen beiden Töchtern Auguste und Charlotte (verst. 1881) gut befreundet. Auguste Maier heiratete eben den Oberbaurat Dietz.

[28] Alban Stolz (1808-1883), badischer Theologe und Volksschriftsteller, Professor für Pastoraltheologie und Pädagogik 1847-1883, weit bekannt durch seinen beliebten „Kalender für Zeit und Ewigkeit" sowie zahlreiche Gelegenheitsschriften.

[29] P. Pius v. Drais (1797-1883), bis zu seiner Konversion im Jahre 1860 Oberforstmeister in badischen Diensten, Profess in Beuron 1866.

[30] Kardinal Giovanni Simeoni (1816-1892) war selbst von 1868 bis 1875 Sekretär der Propaganda. Danach tätig als Apostolischer Nuntius nach Madrid und seit 1876 Kardinalstaatssekretär, bis er seit 1878 bis zu seinem Tode die Propagandakongregation leitete.

[31] Erzbischof, später Kardinal Dominico Maria Jacobini (1827-1900) bekleidete seit 1882 das Amt eines Sekretärs der Propagandakongregation, bis er 1891 als Apostolischer Nuntius nach Portugal gesandt wurde.

[32] Der im Jahre 2003 heiliggesprochene P. Arnold Janssen SVD (1837-1896) begründete im Jahre 1875 die „Gesellschaft des Göttlichen Wortes" im holländischen Steyl sowie 1889 die Missionsschwestern „Dienerinnen des Heiligen Geistes" und die kontemplative Schwesternkongregation „Dienerinnen des Heiligen Geistes zur Ewigen Anbetung". Nach Beendigung des Kulturkampfes konnten auch in Deutschland Niederlassungen errichtet werden, die besonders durch ihr eifriges Schriftenapostolat zur missionarischen Bewusstwerdung der katholischen Bevölkerung beitrugen.

[33] Die Vorlagen für die Erzengelfenster befinden sich im Archiv der Erzabtei St. Ottilien. Die Fenster der Oberkirche von Steyl wurden freilich später von einem anderen Künstler gestaltet.

[34] Bischof Johannes Augustus Paredis (1795-1886), erster Bischof der 1863 geschaffenen Diözese von Roermond. Während des Kulturkampfes gewährte er vielen aus dem Deutschen Reich vertriebenen Geistlichen Aufnahme in seinem Bistum.

[35] Regel Benedikts, Kapitel 72, Vers 1.

[36] Bei den „Tischgenossen" und Dozenten im Steyler Missionsseminar handelt es sich wohl um: Joseph Deventer (Diözese Münster), Bernard Müser (Diözese Münster), Joseph Kleinermanns (Erzdiözese Köln), Friedrich Nau (Diözese Limburg) und Wilhelm Abel (Diözese Fulda).

[37] Das rote Cingulum hatte Amrhein am 16. Juli 1882 in Mill Hill erhalten. Mit der Verleihung des Cingulums wurde er als zeitliches Mitglied in das Mill-Hill-Institut aufgenommen. Vgl. Amrheins Personalakten im Archiv von Mill Hill.

[38] Dr. Johannes Lutz (1826-1890), 1867-71 Justizminister, 1867-1890 Kultusminister, 1880-1890 Ministerpräsident, 1884 in den Freiherrenstand erhoben. Einer der Hauptverfechter des bayerischen Kulturkampfes.

[39] Geistlicher Rat Friedrich Scheugenpflug (1849-1920), von 1885-1892 Pfarrer in Ramspau, 1892-1905 in Geisling, 1905 in Geiselhöring. Nach dem Weggang der Missionsbenediktiner bot er das aufgelassene Kloster Reichenbach zunächst den Palottinern, die allerdings keine Genehmigung für eine Niederlassung erhielten, und dann den Barmherzigen Brüdern an, die das Anwesen 1890 übernahmen.

[40] Bischof Rosedo Salvado OSB (1814-1900), spanischer Benediktiner, der 1846 in Australien das Kloster New Norcia gründete, um von dort aus die Mission unter den Aborigines voranzutreiben. Bischof von Port Victoria 1849-1889, wobei er jedoch entschieden die Eingeborenenmission favorisierte.

[41] P. Stephan Waldner OSB (1844-1918), zeitweise Bibliothekar der Erzabtei Beuron, später auch als Dozent und Klerikerpräfekt im Hausstudium eingesetzt.

[42] Johannes Evangelist v. Kuhn (1806-87) studierte in Tübingen unter den Professoren Johann Adam Möhler und Johann Sebastian Drey. Seit 1832 Professor für Dogmatik in Gießen und seit 1839 in Tübingen. Wichtiger Vertreter der philosophisch orientierten Dogmatik des 19. Jahrhunderts in Opposition zur neuscholastischen Theologie.

[43] Moritz v. Aberle (1817-75) wirkte seit 1848 als Direktor des Tübinger Wilhelmsstifts und seit 1850 als Professor für neutestamentliche Exegese und Moral. Vertreter der modernen Bibelexegese und Mitarbeiter der „Theologischen Quartalschrift".

[44] Felix v. Himpel (1821-90) hatte seit 1857 den Tübinger Lehrstuhl für alttestamentliche Exegese und orientalische Sprachen inne. In seiner Lehre vertrat er eine gemäßigte Linie gegenüber einer zugespitzten Bibelkritik. Politisch war er im liberalen Sinne tätig.

[45] Franz Xaver Linsenmann (1835-98), seit 1867 außerordentlicher und seit 1872 ordentlicher Professor für Moraltheologie in Tübingen. Kurz vor seinem Tod wurde er noch zum Bischof von Rottenburg gewählt, erlebte aber nicht mehr die Bischofsweihe. Als Theologe setzte er sich von einem mehr rechtlich-kasuistischen Standpunkt ab zugunsten einer stärkeren Betonung der Gewissensfreiheit.

[46] Karl Reinhold Köstlin (1819-94), seit 1857 außerordentlicher, seit 1863 ordentlicher Professer für christliche Ästhetik und Kunstgeschichte in Tübingen. Mitarbeiter bei Friedrich Theodor Vischers „Ästhetik" (1846-57), wobei er später auch eine eigene Ästhetik (2 Bände, 1863/69) veröffentlichte.

[47] Der Geistliche Konrad Kümmel (1848-1936) leitete über 50 Jahre lang (1875-1927) die Diözesanzeitung „Katholisches Sonntagsblatt", das für die Meinungsbildung eine wichtige Rolle spielte und unter ihm zu einer der auflagenstärksten Wochenzeitungen Württembergs heranswuchs. Zugleich Chefredakteur des anspruchsvolleren „Stuttgarter Deutschen Volksblattes".

[48] Othmar v. Ege (1847-1913), Stadtpfarrer in Friedrichshafen seit 1880, Direktor des Wilhelmsstifts in Tübingen seit 1887, wo er auch als Stadtpfarrer amtete. Domkapitular und Dompfarrer in Rottenburg seit 1893 und Generalvikar und Domdekan seit 1899 bis zu seinem Ableben.

[49] Josef v. Eisenbarth (1844-1913), seit 1878 Stadtpfarrer in Weißenstein, seit 1878 provisorisch und seit 1879 definitiv Superior der Barmherzigen Schwestern von Schwäbisch Gmünd-Untermarchtal. Seit 1899 Domkapitular in Rottenburg und seit 1909 im Ruhestand. Das Marienspital der Barmherzigen Schwestern in Stuttgart, wo Amrhein als Spiritual weilte, wurde von ihm mit ins Leben gerufen.

[50] Valentin Fuchs (1849-1917), seit 1879 Kaplan in Schwäbisch Gmünd und seit 1882 Stadtpfarrer in Schramberg, von wo er 1893 als Stadtpfarrer nach Ellwangen wechselte.

[51] Beim Namen des Versammlungsvorsitzenden liegt wohl ein Versehen Amrheins vor. Ausweislich der „Verhandlungen der 32. Generalversammlung der Katholiken Deutschlands zu Münster i.W. vom 30. August bis 3. September 1885“ (Münster 1885) leitete die Sitzung vom 1. September, bei der Amrheins Wortmeldung erfolgte (S. 160), der Reichstagsabgeordnete Dr. Ernst Lieber. Ein Dr. Scheeben - schon gar nicht der bekannte Theologe - in einer leitenden Funktion ließ sich nicht ermitteln.

Anfänge und Kämpfe eines Missionsberufes Dritter Teil (1885-1887)[1]

1. Brief

Abschied von Steyl. Rektor Janssens weise Ratschläge. Reise. Ankunft in Regensburg. Erste Begebenheiten. Ein Leidens-Augurium in der ersten Stunde – Begegnung mit den zwei geistlichen Wohltätern Scheugenpflug und Dengler – Erster Besuch in Reichenbach. Trauriger Zustand des Klosters. Ich erkenne, dass es nie ein Kloster mit Klausur und Ökonomie zur Selbsterhaltung werden könne und aus diesen und noch andern Ursachen sich nur zu einem Provisorium für den Anfang des Werkes eigne. Restaurationsbeginn.

Der Winter 1884/5 stand vor der Tür. Aber der Spätherbst war mild und noch schneefrei. Ich rüstete mich zur Abreise. Hr. Rektor Janssen – damals von vielen verkannt und unterschätzt, den ich aber als edelgesinnten Gottesmann kennen gelernt habe – gab mir aus seinen Erfahrungen als Gründer Ratschläge auf den Weg, die ich befolgte, wenn ähnliche Verhältnisse später dies ermöglichten. Auf sein liebevolles Abschiedswort: im Falle des Misslingens, falls etwa der Kulturkampf oder andere unüberwindliche Hindernisse das Unternehmen unmöglich machen sollten, stehe mir das Haus von Steyl jederzeit offen zur Rückkehr, gab ich zur Antwort: In diesem Falle würde ich erkennen, dass mein Werk nicht Gottes Willen sei und würde wieder in mein Beuroner Ordenshaus zurückkehren. Ich sei aber überzeugt, dass Gott das Werk wolle.

Von Herrn Janssens guten Ratschlägen sei hier einer, den ich vor allen bewährt fand, erwähnt. Da er von mir gehört hatte, dass sich zwei Priester finanziell an der Gründung beteiligen, warnte er mich vor der schlimmen Erfahrung, die er bei der Gründung von Steyl mit den drei Priestern, die sich dran beteiligten, gemacht hatte, und sagt mir, ich solle von allem Anfang an meine Selbständigkeit als Gründer und Leiter der Unternehmung wahren. Denn dasselbe könne nur dann gedeihen, wenn es vom Willen des Einen regiert werde, von dem der Gedanke dazu unter jahrelangem Beten und Durchdenken ausgegangen war. Das Dreinreden und Dreinregieren anderer verwirre und lähme und hemme statt zu fördern. Bei der Gründung von Steyl sei es anfangs so gewesen, wie wenn an einem Wagen vier Pferde in vier verschiedene

Himmelsrichtungen angespannt wären, von denen jedes Pferd nach seiner eigenen Richtung gezogen hätte, eines nach Ost, eines nach West usw. Der Wagen war in Gefahr, auseinander zu gehen, statt vorwärts zu kommen. Als dann ein „Pferd" nach dem andern der Stockung überdrüssig wurde und sich vom Wagen ausspannte, so dass „mein Pferd" allein angespannt blieb und allein anzog, kam der Wagen endlich „voran." So wie ich allein war, – o wie erleichtert fühlte ich mich! Es begann das Werk zu „werden" und gedieh und wuchs von da an, wie Sie sehen[a].

Diese weise Erfahrungslehre prägte ich mir ein und fand Gelegenheit genug, mich ihrer zu erinnern zu müssen. Trotzdem hatte meine Erfahrung, solange ich in Reichenbach blieb, Ähnlichkeit mit dem Warnungsbeispiel. Erst mit dem Wegzug von dort nach Emming (das ich in „St. Ottilien" umtaufte) wurde ich ganz frei.

Nach Mitte November sagte ich Steyl „Leb wohl", dem ich, wie Mill-Hill, stets ein dankbares Andenken bewahre. Die Landschaften, durch die ich fuhr, (Steyl - Regensburg), waren schon winterlich fahl und laublos und über meinem bangen Gemüte lag die Dunkelheit der Ungewissheit wie ein dichter Nebel. Ein Gefühl meiner unzulänglichen Kräfte, gepaart mit Gefühlen großer Verantwortung und überdies des Alleinstehens in weiter Welt, ohne gleichgesinnte monastische Arbeiter, dazu ein ängstliches Vorgefühl der enormen Schwierigkeiten, die mir aus den total irrigen Meinungen und Urteilen über das Legitime meiner persönlichen Verhältnisse zu erwachsen drohten, machte mich so ganz in mich selbst gekehrt, dass ich von den Gegenden, durch welche die Reise führte, so gut wie nichts gemerkt, ja dass ich mich jetzt nicht einmal erinnern kann, welche Reiseroute ich gemachte habe. Ich weiß nur noch, dass ich in der Morgenfrühe des 24. November 1883 in Regensburg ausstieg[b].

Ohne mich vorher umzukleiden, begab ich mich vom Bahnhof weg zur nächsten Kirche. Es war die des Karmelitenklosters, wo gerade an diesem Tage das Fest des Ordensvaters der Karmelitenreform, des hl. Johannes vom

[a] Und dies trotz der vielen ungerechten Detraktionen, die ihn schmähten und verkleinerten! Schon damals (1883) war Steyl bereits eines der größten und am gesegnetsten wirkenden Missionsseminarien der katholischen Kirche.

[b] Instruktiv ist, was die hl. Theresia von Jesus in ihrem lehrreichen Buche über die „Klostergründungen" von diesen Bangigkeitsgefühlen vor jedem Anfang ihrer Gründungen schreibt. Ich empfehle dieses Buch wie überhaupt die Schriften dieser Heiligen zur Lesung.

Kreuze, gefeiert wurde. Es war eine mir unbewusste Fügung, die meine ersten Schritte wie durch Zufall dahin lenkte. Als ich an den Altar trat und zum Altargemälde aufblickte, sah ich den Heiligen dieses Tages, Johannes vom Kreuz, dargestellt, wie ihm Christus gerade mit dem schweren Kreuze erschien, um ihn zu trösten und zu stärken, als ein übel gesinnter Oberer ihm fast unerträgliche Leiden und Prüfungen auferlegte. Ich nahm diese Fügung, dass ich gerade am Feste dieses Heiligen nach Regensburg gekommen war und ohne es vorher gewusst zu haben, an seinem Festaltar das erste Opfer in dieser Diözese meines künftigen Wirkungskreises darbringen musste, als prophetische Vorbedeutung auf, dass mir hier ein sehr schweres Kreuz von Seiten der Diözesanobern beschieden sein werde. Die Deutung täuschte nicht. Es kam so. Die Ahnung steigerte aber mein innerliches Bangen, und da in den 12 Jahren der Prüfung des Klosterlebens keine Spur meines Selbstbewusstseins übrig geblieben war, mag mein schüchtern bescheidenes Auftreten den Herren Scheugenpflug und Dengler[2] wohl nicht den erwarteten Eindruck gemacht haben, als ich mich ihnen nach der hl. Messe vorstellte. Ich glaubte, es aus ihren Augen zu lesen. Gleichwohl ward ich freundlich aufgenommen; nur musste ich mich schon Tags darauf in einige Korrekturen schicken, die mein Äußeres betrafen. Mein Ordenshabit, der die Füße berührte, sei zu lang und müsse verkürzt werden; ferner die monastische Sitte, beim Gebet die Hände unter dem Skapulier zuhalten, sei unfromm und gebe Ärgernis, da jeder andächtig Betende die Hände sichtbar vor der Brust halte, und so noch anderes. Ich lächelte innerlich bei dem Gedanken: Das fängt gut an für einen künftigen „Missionsseminardirektor"[a] und ward zum ersten Male, wenn auch nur leise, an die Abschiedswarnung Rektor Janssens erinnert.

Am ersten Tag nach meiner Ankunft wurde ich dem Hochwürdigsten Herrn Bischof Ignatius Senestrey[3] vorgestellt. Er zeigte sich erfreut darüber, dass in seiner Diözese ein Seminar der ausländischen Missionen entstehen und zu diesem Zwecke ein altehrwürdiges Kloster vor gänzlichem Ruin bewahrt bleiben, ja neu erstehen sollte. Er hieß mich willkommen, denn die *calumniae et detractiones* meiner Person hatten Seine Gnaden noch nicht erreicht.

Andern Tags erster Besuch in Reichenbach, das in 5 Stunden von Regensburg aus zu erreichen war. Die Herren Scheugenpflug und Dengler nahmen auch den Baumeister Jänker mit, einen praktischen, erfahrenen und energischen

[a] der noch selbst solcher Schulung bedarf.

Mann seines Faches, der die große Aufgabe übernahm, das Kloster Reichenbach in kurzer Frist aus den Ruinen wieder in seiner vor 80 Jahren dem Verfalle geweihten Größe und Schönheit erstehen zu lassen. Im Herzen den Psalm *Miserere* betend stieg ich, als letzter der kleinen Karawane, den steinigen, steilen Fußpfad von der Brücke des Regenflusses durch ein ärmliches Dörfchen zum hochgelegenen, von Mauern, vielen halb abgetragenen Türmen und tiefen in Felsen gesprengten Wallgräben umgebenen Klosters empor, dessen wohl erhaltene Kirche mit ihren zwei Türmen Stunden weit sichtbar ist. Was ich aus der Ferne bewundert hatte, das imposante Äußere der Abteigebäude, flankiert von zwei wohlerhaltenen Ecktürmen, löste sich beim Eintritt in Grauen auf! Wie nach einem Brande sah es aus, schwarz vom Ruß des Porzellan- und Brennofenrauches. Die Gewölbe der drei Stockwerke waren niedergerissen im Haupttrakt, und man sah vom schuttbedeckten Erdboden zu den Löchern des Ziegeldachs hinaus den Himmel. Die vielen großen Fenster waren großenteils zugemauert und bretterverschlagen. Die ehemalige Küche war Schweinestall und Kuhstall, schmutzig über Begriff.

Von den paar noch erhaltenen Sälen waren geschwärzte Stuckaturen der Decke noch vorhanden, aber die Böden fehlten. Noch andere geräumige einstige Säle waren ohne Decke. Um von einem Wohnraum zum andern zu gelangen, musste man sich der Leitern und Bretter bedienen.

Nur zwei oder drei Räumlichkeiten, in denen ein Forstwart hauste, waren bewohnbar erhalten geblieben, und da dieser nach dem Ankauf durch Dengler ausziehen musste, so wurden diese Wohnräume später meine zwei Wohnzimmer (in der ersten Nacht, welche ich darin zubrachte, war es mir schauerlich, – nicht viel anders, als wenn ich einer Burgruine übernachtete, um so mehr, weil ich mich in der winddurchbrausten großen Ruine allein befand, – ein Abenteuer, das ich nicht wiederholte).

Außer den zeitraubenden Restaurationsschwierigkeiten entdeckte ich schon beim ersten Besuch noch sehr bedeutende Mängel anderer Art. Erstens: Ein Kloster mit Klausur konnte Reichenbach nie mehr werden, denn ein Teil des ehemaligen Klosters war jetzt Gemeindeschule und nicht im Kauf inbegriffen mit dem größeren und besseren Teil des ohnedies kleinen Klostergartens. Ebenso war im gegenüberliegenden Flügel ein Wirtshaus mit Bierbrauerei, gleichfalls nicht käuflich. Die dazwischen gelegene Kirche war Pfarrfiliale, und der Zugang zur Kirche, zur Schule und zum Wirtshaus führte durch die Klosterpforte und den Klosterhof! Das musste so bleiben, da zum Missionshause nur etwa zwei Drittel des Klosters gehörten. Ferner war der Boden der Umgebung felsig und steril, und kein Landgut, das zu einer Kloster-Ökonomie geeignet gewesen wäre, lag in der Nähe oder war überhaupt zu kaufen. Der ganze Lebensunterhalt der Klostergemeinde und des Seminars hätte daher angekauft und auf der Achse von der entlegenen Bahn herbeigeschafft werden müssen. Das wären zwei unhaltbare Verhältnisse für ein Missionskloster O.S.B., wie ich es plante. Ich dachte mir daher gleich nach dem ersten Besuch, dass Reichenbach sich nicht zum Mutterhaus einer zahlreichen Kommunität eignen werde, auch wenn der Steinhaufen restauriert sei, weil dazu das ganze Kloster samt Kirche und auch samt den vielen reichen Landgütern, die vor der Aufhebung zu Reichenbach gehörten, nötig sein würden. Da ich aber die beiden Priester fest entschlossen sah, koste es was es wolle, den gekauften Klosterteil zu restaurieren, sei es für diesen oder einen andern kirchlichen Zweck, so wollte ich das Anerbieten in Form eines „Missionsgeschenkes" doch nicht ablehnen, um doch wenigstens einen Ort zum Anfang zu haben, sollte es auch ein „Provisorium" sein. Durfte es ja vor dem ersehnten Ende des Kulturkampfes sowieso noch kein Kloster mit Klausur werden.

Die Restaurierung wurde sofort energisch in Angriff genommen und dauerte den ganzen Winter 1883/4. Am Epiphaniefeste 1884 nahm ich den ersten Postulanten auf, nachmals Bruder Romuald Hofmann[4]. Er war Laienbruder im belgischen Benediktinerkloster Maredsous gewesen, von Beruf Bildhauer und Steinmetz, und war ausgetreten, um an meinem Missionswerk teilzunehmen. Er leistete mir namentlich für den Anfang gute Dienste und arbeitete an der Restaurierung von Reichenbach tüchtig mit. Während der Dauer derselben hielt ich mich in München auf, um bei der Regierung die ministerielle Genehmigung zu erwirken, eine gleichfalls schwierige Aufgabe zu dieser Zeit. Man glaubte allgemein an einen Nichterfolg.

2. Brief

Bemühungen um die ministerielle Genehmigung, unterstützt von Domkapitular Dr. Kagerer, Landtagsabgeordneten Dr. Rittler, Stiftsprobst v. Türk und Graf Drexel. Schwierigkeiten wegen der Kulturkampfgesetze. Ministerielle Genehmigung von Reichenbach als „Seminar für ausländische Missionen". Bedingung: kein Kloster – Meine zweite Romreise. Eingabe an die Propaganda. Erste Antwort: Placuit S. Congregationi. Zwei Anfragen: 1. wegen Seminarbildungsweise, 2. wegen Ordensgelübden („wo" sie abgelegt werden sollten). Meine Antworten. Päpstliche Genehmigung am St. Peter- und Paulsfest.

War es meine Naivität? Oder war es Unkenntnis des usuellen Geschäftsweges, auf welchem man die Instanzen vom niedern zum höhern bis zum höchsten Beamten durchläuft, um etwas zu erreichen? Ich ging niemals diesen Weg, den ich für einen Umweg ansah, und glaubte in der Tat, dadurch stets früher und sicherer zum Ziel gekommen zu sein. Ein Übelstand war freilich die nachteilige Folge meines abgekürzten Weges, auf dem ich mich stets mit Umgehung der niederen Instanzen direkt an die höchsten Stellen wandte, die Umgangenen oder Übergangenen hielten sich für ignoriert und zurückgesetzt und wurden mir gram. Das war besonders der Fall mit dem Hochw. H. Bischof von Regensburg Mgr. Senestrey. Ich hatte ihn nicht zu Rate gezogen, weder bei meinen Verhandlungen mit dem bayrischen Ministerpräsidenten v. Lutz, noch bei den Verhandlungen mit dem Hl. Stuhle, und verfasste meine Prospekte und direkten Eingaben an die höchsten Stellen selbständig, – so, wie mein schon lange festgesetzter Plan des Werkes es erforderte (an dem ich nichts ändern wollte), und so, wie die vorgefundenen Umstände und Verhältnisse es mir plangemäß ratsam erscheinen ließen. Dabei beachtete ich jedoch den Rat kluger und praktischer Freunde meiner Sache, welche mir rieten, durch einflussreiche Persönlichkeiten, die das Vertrauen der höchsten Stellen genossen, mich denselben empfehlen zu lassen.

In München gab mir diesen Rat der Sekretär und Geschäftsführer des Ludwig-Missions-Vereins, der Domkapitular Dr. Kagerer[5], an den ich mich aus zweifacher Ursache wandte: einmal weil er als Geschäftsführer dieses Missionsvereins sich für mein Missionsunternehmen selbstverständlich sehr interessierte, und zweitens, weil er als geborener Reichenbacher sich namentlich für ein Missionshaus in seiner Heimat und auch für das Wiedererstehen des Klosters Reichenbach begeisterte[a].

Dieser Herr wies mich zunächst an den geistlichen Landtags-Abgeordneten Dr. Rittler, weil er als Referent in einer Angelegenheit, die dem Minister v. Lutz besonders am Herzen lag, einen gewissen Einfluss auf denselben ausüben könne. Dann sollte ich mich an die zwei intimsten Vertrauensmänner des Herrn Lutz wenden, nämlich an den Stiftspropst Dr. v. Türk[6] und an den Grafen Drechsel[7]. Ich folgte diesen Ratschlägen und bei den beiden Letzten mit durchschlagendem Erfolg. Auf Dr. v. Lutz lastete unter König Ludwig II. die ganze Regierungssorge. Als liberaler Parteigänger des Kulturkampfes brachte er mir bei meiner ersten Audienz, da ich (wie jedes Mal) im Ordenshabit vor ihm trat, das größte Misstrauen entgegen und sagte mir ins Ge-

[a] Eine Schwester von Dr. Kagerer, „Maria", die in dürftigen Verhältnissen lebte, besorgte mir und den Meinigen die Wäsche und erstattete ihrem Hochw. H. Bruder gelegentlich Bericht über uns und unsere Sache.

sicht, das schöne und löbliche Missionsprojekt, das ich ihm dargelegt hätte, sei ja doch nur eine Finte, um auf diesem Schleichwege ein Kloster gründen zu können. Es dürfe aber kein neues Ordenshaus in Bayern entstehen. Durch seine zwei oben genannten Vertrauten, die ich über alles genau informiert hatte und welche mir und meinem Vorhaben sehr gewogen wurden und es auch blieben, wurde der Minister offenbar immer günstiger gestimmt, so dass ich am 11. April 1884 die schriftliche ministerielle Genehmigung des „Missionsseminars von Reichenbach" in Händen hatte, adressiert an den „Seminardirektor" Amrhein[a]. Mündlich wurde mir aber nochmals nahegelegt, dass die Umwandlung des Seminars in ein Kloster nicht zugelassen würde, falls dies etwa in Zukunft intendiert würde. Solange ich einem Orden angehöre, bestehe diese Eventualität und sei zu befürchten, dass es mir von meinen Obern zur Pflicht gemacht werde, es zu versuchen und womöglich durchzusetzen.

Über all das, – auch das Letztere – erstattete ich der Propaganda zu Rom Bericht.

Solange die ministerielle Genehmigung noch ungewiss in der Schwebe lag, hätte einem Gesuch um die Genehmigung des Hl. Stuhles der Boden gemangelt. Nun aber eilte ich mit dem ministeriellen Bescheid nach Rom und reichte dem Sekretär und Geschäftsträger der S.C. de Propaganda Fidei, Mgr. Jacobini, Erzbischof von Tyrus, die längst verfasste lateinische Eingabe ein. Ich wurde von Sr. Exzellenz sowie auch von Sr. Eminenz, dem Kardinalpräfekten Simeoni, mit großer Liebe, freundlich und gütig aufgenommen. Die Eingabe wurde wie gebräuchlich in der Druckerei der Propaganda in Kleinfolio gedruckt und an die Kardinäle der Kongregation verteilt[b].

Ich petitionierte darin um die Genehmigung der Gründung einer neuen Kongregation *Ordinis Sancti Benedicti* mit der speziellen Aufgabe der ausländischen Missionen, damit dieser Orden, was er einst zur Christianisierung

[a] Bei der Übersiedlung von Reichenbach nach Emming kam dieses Dokument mit noch andern wichtigen Schriften mir abhanden.

[b] Die gedruckten Eingaben an die Propaganda werden in Jahrgängen gebunden. Die Sammlung derselben füllte ein Bibliotheksgestell. Damals (1884) war dasselbe in einem Vorzimmer der Arbeitsstätte der sogen. Mutanden, über eine Stiege, linker Eingang, im Palazzo della Propaganda aufgestellt und konnte von jedem Besucher angesehen werden. Meine Eingabe wird im Jahrgang 1884 zu finden sein. Ebenso meine dritte.

Europas nach dem Vorbild des Stifters und seiner heiligen Schüler geleistet, auch jetzt wieder zur Bekehrung der auswärtigen Heidenvölker leiste. In einer Zusatzpetition (accessus libelli) begründete und schilderte ich die spezielle Aufgabe der zahlreichen Laienbrüder des Ordens, um als „Hilfsmissionäre" die Arbeit der Missionspriester in derjenigen Weise zu teilen und zu erleichtern, in welcher die ersten Leviten die Arbeit der Apostel zu erleichtern berufen waren, damit die Apostel beständig dem Gebete und dem Dienst „des Wortes Gottes sich widmen" konnten, da es sich nicht zieme, dass sie das „Wort Gottes hintansetzen, um für den Unterhalt usw. zu sorgen" (Apg 6,2-4).

Auch wies ich in letzter Petition auf die geschichtliche Tatsache hin, dass die Ordensregel St. Benedikts sich zur monastischen Erziehung und Schulung von Hilfsmissionären aus dem Laienstand ganz besonders eigne, weil sie für Klostergemeinden geschrieben worden war, welche zur Zeit ihrer Abfassung zur überwiegenden Mehrzahl aus Laien bestanden und daher für solche besonders bestimmt und geeignet war[a]. Die schriftliche Antwort der Propaganda lautete: *In Maxima placuit huic S. Congregationi*; ich möge ihr behufs eingehender Prüfung „ausführlich die Art und Weise der Erziehung und Bildung der Missionszöglinge des zu eröffnenden Seminars darlegen und zweitens die Frage beantworten: Wo die zukünftigen Ordensmitglieder die Profess-Gelübde ablegen sollten, – ob bei ihrer Aussendung (auf der Durchreise durch Rom) in Rom oder unmittelbar vor ihrer Abreise aus Bayern?" Die zweite Frage nahm offenbar Bezug auf meine Mitteilung, dass der geplanten monastischen Gründung gegenwärtig noch der deutsche Kulturkampf und die nachdrückliche Erklärung der bayrischen Regierung, ein neues Kloster nicht zu dulden, entgegenstehe, ist aber auch ein offenbarer Beweis, dass meine Absicht, mich für die Dauer des Kulturkampfes mit einem vorübergehenden Provisorium zu begnügen, nach außen nicht monastisch, im Inneren aber monastisch *secundum Regulam* vom Hl. Stuhl richtig verstanden und gebilligt wurde. Dementsprechend verfasste ich nach meiner Heimkehr von Rom für „die draußen" einen „Prospekt", den ich der Regierung vorlegte und den Kandidaten, die sich anmeldeten, zuschickte;

[a] Der Beweis ist in den sechs Kapiteln der Regel O.S.B. über die „Priester im Kloster" enthalten, die der Abt eigens für das Messopfer und den Gottesdienst des Klosters ordinieren ließ und deren Verhältnis zum Abte (zumal wenn derselbe Laie war, wie St. Benedikt und St. Maurus und St. Plazidus etc. selbst) durch eigene Regelvorschriften zu normieren für nötig befunden wurden.

und „Konstitutionen“ auf der Grundlage der Beuroner Konstitutionen zur Regel des hl. Benedikt verfasst für „die drinnen“, d.i. für Postulanten, Novizen und Mitglieder der zu gründenden Kongregation. Die Konstitutionen legte ich dem Diözesanbischof vor sowie meinem Abt aus der Beuroner Kongregation, der sie lobend gut hieß. Dieses notgedrungene Doppeltsein, schwierig genug, erhielt also die Zustimmung der höchsten Behörde der Hl. Kirche, ja des Hl. Vaters Leo XIII. persönlich, da Sr. Heiligkeit (wie der Sekretär der Propaganda Jacobini mir sagte), sich zweimal wöchentlich über alle Verhandlungen der Propaganda Bericht erstatten ließ und kein schriftlicher Bescheid der Kongregation abgegeben wurde, bevor derselbe nicht dem Papste vorgelegt und von ihm gebilligt worden war. Dass dies auch mit meiner Eingabe und mit ihrer ersten und zweiten Beantwortung der Fall war, weiß ich aus mündlichen Berichten des Mgr. Jacobini, der sie dem Hl. Vater vorlegte. Warum ich das hervorhebe und betone, geht aus einer späteren Stelle meiner Briefe hervor, wo sich mir eine Gelegenheit aufdrängt, darauf zurückzukommen.

Meine etwa 20 Folioseiten füllende Beantwortung der Frage, abgegeben im Mai 1884 und im Druck an die Kardinäle der Propaganda verteilt, fand einen beredeten und begeisterten Anwalt in der Person des Kardinals Franzelin[8] aus der Societas Jesu. Ein zustimmender Beschluss der Kongregation wurde am Vormittag des Festes St. Peter und Paul von Mgr. Jacobini dem Hl. Vater vorgelegt und bestätigt, während im St. Petersdom der arme Gründer gepressten Herzens und doch völlig ergeben in den göttlichen Willen betete: „Herr Jesus Christus, wenn dieses dein Werk ist und mit deinem Willen und Segen Bestand hat und gedeiht zu Gottes Ehre und zu vieler Seelen Rettung, so bitte ich, lass es geschehen. Siehst du aber voraus, Allwissender, dass das Werk einst durch meine Schuld oder die Schuld von irgend jemand zugrunde gehen würde, so bitte ich, lass’ nicht zu, dass ich es beginne“.

So betete ich am Grabe des hl. Apostelfürsten Petrus und vor dem Altare der Apostel Simon und Judas, wo ich an diesem Tag zelebriert hatte. Um Mittag wurde ich in die Sakristei gerufen (wie vorher verabredet), wo Mgr. Jacobini, welcher direkt vom Hl. Vater kam, mir erfreut die Mitteilung machte, der zustimmende Bescheid der Propaganda sei vom Hl. Vater bestätigt worden! Tags darauf, Montag, den 30. Juni, konnte ich das Dekret auf dem Sekretariat abholen.

3. Brief

Die Gründe, welche Papst Leo XIII. motu proprio bewogen, mich noch vor Beginn der Gründung, der weltlichen Regierung gegenüber zur Beseitigung der staatlichen Hindernisse der Missionsgesellschaft von den Ordensgelübden zu entbinden (ohne dass ich darum gebeten hatte). Die Intention und der wahre Sinn dieser Schein-Säkularisation. Rückkehr nach Reichenbach. Bekanntmachung des Missionshauses. Begeisterte Aufnahme im kulturkampfmüden Deutschland. Zulauf. Mangel an Lehrkräften. Bischöfliche Ungnade und Gründe. Der „Prospekt" der Benediktus Missionsgesellschaft. Die monastischen „Konstitutionen" für die innere Leitung nach der Regel O.S.B. (eine ungerechte Verkennung derselben zurückgewiesen. Keine „Konzessionen an den Zeitgeist gleich nach den ersten Anfängen in der Mission").

Ich glaubte, hiermit sei genug geschehen, und dachte heimkehren zu können. Der hochw. Sekretär Jacobini teilte mir aber mit, er habe mit dem Hl .Vater über die großen Schwierigkeiten gesprochen, die namentlich von zwei Seiten dem Werk entgegen stehen, – von Seiten der bayrischen Regierung, welche mir erklärt habe, solange ich von meinem Orden abhinge, dem ich angehöre, sei der Verdacht berechtigt, dass ich, entgegen dem Gesetze, die Gründung eines neuen Ordensinstituts anstreben müsse, und von Seiten dieses Ordens selbst, da der Generalobere von Beuron, dessen Mönch ich sei, grundsätzlich gegen eine Benediktiner-Kongregation für die Missionen sei, weil er das Prinzip vertrete, der Zweck des Ordens sei ausschließlich die „Selbstrettung" und „Selbstheiligung" und jeder andere Nebenzweck sei unzulässig. Es ist dieses die Wahrheit. Es war dies vom Abt Guéranger von Solesmes aufgestellte und vom Gründer von Beuron adoptierte, mir von ihm selbst entgegengehaltene Prinzip (das jetzt nicht mehr mit der damaligen strengen Ausschließlichkeit vertreten wird). Aus diesem Grunde war die Stimme des Kardinals Pitra[9] aus Solesmes O.S.B. die einzige, die gegen mein geplantes Unternehmen bei der Beratung sprach, aber von der beredeten Stimme des Jesuiten-Kardinales widerlegt wurde. So wurde mir von einem der Anwesenden berichtet.

Mgr. Jacobini fuhr in seiner Mitteilung fort: Er habe dem hl. Vater die Frage vorgebracht, ob nicht meine Abtrennung von der Beuroner Kongregation durch Lösung meiner Gelübde beide Schwierigkeiten aus dem Wege räumen würde? Sowohl jene von Seiten der Regierung, als auch die von Seiten des Generalabts. Der hl. Vater sah die Notwendigkeit ein. Bei der nächsten Audienz werde er (Jacobini) Sr. Heiligkeit die erforderlichen Dekrete vorlegen; ich solle bis dahin noch dableiben.

Indessen war mit dem Monat Juli der römische Hochsommer und die Zeit, in der die Vakanzen der Kongregation zu beginnen pflegten, angebrochen. Gerade noch vor Torschluss wurden mir zwei von Mgr. Jacobini gegengezeichnete päpstliche Dekrete „ex audientia Ss.mi" zugestellt, welche auf den ersten Blick wie förmliche Säkularisationsdekrete aussahen, da sie mich von den Gelübden des Gehorsams und der Armut entbanden und mir die Freiheit gewährten, Säkularkleidung zu tragen und außerhalb der Klostermauern zu wohnen. Aber es fehlte etwas ganz Wesentliches, was nach der ausdrücklichen Lehre des kanonischen Rechtes keiner Säkularisation mangeln darf, welche festsetzt, die Säkularisation könne nur dann erfolgen, wenn ein schriftliches Attest von irgend einem Bischof vorliege, welcher sich bereit erkläre, den Säkularisierten in seine Diözese aufzunehmen und ihm den Tischtitel zu geben (falls das Kloster den Patrimoniumstitel, wenn er mit einem solchen in den Orden getreten, nicht herausgibt, was bei mir der Fall war). Ein solch bischöfliches Attest wurde vor meiner „Quasi-Säkularisation" weder gefordert, noch wurde darnach gefragt, noch lag eines vor! Ich wäre demzufolge in die kanonisch unmögliche Lage versetzt worden, als Priester ohne Titel und ohne Diözese und Diözesanbischof in der katholischen Kirche dazustehen, wenn meine „Säkularisation" mich nicht bloß von der Beuroner Kongregation, sondern überhaupt vom Ordensstand getrennt hätte (wie der mir feindselige Bischof Senestrey behauptete, sei es, dass er jene Bedingung des kanonischen Rechts nicht kannte oder dass er nicht daran dachte). Sinn und Zweck meiner „Quasi-Säkularisation" war ganz offenkundig nur dieser: Ich sollte dadurch für die Gründung einer eigenen Benediktiner-Kongregation frei und unabhängig von der Beuroner Kongregation nicht unter einem Bischof, sondern unter Rom stehen, als solcher natürlich keines Tisch- oder anderen Titels bedürftig, da das Einkommen meiner Gründung selbstredend auch für mich selbst sorgen werde.

Dass das auch wirklich die Auffassung der Propaganda und des Hl. Vaters selbst war, konnte ich klar erkennen, schon daran, dass es Sr. Heiligkeit nicht auffiel, als ich nur etwa drei Tage nach meiner „Säkularisation" vom Papst in einer Privataudienz empfangen wurde und nicht etwa im Weltpriesterkleid, sondern gleich wie früher im Ordenshabit vor ihm kniete! Und so auch drei Jahre später! Ferner dass ich keine päpstliche Genehmigung nachzusuchen hatte, als ich mit Wissen und Willen Sr. Heiligkeit und der Propaganda später in Rom den ersten 12 Missionären unserer neuen Ordensgenossenschaft die Gelübde O.S.B. abnahm und dass Papst Leo XIII. zum Zweck dieses Aktes das Novizenjahr eines der 12 (Br. Wendelin Schön)[10], an dem ein paar Tage fehlten, remedierte, was ja als unmöglich hätte sein und geschehen dürfen, wenn mich der Hl. Vater oder die Propaganda für keinen Ordensmann mehr angesehen hätten.

Wahr und richtig ist, ich gehörte nicht mehr zur Beuroner Kongregation; aber falsch und unwahr ist es, dass ich kein Benediktiner mehr sei. Benediktiner von welcher Kongregation? Das ist vor Gott keine Frage! Denn nur Rom allein und sonst kein Bischof und kein Konvent waren kompetent, mich durch eine kanonisch regelrechte Dispens davon zu trennen. Wenn ich das vor meinem Tode nicht geltend machte, sondern den Irrtum gewähren ließe, der teils in der Unkenntnis der wahren Verhältnisse wurzelt (hier frei und offen enthüllt), teils im Mangel an genauer Kenntnis des *ius canonicum* und *ius monasticum*, – bei gewissen Verstorbenen vielleicht im Mangel an Caritas und gutem Willen, – weiß Gott warum!

Doch zurück zum unterbrochenen Bericht!

Nachdem ich in der Privataudienz den Segen des Hl. Vaters für mich und das so schwierige Unternehmen und für die künftige Kommunität empfangen hatte, reiste ich nach Regensburg zurück. Den Bischof fand ich total umgestimmt. Aus den Gründen machte er kein Hehl. „Sie brauchen mich nicht. Versuchen Sie es allein, ob es Ihnen gelingt ohne den Bischof! Sie haben mit dem Minister und sogar mit Rom ohne mich verhandelt. Nun machen Sie auch allein weiter!" Über diese ungnädige Wendung war ich zwar betrübt, aber nicht verzagt, da ich nur an eine „passive Duldung ohne Teilnahme und Interesse" von Seiten des Bischofs glaubte, nicht an eine aktive Gegnerschaft. Diese folgte aber noch.

Ich verfasste zunächst eine Bekanntmachung des begonnenen Missionswerkes an die Katholiken Deutschlands, veröffentlicht in zwei Leitartikeln des Regensburger Morgenblattes. Die ganze katholische Presse nahm sympathisch Notiz davon, sogar nicht katholische, wie z.B. die „Allgemeine Zeitung". Man begrüßte freudig dieses unerwartete katholische und kirchliche Lebenszeichen inmitten der Öde des Kulturkampfes. Von allen Seiten Deutschlands liefen Anmeldungen zur Aufnahme ein, so dass die Zahl der Zöglinge im ersten Halbjahr schon 70 überschritt. Sie konnten alle in den schon restaurierten Gebäuden bequem untergebracht werden. An weiten, lichten und luftigen Räumlichkeiten fehlte es nicht, nur an Lehrkräften litt ich große Not und musste mich mit Aushilfskräften begnügen. Priester aus der Diözese erhielten vom Bischof keine Erlaubnis zum Eintritt. Es hatten sich mehrere dazu bereit erklärt und sich zur Aufnahme angemeldet. Für das Finanzielle sorgte der hl. Nährvater Josef ohne Bettelbriefe und ohne Sammlungen, so dass selbst die Herren Wohltäter Scheugenpflug und Dengler sich wunderten. Ich konnte daher auch gleich anfangs den guten Rat des H. Rektors von Steyl befolgen, eine Schnellpresse anschaffen und eine Missionsdruckerei einrichten. Zwei tüchtige Arbeitskräfte aus Steyl waren hierzu nach Reichenbach übergesiedelt. Das Erste, was aus unserer Druckerei hervorging, war der „Prospekt der Benediktus-Missions-

Gesellschaft", welcher für Regierungskontrolle und Publikum berechnet, den großen Grundgedanken des (innerlich monastisch und bloß äußerlich säkularen) Werkes motivierte und die hierzu nötigen Eigenschaften der Mitglieder in physischer und geistiger und geistlicher Beziehung eingehend auseinandersetzte, damit jedem Leser die Bedingungen zum Missionsberuf in unserer Genossenschaft zur klaren Kenntnis gebracht sei, bevor er den Schritt wagte. Weder Regierung noch Bischof fanden etwas daran auszusetzen. Tüchtige und brave Laienkräfte – künftige Laienbrüder – arbeiteten in der Schreinerei, Schlosserei, Schmiede und Haushalt usw. Andere unterrichteten junge Zöglinge. Unter den ersteren verdienen genannt zu werden die nachmaligen Laienbrüder Petrus[11] und Benedikt[12], die zwei Erstlingsopfer, welche bei der Gründung der ersten Mission Pugu in Ostafrika mitgewirkt und mit ihrem Blut und Leben unsere Missionstätigkeit eingeweiht haben. Ferner die nachmaligen Brüder Otto[13] und Michael[14], deren gottgefälliges Wesen und Wirken allen bekannt ist. Zu den frühesten Zöglingen von Reichenbach zählten namentlich des Werkes beste Stützen, der jetzige Apostolische Vikar und Bischof Thomas Spreiter[15] und der Subprior von St. Ottilien R.P. Paulus Sauter[16], der als Konvertit und Unteroffizier das monastische gegen das weltliche Tyrocinium eintauschte. Ferner fanden in Reichenbach Aufnahme als erste Vorbereitung sämtliche zehn ersten Professen des Jahres 1887, welche die Zahl der ersten Missionsgründung St. Benedikt zu Pugu bildeten. Darunter der erste apostolische Präfekt P. Bonifazius Fleschutz[17], den mir der gute Bischof Pankratius von Augsburg als Neopresbyter zuschickte. Unter den Laienbrüdern zur Mission erinnere ich namentlich an den jugendlichen, frischen lieben Bruder Wendelin, als dem ersten im Herrn Entschlafenen unserer Kongregation. Nicht zu vergessen die Brüder Romuald, Alois[18], Joseph[19] und andere, die für das Evangelium viel gelitten und gearbeitet haben und nun den ewigen Lohn genießen und von denen ich selig begrüßt zu werden hoffe, wenn der kommt, welcher spricht: *„Ecce nova facio omnia; priora transierunt"*.

In Reichenbach verfasste ich nach dem „Prospekt" für „Publikum und Kandidaten" die für die monastische Erziehung der künftigen Mitglieder bestimmten „Konstitutionen der St. Benediktus Missions-Gesellschaft" in deutscher Sprache aus Rücksicht auf die Laienbrüder. Ich legte denselben die Beuroner Konstitutionen zugrunde, ganz getreu und nur in denjenigen Punkten modifiziert und erweitert, welche speziell die Missionsaufgabe unserer als Benediktiner zu erziehenden Genossenschafts-Mitglieder betrafen oder welche ad interim infolge des (als vorübergehend gedachten) Klosterverbotes der Kulturkampf-Gesetze, nach außen hin noch nicht beobachtet werden konnten, wohl aber dem Geiste nach gekannt, angestrebt und soweit möglich eingehalten werden sollten. Es befand sich darunter kein einziger Punkt, der von der Regel St. Benedikts abgegangen oder dieselbe auch nur im geringsten modifiziert oder alteriert hätte. Ich hatte Gelegenheit, sie dem Abt Gérard von Caloen aus der Beuroner Kongregation (später Erzbischof in Brasilien), in dessen Erzdiözese unsere Missionsschwestern eine blühende Gründung haben, zur Durchsicht zu überlassen. Er gab sie, nachdem er sie aufmerksamst gelesen, mit Ausdrücken voll freudiger Anerkennung, als mit „Beuroner Geist" verfasst und unter Segenswünschen für das Gedeihen der Genossenschaft mir zurück. Bischof Senestrey von Regensburg, dem ich sie zur eventuellen bischöflichen Approbation einreichte, schickte sie dem Abt von Metten, welcher ebenfalls nichts daran auszusetzen fand. Gleichwohl, dem Wort getreu, das der Bischof nach meiner Rückkehr aus Rom zu mir gesagt (siehe oben), approbierte derselbe die Konstitutionen (wenn er auch nichts auszusetzen fand), nicht schriftlich, sondern nur mündlich, mit der Bemerkung, sie dürfen eingehalten werden, aber das sage er mir, niemals werde er für Reichenbach einen Priester weihen. Dieselben Konstitutionen wurden zwei Jahre später vom Hochw. H. Bischof von Augsburg, Pankratius v. Dinkel, bischöflich approbiert, schriftlich manu propria, und mit Siegel und Unterschrift.

In unzähligen Konferenzen[20] unterrichtete ich danach die Genossenschaft im Geist der Regel St. Benedikts genau so, wie ich es in den Konferenzen des Gründers von Beuron, Generalabt Maurus und des Novizenmeisters P. Benedikt (nachmals Abt von Emaus in Prag) selbst gelernt und lange zwölf Jahre lang selbst geübt hatte. Nichts anderes! Zeugen hiervon sind die Ohrenzeugen von Anfang: Bischof Thomas, die Äbte Cölestin und Plazidus und P. Subprior Paulus, P. Dominikus und noch viele andere Überlebende[a].

Warum hebe ich das so nachdrücklich hervor?

Mich zwingt dazu vor Abschluss meiner Pilgerschaft eine Äußerung in dem als Manuskript gedruckten Büchlein „Euntes in mundum universum", 2. Kapitel, Seite 5. Da liest man: *„Leider wurde auch in unserer Kongregation gleich nach den ersten Anfängen in der Mission Konzessionen an den flüchtigen Zeitgeist gemacht und damit der sichere Standpunkt des Benediktinertums aufgegeben."*

[a] Der kürzlich verstorbene Erzabt von Beuron Ildefons Schober, mein zweiter Nachfolger im Amte als Generalsuperior von St. Ottilien bekannte mir wörtlich, als er nach St. Ottilien gekommen sei, habe er ganz den Eindruck gehabt, in ein Haus der Beuroner Kongregation zu treten! Und doch hatte bis dahin die staatliche Behörde zur Errichtung des anerkannten Klosters die Genehmigung noch nicht erteilt. Auch über die schriftliche Aufzeichnung der Konferenzen und über die Konstitutionen äußerte sich der H. Erzabt voll Anerkennung und ohne Kritik.

Kann gegen den Gründer einer Kongregation Ordinis Sancti Benedicti eine schwerere Anklage erhoben werden als die: „den sicheren Standpunkt des Benediktinertums aufgegeben zu haben"? Freilich heißt es, dies sei „in der Mission" geschehen, also nicht im Mutterhause, woraus zu schließen ist, dass es sich auf ein Vorkommnis in unsern afrikanischen Missionen bezieht, worüber von Seiten der (damals französischen) Missionäre der „Väter vom Hl. Geist", die unser Missionsgebiet uns abzutreten gezwungen worden waren, total irrtümliche Berichte verbreitet wurden, die auf direkte Täuschung von Seiten des damaligen „famosen" Gouverneurs von Deutsch-Ostafrika Dr. Peters zurückzuführen sind, wie ich in einem eigenen Bericht[a] unwiderleglich beweisen werde. Die Wahrheit der Gründungsgeschichte St. Ottiliens macht es mir zur heiligen Pflicht, sie nicht mit ins Grab zu nehmen, weil ich als Gründer und Leiter der „Anfänge" unserer Kongregation der einzige authentische Zeuge in dieser Sache bin. Auch erfordert es die Gerechtigkeit, weil diese irrige Anklage dem Gründer schwerstes Unrecht angetan oder antun würde, wenn es nicht gutgemacht würde.

Jedoch ist es nötig, vorher ebenso wahrheitsgetreu mein Verhältnis zu den maßgebenden staatlichen Behörden Deutschlands und speziell seiner ostafrikanischen Kolonie zur Kenntnis zu bringen[b].

7. Brief

Übersiedlung von Reichenbach nach St. Ottilien, damals „Emming" genannt. Mein glückliches Verhältnis zum Bischof von Augsburg, Pankratius v. Dinkel, väterlicher Gönner der Missionsgesellschaft. Die monastischen „Konstitutionen". Seine Approbation der monastischen Konstitutionen unserer Ordensgesellschaft und sein Verständnis für die schwierige Zwitterstellung zwischen der äußeren und inneren Lage. Wie mein Verhältnis zu den staatlichen Behörden sich besserte und gut wurde. Die Wahrheit über den staatlichen Schutz unserer Missionsgesellschaft durch Bismarck und Lutz. Wie und durch was er gewonnen wurde und wodurch er sich wohltätig äußerte. Der Bismarckbrief.

[a] Brief 10.

[b] Siehe die folgenden Briefe 7 und 9.

Vieles übergehe ich, selbst Wichtiges, um in kurzem noch Wichtigeres zu berichten, weil auch hierüber Unklarheit herrscht und die öffentliche Meinung irregeführt ist.

Anknüpfend an das, was im ersten Briefe über die für das Mutterhaus einer großen Kommunität und Genossenschaft ungeeigneten Verhältnisse Reichenbachs gesagt ist, und an das, was über das höchst ungünstige Verhältnis zum Bischof von Regensburg und dem Gründer berichtet wurde (Brief 3), wird es erklärlich erscheinen, dass ich bald nach einem günstiger gelegenen Platz mich umsah, in einer Diözese, dessen Oberhirte dem guten Werke ein Hort und Vater wäre. Ich erwähnte schon, dass der Hochw. Bischof von Augsburg mir den ersten Priester weihte, der in Dillingen studiert hatte. Ich wandte mein Auge daher nach dieser Diözese und kaufte mit Hilfe von Wohltätern aus München das alte Landschlösschen Emming, Gemeinde Eresing (Spätherbst 1886). In der Oktav von Epiphanie 1887, am Erinnerungstag des Datums, an welchem St. Benedikt seinem Schüler Maurus zu einer neuen Gründung nach Gallien gesandt hatte, siedelte ich die zur ersten künftigen Mission bestimmten Brüder nach Emming über, das ich am Feste der hl. Ottilia, der Patronin der Schlosskapelle, 1886 zum ersten Mal betreten hatte. Der hochwürdigste Bischof von Augsburg nahm mich aufs Gnädigste auf, versprach mir jede Unterstützung (in spiritualibus) und behielt mich im bischöflichen Palais über Nacht. Ich machte es mir zur Pflicht, Sr. Gnaden über meine Verhältnisse vollständig zu informieren, und er bewies sich mir und dem Missionshaus vom Anfang an bis zu seinem Tode als väterlicher Freund, Gönner und Beschützer. Er billigte es ausdrücklich, dass ich mich mit dem „regierenden Minister" auf loyalem Fuß zu erhalten für nötig erachtete, ohne mir auch nur im mindesten als römisch-katholischer Priester etwas zu vergeben oder etwas „Staatspfäffisches" zur Schau zu tragen, – was mir schon meines angeborenen Freiheits- und Unabhängigkeitssinnes wegen ganz fern lag und mir überhaupt nicht gegeben war. Aber gerade das erweckte mehr und mehr des Ministers Vertrauen. Mit der Zeit billigte er mir manche Bitte, z.B. dass ich Namen Emming, der keinen guten Ruf beim Volke hatte, in „St. Ottilien" umtaufte. Ferner, dass ich den Hilfsverein des „Liebeswerkes", mit dem Wochenbeitrag von nur 1 Pfennig, einführte, was dem Missionswerk eine wahre finanzielle Lebensquelle wurde, besonders durch die Tätigkeit des guten Fr. Thomas Spreiter. Des Herrn Ministers v. Lutz ganzes Vertrauen, ja sogar seine Gönnerschaft, erhielt ich erst später. Ein Rest seines Misstrauens wich, als er von des Bischofs Senestreys Benehmen und Feindseligkeit gegen mich und das Missionswerk von Reichenbach Kenntnis erhalten hatte und im Regensburger Morgenblatt die niedrigen Schmähartikel gegen mich las, womit man mich wegen Wegzuges in eine andere Diözese angriff, „weil dadurch das Regensburger Ordinariat bloßgestellt werde". Denn bekanntlich waren

Senestrey und Lutz persönliche Feinde und wer die Gunst des einen besaß, fiel beim andern in Ungnade und umgekehrt. Das war auch bei mir der Fall[a].

Minister v. Lutz wurde mir schließlich ohne mein wesentliches Zutun geradezu wohlgewogen, als ich ihm später die 3 Negerknaben, die in St. Ottilien drei Jahre lang unterrichtet wurden, als Landsmänner vorstellte und er beim Mittagessen, wozu er mich mit den drei Schwarzen zu Tisch lud, sah und hörte, wie ganz europäisch zivilisiert sie sich benahmen und aßen, wie gut und geläufig deutsch sie sprachen (besonders der Sohn des Kameruner Häuptlings Aqua), und insbesondere imponierte ihm und der Frau Minister ihr offenes, heiteres Wesen und ihr perfekter Anstand. Von da an war Minister von Lutz ein Gönner unseres Hauses und kein Gegner mehr. Und da ich einst krank war, schickte er mir eine Medizin, welche ihn selbst einmal von einem gleichen Übel geheilt hatte und nachher zur Rekonvaleszenz ein Kistchen Münchener Salvatorbier! Niemals war in unserem Gespräch von Politik, Kulturkampf und was drum und dran hing, die Rede, ausschließlich nur von Mission und Kolonie.

Bei Gelegenheit eines Besuches sagte mir Minister v. Lutz einstens das Wort: „Sie müssen bei Bismarck gut angeschrieben sein. Er lässt durch das Auswärtige Amt in Berlin von Zeit zu Zeit bei mir anfragen, wie es mit Ihrem Unternehmen stehe und ob es Fortschritte mache." Ich berichtete ihm nun, wie das gekommen, und erzähle es in Kürze auch hier, weil viel Gutes für unsere Gründung daraus entstand.

In einem der Anfangsjahre, als der Doppeldruck eines gegnerischen Ordinariats und einer nicht günstigen Regierung das Zustandekommen unseres Werkes recht zweifelhaft machte und mich namentlich schwer bekümmerte, dass der Kulturkampfgesetze wegen die zu gründende Missionsgenossenschaft keine öffentlich monastische sein dürfe, entschloss ich mich, an die Quelle des Kulturkampfes zu gehen, und verfasste ein längeres Schreiben an Bismarck mit dem Kopfe des griechischen Monogramms Christi inmitten der Dornenkrone (das Monogramm XR wird lateinisch auch Pax gelesen). Das Schreiben enthielt nichts anderes als den im „Prospekt" ausgeführten Plan der St. Benediktus-Missions-Genossenschaft in prägnanter Zusammenfassung unter Hin-

[a] Diese Schmähartikel, ohne Zweifel aus einer im Ordinariat bediensteten Feder, wurden von mir ganz ignoriert und nicht erwidert, weil ein Dr. P. Baumgartner von Rom aus eine feine und schlagende Entgegnung in der Augsburger Postzeitung veröffentlicht hatte, die meine Verteidigung besser besorgte, als es meiner kampfungewohnten Feder möglich gewesen wäre.

weis auf die Missionstätigkeit des Benediktinerordens, welchem halb Europa das Christentum und die Zivilisation verdankt. Woran ich anknüpfte, dass derselbe Orden dasselbe auch jetzt noch leisten könne, zur Christianisierung und Zivilisation der heidnischen und kulturlosen Kolonialvölker, namentlich in den neuen deutschen Kolonien. Aber die Hauptbedingung dieses Leisten-Könnens sei die Notwendigkeit der Vorbildung und Erziehung der hierzu bestimmten Missionäre in der monastischen Disziplin des so eklatant missionstüchtigen Benediktiner-Ordens, also die Notwendigkeit, dass das Mutterhaus der St. Benediktus-Missionsgenossenschaft ein Benediktinerkloster sei, welches frei und ungehindert seine Mitglieder nach der alt bewährten Ordensregel heranbilde und sie dazu durch das Ordensgelübde verpflichten dürfte, ehe es dieselben in die Kolonie entsende, wo sie dann nach der altbewährten Missionsmethode die Heiden zugleich für das Evangelium und für die Zivilisation gewinnen würden und vom Mutterhaus aus stets unterstützt und verstärkt werden könnten. Mein dringender Wunsch sei daher, es möchte das Maigesetzverbot sämtlicher katholischer Orden in Deutschland durch eine Ausnahme für den Benediktiner-Orden modifiziert werden oder, wenn dies für diesen Orden im Ganzen nicht gewährt werden sollte, doch wenigstens eine Ausnahme für den in den Missionen der Deutschen Kolonien tätigen Teil dieses Ordens, d.i. für die Häuser der neuen deutschen St. Benediktus-Missionsgenossenschaft als zukünftiger Kongregation des Ordens O.S.B.

Der Freimut der großen Offenheit dieses Schreibens, ohne jede Anspielung auf Staats- und Kirchenpolitisches, rein Sachliches, ohne Phrasen, ohne Schmeicheleien oder Betteleien, scheint dem Geiste Bismarcks entsprochen zu haben, denn seine Antwort, die in 4 Zeilen seiner charakteristischen großen Handschrift mir bald darauf zukam, lautete:

„Ich werde Ihre Bestrebungen für die St. Benediktus-Genossenschaft und Ihre Tätigkeit nach Kräften unterstützen. Bismarck."

Ich muss der Wahrheit Zeugnis geben: Nie ist ein Manneswort treuer gehalten worden. Namentlich bei drei Gelegenheiten bewährte es sich.

1. Als Kardinal Lavigerie[21], der General-Obere der Weißen Väter und P. Emonet[22], der Generalobere der französischen „Schwarzen Väter" sich absolut weigerten, von ihren apostolischen Vikariaten, zu denen Deutsch-Ostafrika gehörte, an die „deutschen Benediktiner" ein Missionsgebiet für eine eigene Präfektur abzutreten, ließ Bismarck durch den preußischen Gesandten[23] am Vatikan dem Hl. Stuhle mitteilen, dass, wenn auf dieser Weigerung bestanden würde, alle französischen Missionäre die deutsche Kolonie in Ost-Afrika verlassen müssten; und wenn einer katholischen deutschen Missionsgesellschaft die Errichtung eigener Missionen daselbst nicht zugestanden würde, müsste

das Land eher der protestantischen Mission ausschließlich reserviert werden, als dass nicht-deutsche katholische noch zugelassen werden könnten, welche den katholischen deutschen Missionären den Wirkungskreis im eigenen Lande verwehrten. Hierauf geschah die Abtretung des Gebietes unserer ersten Präfektur auf direkten Befehl Papst Leos XIII[a].

2. Auf die Kunde von der Zerstörung der ersten Missions-Station, der Niedermetzelung der einen und der Gefangennahme der andern Missionäre von Pugu, wies Bismarck, ohne von mir gebeten worden zu sein, aus eigener Initiative die Beamten zu Dar-es-Salam telegraphisch an, durch Vermittlung der französischen Missionäre von Bagamoyo die Befreiung der Gefangenen zu erwirken und das Lösegeld dazu vorzustrecken. Beides geschah mit gutem Erfolge.

3. Als nicht lange nachher der Kulturkampf abzuflauen begann und im Reichstag eine Milderung der Mai-Gesetzgebung zustande kam, wenn auch erst nur eine geringe, da stand unter den votierten neuen Paragraphen: „Zugelassen sind im deutschen Reiche diejenigen Klöster des Benediktiner-Ordens, welche in den deutschen Kolonialgebieten Missionstätigkeit unter den Eingeborenen entfalten ...“. Ich befand mich um diese Zeit wieder in Rom. Der preußische Gesandte Schlözer überreichte mir diesen Reichstagsbericht mit der Bemerkung, er sei vom Auswärtigen Amt beauftragt worden, mir mitzuteilen, dass unter diesen Benediktinern mit Missionstätigkeit in den Kolonien nur die „St. Benediktus-Missionsgenossenschaft in Bayern“ gemeint sei. Das war übrigens klar, weil es noch keine andere Benediktiner-Familie für die ausländischen Missionen gab. Dieses Ausnahmegesetz war ganz offenbar die Erfüllung des in meinem Schreiben an Bismarck ausgesprochenen und motivierten Wunsches und die Erfüllung der Antwort Bismarcks.

Einen guten Dienst leistete mir das Antwortschreiben Bismarcks bei einer andern sehr wichtigen Angelegenheit, worüber ich im folgenden 9. Brief berichten muss, da der gute Erfolg, der intendiert war und auch tatsächlich erreicht wurde, durch eine Intrige unaufrichtiger Menschen in den bösen Schein des geraden Gegenteils verkehrt wurde und unumgänglich der Aufklärung nach dem wahren Sachverhalt bedarf, ehe ich sterbe und ehe die Geschichtsfälschung durch den Tod des letzten und einzigen authentischen Zeugen sich unverbessert auf die Nachwelt vererbt.

[a] Von da an datieren die mannigfaltigen Anfeindungen meiner Person, namentlich von Seiten der in Mitleidenschaft gezogenen französischen Väter vom Hl. Geist bei vielen Gelegenheiten, z.B. in der Biographie des P. Gommenginger von Pfarrer Th. Hück, P. Ludwig Karl Gommenginger, „Erlebnisse und Arbeiten" eines afrikanischen Missionars, Rixheim 1900.

9. Brief

Unsere Mission in Deutsch-Ostafrika. Motivierung und Hergang ihrer Übernahme. Die ganze Wahrheit über meinen Vertrag mit Dr. Peters, dem ersten „Gouverneur" von Deutsch-Ostafrika. Meine Reise nach Rom, zur vorherigen Genehmigung des Vertrags durch die Propaganda. Daher derselbe erst in Rom unterzeichnet wurde, nachdem er schon in München aufgesetzt und besprochen worden war. Unwiderleglicher Nachweis der Unrichtigkeit des Dr. Peters und seine wahrheitswidrige Mystifikation der französischen Väter vom Hl. Geist, welche ihm Glauben schenkten. Erklärung dieser Vorgänge. Vollständiges Gegenteil der Wahrheit und der Wahrheitsfälschung bezüglich des Inhalts des Vertrags.

Es war im Jahre 1887, im Frühjahr. Ich war schon im Besitze des Antwortschreibens von Bismarck, aber noch nicht schlüssig bezüglich des anzustrebenden Missionsgebietes. Ich dachte, mit der Zeit kommt Rat. Da erhielt ich den Besuch von Baron v. Gravenreuth[24], Leutnant im Dienst der Ostafrikanischen Gesellschaft. Als guter Katholik brachte er aus Berlin die vertrauliche Nachricht, es sei sehr zu befürchten und stehe wahrscheinlich bevor, dass ganz Deutsch-Ostafrika ausschließlich dem Protestantismus zur Missionierung reserviert werde, weil Bismarck die französischen dem Deutschtum entgegenwirkenden Missionäre in den deutschen Kolonien nicht länger dulde und weil keine katholischen Missionäre deutscher Nation da seien, um die französischen zu ersetzen. Der Erzbischof von München, dem Hr. v. Gravenreuth dies anvertraute, wies ihn an Domkapitular Dr. Kagerer, dem Geschäftsführer des Ludwig-Missionsvereins (siehe oben 2. Brief), und dieser machte ihm Mitteilung von unserm Missionshause, welches besonders die Christianisierung deutscher Kolonialgebiete sich zur Aufgabe stelle und daher nur Deutsche aufnehme. Hr. v. Gravenreuth kam also zu mir. Seine Mitteilung von der drohenden Gefahr elektrisierte mich sozusagen. Und als Dr. Kagerer mir riet, zuzugreifen, wenn immer Möglichkeit dazu vorhanden sei, und mir einen Beitrag von 15.000 M zu den Expeditionskosten in Aussicht stellte, entschloss ich mich in Gottes Namen, eine erste Mission von 10-12 Mitgliedern für Deutsch-Ostafrika zu rüsten, schweren Herzens, weil das Unternehmen mir ein paar Jahre zu früh gekommen schien und ich meinen einzigen Priester hergeben musste. Aber ich glaubte an jene Gefahr und hielt es für eine Gewissenspflicht, zu ihrer Abwendung mein Möglichstes zu tun und das schwere Opfer zu bringen. Nicht lange nachher vernahm ich, dass Dr. Peters, der erste „Gouverneur" von Deutsch-Ostafrika, – wie vor dem Reichskommissär Wissmann der oberste Verwalter der Kolonie (von der Ostafrikanischen Gesellschaft ernannt) sich titulieren ließ – auf der Durchreise nach Afrika sich in München aufhalte. Im „Bayerischen Hof", wo er mit seinem Sekretär Herrn Leue logierte, suchte ich ihn auf, um Erkundigungen einzuziehen und um den Mann kennen zu lernen, den ich als die maßgebende Autorität in Deutsch-Ostafrika unmöglich ignorieren konnte, wenn ich die Missionierung seine Landes übernehmen wollte. Ich muss bekennen, sein persönlicher Eindruck auf mich war kein gewinnender. Sein burschikos, barsches Wesen stieß mich ab. Er fühlte sich, wie mir vorkam, schon als absoluter Herrscher. Er nahm eine größere, neue Karte von Ostafrika zur Hand, worauf die deutschen Grenzen eingezeichnet waren, und machte mit einem roten Stift zwei dicke Striche quer durch das deutsche Gebiet, wie ein Imperator, wobei er sagte: „Ich teile Deutsch-Ostafrika in 3 Teile, übergebe einen Teil den Lutheranern, den zweiten Teil den Reformierten und den dritten den Katholiken[a]. Ich lasse ihnen den Vorteil, dass Sie von den dreien einen Teil für Ihre Missionen zuerst wählen können." Das sprach er mit diktatorischem Ton, dass ich gleich ein unübersteigliches Gebirge von Hindernissen vor mir sah und sofort erkannte, dass ich vor allen Dingen diesem Diktator gegenüber den Standpunkt der völligen katholischen Freiheit wahren müsse. Das tat ich dann auch mit aller Entschiedenheit. Ich erklärte ihm rundweg: „Erstens auf eine solche Landesteilung nach Konfessionen, wo noch keine Konfessionen existieren, sondern erst intendiert seien, könne sich die katholische Kirche ganz unmöglich einlassen und sich nie damit einverstanden klären, weil auf diese Weise kein Eingeborener die freie Wahl besäße, katholisch zu werden, wenn er lutheranisch oder reformiert werden müsste, nur aus dem Grund, da er in einem der den lutheranischen oder reformierten Missionen reservierten Landesteile wohnte. Solche Zustände erinnern an den mittelalterlichen Grundsatz: *Cuius regio, eius est religio,* den heute niemand mehr zur Geltung bringen dürfe. Zweitens könne ich selbst, wenn ich wollte, von den drei Landesteilen keinen wählen, weil in der katholischen Kirche die Missionsgebiete vom Apostolischen Stuhl in Rom verteilt und angewiesen werden. Denn es stehe nur in der Kompetenz des Papstes und seiner Kongregation der Propaganda, Apostolische Präfekturen und Vikariate zu errichten, sie abzugrenzen und bestimmten Missionsgenossenschaften zu übertragen. Ich müsse mich deshalb wegen eines von uns Benediktinern zu übernehmenden Missionsgebietes an den Hl. Stuhl wenden und die Entscheidung desselben werde durch ein Übereinkommen mit den bisherigen Missionsobern von Ostafrika erreicht werden müssen."

[a] „Denn ich will keine Reibereien zwischen Missionaren verschiedener Konfessionen in ein und demselben Gebiet," fügte er bei, „ich will sie daher von Anfang an trennen."

So suchte ich dem neuen „Gouverneur" seine zwei Rotstiftstriche durchzustreichen und auszulöschen. Dr. Peters (ein Pastorsohn) nahm lange Zeit keine Widerlegungsgründe an, so dass ich nach langem nutzlosem Hin- und Hersprechen nach Hut und Stock griff und mich verabschieden wollte. Ich erklärte, dass ich dem Fürsten Bismarck berichten werde, es sei mir unter den Umständen, die Dr. Peters Dreiteilungssystem zu schaffen vorhatte, ganz unmöglich, die Missionen der Benediktiner in Deutsch-Ostafrika zu übernehmen, da dieses System den Grundprinzipien der katholischen Kirche zuwiderlaufe. „Ich sei überzeugt", fügte ich bei, „Bismarck werde Verständnis zeigen für die Behandlung".

Dr. Peters fragte verwundert: „Dem Bismarck wollen Sie berichten? Sie?" – „Ja, Herr Gouverneur, ich! Dem Bismarck! Kommt Ihnen das unglaublich vor?!" Dabei langte ich aus einer Brieftasche die Antwort Bismarcks hervor, die ich im vorigen Brief im Wortlaut mitteilte, und gab sie Dr. Peters zu lesen. Er las halblaut: „Ich werde Ihre Bestrebungen für die Benediktus-Missionsgesellschaft und Ihre Tätigkeit in den deutschen Kolonien nach Kräften unterstützen. Bismarck", und gab mit einem Blick, den ich verstand, das Schreiben auch seinem Sekretär zu lesen. Ich habe niemals in einem Menschen eine so schnelle Umwandlung in Gesinnung, Meinung und Benehmen wie in diesem Augenblick wahrgenommen. Er lud mich ein, doch Platz zu nehmen und die Sache nochmals zu besprechen. Ich tat das mit der festen Entschlossenheit, diesem Mann gegenüber die volle Freiheit und Unabhängigkeit sowohl für meine Person als auch meine Genossenschaft und ihre eventuellen Missionen in Ostafrika zu wahren und zu sichern, weil ich erkannt hatte, dass der präpotente, diktatorische Charakter des „Dr. Peters von damals" (jetzt soll er durch seine Schicksale anders geworden sein) dies mir zur Pflicht machte. Die Sicherung der uns gewährten Freiheit dachte ich durch einen notariellen, schriftlichen Vertrag zu erreichen, den ich dem Herrn Dr. Peters vorschlug und in welchem ich sowohl die Ostafrikanische Gesellschaft als auch ihre Vertreter in der Verwaltung ihrer Kolonie vertragsmäßig zu verpflichten für nötig fand, im Falle der Hl. Stuhl unserer Missionsgenossenschaft ein Missionsfeld in Deutsch-Ostafrika übertrug, mir und den Missionsobern die gänzliche Freiheit und das vollständige Selbstbestimmungsrecht zu erwirken bezüglich der Wahl des Ortes und der Zeit und der Anzahl der Missionsstationen und der Zahl ihrer Mitglieder. Ferner die Freiheit, ganz nach der eigenen Regel zu leben, die Neophiten nach freiem Gutdünken zu unterrichten, zu beschäftigen und anzusiedeln, wogegen ich bereit war, mich resp. uns zu verpflichten, die Schulen der eingeborenen Kinder und den Unterricht der Jugend teils in Elementarfächern, teils in den verschiedenen Handwerken und Gewerben, sowie im Landbau und Viehzucht von gut geschulten Laienbrüdern besorgen zu lassen und für die Krankenpflege geeignete Lokalitäten zu errichten, welche, sei es von Brüdern, sei es von Schwestern, bedient sein sollten, während der Religionsunterricht und der Gottesdienst und die Leitung der Missionen Pflichten der Missionspriester seien. Das war der Inhalt des von mir vorgeschlagenen Vertrages. Somit das gerade Gegenteil des Vertrages, womit nach Aussagen der Väter vom Hl. Geist die Ostafrikanische Gesellschaft mich gebunden haben soll, – das Gegenteil bezüglich der Veranlassung und der Urheberschaft der Vertragsideen, das Gegenteil des Inhalts und namentlich das Gegenteil des Zweckes! Wie es gekommen sein mag, dass die Schwarzen Väter hierüber so hinters Licht geführt und jedenfalls mit Ziel und Absicht getäuscht worden sind, und von wem, darüber an späterer Stelle, wo ich die Beweise anführen werde.

Bis andern Tags hatte ich den Vertrag in dem oben angegebenen Sinne zu Papier gebracht. Auch Dr. Peters hatte einen verfasst. Es blieb jedoch bei dem meinigen, von dem ich mich nicht abbringen ließ, indem ich denselben als unabänderliche Bedingung *sine qua non* festhielt. Schließlich war Dr. Peters doch zu meinem Vorschlag umgestimmt und hatte den Vertrag schon gleich in München notariell gemacht, ohne vorher der Ostafrikanischen Gesellschaft Kenntnis davon zu geben oder ihre Instruktionen eingeholt zu haben. Ich dagegen erklärte Herrn Dr. Peters, zum Abschluss eines die Mission betreffenden Vertrags die Gutheißung des Hl. Stuhls und der Propaganda zu bedürfen und keinen solchen Vertrag eigenmächtig ohne Genehmigung von Rom eingehen zu können. Ich sei aber bereit, nach Rom zu reisen, wohin ja seine (Dr. Peters) Reise über Brindisi - Afrika ebenfalls führe. Dort in Rom könnten wir zu diesem Zweck uns treffen.

So geschah es. Dr. Peters in Begleitung von Baron v. Gravenreuth und Sekretär Leue reisten zusammen. Ich – weil durch Reisevorbereitungen aufgehalten – folgte ihnen am Tage darauf nach. Ich traf die Gesellschaft im Hotel Minerva zu Rom. Der Vertrag, der nicht lang war, wurde von mir und Gravenreuth ins Französische übersetzt für die Propaganda. Gravenreuth als Katholik begleitete mich zum Sekretär der Propaganda, Mgr. Jacobini, dem der Vertrag (von mir so motiviert, wie es in diesem Brief geschrieben ist) vorgelesen wurde. Mgr. Jacobini fand nicht nur nichts daran auszusetzen, er lobte sogar meine Vorsicht und billigte alles darin Enthaltene. Es sei gar nicht nötig, diesen Vertrag, der ja nur enthalte, was sich nach katholischen Prinzipien und im Sinne der hl. Kirche von selbst verstehe, der Konferenz der Kardinäle zur Genehmigung vorzulegen. Er werde darüber dem Kardinalpräfekten Bericht erstatten und das übersetzte Konzept überreichen, wo wir es abends bei Sr. Eminenz abholen könnten. Dies geschah. Ich stellte Hr. Gravenreuth auch dem Kardinalpräfekten Simeoni vor, der sich mit ihm auf Französisch unterhielt und der mir ebenfalls mit Worten der Billigung und Anerkennung den Vertrag, (den er *prudente* nannte) zurückgab. Gravenreuth, ein durchaus streng kirchlicher Katholik, aus altem bayrischem Adel, war Augen- und Ohrenzeuge von allem.

Damit war für mich die Sache beim Hl. Stuhl noch nicht erledigt, weil ich noch Gewissheit zu haben wünschte, ob unserer Missionsgenossenschaft O.S.B. von der Propaganda ein Missionsgebiet in Deutsch-Ostafrika auch wirklich zugebilligt werde. Mgr. Jacobini antwortete mir, dies sei zweifellos, weil Bismarck darauf bestehe, dass die deutsche Kolonie nur von deutschen Missionären christianisiert werde, und wegen der Gefahr, dass die französischen vertrieben würden und durch deutsche Protestanten ersetzt, wenn Deutschland keine katholischen Missionäre dahin senden würde oder zu senden hätte. Über die Lage und Größe des uns zu überweisenden Missionsgebietes müsse zwischen Kardinal Lavigerie, mir und dem Generalsuperior der Väter vom Hl. Geist erst noch verhandelt werden, worauf die Propaganda erst die Grenzen des Gebietes – zunächst Apostolische Präfektur – festsetzen könne. Dazu sei noch Zeit. Jetzt könne es noch nicht geschehen, da Kardinal Lavigerie gegenwärtig nicht in Rom sei, – wozu ich beifügte: „Und auch, weil der Gouverneur nicht länger warten kann, da er sonst die monatliche Schiffsgelegenheit nach Ostafrika verpassen würde.“ Jetzt war ich über alles im Reinen und beruhigt, und der Vertrag konnte abgeschlossen werden.

Am nächsten Tag begaben wir uns alle, Dr. Peters mit Sekretär, Baron Gravenreuth und ich, zum Kaiserlichen deutschen Konsul in Rom, Herrn Nast-Kolb, Vater. Da wurde der Vertrag gegenseitig unterzeichnet und vom Konsul mit dem großen kaiserlichen Konsulatssiegel gestempelt[a]. Als ich am andern Tage eines Bankgeschäftes wegen wieder zum Herrn Konsul kam, gratulierte er mir lebhaft zu dem für mich und uns so günstigen Vertrag, da er uns gegen alle Eventualitäten von Seiten der D.O.A.G. und ihrer Beamten schütze. Letztere waren bereits in Eile abgereist nach dem Hafen Brindisi, und ich kehrte wieder heim, da ich den einzigen Zweck meiner Romreise erreicht hatte und erreicht zu haben glaubte. Meine sehr mangelhafte Geschäfts-Routine verschuldete aber eine verhängnisvolle Unterlassung. Ich versäumte mir vom Konsulate Duplikate des Vertrags ausstellen zu lassen, um sie den Missionsexpeditionen, die ich künftig auszusenden hatte, mit-

[a] Existiert vielleicht (was ich nicht glaube) ein Vertrag, der ein anderes Siegel trägt, so ist er eine Fälschung.

zugeben. Meine unselige Vertrauensseligkeit spielte mir dadurch böse mit, ohne dass ich davon eine Ahnung hatte und ohne dass ich in den nächsten 26 Jahren (1887-1913) etwas davon erfuhr, da es erst durch den Apostolischen Vikar Bischof Thomas nach dem 1. Generalkapitel 1913 zur Kenntnis gebracht und durch Zusendung des Buches von Hück, „P. L. Gommenginger, Erlebnisse und Arbeiten eines afrikanischen Missionärs" bekannt geworden ist!! Seit Jahrzehnten an Demütigungen entehrendster Art gewöhnt und davon ganz durchsetzt und übersättigt, schwieg ich darüber bis jetzt – bis unmittelbar vor meinem Tod!

Mein auf den Tod sich vorbereitendes Gewissen sagt mir aber, ich dürfe um des Werkes unserer Kongregation wegen, das nicht mein, sondern Gottes Werk ist, den allgemeinen irrigen Glauben an eine so große Unwahrheit und Ungerechtigkeit, wie die ist, welche ohne mein Wissen und ohne meine Schuld mir in Sachen jenes Vertrages angetan worden ist, nicht mit ins Grab nehmen und stillschweigend mit mir begraben lassen. Es handelt sich um eine Mystifikation, deren Opfer wir und die Väter vom Hl. Geist geworden sind.

Da liest man in Hücks zitiertem Buch u.a. S. 328: „Den Ort der Niederlassung durften die bayerischen Missionäre nicht selbst wählen, sondern mussten dorthin gehen, wo die D.O.A.G. sie hinwies, – so wollte es der Vertrag!" Und noch schrecklicher S. 329: „Das Peinlichste von allem aber war, dass sie auf Schritt und Tritt von einem Agenten der Gesellschaft kontrolliert wurden, der sich in Sachen mischte, welche ihn gar nicht angingen. In dem Vertrag hieß es nämlich, dass jede Mission der Kontrolle eines Laien unterstehen würde, – ob eines Juden, eines Protestanten, eines ehrlichen Mannes oder eines Schuften, das war im Vertrag nicht näher bestimmt. So standen die Dinge in der Mission von Pugu." S. 330: „So wehte auf ihrem Missionshause die politische Flagge, – das war ja unglaublich."

Ich stehe in nächster Nähe des Todes und des Gerichtes der Ewigkeit. Niemand lügt in dieser Lage. Ich aber nehme den allwissenden Richter zum ewigen Zeugen der Wahrheit, dass nichts von alledem in dem von mir unterzeichneten, vom Konsul besiegelten Vertrag stand, wohl aber das gerade Gegenteil, eine Garantie unbeschränkter Freiheit der „Deutschen St. Benediktus-Missionsgenossenschaft" bei allen ihren Handlungen.[11]

Einen Vertrag dieser Art, wenn ich ihn hätte eingehen wollen, hätte ich ja gleich in München unterzeichnet, das wäre bequemer und billiger gewesen! Eine mühselige, kostspielige Romreise zu unternehmen, um einen derartigen Vertrag in Rom zu kontrahieren, wäre Verrücktheit gewesen, ein zweckloser Unsinn! Jeder Verständige, ob mir Freund oder Feind, muss zugeben, dass der Sinn und Zweck der Reise nach Rom einzig nur der gewesen sein kann, nicht eigenmächtig, sondern im Einvernehmen mit den Autoritäten der Kirche in Rom, einen die katholischen Missionen betreffenden Vertrag zu schließen, und dass diese Autorität keinen die katholischen Missionen knebelnden Vertrag, wie der den französischen Missionären tatsächlich vorgelegte und fälschlich und verlogen auch mir zugeschriebenen Pseudovertrag war, niemals gebilligt und gut gefunden haben würde, was ich ja zum voraus gewusst haben müsste, so dass ich die Romreise wegen eines solchen Vertrags jedenfalls nie unternommen hätte. Dass ich diese Reise unternahm, daran werden sich der Apostolische Vikar Bischof Thomas und Subprior P. Paulus noch wohl erinnern.

Als ich die erste Expedition aussandte (November 1887), übergab ich ihrem Leiter, dem Apostolischen Propräfekten P. Bonifaz Fleschutz schriftliche Weisungen mit, was er bei der Wahl der Missionsstationen notwendig beachten solle. Der erste Befehl lautete, er solle weder an der Küste noch in der Nähe der Küste den Ort der Niederlassung „wählen", teils wegen der großen Fiebergefahr, teils wegen der zahlreichen Mohammedaner (Araber) und wegen der Weißen (Europäer) der Küstenstriche, da der Umgang mit diesen beiden korrupten Rassen dem Bekehrungswerk hinderlich sei. Er solle einige Tagereisen weiter im Innern, in erhöhter gesunder Lage einen Platz inmitten einer von zahlreichen Eingeborenen bewohnten und fruchtbaren Gegend „aussuchen". Also „wählen" und „aussuchen" sollte er den Platz der Niederlassung! Ich frage nun die logisch Denkenden: Hätte ich dem Missionsobern diesen Befehl auf die Reise mitgeben können und dürfen, wenn es wahr wäre, dass ich mich und die Mission durch einen Vertrag um die Freiheit gebracht hätte, selbst zu wählen und zu suchen, wo man sich niederlassen wolle, und, wenn es wahr gewesen wäre, dass die „bayrischen Missionäre" den Ort der Niederlassung nicht selbst wählen dürften, sondern dorthin gehen müssten, wo die D.O.A.G. sie hinwies, und dass der „Vertrag es so gewollt habe", wie im zitierten Buche zu lesen ist.

Ein weiterer Beweis: Als ich aus dem Bericht erfahren, dass der gewählte Ort Pugu so nahe der Küste liege (etwa eine kleine Tagereise), dass ein Strich vom Meere zu sehen sei, stellte ich den Propräfekten vorwurfsvoll in einem Briefe zur Rede, warum er meine Weisungen nicht befolgt habe? Hätte ich das gedurft und gekonnt, wenn ich ihm die Freiheit, nach meinen Bedingungen den Ort zu wählen kontraktlich geraubt gehabt hätte? Und hätte er sich nicht zweifellos mit der Antwort entschuldigt, ich habe ihn ja durch den Vertrag gebunden, nicht frei suchen und wählen zu können; er habe dahin gehen müssen, wo die D.O.A.G. ihn hingewiesen habe? So hätte P. Bonifaz geantwortet, da er eine ungenierte Feder führte. Nichts von alledem. Er entschuldigte sich so: „Ich glaubte, wenn nicht in Daressalam selbst, so doch nicht allzu weit davon die erste Station anlegen zu sollen, um in leichter Verbindung mit Europa zu bleiben als erstes Absteigequartier für spätere Expeditionen, die dann von Pugu aus etappenweise ins Innere vorgeschoben werden können." Keine Silbe, keine Andeutung von einem Dreinreden der Ostafrika-Gesellschaft! Auch später keine weder von ihm, noch von einem der Brüder, nicht schriftlich noch mündlich. Niemals eine Klage dieser Art. P. Bonifaz bekannte vielmehr, nach eigenem Ermessen und Gutdünken gehandelt zu haben, und begründet seine Entscheidung. Wie stimmt nun damit die Stelle im Leben P. Gommengingers, S. 328: „In Pugu wurde ihnen erlaubt, sich niederzulassen. Des Verkehrs mit Zanzibar und Europas wegen hätten sie gerne in der Küstenstadt ein Absteigequartier gehabt. Dieses wurde ihnen aber... abgeschlagen. So wollte es der leidige Vertrag!" Leidig ist eine solche Verleumdung, ein solches „auf den Kopf stellen" der Wahrheit! Was ist nun von der Quelle dieser Wahrheitsentstellung zu halten? Wo steckt sie?

Dass die Unehrlichkeit und Unwahrhaftigkeit derselben nicht bei den Vätern vom Hl. Geist anzunehmen sei, halte ich für zweifellos. Aber darüber kann kein Zweifel bestehen, dass sie von Seiten der Beamten der Ostafrikanischen Gesellschaft belogen und mystifiziert worden sind! Anders ist die Sache nicht zu erklären. Die Gründe dieser Mystifikation sind einem Kenner der dabei beteiligten Hauptpersonen und der Verhältnisse derselben zu den französischen Pionieren der Kultur im deutschen Kolonialgebiet fast durchsichtig klar. Das Unzuträgliche, Gehässige und Schädliche einer Austreibung der französischen Missionäre einsehend, wollte die deutsche Verwaltung, an ihrer Spitze Dr. Peters, die französischen Missionäre nicht verdrängen, aber so binden und unter Kontrolle stellen, dass ihr deutschfeindlicher Einfluss auf die Bevölkerung unterbunden, unschädlich, oder besser noch, unmöglich gemacht gewesen wäre. Das konnte nur dadurch geschehen, dass man ihr „Dasein" im Lande von einem Vertrag abhängig machte, der von der deutschen Verwaltung diktiert war. Ein solcher wurde dem französischen Vätern vorgelegt. Da dieselben denselben „kurzweg zurückwiesen" („Man jage uns fort, wenn man will, aber Ketten schmieden wir uns nicht selbst", S. 328), was selbstverständlich ist und was ich in München dem Kontrakts-Entwurf des Dr. Peters gegenüber gleichfalls getan hatte, so erscheint es psychologisch erklärlich, dass die deutschen Diplomaten aus Dar-es-Salam eine „diplomatische Intrige" zu Hilfe nahmen, um die französischen Patres zur Annahme zu bewegen, indem sie logen, „der nämliche Vertrag sei ja schon von den deutschen Patres angenommen und unterzeichnet worden, also dürfe er auch von den französischen nicht zurückgewiesen werden". Dieser natürliche Vorgang entspricht ganz dem Charakter der dabei beteiligten deutschen Beamten[a].

„Uns ist der nämliche Vertrag zum Unterzeichnen vorgelegt worden," so schreibt der Berichterstatter der französischen Väter (S. 327). So dumm war Dr. Peters nicht, den „nämlichen" Vertrag, d.h. den von mir und ihm unterzeichneten, im Original vorzulegen! Denn die Freiheit, die derselbe uns Deutschen garantierte, wollte er ja den Franzosen versagen. Es war also ein ganz anderer entworfen worden, von Dr. Peters allein verfasst. Und hätte das vorgewiesene Exemplar anscheinend meine Unterschrift gezeigt, so müsste es eine direkte Fälschung gewesen sein, ohne das große Siegel des Konsulats in Rom. (Nicht unmöglich!) Ich nehme aber an, soweit sei man in der „diplomatischen" Unaufrichtigkeit und Unredlichkeit nicht gegangen und man habe sich bloß mit der unwahren und mündlichen Behauptung begnügt.

P. Bonifaz und seine Missionäre wussten zwar von der Existenz eines Vertrages zwischen mir und Dr. Peters, davon hatte ich selbst Mitteilung gemacht. Weil ich aber den verhängnisvollen Fehler beging, ihnen keine Duplikat desselben mitzugeben, ist zu befürchten, dass sie erst von den Vätern vom Hl. Geist über den angeblichen Inhalt etwas erfahren haben und dadurch ebenso hinters Licht geführt worden seien wie die französischen Väter selbst. Ich schließe das aus der Stelle im P. Gommenginger (S. 327): „Einer der Brüder, die in Pugu ermordet wurden, sagte mir: ... „würde unser Stifter gewusst haben, was wir jetzt wissen, nie hätte er einen solchen Vertrag unterschrieben." Was sie jetzt wussten, hatten sie also erst von demjenigen erfahren, zu dem der Bruder das gesagt haben soll. Traurig genug! Es ist aber merkwürdig, dass weder P. Bonifaz noch einer der sechs überlebenden Brüder nach ihrer Heimkehr von Pugu, in der langen Zeit, in welcher sie wieder um mich waren, niemals auch nur ein Wort vom „Vertrage" sagten, weder zu mir noch zu andern! So dass das, was jetzt in P. Gommengingers Leben darüber steht, noch im Jahr 1913 für mich eine schmerzliche Neuigkeit war, – ein Schmerz, der durch das Büchlein „Euntes in mundum universum" vertausendfacht wurde,

[a] Waren dieselben doch auch nicht davor zurückgeschreckt, nach unsern Verhandlungen in München meinen wertvollen Bismarck-Brief, der jenen so imponiert hatte, vom Tisch in ihre Taschen verschwinden zu lassen, um ihn mit der Ausrede, sie finden ihn nicht, ich müsse selbst ihn eingesteckt haben, zu behalten, so dass er von der Stunde an für mich verloren war!

weil die Unwahrheit und Ungerechtigkeit dieser Sache dadurch der Gründungsgeschichte unserer Kongregation als Wahrheit und Tatsache einverleibt würde, wenn ich nicht noch sozusagen als Sterbender, noch in letzter Stunde, als einziger kompetenter Zeuge das Unrichtige aufdecken würde[a].

[a] Was im P. Gommenginger behauptet wird, die D.O.A.G. habe durch meinen Vertrag unsere Missionsgenossenschaft „ihrer Freiheit beraubt", so ist auch dies schon deshalb falsch, weil die D.O.A.G. von dem Vertrag längere Zeit gar nichts wusste, und als sie davon Kenntnis bekam, damit nicht einverstanden war. Denn unter den 5 Anklagen, womit die Gesellschaft die Abberufung Dr. Peters vom Gouverneursposten motivierte, hieß der vierte so: „Dr. Peters verhandelte eigenmächtig, wie von Macht zu Macht, mit dem Obern der Benediktiner-Missionsgenossenschaft in Bayern und schloss mit ihm einen Vertrag ab ohne Wissen und Zustimmung der D.O.A.G." Und dann noch!

Anmerkungen

[1] Amrheins eigene Überschrift am Eingang lautet: Anfänge und Kämpfe einer Missions-Klostergründung. Authentisches zur frühesten Gründungsgeschichte von St. Ottilien und seiner Congregatio O.S.B. pro missionibus exteris sowie zur wahrheitsgetreuen Berichtigung ungeschichtlicher Irrtümer und Falschberichte. 5 Briefe des Gründers an den Erzabt Rev.mus Ildephons Schober von Beuron O.S.B. Nach dessen seligen Tode vom Verfasser eigenhändig kopiert zum Zwecke ihrer testamentarischen Hinterlassenschaft für die Archive der Kongregation von St. Ottilien. (Videte, qualibus litteris scripsi vobis mea manu! Gal 6,11)

[2] Georg Dengler (1839-1896), seit 1868 Domvikar in Regensburg und seit 1873 Herausgeber der Zeitschrift „Kirchenschmuck". Wurde von Bischof Senestrey wegen seiner Kunstkenntnisse sehr geschätzt und als sogenannter Diözesarchitekt gefördert. Zahllose Kirchenrenovationen standen unter seiner Oberleitung und eine ganze Reihe historisierender Kirchenbauten wurden nach seinen Plänen ausgeführt.

[3] Bischof Ignaz v. Senestrey (1818-1906), seit 1858 Bischof von Regensburg und herausragender Vertreter des deutschen Ultramontanismus. Auf dem I. Vatikanischen Konzil gehörte der willensstarke Bischof zu den wenigen Vertretern der deutschen Hierarchie, welche für die päpstliche Unfehlbarkeit eintraten. Zugunsten der kirchlichen Rechte war er in zahlreiche Auseinandersetzungen mit der bayerischen Regierung verwickelt, so dass ihn Pius IX. als „vir fortissimus" bezeichnete und Leo XIII. 1892 mit dem Titel eines Erzbischofs auszeichnete.

[4] Br. Romuald Hofmann (1842-1910), Trappist in Ölenberg, dann Benediktiner in Maredsous, wo er bereits Kenntnis von Amrheins Plänen erhielt und später austrat, um sich als erster Postulant der Reichenbacher Gründung anzuschließen. Der gelernte Steinmetz und Bildhauer bewältigte eine Vielzahl unterschiedlicher Aufgaben in den Anfangsjahren. 1887 ausgesandt nach Ostafrika, wo er 1889 in Pugu in Gefangenschaft geriet. Nach seiner Rückkehr nach Deutschland zunehmende Schwierigkeiten, bis er 1900 entlassen wurde. Daraufhin Eintritt in die Abtei Seckau.

[5] Domkapitular Dr. Paul Kagerer (1833-1907), Dompfarrer der Münchener Frauenkirche sowie Sekretär und Schriftführer des Ludwig-Missionsvereins, der die Missionsbenediktiner in ihren Anfangsjahren sehr unterstützte. Seit 1895 Dompropst zu Regensburg.

[6] Dr. Jakob v. Türk (1826-1913), Königlich-bayerischer Geistlicher Rat, Stiftspropst und Beichtvater des Prinzregenten Luitpold.

[7] Gemeint ist wohl Graf Maximilian von Drechsel zu Deufstetten (1844-1918).

[8] Johann Baptist Kardinal Franzelin SJ (1816-1886), aus Südtirol stammender Orientalist und Dogmatiker. Als Konsultor Teilnahme am I. Vatikanischen Konzil und 1876 Erhebung zum Kardinal.

[9] Jean-Baptiste Kardinal Pitra OSB (1812-1896), bekannter Patrist, der unter anderem die Autorenliste für Mignes Vätersammlung erstellte. 1841 Eintritt in die Abtei Solesmes, von wo er 1858 als Berater für das ostkirchliche Recht nach Rom berufen wurde. Dort zahlreiche Studien zur Theologie und Geschichte der frühen griechischen Kirche. Seit 1861 Kardinal und seit 1869 Bibliothekar an der Vatikanischen Bibliothek.

[10] Br. Wendelin Schön (1869-1888), Teilnehmer der ersten Missionsexpedition von 1887. Erlag 1888 einem „Sonnenstich", wohinter sich wahrscheinlich eine unerkannte Malaria verbarg.

[11] Br. Petrus Michl (1863-1889), Schlosser und in St. Ottilien Brüderobmann. Mitglied der Expedition von 1887. 1889 bei Pugu getötet.

[12] Br. Benedikt Kantwerg (1866-1889), Schreiner und Brüderobmann in Pugu, wo er 1889 beim Buschiri-Aufstand getötet wurde.

[13] Br. Otto Rummel (1859-?) gehörte zu den ersten Kandidaten, Austritt 1904.

[14] Br. Michael Hofer (1861-1937), von 1890 bis 1918 Missionstätigkeit in Ostafrika.

[15] Abtbischof Thomas Spreiter (1865-1944), nach dem Eintritt in Reichenbach Sekretär Amrheins und Annalist. 1900 Aussendung nach Ostafrika, 1906 Apostolischer Vikar, 1921 Übersiedlung nach Südafrika und Apostolischer Präfekt des Zululandes. 1923 erster Apostolischer Vikar von Eshowe.

[16] P. Paulus Sauter (1862-1931), Redakteur der Zeitschrift „Heidenkind", Aufbau und Organisation der Landwirtschaft von St. Ottilien und Begründer der dortigen Landwirtschaftsschule.

[17] P. Bonifazius Fleschutz (1861-1891), trat 1885 nach abgeschlossenem Theologiestudium von Priesterseminar Augsburg aus in Reichenbach ein. Dort Vertreter Amrheins und Leiter der ersten Expedition von 1887 nach Ostafrika, wo er als Apostolischer Propräfekt die Missionsstation Pugu gründete.

[18] Br. Alois Oppl (1868-1898).

[19] Br. Joseph Irrgang (1859-1891), 1887 Aussendung nach Ostafrika.

[20] Aufzeichnungen dieser Konferenzen finden sich von Amrhein selbst oder von mitschreibenden Mönchen oder Schwestern angefertigt im Archiv zu St. Ottilien.

[21] Charles-Martial-Allemand Kardinal Lavigerie (1825-1892), seit 1854 Professor für Kirchengeschichte an der Sorbonne, 1863 Bischof von Nancy, 1867 Erzbischof von Algier. Dort 1868 Gründung der Missionsgesellschaft der Weißen Väter für die Mission in islamischen Ländern und im folgenden Jahr der Weißen Schwestern. Weitete die Missionsbestrebungen bald von Nord- nach Innerafrika aus. 1882 Kardinal und 1884 Primas von Afrika und Erzbischof von Karthago, wo er auch begraben liegt. Vorkämpfer der Antisklaverei-Bewegung.

[22] Gemeint ist P. Ambroise Emonet (1826-1898), vierter Generalsuperior der Kongregation vom Heiligen Geist, der von 1882 bis 1896 im Amte war. Entscheidender war freilich die Rolle des römischen Vertreters der Spiritaner, P. Alphonse Eschbach, der zugleich Konsultor der Propaganda war, und dafür sorgte, dass die besser ausgebauten Missionsgebiete im Norden und vor allem der symbolträchtige Kilimandjaro bei der französischen Kongregation blieben. Dass die Spiritaner nicht begeistert waren, Teile der von ihnen aufgebauten Ostafrikamission abzutreten, ist nachvollziehbar. Auch rechtlich waren sie dazu nach der Berliner Kongokonferenz von 1885, die Missionaren ungeachtet ihrer Nationalität ein ungehindertes Arbeiten zusicherte, nicht zwingend verpflichtet. Im Zeitalter des Nationalismus war es jedoch allgemein üblich, dass die Kolonialmächte in ihren Einflussgebieten Missionskongregationen des eigenen Landes bevorzugten.

[23] Der Gesandte Kurt v. Schlözer (1822-1894) vertrat Preußen von 1882 bis 1892 beim Heiligen Stuhl. Seine positive Berichterstattung über die Missionsbenediktiner mag zur Förderung durch Berlin beigetragen haben, vgl. Leuchter, B. 1, S. 96.

[24] Karl v. Gravenreuth (1858-91), Kolonialoffizier und Forschungsreisender. Seit 1877 in Königlich-Bayerischen Diensten, von denen er sich 1885 für die Tätigkeit in der Deutsch-Ostafrikanischen Gesellschaft beurlauben ließ. In Deutsch-Ostafrika Stellvertreter des Reichskommissars Heinrich v. Wissmann und 1889 Kommandant der Schutztruppen, die an der Niederwerfung des

Bushiri-Aufstandes maßgeblich beteiligt waren. Im selben Jahr Rückkehr ins Deutsche Reich, wo er zunächst im Auswärtigen Amt tätig war, bis er 1891 nach Kamerun zum Aufbau der dortigen Schutztruppen entsandt wurde. Dort fiel er im Kampf gegen aufständische Stämme.

[25] Die umfangreiche Verteidigung Amrheins mutet rätselhaft an und ist kaum mit dem Quellenmaterial vereinbar: sowohl der in München geschlossene Vorvertrag vom 12. April 1887 als auch der römische Vertrag vom 16. April desselben Jahres (beides im Berliner Bundesarchiv R 1001/854, Text: St. Benedictus) enthalten Punkte, die für eine freie Missionstätigkeit äußerst nachteilig waren. So wurde unter anderem festgelegt, dass Missionsstationen nur aufgrund eines Übereinkommens mit der DOAG angelegt werden dürften (§ 3), dass die deutsche Flagge auf den Stationen zu hissen sei (§ 5), dass die DOAG auf den Missionsstationen Bevollmächtigte mit umfangreichen Kompetenzen einsetzen dürfe (§ 6), dass die Missionsstationen ihre Produkte an die DOAG weiterveräußern müssten (§ 8) usw. Der Vertrag wurde nach einem Protest der Direktion der DOAG nur hinsichtlich der Klausel modifiziert, wonach in den katholischen Missionsgebieten eine protestantische Missionstätigkeit untersagt wurde, und im Reichsboten 95 (1887) veröffentlicht. Zu den Vertragsverhandlungen vgl. H.-J. Niesel, Kolonialverwaltung und Missionen in Deutsch Ostafrika 1890-1914, unveröffentlichte Dissertation, Berlin 1971, S. 40-43; H. Loth, Die Gründung von Deutsch-Ostafrika und die christliche Mission, Wissenschaftliche Zeitschrift der Karl-Marx-Universität Leipzig 8 (1958/59), S. 339-347 (342f), der auch eine Transkription der Berliner Vertragskopie bietet. Die Vermutung Amrheins, dass diese Vertragsversion eine Fälschung Peters sei, ist unhaltbar, um so mehr als die Berliner Vertragsausfertigung vom römischen Konsul Nast-Kolb mit dem Konsulatssiegel beglaubigt ist, was ja Amrhein gerade als Echtheitskriterium hervorhebt. Amrhein hat überdies den Vertrag gegen Ende April 1887 selbst ins Italienische übersetzt und an die Propaganda zur Genehmigung geschickt. In einem späteren Brief äußerte er selbst Bedenken über manche Vertragsklauseln, besonders im Hinblick auf § 6, wobei er abschwächend hinzufügt, dass er mit der Ernennung des ihnen günstig gesinnten Baron von Gravenreuth rechne (ACP, Fondo Collegi vari 18, f. 662-671).
Man kann nur vermuten, dass der zeitliche Abstand von gut 25 Jahren, die polemische Zuspitzung der Vorwürfe und das Bemühen einer umfassenden Selbstrechtfertigung Amrheins Erinnerung getrübt, wenn nicht sogar verfälscht haben. Die Situation sah bei den Vertragsverhandlungen aus seiner Sicht zweifellos auch anders aus, da er ja vom grundsätzlichen Wohlwollen der DOAG ausgehen durfte, worauf sich die französischen Missionare weniger verlassen konnten. Es darf auch nicht vergessen werden, dass der geschäftlich wenig erfahrene Amrhein kaum ein gleichwertiger Partner für den durchsetzungsfreudigen Carl Peters gewesen sein wird. Der trotz Amrheins Protesten zweifellos so von ihm ausgehandelte „kolonialistische" Vertrag hat es der Ostafrikanischen Gesellschaft später erleichtert, unter Berufung auf diesen Präzedenzfall mit anderen Missionsgesellschaften für sie günstige Abkommen auszuhandeln, vgl. Loth, a.a.O., S. 343ff.

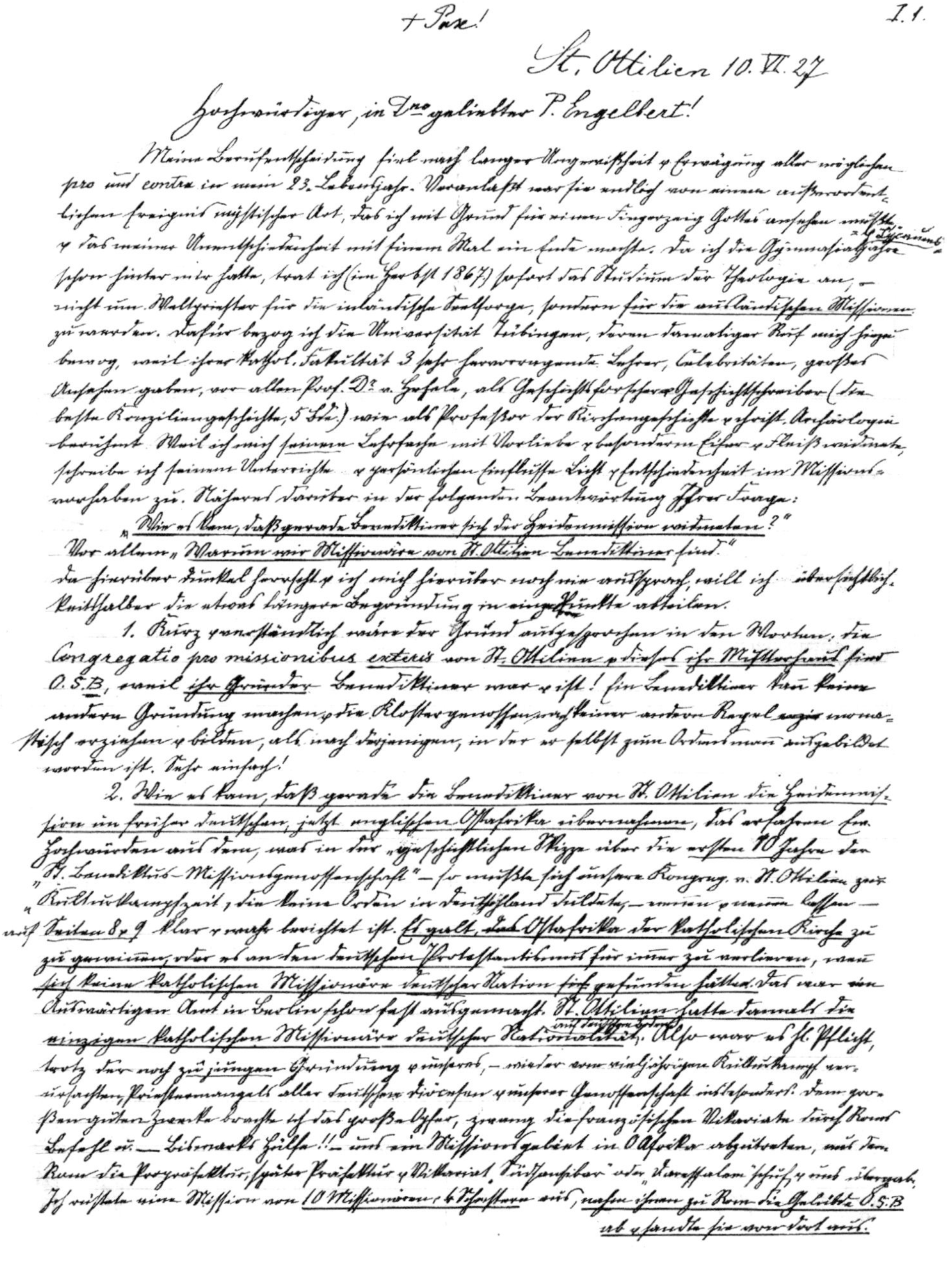
+ Pax!

I.1.

St. Ottilien 10.VI.27

Hochwürdiger, in Dno geliebter P. Engelbert!

Einleitung „Zum Anfange unserer Congregation" von 1927 (Archiv der Erzabtei St. Ottilien, A 1.8.1.)

Zum Anfange unserer Congregation (1927)

Einführung

Es wirkt etwas seltsam, dass nach der „authentischen" Gründungsgeschichte der Missionsbenediktiner, die Amrhein in den Briefen an Erzabt Ildefons Schober schaffen wollte, er in seinem letzten Lebensjahre erneut diese Ereignisse schriftlich ausarbeitete. Ein Bedürfnis nach Revision und nach Vermittlung neuer Einsichten? Der Drang, gegenüber der Nachwelt mit weiteren Argumenten das Lebenswerk und das eigene Werden zu rechtfertigen? Die Herausforderung, sich statt chronologisch in mehr systematischer Weise seiner Schöpfung zu nähern, über die Amrhein in seinen letzten Lebensjahren intensiv nachdachte?

Über die Entstehung des Manuskripts informiert Archivar P. Dominikus Enshoff (1868-1939) in einer beigefügten Notiz vom 11. Mai 1928. Danach war der Anlass für die Neufassung der Gründungsgeschichte eine Anfrage des Ottilianer Mönches Fr. Engelbert Giersbach (1899-1990)[1]. Dieser studierte nach Ablegung seiner Gelübde seit 1925 in London, um das britische Lehrerdiplom zu erwerben, das ihn für den Einsatz in der britischen Kolonie Tanganyika vorbereiten sollte. Als er dort im Herbst 1927 einen öffentlichen Vortrag über Geschichte und Wirken der Missionsbenedikter halten sollte, bat er in einem Brief Amrhein um Auskünfte über die Gründungszeit. So solle Amrhein dazu Stellung nehmen, „wie es kam, dass gerade Benediktiner sich der Heidenmission widmeten, und warum wir Missionäre von St. Ottilien Benediktiner sind". Dem 83-jährigen Amrhein wurde zwar von seinem täglichen Gesprächspartner P. Amandus Heinze nahe gelegt, eine der bereits bestehenden Kongregationsgeschichten nach England zu schicken. Doch bestand Amrhein von sich aus darauf, erneut Erinnerungen zusammenstellen. In gewohnter Weise begann er seine Ausarbeitung in Briefform, dessen erster auf den 10. Juni 1927 datiert ist. Vom vierten Brief ist nur der in unsicherer Schrift verfasste Beginn erhalten, wobei Amrhein wohl schon ahnte, dass er diesen nicht vollenden werde. Die Weiterführung wurde durch seinen Tod am 29. Dezember verhindert.

Die ersten drei Briefe mit dem Werdegang Amrheins und der Besiedlung Reichenbachs waren nach der Vorstellung des Gründers jedoch wohl bereits ausreichend, um die ihm wesentlichen Punkte darzustellen. Die erhaltenen Exemplare tragen den Titel „Zum Anfange unserer Congregation". Auf dem Vorblatt des Manuskripts ließ Amrhein vermerken:

Aus der schriftlichen Hinterlassenschaft des hochw. Gründers; bestimmt zur Kenntnisnahme der hochw. Congregatio O.S.B. St. Ottiliensis, „pro missionsibus exteris", um die Motive Jesu Christi zu kennen, welche die Gründung in's Leben gerufen und durchgekämpft und zum Sieg und Erfolg gebracht haben. Diese Aufzeichnungen sollen, weil handschriftlich, nur im Archiv des Gründers, d.h. im Archiv der Congregation aufbewahrt und von niemanden daraus entfernt werden, da in der Bibliothek der Congregation noch ein zweites, handgedrucktes Exemplar aller drei Briefe zur Kenntnisnahme aufbewahrt wird.

Letztwillige Verfügung des hochwürdigen Gründers *23. November 1927*

Das Leitthema für Amrheins Ausführungen bot die allgemeine Anfrage Giersbachs, wie die Verbindung von Mönchtum und Mission zustande kam, und die konkretere, wie dies im Falle St. Ottiliens passiert sei. Amrhein spitzte diese Fragestellung auf die eigene Biographie zu: „Leicht und verständlich wäre der Grund ausgesprochen in den Worten, die Congregatio pro missionibus exteris von St. Ottilien und dieses ihr Mutterhaus sind O.S.B., weil ihr Gründer Benediktiner war und ist!" Diese Aussage bildet den Ausgangspunkt für eine locker gegliederte Darstellung seines Lebensweges im Hinblick auf sein monastisches und missionarisches Werden, wobei immer wieder längere Reflexionen und Exkurse den Erzählfaden unterbrechen.

Im Unterschied zu früheren Darlegungen lassen die Briefe kaum mehr einen klaren Aufbau erkennen, auch wenn der chronologische Faden einen lockeren Zusammenhalt bietet. Gelegentliche Gliederungsversuche mit Nummern und Zahlen bleiben punktuell und verwirren eher, da sie nicht lange durchgehalten werden. Gelegentliche Zwischenüberschriften scheinen eher willkürlich gesetzt worden zu sein. Auffällig sind eine gelegentliche Weitschweifigkeit und ein unterschwelliges, manchmal stark im Vordergrund stehendes apologetisches Pathos, das bis hin zur Selbststilisierung geht. Bemerkenswert ist auch die Neigung zu Kurzformeln, wo früher komplexer formuliert wurde, und zu apodiktischen Äußerungen. Der Zeitabstand und ein altersbedingtes Nachlassen der geistigen Spannkraft mögen für solche Erscheinungen verantwortlich sein. Archivar P. Dominikus Enshoff bemerkte bereits in einer beigefügten Notiz, dass die Erinnerungen „in usum Delphini" geschrieben und „da und dort zarter sachlicher Kritik" bedürften[2].

Auf jeden Fall stellen die Briefe eine weitere wichtige biographische Quelle dar, die inhaltlich zwar weitgehend mit den früheren Briefen an Abt Ildefons Schober parallel läuft, jedoch offensichtlich ganz neu konzipiert wurde und daher viele weitere aufschlussreiche Details enthält. Zudem bilden sie ein letztes Zeugnis von Amrheins Auffassungen gegen Ende seines Lebens. Manche Punkte werden freilich heutigen Lesern fragwürdig erscheinen. So wird man kaum die grundsätzliche Hinnahme des Kolonialsystems bejahen können, wie der brutalen Ausbeutung des Kongos unter belgischer Herrschaft, die schon in der damaligen Öffentlichkeit auf heftige Kritik stieß. Auch sprachlich wirken viele Äußerungen Amrheins aus heutiger Sicht diskriminierend, so wenn Begriffe wie „barbarische Völker“ oder „unzivilisierte Heiden“ in einer sicher wohlmeinenden Intention verwendet werden. Aus heutiger missionstheologischer Sicht fraglich ist nicht zuletzt auch die vollständige Verdammung nicht-christlicher Religionen und die Herabsetzung anderer Konfessionen. Dass Amrhein wie jeder andere Zeitgenosse in allgemein üblichen Denkstrukturen gefangen war, bedarf hier jedoch keiner Erläuterung und wohl auch keiner Rechtfertigung.

Im Archiv von St. Ottilien sind eine handschriftliche Ausarbeitung der Briefe und zwei typographische Durchschriften mit handschriftlichen Korrekturen und einigen Überklebungen Amrheins erhalten. Die handschriftliche Fassung (HP^1) mit Verbesserungen und Ergänzungen scheint Amrheins persönliche erste Niederschrift darzustellen, die nach dem Vorblatt für das Archiv bestimmt war[3]. Nach dieser Fassung wurden offensichtlich die beiden Durchschriften erstellt, die Amrhein jeweils korrigierte und mit einigen unterschiedlichen Varianten versah. Die eine Durchschrift enthält vor den jeweiligen Briefen Zueignungen an P. Engelbert Giersbach, so dass es sich möglicherweise um die nach England gesandte Fassung handelt, die später ans Archiv zurückgelangte (HP^2). Die andere Abschrift ist eine Durchschrift von HP^2 und am Schluss mit der Unterschrift Amrheins und dem Datum „21. Oktober 1927“ gekennzeichnet (HP^3). Es handelt sich wohl um die oben erwähnte Abschrift, die nach dem Vorblatt des handschriftlichen Exemplars für die Bibliothek bestimmt war. Da die handschriftliche Fassung eine Reihe von Rechtschreibefehlern enthält, die darauf schließen lassen, dass Amrhein diese nur als Vorlage für die Abschriften gedacht hatte, wurde dem folgenden Text die von Amrhein durchkorrigierte Abschrift HP^2 zugrunde gelegt. Varianten der Vorlage und von HP^3 sind in den Fußnoten zu finden.

Zum Anfange unserer Congregation (1927)

„Wie es kam, dass gerade Benediktiner sich der Heidenmission widmeten?“, vor allem „Warum wir Missionäre von St. Ottilien Benediktiner sind?“[a]

Da hierüber Dunkel herrscht und ich mich hierüber noch nie aussprach, will ich übersichtlichkeitshalber die etwas längere Begründung in einzelne Punkte abteilen.

1. Kurz und verständlich wäre der Grund ausgesprochen in den Worten, die *Congregatio pro missionibus exteris* von St. Ottilien und dieses ihr Mutterhaus sind O.S.B., weil ihr Gründer Benediktiner war und ist! Ein Benediktiner kann keine andere Gründung machen und die Klostergenossenschaft nach keiner anderen Regel monastisch erziehen und bilden, als nach derjenigen, in der er selbst zum Ordensmann ausgebildet worden ist. Sehr einfach!

[a] HP[1] beginnt mit einem Brief an P. Engelberg Giersbach, St. Ottilien, 10. Juni 1927: „Hochwürdiger, in Domino geliebter P. Engelbert! Meine Berufsentscheidung fiel nach langer Ungewissheit und Erwägung aller möglichen pro und contra in meinem 23. Lebensjahr. Veranlasst war sie endlich von einem außerordentlichen Ereignis mystischer Art, das ich mit Grund für einen Fingerzeig Gottes ansehen musste und das meiner Unentschiedenheit mit einem Mal ein Ende machte. Da ich die Gymnasial- und Lyceumsjahre schon hinter mir hatte, trat ich (im Herbst 1867) sofort das Studium der Theologie an, – nicht um Weltpriester für die inländische Seelsorge, sondern für die ausländischen Missionen zu werden. Dafür bezog ich die Universität Tübingen, deren damaliger Ruf mich hierzu bewog, weil ihrer katholischen Fakultät drei sehr hervorragende Lehrer, Celebritäten, großes Ansehen gaben, vor allem Prof. Dr. v. Hefele als Geschichtsforscher und Geschichtsschreiber (die beste Konziliengeschichte, 5 Bände) wie als Professor der Kirchengeschichte und christlichen Archäologie berühmt. Weil ich mich seinem Lehrfache mit Vorliebe und besonderem Eifer und Fleiß widmete, schreibe ich seinem Unterrichte und persönlichen Einflusse Licht und Entschiedenheit im Missionsvorhaben zu. Näheres darüber in der folgenden Beantwortung Ihrer Fragen:...“
In HP[3] sind die beiden ersten Fragen überklebt mit dem Satz: „Wie es gekommen ist, dass ein paar neu entstandene Zweige des Benediktiner-Ordens, darunter St. Ottilien als erster, das Apostolat zur Christianisierung heidnischer Völker sich wieder zur Aufgabe machen, nach dem glorreichen Vorbilde der sieben ersten Jahrhunderte des Ordens S.B.“ Derselbe Satz befindet sich in HP[3] jeweils am Anfang der folgenden beiden Briefe.

2. Wie es kam, dass gerade die Benediktiner von St. Ottilien die Heidenmission im früher deutschen, jetzt englischen Ostafrika übernahmen, das erfahren Eure Hochwürden aus dem, was in der „geschichtlichen Skizze über die ersten 10 Jahre der St. Benediktus-Missionsgenossenschaft"[4] – so musste sich unsere Kongregation von St. Ottilien zur Kulturkampfzeit, die keine Orden in Deutschland duldete, nennen und nennen lassen – auf Seiten 8 und 9[a] klar und wahr berichtet ist. Es galt, Ostafrika der katholischen Kirche zu gewinnen, oder es an den deutschen Protestantismus für immer zu verlieren, wenn sich keine katholischen Missionäre deutscher Nation dafür gefunden hätten. Das war im Auswärtigen Amt in Berlin schon fest ausgemacht. St. Ottilien hatte damals die einzigen katholischen Missionäre deutscher Nationalität auf deutschem Boden. Also war es heilige Pflicht trotz der noch zu jungen Gründung und unseres wieder vom vieljährigen Kulturkampf verursachten Priestermangels aller deutschen Diözesen und unserer Genossenschaft insbesondere. Dem großen guten Zweck brachte ich das große Opfer, zwang die französischen Vikariate durch Roms Befehl – und Bismarcks Hilfe! – uns ein Missionsgebiet in Ostafrika abzutreten, aus dem Rom die Propräfektur, später Präfektur und Vikariat „Südsansibar" oder „Daressalam" schuf und uns übergab. Ich rüstete eine Mission von zehn Missionären und vier Schwestern aus, nahm ihnen zu Rom die Gelübde O.S.B. ab und sandte sie von dort aus. Mit Rücksicht darauf, dass die deutschen „Maigesetze" des Kulturkampfes keine Orden im Reiche duldeten, hatte die S.C. Propagandae mich gefragt, wo ich die Gelübde ablegen zu lassen gedenke, und ich hatte geantwortet: „Zu Rom, vor der Aussendung". Das geschah. Und so ist es gekommen, dass es deutsche Benediktiner waren, welche die alte apostolische Missionstätigkeit des Ordens nach Jahrhunderten wieder aufgenommen haben und sich ihr widmen.

3. „Wie ich selbst dazu gekommen, als Benediktiner mich durch die Gründung einer Missionsgenossenschaft, kirchlich approbierten *Congregatio pro missionibus exteris*, der Heidenmission zu widmen?" Das wird sehr vielen ein Rätsel sein. Um es zu lösen, muss ich weiter ausholen; aber es mag gut sein und notwendig, vor meinem Ableben, dem meine 83 ½ Jahre nicht fern sein werden.

[a] HP[1] hat hier „auf Seiten 8 und 9", womit auf die Beschreibung der ostafrikanischen Anfangszeit in Sauters Kongregationsgeschichte verwiesen wird.

I. Der Ursprung meines Missionsberufes liegt in meiner Knabenzeit, schon etwa vom siebten Jahre an. Er entstand so:

Teils auf das Gutachten eines renommierten Kinderarztes hin, ich könne wegen meiner Kränklichkeit schwerlich über sieben Jahre alt werden, man solle mich ja nicht „springen lassen"; teils aus strenger sittlicher Erziehungssorge hielt mich meine Mutter von allem Spiel und Umgang mit den mutwilligen Altersgenossen fern. Die Langweile der fortwährenden Einsamkeit vertrieb ich zu Hause mit Lektüre. Am liebsten las ich unter den Büchern meines Vaters selig die Bücher der Länder- und Völkerkunde, weil über jede Nation der Erde (darunter auch über die eingeborenen wilden Barbarenvölker von Amerika, Südseeinseln etc.) ein eigener voluminöser Band handelte. Das weckte mein vorwiegendes Interesse am Auslande, an Auslandsreisen, Ansiedlungen von Auswanderern und dergleichen. Gleichzeitig las ich auch mit größtem Interesse die von meinem Paten und Großvater (mütterlicherseits) abonnierten Missionszeitschriften und ihre Missionsberichte aus Heidenländern. Das gab meiner empfänglichen, unschuldigen Seele frühzeitig eine große Neigung zum Missionsberufe und stimmte gut zusammen mit meiner Vorliebe für Ausländisches und mit meinen gewonnenen Vorkenntnissen hiervon. So bildete beides mitsammen ein schönes liebes Ideal fürs Leben, ein seelischer Hang, dem ich gern und oft in Wünschen der Zukunft nachhing, aber ohne Aussicht auf Verwirklichung, weil meine große Krankheit und Schwäche zu fühlbar war. Als daher der fromme Pate mich einst fragte (ich war doch zwölf Jahre alt geworden), ob ich nicht Lust habe, Priester zu werden, gab ich prompt und entschieden zur Antwort: „Chorherr (wir wohnten in der Nachbarschaft eines großen Chorherrnstiftes), Pfarrer oder Kaplan mag ich nicht werden. Wenn ich Missionär werden könnte, möchte ich schon gern, aber dazu bin ich nicht gesund genug. Darum denke ich nicht daran, Priester zu werden." Und dabei blieb es wirklich während aller Gymnasiumsjahre, ja noch darüber hinaus!

II. Die Entscheidung für den Missionspriester-Beruf geschah nach langer Ungewissheit und Erwägung aller möglichen „pro und contra" in meinem dreiundzwanzigsten Lebensjahre. Veranlasst war sie endlich von einem außergewöhnlichen Ereignisse mystischer Art, das ich mit Grund für einen Fingerzeig Gottes ansehen musste und das meiner Unentschiedenheit mit einem Mal ein Ende machte. Da ich die Gymnasial- und Lyceumsjahre schon hinter mir hatte, trat ich (im Herbst 1867) sofort das Studium der Theologie an, – nicht um Priester zu werden für die inländische Seelsorge, sondern für die ausländischen Missionen. Dafür bezog ich die Universität Tübingen, deren damaliger Ruf mich hierzu bewog, weil ihrer katholischen Fakultät drei sehr hervorragende Lehrer, Celebritäten, großes Ansehen gaben, vor allen Prof. Dr. Hefele als Geschichtsforscher und Geschichtsschreiber (die beste Konziliengeschichte, 5 Bände)[5] wie als Professor der Kirchengeschichte und christlichen Archäologie berühmt. Weil ich mich seinem Lehrfach mit Vorliebe und besonderem Fleiß und Eifer widmete, schreibe ich seinem Unterrichte und persönlichem Einflusse Licht und Entschiedenheit im Missionsvorhaben zu. Näheres darüber in der folgenden Beantwortung Ihrer Frage.[a]

III. An der Universität. Wissenschaftlicher erster Fingerzeig auf die Ruhmesblätter der fünf ersten Jahrhunderte der Benediktiner-Ordensgeschichte. Erste Kenntnis vom großartigen Wirken und Erfolg der damaligen Benediktiner für die Bekehrung heidnischer Völker zum Christentum, zu dessen Glaube und Kultur. Eintritt in Beuron, was ihm voranging und mich dazu bewog

Prof. Dr. Hefele trug die Kirchengeschichte höchst klar und fesselnd vor, leuchtenden Blickes und mit Begeisterung, alle Zuhörer ebenfalls begeisternd. Und sachlich wie gründlich und tief! Nicht umsonst und sicherlich nicht ohne Frucht kamen selbst protestantische Theologen, ihn zu hören.

Es lässt sich vorstellen, mit welcher Wissbegierde und Aufmerksamkeit ich lauschte und nachschrieb, wann vom Wirken apostolischer Glaubensboten des Evangeliums die Rede war, besonders von der ausdauernden, nachhaltend wirksamen Missionierung, Christianisierung, Zivilisierung der zum Teil hartnäckig und fanatisch heidnischen Völkerschaften von Nord-, Ost- und Mitteleuropa durch die Benediktiner des 7. bis 11. Jahrhunderts, von ihren stabilen Geistes- und Leibeswerkstätten des Gebetes und der Arbeit aus, ihren Klöstern, von denen sie zu diesem Zwecke viele hunderte als ebensoviele Gnadenquellen und Kulturzentren für jeden Volksstamm errichteten! Wie staunte ich über die Macht des christianisierenden Einflusses auf barbarische, heidnische Völkerschaften, die von den Benediktiner- Missionsklöstern so augenblicklich wirksam ausging, dass z.B. der hl. Otto allein, zuletzt Bischof von Bamberg, zur Bekehrung der Völkerschaften Pommerns und ihrer Nachbarstämme über dreißig Benediktinerabteien gründete, durch deren Erfolge er

[a] HP[1] enthält folgende Variante: „Die Entscheidung für den Missionspriester-Beruf geschah, wie eingangs dieses Briefes gesagt wurde, in meinem dreiundzwanzigsten Lebensjahre. Hier sollte ich das dort Geschriebene wiederholen, um die Zeitfolge meines Themas ordnungshalber einzuhalten. Euer Hochwürden werden dies gewiss mir gütig erlassen, lieber das Blatt wenden und die 12 Zeilen des Briefanfangs, beginnend „Meine Berufsentscheidung fiel..." mit Nachsicht dort nochmals lesen. Bitte!"

sein Ziel erreichte und dafür als „Apostel Pommerns" gefeiert wird wie Papst Gregor als „Apostel Englands", weil er Englands Bekehrung durch die Aussendung von Benediktiner-Missionären dahin (aus dem Kloster St. Andreas) erwirkt hat, darunter Heilige, St. Augustinus, St. Mellitus, St. Justus. So sahen wir im Geiste die Barbaren Englands, Flanderns, Frieslands, Germaniens, Helvetiens, Dänemarks, Skandinaviens, Preußens, Polens, Böhmens, Österreichs, Ungarns, Rätiens u.s.w. den Finsternissen des Heidentums durch die Benediktiner entrissen, durch Benediktiner für Christus gewonnen. Mir war das alles neu, und ich vertiefte dies neue Wissen auch noch durch Privatlektüre in den Acta Sanctorum O.S.B. vom Mauriner Mabillon.

Damit gingen mir ungeahnte Lichter auf über mein in gar manchem mir noch dunkles oder unklares Lebensziel, die Heidenmission.

Als Professor v. Hefele im Jahre 1869 zur Vorbereitung des Vatikanischen Konzils als Konsultor nach Rom gereist und nach seiner Rückkehr zum Bischof von Rottenburg konsekriert wurde, sah ich bei der Bischofsweihe in meinem Leben den ersten Benediktiner, den Gründer und Abt von Beuron, Maurus Wolter. Ich hatte noch keinen gesehen und betrachtete mit wahrer Ehrfurcht dieses heilige Ordenskleid, ja, ich begann mich zu fragen: „Täte ich nicht gut, es selbst zu tragen?"

Wie ich selbst Benediktiner wurde

Mit zwei Freunden, Mitstudierenden, darunter der später als Universitätsprofessor in Wien von Papst Pius X. durch ein lobendes Breve ausgezeichnete Dr. Ernst Commer, welcher ihn zur Enzyklika gegen den von Commer bekämpften Modernismus bewogen hatte, machte ich zu Pfingsten 1870 Exerzitien in Beuron. Am Pfingstmontag legte ein dritter Freund und Vereinsbruder, Anselm Schott, Verfasser des vielverbreiteten liturgischen Messbuches, das schon die 30. Auflage erlebt hat, feierliche Profess ab, wobei ich das mystische Grabtuch über ihn zu halten eingeladen wurde. Die Feier, der Chor, Choralgesang, die monastische Disziplin, der Abt-Gründer, alles machte auf mich tiefsten Eindruck. Nach Tisch, mit den anderen Gästen zum Kaffee beim Abt, gab ich diesem Eindruck Ausdruck und sagte nachher zum Abt beim Abschiedsbesuch privatim: „Schade, wenn die Benediktiner noch missionstätig wären, noch das Apostolat der Glaubensverbreitung ausüben würden, wäre ich geneigt, um Aufnahme in Beuron zu bitten. Denn ich habe vor und bin entschlossen, Missionär zu werden. Nur hierfür will ich Priester werden." Das war ganz wortgetreu meine Äußerung, von geradezu kindlicher Aufrichtigkeit. Gott belohnte sie. Wäre die Rückkehr des Benediktinerordens zum apostolischen Wirken für Evangelium und Kirche und die Schaffung einer eigenen Kongregation O.S.B. hierfür, um damit den Anfang zu machen, nicht in Gottes Wille und Ratschluss gelegen, so hätte Er den Abt mir ebenso aufrichtig antworten lassen: „Zu diesem Ihrem Vorhaben rate ich Ihnen, in einen der vielen Missionsorden oder Missionsgesellschaften und nicht bei Benediktinern einzutreten", und hätte auf Ersuchen mir einen derselben vorgeschlagen. Anstatt dessen antwortete der Abt, was ich schon wusste aus dem Studium der Kirchengeschichte, aus den Acta Sanctorum O.S.B.: Der Orden des hl. Vaters Benediktus, obschon ein „kontemplativer" Orden, dessen Hauptzweck in der „Selbstheiligung" bestehe, habe dennoch oder gerade deshalb auch in der Mission, speziell Heidenmission zur Christianisierung der Völker von fast zwei Drittel Europas so Großes gewirkt wie der tätigste der „tätigen" Orden. Das fand ich sehr bescheiden gesprochen. Er hätte sagen dürfen: „Noch Größeres!". Diese Antwort schien mir die unausgesprochene Möglichkeit oder sogar Wahrscheinlichkeit durchblicken zu lassen, dass es im Orden O.S.B. auch jetzt wieder so kommen könne. Wenn dem nicht so wäre, dachte ich, würde die Antwort anders gelautet und mir meine Neigung, in Beuron einzutreten, falls mein Missionsziel da erreicht werden könnte, schon zum voraus ausgeredet worden sein. Damit hätte der Abt Geradheit mit Geradheit, Aufrichtigkeit mit Aufrichtigkeit erwidert; davon war ich fest überzeugt, denn ich hatte ihn von meinen Professoren als Geistesmann lobpreisen hören. Hiervon bewogen bat ich nun um Aufnahme und erhielt sie. Die Dissertation, womit ich hatte doktorieren wollen und woran ich schon längere Zeit gearbeitet hatte, brach ich ab und trat sofort ein, Juni 1870. Die Apostolatsgnade ging mir weit über eine wissenschaftliche Doktorwürde. Aber ach, diese Gnade hing noch an den Wolken oben, noch zwölf lange Jahre!

Entstehung und Entwicklung meines Missionsplanes, welcher der Gründung unserer Kongregation zu Grunde lag

1. Erkenntnis des Widerspruchs zwischen den Ordensmaximen der sieben ersten und sieben späteren Jahrhunderte O.S.B.

In den täglichen Konferenzen des Abtes war nichts davon zu merken, wohl aber in den Vorträgen des Novizenmeisters im Noviziate. Derselbe, R.P. Benedikt, gestorben als Abt des Beuroner Klosters Emaus in Prag, war das erste und früheste Mitglied der Beuroner Kommunität und hatte sein Noviziat in Solesmes unter dem französischen Ordensreformator Abt Guéranger gemacht, zu dessen Reform er sich bekannte und danach lebte. Es fiel mir gleich auf, dass er die „Selbstheiligung" nicht bloß als Hauptzweck, sondern als den einzigen Zweck des Ordens O.S.B. hinstellte. Dass Selbstheiligung das oberste und erste Ziel eines jeden Ordens ist und sein muss, davon war ich überzeugt. Denn dadurch soll das „erste und allerhöchste" Gebot Gottes erfüllt werden: *Diliges Dominum Deum ex toto corde tuo, in tota anima, in tota mente tua. Hoc est maximum et primum mandatum* (Mt 22,36-40), sagte Jesus. Das geschieht durch das Geloben und Halten der Ordensregel, welche die Blüte des Evangeliums ist, offenbar vollkommen. Aber das darf nicht das Einzige sein. Denn Christus fügte im Zusammenhang damit bei: *Secundum mandatum autem simile* (verwandt, fast gleich, ähnlich) *est huic: Diliges proximum tuum sicut teimsum. In his duabus mandatis universa lex pendet.* Das Heiligste und Liebste des *diligere seipsum* besteht darin, dass man nicht ewig verloren gehen, sondern selig werden will. Wer will das nicht? Konsequenz: wenn dies das Höchste und Beste meiner Liebe zu mir selbst ist, so bin ich verpflichtet, es auch für meine Nächsten zu wollen und zu wirken. Das ganze Gesetz, die beiden Gebote des göttlichen Doppelgebotes, so schloss ich, kann also von niemand besser und vollständiger und vollkommener erfüllt worden sein als von jenen Söhnen St. Benedikts, welche sich zuerst durch Beobachtung ihrer gottgewollten Regel so geheiligt haben, dass Christus sie des Apostolats für würdig hielt und dann ihr Leben im hl. Gehorsam der christlichen Bekehrung heidnischer Völker widmeten, worin das größte und verdienstlichste Werk der Barmherzigkeit besteht, indem sie auch den Auftrag Jesu an den Völkerapostel Paulus befolgten, „den Heiden die Augen öffneten, damit sie von der Finsternis zum Lichte, von Satans Gewalt zu Gott sich bekehren, damit sie durch den Glauben an Jesus Christus Vergebung der Sünden und das Erbteil mit den Heiligen erlangten" (Apg 26,18). Werden sie am Gerichtstage nicht vernehmen: Ich war krank und Ihr habt mich besucht, Ich war nackt, hungrig, gefangen..., und ihr habt Mich bekleidet (Kleid der Taufunschuld), gespeist (Brot des Ewigen Lebens), befreit (aus den Ketten des Bösen) etc. Kommet, Benedicti...! Hiermit hatten sie das zweite des göttlichen Doppelgebotes auf die allerbeste Art und Weise erfüllt, jedenfalls weit besser als durch den Unterricht in Gymnasien oder durch Künste und dergleichen. Und zudem und vor allem hatten sie das erste und höchste – aber nicht das einzige! – Gebot durch die vorausgegangene und durchs ganze Leben sie begleitende Selbstheiligung secundum S. Regulam befolgt, also wirklich das ganze „Gesetz" zur Tat gemacht.

Diese Erkenntnis erwachte in mir schon im Noviziat. Ich hielt sie fest und machte sie schon damals zum Grundprinzip meines Lebenswerkes der Zukunft. Es ist, wie Sie sehen, auf strikte Logik und die Worte der Heilslehre Jesu gegründet. Nichts konnte, noch kann mich von dieser Überzeugung jemals abbringen. Damit ist die Frage, wie es gekommen sei, dass Benediktiner sich der Heidenmission widmeten, im „Prinzip" beantwortet. Ew. Hochwürden werden aber für Ihren Vortrag am 24. Juni noch mehr vernehmen wollen.

2. Was mich in der soeben dargelegten Erkenntnis noch bestärkt hat

a) Zunächst das „Leben" St. Benedikts selbst, die vom Benediktinerpapst Gregor d.Gr. verfasste älteste „Vita" unseres Ordnstifters zum Unterschied von anderen Teilen seiner „Dialoge", in denen die Kritik Authentizität vermisst, durchaus und gewiss authentisch, weil Gregor beteuert, von St. Benedikt selbst nur das in die Dialoge aufgenommen zu haben, was er von Augen- und Ohrenzeugen des Erzählten, alten Äbten, die noch Schüler St. Benedikts gewesen seien, vernommen habe und getreu berichte. Darin fand ich, dass St. Benedikt sowohl in Subiaco dem umwohnenden Hirtenvolke, noch Heiden, als auch auf Montecassino den heidnischen Pilgern zu den Götterheiligtümern dieses Klosterberges (heilige Haine und Apollo- und andere sacella) Christum gepredigt, die aedicula und die Götzen zerstört, den hl. Lucus niedergehauen, kurz, das Heidentum der Umgegend ausgerottet habe. Demnach war unser Ordenspatriarch der einzige aller Ordensstifter, der persönlich an der Bekämpfung des Heidentums und der Bekehrung der Heiden sich beteiligt hat. Und seine Ordenssöhne sollten die Heidenmission als ordenswidrig betrachten und sich grundsätzlich davor hüten? Darauf habe ich zwölf Jahre später in meiner Eingabe an den Hl. Stuhl behufs Erlaubnis zur Gründung einer eigenen Benediktiner-Kongregation für die Heidenmission hingewiesen mit den Worten: „In hac Congregatione (monachi) regulam St. Benedicti religiose observent, quam reminiscentur esse scriptam eo loco, ubi ipse S. Legislator sacrilega sacra deorum demolitus paganis Christum praedicaverat; unde etiam discipulum praedilectum suum Maurum his verbis dimisit in Galliam: »quia charitas benigna est, non nostra tantum quantum aliena quaerere debemus.« Pii aemulatores tanti Patris, eodem studio quo sibimet ipsis consulent saluti, omnes etiam opes in animas salvandas aliorum impendant, more illorum Patrum Ordinis S.B., qui tot aliquando pro salute Ethnicorum constitutis coenobiis, tantam frugem in conversione gentium olim iam ferebant" u.s.w.

b) Schon am ersten Tag nach meiner Aufnahme in Beuron entdeckte ich, dass unter den heidnischen Eingeborenen Australiens seit ca. zwanzig Jahren bereits eine Benediktiner-Mission bestand, Neu-Nursia, in Westaustralien (Perth). An einer Treppenwand, an der ich täglich mehrmals vorbei musste, hing hinter Glas und Rahmen eine Anzahl Photographien dieser Mission, Kloster, Kirche, Schule, Bekehrte, Prozession, Ehepaare, Handwerke usw: Christlich gewordene, gesittete, ansässig gemachte, ehemals nomadische Wilde und eine Niederlassung von hübschen, gemauerten Häuschen. Der Missionär und Gründer war ein spanischer Benediktiner, Abt Salvado. Sein Buch, eine Geschichte seiner Gründung Nova Norcia, las ich mit größtem Interesse und fühlte mich in meinem Berufsziel gleicher Art sehr bestärkt. Es war mir ungemein lehrreich, aber stimmte mich nicht zur Nachahmung. Denn ich erkannte, was daran verhängnisvoll gefehlt war, und wovon ich lernte, es zu vermeiden und nicht nachzuahmen. Etwas ganz Wichtiges, für das Gelingen und die Zukunft des Werkes absolut Notwendiges und Wesentliches. Um es kurz anzudeuten: P. Salvado ging mit Gutheißung Roms gleich persönlich in das Missionsland, unter die wilden Barbaren, machte dort notgedrungen ihre Kängurujagden und ihr unstetes Nomadenleben lange Zeit mit, richtete aber als Einzelner, ohne Mitarbeiter nichts aus, war gezwungen, alljährlich nach Europa zu reisen, um Patres und Brüder anzuwerben und Mittel zur stabilen Niederlassung zu sammeln, fand natürlich in Klöstern O.S.B. keine und musste ungeprüfte, monastisch noch nicht gebildete Ordenskandidaten nach Australien mitbringen, wovon die wenigsten aushielten oder sich monastisch bewährten und darum wieder heimkehrten. Ich selbst habe den P. Salvado auf einer solchen Suche-Reise einmal in Belgien getroffen. Beim Lesen dieser Missionsgeschichte wurde mir klar, dass P. Salvado, bevor er persönlich in das Missionsland ging und etwas gründete, zuerst in Europa ein Missionshaus und eine eigene Missionsgenossenschaft, die für Nachwuchs von Missionären und Nachschub von Mitteln gesorgt hätten, hätte gründen sollen. Das merkte ich mir als hochwichtige Lehre für mein künftiges Verfahren. Ich nahm mir bereits damals schon vor: Das Erste wird sein müssen, in Europa, womöglich in Deutschland, der Schweiz oder Elsass ein Missionskloster O.S.B. für ausländische (heidnische) Missionen *Deo volente* ins Leben zu rufen, als Noviziat und Mutterhaus, um von dort aus Missionäre, allseitig vorgebildete, geprüfte und bewährte, in Selbstheiligung fortgeschrittene, in apostolische Missionen auszusenden und dieselben durch Nachwuchs immer im Fortbestand erhalten zu können. (Neunursia in Australien wird als Benediktiner-Gründung schwerlich fortbestehen können, musste vielleicht schon von irgendeiner Missionsgesellschaft abgelöst und übernommen werden. Schade! Mgr. Salvado starb vor nicht langer Zeit.) Was ich von Salvados Fehler zu vermeiden gelernt habe, das führte zur Gründung unserer Kongregation O.S.B. pro missionibus exteris (1884). Auch darum widmen gerade Benediktiner sich der Heidenmission.

Ein besonders wichtiger Beweggrund, wieder Benediktiner zur Heidenmission zu verwenden

Selbst Akatholiken und Kirchengegner rühmen unserem Orden S.B. nach, nicht bloß durch Bücherabschreiben die Literatur des klassischen Altertums gerettet zu haben für die Nachwelt, sondern namentlich die barbarischen und „kulturlosen Länder Europas zivilisiert und kultiviert zu haben, Wildnisse bewohnbar gemacht, Urwälder ausgerodet, nicht allein Kirchen und Klöster gebaut, auch Städte und gesellschaftliche Wohnorte des stabilen Lebens angelegt, die Jugend in Schulen unterrichtet, Landbau und Handwerk gelehrt zu haben. (Papst Pius IX. in einem Breve an Mgr. Freppel). Dies alles geschah nicht durch Ordenspriester; dafür waren im Benediktinerorden Laienbrüder in großer Anzahl da. Ja, im Anfang, noch zur Lebenszeit St. Benedikts, bestanden seine Abteien alle beinahe ausschließlich aus Laienbrüdern, aus deren Anzahl der Abt nur so viele zu Diakonen, Subdiakonen, Priestern weihen ließ, als notwendig waren für den Gottesdienst des Altares und der Liturgie. Das hat sich schon im 2. Jahrhundert des Ordens zu verschieben und zu ändern begonnen und doch blieben die Laienprofessen noch lange in der Mehrzahl. Das zu wissen war mir außerordentlich wichtig, weil die meisten noch heidnischen Völker und Länder mit Ausnahme von China, Japan und Teilen Indiens großen Zivilisations- und Kulturmangel haben, und mit dem Christentum auch Zivilisation empfangen sollen, wie vor Alters Germanien, Skandinavien usw. Also – so kalkulierte ich weiter – müsse ich ebenfalls für möglichst zahlreiche Laienbrüder sorgen, die im geplanten Missionshause und Ordensinstitut monastisch und technisch geschult, im Beruf erprobt, ausgebildet und den Missionsordenspriestern bei der Aussendung als Hilfsmissionäre zugesellt werden können.

Sehr bestärkt wurde dieses Vorhaben durch mein Studium alter und neuer Missionsberichte, in denen ich Belehrung suchte und fand sowohl über das, was nachahmenswert, als das, was zu vermeiden und besser zu machen war. Da las ich z.B., ein Weltpriester in Nordamerika sei als Missionär zu Indianern ausgezogen. Nach Jahren wollte sein Bischof daheim seine Mission visitieren, fand aber in der Indianer-Niederlassung desselben noch gar nichts Christliches vor, nicht nur keine Kirche und keine Kapelle, sondern auch keinen einzigen Bekehrten, auch keine Missionsschule, keine Neophyten. „Um Gottes Willen, wie kommt das? Worin bestand Ihr Missionswerk?" – „Ich musste", antwortete der Missonär, „immer für mich selbst arbeiten, für die Notdurft meines Lebensunterhaltes, immer allein und ohne Hilfe alles machen und ohne Hilfe mein Blockhaus bauen, Land anbauen, Kartoffeln und Getreide säen, pflegen und ernten. Denn kein Indianer wollte mir helfen. Da blieb mir für anderes keine Zeit und keine Kraft!" Warum keine Hilfe? Natürlich! Weil er niemals das Evangelium verkündete und immer nur körperlich arbeitete, wurde er von den Indianern nur für einen armen weißen Farmer angesehen und wollte dem Bleichgesicht keine Rothaut Knechtsdienste leisten! Ganz anders, wenn dieser „Missionär" gleich das Apostolat auszuüben hätte beginnen können! Jetzt muss er schon sehr zufrieden sein, dass der Indianerstamm dieser Reclusion duldete, dass sich ein weißer „Farmer" unter ihnen „ansiedeln" durfte.

Ein Missionär in den Urwäldern Boliviens berichtete: „Der Missionär hat hier für alles zu sorgen. Tagsüber bin ich Schulmeister der Kinder, abends Katechet für Erwachsene, Sonn- und Feiertags Pfarrer und Kaplan für alle. Aber wie zersplittert ist meine Zeit und Kraft! Bald muss ich als Richter Recht sprechen, sehr häufig als Arzt und Wundarzt Kranke und Verwundete behandeln, als Apotheker Medizinen bereiten, als Ökonom den Landbau lehren und leiten. Gegenwärtig muss ich der Viehzucht meine Sorge besonders widmen, bin auch Baumeister und was für einer. Schon drei große Kirchen habe ich gebaut! etc..." Wie wäre seine so kolossal zersplitterte Kraft und geteilte Zeit gespart und geschont worden zu Gunsten der geistigen Tätigkeit des Apostolats, der Sorgen für die Seelen, wenn Laienbrüder als Ärzte, Krankenpfleger, Schulmeister, Handwerkslehrer, Ökonomen, Viehzüchter, Baumeister und Poliere etc. ihm seine vielen und mannigfachen, meistenteils materiellen Arbeiten abgenommen hätten! Der große Heidenapostel St. Franz Xaver schrieb seinem hl. Oberen Ignatius, er möge ihm doch möglichst viele jener socii der S.J. in die Mission schicken, welche „litteris alieni, neque audiendis confessionibus neque caeteris Societatis muneribus obeundis idonei", im übrigen als tugendfest erprobt und körperlich kräftig und gesund seien. Sie werden, schreibt der hl. Apostel Asiens, als Gehilfen der wenigen Missionspriester gar mannigfaltige, nötige und nützliche Beschäftigungen zur Bekehrung „Ethnicorum adhuc barbarorum" versehen können und dadurch die Missionspriester frei machen für das Geistige der hl. Glaubensverbreitung. Wenn er (St. Ignatius) das tue, werde er dem Evangelium „einen weit größeren Nutzen erweisen, als er sich nur vorstelle – longe maiori quam tu putas Christianae rei erit emolumento."(Litt. S. Fr. Xav.). Der hl. Franz Xaver verstand zwar unter diesen nicht zu Funktionen der priesterlichen Seelsorge befähigten, sonst aber intelligenten, arbeitstüchtigen socii S.J. wahrscheinlich auch Priester und nicht Laien, weil die S.J. keine anderen socii gehabt haben wird, aber gilt, was von ihrer großen, nötigen und nützlichen Brauchbarkeit in den Missionen von Barbarenländern gesagt ist, nicht ebenso gut von intelligenten, frommen Arbeitskräften aus dem Laienstande, wenn sie als erprobte, asketisch und technisch geschulte Religiosen wahre Monachi Benedicti sind? Ich nahm daher obige Stellen aus den Briefen des hl. Franz Xaver wörtlich in meine Eingabe an den Hl. Stuhl auf, zum Zweck ihrer Begutachtung durch die Kardinäle der S.C. der Propaganda. Der General des Jesuitenordens, Kardinal Franzelin, erhielt das Referat darüber und – wie ein Augenzeuge mir verriet – empfahl derselbe das geplante Missionswerk, also auch speziell die Verwendung möglichst vieler Hilfsmissionäre, mit anderen Worten: unser Institut der Laienbrüder, in einer glänzenden Rede zu Annahme, ohne etwas daran auszusetzen. Was dann auch geschah und von Papst Leo XIII. gebilligt und gesegnet wurde.

Ich tat daher gut daran, nach solchen Erkenntnissen, wie sehr geeignet für die Heidenmission, mehr geeignet als jede andere, gerade die Ordensregel S.B. sei, in Beuron auszuhalten.

Heute zählt unsere Congregatio O.S.B. pro missionibus exteris (im 43. Jahre ihres Bestandes) gegen 450 Laienbrüder-Professen und ca. 50 Novizen und Postulanten. Deo gratias. Fünfzig brachten schon ihr junges Leben dem Evangelium zum Opfer!

Warum und wie es gekommen ist, dass die Kongregation von St. Ottilien eine eigene, selbständige, nur vom Hl. Stuhl abhängige Kongregation wurde

Da die Beuroner Kongregation auf dem in diesem Briefe gekennzeichneten prinzipiellen Standpunkt ihres Gründers Wolter verharrte, der die Wiederaufnahme der Missionstätigkeit zur Bekehrung der Heidenvölker ablehnte, und da ich auch alle anderen Benediktiner-Ordenszweige seit Jahrhunderten von diesem verdienstlichsten aller Werke der Barmherzigkeit abgegangen und nurmehr in der Pflege von „Wissenschaft" oder „Kunst" und höheren Schulunterricht den zweiten Ordenszweck betreiben sah, (mit Ausnahme der englischen, ausschließlich der Seelsorge im eigenen Land sich widmenden Kongregation), so hielt ich es für durchaus nötig, unsere Kongregation ganz selbständig zu machen, frei und unabhängig von allen anderen Häusern und Kongregationen unseres und irgendwelcher Orden, auch schon der eigenen Konstitutionen wegen, welche wir haben müssen. Deshalb schrieb ich in meiner Eingabe an den Hl. Apostolischen Stuhl unter dem Datum 25. März 1884:

„Hoc institutum, tam domus Novitiatus, pro missionibus externis fundanda, quam fundationes eius etiam in terra Ethnicorum, necesse habebunt, non ab aliis dependere seminariis neque monasteriis etiamsi Ordinis S. Benedicti, quia nulli, ut meteo, Congregationem omnium O.S.B. in animo erit, talis operis suscipere onus, praesertim cum Constitutiones propriae necessariae sint."

Diese Petition fand sofortiges Verständnis bei den Kardinälen der H.C. der Propaganda, und einwandfreie Zusage auch von S.H. Papst Leo XIII., welcher motu proprio, ohne von mir darum gebeten worden zu sein, meine Gelübde der *obedientia* und *stabilitas*, die mich an die *Congregatio Beuronensis* gebunden hatten, ehe ihr Abt mich durch sein besiegeltes Dokument d. Aug. 1882 rite der hl. Cg. der Propaganda *„in oboedientiam perpetuam"* abgetreten und eigentlich dadurch bereits aus der Abhängigkeit von ihm entlassen hatte, noch durch ein eigenes Dekret *„Ex audientia Smi"* löste, nachdem er die erbetene „Gründung einer eigenen, von keiner anderen Kongregation abhängigen *Congregatio S.O.B. pro missionibus exteris"* erlaubt, päpstlich autorisiert hatte (29.

Juni 1884). Dadurch machte der Hl. Stuhl mich ebenso frei und unabhängig von jeder anderen Superiorität als nur allein von Rom, wie meine Gründung, die Congregatio O.S.B. pro missionibus exteris selbst. Die Gründe der Notwendigkeit verstehen sich auch von selbst. Ihre Erwägung beschäftigte mich schon früher in der überlangen Warte- und Vorbereitungszeit der Gründung. Darum glaubte ich schon jetzt, davon berichten zu sollen, bin dadurch aber der geordneten Zeitfolge der facta vorausgeeilt über Jahre.

Wie es gekommen ist, dass ein paar neu entstandene Zweige des Benediktinerordens, darunter St. Ottilien als erster, das Apostolat zur Christianisierung heidnischer Völker sich wieder zur Aufgabe machen, nach dem glorreichen Vorbilde der sieben ersten Jahrhunderte des Ordens

Merkwürdig! Auch der Gründer dieser zweiten Ordensfamilie ging als Benediktiner von Beuron aus und war und blieb ein lieber Ordensmitbruder vom ersten Anfang dieser geistigen Verwandtschaft an! Freilich kostete ihm sein apostolisches Lebenswerk bei sehr weitem nicht, was mich das meinige an Leiden, Demütigungen und Geduldsproben aller Art gekostet hat. Es fiel ihm wie ein großes Gnadengeschenk vom Himmel in den Schoß, und er war dessen wert, von Kindheit auf eine wahre *anima candida, nobilis et amabilis!*

Es war im vierten Jahr meiner Profess (1874), als ich dem Gastpater Beurons als „solatium" beigegeben war. Da hatte ich diesen Dienst einst einem vornehmen jungen Gast aus Belgien zu erweisen, einem etwa zwanzigjährigen Baron van Caloen (sprich: Calun), Erstgeborener und Majoratserbe des Senators van Caloen, ein feiner, schmucker Jüngling, aber ohne einen weltlichen Anstrich. Er machte mir den gewinnendsten Eindruck, besonders als ich erfuhr, dass er in seiner Brusttasche drei hl. Ordensregeln trage, die er studierte, weil er entschlossen sei, Religiose zu werden: die Regeln des hl. Ignatius, des hl. Franz von Assisi und die des hl. Benediktus. Jetzt wollte er die vorzüglichst disziplinierten Hauptklöster derselben besuchen und ihre Regeltreue durch den Augenschein kennen lernen, um danach seine Ordenswahl zu treffen. Dazu war er gekommen. In das Kloster der bestdisciplinierten dieser drei Orden wollte er dann eintreten, auf Standesglanz und väterliches Schlossgut verzichten. Ungeachtet seiner Jugend hatte er bereits ein Buch verfasst und ediert: eine Geschichte des Kreuzes. Er entschied sich für den Benediktinerorden, wie auch schon vor ganz kurzem ein anderer Erstgeborener und Majoratserbe einer der reichsten katholischen Familien der belgischen Elite: de Hemptinne, der spätere erste Abt Primas der Benediktiner. Durch diesen wird van Caloen erfahren haben, dass die Gründung einer großen Benediktinerabtei der Beuroner Kongregation in Belgien geplant war, und dies wird zur Entscheidung für

Beuron beigetragen haben. Er trat darum nicht in Beuron, sondern in dieser Beuroner Filiale in Belgien ein (Maredsous), gleich im ersten Jahre ihres Neubaus, schon im provisorischen Klösterchen, in welchem eine kleine Kommunität den Neubau überwachte. Vorher unternahm er eine Reise ins Hl. Land! Da ich ein Mitglied dieser Kommunität vom ersten Anfang an war, assistierte ich bei der kirchlichen Feier der Einkleidung van Caloens, hocherbaut von seiner und seiner anwesenden Eltern Frömmigkeit. Er blieb mir immer sichtlich gewogen und zeigte sich mir in allen dreizehn Jahren meiner Beuroner Mitgliedschaft niemals abhold wegen meiner ungern gesehenen, von vielen angefeindeten Missionsbestrebungen, war er ja selbst auch, wie die Zeit bewies, von solchen beseelt. Da er aber nicht wie ich, schon mit einem Vorhaben derselben in den Orden getreten war, tat er gut und klug, darüber stets zu schweigen und die Fügungen der göttlichen Vorsehung abzuwarten, die ihn zu Großem bestimmt hatte. Das ahnte ich später im Jahre 1887, drei Jahre nach der von Papst Leo XIII. gutgeheißenen Gründung der Kongregation von St. Ottilien, als ich in Rom die Errichtung unserer ersten apostolischen Präfektur Deutsch-Ostafrikas „Südsansibar“, später Apostolisches Vikariat Daressalam, betrieb. Da besuchte er mich im Campo Santo Tedesco. Ich teilte ihm mein Unternehmen mit und zeigte ihm unsere ersten, vom Bischof Pankratius in Augsburg approbierten Konstitutionen. Vorher hatte ich sie noch niemandem mitgeteilt. Er war der Erste. Er nahm sie mit sich nach Hause und brachte sie mir beim Abschiedsbesuch ganz erfreut und voll Anerkennung und Zustimmung zurück. Das offenbarte mir sein Verständnis für die Wiederaufnahme der Christianisierung heidnischer Völker vom Orden St. Benedikts und seine innerste Neigung dafür[6].

Es vergingen noch acht Jahre, und was ich als Folge meines zu lange Warten-Müssens auf die äbtliche Erlaubnis, mich der Heidenmission widmen zu dürfen, wegen meiner von Jugend auf kränklichen und schwächlichen Gesundheit gefürchtet hatte, trat nach den Überanstrengungen von zwölf Jahren der Tätigkeit in Reichenbach und St. Ottilien ein. Ich konnte nicht mehr! Ich musste das mit meinem Kräfterest Begonnene von den jungen Kräften, die ich für das monastische Missionswerk mit Gottes Hilfe herangebildet hatte, fortsetzen lassen, bereitete sie in einer Reihe täglicher Konferenzen darauf vor, reiste im Oktober 1895 nach Rom und resignierte von dort aus. Alle Güter, Gebäude, Liegenschaften und Barschaft übergab ich durch eine notarielle *donatio* vom 14. März 1896 dem Bischof Petrus von Augsburg, mit der von Seiner Gnaden eingegangenen Bedingung, St. Ottilien als Benediktinerkloster der Beuroner Ordensreform und zugleich als Missionhaus nach der päpstlichen Bestimmung der Gründungsprinzipien immer zu erhalten und ihm die geschenkten Güter als Eigentum zu geben. Das geschah alles. Beuron schickte den ausgezeichneten Ordensmann Abt Ildephons Schober als meinen ersten

Nachfolger als Generalsuperior, welcher die Anstalt treu nach ihrer Bestimmung weiterleitete.

Gerade um diese Zeit meiner Resignation war es nun (1895), dass Christi Stellvertreter auf Erden, Papst Leo XIII., den Beuroner P. Gérard van Caloen durch ein Breve vom 23. April mit der Gründung einer belgischen Benediktiner-Missionsgenossenschaft betraute und zwar speziell für die „Mission Brasiliens", eine zweifache Mission: zunächst um die teils aussterbenden, teils bereits ausgestorbenen Benediktinerabteien zu regenerieren, sowohl durch Vermehrung der Mitgliederzahl als auch durch ein neues monastisches Leben, treu nach der hl. Ordensregel. Zweitens, um das Evangelium den vielen, noch immer heidnischen Ureinwohnern, jetzt meistens Bewohnern von Urwäldern, zu bringen, zur Christianisierung des Innern des ungeheuren Staates. Die stets bewährte Religiosität und Hochherzigkeit des belgischen Volkes werde gewiss beisteuern mit Hilfsmitteln für dieses herrliche Unternehmen, *pour cette œuvre excellente*, sowohl mit materiellen Mitteln, als auch an Bereitwilligen *à s'enroler sous la bandière monastique*.

R.P. Gérard begann sofort, schon 1896, in der Nähe seiner Vaterstadt Bruges mit dem sehr orginellen Bau einer Missionsabtei, die er nach meinem hl. Namenspatron, dem Apostel Andreas, „St. André-lez-Bruges" nannte. Der Bauplan weicht offenbar grundsätzlich ab von allen architektonischen Vorbildern der Abteien Ordinis Nostri aus der zweiten Ordensperiode, die der Benediktiner-Missionstätigkeit zur Christianisierung heidnischer Völker und zur Ausbreitung des Reiches Christi entsagte und sich großartige Paläste baute.

Die Mutterabtei ist als Vorbild ihrer Töchter der Missionsabteien in den apostolischen Missionen gedacht. Sie besteht nicht aus einem einzigen, zusammenhängenden Gebäudekomplex, sondern aus mehreren selbständigen (wie in St. Ottilien), aber alle bloß eine Etage hoch, freilich schön hoch und geräumig, nach Bedürfnis. Nur die hübsche (auch freistehende) Kirche erhebt sich hoch über das von einer weiten Klausurmauer eingerahmte Ganze. Die Pläne der von St. André aus unter den Indianern Brasiliens, den Negern des Kongogebietes usw. als Zentren der Missionsstationen gebauten Missionsklöster werden von den Apostolischen Präfekten ins Mutterhaus St. André zur vorherigen Approbation eingesandt.

Das „belgische St. Ottilien" St. André muss schon bald im Stand gewesen sein, Novizen und Kandidaten aufzunehmen und bestimmungsmäßig auszubilden und auszusenden. Denn schon fünf Jahre nach oben erwähntem Breve Papst Leos XIII. (19. Dezember 1900) schrieb derselbe in einem 2. Breve an R.P. Gérard van Caloen: „Wir haben eine große Freude darüber empfunden, dass sich in Belgien ein Haus erhoben habe zum Zweck Arbeiter und Mittel zu sammeln à votre mission brasilienne, und dass schon eine sehr bedeutende Anzahl Novizen und Priester von da ausgegangen seien in die alten Klöster Brasiliens." Neun Jahre später 1909 sagte ein Professor der Universität Löwen in einer Rede zu St. André: „Plus de 70 Apôtres – über 70 Apostel sind schon von der Abtei St. André ausgezogen nach Brasilien, und doch befindet sich dieselbe erst in der Morgendämmerung ihrer Macht, standzuhalten den Aufgaben, für welche sie geschaffen wurde, denn der Hl. Vater hat ihr auch als »orientation dernière« die Bestimmung erteilt: »l'évangélisation de tribus indiens de l'intérieur du Brésil.« Mit der morgigen Aussendung der Missionäre nach Rio Branco (Indianer-Missionspräfektur O.S.B. »Boa Vista«) wird eine wichtige Stunde für die junge Abtei schlagen" (Rede gehalten 16. November 1909). Da, wie das Breve sagt, Mgsr. Gérard v. Caloen mit dem Einverständnis des ganzen brasilianischen Episkopats wirkte, erreichte er bald Großes. Viele fast oder ganz ausgestorbene Abteien feierten ihre Wiederauferstehung secundum et numerum et meritum, und Gérard v. Caloen wurde der Generalabt einer neuen brasilianischen Kongregation, erhielt die Bischofs- und später die Erzbischofsweihe. Im Innern des Staatskolosses entstanden bereits Apostolische Präfekturen. Dieser glückgesegneten Energie und diesem Verständnisse wahren Benediktinertums wartete jetzt schon noch eine zweite Aufgabe Christi, speziell für die Heidenmission.

Kurz vor 1880 hatte König Leopold II. von Belgien[a] eine große Kolonie am oberen Kongo (im Innern Afrikas) erworben und vererbte sie testamentarisch an seinen Staat. Man fand sehr bald, dass ihr Boden reiche Metallschätze berge und überhaupt mit ihren Naturschätzen (Kautschuk und dergleichen) dem Handel und Gewerbe Belgiens sehr nützlich gemacht werden könne. Der belgische Kolonialminister Kervyn wollte dem Staatswohl diese Quellen eröffnen und sorgte zunächst nach der bewährten vorbildlichen englischen Kolonialisierungspraxis für leichte Zugänge und Verkehrsadern, Dampfschifffahrt auf dem Kongo, Eisenbahn von Kapstadt nordwärts bis Elisabethville, der künftigen Hauptstadt von Belgisch-Kongo und speziell des „Benediktiner"-Missionsgebiets Katanga. Benediktiner? Wie kam der Kolonialminister dazu, erstens die Landeseinwohner vor allem durch ihre Christianisierung kultivieren und das Land dadurch kolonialisieren zu wollen? Und wer oder was empfahl ihm hierfür als beste Werkzeuge die Benediktiner-Mönche? Auf diese Fragen

[a] HP[1]: ein König von Belgien (Leopold II.?)

antworten am besten die in jenen Tagen publizierten Missionsblätter von St. André „Bulletin des œuvres et missions bénédictines“ (Juillet-Août 1910). Ich zitiere sie in kurzem Auszug: „*Die hoffnungsvollen Aussichten der Kolonie (Belgisch-Kongo) machen es erklärlich, dass der Kolonialminister auf die Einsicht verfiel, zur Kolonialisation eines fremden Landes ohne Kultur diene am besten die Gründung eines Benediktinerklosters. Denn er wusste, ein Kloster dieses Ordens sei ein Herd des Gebetes und der Arbeit und dadurch eminent geeignet zu einem Zentrum des sozialen Lebens. Als eine stabile Institution, hervorgegangen aus dem physisch und geistig zu kultivierenden Land und Volk, gruppiere eine Abtei die Bevölkerung spontan um sich herum und teile gemeinsam mit ihr Leben und Interessen. Ein solcher Gedanke war es, welcher den Kolonialminister Kervyn antrieb, sich mit diesem Projekt an die Benediktinerabtei St. André zu wenden. Msgr. v. Caloen, dessen ausdauernde Energie in Brasilien von Erfolgen gekrönt worden, schreckte nicht zurück vor diesem neuen Unternehmen, das sich ihm anbot.*“

Er befand sich zu jener Zeit gerade in Rom und erhielt die Offerte zugeschickt. Er ging damit sofort zum Papst und legte sie dem Statthalter Christi zu Füßen, bat, Ihre Heiligkeit möge ihren Willen äußern. Der Papst reflektierte reiflich, ließ sich ins Einzelne über alles informieren. Dann nach langer Überlegung entschied er: „Ja, Msgr. v. Caloen soll die Offerte annehmen“. Motu proprio schrieb er einen Brief, der dieses Missionswerk dem belgischen Volke und der Regierung empfahl. Diese Audienz fand am 19. April 1910 statt, genau fünf Jahre nach der päpstlichen Initiative für die brasilianische Mission.

Die S.C. der Propaganda trennte von dem großen Vikariat Belgisch-Kongo den südöstlichen Teil ab (in der doppelten Ausdehnung von Bayern), errichtete darauf die Apostolische Präfektur Katanga und übergab sie der Abtei O.S.B. St. André. Mit der nördlichen Hälfte zieht sie sich am ganzen See Tanganyika entlang, gegenüber der südlichen Hälfte der Westgrenze unseres im Weltkriege verlorenen Apostolischen Vikariats Dar-es-Salaam seligen Andenkens! Das alles wickelte sich so rasch ab, dass schon nach vier Monaten die erste Expedition von Missionären der Abtei St. André in die afrikanische Heidenmission ausgesandt werden konnte. Die Benediktiner der Abtei Maredsous (obwohl damals noch zu Beuron gehörig) beteiligten sich auch an dem apostolischen Heilswerke und traten dafür sogar ihren Novizenmeister R.P. Dom Jean de Hemptinne ab, einen nahen Blutsverwandten des ersten Abtprimas O.N.B., Hildebrand de Hemptinne. Mgr. v. Caloen ließ ihn gleich zum ersten Apostolischen Präfekten des neuen Missionsfeldes Katanga kreieren. Als am Feste Mariä Himmelfahrt, 14. August 1910, die feierliche Weihe der erst jetzt fertig gewordenen Abteikirche St. André stattgefunden hatte, wurden zwei Benediktinerpatres und zwei Brüder mit dem Apostolischen Präfekten feierlich ausgesandt nach Katanga.

Via London-Kapstadt (Schifffahrt 30 Tage) und Kapstadt-Elisabethville im Belgisch-Kongo (Eisenbahnfahrt 18 Tage) erreichten sie ihr Wirkungsfeld in sieben Wochen, zu Anfang Oktober. Mit 30 Trägern traten sie von Elisabethville, orientiert von landeskundigen Regierungsbeamten, auf dreiwöchentlicher Fußreise sogleich die Suche nach dem günstigsten Platze für das erste Missionskloster an. Sie wählten dafür einen inmitten einer von Negern dicht bewohnten Gegend (Hochland) der Ortschaft N'Guba, eine auch materiell vielversprechende Wahl, da sie zwischen einer neuentdeckten nahen Kupfermine und einer Zinnmine liegt und ein gesundes, gemäßigt warmes Klima hat. Als der zur Begutachtung heimgeschickte Bauplan des Missionsklosters genehmigt war, wurde sofort mit dem Bau begonnen, ausgeführt von fünf tüchtigen Brüdern, welche als zweite Expedition ausgesandt wurden. N'Guba blieb die Hauptmission von Katanga, die Zentralabtei, um welche sich im Laufe von 15 Jahren eifrigsten apostolischen Wirkens viele Missionsstationen abzweigten, im nahen und fernen Umkreise, von der Kolonialregierung außerordentlich begünstigt und auch finanziell unterstützt, sodass die Propaganda die Präfektur bald zum Vikariate und den Präfekten Dom Jean de Hemptinne zum Apostolischen Vikar erhob.

Doch, mein lieber hochwürdiger Confrater, P. Engelbert, was die Aufschrift dieses Kapitels meines ersten Briefes verspricht: zu beweisen, unsere Kongregation von St. Ottilien sei wohl die erste gewesen, welche das Apostolat der Heidenbekehrung nach dem Vorbilde der Benediktiner der sieben ersten Jahrhunderte des Ordens wieder aufgenommen hat, aber sei schon längere Zeit nicht mehr die einzige, habe ich gehalten und schon überzeugend genug bewiesen, wie wahr dies ist. Die Missionstätigkeit der Benediktiner Belgiens, d.h. der Kongregation von St. André muss sehr fruchtbar an Seelengewinn sowohl unter den Indianern des Innern Brasiliens, als unter den schwarzen Einwohnern Innerafrikas gewesen sein. Sonst würde das „Salzburger Benediktusblatt“ (Mai 1927) nicht schreiben, die Benediktiner-Missionäre der belgischen Abtei St. André planen bereits die Ausdehnung ihrer Missionstätigkeit nach dem skandinavischen Norden Europas (Schweden und Norwegen etc., freilich keine Heidenländer mehr wie zur Zeit ihres hl. Apostels Ansgar, 801-865). Auch haben sie zwei Benediktiner nach China ausgesandt, um die Gründung eines Benediktinerklosters vorzubereiten. Der Einfluss der buddhistischen Bonzenklöster auf das Volk soll durch den Einfluss christlich wahrer Askese und christlich idealster Schönheit des Gottesdienstes – die wirksamste Unterstützung der Predigt des Evangeliums – gebrochen werden. Das ist die beste Methode der Heidenmission speziell in China und Japan! Hiermit wollte ich dieses Kapitel schließen. Da – am jüngstverflossenen Anfang dieses Monats Oktober – lese ich zu meinem größten Erstaunen im „Münchner Tagblatt“: „Der Vertreter Chinas am Völkerbund, der frühere Ministerpräsident und

Außenminister Chinas Su-Tsang-Tsiang ist in das Missions-Benediktinerkloster St. André bei Brügge (Belgien) eingetreten. Der Feierlichkeit wohnte eine Anzahl hochstehender Persönlichkeiten bei, u.a. die chinesischen Gesandten in Brüssel, Paris und Lissabon". Dieses Ereignis eröffnet erstaunlich große, unerwartete Hoffnungen für die Ausbreitung des Reiches Jesu Christi durch die Benediktiner-Heidenmission.

I.O.G.D.!

Stimmen wir in diese unsere Ordensparole von ganzer Seele ein!

Väterlicher Segensgruß!

P.A.A. O.S.B. pro missionibus exteris, „fundator" nuncupatus, appelandus immo "servus inutilis", quia quod debui facere, feci, secundum Verbum Domini, Lc 17,10

2. Brief über das Thema[a]

Ich hielt so ziemlich regelmäßig den Termin von drei zu drei Jahren ein, um meinen Abt an das zu erinnern, was ich ihm von meinem festen Lebens- und Berufsziele, für das allein ich mich zum Priestertum bewogen gefühlt habe (die Heidenmission), schon vor meiner Petition um Aufnahme in Beuron, also im Benediktinerorden, offen und ehrlich gesagt und mich dann durch seine Antwort hierauf, welche mir mein Berufsideal nicht ausredete, sondern mich darin vielmehr bestärkte und mir Hoffnung zu machen schien, mich in Beuron darauf vorbereiten zu können, zum Eintritt in Beuron ermuntert habe (siehe vorheriges Schreiben, S. 2 und 3).

Das erste Mal war freilich verfrüht, schon Spätherbst 1874, drei Jahre nach meiner einfachen Profess und noch vor dem ersten Jahre der feierlichen. Ich ward abgewiesen, aber ich hielt mich nur für vertröstet auf später und trug mein Gesuch erst wieder 1877 vor, am Ausgang des sechsten Jahres meiner Profess, im siebten meines Klostereintritts.

[a] HP[1]: II. Brief über Ursprung und Entwicklung, Ziel, Kämpfe und Sieg der Grundsätze der Gründung von St. Ottilien.

Hiermit trat mein Berufsprojekt in eine Periode entscheidender Krisen, die zu kennen allein unsern Mitgliedern und Berufsnachfolgern gut ist, daher ich nicht schweigend darüber hinweggehen will. Gott ließ sie offenbar zu, damit ich selbst, wie auch andere, die Überzeugung gewinnen sollen, das Werk sei Gottes Wille, ich dürfe und solle darauf beharren und Seines gnädigen Beistandes sicher sein. *Viriliter age, confortetur cor tuum et sustine Dominum!*

Ich muss vorausschicken, dass (zur Ehre der göttlichen Gnade und Barmherzigkeit sei's gesagt) kein ungünstiges Zeugnis gegen meine Regeltreue, Aufführung, Religiosität, Sittlichkeit, Befähigung, Brauchbarkeit etc. vorlag. Man gab das Gegenteil eines Mangels dieser Eigenschaften zu. Hatte man mich ja schon sieben Jahre vor Augen gehabt. Man konnte daher keinen persönlichen Beweggrund zum Aufgeben meiner Missionsbestrebungen geltend machen, zumal deshalb schon nicht, weil dasselbe nicht erst im Orden, nicht erst nach meinem Ordenseintritt in meinem Sinn aufgetaucht war, sondern, wie ich bereits im ersten Brief nachwies, schon vor meiner Bitte um Aufnahme ins Noviziat, in Weise einer Bedingung, dem Abte und dem Novizenmeister ausdrücklich bekannt gegeben worden war (Siehe erster Bericht, Seite 2ff). Aber des ungeachtet blieb noch die Frage offen, ob es auch Gott wolle, ob ein klösterliches Missionsinstitut O.S.B., zur Vorbereitung für das Apostolat und apostolischer Arbeiter Christi für Seine große Seelenernte auch der Wille Gottes sei und nicht bloß der Wille eines armen Tropfes! Um dasselbe mit dem hierzu so nötigen Gottvertrauen einzuführen in die hl. Kirche, musste der künftige Gründer selbst vor allen hierüber vergewissert werden: Ja, Gott will es; es ist ihm wohlgefällig; Er will dadurch zu seiner Verherrlichung viele, viele Seelen retten, deren sich sonst niemand annimmt, will dadurch die zu kleine Zahl Seiner Arbeiter vermehren und diese hierfür heiligen, zu ihrer eigenen größeren Seligkeit im vermehrten Reiche Gottes.

Zu alldem fügte es Gott, oder vielmehr ließ Er zu, dass mein Oberer den rundweg abschlägigen Bescheid auf meine 1877 (als mein Ordenskleid mich schon bald sieben Jahre kleidete) wiederholte Bitte mit dem Zusatz verschärfte, was ich wolle sei „vom Teufel", ich lasse mich von ihm leiten! Entsetzt fragte ich nach der Begründung, bekam aber keine. Furchtbar in innerster Seele beunruhigt, musste ich Gewissheit haben, ob mein in reinster, selbstlosester Absicht angestrebtes, rein nur zu meinem Heil und mit ihm zum Heile auch tausend anderer heilsbedürftigen Seelen angestrebtes Lebensziel wirklich ein teuflisches Irrlicht von unten oder ein Gnadenlicht des Hl. Geistes von oben sei. Ich war entschlossen, darüber die mit Gott im Gebet beratene Meinung anderer frommer Geistesmänner nachzusuchen. Gelegenheit hierzu bot sich mir, als ich hierauf im Gehorsam vom Abte für längere Zeit nach Gent und Brügge (Gand und Bruges in Belgien) geschickt wurde, zu Studien in der Malerkunst, womit ich mich betätigen musste anstatt Mission, weil in Beuron eine Malerschule blühte und in der Beuroner Gründung Maredsous in Belgien eine solche im Plane lag. Letztere sollte ich ins Leben rufen. Das benützte ich zum erwähnten Vorhaben.

Zunächst wandte ich mich an meinen dortigen Beichtvater, den Obern des Jesuitenkollegiums in Gent, ein sehr frommer Mann Gottes, namens P. Küntgen SJ. Nach mündlicher Unterredung überreichte ich ihm mein schriftliches curriculum vitae nebst schriftlicher Darlegung meines Missionszieles, bittend, mit anderen frommen Patres seiner Gesellschaft unter Gebet vor Gott sich darüber beraten zu wollen, ob mein Missionsbegehren vom Guten sei oder vom Bösen, ob von Gott oder nicht. Etwas später schrieb ich im nämlichen Sinne und ähnlichen Mitteilungen auch noch an einen anderen als frommer Geistesmann verehrten Pater, den Rektor Janssen, Gründer und Oberer des Missionshauses Steyl in Holland, mit derselben Bitte. Letzterer antwortete nach etwa 14 Tagen, sehr tröstlich, er habe in meinem Anliegen viel gebetet und glaube im Gebet erkannt zu haben, ich solle nach Kräften dafür wirken, dass der Orden St. Benedikts wieder wie vor Alters sich betätige zur Christianisierung der vielen noch heidnischen Völkerschaften. Dass dies wieder geschehe und dass diese Mitwirkung an der Rettung von Millionen und Millionen sonst verlorener Seelen Gottes Wille sei und Ihm wohlgefalle, davon sei er überzeugt. Das war der Sinn der Antwort. Des Wortlautes kann ich mich nicht mehr erinnern; es ist zu lange her. Rektor P. Küntgen wartete mit seinem Bescheid eine Gelegenheit ab, ihn mir ins Kloster zu bringen nach meiner Abreise, um ihm geheim und persönlich bekannt zu geben. Ein paar Monate später führte ihn nämlich eine Mission in die Nähe von Maredsous (wohin ich mich nach meinen „Kunststudien" begab), nach Yvoir, drei Stunden von Maredsous. Trotz hässlichsten Wetters, Regen und stürmischen Windes kam er zu Fuß, und wir besprachen uns vertraulich. Seine Antwort hatte er mit mehreren frommen Mitbrüdern besprochen, nach viel Gebet. Sie lautete: Sie seien alle darin einig, mein Missionstrieb wie mein Missionsziel sei von Gott und ich solle dabei beharren. Er sei erbötig und bereit, mir dazu die päpstliche Befugnis in Rom zu verschaffen.

Welch' schwerer Stein fiel mir vom Herzen, als ich vernahm: „ist von Gott", also vom Guten und nicht vom Bösen, nicht „vom Teufel"! Darüber jetzt zweifellos Beruhigung und vollste Überzeugung empfangen zu haben, genügte mir. Auf das großmütige Anerbieten verzichtete ich. Ich hatte auch nicht darum gebeten. „Wenn es also Gottes Wille ist, was ich anstrebe", sagte ich zum guten Rektor P. Küntgen, „so wird Gott meinem Abte, dem ich an Gottes Statt Gehorsam gelobte, zur gottgewollten Zeit gewiss auch ins Herz eingeben, mich ferner nicht mehr davon abzuhalten, sondern mir zur Missionstätigkeit unter den Heiden von sich selbst aus die Erlaubnis geben. In diesem zuversichtlichen Glauben bitte ich, in Rom keine Schritte für mein Anliegen tun zu wollen. Für die überaus große Beruhigung, die Ihr Gutachten mir gibt und für das caritative große Opfer Ihrer beschwerlichen Hierherreise möge Sie der Herr belohnen; dafür kann ich Euer Hochwürden nicht genug danken."

Jetzt begann ich mit Eifer jede freie halbe Stunde und Stunde, besonders an Sonn- und Feiertagen, die vielen schriftlichen Aufzeichnungen meiner Studien der alten, neueren und neuesten Missionsberichte zu machen, welche mir später bei der Abfassung der ersten Konstitutionen unserer Kongregation (vorher – kulturkampfhalber – betitelt: „Statuten der St. Benediktus-Missionsgenossenschaft") als Lehren und Vorbilder, sei's zur Nachahmung, sei's zur Warnung, so nützlich geworden sind. Außer den „Lebensgeschichten" berühmter heiliger Benediktiner-Apostel verdanke ich besonders viele und gute Anregungen und Lehren den zahlreichen, sehr einlässlichen Briefen des hl. Franz Xaver, in denen von seinen Missionsarbeiten in Indien und Japan an seinen Obern St. Ignatius genauen Bericht erstattete. Dabei tat ich mit verdoppeltem Eifer die Hauptarbeiten meiner Aufträge der S. Obedientia. So verflossen zwei weitere Jahre (1877 - Herbst 1879).

Gott sei Lob und Dank! Endlich!

Dem freudigen Ausruf „Endlich!" füge ich aus tiefbegründeter Dankbarkeit bei: „Gottlob und Dank!" Denn das „Endlich" wurde durch offenbare göttliche Fügung herbeigefügt, die meinen Verzicht auf die mir angebotenen Schritte beim Heiligen Stuhl und mein zuversichtliches Vertrauen auf Gottes Eingreifen in die menschliche Leitung des Gott gelobten hl. Gehorsams auffallend, geradezu wunderbar bewährte und rechtfertigte. Ich würde sonst gerne darüber schweigen; aber es ist gut, wenn die Mitglieder Congregationis Nostrae in diesem Vertrauen durch ein Beispiel bestärkt und überzeugt werden und wenn Ihnen nicht unbekannt bleibt, wie viel Kampf, Kummer und Sorgen, Herzeleid, Demütigungen, Geduld und Ausdauer, die Gründung der Kongregation von St. Ottilien gekostet hat.

Ich wartete diesmal nach meinem Bittgesuche wie gesagt nur zwei Jahre. Im Jahre 1879 wurde ich mit einem Auftrage von Maredsous nach Beuron geschickt. Da war es, wo ich mit dem Hochwürdigsten Abte Maurus, der mich vor neun Jahren ins Kloster aufgenommen hatte, wieder zusammentraf und dies benützte, mein altes Bittgesuch zum dritten Male zu erneuern. Der Abt war darüber entzürnt wie noch nie zuvor. So gereizt und ungnädig war er mir noch nie begegnet: „Nein! Jetzt kommen Sie mir mit diesem Gesuch niemals mehr! Ich verbiete es Ihnen im hl. Gehorsam!" rief er aus, ganz aufgeregt. Es war mir, es treffe mich ein Blitz und Donnerschlag, als ich dies hörte.

Das ereignete sich am Nachmittag eines hohen Muttergottesfestes, Maria Geburt, 8. September. Ich ging vom Obern zur Kirche, warf mich mit zerrissenem Herzen vor dem Gnadenbilde der „schmerzhaften Mutter" nieder und weinte bitterlich. „Niemals mehr! Im hl. Gehorsam, niemals mehr!" klang es in mir nach wie ein Sterbegeläute. Mein so vertrauensvoller Glaube an die Worte des Abtes, die mich vor neun Jahren zum Ordenseintritt in Beuron als zur besten Vorbereitung auf meinen offen, klar und war schon vorher als mein Lebensziel bekannt gegebenen Missionsberuf der Christianisierung der Heiden bewogen hatten, musste mir jetzt als grausame Selbsttäuschung erscheinen. Ich fühlte mich um mein ganzes Lebensziel, für das ich dem weltlichen Beruf nach langem Kampfe entsagt hatte, trostlos betrogen! Unbeschreiblich war mein Seelenschmerz, und die heißen Tränen linderten ihn nicht...

Von der Kirche weg führte mich mein Gang am Refektorium vorbei, und ich trat ein, um mit einem Trunk Wasser meinen Durst zu löschen. Die Laienbrüder saßen gerade beim Vespertrunk, während ihnen die Legende des morgigen Tagesheiligen vorgelesen wurde. Ich hielt noch die geöffnete Tür in der Hand, da schallte es mir vom Lesepult her mit lauter Stimme entgegen: *„Dein Verlangen, mit Christus Seelen zu retten, die sonst verloren wären, sie zu Gott zu bekehren, den ihnen niemand je verkündet hat, und hierfür schon mehrmals den Obern um Erlaubnis gebeten zu haben, ist schon viel, aber nicht genug. Du musst in dem Verlangen ausdauern und fortfahren, von Zeit zu Zeit darum zu bitten. Denn die Obern müssen sich von der Beharrlichkeit deines innerlichen Antriebes hierzu erst überzeugen, um erkennen zu können, ob derselbe von Gott sei. Denn was nicht von Gott ist, dauert nicht beharrlich aus. In dieser guten Absicht verweigern sie die Erlaubnis oft lange. Lasse daher nicht nach, darum immer wieder zu bitten, bis der Führer deiner Seele daraus auch auf die ausdauernde Beharrlichkeit deines Berufes schließt und dass dein beständiger Herzenstrieb eine göttliche Gnade sei."*

Diese Anrede passte so auffallend genau auf das Anliegen, das gerade in diesem Augenblick meine ganze Seele bewegte, dass ich stehen blieb und lauschte, um kein Wort zu überhören von dieser Stelle der Lesung. Nach meinem Trunk Wasser wartete ich, bis bald darauf die Brüder weggingen, und las das Vernommene im Buche nochmals nach. Es war eine Ansprache des seligen Rodriguez SJ an seinen gleichfalls seligen Confrater, den seitdem heilig gesprochenen Apostel der Negersklaven Petrus Claver! Ich nahm das Buch und ging damit sofort, audacter, wiederum zum Abt, zeigte ihm die Stelle und erzählte die Fügung.

Reverendissimus hieß mich „Platz nehmen" und las aufmerksam, während mein Herz betete. Sichtlich und hörbar mild gestimmt, sagte darauf der

Hochwürdigste Herr, wobei er eine Hand wie zur Beteuerung auf die Brust legte: „Pater Andreas! Warten Sie noch drei Jahre weiter. Wenn Sie dann immer noch beharren auf Ihrem Verlangen, schicke ich selbst Sie in die Mission" (wörtlich).

Würde einer armen Seele des Fegefeuers, die schon neun Jahre nach ihrer Erlösung schmachtete, ihr Schutzengel vom Himmel aus zurufen: „Jetzt noch drei Jahre, dann komme ich und hole dich zu uns ab", so wäre ihr nicht unähnlich zu Mute, wie mir war nach diesen Worten meines geistlichen Vaters. Ein unbeschreiblich beruhigender Trost richtete meinen Mut wieder auf und stärkte meinen Willen, geduldig sühnend weiter zu dulden, bis der Engel komme. Wie innig dankte ich hierauf vor dem Gnadenaltar der schmerzhaften Mutter der Gnade und Barmherzigkeit, hingeworfen auf die Altarstufen, auf denen meine Tränenspuren noch nicht Zeit zum völligen Trocknen gehabt hatten!

So schloss das Fest „Mariä Geburt" mit einer Gnadenfügung für meine und viele andere Seelen. Da der Abt nach Verfluss der drei ferneren Jahre wirklich Wort hielt, hat dieser Tag den Geburtstag der ersten monastischen Apostolatsschule von Söhnen des großen Ordenspatriarchen St. Benediktus neuerdings ermöglicht, seine Zukunft gesichert und näher gerückt. Darum schließe ich den kurzen Bericht wieder mit dem Dankesworte: Gott sei gelobt und verherrlicht in Ewigkeit: Endlich! Endlich!

Die drei letzten Jahre meiner 12jährigen Warte- und monastischen Vorbereitungszeit[a]

Über diese drei Jahre gehe ich in dieser Skizze ohne Einlässlichkeiten hinweg, obschon sie mir ungleich länger vorkamen, als alle früheren dreijährigen Wartetermine. Das erste Jahr musste ich in Maredsous, unserer neuen belgischen Abtei, verleben, und wurde damit beschäftigt, einige kunstbefähigte Brüder in das Kunstfach einzuführen, für sie ein Atelier einzurichten und die Abtskapelle mit Kunstarbeiten zu zieren. Als dies geschehen war, wurde ich zusammen mit einem anderen Pater im November 1880 nach England geschickt, wo unser R.P. Hildebrand de Hemptinne (der nachmalige erste Abtprimas OSB) in dem nebst einer katholischen Gemeinde von vier protestantischen Sekten

[a] HP[1] mit Bleistift zwischen die Zeilen: Am 55. Jahrestag meiner Priesterweihe = 16. Juli 1927.

bewohnten größeren Orte Erdington ein hübsches neues Priorat gebaut hatte, unmittelbar neben der katholischen, noch keine 20 Jahre alten Pfarrkirche, die uns als Klosterkirche diente. Sie war das architektonisch schönste der fünf verschiedenen Gotteshäuser der Erdingtoner fünf Konfessionen. Interessant ist sie nicht bloß deshalb, weil noch vor kaum 50 Jahren sich kein Einwohner öffentlich als Katholik bekennen durfte und jetzt die geräumige Kirche an Sonn- und Festtagen die katholische Pfarrgemeinde schon kaum mehr zu fassen vermag, sondern aus der seltsamen Ursache: Ihr Erbauer und erster Pfarrer war protestantischer Geistlicher, als er auf seine Kosten sie zu erbauen begann. Den Grundstein weihte daher ein anglikanischer Bischof. Die fertige Kirche aber weihte ein katholischer Bischof ein, weil ihr Erbauer und Besitzer während des Baues katholisch geworden war! Vor seinem Tode hatte er Kirche und Pfarrhof Beuron für eine Klostergründung O.S.B. angeboten, und die Schenkung war angenommen worden.

Hier brachte ich die zwei letzten der drei Endjahre meines Wartens zu. Ich wurde, bevor ich Englisch zu sprechen gelernt hatte, zu Kunsttätigkeiten angehalten, nachher zur Aushilfe des Pfarrers in der Seelsorge, wobei mir die Pastorisation der vielen Armen der Pfarrei zugeteilt wurde, welche größtenteils aus Irländern bestanden. Die erbärmliche Armut dieser irischen Arbeiterfamilien, die in ihren Hütten oft weder ein Bett noch einen Tisch und Stuhl hatten, weil aus Not veräußert, zerriss mir manchmal fast das Herz, wenn ich nichts zu geben hatte als billige Trostesworte, aber ein paar Münzen ebenso notwendig gewesen wären und die religiösen Tröstungen viel wirksamer gemacht hätten! Als dann unser Prior im ehemaligen Pfarrhof ein Progymnasium (Grammar School) gründete, wurde ich einer der Professoren und hatte die oberen Klassen in der Mathematik, die oberste in der Physik (Natural Philosophy), mit Experimentalphysik, zu anderen Stunden in Zeichnen und Schönschreiben zu unterrichten. Ich unterzog mich dieser Tätigkeit mit willigem Eifer, unterließ aber gegen Ende des dritten und letzten Jahres nicht, in eingehend motiviertem Schreiben meinen Abt auf dem Kontinent an sein Versprechen zu erinnern und zu beweisen, dass mein Berufsziel noch dasselbe sei, wie bei meinem Klostereintritte vor 12 Jahren und wie am Feste Mariä Geburt vor drei Jahren – überhaupt immer, die ganze lange Zeit und schon vorher.

Die mit dem Seniorat besprochene Antwort ließ meine Erwartungen nicht lange in der Schwebe. Sie war eine uneingeschränkte, endliche Zusage, nur geknüpft an die Bedingung, dass ich mich zunächst in einem Missionshause „für die Mission qualifiziere", d.h. als hierzu befähigt und berufen erweise, also prüfen und erproben lasse und vom Missionsoberen als zweifellos für diesen Lebensberuf „qualifiziert" erklärt werde. Zu diesem Zwecke sollte ich also ein halbes Jahr entweder in Mill Hill, dem Mutterhause der katholischen und englischen „Missionsgesellschaft vom hlst. Herzen", oder im Missionshause zu Steyl in Holland zubringen. Ich sollte wählen. Wie erfreut war ich! Der lokalen Nähe wegen entschied ich mich für Mill Hill bei London. Ich begleitete mein Gesuch um Aufnahme für ein Probehalbjahr mit einer klaren Darlegung meines künftigen Missionsplanes, um zu verhüten, dass man etwa meine, ich wolle in die englische Missionsgesellschaft mich aufnehmen lassen. Bald erhielt ich die Einladung zu kommen und beeilte mich – überglücklich! Gegen Mitte März 1882 nahm ich für immer Abschied von Erdington, tiefbewegten Herzens.

Mill Hill. Von meiner „Qualifikations"-Zeit

Über meinen 7 ½ monatlichen Aufenthalt im Missionshause Mill Hill (St. Joseph's Missionary College of the Sacred Heart, Mill Hill, London N.W.) könnte ich eigentlich in einer so kurzen Darlegung des Ursprungs der Gründung unserer Kongregation O.S.B. „für ausländische Missionen" ohne Einzelheiten hinweggehen und mich mit der Kunde des Endergebnisses begnügen, das im Zeugnisse meiner Qualifikation für den Missionsberuf bestand. Dieses – kurz gesagt – lautete, Gott sei Lob und Dank, so ausnehmend gut und günstig, dass daraufhin mein Abt ein Dokument ausstellte, gezeichnet und besiegelt von ihm als „Generalsuperior" der (mehrere Klöster zählenden) Beuroner Kongregation, womit er mich zum Zwecke meiner Verwendung für die ausländischen Missionen der hl. Kongregation der Propaganda Fide „in perpetuam obedientiam" übergab, also aus seiner *obedientia* für immer entließ und hiermit auch aus der *stabilitas in congregatione Beuronensi*. Damit war seine Einwilligung in meine Widmung für den Missionsberuf *rite* bezeugt vor Gott und der hl. Kirche. I.O.G.D.! Das sei, der Kürze halber, einigem wenigen schon vorausgeschickt, dessen Erwähnung im Folgenden nützlich sein kann.

1. Die Verehrung des hl. Joseph

In Mill Hill kam ich am Vorabende des St. Josephsfestes 1882 an. Schon vom Bahnhofe aus erblickte ich das „College", den einen seiner drei Flügel mit der Front seiner schönen Kirche, auf deren Turm die überlebensgroße Statue des Patrones, St. Joseph, im silberhellen Glanz strahlte. Tags darauf inaugurierte also die hl. Messe St. Josephs meinen neuen Beruf! Nicht ohne triftigen Grund ist das Missionshaus, wie sein Name „St. Joseph's College" verrät, dem Patronate dieses großen Pfleg- und Nährvaters Jesu Christi geweiht.

Der Gründer, Msgr. Vaughan (sprich: Vohn), zur Zeit meines Aufenthaltes in Mill Hill Bischof von Salford, später Erzbischof von Westminster (London), Kardinal und Primas von England, war noch einfacher Priester, als er die Gründung unternahm. Da ihm die finanziellen großen Hilfsmittel fehlten, kollektionierte er sie in Nord- und Südamerika, anfangs ohne ausreichendes Resultat, bis er seine Zuflucht zum hl. Joseph nahm. Erst jetzt wurde er mit dem gesuchten Erfolge belohnt. Mill Hill, das erste und bis jetzt noch einzige katholische Missionshaus Englands, wäre ohne die fast wunderbare Hilfe des hl. Joseph nie zu Stande gekommen, seine daraus hervorgegangene englische Missionsgesellschaft und ihre Missionen auf Borneo, unter den Negersklaven Amerikas, in Indien und Afrika usw. würden nicht existieren. Als man mir das erzählte und der Gründer es bestätigte, der mich auch zu einer Sammelreise ermunterte für meine gleichen Zwecke (die ich aber, auch Dank dem hl. Joseph, nie unternahm!), erinnerte ich mich, dass die hl. Theresia schreibt, sie habe den hl. Joseph niemals umsonst angerufen, mit seiner Hilfe gründete sie, bei all ihrer gänzlichen Mittellosigkeit, 30 Klöster! Im Novizengarten zu Beuron sah ich täglich eine fast lebensgroße metallene Statue des hl. Joseph auf hohem Fußgestell und erinnere mich vom Abte, dem Gründer Beurons, vernommen zu haben, dies sei ein Votiv-Denkmal zur dankbaren Erinnerung, aus einer sehr großen finanziellen Notlage der Gründungszeit nach einem Gelübde zum hl. Joseph wunderbar gerettet worden zu sein. Wahrscheinlich hing damit auch die Einführung einer anfangs in der Kommunität und später noch im Noviziat die Runde machenden St. Josephsandacht zusammen, die der Reihe nach auf jeden einen Tag traf, an dem ihm von dem hierzu beauftragten Frater eine 1 ½ Fuß hohe St. Josephsstatuette auf den Tisch gestellt wurde. Die hl. Kommunion, die Gebete, Abtötungen und Verdienste des Tages, nebst einer besonderen St. Josephsandacht galten der Verehrung des großen, auf Erden so demütigen heiligen Pflegevaters Christi und Gatten der jungfräulichen Gottesmutter, des stets hilfsbereiten Nährvaters der Diener und Mitarbeiter Jesu im Heilswerke. Diesen Brauch hatte ich im Noviziate mitgemacht, erinnerte mich jetzt in Mill Hill lebhafter daran und nahm mir gleich vor, den treusorgenden Hausvater des hl. Häuschens von Nazareth durch Einführung einer besonderen „Josephsandacht" im geplanten Unternehmen, auch als Hausvater des Missionsklosters und aller davon einst ausgehenden Häuschen und Häuser unserer Missionen im Dienste des Weltenerlösers zu erbitten und gewinnen zu wollen. Diesen Vorsatz machte ich gleich im ersten Halbjahre, schon mit dem ersten Kandidaten zur Tat, als ich im armseligen Dörfchen „Reichenbach" und in seiner ruinierten Klosterruine, nach 1 ½ Jahren mit Gott das Werk begann und dasselbe nach nicht älter war, als das Jesusknäblein auf St. Josephs Arm. Es ist die von der großen Kommunität unserer Laienbrüder Gottlob täglich, gemeinschaftlich gebetete „Josephsandacht".

2. Mill Hill bestand zur Zeit meines Aufenthaltes daselbst als Missionshaus sicherlich noch nicht über 20 Jahre. Es war das Klerikat und Priesterseminar der Missionsgesellschaft. Hier verlebten die Missionäre die letzten Jahre ihrer Vorbereitung. Hier legten sie auf die Statutenregeln (der nicht monastischen) Gesellschaft zeitliche Gelübde ab und bekamen über den Talar den breiten roten Gürtel zum äußeren Zeichen ihrer Affilierung mit der Propaganda in Rom und wie die Regel ausdrücklich schreibt: „Als Kennzeichen der Bereitwilligkeit, für den hl. Glauben und seine Verbreitung zur Rettung der Seelen, wenn nötig, das Blut zu vergießen". Beide Gründe bewogen mich zum Vorsatze, statt des schwarzen Gürtels ebenfalls dieses sinnreiche Abzeichen des roten Cingulums unsere künftigen Benediktiner-Missionäre tragen zu lassen über dem Ordenskleid. Was geschah und unsere Auszeichnung wurde, sobald wir den monastischen Habit zuerst im Hause, dann auch in der Öffentlichkeit mit staatlicher Duldung tragen durften (Die Gründung vollzog sich noch in den Tagen des sogenannten Kulturkampfes). Das Gymnasium der Missionsgesellschaft für studierende Kandidaten bis zur Philosophie befand sich anderwärts, nicht in Mill Hill. Hier war die Kommunität noch nicht sehr groß, bestand nur aus vier oder fünf Professoren (ältere Mitglieder), dem Rektor (ein aszetisch würdevoller, belgisch-französischer Priester) und einer mäßig großen Zahl Kleriker, größtenteils Irländer, mehrere Holländer und zwei Deutsch-Tiroler.

Weil ich mit meinen 38 Lebensjahren, davon 12 Jahre im Ordensleben, den Klerikern und jüngeren Mitgliedern 17 bis 18 Jahre voraus war, wurde mir eine Mittelstellung zwischen ihnen und dem Rektor angewiesen. Ich wurde mit der Zeit ihr Beichtvater, ihr Aufseher bei Ferienausflügen oder in Abwesenheit des Rektors. Das verschaffte mir Gelegenheit zu lehrreichen Beobachtungen, die mich vom großen aszetischen Vorteil klösterlicher Erziehung und Vorbereitung auf das Apostolat der Heidenmission vor einer nicht-monastischen Welt-Priestererziehung geradezu handgreiflich überzeugte und mich im Vorhaben der Gründung einer Missions-Ordensgenossenschaft nach der im Christianisieren und Zivilisieren so bewährten Regel Sankt Benedikts fest bestärkte.

3. Der Gottesdienst war würdig und wurde mit Liebe gepflegt. Zum Mitwirken wurde ich sehr häufig angehalten, wobei mir das im Orden uns Gelehrte und von mir so lang Geübte sehr zustatten kam. Außerdem waren gemeinschaftlich mittags und abends die Anbetung vor dem Allerheiligsten und allabendlich der Rosenkranz. Letztere Andacht fand nicht in der Kirche statt, sondern bei günstigem Wetter im Freien, in Prozessionsordnung durch die Parkallee bis zum großen Feldkreuz hin und zurück, bei Regenwetter im Kreuzgang. Die Andachten vor dem Sakramente mittags und abends (vor Tisch) wurden

mit außerordentlich schönen Kirchenliedern in englischer Sprache geschlossen. Mir scheint es, sie seien irischen Ursprunges, Überbleibsel der Bardengesänge, wegen deren religiöser Wirkung auf das englische wie das irische Volk Königin Elisabeth die Barden zu hängen und ihre Harfen zu zerstören befahl, weil sie ihren Liedern den Widerstand gegen den anglikanischen Protestantismus zuschrieb. Dagegen hatte der hl. Patrick die Barden mitarbeiten lassen an der Abfassung des ersten und ältesten Gesetzbuches Irlands, den Senchus Moor, indem sie den von ihm, im Verein mit Königen, Richtern und Geistlichen gesammelten, dem Christentum nicht widersprechenden alten Gesetzen eine poetische Form in gereimten Versen gaben, und der hl. Kolumban, selbst auch Dichter und Sänger vor dem Herrn, hatte die Barden reformiert. Zum Jahre 1187 schreibt eine Chronik: „Das irische Volk ist einzig in der Musik und im Gesange, steht darin höher als jede andere Nation, besonders in der Begleitung der Gesänge mit der irischen Nationalharfe Clearseach". O'Kane, der für den letzen berühmten Barden gilt († 1790), blühte in seiner patriotisch und religiös so einflussreichen Kunst noch kurz vor der französischen Revolution. Die Pflege des Gesanges und der Instrumentalmusik im Missionshause empfahl sich mir sehr, als ich einen aus der Heidenmission Heimgekehrten wunderschön Waldhorn blasen hörte und vernahm, wie großes Gefallen auch die kulturlosen Barbaren an Gesang und Musik finden, wofür sie nicht bloß viel Sinn, sondern auch erstaunlich große Begabung besitzen sollen. Musik und Gesang erschienen mir daher als unschuldige Mittel, sowohl zur gefälligen Verschönerung des Gottesdienstes als auch überhaupt zur Gewinnung der Sympathie für die Missionäre. Ich beschloss daher ihre Pflege einstens zu gestatten und zu fördern, nur mit Ausschluss der modernen Kunstausartung, namentlich in der religiösen Kunst und ihres verdorbenen Geschmacks.

4. Meine Beschäftigung war eine sehr mannigfache. Sehr viel wurde sie in Anspruch genommen durch die vom Missionshause erbetene Aushilfe im Gottesdienste, wofür ich gewöhnlich der einzige hierzu freie Priester im Hause war, und darum sehr viele Ausgänge machen musste, bei jedem Wetter zu Fuß und oft weit. Besonders oft hatte ich in einem nahen Frauenkloster, das ganz anglikanisch-protestantischer Konfession gewesen und dann samt seiner Äbtissin katholisch geworden war (unter Papst Pius IX.) den sonn- oder feiertäglichen Gottesdienst mit Kommunionausteilung zu halten, wobei mir regelmäßig ein portugiesischer Konsul a.D. am Altare diente und zwar in der braunen Kutte der Franziskaner, weil er Tertiarier war und sie zum Gottesdienste ohne Menschenscheu vor der meistenteils protestantischen Einwohnerschaft seines Wohnortes, wo er eine Villa bewohnte, jedes Mal anzog und öffentlich trug. Ich wunderte mich anfangs, dass es im englischen Protestantismus Orden und Klöster gegeben habe, vielleicht noch gebe. Aber die Tagesblätter überzeugten mich bald, noch zur Zeit meines Aufenthaltes in Mill Hill, dass dem

so war, weil sie oft Berichte brachten von einem anglikanischen, also protestantischen Benediktiner, Fr. Ignatius, der da und dort, namentlich zu Birmingham, Missionsvorträge hielt, angetan mit einem wirklichen Ordenshabit. Das ist offenbar eine große Annäherung an den Katholizismus, ähnlich wie der Ritualismus des Professors Pusey, in dem alle katholischen Dogmen geglaubt werden und der ganze katholische Gottesdienstritus nachgeahmt wird. Nur der Primat und die Unfehlbarkeit des römischen Papstes werden nicht angenommen. Puseys Gesinnungsgenosse war anfänglich Newman gewesen, der berühmte Theologe, Redner, Dichter und Universitätsprofessor von Oxford, ehe er konvertierte und Oratorianer wurde, später Erzbischof und Kardinal. Ich hatte 1881 mit meinem Prior von Erdington dem Feste seiner Erhebung zum Kardinal beigewohnt. Das war für die Rückkehr zum wahren Katholizismus nicht weit genug und für den Protestantismus viel zu weit gegangen. Aber es erklärt das anglikanische Wiederaufleben des Ordensgeistes und die Entstehung „protestantischer Klöster". Zum Wiedereintritt in die römisch-katholische Kirche hat der Puseyismus schon vielen tausend „Englisch-katholischen" – so nennen sich dessen Bekenner – als Brücke gedient und wird hoffentlich ihnen allen noch dazu dienen. Sie zählen nach Millionen.

Da ich gerade von Konversionen aus dem Protestantismus schrieb, so möge sich gleich daran schließen, dass zu meiner Tätigkeit in Mill Hill auch ein paar Konversionen gezählt werden.

Die erste war unschwer, da der Konvertent vom Gründer von Mill Hill, Bischof von Salford dazumal, mir zugeschickt worden war und bereits mit der Absicht zu konvertieren kam, auch weil er als deutscher Abkömmling in seiner Muttersprache unterrichtet werden konnte. Die andere Konversion war schwieriger. Vorausgeschickt muss werden, dass derselbe Bischof bei seinem ersten Besuche mich mit einer Matrone von hoher Abkunft (Schwester des Lord Hanmar in Wales), die größte Wohltäterin des Missionshauses, in dessen Nähe sie eine Villa gebaut hatte, wo sie wohnte, vorgestellt und mir aufgetragen hatte, sie statt seiner wöchentlich zu besuchen, da sie so fromm, herzensgut, bescheiden und so allein sei ohne Gesellschaft. Protestantin von Geburt war sie zu Rom gleichzeitig mit Manning, dem nachmaligen Kardinal-Erzbischof zur katholischen Kirche übergetreten. Das befolgte ich. Da fragte sie mich einst, ob ich nicht mit ihrem Gärtner sprechen wollte. Er sei ein so braver Mann, aber Protestant, und es wäre sehr zu wünschen, dass er katholisch würde. Sie gewähre ihm gerne die zum Unterricht nötige Freizeit. Die erste Unterredung war nicht sehr ermutigend, da er an keinen Glaubenswechsel dachte, ihn auch nicht für gut, sogar nicht für nötig hielt. Als ich aber die Unterhaltungen mit ihm fortsetzte, fand ich ihn hierzu immer geneigter. Schließlich erklärte er sich gewillt, im katholischen Glauben sich unterrichten zu lassen, und setzte mich durch sein verständiges Eingehen und Auffassen und die gläubige Annahme unserer Religionsgeheimnisse ohne jede Schwierigkeit in Verwunderung. Nur gegen den Glauben an ein Fegfeuer, das Zwischenreich zwischen Himmel und Hölle, machte er hartnäckige Einwendungen. Das konnte und wollte er nicht für wahr und vereinbar mit dem göttlich unendlichen Sühnewert des Blutes, Leidens und Todes Christi halten. Die gewöhnlichen Beweise in den Katechismen genügten ihm nicht. Er hatte daheim eine Bibel, in der er alle Sonn- und Feiertage sich von seiner Frau vorlesen ließ und war darin ungewöhnlich „bewandert“. Zum Zeugnisse des Judas Maccabaeus zuckte er nur die Achsel: „Judas war ein Jude, was konnte er vom Jenseits wissen? Er war ein guter General, kein Priester! Ich war über zwei Jahre lang Soldat, habe den ganzen Krimkrieg mitgemacht (1853-55). Weiß, was so ein General von Himmel und Hölle weiß, noch besser als er. Von der Offizierschaft glauben ja die wenigsten daran! usw.“ „Ich möchte ein Zeugnis, dass es ein Fegfeuer gebe, von Jesus Christus selbst hören. Er allein konnte wissen und sagen, was es drüben gibt oder nicht gibt. Es wäre hart, wenn es ein Fegefeuer gäbe. Sehen Sie, jetzt bin ich 50 Jahre alt, habe mein Leben lang nichts Gutes gehabt, habe immer nur mich plagen müssen. Und wenn ich sterbe und hoffe, endlich Ruhe zu haben, weil ich immer an unsern Erlöser geglaubt habe und nie schlecht gelebt, soll ich vorher noch ein Fegfeuer erleiden müssen?“ Bei dieser Einwendung fiel mir ein wirkliches Zeugnis von Jesus Christus selbst ein; nicht ein direktes, sondern eines das der Mann mit seinem guten Verstande aus den Worten Jesu folgern konnte. Ich erwiderte: „Sie wollen ein Zeugnis des Sohnes Gottes selbst hören? Gut! Schlagen Sie daheim in der Bibel das 12. Kapitel des Evangeliums Lukas nach. Ihre Frau soll Ihnen den Schluss desselben vorlesen. Da steht in den letzten zwei Versen: Wenn du einen Gegner hast, dem du etwas schuldest und der dich vor dem Regenten belangen will (das ist vor Gott), sollst du unterwegs (das ist: noch solange du lebst, noch hienieden vor dem Sterben), dich von ihm loszumachen suchen, durch Genugtun dich mit ihm versöhnen, sonst wird der Richter, das ist Jesus Christus als der Richter beim Tode, dich in den Kerker werfen lassen, und du wirst nicht eher daraus wieder frei werden, als bis den letzten Heller deiner Schuld abgebüßt und bezahlt hast. Das geschieht beim Tode und nach demselben. Nun sagen Sie mir: Ist dieser Kerker der Himmel?“ „Nein.“ „Oder ist er die Hölle?“ „Ebenso wenig!“ „Warum nicht?“ „Weil die Hölle ewig ist, und der, welcher in der Kerker der Hölle geworfen wird, niemals wieder frei wird und die Sündenschuld ewig nie bis zum letzten Heller abbezahlen und abbüßen kann.“ „Also? Muss dieser Kerker, in welchem sich die Sündenschuld vollständig abbezahlen lässt und aus dem man dann loskommt, zwischen Himmel und Hölle ein dritter Ort sein, und das ist der Kerker genannt „Fegfeuer“ oder „Reinigungsort“. Ich schrieb hierauf diese Stelle, Lk 12,2 letzte Verse, für seine Frau auf und gab ihm den Zettel mit heim.

Andern Tages rief er mir schon bei der ersten Begegnung zu: „Pater, jetzt glaube ich, dass es ein Fegfeuer gibt! Auch meine Frau sagt: Der Pater hat recht!" Damit war sein einziges Bedenken gegen den katholischen Glauben aus seiner *anima simplex* geschwunden. Nicht lange danach ließ er sich nach Vorschrift der englischen Konversionen *conditionaliter* taufen und ließ sich überglücklich in die römisch-katholische Kirche aufnehmen. Als ich ihm die erste heilige Kommunion reicht, sah ich, gerührt, helle Tränen über seine Wangen fließen. Aus eigenem Antrieb kam er von da an jeden Morgen in die Frühmesse, obwohl er 1 ½ Stunden entfernt wohnte und ging dann wieder zu seiner Arbeit bei der guten Fräulein Hanmar, die sein Glück veranlasst hatte und jetzt ihren Glückwunsch erfreut und mit wertvollen Geschenken (unter anderem mit einem neuen Anzug) zum Ausdruck brachte. Da es ihre Lieblingsbeschäftigung war, in der Blütezeit ihres Gartens die Altäre der Missionskirche mit Blumen zu schmücken, hatte sie an diesem Ehren- und Freudentag ihres Gärtners hierzu die schönsten Zierden verwendet. Verdankte er sie ja auch seiner eigenen Pflege und Arbeit als Gärtner!

Noch zu andern, in den Missionsberuf fallenden Tätigkeiten, die ebenfalls mit Gottes Gnade besten Erfolg hatten, gab mir dieselbe gute Dame Anregung und Gelegenheit. Möge ein Engel von oben sie aufgezeichnet haben. Diese Berichtskizze muss darüber hinweggehen, um wieder von Dingen der Heidenmission zu berichten, da ich mich für die innere, sondern für die äußere Mission in Mill Hill qualifizieren lassen musste.

Mein frühester Gedanke an ein apostolisches Arbeitsfeld für unsere künftigen Benediktiner-Missionäre

Von den Missionen Mill Hills interessierte mich am meisten die von der großen Insel Borneo, welche erst im Anfangsstadium standen, deren Berichte aber immer sehr hoffnungsvoll günstig lauteten. Die eingeborenen „Dajaken" befinden sich zwar in häufigen Kriegen unter sich, Stamm gegen Stamm, weil die Männer alle „Helden" sein wollen und kein Freier mit der Brautwerbung Glück hat, solange nicht ein Paar Skalpe selbsterlegter Feinde an der Decke seiner Hütte hängen, daher sie „Kopfjäger" heißen. Missionäre, besonders die christlichen aus Europa, haben dagegen nichts zu fürchten. „Euch vertrauen und glauben wir, wenn Ihr sagt, Ihr seid gekommen, uns glücklich zu machen", sprach ein Häuptling. Von den malaiischen (chinesischen und mohammedanischen) Missionären dagegen sagte er: „Sie versprechen vieles und halten nichts. Sie suchen nur uns auszunützen, auszubeuten und sich selbst zu bereichern. Bleibt hier. Ich will mit den anderen Häuptlingen sprechen. Wenn du unsere Sprache reden kannst, wollen wir hören, was du uns lehren willst.“ Dass diese besonnenen Worte von Intelligenz und gutem, redlichen Willen Beweise geben, bezeugen die bisherigen großen Erfolge der Missionen auf Borneo, worüber eine Autorität, Dr. Aufhauser, Professor der „Missionswissenschaft“, in seinem Berichte über seine Missionsreise im fernen Orient, den er im Jahre 1924 (also 42 Jahre nach Beginn der Millhiller Missionen auf Borneo) an der Universität München ablegte, sich ausgesprochen hat: „Die Missionen auf Borneo, Celebes und den angrenzenden Inseln zählen zu den blühendsten der ganzen Welt, weil dort tief religiös angelegte Bevölkerungen wohnen“.

Von dieser (damals von oberflächlichen, namentlich von protestantischen Beobachtern noch verkannten) Veranlagung der Dajaken überzeugte ich mich, als mir in der Bibliothek zu Mill Hill ein ganz unbeachtetes Buch in die Hände fiel, und ich es studierte. Es enthielt eine ganz vollständige Sammlung der uralten, hochpoetischen Gesänge, die auf Borneo beim mehrere Tage dauernden, großartigen „Versöhnungsfeste für die Seelenruhe eines gestorbenen Dajaken“, „Tiwak“ genannt, von dabei tätigen Zauberinnen (Balian) gesungen werden, in der fast ganz ausgestorbenen alten Sprache Borneos (Sangiang). Sie sind im Urtext gesammelt und mit Übersetzung herausgegeben worden von Hardeland, weit besserem Sprachforscher als Missionär (Protestant. Der Protestantismus hat auf Borneo fast keinen „Bibelerfolg“ gewonnen). Die Berichte aller Forschungsreisenden und auch der paar protestantischen „Missionäre“ Borneos behaupten übereinstimmend, die Dajaken seien das einzige Volk der Erde, welches gar keine Religion, sogar keine Spur einer Gottesidee habe. Diese Meinung, die bewiesen zu sein erscheint durch das totale Fehlen von Götzen und Götzenopfern, Götzenpriestern, Gebeten und jeglicher Religionssubstanz des Heidentums, also gerade durch das, was der Einführung der christlichen Religion sehr günstig wäre, trieb mich an, in den (gegen) 20 langen Gesängen der fünf Tage dauernden Seelensühnefeier für verstorbene Dajaken nach Religionsspuren zu forschen. Dieser Arbeit widmete ich lange Zeit in Mill Hill jede freie Stunde. Die schriftliche Abhandlung hierüber und die reichlichen wörtlichen Anführungen des zwar sehr ermüdenden, aber ebenso merkwürdigen, im Lesepublikum ganz unbekannten uralten Poems füllen 30 eng beschriebene Seiten (Sie wird sich in meinem Nachlass vorfinden)[7]. Ich entdeckte nur eine Stelle, worin von einem Gott, „Schöpfer der Seele“, die Rede ist, aber ohne Anrufung und Anbetung. Dieselbe lautet in wörtlicher Übersetzung: Die Zauberin (Balian) redet die zu erlösende Seele an: „Wohl kenne ich den Beginn deines Lebens: Du bist ein Werk Gottes (dschata) von der goldenen Pforte (des Himmelspalastes), ein Geschöpf Gottes, der dich aus Tropfen erschuf vom Taue des obersten Firmamentes (Himmel).“ Da aber die längst veraltete Sprache der Ureinwohner Borneos, die Sangiang-Sprache, welche sich in diesen Gesängen noch allein erhielt, sich zum heutigen Dajakideom ungefähr so verhält wie das Latein zum Italienischen, dem Volke Italiens nur in einigen Wörtern noch verständlich, so wird jener Überrest eines Gottesglaubens alter Zeit jedenfalls nicht beachtet noch auch verstanden, und andere Überreste wird es nicht geben. Daher die Meinung, das Volk Borneos wisse nichts von der Existenz einer Gottheit, wahr sein mag. Aber welch starker Anhalts- und Anknüpfungspunkt für das Evangelium und seine Fundamentallehre von dem Erlösungsbedürfnisse aller Menschen und die Einführung der christlichen Seele nach christlich gutem Leben in den Himmel, nicht durch Zauberweiber, sondern durch einen göttlichen, menschgewordenen Erlöser, im Geleite himmlischer Engel, anstatt wie im Gesang behauptet wird, „geleitet durch die Seelen von sieben dem Totenfest (tiwah) anwohnenden Jünglingen", die nichts davon wissen noch spüren! Bis zu der, vom Tiwahfest bezweckten Überführung der abgeschiedenen Seele vom freudelosen Dasein nach dem Tode hinauf in das immerwährende Glück des Lebens im Himmel, so glauben die Dajaken, muss nämlich die Seele auf Erden, in der Nähe ihres Leibes bleiben, ist unselig und wird als Spukgeist gefürchtet. Das Sühne-Totenfest Tiwah, dessen Zauber diese Erlösung der Verstorbenen und Befreiung der Überlebenden von ihrer Furcht von ihnen bewirken soll, wird daher von den Dajaken allen als einziges Hilfsmittel zum Seligwerden in der Ewigkeit (an die sie glauben) lebenslang durch Arbeiten und Sparen vorbereitet, weil es so große Vorkehrungen erfordert und fünf Tage lang wenigstens 1000 Festteilnehmer verköstigen und unterhalten muss, dass es unerschwinglich kostspielig ist für die meisten und daher jahrelang von ihnen noch im Leben schon zum voraus abverdient werden muss. Wie werden sie begrüßen, durch den Glauben an einen wahren Erlöser und durch das einfache Halten der Gebote und der Gebote seiner Kirche, ganz sicher und gewiss der nämlichen ja noch unendlich vollkommeneren, weil tatsächlichen und nicht bloß vermeintlichen Erlösung und ewigen Beseligung teilhaft werden zu können, und dies ganz ohne die schrecklichen Mühen und Vorarbeiten für das überdies unwirksame, grausam täuschende, verlogene Tiwah! Dies bewahrheitet sich durch die bereits so herrlichen Missionserfolge.

Sogar für den christlichen Glauben an die „Auferstehung des Fleisches" bietet der Tiwah-Gesang einen sehr guten Anknüpfungsgedanken. Es findet sich nämlich darin der Glaube ausgesprochen: Die Seele bedürfe noch ihrer Hinüber- bzw. Hinaufführung in den Himmel, noch einer Vermehrung und Vervollkommnung ihrer Glückseligkeit, nämlich durch die Wiedervereinigung der körperlos gewordenen Seele des Verstorbenen mit ihren zurückgelassenen Leibe. Derselbe müsse zu diesem Zwecke verwandelt, verjüngt, verschönt und veredelt werden. Auch das besorgen angeblich die Berufs-

Zauberinnen des Tiwah, die Balian. Ein jeder einzelne Teil, jedes Glied, jedes Organ des Leibes, so glaubt ihr Gesang, habe seinen speziellen eigenen „Lebensgeist". Durch Streuen und Räuchern ihres Weihrauches (tawor) und Salben mit einem „allreinenden" Safte „aus der Ferne", und unter Anrufen jedes Lebensgeistes bei seinem Namen zaubern die balian singend sie geläutert und gänzlich befreit von allen einstigen Mängel hinüber zu der Seele, der sie einst gehörten und nun wieder gehören für immer... Die alten Benediktiner-Missionäre knüpften an derart entstellte, korrumpierte Wahrheits-Glaubensreste sehr oft und geschickt die verwandt scheinenden wirklichen Wahrheiten an und fanden umso größeres Verständnis dafür und größere Neigung zur Annahme derselben.

Ich erkannte bei diesen Studien, welch günstiger Boden für das katholische Christentum Borneo sei, besonders mit Hilfe dieser Kenntnisse und ihrer Anwendung

Da tauchte in mir der Gedanke auf: Wie vielverheißend und wie wünschenswert wäre die Mission dieses Volkes, seine Bekehrung, Zivilisierung und die Kultivierung seines unvergleichlich gesegneten Landes für die geplanten ersten wiedererstandenen Benediktiner-Heidenmissionäre als erstes Arbeitsfeld ihres Apostolates! Aber nicht das Zipfelchen des englischen Gebietes dieser großen Insel (für die Apostolische Präfektur englischer Missionäre allein schon groß genug für noch lange, aber nicht auch noch für andere) lag mir im Sinn, sondern ein Stück des wohl sieben Mal größeren Hauptteiles von Borneo, holländisches Dominium, noch jetzt nur von der einen holländischen Kapuziner-Provinz missioniert. Dieses größte Eiland der Welt, 553.000 qkm groß, an Naturvorzügen aller Art reich, nicht ärmlich bevölkert, bietet auf einem Terrain, das 67.000 qkm größer ist als das ganze Deutsche Reich (486.000 qkm) doch sicherlich Missionsarbeit für mehr als bloß zwei Genossenschaften der christlichen Glaubensverbreitung! Ich nahm es mir faktisch ernstlich vor, dieses Missionsfeld als das erste der künftigen ersten Heidenmissionäre O.S.B. anzustreben. Aber der Mensch denkt, Gott lenkt. Ähnlich wie es in der Apostelgeschichte heißt: „Da sie Phrygien durchzogen, aber vom Hl. Geist abgehalten wurden, das Wortes Gottes in (der Provinz) Asien zu verkünden, so wandten sie sich nach Mysien und waren im Begriff nach Bythinien zu reisen, aber auch das gestattete ihnen der Geist Jesu nicht", so fügte es der Herr auch anders als ich vorhatte. (Darüber wäre später zu berichten). Weil es mir aber vielleicht nicht mehr möglich sein wird, so sei kurz bemerkt: Bewogen von der Drohung Bismarcks, alle französischen Missionäre aus Deutsch-Ostafrika auszuweisen und ausschließlich mit deutschen protestantischen Missionären zu ersetzen, wenn es keine katholischen Missionäre deutscher Nation gebe, trennte Papst Leo XIII. ein großes Stück von Deutsch-Ostafrika ab von den zwei französischen Vikariaten Nyassa und Zanzibar, schuf daraus eine Präfektur „Südsansibar" (später Apostolisches Vikariat „Dar-es-Salaam") und gab sie den Benediktiner-Missionären von St. Ottilien, im Kulturkampf „Benediktus-Missionsgenossenschaft" genannt, als ihr Arbeitsfeld, weil sie damals (1887) die ersten und noch einzigen katholischen Missionäre deutscher Nation auf deutschem Reichsboden waren. Es war offenbar Gottes hl. Wille und Barmherzigkeit für die armen Kinder Chams in Ostafrika. Denn hätten wir es nicht übernommen, so wäre ihr Land jetzt von lauter protestantischen Missionen besät. Trotz dreier Kriege (1888/89, 1905 und 1914-18), die uns viele Missionen, darunter gleich die erste, zerstört haben, trotz über 40 Klimaopfer junger, kostbarer Leben von Glaubensboten und dazu von 32 unserer Missionsschwestern O.S.B. und fünf Blutzeugen und trotz der schließlichen Vertreibung sämtlicher deutscher Missionäre, ihrer langen Gefangenschaft und der Brachlegung unseres ganzen ersten Arbeitsfeldes, zählte es schon 1917 bei 20.000 katholische Neubekehrte und Katechumenen und jetzt ebenso viele in dem einen Drittel, das uns davon geblieben ist! Und bei dem erfreulichen Wachstum unserer Kongregation und apostolischen Eifer ihrer Mitglieder darf man hoffen, dass mit Jesu Hilfe in nicht so ferner Zukunft das ganze Land zum katholischen alleinseligmachenden Reiche Christi, unseres Königs zählen werde. Die vielen Arbeiten und Opfer werden ihre ewige Frucht tragen. Dass also nicht Borneo, sondern Deutsch-Ostafrika das Seelenerntenfeld unserer ersten Arbeit im Dienste des Evangeliums werde, war ohne Zweifel vom Herrn Jesus gewollt und gefügt. I.O.G.D.

Das verlockende große[a] Anerbieten. Gründe meiner Ablehnung

Wie auf S. 6 (gegen Schluss) in diesem vorliegenden Schreiben berichtet wird, hatte ich in Erdington mein briefliches Gesuch um Bewilligung eines halbjährigen Aufenthaltes in Mill Hill zum Zwecke meiner vom Beuroner Abte verlangten „Qualifikation" zum Missionsberufe mit einer kurzen klaren Darlegung meines persönlichen Missionsprojektes begleitet, damit man nicht etwa glaube, ich habe vor, als Kandidat der englischen Missionsgesellschaft in Mill Hill einzutreten, und wollte hierfür mich prüfen lassen. Da dies durchaus nicht meine Absicht war, hielt ich es für eine durchaus ratsame Vorsichtsmaßregel, zum voraus hierüber Klarheit zu schaffen. Diese Darlegung enthielt

[a] HP[1] und HP[3]: „Das verlockend schöne Anerbieten".

nebst anderem auch das, was in diesem vorliegenden zweiten Berichte oben auf S. 7 und 8 über die Gründung einer großen Kommunität von Laienbrüdern als künftige Hilfsmissionäre O.S.B. gesagt ist. Der Rektor von Mill Hill, R.F. Benoît, übersandte mein Gesuch samt meiner ebenerwähnten Beilage an den hochwürdigen Gründer, damals Bischof von Salford.

His Lordship kam schon ein paar Tage nach meiner Ankunft in Mill Hill, nahm mich beiseite und besprach mit mir meinen Gründungsplan. Derselbe hatte seine volle Zustimmung, speziell der Passus über die Idee der Laienbrüder als Hilfsmissionäre. „Das ist, was ich schon lange auch für unsere Missionsgesellschaft gewünscht habe!" sagte er wörtlich. „Wie würde es mich freuen, wenn Sie dieses Projekt für uns realisieren würden!" Die Anerkennung von einer solchen Autorität war mir eine große, außerordentlich ermutigende Freude. Aber der beigefügte Wunsch erschreckte mich! Aus mehreren Gründen:

1. Die Sacred-Heart-Missionsgesellschaft von Mill Hill war, wie ich schon wusste, kein kirchlicher Orden, sondern eine Gesellschaft von Priestern, die sich mit zeitlichen Gelübden zur Beobachtung ihrer „Regel" – ein Werk ihres Gründers Vaughan – zu Gehorsam und Armut verpflichteten. Mein Plan dagegen war echt monastischer Art: eine Congregation O.S.B. mit kirchlich anerkannten ewigen Gelübden auf die uralte Regel des hlst. Ordensstifters St. Benediktus mit sehr zahlreichen, schon tausend- oder vielhundertjährigen Vorbildern der „Selbstheiligung", verbunden mit dem größten und verdienstlichsten Caritaswerke, d.i. mit dem Apostolate der Völkerbekehrung zu Christus. Wie hätten sich Missionäre zweier so verschiedener Richtungen vereinigen lassen unter einem Oberen?

2. Ich war sowohl in Beuron als in Maredsous längere Zeit Instruktor der Laienbrüder gewesen und habe gelernt, zwischen der verschiedenen Veranlagung verschiedener Nationalitäten zu unterscheiden. Dabei hatte ich mich überzeugt: Deutsche und Deutschschweizer eignen sich am besten für stramme Disziplin und klösterliche Askese, Flamländer gut, Österreicher und Holländer weniger gut, englische Laien dagegen am wenigsten. Daher hatte ich vor, nur mit Deutschen zu beginnen.[8]

3. In meiner Muttersprache allein fühlte ich mich fähig zum Unterrichte der Elemente, die gleichsam aus dem Rohstoffe zu bearbeiten waren, um daraus die beabsichtigte neue religiöse Genossenschaft für ihren erhabenen Doppelberuf auszubilden. Am unfähigsten fühlte ich mich in der zu spät und nie vollkommen gelernten englischen Sprache, da so viel, viel zu sagen war.

4. Auch der Gedanke wehrte mich ab: es werde ersprießlich oder nötig erscheinen, dass ich zur Realisierung des geplanten Vorhabens (Gründung des Institutes der Hilfsmissionäre), wenn es für Mill Hill geschehen sollte, aus

meinem Orden ausscheiden und Mitglied der englischen Sacred-Heart-Society werde. Das je zu wollen lag mir fern.

Diese vier schweren Bedenken standen dem Wunsche des hochwürdigsten Herrn trotz meiner Verehrung und Dankbarkeit zu ihm entgegen, besonders nach folgendem Vorfalle.[9]

Am 4. September 1882 teilte mir der Rektor von Mill Hill mit, eine Dame der katholischen Aristokratie offeriere der englischen katholischen Missionsgesellschaft vom Hlst. Herzen (Mill Hill) ihr Schloss Membledon (London) um 120 Pfund Jahresmiete auf drei Jahre für eine Kommunität von Missionären. Er habe an das Projekt der Gründung einer monastischen Genossenschaft von Laienbrüdern als Hilfsmissionären gedacht, dem Hochw. Bischof von Salford (Gründer von Mill Hill) es mitgeteilt, und dieser sei damit[a] einverstanden.

Am 13. Oktober bestellte uns derselbe nach London zu einem *meeting*. Wir besuchten mitsammen – Bischof, Rektor und ich – genanntes Schloss. Ich solle sehen, ob es sich eigne für gedachten Zwecke, d.i. für ein Institut der „Mission Brothers", dessen „Statuten" ich bereits ausgearbeitet und ihm unterbreitet hatte[10]. Bei der Besichtigung leuchtete mir sofort ein: „Nein! Membledon eignet sich nicht! Wäre es Eigentum anstatt nur Nießbrauch[b], so könnte es allenfalls, falls gleich bei Beginn gute eigene Arbeitskräfte (Kandidaten) zur Verfügung ständen, durch Umbauten brauchbar gemacht werden. Ein Mietshaus dagegen muss in seinem Zustand unverändert erhalten bleiben[c]. Nach einmal: Nein!" Diese herrschaftlichen Räume würden Arbeiter, Handwerker und Gewerbetreibende, die ja durchwegs aus ärmlichen Verhältnissen kommen und in Heidenmissionen kulturloser Länder noch viel ärmeren Verhältnissen entgegengehen, verwöhnen anstatt sie darauf vorzubereiten, weil sie opferwillig und opferfähig werden müssen, um sie ertragen zu können, so lange sie von ihnen noch nicht durch neue ersetzt worden sind[d].

[a] HP[3]: damit ganz einverstanden.

[b] HP[3]: Miethaus.

[c] HP[3] fügt hier ein: zumal bei einer Miete auf drei Jahren bloß!

[d] HP[3]: „...damit sie ohne Schwierigkeit und geduldig sie ertragen könne, bis ihre Arbeit sie kultivierend verbessert hat."

Aus diesem Grunde – die vier obigen Gründe im Herzen sprachen mit – lehnte ich die Annahme des obigen Schlosses dankend ab! Die schwere Enttäuschung des guten Bischofs tat mir ungemein leid, aber konnte und durfte ich anders?

Die entscheidenden letzten Monate in Mill Hill

In der zweiten Hälfte meines Probehalbjahres in Mill Hill wurde ich eine Art „Spiritual" der jungen Missionäre des Klerikates, ihr Beichtvater usw. und hatte unter anderem die Aufsicht über sie, als sie in der Ferienzeit einen Monat lang in einer englischen Ortschaft unfern der Nordseeküste (Calvedon?) zubrachten, wo ein katholischer Häuserbesitzer und Wohltäter der Mission ein ganzes unbewohntes Haus ihnen für einen Monat zum Ferienaufenthalt eingeräumt hatte. Da durften sie nach Plaisir hausen, kochten selber usw. In der Hauskapelle, wo sie ihr tägliches Officium divinum und ihre gewohnten Andachten verrichteten, las ich ihnen die hl. Messe.

Daheim in Mill Hill widmete ich alle frei Zeit des letzten Vierteljahres – aus Kränklichkeit inzwischen auch ein paar Mal mehrere Tage bettlägrig – der Verfassung der Konstitutionen zur hl. Regel O.S.B, Usancen, Rituale, gemeinschaftlichen Gebete etc. des geplanten künftigen Benediktiner-Missionsklosters (später wirklich eingeführt, soweit der damalige deutsche „Kulturkampf" es ermöglichte, für die Anfangsjahre). Als ich hierzu mein Buch der hl. Regel benützen wollte, erfuhr ich eine schmerzliche, befremdende Überraschung. Ich hatte dieses Buch, das nebst der hl. Regel auch die authentische Vita S.P. Benedicti vom hl. Papst Gregor d.Gr. enthielt, mit meinen anderen ärmlichen Habseligkeiten berechtigter Weise mit eingepackt, als ich mich zur Abreise von Erdington rüsten durfte. Aber aus Unkenntnis meines Benediktiner Zukunftswerkes (meinen Confratres ein Geheimnis) und ohne Zweifel aus falschem Verdachte, war es samt meiner Kukulle, die ich seit meiner Profess 12 Jahre im Chore getragen hatte, aus dem Koffer weggenommen worden und im Priorate zu Erdington zurückbehalten worden! Ob mit Recht oder nicht, wird ein „Anderer" entscheiden und schon entschieden haben. Das konnte mich aber an der Verfassung der darauf basierenden Konstitutionen, verbunden mit Regelerklärungen, nicht hindern[11]. Denn zum großen Glücke hatten wir im Noviziate die hl. Regel wörtlich auswendig lernen müssen, und die wortgetreue Erinnerung daran war mir im Gedächtnis fest haften geblieben, zum Teil bis in mein jetziges 84tes Lebensjahr.

Unter meinen mir gebliebenen (sehr spärlichen) Manuskripten, Notizen etc. jener Zeit vor jetzt 45 Jahren befindet sich u.a. auch schon ein kleiner architektonischer Entwurf für das geplante erste Missionskloster O.S.B., den ich jedoch später zwingender Verhältnisse halber nicht in dieser Form noch Größe zur Ausführung gebracht habe[12].

Hiermit war der Oktober 1882, der siebte Monat meines Millhiller Probejahres seinem Ende nahe gerückt, für meinen Abt die Endfrist zur Kenntnisnahme des Resultates meiner „Missionsqualifikationen". Ich ersuchte den hochw. Rektor von Mill Hill darum. Er willfahrte und schrieb hierüber an den Abt, damals – vertrieben aus Beuron vom Kulturkampf – im Beuroner interimistischen Zufluchtskloster Emaus in Prag. Ich las dieses mir so wichtige Zeugnis. Es begann damit: Vor Beginn der Probe und Beobachtung habe er misstraut und gefürchtet, mein Missionsverlangen, was bei Religiosen mit ewigen Gelübden häufig der Fall sei, rühre vielleicht auch vom Mangel an Ausdauer im beschworenen, bindenden monastischen Berufe her und sei mehr eine Versuchung als ein göttlicher Beruf. Er sei aber nach einer gewissenhaften Prüfung und Beobachtung in den 7 ½ Monaten, die ich im Missionskolleg St. Joseph zu Mill Hill zugebracht, zu der entgegengesetzten Überzeugung gelangt. Sowohl er (der Rektor) als auch der Gründer von Mill Hill und der englischen katholischen Missionsgesellschaft, S.G. Bischof von Salford, haben dieselbe Überzeugung gewonnen und glauben fest, dass das von mir intendierte Werk „eine Eingebung des Hl. Geistes" sei (letzteres wörtlich).

Wie dankte ich Gott! Letzteres wörtlich zitierte Zeugnis sprach das gerade Gegenteil aus von der einstigen oben Seite 1-2 berichteten Äußerung meines Abtes, umso merkwürdiger, weil ich dem Rektor nichts davon gesagt hatte, noch auch davon, dass schon der Rektor eines Jesuitenkollegiums auch die Überzeugung gewonnen habe, was ich anstrebe, sei von Gott und nicht „vom Teufel".

Mit diesem Testimonium siegte endlich die Gnade. Schon seit Jahren hatte ich jedes stipendiumfreie Messopfer in den vier Intentionen dargebracht: 1. Verzeihung meiner Sünden, 2. meine eigene Bekehrung, 3. dass ich ein Werkzeug werde zur Bekehrung und Rettung vieler anderer Seelen, 4. ein begnadigter seliger Tod. Nun hatte meine „Qualifikation" zur Erhörung der dritten dieser Intentionen geführt! Deo gratias! Möge dies beitragen zur barmherzigen Erhörung auch der übrigen drei! Amen. Amen.

Wie schon oben vorausgeschickt, S. 4 und 6 dieses zweiten Teiles meines brieflichen Berichtes, hat das Zeugnis meinen Abt bewogen, Wort zu halten und mit dem Segen des Gehorsams mich der von Gott gewollten und gefügten Lebensaufgabe zu widmen.

Der hochwst. Bischof von Salford riet mir, jetzt auf den Kontinent zu reisen, zunächst um nach seinem einstigen Beispiele für die nötigen materiellen Subsidien durch eine Kollekte zu sorgen. Die Habseligkeiten meiner großen Armut waren in einem geliehenen Koffer bald gepackt und am 29. Oktober 1882 nahm ich von Mill Hill dankbaren Herzens Abschied für immer.

Ich hatte mir vorgenommen, das apostolische Wirken mit der Wallfahrt an ein Apostelgrab einzuleiten. Zu Trier, in der Klosterkirche der Benediktinerabtei St. Matthias, ist das nächstgelegene. Das war mein erstes Reiseziel. Bei der einbrechenden Nacht vom 29. auf den 30. Oktober schiffte ich mich zu London ein für Calais – Trier.

Väterlicher Segensgruß! vom Berichterstatter P.A.A., resignierter 1. Superior generalis O.S.B. pro miss. Ext (Festum S. Petri ad vincula), 1. August 1927.

3. Teil des authentischen kurzen Berichts vom Gründer[a]

1. Nach einer außerordentlich stürmischen Überfahrt von London nach Calais hielt mich die kranke Nacht in Calais zurück, und konnte ich erst am folgenden Tag Mittag (31. Oktober) die Weiterreise antreten. Zunächst nach Köln, wo ich das Fest Allerheiligen feierte und am 2. November nach Allerseelen bis zum Mittag, worauf ich nach Trier weiterfuhr, um, wie im vorigen Brief gesagt, meinen apostolischen Missionsberuf mit einer Wallfahrt zum Grabe des Apostels Matthias einzuleiten. Dort fand ich die Abtei St. Matthias samt Kirche durch die Austreibung der Religiosen aus dem deutschen Reiche (Kulturkampfzeit!) traurig verödet und brachte nach meiner Messe im Dom den 3. November 1882 größtenteils im völlig menschenleeren Heiligtum des Apostelgrabes zu. Der marmorne Sarkophag desselben wird von vier hohen Marmorsäulen getragen, über den Boden des Chores erhoben. Darunter kniend konnte ich in der tagelangen Stille ungestört meine Berufsanliegen, welche die Ausbreitung des Evangeliums und Reiches Christi mit möglichst reicher Seelenernte zum Ziele hatten, mit dem Apostel beraten, im Herzen besprechen und ihm anempfehlen, was ich mit meiner ganzen Seele tat. Aus der Selbstbiographie der hl. Theresia wissen wir, dass sie vor Beginn jeder Gründung ihrer 30 Klöster ein starkes Bangen empfand. Wenn ein so herrliches grünes Reis nicht verschont blieb, wie viel weniger ein so dürres wie ich? Ich

[a] HP[1]: Wie es im 19. Jahrhundert zur Gründung einer deutschen Kongregation O.S.B. für die Heidenmissionen (St. Ottilien) gekommen ist. III. Teil des authentischen kurzen Berichtes vom Gründer.

hatte jedenfalls viele Hilfe nötig. Von Menschen? *„Nolite confidere in principibus, in filiis hominum in quibus non est salus – In Menschenkindern ist kein Heil, auf das ich mich verlassen konnte."* Nun suchte ich es lieber bei dem Apostel Christi, den das gnadenreiche Los getroffen hatte, das Apostolat eines Unwürdigen zu ersetzen.

Nachdem ich noch mein altes Interesse an Geschichte und Altertum durch die äußere Besichtigung des „Schwarzen Tores", eines ziemlich erhaltenen letzten Überrestes der alten römischen Kaiserstadt, der deren viermalige Zerstörung überdauert hat, rasch zufriedengestellt hatte (den reichen Reliquienschatz, soweit nicht auf zehn zu zehn Jahren eingemauert, einst von der hl. Kaiserin Helena, Mutter Konstantins d.Gr., der Stadt geschenkt, hatte ich bereits nach meiner Messe angesehen und verehrt), reiste ich von Trier ab nach Freiburg i.Br. Wohnung bezog ich daselbst bei Oberbaurat Karl Dietz, in dessen Familie ich schon vor 18 Jahren Hausfreund geworden war. Ich konnte noch an der stillen Abendfeier seines Namenstages „Karl Borromäus" (4. November) teilnehmen.

In Freiburg ließ ich mich von Dr. Baumann, Professor der medizinischen Fakultät an der Universität, rühmlichst bekannter Prognostiker, auf meinen Gesundheitszustand untersuchen. Ich fühlte mich nämlich bedenklich geschwächt. Nicht zu verwundern an einem von Kindheit auf kränklichen, besonders Nervenschwachen, nach 12 Jahren so schmerzlichen Sehnens, inneren Leidens und Wartenmüssens! Dr. Baumann fand meine Nerven äußerst schonungs- und ruhebedürftig, wenn sie den Strapazen, Arbeiten und Sorgen eines Unternehmens, das (wie er vernommen) ich vorhabe, gewachsen sein sollten. Ich blieb daher in meinem Logis zu Freiburg das ganze erste Vierteljahr des eben einbrechenden Winters zurückgezogen, vom 4. November 1882 bis Mitte Februar 1883, pflegte der nötigen Ruhe und enthielt mich des Verkehrs mit der Außenwelt. Das tägliche hl. Messopfer zelebrierte ich in der Klosterkapelle der Kreuzschwestern. Einige wenige Male besuchte ich Professor Alban Stolz, damals im Hospitale, als best-volkstümlicher, echt katholischer, geistreicher Schriftsteller literarisch mir längst bekannt, persönlich mir bekannt geworden vor ca. 12. Jahren, jetzt ein 75-jähriger, leiblich zusammengebrochen, aber geistig rüstig, obwohl nur ca. 9 Monate vor seinem Tode (16. Oktober 1883). Auch mit Hansjakob verkehrte ich zuweilen, damals Pfarrer, der als Volksschriftsteller auch rühmlichst bekannt zu werden begann, sonst fast mit niemand. Meine Ruhe-Muße nützte ich um so mehr aus. Mit Hilfe des Materials meiner Missionsstudien (1877-1882) verfasste ich den Aufsatz „Der Laienbruder als Hilfsmissionär" (später gedruckt im ganzen ersten Jahrgang unserer Missionsblätter von St. Ottilien 1888/89 in drei Fortsetzungen).

Im Februar machte ich meinen ersten und gottlob einzigen Anlauf zu einer mir vom Gründer Mill Hills angeratenen Kollektionsreise. In meinem schweizerischen Geburtsort Beromünster erhielt ich von einem Pfarrer S., einst einer meiner Gymnasialprofessoren, die erste namhafte Missionsgabe. Die genügte zu meiner ersten Romfahrt, meinem nächsten Vorhaben. Damit reiste ich in der letzten Februarwoche ab, durch den St. Gotthard nach Italien und langte in der ewigen Stadt etwa am 23. oder 24. Februar 1883 an.

2. Zweck und Resultat dieser ersten Romfahrt

Man glaube nicht, dass dieser mein Schritt schon die Eingabe an den Hl. Stuhl um die päpstliche Genehmigung der von mir erst projektierten Gründung bezweckt habe! Das Projekt schwebte ja noch in der Luft. Von den Fragen des bekannten Hexameters: „Quis, quid, ubi, quibus auxiliis, cur, quomodo, quando?" hätte die Eingabe bloß beantworten können: „Quis, quid, cur?", hätte aber auf „ubi, quibus auxiliis, quomodo, quando?" noch schweigen müssen, weil noch ungewiss. Eine solche verfrühte Petition wäre eines wohlverdienten Fiaskos gewiss gewesen. Vorher, und zwar vor allem anderen, musste ich wissen, ob der Hl. Stuhl, resp. die S.C. de Propaganda Fide überhaupt geneigt sei, mich in den apostolischen Missionsdienst einzustellen und mich hierzu in ihre Obedienz aufzunehmen, da mein Abt in seinem Dokumente mich der Propaganda in perpetuam obedientiam übergab und abtrat. Der Zweck meiner ersten Romreise war also vor allem ein persönlicher und noch kein rein sachlicher. Ich sage „rein" sachlicher. Denn zugunsten meiner Person hielt ich es für vorteilhaft, gleich anfangs, also jetzt schon, auch etwas von meiner Sache bekannt zu geben, nur noch nicht in Form einer Bittschrift! In dieser Absicht reichte ich noch nicht dem Kardinalpräfekten der Propaganda, Msgr. Simeoni, sondern ihrem (wie man mir sagte) „Faktotum" und Sekretär Msrg. Jacobini, Erzbischof i.p. (später Kardinal), gleichzeitig mit meinem Obedienzdokument auch eine kurze, aber klare Darlegung meines beabsichtigten Missionsunternehmens O.S.B. ein. Dazu gebrauchte ich eine Abschrift des nämlichen Schreibens, das ich meinem Gesuche um Zulassung um Aufenthalt für meine „Qualifikationprobe" nach Mill Hill geschickt hatte und das sowohl dem Obern als dem Gründer von Mill Hill so gut gefiel. Eine ähnliche günstige Wirkung erwartete ich jetzt in Rom, und ich täuschte mich nicht.

Msgr. Jacobini las meine beiden Schriftstücke in meiner Gegenwart und sagte: „Ihr monastischer Missionsgenossenschafts-Plan ist sehr gut. Er wird Gefallen finden. Bevor Sie aber mit seiner Ausführung betraut werden können, muss ich nach Vorschrift mich bei Ihrem Abte nach Ihren Personalien erkundigen. Kommen Sie in acht Tagen wieder aufs Sekretariat".

Ich brachte diese Tage mit dem Besuch der großen Heiligtümer Roms zu, vor allem der hl. Apostelgräber und der Katakomben. Für den 1. März jedoch erhielt ich von einem in Rom domizilierten Jugendfreunde eine Eintrittskarte für den Vatikan. Papst Leo XIII. feierte an diesem Tage das 5. Jahresfest seiner Papstkrönung und pontifizierte in der Sixtina. In dem langen, nicht sehr breiten Korridor vom Vatikan zu dieser Kapelle, durch den der Hl. Vater kommen musste, postierte mich ein glücklicher „Zufall" (man sollte dieses Wort nie brauchen, denn es gibt keinen) gedrängt von der neugierigen Menschenmenge unmittelbar vor die Tür, die in den päpstlichen Palast führte. Da trat der sehr aszetisch aussehende Vater der Christenheit heraus, bestieg die ihn hier erwartende *sedia gestatoria* und ruhte einige Minuten darauf aus, bevor er sich forttragen ließ. Ich kniete nur etwa drei oder vier Schritte vor ihm und konnte mit Muße in dieser Nähe seine rührend ehrwürdige Erscheinung betrachten, Angesicht zu Angesicht, und empfing zusammen mit der knienden langen Reihe Fremder seinen Segen, den er Schritt für Schritt seiner „rotsamtenen" Träger erteilte – für mich der erste päpstliche Segen! Zum ersten Male hatte ich das Haupt der irdischen Kirche gesehen.

Nach Ablauf der acht Tage traf ich erwartungsvoll wieder im Sekretariate ein. Der freundliche Empfang war mir ein gutes Zeichen. „Die Auskunft des Abtes lautet gut", sprach Msgr. Jacobini sichtlich erfreut. Von diesem Tage an datierte das sehr große Wohlwollen, womit er mein Unternehmen stets protegiert und gefördert hat, was nicht wenig heißen will. Er ging wöchentlich, auch ein paar Mal, im Vatikan ein und aus und brachte alle meine Gründungsanliegen ohne Zeitverlust bei dem ihm sehr gewogenen Hl. Vater direkt zum Austrag und zur Entscheidung, ohne mich den endlosen Umweg durch die S. Congregatio Regulorum gehen zu lassen, so dass die schriftlichen Bescheide alle, die ich vom Sekretariat erhielt „ex audientia Sanctissimi" überschrieben waren. Nach der Mitteilung, die äbtliche Auskunft betreffend meiner Personalien laute günstig, machte Msgr. Jacobini schon gleich Gebrauch von meiner, an die Propaganda Fide übergegangenen Obedienzpflicht und sprach: „Zur Erlernung noch mancher nützlicher Praktiken eines Missionshauses für die ausländischen Missionen gehen Sie jetzt, bevor Sie damit beginnen, für ein halbes Jahr auch noch nach Steyl. Diese neue Anstalt ist musterhaft. Da können Sie für Ihr Unternehmen jedenfalls manches lernen."

Auf mein Gesuch antwortete Hochw. Janssen, der Gründer und Rektor von Steyl, mit der freundlichen, liebevollen Einladung zu kommen. So hatte meine erste Romfahrt ihren Zweck vollkommen erreicht und ich kehrte, im Herzen Gott dankbar dafür, nach Freiburg zurück, um von dort zugleich nach Steyl überzusiedeln. Wie in Mill Hill vor einem Jahr, so traf ich auch in Steyl am 18. März 1883 ein und begann meine endlich letzte Warte- und Vorbereitungszeit wieder mit dem Feste des hl. Josefs.

Letzte acht Monate meiner langen Vorschulzeit der Gründung. Steyl März – November 1883

Auch in dieser meiner wirklich letzten Lehrzeit waren mehr meine für alles offenen Augen meine Lehrer, mehr als die Ohren. So war ich sozusagen mein eigener Lehrer. Man baute gerade die Kirche. Architekt, Planfertiger und Ingenieur war ein Kleriker (Theologe) des Missionshauses. Was ich mir merkte! Das schöne Gotteshaus war erst im Rohbau fertig, noch fehlten Fenster und Verputz, und der Gottesdienst wurde für die schon sehr zahlreiche Kommunität und die Missionszöglinge noch in einem großen hohen Saale gehalten. Zuerst wurde mir die Zeichnung für die bemalten Glasfenster des Chores aufgetragen. Ich fertigte mehrere derselben nach freigelassenen Entwürfen an, z.B. Michael, Gabriel, Raphael etc., die Rektor Janssen besonders verehrte. Diese Verehrung war das erste, was ich in Steyl lernte und beibehielt, so dass ich auch in St. Ottilien unser erstes Haupthaus (jetzt Exerzitienhaus und landwirtschaftliche Schule) St. Michael benannte, das erste Haus für die Zöglinge St. Gabriel und das erste Haus für die Hilfsmissionäre oder Laienbrüder St. Raphael[a].

Vom Gebetsleben, das mit besonderem Eifer gepflegt wurde – und zwar in Gemeinschaft – und das aus sehr frommen Andachten bestand, woran alle, Kleriker, Zöglinge und auch die Priester-Professen teilnehmen mussten, empfing ich einen nachhaltigen Eindruck. Ich nahm mir vor, es nicht minder einst pflegen zu lassen, wenn auch nicht mit den nämlichen Andachten.

Der Unterricht in den Missionsschulen wurde vom deutschen „Kulturkampfe" in Steyl außerordentlich begünstigt und gefördert, gerade so sehr wie

[a] Fußnote Amrheins: Michael, der „Wer-wie-Gott", der Anführer des Gott getreuen Engelheeres, der Kämpfer für das Reich Gottes und Reiniger des Himmels vom Satan (d.h. Verführer) und von seinem Heer Abgefallener, möge auch uns schwache Diener des Allerhöchsten vor dem Abfall bewahren und uns anführen zum Siege über das Reich Satans, des Heidentums. – Gabriel, der erste, welcher auf Erden den Namen Jesu verkündete und die Ankunft Seines Reiches ohne Ende meldete, dieser Bringer der Frohen Botschaft, möge unsere Namen und aller derjenigen, welchen wir die „Frohe Botschaft", d.h. das Evangelium, als Glaubensboten bringen, eintragen zum Namen unseres Erlösers ins Buch des Lebens. – Raphael, der große Patron der Werke der Barmherzigkeit und der Charitas, dieser geistigen und leiblichen Heilswissenschaft, die gottgefälligste Tugend, mache sie zu unserer Haupttugend und zum auszeichnenden Characteristicum der Benediktiner der Kongregation von St. Ottilien pro missionis exteris.

in St. Ottilien während der ganzen Gründungszeit erschwert und beinahe unmöglich gemacht! Denn die vom berüchtigten „Kanzelparagraphen" der Maigesetze wegen dessen Übertretung mit Kerkerstrafen bedrohten Priester, größtenteils jüngere, sogenannte „Hetzkapläne", flohen alle ins Ausland, um sich der Haft zu entziehen. Und da lag kein Zufluchtsort näher als Steyl in Holland, nur zwei Stunden über der Grenze. Da waren sie hochwillkommen und fanden sofort Anstellung als Professoren an den Schulen, namentlich der Philosophie und Theologie. Mit letzteren vier zusammen speiste ich bei Tisch während aller acht Monate. Durch so viele Auswanderungen junger deutscher Priester entstand aber ein großer Priestermangel im deutschen Reiche, umso viel mehr, weil die Priesterseminarien aller Diözesen staatlich geschlossen worden waren, so dass von keinem deutschen Episkopate Priester abgegeben wurden, für den Eintritt in ein Missionshaus (das erste katholische in Deutschland und obendrein erst im Entstehen begriffen) erst recht keiner! Daher die schreckliche Priester- und Professorennot in der ganzen Anfangszeit unserer „St. Benediktus-Missionsgenossenschaft" (unser Name in der Zeit des Kulturkampfes). Aber greifen wir der Zeit nicht vor. Zurück nach Steyl.

In Steyl war es, wo ich meine erste Predigt in deutscher Sprache hielt – im elften Jahre meines Priestertums! Meine allererste Predigt war im sechsten Priesterjahre auf Französisch in der Abtei Maredsous in Belgien gehalten worden, am Feste Mariä Himmelfahrt, meine nachherigen auf Englisch in England. In Beuron war ich von der Kanzel stets ferngehalten worden. Wer weiß warum? Wer den ersten Brief dieses Berichtes gelesen ha, kann den Beweggrund erraten. Meine erste deutsche Predigt hielt ich, dazu beauftragt vom Hochwürdigen Rektor schon in der neuen Kirche, deren Unterkirche bereits fertig war und jetzt zum Gottesdienst gebraucht wurde, während die unfertige Oberkirche noch der Vollendung bedurfte. Da das mir ungewohnt gewordene Memorieren geschriebener Predigten mich noch etwas an der Freiheit des Vortrages hinderte, gab ich es schon nach der ersten Predigt auf und befolgte den Rat, welchen ich in Mill Hill den Gründer, Bischof von Salford, in einem Lehrvortrag den Klerikern hatte geben hören und predigte von da an (was jetzt häufiger und leichter geschah, auch mit besserer Wirkung) nach bloßer Betrachtung und überdachter Dispositionsskizze des Predigtstoffes. Einst, es war im September, bot sich mir eine eigentümliche, geradezu zwingende Veranlassung zur Nutzbarmachtung dieser Predigtpraxis und Vorübung. Da sie in das Missionswesen einschlägt, möge sie hier erwähnt werden.

Ich wurde nach Liedberg geschickt, einem Ort in den Rheinlanden, mit einem kleinen Landschlosse und einer Pfarrkirche. Ich soll in der Abwesenheit seine Pfarrkirche pastorieren. Als ich kam, erschreckte mich schon in der ersten Stunde die Kunde von der Ursache der pfarrherrlichen Abwesenheit. Die ganze Pfarrei hatte seit Jahren mit ihrem Pastor in größter Feindschaft gelebt. Er war von Nation ein Pole und kirchlich von beispiellos übertriebenem Rigorismus, so dass niemand mehr zu den Sakramenten ging. „Denn er mache“, sagte man, „die Leute im Beichtstuhl verrückt!“ Nur die Schulkinder, weil sie mussten, und einige Betschwestern beichteten noch bei ihm. Wenige Tage vor meiner Ankunft hatte nun eine dieser Betschwestern, seiner Pönitenten, sich erhängt! Ein schrecklicher Wahrheitsbeweis, dass man in seinem Beichtstuhl verrückt werde. Schon in der ersten Stunde suchten ihre Freundinnen mich auf und teilten trostbedürftig es mir mit. Die Unglückliche hatte sich verheiratet, und dafür habe ihr der Pfarrer die Absolution verweigert und mit der Hölle und Verdammnis gedroht, weil sie hätte Jungfrau bleiben sollen. Hatte er ihr vielleicht das Gelübde der Keuschheit einst abgenommen? Kurz bevor ich kam, war sie beerdigt worden. Die ganze Pfarrgemeinde fand ich noch in größter Aufregung. Die Abwesenheit ihres „Seelsorgers“ war mir erklärlich. Aber ich fragte nicht nach ihrer Ursache und mir blieb unklar, ob er von seinen Pfarrkindern verjagt oder von seinem Bischof entfernt worden sei. Jedenfalls konnte er nicht mehr zurückkehren. Das Thema meiner Predigt, die ich schon anderen Tages (ein Sonntag) zu halten hatte, war nach alldem außerordentlich schwierig und wie man auf Schweizerdeutsch sagt: „heikel“. Die bisher verödete Kirche war überfüllt. Im Beichtstuhl hielt mich eine Unzahl von Pönitenten den ganzen Morgen vor dem Gottesdienst um halb neun Uhr und nachher wieder bis Mittag fortwährend fest. Als ich erkannte, welche Verheerung der heillose Rigorismus dieses „Hirten“ (Pastors) in den Seelen angerichtet hatte, entschloss ich mich allein und ohne Mitarbeiter, ohne Gehilfen eine improvisierte dreitägige Mission zu halten, und begann damit gleich Tags darauf. Die Pfarrei nahm wie ein Mann teil daran. Mein Tagewerk, mannigfaltig, füllte den Tag lückenlos von der Morgendämmerung bis spät Abends aus. Es waren sehr tröstliche, aber höchst anstrengende drei Tage. Dass ich keine Zeit hatte, eine der Predigten vorzubereiten, ist zu begreifen. Denn am frühesten Morgen ging's in den Beichtstuhl bis um acht Uhr, vom Beichtstuhl auf die Kanzel, von der Kanzel zum Amt, nach der langdauernden Kommunionausteilung und der Danksagung sofort wieder in den Beichtstuhl bis Mittag, nach rascher Mahlzeit Brevier, dann ohne Zwischenpause wieder zur Kirche und zweite Predigt, Nachmittagsgottesdienst und so in einem Zuge weiter ohne Unterbrechung, bis spät Abends die Stunde des Lichtanzündens mich vom Beichthören aufstehen sah. Dann natürlich Schluss der Tagesarbeit! Woher hätte ich also zur Vorbereitung der Predigten Zeit und Geistesruhe hernehmen müssen? Gott half und der Stimulus des guten Zweckes sowie der Anblick des sichtlich großen Eifers der Gemeinde. Die Kirche war bei jeder Predigt so gedrängt voll, Mann an Mann, auch jeder Stehplatz besetzt, dass mir die Gänge zur Kanzel und Sakristei und zum Beichtstuhl sehr erschwert waren.

Die Ruhe, die ich mir nach diesen Tagen gönnte, war fruchtbar nicht für die innere, sondern wieder für die äußere Mission. Zwar hatten die Besichtigung des von mehreren Familien gemieteten Landschlosses in Liedberg kein Resultat, als ich sehen wollte, ob das Gebäude sich etwa eignen würde, um mit der Ausführung meines monastischen Missionsplanes hier zu beginnen. Wichtiger und lohnender war aber, was ich in diesen Mußetagen schriftlich verfasste. Nämlich: der ganze definitive Entwurf meiner Eingabe an die Kardinäle der Propaganda zur Prüfung und Begutachtung meines Vorhabens der Errichtung einer selbständigen Kongregation des Benediktiner-Ordens zur monastischen Erziehung für das Apostolat der christlichen Glaubensverbreitung unter Heiden, welches die besondere Bestimmung und Berufstätigkeit ihrer Mitglieder, der priesterlichen speziell für das Wort Gottes und alles Geistliche und der Laienbrüder für alles Materielle der Mission sein sollte. In meinem Notizbuch dieses Jahres unter dem Datum „29. September, Fest des hl. Erzengels Michael" steht eingetragen: „Liedberg. Der Text meiner Eingabe an die Propaganda behufs päpstlicher Genehmigung einer eigenen Benediktiner-Ordensgenossenschaft für das einst so glorreich und erfolgreich von Benediktinern ausgeübte Apostolat der Heidenbekehrung, das wieder aufgenommen werden soll, ist vollendet sowohl Deutsch als auch Lateinisch. Deo gratias! Begonnen am 20. September. Arbeit von neun Tagen. I.O.G.D." Freilich ist in dieser wichtigen kurzen Notiz nicht gesagt, dass sie das Endresultat einer gleichsam organisch sich entwickelnden Überlegung von 13 Vorstudien- und Vorbereitungsjahren (1870-83) sei und in diesen wenigen Zeilen resümiere (was dem Dokumente zu Grunde lag) eine Menge Konzepte und wohl hundert Aufzeichnungen von nach und nach entstandenen Vorarbeiten und Vorstudien.

Von diesem Tage an bis diese Eingabe von mir in Rom eingereicht werden konnte (25. März 1884, Tag der Menschwerdung Christi) vergingen aber noch sechs Monate, wovon ich aber nur die zwei ersten noch in Steyl zubrachte (Oktober und November). In diesen letzteren geschah der erste Schritt zum tatsächlichen endlichen Beginn der Gründung, also noch in Steyl und von Steyl aus.

Die wichtigen zwei letzten Monate meines achtmonatlichen Aufenthaltes in Steyl

Zwischen dem Pfingstmontag, 6. Juni 1870, an welchem ich zum Revms Abte von Beuron sagte: „Wenn die Benediktiner noch missionstätig wären, würde ich in Beuron um Aufnahme bitten", ich sei aber zum Berufe der Mission im heidnischen Auslande entschlossen und habe nur hierfür den geistlichen Stand zum Lebensziel gemacht und studiere seit drei Jahren an der Universität Tübingen Theologie – jenem Pfingstmontag, an welchem ich durch die Antwort des Abtes in der Überzeugung bestärkt wurde, der Orden St. Benedikts habe sich als beste Vorschule für das Apostolat zur Bekehrung heidnischer Völker und zu ihrer christlichen Zivilisierung bewährt und was nicht mehr sei, könne wieder werden, ja darin den Ausdruck der Bereitwilligkeit seiner Gnaden erblickte, mich in diese Vorschule für mein Berufsziel in Beuron aufzunehmen (vgl. erster Brief) – zumal er mich nicht abwies und dafür mir zum Eintritte in einen Missionsorden riet – also zwischen diesem 6. Juni 1870 und dem 25. November 1883, an welchem ich die mir für den tatsächlichen Beginn der Tätigkeit meines Missionsberufes, nämlich zur Gründung eines Missionshauses, des ersten katholischen auf deutschem Boden, schenkungsweise angebotene ehemalige Benediktiner-Abtei Reichenbach, bayerische Oberpfalz, besichtigte und zum ersten Mal besuchte, lag eine Zwischenzeit von astronomisch genau gezählten 5306 Tagen oder 14 Jahren und 183 Tagen, also 14 ½ Jahren!

Hiervon hatte ich 40 Tage weniger als 13 Jahre in der „Vorschule" der Beuroner Kongregation zugebracht (12 Jahre und 325 Tage), immer ausharrend, auf die Erfüllung meiner Hoffnung sehnsüchtig wartend und mich darauf vorbereitend.

Doch zum Berichte über die zwei letzten Monate meiner langen Vorbereitung.

Wie kam ich in Steyl zur Lösung der schwierigen Frage „Ubi"?

Wie Rektor Janssen in Holland, so hielt ich für nötig, auch in einem neutralen Nachbarstaat Deutschlands das Geplante gründen zu sollen, da ich auch nur deutsche Mitglieder und Teilnehmer suchte, im deutschen Reiche aber seit 1871 eine „Kulturkampf" sich nennende staatliche Verfolgung der katholischen Kirche das katholische Werk nicht möglich gemacht hätte. Aber wo? An die Schweiz durfte ich nicht denken, da mehrere Kantone, z.B. Bern, Solothurn, Genf den Kulturkampf auch mitmachten und die anderen Kantone nachkommen konnten. Vielleicht Luxemburg? Der Rektor war dagegen, weil es in der „Interessensphäre" von Steyl, d.h. zu nahe liege. Etwa in Österreich? Doch Janssen hatte selbst vor, in Wien ein Haus zu gründen (St. Gabriel), und hatte mir, nicht lange nach meiner Ankunft in Steyl angeboten, diese Gründung mir übertragen zu wollen, jedoch nicht für mich, sondern für die Gesellschaft „vom göttlichen Worte" in Steyl, falls ich willens wäre, Mitglied zu werden. Da ich aber nicht im Sinn hatte, meinen Orden zu verlassen, war es unterblieben, blieb aber Projekt des Rektors. Wo wäre es sonst noch möglich, fragte ich mich und zweifelte schon an einer Möglichkeit der Lösung dieses dunklen Rätsels. Da griff Gott ein!

Es war im Oktober 1883, da erhielt ich aus Regensburg in Bayern von einem mir unbekannten Weltpriester, Domvikar Dengler, ein überraschendes Anerbieten. Begleitet war es vom großen Bilde eines imposanten, malerisch schön gelegenen Klosters mit zweitürmiger Kirche und burgartigem Aussehen auf hohen Hügel, um dessen Fuß sich ärmliche Häuser eines Dörfchens gruppierten. Davor als Vordergrund ein ansehnlicher Fluss mit Brücke. Der Anblick war ein ungewöhnlicher und sehr packender. So sah es vor etwa 100 Jahren und auch jetzt nach der Restauration wieder aus, deren das Kloster in diesem Zeitraum außerordentlich bedürftig geworden war. Darunter stand der Name „Reichenbach". In der *Galleria geographica* im Vatikan, deren Wand unter Gregor XIII. im Jahre 1580 durch den Dominikaner P. Ignatius Dante und seinen Bruder mit den Wandkarten von Europa, Asien und Afrika bemalt worden ist, mit Einzeichnung der bischöflichen Residenzen und wichtigsten Klöster (Afrika mit schon vielen Missionen, auch in Ostafrika, *terra St. Raphaelis*) ist von allen Klöstern Deutschlands einzig „Reichenbach" aufgenommen und genannt – ein Beweis von der damaligen Bedeutung dieser Benediktinerabtei. Vorher eine feste Burg soll sie noch als (befestigte) Abtei eine Belagerung durch die böhmischen Hussiten bestanden und abgeschlagen haben. Im 18. Jahrhundert ganz neu gebaut, seit 1803 säkularisiert wie alle Klöster Bayerns, verkauft, total ausgeraubt, kam Reichenbach mit dem auf ihm lastenden Unsegen von Hand zu Hand, aus Gant zu Gant[13], und kam als Porzellanfabrik, Bierbrauerei und dergleichen schließlich in so ruinenhaften Verfall, dass die einst stolze Abtei als inwendige Ruine von der Regierung „auf Abbruch" ausgeschrieben wurde (1883). Der obengenannte Domvikar Dengler, ein tüchtiger Kirchenarchitekt, nach dessen Plänen manches neue, schöne Gotteshaus gebaut worden, erwarb zwei Drittel des Gebäudes, d.i. den schadhaften und daher dem Untergang geweihten Teil (das andere Drittel ist rechts Schulhaus, links Wirtshaus, daher nicht übel erhalten, dazwischen die intakt gebliebene große Kirche). Aus diesem soliden Mauerwerke des gekauften großen „Steinhaufens", wird Dengler gedacht haben, lässt sich wieder etwas machen und zwar wieder für einen kirchlichen frommen Zweck.

Da hörte er, ein Benediktiner plane eine Missionsgenossenschaft und suche hierfür ein Mutterhaus und Missionsseminar. Er war ein Missionsfreund und befreundet mit einem ebensolchen, Hochw. Scheugenpflug, Spiritual des Klarissinenklosters in Regensburg, ein von Hause begüterter Weltgeistlicher. Beide zusammen hatten schon einen dritten Priester, Koler, auf ihre Kosten als Missionär an den Kongo im Innern Afrikas geschickt, hofften jetzt, käme mein Missionsseminar nach Bayern, würde es ihr Unternehmen lebenskräftig machen und kamen überein, mir hierfür Reichenbach anzubieten. Das geschah, wie oben gesagt, durch dessen Zweidrittelsbesitzer Dengler, aber ohne zu bemerken, dass es nicht das Ganze, sondern nur ein Teil der einstigen Abtei war. Ich aber glaubte, es handele sich um das Ganze, auch samt der Kirche.

Wie war das Gerücht von meinem Vorhaben ihnen zu Ohren gekommen? Hr. Scheugenpflug bezahlte in Steyl für einen jungen Regensburger einen Freiplatz am Seminar, um ihn zum Missionär ausbilden zu lassen. Da ich einer der Beichtväter der Zöglinge war, mag mich der Regensburger kennen gelernt, im Seminar über mich sprechen gehört und dadurch von meinem in Steyl schon allbekannten Zweck meines Dortseins Kenntnis bekommen haben. Anders kann es nicht sein, da ich ihn außer dem Beichtstuhl niemals gesprochen habe, ihn überhaupt nicht persönlich kannte. Er habe Pöpl geheißen. Wahrscheinlich zu den Sommerferien im August heimgekehrt, kam er selbstverständlich zu seinem Wohltäter Scheugenpflug. Dieser gestand mir später, durch ihn, seinen Klienten, von meinem Missionsvorhaben die erste Kunde bekommen und sofort dem Domvikar Dengler mitgeteilt zu haben. Das war der Zusammenhang dieser Kette von Fügungen.

Dengler bot mir sein Reichenbach zuerst um den Ankaufspreis (3000 Mark) an. Als ich ihm darauf schrieb, entsprechend der vollkommenen evangelischen Armut, zu der mich meine Gelöbnisse auf die Regel St. Benedikts streng verpflichteten – auch jetzt noch –, sei ich total mittellos und habe auch für mein Missionsprojekt noch keine Gaben annehmen dürfen noch können, weil noch nichts Ausgeführtes von dem Geplanten existiert habe. Darauf verzichtete Dengler in einem zweiten Anerbieten auf die Bezahlung, ja versprach, ungebeten alle Kosten der nötigen Restauration zur Instandsetzung des „reparaturbedürftigen" Gebäudes für seine neue Bestimmung tragen zu wollen. Gleichso beruhigte Hr. Scheugenpflug meine Bedenken bezüglich der Unterhaltskosten der zur Berufsprobe und Ausbildung für die Mission aufgenommenen Kandidaten der ersten Zeit, bevor Legate und Liebesgaben eingehen werden. Jetzt war ich unerwartet der großen, meiner Natur widerstrebenden Sorge der vom hochwürdigsten Gründer von Mill Hill mir als Notwendigkeit angeratenen Kollekten – zu Deutsch „Bettelreise" – Gott sei Dank überhoben worden! Was mir an Kümmernis nun noch einzig übrig zu bleiben schien, weil es etwas Ungewisses war: die staatliche, unumgängliche Erlaubnis eines monastischen, klösterlichen Missionshauses O.S.B. hätte ich noch gerne zum voraus erledigt. Der deutsche Kulturkampf, der trostlose, schon so lange dauernde, von Männern wie Windthorst[14], Mallinckrodt[15], Bischof v. Ketteler[16], die beiden Reichensperger[17] und anderen umsonst bekämpfte, wird er auch von der bayerischen Regierung mitgemacht? Oder? Diese Ungewissheiten und Zweifel bildeten daher den Stoff einer weiteren, letzten Korrespondenz mit den zwei bayerischen Missionsfreunden und veranlassten mich, ihnen meinen ausgearbeiteten Plan in kurzem Auszug mitzuteilen. War ja sogar Beuron, die Stiftung einer hohenzollerischen, dem Kaiserhause Verwandten (als ehemalige regierende Fürstin von Hohenzollern), als angeblich den „Jesuiten affiliertes Kloster" 1875 aufgehoben worden und musste in Österreich sich niederlassen! Wird eine Neugründung O.S.B. in Bayern genehmigt werden? Darauf konnten die zwei mir keine Auskunft geben. Ich persönlich musste mich um die staatliche Genehmigung bewerben. Es blieb mir nur übrig, meinen vom Präfekten und vom Sekretär der Propaganda gewünschten und mir aufgetragenen Aufenthalt in Steyl für sechs Monate, der schon am 19. September abgelaufen war, zu beendigen und nach Reichenbach zu reisen. An Ort und Stelle muss der Entscheid durch mein persönliches Zutun fallen, ob das Unternehmen dort beginnen kann oder nicht, dachte ich und so kam es und geschah.

Der Wechsel der Aufenthalte Steyl – Reichenbach verzögerte sich bis zur Abreise nach Mitte November. In diesem etwa vier Wochen dauernden Übergangstermin gewann ich noch manche nützliche Belehrung durch die gemachten Erfahrungen des hochw. Gründers von Steyl. Mit Bayern als Land meines geplanten Missionshauses war er einverstanden, riet mir aber sehr, die Offerte anzukaufen und mir nicht schenken zu lassen, weil sonst die geistlichen Schenkgeber sich für Mitgründer ansehen und in der Leitung der Anstalt mitsprechen wollen. Dann erginge es mir, wie es ihm gegangen. Er habe mit zwei Priestern Steyl begonnen. Es sei aber gewesen, wie wenn drei Pferde an einen Wagen gespannt wären, nicht in gleicher Zugrichtung, sondern eines nach Osten, eines nach Westen, das dritte nach Nord und Süd. Jedes zog an, aber eher als den Wagen voranzubringen, hätten sie ihn zerrissen! Jeder habe nach eigenem Kopf dirigiert. Erst als die zwei „Mitgründer" sich von ihm getrennt hatten, sei es vorwärts gegangen und aus Steyl etwas geworden. Das merkte ich mir.

Im Oktober vernahm ich, Abt Salvado, der Gründer der ersten und bisher einzigen Benediktinermission unter den Eingeborenen Australiens (siehe erster Brief) sei, wie so oft, wieder in Europa auf der Suche nach Kandidaten und Geld, weil er kein Missionshaus in Europa gegründet hatte, bevor er in die Mission auszog. Ich wollte ihn besuchen, kennen lernen und ihm mitteilen, dass ich von seiner Unterlassung gelernt habe und vor allem eine Missionsgenossenschaft mit Mutterhaus ins Leben zu rufen im Begriffe sei auch für das Benediktinerapostolat unter heidnischen Barbaren. Zu diesem Zwecke sei mir bereits der Anfangsversuch durch deutsche Missionsfreunde ermöglicht worden. Ich wollte ihm das Bild von Reichenbach zeigen, die noch schwebende Sache mit ihm besprechen und seine Ratschläge vernehmen. Denn er war in seinem Unternehmen schon ergraut unter wertvollen Erfahrungen. Ich reiste also im Oktober nach Brüssel und besuchte ihn.

Aber o weh! Sei es, dass er Verdruss gehabt und üblen Humores war oder sei es – das Wahrscheinliche –, dass er meine Mitteilungen als einen Vorwurf empfand, schwer gefehlt zu haben mit seiner Unterlassung, die ihn der Mühsal so oftmaliger, monatelang ihn von seiner Mission entfernenden Europareisen überhoben haben würde, wenn er sie nicht begangen hätte, kurz er wollte mich kaum weiter anhören, als ich ihm das Bild gezeigt und erklärt hatte. Ich bekam weder Ermunterung noch Rat! Unverrichteter Sache verließ ich ihn noch zur selben Stunde, nicht wenig enttäuscht.

Seit seiner vorigen Europatour hatte Salvado einen jungen Missionskandidaten und Neupriester nahmens Moreau in Ermangelung eines eigenen Noviziates in der Abtei Maredsous (Belgien) das Noviziat machen lassen. Er hatte bereits die Gelübde abgelegt, natürlich für das Missionskloster Salvados in Australien. Dieser Neuprofesse war bei meinem Besuch gegenwärtig und hatte der Explikation meines künftigen Unternehmens aufmerksam zugehört. Als ich wegging, gab er mir das Geleit. Wie überraschte es mich, dass er allen Ernstes um Aufnahme bei mir in die Kommunität meines künftigen monastischen Missionshauses bat! So bald nach seiner Profess für Perth in Australien! Dieser Umstand und seine undeutsche Nationalität und Sprache waren keine Empfehlung seines Aufnahmegesuches, des ersten eines Priesters (Gesuche von Laienbrüdern hatte ich bereits bekommen und zugesagt). Wäre er ein Deutscher gewesen und noch nicht durch ein Gott gemachtes Gelübde für ein anderes Gotteshaus und Missionsunternehmen verpflichtet gewesen, wie hochwillkommen wäre mir sein Gesuch als Priester gewesen. Von noch ganz jugendlichem Alter, für Ordensgeist und Disziplin daher noch unschwer zu erziehen und doch schon fähig, als Gehilfe und angehender Mitarbeiter in Unterricht und Gottesdienst Verwendung zu finden. Der große Priestermangel in allen Diözesen Deutschlands in Folge der schon jahrelangen Schließung der Priesterseminarien durch den Kulturkampf war ja meine größte Befürchtung und blieb in der Tat in den sieben Jahren meines Anfanges mein größter Kummer und Mangel. Wie hätte ich von Herzen deshalb Gott gedankt für einen Priesterkandidaten. Aber von der Aufnahme dieses Priesters und Benediktiners mahnten mich Herz und Gewissen ab. Ich brachte es nicht über das Herz, dem in einem der schwierigsten Werke der Heidenmission glänzend bewährten – die Eingeborenen Australiens hatten für ganz unzivilisierbare Wilde gegolten, bevor Salvados Mission Neu-Nursia zu aller Erstaunen das Gegenteil bewies – und dem unter den größten Anstrengungen, Mühen und Sorgen, auch anfänglichen Alleinstehens ergrauten ersten Pionier des von Benedikts Orden wieder aufgenommenen Apostolates die Wegnahme seines einzigen Neuprofessen, vielleicht der einzigen Akquisition eines Priesters auf dieser Europareise anzutun. Es wäre eine große Sünde des Egoismus und der Verletzung der Charitas gewesen und andererseits eine Gewissenslosigkeit, begangen am hochwürdigen Bittsteller selbst durch die Begünstigung seines Gelübdebruchs und seiner Unbeständigkeit. Ich lehnte daher trotz Mitarbeiterbedürfnisses, trotz Priesternot das Gesuch ab. Jetzt mündlich, später auch schriftlich, als er es brieflich wiederholte.

Der schon vorgerückte Spätherbst mahnte mich zum Abbruch meines Pilgerzeltes am Orte meiner wirklich letzten Warte- und Vorbereitungszeit, Steyl. Ich wollte noch vor Winteranbruch mein künftiges Anfangslokal besichtigen und seine Landschaft noch vor dem ersten Schnee sehen. In der zweiten Novemberwoche packte ich meine Koffer und nahm nach meiner Messe in der Morgenfrühe des 22. Novembers 1883 Abschied von Steyl, wo ich acht Monate und vier Tage zugebracht hatte, zwei Monate mehr, als mir von der Propaganda aufgetragen worden war. Einer meiner vier Tischgenossen, ein lieber, frommer Priester, spendete mir das Reisegeld, mein erstes Missionsgeschenk. Wie freute es mich, das Werk des Evangeliums in evangelischer Armut zu beginnen, arm wie Jesus, arm wie Seine Jünger und Apostel!

Der gute hochw. Rektor Janssen begleitete mich einige Schritte weit und fragte beim Abschiedssegen: „Wenn Ihnen Ihr Unternehmen etwa nicht gelänge, würden Sie nicht wieder her zu uns kommen?" Entschlossen gab ich zur Antwort: „Nein! Misslänge die Gründung, so gälte es mir als ein Beweis Gottes, dass er sie nicht von mir gemacht haben wolle und dass überhaupt mein ganzer Missionstrieb und all mein Missionsbestreben, mein Lebensplan seit 16 Jahren nicht in seinem Willen liege, daher auch in Steyl nicht läge. Ich würde mich offenbar für immer und überall anderswo als in dem Ordenshause, in dem ich Gott *stabilitas* gelobt habe, als *extra viam* betrachten und es für meine Pflicht ansehen, nach Beuron zurückzukehren".

Gott sei ewig Lob und Preis! Er hat die Gründung von St. Ottilien als Benediktiner-Ordenszweig mit der charitativen Bestimmung, wieder als Schule für das Apostolat zur Christianisierung von Heidenvölkern zu dienen, ungeachtet der unsäglich großen, unglaublich vielen und vielfältigen Widerstände, Hindernisse und Zerstörungen von Seiten der Pforten der Hölle dennoch zu Stande kommen, sogar zu hoffnungsvoller Blüte gedeihen lasse und dadurch seiner Kirche und aller Welt bewiesen, dass die Gründung Sein Wille war und Seinen Segen hatte.

Wie gesagt, den 22. November 1883 schied ich von Steyl. Die Bahn brachte mich von Venlo nach Köln, wo ich bei dem mir befreundeten Professor Wolff mein gastfreundliches Nachtlager bezog. Freitag, den 23. November, ging es über Koblenz und Mainz nach Nürnberg und am 26. November von da nach Regensburg, das Endziel meiner Bahnfahrt, wo ich um halb Neun Uhr vormittags anlangte und mir sogleich, vom Bahnhofe aus, die „nächste Kirche" weisen ließ, um zu zelebrieren. Es schien mir mehr Fügung als Zufall zu sein, als dies die Kirche des Karmelitenklosters war. Denn heute feierte dasselbe hochfesttäglich seinen hl. Ordensvater Johannes von Gott, als Reformator des männlichen Karmeliterordens (Schöpfer der unbeschuhten Karmeliter) Mitarbeiter der hl. Theresia, Schöpferin der unbeschuhten Karmeliterinnen. Dieser Heilige war mir schon immer als Schutzpatron verehrungswürdig, der unglaublichen Demütigungen und Leiden wegen, die er um seiner Reformbestrebungen willen lange Zeit ausstehen musste, ehe Gott durch einen Engel ihn für sein Werk (das auch nicht, wie der Obere meint, „vom Teufel" war) wunderbar befreien ließ. Nicht ohne Verständnis sah ich daher an seinem Altare zum Altarbilde hinauf, das den Heiland unter der Kreuzeslast darstellt, wie er ihm einst im Klostergarten erschien, um seine Kreuzesliebe zu stärken. Es wollte mir wie der Fingerzeig einer Ahnung vorkommen, dass dies mir gerade am Festtage dieses hl. Dulders an seinem Altare vor Augen gestellt wurde. Die Ahnung betrog mich nicht. Den detaillierten Bericht darüber werden die Leser mir aber erlassen. Genug, dass Gott die Seines Seelenreiches wegen erduldeten Leiden kennt. Der Missionär dürfte sich zwar, wie der Apostel der Heiden, St. Paulus, seiner „Schwächen und Leiden rühmen" (2 Kor 11,30), *„sed gloriamur in Deo per Christum Dominum nostrum"* (Röm 5,11). *Caritatis causa tacere* ist ihm aber wohlgefälliger.

Der 25. November, Sonntag, war dem Kirchenbesuche und der Besichtigung des architektonisch sehenswerten alten Domes gewidmet, unter verständnisvoller Führung des Donators von Reichenbach, Domvikar Dengler. Mittags zu Tisch bei Hochw. Scheugenpflug, dem zweiten Donator, Spiritual des Klarissenklosters in Regensburg.

Auf den folgenden 26. November war in der Regensburger Diözese das Fest der hl. Gertrud (transferiert vom 15. November) angesetzt, einer der größten Töchter des hl. Benediktus und der hl. Scholastica – deren unvergleichliche Schrift *„Legatus Divini amoris"* ich seit meinem Ordenseintritt als hellen Leitstern des innerlichen Lebens hochschätzte – eine meiner Lieblingsschutzheiligen. An diesem ihren Festtage war es, dass ihr göttlicher Bräutigam, der Herr Jesus, mich zum ersten Male an den Ort hinführen ließ, den er uns für den Beginn der ihm sich weihenden zwei neuen Genossenschaften echter Söhne und Töchter St. Benedikts, frommer und eifriger Arbeiter und Arbeiterinnen der apostolischen Felder Seiner Seelenernte erkoren hatte. Hochw. Dengler und Scheugenpflug geleiteten mich nämlich post missam in einer Chaise nach dem fünf Stunden von Regensburg entfernten Reichenbach. Von Nittenau, der Hauptortschaft dieser Gegend der Oberpfalz an, gingen wir eine Stunde zu Fuß und genossen die stattliche Ansicht des imponierenden, burgartigen Klosterquadrums mit zweitürmiger Kirche in fast romantischer Höhenlage am Regenflusse schon von ferne. Und doch wie schweren Herzens, welches das „Misere" und „Nisi Dominus aedificaverit domum" betete, stieg ich den steilen, felsigen Pfad des Klosterhügels hinan! Beim Anblicke von außen nicht ohne Hoffnung, im Gegenteil, aber beim Betreten des Innern voll Entsetzen. In diese wenigen Worte lassen sich die Eindrücke meines ersten Besuches zusammenfassen. Gott der Herr ließ mich in einer ähnlich trostlosen Ruine beginnen, wie das Heidentum selbst ist, das auch einer wüsten Ruine gleicht, an der Wiederherstellung wir arbeiten sollen und wollen, wie an der Restauration der Klosterruine, womit ohne Zögern jetzt begonnen wurde und mit aller Energie fortgearbeitet, mit Glück und offenbarem Segen und Erfolg.

Doch hierüber und etwas weiteres von diesem Provisorium des Gründungsanfanges zu Reichenbach bis zur Übersiedlung nach dem Definitivum St. Ottilien, so Gott will, noch in meinem vierten, letzten Briefe, möglichst kurz!

Der Berichterstatter resign. 1. Superior generalis P. Andreas Amrhein O.S.B. pro missionis exteris[a]

Material zum vierten Briefe an R.P. Engelbert Giersbach: Schluss des Themas der ersten drei Briefe über 1883 Nov. – 1887 (Reichenbach – St. Ottilien)[b]

Die hauptsächlichen Ursachen, welche Reichenbach als definitives Haupthaus einer Kongregation der Benediktiner-Missionstätigkeit ungenügend machten und nur geeignet als Provisorium für den Anfang einer solchen

I. Die auf Abbruch ausgeschriebene, vom Domvikar Dengler mir zur Ausführung meines monastischen Missionsplans abgetretene „Abtei" Reichenbach war nicht das ganze einstige Klosster, sondern nur zwei Drittel davon. Vor allem fehlte, was mir die Hauptsache war, die große, vollkommen unbeschädigte Abteikirche. Sie gehörte dem Ordinariat von Regensburg und wurde mir rundweg immer verweigert, obwohl das Dorf Reichenbach dieselbe nicht benützen durfte (weil in die Pfarrei des eine Stunde entfernten Walderbach eingepfarrt), Sonn- und Feiertags in der kleinen Pfarrkirche Walderbach dem Gottesdienst anwohnen und die große, schöne zweitürmige Kirche daheim leerstehen lassen musste. An unserm apostolischen Hauptfeste Pfingsten mussten wir die Kirche während unseres Gottesdienstes deswegen schließen! So lange...[c]

[a] HP[3] fügt als Datum hinzu: 21. Oktober (S. Ap. Matthaeus) 1927.

[b] Der Entwurf für einen vierten Brief findet sich nur in HP[1].

[c] An dieser Stelle bricht HP[1] ab.

Anmerkungen

[1] Über die Entstehungsgeschichte des Manuskripts berichtet Archivar P. Dominikus Enshoff in einer beigefügten Notiz vom 11. Mai 1928.

[2] A.a.O.

[3] Von der handschriftlichen Vorlage wurden die Überklebungen nicht entfernt und der darunter liegende Text rekonstruiert, da dies zu Beschädigungen des Manuskripts geführt hätte.

[4] Gemeint ist die erste „Geschichte" der Kongregation von Fr. Paulus Sauter, Die St. Benediktus-Missions-Genossenschaft. Rückblick auf die ersten zehn Jahre, St. Ottilien 1894.

[5] Karl Joseph v. Hefele, Conciliengeschichte, 9 Bände, Tübingen 1855-74. Zur Studienzeit Amrheins waren erst fünf Bände des klassischen Geschichtswerks erschienen.

[6] Über diese Begegnung berichtete P. Gérard van Caloen in einem Brief an Erzabt Maurus Wolter, Notturno, 28. April 1887 (Archiv Maredsous). Der sehr wohlwollend gehaltene Bericht über Amrheins Pläne, die P. Gérard als „offensichtlich gottgewolltes Werk" bezeichnet, beleuchtet die frühe Offenheit des späteren Missionsbischofs für missionarische Anliegen.

[7] Amrhein erwähnt in seinen späten Tagebüchern, dass er seinen Aufsatz „Die Religion der Dajaken nach den religiösen Gesängen des Tiwah" an einen Mitbruder ausgeliehen habe. Im Nachlass selbst ist der Aufsatz nicht auffindbar.

[8] Es gehört zu den Widersprüchen Amrheins, dass trotz seines katholischen Universalismus und trotz seiner Schweizer Abstammung gelegentlich ein ausgesprochener deutscher Nationalismus bei ihm hervortritt. So bewundert er Bismarck, auch wenn ihm bewusst ist, dass der Kirchenkampf vor allem auf dessen Initiative zurückzuführen ist. Im Ersten Weltkrieg stellt er sich vorbehaltlos auf die deutsche Seite. Im Vergleich zu den zeitüblichen nationalistischen Tönen sind jedoch seine Äußerungen eher gemäßigt und nicht selten kritisch zu nennen.

[9] Die folgenden zwei Abschnitte wurden nachträglich in handschriftlicher Fassung in das Typoskript eingeklebt.

[10] Die Statuten finden sich im folgenden Teil B abgedruckt. Der Ausarbeitung von Statuten wird man entnehmen können, dass Amrheins Kooperationsbereitschaft mit den Mill-Hill-Missionaren ursprünglich weiter ging, als von ihm hier eingeräumt wird.

[11] Im Teil B als „Institutio Tertiae Regulae" zu finden.

[12] Dieser erste Plan für das Missionskloster in St. Ottilien scheint nicht erhalten zu sein.

[13] „Gant": altertümlicher Begriff für Zwangsversteigerung, Konkurs.

[14] Ludwig Windthorst (1812-91), Mitgründer und langjähriger Führer der Zentrumspartei, die im Reichstag und in den Länderparlamenten die katholischen Interessen vertrat. Im Kulturkampf wurde er zum Hauptgegner des Reichskanzlers Otto v. Bismarck.

[15] Hermann v. Mallinckrodt (1821-74), Mitbegründer der Zentrumspartei.

[16] Wilhelm Emmanuel v. Ketteler (1811-77), seit 1850 Bischof von Mainz und 1871/72 Mitglied des Reichstags. Mit dem Kreis um Ludwig Windthorst war er ein Mitbegründer der Zentrumspartei.

Innerkirchlich engagierte er sich für die Hinwendung der Sozialtätigkeit zum Wohle der Arbeiterschaft und bereitete mit den Boden für die katholische Soziallehre.

[17] Die Brüder August (1808-95) und Peter Reichensperger (1810-92) waren gleichfalls bei der Gründung der Zentrumspartei beteiligt und als Reichstagsmitglieder entschiedene Vertreter der föderalen Ordnung im Deutschen Reich und Gegner der preußischen Hegemonie.

Programmatische Schriften

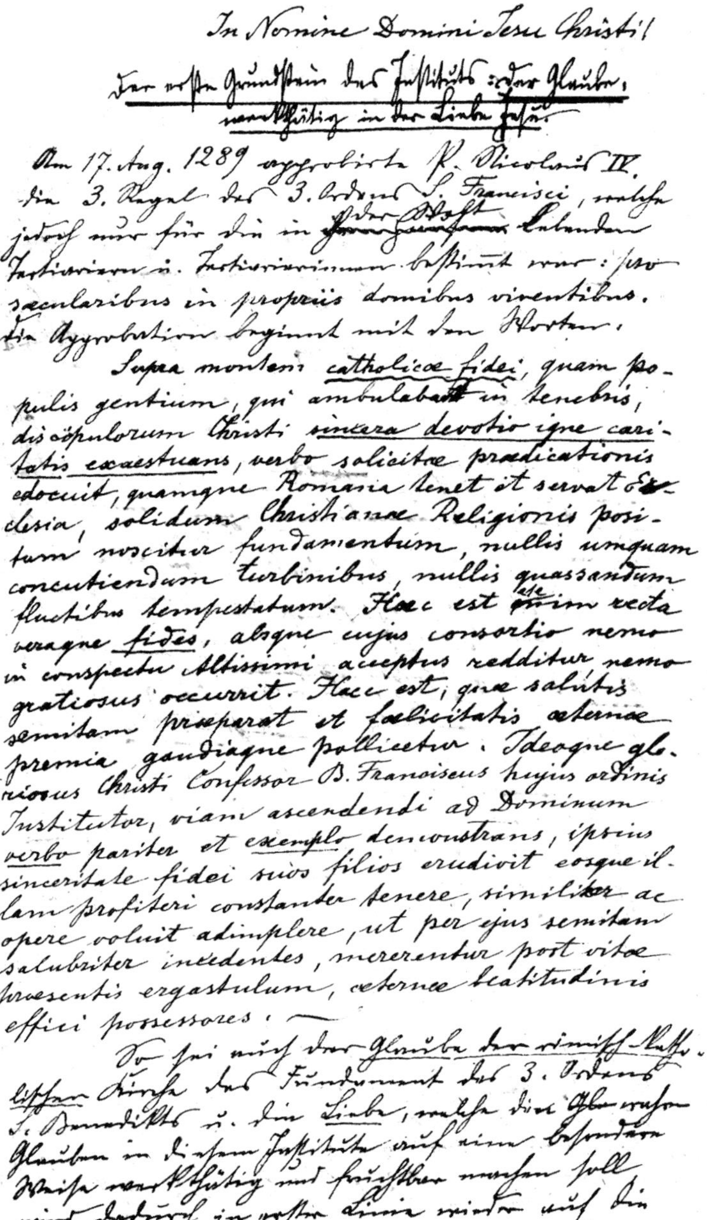

In Nomine Domini Jesu Christi!

Der erste Grundstein des Institutes: der Glaube, werkthätig in der Liebe gesetzt.

Am 17. Aug. 1289 approbirte P. Nicolaus IV. die 3. Regel des 3. Ordens S. Francisci, welche jedoch nur für die in der Welt lebenden Tertiarien u. Tertiarinnen bestimmt war: pro saecularibus in propriis domibus viventibus. Die Approbation beginnt mit den Worten:

Supra montem catholicae fidei, quam populis gentium, qui ambulabant in tenebris, discipulorum Christi sincera devotio igne caritatis exaestuans, verbo solicitae praedicationis edocuit, quamque Romana tenet et servat Ecclesia, solidum Christianae Religionis positum noscitur fundamentum, nullis unquam concutiendum turbinibus, nullis quassandum fluctibus tempestatum. Haec est ~~enim~~ recta veraque fides, absque cujus consortio nemo in conspectu Altissimi acceptus redditur nemo gratiosus occurrit. Haec est, quae salutis semitam praeparat et felicitatis aeternae premia gaudiaque pollicetur. Ideoque gloriosus Christi Confessor B. Franciscus hujus ordinis Institutor, viam ascendendi ad Dominum verbo pariter et exemplo demonstrans, ipsius sinceritate fidei suos filios erudivit eosque illam profiteri constanter tenere, similiter ac opere voluit adimplere, ut per ejus semitam salubriter incedentes, mererentur post vitae praesentis ergastulum, aeternae beatitudinis effici possessores. —

So sei auch der Glaube der römisch-katholischen Kirche das Fundament des 3. Ordens S. Benedikts u. die Liebe, welche diesen wahren Glauben in diesem Institute auf eine besondere Weise werkthätig und fruchtbar machen soll wird dadurch in erster Linie wieder auf die

Beginn der „Institutio Tertiae Regulae“ (Archiv St. Ottilien, A 1.8.1.)

Institutio Tertiae Regulae pro Fratribus Tertii Ordinis S. Benedicti (1880-1882)

Einführung

Dem Archiv St. Ottilien (A 1.8.1.) hinterließ Amrhein zwei Hefte mit handschriftlichen Aufzeichnungen, auf deren Umschlag er festhielt: „Wichtig für eine eventuelle Geschichte der Congr. O.S.B. pro mission. ext. sive S. Ottiliae". Sie enthalten Notizen zu einem geplanten Dritten Orden des hl. Benedikt, den Amrhein als „Oblateninstitut des hl. Joseph" oder „Missionsgenossenschaft der St. Josephs-Oblaten" bezeichnet. Während das erste Heft unter dem Titel „Institutio Tertiae Regulae pro Fratribus Tertii Ordinis S. Benedicti" der eigentlichen Ausarbeitung des Gründungsprogramms dient, enthält das zweite eine Materialsammlung mit Zitaten, Lesefrüchten und Beobachtungen, die Amrhein für die geplante Kongregation als bedeutsam erachtete. Nach voranstehenden Eintragungen wurde das erste Heft am 15. Januar 1880, das zweite am 6. Mai 1880 begonnen. Zu diesem Zeitpunkt befand sich Amrhein in der belgischen Abtei Maredsous, wo er bei der künstlerischen Ausschmückung der Klosterräume eingesetzt wurde. Sein weiterer Aufgabenbereich als Brüderinstruktor mag ihm eine praktische Erfahrungsgrundlage für den Plan einer Laienbrüderkongregation geliefert haben.

Im September des Vorjahres hatte ihm Abt Maurus Wolter nach langen vergeblichen Bitten zugesichert, dass er nach einer dreijährigen Wartezeit für einen missionarischen Einsatz freigestellt würde. Diese erste Konkretisierung seiner Missionswünsche hat wohl dazu beigetragen, dass Amrhein sich in Form eines Ideenheftes, eines „Brouillon", über sein Vorhaben und sein Vorgehen gedankliche Klarheit schaffen wollte und entspricht überhaupt seiner Neigung zu ausführlicher schriftlicher Reflexion. Zeitlich kommen die Notizen, die auch einen Entwurf der lateinischen Eingabe an die Propagandakongregation enthalten, gegen Beginn der Reichenbacher Zeit (1884/85) an ihr Ende.

Auf dem Vorblatt erläutert Amrhein aus der Rückschau der zwanziger Jahre die Entstehung der Notizen folgendermaßen:

„... In meinen 12 monastischen Vorbereitungsjahren auf diesen Beruf (in der Kongregation O.S.B. von Beuron 1870-82) ... war ich eingedenk des 130. Psalms[1], und wagte nicht an die Möglichkeit zu denken, eine eigene von anderen Benediktinerkon-

gregationen ganz unabhängige Kongregation ins Leben zu rufen. Dieser Gedanke lag mir zu hoch, und ich wagte nicht, meine unwürdige Hand danach auszustrecken. Erst als mein Hochw. Abt 1882 mich in einem Dokument der »S.C. Propaganda Fidei in perpetuam obedientiam« übergeben hatte, bat ich in meiner Bittschrift an den Hl. Stuhl, die geplante Gründung von allen anderen Kongregationen und Abteien »independens« machen zu wollen, was ohne Einwendung gewährt wurde (siehe päpstliche Antwort).

In den 14 Jahren vor 1884, diesem Jahre der Gründung, beschränkte ich daher den Gründungsplan darauf, vorderhand einen dritten oder Tertiarorden O.S.B. für die Heidenmissionen (als speziellen Berufszweck) cum permissu Sedis Apostolicae ins Leben zu rufen; und alles, was ich für diesen Plan und seine innere, geistige Ausführung und Institution in diesen 12- bis 14-jährigen Vorbereitungs-Studien als notwendig, gut und förderlich erkannte – sowohl zum Besten des Werkes selbst als zum Heile der Tertiarier-Mitglieder, Missionare und Hilfsmissionare – trug ich in diese zwei (blaubroschierten) Hefte ein."

Im Folgenden wird die im ersten Heft enthaltene „Ordensregel" für ein benediktinisches Drittordensinstitut des hl. Joseph wiedergegeben, die Amrhein auf dem Vorblatt als „Institutio Tertiae Regulae pro Fratribus Tertii Ordinis S. Benedicti" bezeichnet[2]. Als Beginn der Niederschrift gibt Amrhein den 15. Januar 1880 und als Abschluss den 11. Juni 1882 an, als er sich zur Prüfung seiner missionarischen Berufung bereits im englischen Missionshaus Mill Hill aufhielt. Die lange Zeitdauer der Entstehung schlägt sich in vielen Überarbeitungen und Neufassungen nieder, welche die Entzifferung des Textes nicht gerade erleichtern. Gelegentlich ist auch die Reihenfolge der Abschnitte durch Rück- und Vorverweise schwer durchschaubar. Geplant war entsprechend der Benediktsregel eine Kapitelunterteilung, woher sich die gelegentlichen Verweise auf unbezifferte Kapitel erklären. Besonders der asketische Teil der Regel enthält auch bereits Zwischenüberschriften und Ansätze einer systematischen Unterteilung, die Teil dieser geplanten Kapiteleinteilung sind.

Der Aufbau der Regel ist folgender: Amrhein beginnt mit einer Vorbemerkung über Anlass und Zweck der Niederschrift. Es folgt eine allgemeine Erklärung über den Glauben als den Grundgedanken des Instituts: der Glaube treibe zur Selbstheiligung und zur Weitergabe des Empfangenen im missionarischen Dienst. Es schließen sich Ausführungen über die Patrone und Glaubensgeheimnisse an, die von den Oblaten besonders zu verehren sind. Sehr ausführlich wird dann das Aufnahmeverfahren einschließlich des Aufnahmeritus für Postulanten beschrieben. In einem eigenen Abschnitt wird die Erziehung in Postulat und Noviziat geregelt und die Unterteilung des Instituts in die Klassen von Katecheten und Werkmänner, die wiederum je nach beruflicher Tätigkeit in Unterabteilungen geordnet sind.

Den Schlussteil bilden aszetische Ausführungen, welche die spirituelle Grundlage des Ordenshauses begründen sollen. In 24 Punkten – entsprechend den 24 Stunden des Tages – wird den Mitgliedern mitbrüderlicher Umgang, Gehorsam und vor allem die Haltung der Demut nahe gelegt. Neben der Heiligen Schrift und der Benediktsregel werden dabei ausführlich die Briefe des hl. Franz Xaver zitiert, die Amrheins Ausführungen nicht nur bestärken und absichern sollen, sondern oft auch inspirieren. Während seiner Zeit in Mill Hill (März bis Oktober 1882) entdeckte Amrhein für sich die Briefe des großen Jesuitenmissionars als eines geistigen Bundesgenossen: immer wieder unterstreicht Franz Xaver in seinen Mitteilungen die Bedeutung einer Laienmission, die dem priesterlich-sakramentalen Dienst bei praktischen und katechetischen Aufgaben zur Seite stehen soll. Die Worte des Missionspatrons dienen so als Grundlage einer Spiritualität, die neben dem benediktinischen Ideal auch unverkennbar jesuitische Züge enthält.

Auffällig ist, dass über Fragen der Zulassung, Ausbildung und Spiritualität im Mutterhaus kaum irgendwelche Regelungen für die eigentliche Missionstätigkeit zu finden sind. Dies ist sicher eine Konsequenz der fehlenden Missionserfahrung Amrheins, reflektiert jedoch auch sein vorläufig vorrangiges Interesse am Aufbau eines missionarischen Ausbildungszentrum in der Heimat, dessen Einsatzmöglichkeiten sich schon finden würden.

Inhaltlich floss vieles von diesem ersten Entwurf später in die Hausordnung, den Prospektus und die ersten Konstitutionen ein.

Institutio Tertiae Regulae pro Fratribus Tertii Ordinis S. Benedicti (1880-1882)

Vorbemerkung

Am Feste der hl. Unschuldigen Kinder, den 28. Dezember 1877, als ich in der Kapelle unserer Abtei von Maredsous dem Konventamte beiwohnte und besonders der Kinder fürbittend gedachte, kam mir plötzlich der Gedanke an einen 3. Orden des hl. Benediktus, dessen Hauptzweck die Erziehung der Jugend während ihrer Lehrzeit (katholische Handwerks- und Gewerbeschulen), die Heranbildung eines religiösen[a] Handwerker- und Künstlerstandes und die Unterstützung der Missionen durch den Ertrag der im Orden betriebenen Gewerbe und Künste wäre. Diese Idee verließ mich von diesem Tage an nicht mehr. Am 5. August 1878 (Maria ad Nives) kam ich nach Affligem, wo ich im stillen Gebete vor dem Tabernakel aufs neue wundersam von dem Gedanken erfasst wurde, so ich zu Füßen Mariäe das Gelübde (sub conditione obedientiae) ablegte, was in meinen Kräften stehe, zur Einführung der Oblaten (des 3. Ordens) St. Benedikts zu tun (Seitdem ist der dortige Prior auf den gleichen Gedanken gekommen und seit dem Herbste 1879 tat er hierfür auch bei unserem Hochw. Abte energische Schritte!)[3] Als ich darauf im Oktober 1878 zu Köln, wo ich beim Hochw. Bischof Baudri[4] den Präses der katholischen Gesellenvereine kennenlernte[5], eifriger dem Plan nachhing, schrieb ich ihn zum ersten Mal nieder und teilte ihn dann auf dem Heimweg (November 1878) meinem hochw. Freunde Böckeler[6] in Aachen mit, der die Nacht hindurch die Angelegenheit bedachte und am Morgen mich sehr ermutigte ans Werk zu gehen. Im Dezember des nämlichen Jahres war mir der Plan noch klarer geworden. Ich brachte ihn mehrmals ausführlich zu Papier und teilte ihn meinem Beichtvater zu Gent mit (wo ich damals weilte; er war im Hause der Herren Grafen de Hemptinne). Nachdem derselbe ihn geprüft, billigte er ihn und gab mir hierzu verschiedene praktische Anweisungen. Hierauf übersandte ich ihn wieder an Hr. Böckeler. Mittlerweile befahl ich Gott die Angelegenheit

[a] Durchgestrichen: „echt katholischen".

im täglichen Gebete sowie auch anderen, Priestern und Laien in dieser Intention zu beten. Als ich im April 1879 nach Deutschland geschickt wurde, tat ich die ersten ernstlichen Schritte zur Ausführung. Wie viele schlaflose Nächte, wie viele Tage und Wochen widmete ich dem göttlichen Herzen! Welche Leiden hatte ich dabei zu bestehen während des halbjährigen Aufenthalts im Mutterkloster zu Beuron! Als ich in der St. Mauruskapelle am 5. August 1879 die hl. Messe zelebrierte, kam Br. M. v. A. an. Ich nahm sein Handgelöbnis des Gehorsams als erster Postulant des neuen Institutes entgegen. Über den weiteren Verlauf siehe das Tagebuch![7] Unübersteigbare Hindernisse besonders von Seiten meiner Hochw. Oberen zwangen mich, die Ausführung auf drei Jahre, die mir zur Vorbereitung und Prüfung festgesetzt wurden, hinauszuschieben. Am St. Maurusfeste 1880 beginne ich nun unter Anrufung des hl. Vaters Benediktus und seines gehorsamen Schülers St. Maurus das Institut genau zu studieren und lege zu diesem Zwecke dieses Heft an.

U.I.O.G.D. Amen.

In Nomine Domini Iesu Christi!

Der erste Grundstein des Instituts: Der Glaube – werktätig in der Liebe Jesu

Am 17. August 1289 approbierte Papst Nikolaus IV. die dritte Regel des Dritten Ordens S. Francisci, welche jedoch nur für die in der Welt lebenden Tertiaren und Tertiarinnen bestimmt war: *pro saecularibus in propriis domibus viventibus.* Die Approbation beginnt mit den Worten:

Supra montem catholicam fidei, quem populis gentium, qui ambulabant in tenebris, discipulorum Christi sincera devotio igne caritatis exaestuans, verbo solicitae praedicationis edocuit, quamque Romana tenet et servat Ecclesia, solidum Christianae Religionis positum noscitur fundamentum, nullis umquam concutiendum turbinibus, nullis quassandum fluctibus tempestatum. Haec est etenim recta veraque fides, absque cuius consortio nemo in conspectu Altissimi acceptus redditur, nemo praetiosus occurrit. Haec est, quae salutis semitam praeparat et felicitatis aeternae premia, gaudiaque pollicetur. Ideoque gloriosus Christi Confessor B. Franciscus huius ordinis Institutor, viam ascendenti ad Dominum verbo pariter et exemplo demonstrans, ipsius sinceritate fidei suos filios erudivit eosque illam profiteri constanter tenere, similiter ac opere voluit adimplere, ut per eius semitam salubriter incedentes, mererentur post vitae praesentis ergastulum, aeternae beatitudinis effici possessores.

So sei auch der Glaube der römisch-katholischen Kirche das Fundament des dritten Ordens St. Benedikts, und die Liebe, welche den wahren Glauben in diesem Institute auf eine besondere Weise werktätig und fruchtbar machen soll, wird dadurch in erster Linie wieder auf die Verbreitung und Erhaltung des heiligen einen seligmachenden Glaubens hinarbeiten. Das ist der Grundgedanke des dritten Ordensinstituts.

Es ist dem letzten Ziele des Menschen entsprechend, dass sein ganzes Leben eine Erhebung der Seele zu Gott, also ein Gebet sei. Das Ordensleben muss dies aber in ganz besonderer Weise sein, weil es den ewigen Endzweck des Menschen zu seinem ausschließlichen Ziele macht und demselben auf dem geradesten und sichersten Wege zusteuert. Was der Herr Jesus uns beten lehrte, jenes einzige Gebet der Gebete, umfasst alle Bedürfnisse und alle Pflichten des gottgeweihten Lebens und spricht den ganzen Willen Gottes aus.

1. Er weist uns vorerst an, alles von unserem Herrn und Vater zu erwarten, der im Himmel ist, und unser Heim dort zu suchen, wo unser guter Vater wohnt. *Pater noster qui es in caelis.* Dies ist der erste und der tiefste Grundstein des Ordensberufes.

2. Was der Orden auf diesem Fundamente anstrebt, ist vor allem die Heiligung des Namens Gottes. *Sanctificetur Nomen Tuum.* Diese Heiligung wird durch den hl. Glauben gewirkt und durch das, was von der Glaubensgnade ausgeht: durch Zunahme in der Erkenntnis Gottes und in der Wissenschaft der Heiligen, durch den liturgischen Gottesdienst und das Gebet, durch die Pflege der heiligen Wissenschaften und speziell durch das Apostolat der Glaubensverbreitung und der Predigt des göttlichen Wortes.

3. Dann geht sein Streben nach der Ankunft, Verbreitung und Befestigung des Reiches Gottes in uns, das der volle Inbegriff unserer Hoffnung ist, *Adveniat Regnum Tuum,*

4. und sucht die Erfüllung des göttlichen Willens vermöge jener Liebe, welche die Gebote hält. Denn der ist's, der Mich liebt, der Meine Worte hält: *Fiat voluntas Tua...*

5. Doch dies genügt dem Religiosen nicht. Sich nicht nur des Überflusses, sondern auch jedes Eigentums sich entäußernd, in freiwilliger Armut, erwartet er sein tägliches Brot von der Vatersorge Gottes, bleibt aber deshalb nicht müßig, sondern ist als „Armer" fleißig im Arbeiten, damit das Kloster habe, wovon den Armen Christi zu spenden und er selbst demselben nicht zur Last falle.[8]

6. Weil durch den Ungehorsam die Menschheit in Unglück stürzte, so dass der Erlöser sie durch Gehorsam wieder sühnen musste, und jede Sünde ein Ungehorsam ist, so glaubt der Religiose auch durch die Abtötung des Gehorsams sich der Vergebung der Sünden würdiger zu machen und für seine Geduld der Liebe, welche nicht zürnt, nicht das Eigene sucht, nicht Rache übt, sondern alles erträgt und gerne verzeiht, hofft er auf leichteren Nachlass der eigenen Schuld und Strafe. Endlich sein Heil zu sichern züchtigt er seinen Leib und tötet das Gesetz des Fleisches durch den Geist der Keuschheit, um sich seines Berufes noch würdiger zu machen, und durch stillschweigende Enthaltung von jeder Sinnenlust erhält er sich unbefleckt von dieser Welt, d.i. den Versuchungen und Übeln dieser Welt (Epistola Jacobis).

Wie und was also der Religiose betet, für das lebt er, und sein Gebet und sein Leben gleichen sich und sind gewissermaßen eines, wie auch Christus Jesus das Gleiche betete und wirkte und das Gleiche wirken und beten lehrte. Was die Lebensregel vom Ordensmann fordert, ist also im Grunde nur die Vollkommenheit, um die jeder Christ im Gebet und Herz bittet. Was also eine jede Ordensregel vom Religiosen fordert, ist, dass er das Gebet des Herrn an sich in Erfüllung gehen lasse. Damit ist alles gesagt, und mehr ist nicht möglich.

Wir wollen daher die ganze Regel, nach der wir zu leben gelobt, nach den Gesichtspunkten ordnen, welcher der hl. Geist unserm Herzen durch Christus uns beten lehrte.

Patron

Im Institut der St. Josephs-Oblaten wird für alle Zeiten denjenigen Heiligen eine ganz besondere Verehrung erwiesen, auf deren Fürbitte dieses hl. Werk zustande gekommen, sei es, dass zu ihrer Ehre Gelübde gemacht oder dass sie durch jene, welche mehr die Schwierigkeiten des Anfangs zu bestehen hatten, sonstwie zu diesem Zwecke angerufen worden sind. Sie sind als die Patrone der St. Josephs-Oblaten zu betrachten und in den täglichen gemeinschaftlichen Gebeten anzurufen. Auch sollen die Häuser, Oratorien und Altäre diesen Heiligen oder den Geheimnissen geweiht werden, welche im Institut zumeist verehrt werden.

1. Unter den Geheimnissen des Herrn und Heilandes wird nämlich die Andacht zur hlst. Kindheit Jesu, zum göttlichen Herzen, zum erlösenden kostbaren Blute und Leiden Christi und zum heiligsten Antlitze mit einer besonderen Liebe gepflegt werden. Dass die Gefühle des hl. Joseph, wenn das Herz des göttlichen Kindes an seinem Herzen schlug oder das heiligste Antlitz Jesu ihm vor Augen war als das wahre beseligende Tageslicht, das ihm zu seiner Arbeit leuchtete, dass diese Gefühle, welche seinen Glaubens, seine Hoffnung und Liebe so sehr nährten und mehrten, auch auf seine Oblaten übergehen, geziemt sich ja. Und dass die, welche sich als Arbeiter auf das Erntefeld der Blutsaat Jesu Christi begeben, zum kostbaren Blute und dem Leiden des Erlösers eine überaus große Andacht haben sollen, ist ebenso natürlich.

2. Unter den marianischen Geheimnissen möge Marias Unbefleckte Empfängnis, Reinstes Herz, Heiliger Name und Jungfräuliche Mutterschaft (mit deren Verdiensten um die heiligste Kindheit des Herrn) besondere Verehrung genießen.

3. Der Patron des Oblaten-Instituts wurde[a] vom ersten Anfange des Planes an angerufen.

[a] Durchgestrichen: von dem Gründer.

Liebe Frau als Königin der Engel, der hl. Joseph, Nährvater des Herrn, die hl. Erzengel Michael, Gabriel, Raphael und die hl. Schutzengel, die hl. Apostel Petrus und Paulus (und alle Apostel), die hl. Benediktus und Franziskus, der hl. Franzikus Xaverius, die hl. Jungfrau Scholastika, Gertrud und Theresia.[a]

Über die Aufnahme der Postulanten der Klasse der „Arbeiter Jesu"[b]

Erfahrungen, die in allen religiösen Anstalten gemacht werden, nötigen zu einer außergewöhnlichen Vorsicht bei der Aufnahme von Postulanten. Dieselben haben auch den Apostolischen Stuhl zu den beiden Dekreten *de testimonialibus und de scrutiniis* veranlasst, welche dem Obern unserer schwerer Strafe zu den Maßregeln verpflichten, die diesem Paragraphen zu Grunde liegen und die, wenn sie nicht schon von der Autorität des hl. Petrus für alle religiösen Genossenschaften so streng verbindlich gemacht wären, in unserem Institute aus besonderen Gründen der Notwendigkeit hätten angeordnet werden müssen.[c]

1. Was der Aufnahme eines Postulanten vorausgehen soll

Wer wünscht, der Genossenschaft der St. Josephs-Oblaten für die Glaubensverbreitung unter Heiden als Arbeiter Jesu beizutreten, prüfe sich selbst auf folgende Fragen:

Will ich durch mein Vorhaben vor allem Gottes Namen heiligen und verherrlichen?

Will ich das Reich Jesu Christi verbreiten helfen?

Will ich hiermit Gottes Willen erfüllen und auch beitragen, dass er überall auf Erden wie im Himmel geschehe?

[a] Mit Bleistift nachträglich hinzugefügt: den 5. August 1878 hat der Stifter des Instituts überdies gelobt, dass die erste Kirche der Oblaten dem Reinsten Herzen Mariä geweiht sein soll.

[b] Fußnote: Über die Klasse der „Wohltäter Jesu" und die Aufnahmebedingungen siehe Kapitel...

[c] Fußnote: Die beiden Dekrete vom 25. Januar 1848 sind am Neujahrstage und am 1. Sonntag des Monats Juli in einer der Mehrzahl der Oblaten verständlichen Übersetzung, welche die Approbation des Ordinarius hat, vorzulesen.

Keiner, der auf eine dieser drei Fragen nicht mit aller Klarheit und Entschiedenheit sich eine bejahende Antwort geben kann, hat Beruf, ein Oblat des hl. Joseph zu werden. Wer in sich aber zu allen drei die volle Zustimmung vernimmt, prüfe sich (ferner) über noch drei Fragen:

1. Frage: Durch welche Kräfte und Kenntnisse der Arbeitsfähigkeit hat mich Gott in Stand gesetzt, den „Kindern, welche nach Brot hungern“[a], das ist den armen Heidenkindern, welche an Seele und Leib der Hilfe bedürfen, das tägliche Brot zu verschaffen, sei es das Brot des Lebens und Verständnisses (panis vitae et intellectus) durch Unterricht und Wohltaten der Seele, oder sei es das „Brot des Schweißes“ durch Übung und Anleitung in leiblicher Arbeit oder durch Werke leiblicher Barmherzigkeit?

2. Frage: Habe ich den festen Entschluss, geduldig und ausdauernd alle Mühen, Schwierigkeiten und Demütigungen des Missionshauses zur Buße und Vergebung meiner Sünden wie auch zur Bekehrung anderer zu ertragen? Bin ich dazu überdies auch körperlich kräftig genug?

3. und letzte Frage: Wie fühle ich mich gewappnet gegen die Versuchungen und Übel, welche die reinen Füße der Boten des Heiles[b] auf Steg und Weg bedrohen? Habe ich genug Liebe, Mut, Demut, Sanftmut, Geduld, Ausdauer und vor allem Keuschheit und Gehorsam? Denn diese Tugenden sind in Heidenmissionen härteren und zahlreicheren Proben ausgesetzt. Weder ein melancholischer, noch ein mutloser, noch ein liebloser, noch ein zornmütiger, noch ein wankelmütiger, noch ein ungeduldiger, noch ein hochmütiger, noch ein nicht sehr keuscher Mensch ist zu der Krone eines Gehilfen der Apostel berufen.

Wer aber diese drei Fragen gleich den früheren im Hinblicke auf den Beistand der Gnade, womit Gott diejenigen stärkt, die, nur auf Ihn vertrauend, Ihn darum bitten, sich befriedigend beantworten kann, sei es, dass er von Natur aus dazu angelegt oder sei es, dass er durch Gottes Erbauung und in aufrichtiger Bekehrung dazu gelangt ist, der möge glauben, dass der innerliche Antrieb, sich als Arbeiter in den Weinberg Christi dingen zu lassen, ein heiliger Ruf von oben und ein Lichtstrahl vom „Vater der Erleuchtungen“ sei, von dem „jede beste Gabe und jede vollkommene Begabung“ kommt (Ep. Jac. 1,17).

[a] Fußnote: „Vere parvuli petunt panem et non est qui frangat eis“, Enzyklika Leos XIII. für die Heidenmission vom 3. Dezember 1880.

[b] Gestrichen: gleich zahlreichen Schlangen.

Ein solcher möge nicht mehr der Stimme von Fleisch und Blut Gehör geben, sondern gestärkt durch das Bewusstsein, dass es (wie der hl. Vater Papst Leo XIII. schrieb) „das Göttlichste aller gotteswürdigen Dinge ist, ein Gehilfe Gottes zu werden zum Heile der Nächsten", möge er sich hochherzig dem heiligen „Werke des Evangeliums" widmen, welches auf direktem Wege die Ehre des göttlichen Namens und die Ausbreitung des Reiches Christi und die Erfüllung des göttlichen Willens auf der ganzen Erde wirkt und welches sowohl an den Seelen, die sonst verloren gingen, wie auch dem evangelischen Arbeiter selbst, eine unglaublich große Wohltat übt, sehr nützlich und segenbringend ist (Enzyklika Leos XIII.).

Wer auf diese Weise sich erst geprüft und in sich diese Anzeichen der Berufes erkannt hat und Verlangen trägt, demselben in der für Laien eigens bestimmten Missionsgenossenschaft der St. Josephs-Oblaten Folge zu leisten, hat sich an gewisse Bestimmungen (Bedingungen) der Aufnahme-Ordnung zu halten. Dieselben lauten:

1. Der Postulant bitte vorerst von seinem Aufenthaltsorte aus beim Obern der Oblaten in ... schriftlich um Aufnahme und warte dann dessen Einladung ab. Diese Bedingung muss notwendig beachtet werden. Denn es sei ausdrücklich verboten, jemanden im Oblatenhause aufzunehmen oder auch nur zu logieren, der sich persönlich einstellt, ohne vorher diese Vorschrift der brieflichen Anmeldung genügt und ohne hierauf vom Obern eingeladen worden zu sein. Dieses strenge Gebot ist durch Erfahrungen veranlasst. Ein solcher werde aber nicht durch Barschheit oder durch Verdacht beleidigt, sondern mit Güte und Freundlichkeit auf diese Vorschrift aufmerksam gemacht, ihm ein gastfreundlicher Tisch bereitet und dann ihm geraten, in einem Privatlogis des Ortes zu warten, bis die Vorbedingungen der Aufnahme erfüllt sind. Im Hause darf ihm vorher nicht Logis gewährt werden.

2. Der Obere sende jedem Anmeldenden ein gedrucktes Exemplar dieser (längeren) Regel der Oblaten und ersuche ihn, dieselbe aufmerksam zu lesen, besonders das Kapitel ..., welches von den Postulanten handelt, und das Kapitel ...

Der Obere ersuche den Postulanten, auf folgende Fragen schriftlich Antwort geben zu wollen:

a) Welche Antwort er sich auf die Fragen der Seelenprüfung geben müsse und ob er sich nach Anleitung des Kapitels ... der Regel geprüft und zu welchem Schlusse er gekommen;

b) Ob er je Verlangen nach dem Priesterstand gehabt oder habe;

c) Welcher Abteilung der Oblaten er hinzutreten wünsche;

d) Welches die Orte seien an denen der Postulant getauft oder erzogen oder er sich seit seinem 15ten Jahre über ein Jahr lang aufgehalten habe, damit auch die nach der Vorschrift des apostol. Stuhles erforderlichen Zeugnisse von den Pfarrern dieser Orte eingeholt werden können;

e) Welches seine Arbeitsfähigkeiten seien;

f) Welches sein Gesundheitszustand (sei).

Die Zeugnisse kann der Postulant selbst sich besorgen. Wenn nicht, so hat sich der Obere an die Pfarrei oder geistlichen Vorsteher der bezeichneten Orte direkt zu wenden. Die Zeugnisse sollen nach canonischer Vorschrift Auskunft geben de ... (siehe Dekret) und die Zusammenstellung sämtlicher Zeugnisse sollen einen lückenlosen Nachweis über das bisherige Leben des Postulanten geben.

Je nachdem die Antworten auf jene Anfragen und die Zeugnisse lauten, entscheide dann der Obere und sende dem Postulanten entweder eine aufmunternde Einladung zu kommen oder aber die Absage.

Dem Aufnahmegesuch darf in folgenden Fällen nicht entsprochen werden:

1. Wenn die Antwort des Postulanten auf die erste Frage zeigt, dass er bei der Selbstprüfung in Betreff des Besuches sich nicht bei allen sechs Fragen eine sichere und befriedigende Antwort geben konnte,

2. Wenn der Postulant jemals sich mit dem Wunsch nach dem Priesterstand getragen,

3. Wenn die canonisch erforderlichen Zeugnisse unvollständig sind,

4. Wenn seine Vergangenheit in religiöser und moralischer Hinsicht nicht tadellos oder aber seine Bekehrung noch nicht lang genug erprobt ist,

5. Wenn seine Gesundheit eine so schwache ist, dass sie seine Berufstätigkeit hindern würde,

6. Wenn seine Befähigung nicht derart ist, dass er ein nützliches brauchbares (Arbeiter im Erntefeld Jesu) Mitglied der Genossenschaft würde. Der Obere darf hierin keine Nachsicht üben, und er darf keinen, an dem einer dieser 6 Defekte zu Tage tritt, die Aufnahme gewähren, da die Disciplin und die Zukunft dieses Instituts wegen dem Umstande, dass es ein Laieninstitut ist und die so viele Kräfte und Tugenden erforderliche Missionstätigkeit zum Ziele hat, eine besonders große Strenge und Sorgfalt in diesem Punkte der Postulanten-Aufnahme zur Pflicht machen.

Wo aber die bezeichneten Merkmale wahren Berufes vorliegen soll der Obere den Postulanten einladen, mutig und treu dem Zuge einer so großen Gnade zu folgen, und er tue dies mit all der Liebe, welche aus der Stimme dem Blicke des Erlösers sprach, als er, wie der Evangelist erzählt, „den Jüngling liebend ansah, während er zu ihm sagte: Eines fehlt dir, – komm, folge mir“[a].

Die Aufnahme und Einführung des Postulanten

Die Probezeit des Postulanten soll unmittelbar nach seiner Ankunft im St. Josefshaus mit einer dreitägigen Retraite beginnen, während welcher es demselben nicht erlaubt ist mit jemand anderem zu sprechen als mit dem Obern und einem Oblaten, der bestimmt ist, ihm in allem Nötigen Auskunft zu geben. Der Obere stelle ihm die vorzüglichsten Wahrheiten vor, die geeignet sind, die Seele von der Welt ab- und zu Gott und zu seinem Dienste anzuziehen, zum Beispiel über die Würde und den Lohn der Arbeit im Dienste Christi, mit und für Gott, über die eigene Heiligung und die Rettung des Nächsten, über die Ehre des Namens Gottes, über Gottes Reich und über Gottes Willen, über die Nichtigkeit eines den weltlichen Interessen gewidmeten Lebens, über die Buße. In der letzten Exhortation werde dem Postulanten der Sinn der Worte erklärt, die bei der Einführung gebraucht werden, damit er dieselben von Herzen spreche oder anhöre, sie dann stets bei sich erwäge und sich danach prüfe, so oft er später bei ähnlicher Gelegenheit sie wieder vernimmt. Die Zwischenzeit bringe der Postulant in Gebet und geistlicher Lesung zu und mit der Vorbereitung auf die heiligen Sakramente, die er am Morgen des 3. Tages empfangen soll. Nach der Conventmesse, in welcher er die hl. Communion empfängt, findet die Einführung und hiermit die eigentliche Zulassung zum Postulat statt. In der weltlichen Gesellschaft gilt der Brauch, dass ein Neuangekommener erst nachdem er dem Herrn des Hauses und seiner Familie vorgestellt worden ist, das Recht hat, mit ihnen zu verkehren. In einer religiösen Gesellschaft hat zwar das, was weltlich ist, keine Geltung, was aber geziemend ist, nimmt in ihr eine geistliche Bedeutung an, und so geziemt es sich denn, dass auch im Hause des Herrn und seiner geistlichen Familie ein Neuling, bevor noch erlaubt ist, dass jemand mit ihm verkehre, erst im Oratorium dem göttlichen Herrn des Hauses und seinen dort versammelten Dienern, das ist dem Obern und den Brüdern der geistlichen Familie, durch einen Gebets- und Weiheakt gleichsam vorgestellt und die erste Probezeit sei-

[a] Fußnote: "Jesus introitus adolescentium dilexit eum et dixit ei: Unum tibi deest – veni sequere me" (Marc. 10,21).

nes Berufes Gott und den hl. Patronen der Oblaten empfohlen werde. Die Ceremonie[9] besteht in Folgendem: Nach Beendigung der Conventmesse, in welcher der Postulant den Leib des Herrn empfangen, knieet derselbe mitten im Chore demütig nieder, sein Instruktor neben ihm, und der Chor singe zum Altar gewendet, angesichts des Bildes des Gekreuzigten oder seines heiligsten Antlitzes: *„Videmus Jesum qui multos filios in gloriam adduxerat, auctorem salutis eorum per passionem“*. Hierauf werde aus demselben Apostel (ad Hebr.) folgende Stelle zitiert, einem geistlichen Wechselgespräch ähnlich zwischen dem Obern, den Oblaten und dem Postulanten.

Der Obere beginne[a]: *„Ausculta fili verba Apostoli et Doctoris Gentium (Hebr. 2,9-18, 3,1-14). Jesus qui sanctificat et qui sanctificantur, ex uno omnes. Propter quam causam non confunditur »fratres« eos vocare, dicens: (zum Postulanten gewendet) Nuntiabo nomen tuum fratribus meis, (zum Altare gewendet zugleich mit dem Postulanten) nuntiabo nomen tuum fratribus meis, in medio Ecclesiae laudabo te.“*

Der Postulant allein: *Ego ero fidens in Eum.*

Der Obere zum Postulanten gewendet: *Ecce ego et pueri mei, quos dedit mihi Deus.*

Der Postulant: *Non sum dignus vocari filius tuus; fac me sicut unum de mercenariis tuis (Luc. 15,19). O Domine, quia ego servus tuus, ego servus tuus et filius ancillae tuae (Ps 115).*

Der Obere (fährt fort im Apostelbrief): *„Debuit Iesus per omnia fratribus similari ut misericors fieret... Unde fratres sancti, vocationis coelestis partecipes, considerare Apostolum et pontificem confessionis nostrae Iesum... Christus tanquam filius in domo sua: quae domus nos sumus, si fiduciam et gloriam spei usque ad finem firmam retineamus. Quapropter dicit Spiritus Sanctus.“*

Die beiden Chorseiten

I. Hodie si vocem Domini audieritis... nolite...

II. Sicut in die... probarent

I. Quadraginta... semper

II. Ipsi vero... si introibunt.

[a] Durchgestrichen: „(Der) Oblate, welcher als Instruktor des Postulanten bestimmt ist, (beginne)“.

Der Obere (zum Postulant): *Considerare, frater carissime, Iesum Christum tanquam filium in domo suo et imitare eum in domo ista. Quamodo vixit in domo mea? Audi, fili. Narrat tibi ipse Christus per os Prophetae dicens: „Perambulabam in innocentia cordis mei in medio domus meae. Non proponebam ante occulos meos rem iniustam, facientes praevaricationes odivi. Non adhaesit mihi cor pravum; declinantem a me malignum non cognoscebam, detrahentem secreto proximo suo, hunc persequebar. Superbo oculo et insatiabili corde cum hoc non edebam. Oculi mei ad fideles terrae ut sedeant mecum; ambulans in via immaculata hic mihi ministrabat. Non habitabit in medio domus meae qui facit superbiam qui loquitur iniqua, non direxit in conspectu oculorum meorum". Talis est Christus in domo sua. Vide frater ut habitare cum eo tibi liceat hic et in domo Patris sui qui est in coelis. (Amen). Videte, fratres, ne forte sit in aliquo vestrum cor malum incredulitatis, discedenti a Deo vivo. Sed adhortamini vosmetipsos per singulos dies donec hodie cognominatur, ut non obduratur quis ex vobis fallacia peccati. Participes enim Christi effecti sumus, si tamen initium substantia eius usque ad finem firmum retineamus" (Hebr.)*

Hierauf begibt sich der Chor, zwei und zwei, der Postulant mit dem Instruktor an der Spitze zum Altare des hlst. Antlitzes Jesu unter Absingung der Psalmstelle:

I. Quis ascendit in montem Domini aut quis...

II. Innocens manibus... nec iuravit...

I. Hic accipiet benedictionem... et misericordiam...

II. Haec est... quaerentium faciem Dei Iacob

Vor dem Altare des hlst. Antlitzes kniee der Postulant nieder und rezitiere zusammen mit dem Instruktor die Psalmverse (de Ps. 26):

„Domine illuminatio mea et salus mea quem timebo? Dominus protector vitae meae, a quo trepidabo? Unam petii a Domino, hanc requiram, ut inhabitem in domo Domini omnibus diebus vitae meae."

Chor antwortet: *Amen.*[a]

[a] Die Zwischenantworten des Chors wurden von Amrhein nachträglich in den Text eingefügt.

„Quoniam abscondit me in tabernaculo suo: in die malorum protexit me in abscondito tabernaculi sui."

Chor: *Amen.*

„Exaudi, Domine, vocem meam, qua clamavi ad te, miserere mei et exaudi me. Tibi dixit cor meum, exquisivit te facies mea, faciem tuam Domine requiram."

Chor: *Amen.*

„Ne avertas faciem tuam a me; ne declines in ira a servo tuo."

Chor: *Amen.*

„Adiutor meus esto ne derelinquas me, neque despicias Deus salutaris meus. Quoniam pater meus et mater mea derelinquerunt me: Dominus autem assumpsit me."

Chor: *Amen.*

„Legem pone mihi, Domine, in vita tua, et dirige me in semitam rectam."

Chor: *Amen.*

„Credo videre bona Domini in terra viventium."

Chor: *Amen.*

Der Schlussvers dieses Psalmes soll von allen gesprochen werden:

„Expecta Dominum, viriliter age et confortetur cor tuum et sustine Dominum."

Hierauf wird zum Schlusse die am Eingang der Ceremonie gesungenen Antiphon wiederholt:

„Videmus Iesum, qui multos filios in gloriam adduxerat, auctorem salutis eorum per passionem. Gloria Patri..."

Der Obere erteilt den Segen (vom Altare) und die Ceremonie ist geschlossen. Vor dem Oratorium soll der Postulant dann die erste Begrüßung der Brüder empfangen.

Die zweifache Erziehung im Postulat und Noviziat[a]

Die Heiligkeit und Schwierigkeit des Berufes eines St. Josefs-Oblaten erfordert eine vorausgehende sorgsame Ausbildung im St. Josefshause, wo der hl. Beruf vorerst zu prüfen, dann zu formen, zu entwickeln und zu befestigen ist. Ohne diese Erziehung wäre das angestrebte Missionswerk undenkbar und müsste, kaum ausgeführt, zerfallen, weil ein Fundament[b], das ist die eigene Heiligung, welche Gottes erster und absoluter Wille und Befehl ist, nicht stark noch tief genug wäre oder vielleicht ganz fehlte.

Die Erziehung im St. Josefshause muss eine zweifache sein: eine ascetische[c] und eine technische. Die technische Ausbildung muss den Oblaten brauchbar machen als Katechet oder Arzt oder Künstler oder Arbeiter und so fort, während die ascetische Erziehung ihn[d] brauchbar macht als Arbeiter Jesu Christi und Gehilfe der Apostel[e]. Die letztere Erziehung heiligt die erstere und macht sie erst brauchbar zu Seelengewinnung und zu guten Werken. Ohne die ascetische Weihe[f] wäre daher auch die beste technische Fähigkeit kein Werkzeug in Gottes Hand, womit Gott seine Ehre oder die Rettung unsterblicher Seelen wirken wollte. Die großen Gefahren der Mission würden der Seele, wie die Erfahrung lehrt, leicht Verderben bringen und die großen Mühen würden sie dem Beruf bald untreu machen. Daher werde auf die religiöse, ascetische Durchbildung der Seele die allergrößte Liebe, Sorgfalt, Weisheit, Klugheit, Geduld, Mühe[g] verwendet und sie bilde die Hauptaufgabe des St. Josefshauses, wofür die näheren Bestimmungen im Kapitel ... dieser Regel niedergelegt sind.

Es gehe aber auch stets die Anleitung und Übung im Technischen neben ihr her; denn wie (schöne Ordnung der göttlichen Liebe) Seele und Leib zu ver-

[a] Durchgestrichen: Die beiden Erziehungszweige (im Postulat und Noviziat)

[b] Durchgestrichen: ... das Fundament dieses Hauses Gottes...

[c] Durchgestrichen: religiöse.

[d] Durchgestrichen nach „ihn“: und seine Fähigkeiten und Kräfte.

[e] Durchgestrichen: Missionäre.

[f] Durchgestrichen: Bildung.

[g] Durchgestrichen nach „Mühe“: Zeit.

eintem Schaffen verbunden sind und der Leib vermittels seiner Sinne die unentbehrlichen Wahrnehmungen der Seele zu übermitteln hat, so sollen nach derselben auch im Gnadenleben die natürlichen Mittel zusammen mit den übernatürlichen die Werke Gottes tun; und daher muss in der Vorbereitung der Missionstätigkeit auf die Pflege der natürlichen Hilfsmittel ebenfalls viel Sorgfalt, Zeit und Mühe verwendet werden. Sie zu verschmähen wäre viel mehr Vermessenheit als Tugend, und ein solcher, der die Sendung der[a] Apostel *sine sacculo et pera et calceamentis* in dem Sinne verstände, als sei damit den Boten Christen für alle Zeiten eine Regel gegeben worden, würde vergessen, dass der Herr kurz vor seinem Tode diesen Befehl zurücknahm mit den Worten:

Quando misi vos sine sacculo et pera et calceamentis, numquid aliquid desit vobis? Sed nunc qui habet sacculum tollat, similiter et peram (Lk 22,36),

womit er anzeigen wollte, dass, so lange der Bräutigam unter ihnen weilte, es ihnen freilich an nichts gebrach, dass aber nachher, wenn nach seinem Hingang Tage der Not einbrechen werden, sich auch seine Boten nach bestem Vermögen durchhelfen müssten und so bis zur Wiederkunft des Herrn.

Die Prüfung der innerlichen Dispositionen und die Prüfung und Übung der Fähigkeiten sollen gleich von Anfang an nebeneinander hergehen. Da aber erstere viel längere Zeit erfordert als die letztere, so kommt es, dass letztere[b] hauptsächlich die Zeit des Postulats und nicht mehr so viel die des Noviziats in Anspruch nimmt, dagegen die Prüfung und Übung der inneren Dispositionen sowohl die Zeit des Postulates als besonders des Noviziates. Zu keiner Zeit darf zwar die eine oder die andere beiseite gelassen werden, aber während der Postulant in beiden gleichmäßig erprobt und geübt werden soll, beschäftige den Novizen mehr das innerliche Leben als die Arbeit. Im Noviziat werde vorherrschend auf die Askese, d.i. auf die Lehre und Übung des apostolischen Tugend- und Gebetslebens Gewicht gelegt, wobei die Arbeiten mehr zur Übung des Gehorsams, der Demut und Abtötung als zum Zwecke des Lehrens oder Lernens dienen.

[a] Durchgestrichen „den Befehl des Herrn an die“ und stattdessen eingefügt: „die Sendung der“.

[b] Wohl versehentlich hatte Amrhein hier „erstere“ statt „letztere“ geschrieben. Die vielfach korrigierte und überschriebene Stelle lautete in der ersten Fassung: „... so kommt es, dass jenes (die Prüfung und Übung der Fähigkeiten) nicht mehr so viel die Zeit des Noviziats als die des Postulats in Anspruch nimmt.“

a. Die technische Erziehung und Beschäftigung[a]

Der Novize werde mehr zu verschiedenen kleinen Aushilfsarbeiten verwendet, welche seine Geduld und Bereitwilligkeit im schnellen Gehorsam und in der Verleugnung des eigenen Wunsches üben sollen. Nicht so der Postulant. Da man nötig hat zu wissen, was er könne und nicht könne und was er fähig sei zu lernen, und nebstdem noch aus dem Grunde, weil sein guter Wille, Gott zu dienen, erst noch Zeit gewinnen soll, tiefere Wurzeln zu fassen, bevor man ihn durch Proben schütteln darf, so soll dem Postulanten gleich von Anfang an eine ordentliche Beschäftigung angewiesen werden, in der die ihm von Gott verliehenen Gaben zu Tage treten können, und zwar soll er, wenn ihn Gott mit mehrfachen Kenntnissen und Fähigkeiten ausgestattet hat, nach und nach in allen erprobt und wenn nötig noch weiter ausgebildet werden. Auf diese Weise verschaffe sich der Obere eine gute (genaue) Kenntnis aller Begabungen seiner Söhne, als ebenso vieler Hilfsmittel, die der Vater aller guten Gaben in seine Hand gelegt hat, um damit den Seelen der Heiden zu Hilfe eilen und Gottes Ehre wirken zu können.

Einprägung der Hauptintention, welche alle Arbeiten, die geistige und körperliche, im St. Josefshaus haben sollen

So verschiedenartig auch die Begabungen seien, so haben doch alle wie denselben Ursprung so auch denselben Zweck: die Verherrlichung Gottes und des Menschensohns. „Es gibt verschiedene Gnadengaben, der Geist aber ist einer, verschiedene Arten von Dienstleistungen, der Herr aber ist einer, verschiedene Arten von Wirksamkeiten, aber der und derselbe Gott ist es, der alles in allem wirkt. Die Mitteilung des Geistes wird aber jedem zum Zwecke des Nutzens gegeben". Derselbe Geist sagt ferner: „Was immer ihr tut, das tut Gott zur Verherrlichung". Und weiter: „Auch ich gefalle allen in allem, weil ich nicht suche, was mir allein nützlich ist, sondern das, was vielen hilft, selig zu werden". Diesen herrlichen Ausspruch des Apostels der Heiden soll der Oblate zur Überschrift seiner Tätigkeit machen.

Es können nicht alle Apostel und Priestern, nicht alle Katecheten und Lehrer werden, auch nicht alle Künstler und Arbeiter. Alle aber können durch das, was die Gabe Gottes in einem jeden und durch einen jeden wirkt, das eine suchen und finden: Gottes Verherrlichung.

[a] Von hier an beginnt Amrhein mit nicht systematisch durchgeführten Kapitelüberschriften.

Im Josefshause werden einige mehr geistig, andere mehr körperlich beschäftigt, nach eines jeden Begabung. Wen Gott mehr zur geistigen Arbeit ausgerüstet hat, der suche durch geistige Arbeit zu nützen, und die Geduld und die Demut des Gehorsams, womit er dies verrichtet, wird ihn heiligen, Gott verherrlichen und andere retten. Wen Gott aber mehr zur körperlichen Arbeit berufen hat, der wird demselben Zwecke durch körperliche Werke nützen, wenn er dieselben Tugenden übt.

Jeder sei sich bei der Arbeit dreier Wahrheiten bewusst: dass das, was ihn befähigt, Gottes Gabe ist, dass das, was er leistet, von Gott in ihm gewirkt wird, und dass er an Gott gleichsam einen betrügerischen Raub oder Unterschlagung verübt, wenn er seine eigene Ehre und nur seinen eigenen Nutzen sucht, nicht ausschließlich Gottes Ehre und nebst dem eigenen Seelengewinn auch anderer Glück. Was man in der Welt nach der Weise der Welt gelernt hat, werde im Hause Gottes nach der Weise Jesu Christi und seiner Apostel ausgeübt.[a]

Das deutlichste Vorbild für die materielle Arbeit des Evangeliums ist der hl. Apostel der Heiden, St. Paulus, der in desselben Abschiedsrede an die Epheser (Apg 20) von seiner geistigen Arbeit sagte: „Ihr wisset, wie ich euch nichts vorenthalten habe, was von Nutzen ist zu wissen, und auch öffentlich und privat lehrte, über die Bekehrung zu Gott und den Glauben an unseren Herrn Jesus Christus, und auch wie ich den Rat Gottes mitteilte, drei Jahre lang, Tag und Nacht nicht aufhörend, jeden von euch zu ermahnen." Darauf gibt er auch mit seinen Händen das schöne Zeugnis der leiblichen Arbeit: „Was ich selbst bedurfte und auch das, was die bedurften, welche bei mir sind, verdienten sich diese Hände. Alles zeigte ich auch; so muss man arbeiten um Kranke aufnehmen zu können, eingedenk des Herrn Jesu Worte, der selbst gesagt hat: »Viel seliger ist geben denn empfangen«". Das alles tat der Heilige zum Vorbild: „Alles zeigte ich euch, so muss man arbeiten." „Seid wie ich", ermahnt er die Galater. Und zu den Christen Thessaliens schrieb er: „Ihr wisset schon, wie ihr mir nachahmen solltet; ich habe mein Brot nicht auf die Kosten eines anderen gegessen, sondern in Anstrengung und Ermüdung, Tag und Nacht arbeitend, um keinem von Euch lästig zu fallen. Nicht als hätte ich nicht die Vollmacht (auf anderer Kosten zu leben), sondern (ich arbeite) um mich auch als Vorbild hinzustellen, damit ihr mich nachahmt" (2 Thess 3,7ff). So fügte

[a] Die folgenden Passagen bis zu den Worten „... beide vereint zum Zwecke desselben Apostolates" sind sehr schwer leserlich, so dass manche Worte erraten werden mussten.

der Apostel zu der Predigt des heiligen Mundes auch die Predigt der heiligen Hände, die beide gleich gottgeweiht, daher gleich verdienstlich in der Einheit ihres Zweckes. Denn durch beides suchte er den Gewinn dieser Arbeit zur Ehre Gottes und durch die allseitige Erfüllung seines apostolischen Berufes. Wir Schwache müssen uns in die Arbeit dieses Starken teilen. Die Priester-Missionäre und die ihnen beigegebenen Katecheten-Oblaten übernehmen die Predigt des Wortes, und die anderen Oblaten der Mission übernehmen die Predigt der Arbeit, beide vereint zum Zwecke desselben Apostolates.

Der Obere des St. Josefs-Hauses hat daher mit Einsicht darauf zu achten, ob ein Postulant seiner geistigen Begabung, Bildung und Erziehung nach mehr zu einer geistigen Missionstätigkeit oder nach seinen leiblichen Kräften und praktischen Kenntnissen usw. für ein körperliches Missionswerk Beruf habe. Im ersteren Falle werde der Postulant der Klasse der Katecheten zugeteilt, im letzteren Falle der Klasse der Werkmänner[a].

I. Die Klasse der Katecheten besteht aus vier[b] Abteilungen:

a) Die erste Abteilung wird gebildet von den Lehrern der Katechetenschulen (im St. Josefshause);

b) Die zweite von den Katecheten, welche die Jugend in der christlichen Religion sowie in den Elementarfächern der Schulkenntnisse zu unterrichten und in christlichen Sitten zu erziehen haben;

[a] Am Ende des Heftes findet sich ein erneuter Überblick über die geplante Einteilung des Instituts unter dem Titel: Plan, mitgeteilt am hl. Auffahrtsfeste (18. Mai 1882) an Hermann Hofmann.

I. Klaustrale Oblaten

1. Arbeiter Jesu (mit eigener Regel, Gelübden auf je drei Jahre nach zweijährigem Postulat und Noviziat)
A. Katecheten
Bestimmt für den Missionsdienst in Heidenländern:
a) Religionslehrer und Lehrer in Elementarschulfächern;
b) Ärzte und in Medizin unterrichtete Katecheten.
Bestimmt im St. Josefs-Hause zu bleiben:
c) Künstler (Maler, Bildhauer, Musiker, Architekten und Ingenieure);
d) Lehrer der Katecheten.
B. Werkmänner
Meistens bestimmt zum Missionsdienst in Heidenländern:

c) Die dritte Abteilung besteht aus den in der Arzneikunde und Chirurgie unterrichteten Katecheten, welche in den Missionen durch die Wohltaten leiblicher Heilungen oder Krankenpflege das Werk der Seelenärzte zu unterstützen haben.

d) Die vierte Abteilung besteht aus den vorzugsweise für die Künste, sei es der Musik oder der Malerei, Skulptur oder für das Ingenieursfach begabten Katecheten, welche die Predigt der unsichtbaren Wahrheiten durch die lebendige Sprache bildlicher Darstellung unterstützen oder durch die heilige Musik oder durch den Bau schöner Gotteshäuser zum christlichen Gottesdienst auch äußerlich anziehend machen sollen.

Die Katecheten der zweiten und dritten Abteilung werden in die Missionen ausgesandt, die Katecheten der ersten und teilweise auch diejenigen der vierten Abteilung bleiben dagegen im St. Josefshaus, wo sie die Katechetenschulen zu leiten haben. Der Obere hat daher, wenn er den Postulanten einer jener ersten Abteilungen zuteilen will, zugleich auf die körperliche Tauglichkeit zu achten, während in den beiden anderen Abteilungen Schwächere, welche für die Missionen physisch nicht stark wären, Aufnahme finden können. Im St. Josefshause haben dieselben ausschließlich für die ausländischen Missionen zu arbeiten, – die einen durch den Unterricht der Katecheten, die anderen durch Verfertigung von Bildern etc. für die Kapellen und Kirchen der Missionen und zugleich durch den Kunstunterricht, den sie Schülern zum selben Zweck geben.

a) Kunsthandwerker (Steinmetze, Holzschnitzer, Dekorateure);
b) Handwerker (Schreiner, Maurer, Schmiede, Mechaniker, Schneider, Zimmerleute, Weber);
c) Landarbeiter, Gärtner, Arbeiter in irgendeinem nützlichen Fache.
2. Wohltäter Jesu (mit leichtester Regel, ohne Gelübde, Tertiar-Gelöbnis);
3. Diener Jesu (Oblaten, welche die Missionen durch ein bußfertiges strenges Leben nach der unveränderten, ursprünglichen Regel des hl. Benedikt durch Gebet und Arbeit für das Institut fördern sollen).

II. Nicht klaustrale Oblaten

In der Welt lebende Freunde und Gönner des Instituts, welche die Verpflichtung übernehmen, dasselbe in jeder ihnen möglichen Weise zu fördern. Eigene Statuten, Bruderschaftsprinzipien und Ablässe. Jährliche Generalversammlung, monatliche Versammlungen der einzelnen Vereine mit Gottesdienst, Predigt (für Mission), Sakramentenempfang, Vereins-Besprechungen.

[b] Amrhein schrieb hier wohl versehentlich drei Abteilungen.

II. Die Klasse der Werkmänner besteht aus drei Abteilungen

1. Die der Kunsthandwerker, wozu die Holzschnitzer, Steinmetzen, Dekorationsmaler, Buchdrucker zählen;

2. Die der Handwerker (Schreiner, Maurer, Schlosser und Schmiede, Mechaniker, Zimmerleute, Maler, Schneider etc.);

3. Die der Landarbeiter, Gärtner usw.

Einem jeden werde, wenn Möglichkeit vorhanden ist, in seinem eigenen Fache Beschäftigung gegeben. Es ist aber ratsam, die Fähigeren, wenn sie in ihrem Fache ausgebildet sind, auch noch andere Fächer lernen zu lassen, damit in den Missionen einer zu verschiedenen Dienstleistungen brauchbar ist, je nach Bedürfnis.

Beständigkeit in der Arbeit

Es bleibe aber jeder bei dem, was nach Anordnung des Oberen sein eigentliches Fach ist.[a]

Caritas in der Arbeit

Indem so jeder die Arbeit übe, lerne oder lehre, die der Gehorsam ihm aufträgt, seien alle einig in der Liebe, von der es heißt: „*Caritas non est ambitiosa*" (1 Kor 13,5). Jeder hasse den Neid, jeder sei dem anderen behilflich und sei nicht selbstsüchtig. Der Oblate kenne keine Eifersucht. Wie die Linke nicht eifersüchtig ist auf die geschicktere Rechte noch die Rechte die weniger geübte Linke verachtet, sondern beide sich helfen in Eintracht, so soll auch keiner die Mitbrüder beneiden noch einen verachten. Eifersucht und Geringschätzung sind Gott verhasst. So wie das Auge nicht das zu tun verlangt, was Aufgabe des Ohres ist, und der Fuß nicht meint, dass die Arbeit der Hände besser für ihn wäre (vgl. 1 Kor 12,14ff), so soll auch kein Glied des St. Josefshauses etwas tun wollen, was einem anderen aufgetragen, noch nach einer anderen Beschäftigung verlangen, als ihm auferlegt worden, sondern jeder wisse, dass Gott nicht mehr und nichts anderes von ihm verlange und ihn für nichts an-

[a] Fußnote: Diese Parenthese soll für sich allein sein.

deres belohne, als was der Obere ihm auftrage. Der Oblate beziehe auf sich, was der Apostel in Bezug auf den dienenden Stand sagt: „Jeder solle bei dem bleiben, wozu ihn Gott berufen habe“ (1 Kor 7,20.24), und er wiederholt diesen Rat zweimal. Nur wenn diese Ordnung herrscht, kann der Körper der Genossenschaft durch die gewissenhafte Funktion eines jeden Gliedes gesund und stark sein zur Erfüllung der Aufgaben, wofür Gott ihn ausgewählt hat.

Gehorsam in der Arbeit

Die Arbeit verrichte der Oblate stets in der Absicht, Gehorsam zu üben, aber nicht aus Gehorsam bloß gegen Menschen, sondern aus Dienstwilligkeit gegen Gott selbst. Wo er vom Stande der Sklaven spricht, sagt der Apostel: „Ihr seid teuer erkauft, Brüder, werdet daher nicht Menschendiener“ (1 Kor 7,23), womit er sagt, dass, wer Menschen zu gehorchen hat gemäß seines untergeordneten Standes (Eph 6,5), diesen Gehorsam leisten solle nicht als Diener der Menschen, sondern als Diener Gottes, weil Gott ihn gekauft hat um des kostbaren Blutes Preis.

Wer nur Menschen dient, bekommt nur Menschenlohn, wer aber Gott dient in den Menschen, bekommt Gotteslohn.

Demut in der Arbeit

Postulanten und Novizen sollen vor allem in der Demut der gegenseitigen Hilfeleistung geübt werden. Keiner lasse die Torheit des Hochmuts in sich aufkommen, welche ihn denken lässt, „Wer ist dieser, dass ich ihm diene, oder dass ich ihm helfen soll?“ Um dieses Gott missfällige Laster zu ertöten, sollen daher öfters Oblaten und Novizen von Zeit zu Zeit nicht selbständig beschäftigt, sondern einem anderen zu einer gemeinsamen Arbeit beigegeben werden.

Fleiß, ausdauernde Geduld in der Arbeit

Wir brauchen diejenigen, welche kommen, um in Gottes Weinberg zu arbeiten, nicht erst zum Fleiße zu ermahnen, da die Gnade, welche sie hier antrieb, sie auch tatkräftig macht. Mehr aber bedürfen sie der Ermahnung zur ausdauernden Geduld. Vielleicht täuscht sich mancher über das Maß der Mühen, das im Arbeitsfelde Christi seiner erwartet. Denn zur Zeit, wenn das Kreuz drückender lastet, kommt erst die Versuchung der Ungeduld, dann die des Murrens und schließlich der Unbeständigkeit, welche beginnt, das Auge des

Glaubens zu verdunkeln, so dass es das Ziel der Glorie nicht mehr sieht, das ihm beim Beginn vorschwebte; und dann tritt für den Missionär und die Genossenschaft der Brüder jene schmerzliche Erfahrung ein, welche auch der Lehrer der Heiden, St. Paulus, mit den Worten andeutet, die er an Timotheus schrieb: „Eile und komme bald zu mir. Denn Damas hat mich verlassen; er liebte die Welt und ging hinweg (von mir)“ (Tim 4,8-9). Um nicht in einen so großen Seelenschaden und nicht vor den Engeln und Heiligen in eine so große Schmach der Untreue zu fallen, lerne der Arbeiter Jesu bei Zeiten Arbeit und Mühe mit dem Verständnis betrachten, aus welchen die Kraft der Geduld und Beharrlichkeit entspringen.

Das geistige Verständnis der Arbeit[a]

In diesem siebenfachen Ziele der Arbeit des Apostels erkennen wir das ganze Apostolat der Arbeit. „Alles habe ich euch gezeigt, so müsst ihr arbeiten“. So weiß denn der Arbeiter Jesu und Oblate des hl. Josef, wie er die Arbeit verstehen und in welchem Sinne er sie üben und erdulden muss, um selbst durch die bloß körperliche Arbeit als Apostel zu wirken. Er arbeite,

1. um sein eigenes Brot und Kleid zu verdienen,

2. um den nötigen Lebensunterhalt auch den Priestern und denjenigen Missionsgefährten zu erwerben, welche ihre Zeit und Kraft auf den Unterricht oder die ärztlichen Pflege zu verwenden haben,

3. um zu Werken der Barmherzigkeit an Leidenden und Armen Hilfsmittel zu beschaffen, wodurch die Seelen selbst gewöhnlich die größten Wohltaten empfangen,

4. um den Heiden und Neophyten das Beispiel zu geben, dass man arbeiten und wie und wozu ein Christ arbeiten soll,

5. um den Heiden das Unternehmen der Missionäre, sie für das Christentum zu gewinnen, im Lichte der Uneigennützigkeit zu zeigen, damit es nicht den Anschein hat, dass sie dadurch ihren eigenen Vorteil suchen und sich dadurch das Lebensbrot verdienen wollen.

[a] Von diesem Kapitel finden sich vorangehend zwei Vorfassungen, bei denen die erste fünf Ziele der Arbeit und die zweite sieben Ziele der Arbeit nennt. Eine später auftauchende Liste nennt dann zehn „Beweggründe der Arbeit“. Auf die Wiedergabe dieser Varianten wird hier verzichtet.

6. um Buße zu tun, sei es für eigene Sünden, sei es zur Bekehrung der Heiden, sei es, um den Leib zu züchtigen, ihn in Zucht zu halten und vor Versuchung sich zu schützen.

7. Um durch die Geduld der guten Tätigkeit Gottes Ehre und die eigen wie so viele Seelen, die der Rettung bedürfen, Kerne des ewigen Lebens zu verdienen durch unseren Herrn Jesus Christus.

Der Obere strebe aus allen Kräften darauf, in Konferenzen, in Retraiten, in Tagen der Rekollektion und bei der anderen Gelegenheit die Werkmänner unter den Oblaten oder Novizen mit diesem Geist der Arbeit zu erfüllen, und wenn Tage der Entmutigung und Erschlaffung kommen, so soll dem so Versuchten diese Stelle der Regel und jene Stellen, welche vom Zwecke der Arbeit handeln, zur Betrachtung gegeben oder ihm nach dessen Inhalt Ermunterungen und Ermahnung gegeben werden, damit er ausdauere im guten Werke gemäß dem Apostel: *„Bonum facientes non deficiamus; tempore enim sui metemus non deficientes“ (Gal 6,9).*

Intention der Arbeit

Wir ermahnen und bitten die Oblaten des hl. Josef, jeden Tag die Intention der Arbeit, die wir soeben dargelegt haben, zu erneuern. Dadurch wird jeder Tag geheiligt und gesegnet und reich gemacht an Verdiensten.

Auch erhält sich dadurch der rechte Geist in der Genossenschaft. Eine besondere Frucht dieser Übung wird aber die Gnade der Beständigkeit und ausdauernden Geduld und am Ende der Laufbahn der unbeschreibliche Trost der Hoffnung sein. Denn wir wissen vom Apostel, dass im Gerichte alle Werke die Feuerprobe bestehen müssen. Je nachdem die Werke vollkommen oder unvollkommen in der Intention waren, werden sie sich erweisen als Werke aus Gold, Silber, Edelsteinen oder auch Holz, Gras, Stoppeln. Das Feuer des Gerichts wird dies kundtun, denn Werke, die vollkommen in der Intention waren, werden geläutert und glänzender daraus hervorgehen, Werke ohne gute Intention werden ganz zunichte werden, und vom Werke unvollkommener Intention werden nur Trümmer übrig bleiben. „Wessen Werk das Feuer überdauert“, sagt der Apostel, „der wird den Lohn dafür empfangen. Wessen Werk aber verbrennt, – der wird Schaden erleiden“ (1 Kor 3,12ff). Seid also weise, geliebte Brüder und arbeitet nicht zu eurem Schaden, sondern zu eurem eigenen wie zu vieler Nutzen für die selige Ewigkeit. Amen.

Unfleißige Oblaten

Wenn ein Postulant oder Novize oder Oblate seinem ersten Eifer so sehr untreu würde oder seine Pflicht so wenig verstände, dass er oft müßig oder lästig wäre, der sei vom hl. Apostel selbst angeklagt und ernstlich ermahnt, der an derselben Stelle, wo er sich als Vorbild in der Arbeit zur Nachahmung vorstellt, die Unfleißigen so anspricht: „Wenn einer nicht arbeiten will, soll er auch nicht essen. Wir haben nämlich vernommen, dass einige unter euch unruhig herumlaufen, nichts arbeiten, sondern ihrer Neugierde nachleben. Diejenigen, die sich so betragen, klagen wir an und beschwören sie im Herrn Jesus Christus, unter Stillschweigen zu arbeiten und ihr eigenes Brot zu essen (2 Thess 3,10). Mit diesen Worten werde der Schuldige drei Mal ermahnet. Bessert er sich nicht, so soll er entlassen werden.

Die Arbeit des Religiosen zeichne sich vor der Arbeit des Weltmannes in folgenden Punkten aus:

1. In der Heiligkeit der Intention. Der Oblate gehe nie an die Arbeit, ohne einen Akt der gottgefälligen Intention zu erwecken. Wenn er sie verrichtet, um beizutragen zur Ehre des Namens Gottes und zur Verbreitung seines Reiches, – um Gottes Willen auf Erden zu tun, wie er im Himmel geschieht – um sich und anderen das tägliche Brot zu verdienen, – um Buße zu tun und Vergebung zu erlangen für eigene und fremde Sünden, – um nicht in Versuchung zu fallen, – auch beizutragen, dass andere vom Übel der Zeit und Ewigkeit befreit werden, – zwar in dieser Meinung, in der wir gelehrt werden, auch seine Arbeit verrichtet, verwandelt (er) dieselbe dadurch in ein Gebet.

2. In der demütigen Selbstlosigkeit, in der der Religiose nicht Ehre und Anerkennung sucht, noch durch Korrektur und Tadel sich beleidigt oder entmutigt fühlt.

3. In der inneren Sammlung. Wenn der Religiose vor der Arbeit die gute Intention erweckt und Gott um Hilfe gebeten hat, beunruhige er sich nicht, wenn der Geist von der Aufmerksamkeit, welche die Arbeit erheischt, gefesselt und von himmlischen Dingen abgezogen ist. Es ist dies Gott nicht missfällig. Der Religiose achte aber auf seine Gedanken, dass sie von Zeit zu Zeit sich auch einige Augenblicke wieder in Gott sammeln, und in diesen Augenblicken bete er an oder danke oder bitte oder erneuere die Intention der Arbeit, oder denke, was immer seiner Seele nützen und Gott und seine Heiligen erfreuen mag. Die Sammlung ist nicht beschwerlich und doch (reich an) großer Frucht, sie hilft der Hand und heiligt das Herz. – Sie ist aber auch möglich während der Arbeit. „Ich beschwöre sie im Herrn Jesus Christus, unter Stillschweigen zu arbeiten". Es darf während der Arbeit nur gesprochen werden,

1. was diese Arbeit oder

2. was die Missionen und evangelischen Arbeiten oder

3. was Gegenstände der religiösen Erbauung betrifft.

Über diese Dinge allein darf gesprochen werden und auch dies nur mit leiser Stimme, nicht laut, damit nicht die, welche das große Verdienst des Stillschweigens und die innere Sammlung dem Reden vorziehen, durch das Schwatzbedürfnis andern gestört werden. Über andere Gegenstände mag in der Rekreation gesprochen werden.

b) Die aszetische Erziehung des St. Josefsoblaten[a]

Diese aszetische Erziehung ist ...fach.

I. Gründlicher Unterricht in Religion

Ein gründlicher Unterricht in den Wahrheiten des römisch-katholischen, apostolischen Glaubens. Als Grundlage diene der tridentinische Römische Katechismus über die Hl. Schriften, welche erklärt werden sollen. Dieser Unterricht werde allen Mitgliedern des Hauses ohne Ausnahme gemeinschaftlich (auch der Klasse der Arbeiter Jesu) täglich eine halbe Stunde gegeben zu einer geeigneten Zeit des Tages, am besten des Morgens vor der Arbeit, wenn noch keine Ermüdung der Arbeit Schlaf verursacht, nicht des Nachmittags. Die zwei ersten Abteilungen der Katecheten empfangen zudem täglich eine spezielle Unterrichtsstunde in der hl. Religion, welche sie in den Missionen zu lehren haben, – nicht bloß die erste, auch die zweite oder die Abteilung der für Heilkunde bestimmten Katecheten, damit sie gelegentlich ihr Werk der leiblichen Barmherzigkeit mit Belehrungen zum Heile der Seelen verbinden können. Dieser spezielle Unterricht basiere auf der Theologie des hl. Thomas, etwa nach einem Kompendium der Summa[b].

[a] Dieser Abschnitt wurde vielfach überarbeitet und enthält mehrfach unklare Verweise, so dass die folgende Textanordnung gelegentlich auf Mutmaßungen beruht.

[b] An den Rand des Abschnitts geschrieben ohne klare Zuordnung: „Zudem sollen sie Anweisungen empfangen, wie sie die Religion am besten lehren, besonders zum Unterricht der Kinder."

II. Gebetsleben

Der zweite und höchst wichtige Zweig der aszetischen Erziehung besteht in der Pflege des kirchlichen Geistes und kirchlichen Gebetes im Besonderen und überhaupt in der Pflege des innerlichen Gebetslebens.

a) Innerliches Gebetsleben

Die Oblaten sollen Männer des Gebetes sein. Es heißt von jedem Hause Gottes: *„Domus mea domus orationis. Laetificabo eos in domo orationis meae, quia Domus mea domus orationis vocabitur“* (Is 56,7). Und der Apostel der Heiden mahnt: *„oratione instanter“* zu sein (Röm 12,12) und *„orationi instate, vigilantes in ea“* (Kol 4,2). *Semper orate...*

1. *Orate pro invicem ut salvemini* (Jak 5,13).

2. *Tristatur aliquis vestrum? Oret* (Jak 5,13).

3. *Orate pro nobis ut sermo Dei currat (2 Thess 3,1). Orantes et pro nobis ut Deus operiat nobis ostium sermonis ad loquendum mysterium Christi ut manifestem illud ita ut oportet me loqui* (Kol 4,3).

4. *Orantes omni tempore in Spiritu* (Eph 6,18).

5. *Oramus Deum ut nihil mali faciatis* (2 Kor 13,7).

b) Kirchliches Officium und Feste

Es werde im Hause des hl. Josef zu drei Malen das gemeinschaftliche Chorgebet und vor der Arbeit ein solches im Kapitel verrichtet nebst den stillen Gebeten, die ein jeder nach Eingebung des Hl. Geistes den Tag über bei sich im Stillen verrichtet. Diese Übung soll überall, auch in den Missionen eingehalten werden, sowie zur gegenseitigen als auch für die Erbauung des Volkes, weil, wenn nur still gebetet würde, das Wort eintreffen würde, *ut quidem bene gratias agis, sed alter non aedificatur* (1 Kor 14,16).

Es liegt ein Schatz von Gnaden in der kirchlichen Gemeinschaft der täglichen Festfeier und der mit den Heiligen eines jeden Tages verknüpften Gebets-Tagzeiten, Gnaden der Stärkung und des Trostes, der Frömmigkeit und übernatürlichen Lebens. Da aber die Oblaten vorzüglich das Apostolat der Arbeit übernehmen, sollen und können sie nicht gleich den Priestern das Breviergebet absingen, obschon dasselbe in alten Zeiten Gemeingut der Laien war. Dafür sollen die Katecheten nebst denjenigen aus den anderen Abteilungen, welche sich dazu als fähig erweisen, täglich drei Mal sich im Chore zu einem bestimmten Officium versammeln, das am Morgen in einem Auszug aus der Matutin des römischen Breviers besteht, wodurch der Oblate in die heiligen Gefühle und Gedanken seiner Mutter, der Hl. Kirche jeden Tag eingeweiht wird und in ihre Gesänge und Bittgebete einstimmt, ohne dadurch die ihm zur Arbeit nötige Zeit zu sehr abzukürzen und ohne dass dadurch an die Fassungsgabe der weniger Gebildeten zu viel Anspruch gemacht würde. Der Obere und der Kantor prüfe den Postulanten gleich Anfangs über die Befähigung zum Chordienst und bestimme, ob er mit den Katecheten oder den übrigen die Matutin zu beten habe.

Das Laienbrevier

Dieses kurze Laienbrevier enthält für jeden Tag Gebetsabteilungen: 1. Matutin, 2. Arbeitsgebete, 3. Mittagsgebet, 4. Abendgebet.

I. Die kurze Matutin, welche Morgens in der Frühe vor der Hl. Messe gebetet wird, besteht (nach dem Muster des Officiums der Pfingstoktav im römischen Brevier) aus folgenden Teilen: Invitatorium und Psalm Venite exultemus, kurzer Hymnus, drei Psalmen mit Responsorium und Versikel, welche das Leben des Tagesheiligen oder das hl. Geheimnis, welches an dem betreffenden Tag gefeiert wird, betreffen. Mit dem Te Deum wird geschlossen. Die Matutin für die Katecheten wechselt nach dem Tagesfeste, indem sie der Feier des Tagesheiligen oder dem hl. Geheimnisse, das an dem betreffenden Tage gefeiert wird, gewidmet ist. Die drei letztgenannten Horen bleiben dagegen täglich die nämlichen.

II. Das Arbeitsgebet wird, mit Ausnahme des Sonntags, an den sechs Werktagen der Woche nach dem Frühstück im Kapitel gebetet und geht der täglichen Arbeitsverteilung voraus (siehe die näheren Bestandteile...)

III. Das Mittagsgebet wird eine Viertelstunde vor dem Mittagessen im Chore verrichtet.

IV. Das Abendgebet wird um halb Neun Uhr Abends im Chore gebetet.

Alle Oblaten, Novizen und Postulanten nehmen an diesen Andachtsübungen teil. An der Matutin, wie sie oben beschrieben, dagegen nur die Katecheten und die vom Oberen noch nebstdem Bestimmten. Die Übrigen sollen währenddem im Kapitel (jeden Tag) die Matutin vom kleinen Officium B.M.V. beten, das ihnen im Postulat erklärt wird, so dass sie es mit Verständnis beten können.

Die Teilnahme am kirchlichen Fest- und Gebetsleben ist für den Oblaten eine Quelle der Freude und Erbauung und des Segens. Er soll sich daher dieser Vergünstigung durch Andacht und durch Sorgfalt in der würdigen Verrichtung dieses Chordienstes zu Nutzen machen. Jeden Samstag soll eine halbe Stunde Übung in der gemeinschaftlichen Recitation und im Gesange vorgenommen werden. Keiner von den Chor-Oblaten darf dabei fehlen. Es werde dabei vorzüglich auf drei Dinge, den erbaulichen Ausdruck, die Reinheit und Einheit der Stimmen gehalten, die Liebe, welche die Brüder vereint, und die Demut, womit sich jeder dem anderen unterordnet, kommt beim Psalmengesang zum unverkennbaren Ausdruck in der Einigkeit, womit die Stimmen aller nur zu einer Stimme verwachsen, indem keiner sich anmaßt, voranzueilen noch zurückzuhalten, sondern jedes Wort in vollkommenem Einklang aller ertönt, wobei in jeder Chorseite die Stimme des Kantors oder seines Stellvertreters die Richtschnur geben soll, an der sich alle anderen halten sollen. Der Kantor sorge dafür, dass die Psalmen nicht zu rasch rezitiert werden, weil es unvernünftig ist, mit Gott dem Herrn hastiger zu sprechen, als man es mit einem Herrn dieser Erde zu tun für schicklich hielte, aber auch dafür, dass nicht geschleppt, zu langsam gebetet werde, weil die Energie des Gebets darunter leidet und der Geist müde und schwerfällig wird. Der Obere oder Kantor nehme von Zeit zu Zeit eine Revision der Rezitationsweise vor, um üble Gewohnheiten oder Nachlässigkeiten zu verbessern und er halte es für ein untrügliches Prinzip, dass von der Erfahrung gelehrt wird, dass die Frömmigkeit eines religiösen Hauses an der Weise des Psalmengesanges wie an einem Gradmesser zu erkennen ist.

Was den Gesang anbelangt, bestimmen wir, dass es in Officium, in Messe und Vesper nur ein kirchlicher, kein moderner sein dürfe und dass daher keine andere Instrumentalbegleitung zu dulden ist als nur Orgel oder Harmoniumbegleitung. Bei Andachten von mehr privatem Charakter, wie z.B. im März allabendlich zur Ehre des hl. Josef oder im Mai den täglichen Muttergottes-Andachten soll dagegen größere Freiheit in Bezug auf den Gesang und Musik herrschen.

Calendarium

Das Officium der Matutin, welches der Hl. Messe vorausgeht und mit derselben auch innerlich zusammenhängt, soll sich nach dem Directorium der Diözese richten, mit alleiniger Ausnahme der Tage, auf welche die Feste der (oben genannten) Patrone des Instituts fallen.

Ämter für den Chordienst

Jeden Samstag bestimme der Obere auf der Officientafel die Oblaten, welche in der nächsten Woche einen Dienst im Chore haben, Akolythen, Turiferar, etc. Der Kantor bleibe das ganze Jahr derselbe, jedoch gebe ihm der Obere auf seine

Vorschläge hin jeden Samstag Kantorgehilfen. Samstags übe sich jeder Officiant auf sein Amt hin, damit er Gott diene zur Erbauung seiner Mitbrüder[a], aber nicht in Menschenfurcht noch in Eitelkeit, diese beiden großen Fehler, von Aufmerksamkeit für Gott abzusehen und sie den Menschen zu schenken, als ob an ihrem Urteile mehr gelegen wäre als an dem Urteile und Wohl- oder Missfallen Gottes. Dem Oblaten des hl. Josef bleibe vor allem diese Ungerechtigkeit ferne. Er bedenke das Wort des Apostels: „Wer Christus dient in Gerechtigkeit, Friede und Freude des hl. Geistes, der gefällt Gott und findet auch bei den Menschen Billigung" (Röm 14,17-18). Ein Dienst Gottes, gemischt mit Menschenfurcht und Eitelkeit ist aber ein Dienst in Ungerechtigkeit, Unfrieden des Herzens und Freudlosigkeit des bösen Geistes und missfällt Gott und den Menschen. Der Kantor, welcher Gesang und Rezitation zu lehren hat, soll aus Gottesliebe seines Dienstes wachen, dass dieselben gemäß dieser Regeln verrichtet werden und wenn irgendein Bruder durch Schleppen oder Vorauseilen oder durch Verschiedenheit des Rezitierens Störungen verursacht, soll er denselben auf seine Fehler aufmerksam machen und sich hiervon durch keine Menschenfurcht abhalten lassen. Sollte dann einer diese Mahnung nicht gut aufnehmen, so empfange er vom Oberen eine öffentliche Buße im Chore.

b) Pflege des Gebetslebens

1. Erlaubnis zum jederzeitigen Besuch des Heiligsten Sakraments

Jederzeit sei dem Oblaten erlaubt, das Oratorium zu betreten, um eine Weile den Herrn und Gott im Sakramente anzubeten. Geschieht dies aber während der Arbeitszeit (was erlaubt ist, wenn das Oratorium nahe ist), so darf der Besuch nicht die Dauer von fünf oder sieben Vaterunser überdauern.

2. Hl. Sakramentenempfang

Jedes Jahr werde vom Oberen zwei Mal, etwa zur Zeit des Festes Corpus Christi und um Weihnachten eine praktische Instruktion gegeben über die Hl. Eucharistie, über die notwendige und nützlichste Vorbereitung des Empfangs und

[a] Fußnote: Unus quisque vestrum proximo suo placeat in bonum ad aedificationem, Röm 15,2.

die Danksagung sowie über die Wirkung der Hl. Kommunion, um zu bewirken, dass das Verständnis dafür sowie der hl. Hunger nach dem Brote des Lebens und die Früchte desselben gewahrt, und der Schaden, welchen Nachlässigkeit und Unachtsamkeit in diesem Hl. Sakrament verursachen können, gemindert werde. Es ist auch ratsam, dass sämtlichen Oblaten von Zeit zu Zeit belehrende praktische Konferenzen über weniger bekannte Gewissensfragen der Moral gegeben werden, damit das Hl. Sakrament der Beichte mit größerer Frucht empfangen und die Prüfung und Reinigung der Gewissen erleichtert werde.

Obligat ist der Empfang des Hl. Sakraments an allen Sonntagen und Festtagen 1. und 2. Klasse, sowie an allen Tagen der hl. Patrone des Instituts. Wenn aber einer sich zum öfteren Empfang angetrieben fühlt, möge er es mit der Erlaubnis des Oberen in großer Demut, Liebe und Ehrfurcht (des Hl. Geistes) tun, zu seiner eigenen Vervollkommnung wie zur Ausbreitung des Reiches Gottes. Ein solcher wisse auch zu seiner Bestärkung, dass er der Intention der Hl. Kirche entspricht, welche im Konzil von Trient den Wunsch aussprach, dass an jedem Messopfer Kommunikanten teilnehmen möchten. Den Kranken werde die Hl. Kommunion ebenfalls alle Sonntage und Festtage 1. und 2. Klasse gebracht. Die Oblaten beichten beim Oberen. Der Generalobere bestimme aber einen Extraordinarius, einen Priester, welcher wenigstens vier Mal im Jahre (zur Verfügung steht).

3. *Rosenkranz*

Jeden Tag soll gemeinschaftlich der Rosenkranz gebetet werden, aber nicht während der Arbeit. Während der Arbeit soll überhaupt nicht laut gebetet werden, sondern jeder bete für sich im Stillen, so oft die Arbeit seinem Geist gestattet, sich zu Gott zu sammeln.

4. *Andachten privater Natur*

Andachten privater Natur, wie während des Monats März zum hl. Josef oder im Mai zur lieben Mutter oder zum Heiligsten Herzen, zu den Armen Seelen, für die Sterbenden usw. können vom Oberen, wie es ihm gutdünkt, angeordnet werden.

5. *Monatliche Recollectio und Gewissenserforschung*

Dieser Tag der besonderen Andacht hat nicht sowohl den Zweck der allgemeinen Gewissens-Rechenschaft als vielmehr den besonderen Zweck sich von Gott im Oblatenberuf mehr und mehr erleuchten zu lassen. An diesem Tage solle der Oblate daher die Regel[a] der Oblaten von Anfang an im Zusammenhang durchlesen und seine bisherigen Anschauungen und Handlungsweise damit vergleichen. Einem jeden Postulanten, Novizen und Oblaten bestimme der Obere einen Tag in jedem Monat, dessen voller Vormittag ganz der inneren Sammlung geweiht sein soll, zur Ehre des hl. Josef. Dann gehe er zum Obern, welcher mit ihm zuerst bete, hierauf eröffne er demselben in kindlicher Offenheit seinen innerlichen Zustand, insofern er den hl. Beruf betrifft, und sage, worin er bisher abweichende Meinung oder worin er bisher nachlässig oder nicht eifrig, treu, gehorsam gewesen, oder worin er sonst wie gefehlt oder Versuchungen oder Störungen erlitten habe. Ebenso kindlich teile er dem Oberen auch mit, welche besseren Erkenntnisse er neu gewonnen und welche Entschlüsse er gefasst habe. Dann nehme er den Rat und die Ermahnung oder Ermunterung des Obern wie aus dem Munde Gottes selbst kommend an, nachdem er Gott angefleht, dass er seinen Stellvertreter in seinem Hause erleuchten möge. Hierauf begebe sich der Oblate wieder ins Gebet und lese, falls er ein Professe ist, vor Gott im Stillen die hl. Profess, sie von Herzen erneuernd und hiermit sich Gott aufs Neue opfernd. Wer noch nicht Professe ist, bete innigst den 26. Psalm, und hiermit beschließe er die Übung. Die, welche dieser Regel bezüglich Rekollektion treu nachkommen, werden besondere Berufsgnaden empfangen. Gott gibt ihnen bei der Lesung der Regel jedes Mal neue Einsichten und frische Stärkung.

6. Betrachtung

Das Betrachtungsgebet ist nach der Versicherung der Heiligen unumgänglich notwendig, um ein religiöses Leben zu führen. Dasselbe werde täglich zwei Mal geübt, morgens eine halbe Stunde, abends eine Viertelstunde. Niemand sei davon dispensiert. Jeder betrachte wie ihn Gott innerlich lehrt, der eine so, der andere anders. Es herrsche nicht der Zwang einer Methode. Es werde daher während der Betrachtungszeit nicht vorgelesen, sondern jeder habe sein Betrachtungsbuch. Wir wünschen besonders, dass jeder eine mit einem kurzen Kommentar (in Anmerkungen) verbundene Hl. Schrift habe und nach dem Vorbilde der alten Mönche darin mit Andacht lese und betrachte. Eine hl. Schrift ohne erklärende Anmerkungen auch der katholischen Väter der Kirche darf dagegen bei keinem Oblaten geduldet werden.

[a] Durchgestrichen: hl. (Regel).

7. Tägliche Gewissenserforschung

Mittags und abends, verbunden mit dem Officium Divinum, finde eine Gewissenserforschung während der Dauer eines Misere statt.

8. Gebet für Wohltäter, Mitbrüder und Abgestorbene

Für verstorbene Mitbrüder werde morgens, für die Wohltäter mittags, für die Mitbrüder, welche in der Mission oder auf der Reise dahin begriffen sind, werde abends gemeinschaftlich gebetet.

Die dritte Vorbereitung eines Oblaten der ausländischen Mission besteht in der Übung all der Tugenden, welche der Missionsberuf erfordert. Der hl. Franz (Xaver) sagt: „In den fremden Missionen geht man Versuchungen und Gelegenheiten zum Bösen entgegen, von denen man zu Hause keine Idee hatte. Es lässt sich daher leicht denken, welche Gefahren diejenigen entgegengehen, die sich vorher nicht lang und tüchtig geübt haben, die bösen Neigungen des Herzens zu bezähmen und die Nachstellungen des überaus listigen Feindes zu kennen“ (III, 18 und 29)[10]. Um nicht selbst verloren zu gehen, während man andere rettet, muss man Seele und Leib in Zucht halten. Denn größer als die unverdiente Gnade, die einen Menschen befähigt, zur Rettung anderer beizutragen, ist die Gnade der eigenen Gottgefälligkeit, womit nach Gottes ausdrücklichen Willen jeder Mensch seine eigene Heiligung wirken soll. So lehrt uns der Glaube unserer hl. Kirche. Das Leben aller Heiligen zeigt aber, dass je größer die Gnade der eigenen Heiligung ist, die man zum Heil des Nächsten empfängt, auch um so fruchtbarer im anderen Gnade zu finden ist. Die Eigenschaft, die ein Missionär und also auch ein Oblate der Missionen unumgänglich nötig hat, sind nach dem hl. Franziskus Xaverius im Allgemeinen folgende drei: 1. Er muss ein Mann von stets bewährter Tugend und Treue sein, 2. Von großer Gesundheit des Leibes, 3. Ein Mann der großen Brauchbarkeit.

Zu der Eigenschaft „bewährte Tugend und Treue“ zählt derselbe heilige Apostel Indiens folgende Tugenden: 1. Demut und Gehorsam, 2. Willigkeit und Gewohnheit, für Gott große Entbehrungen und Mühen zu ertragen, 3. Vollkommen reine Absicht, nichts anderes zu suchen als nur Gottes Ehre und das Heil der Seelen, 4. Liebe und Güte, 5. Keuschheit, 6. Ausdauer und Geduld, 7. Unerschütterliches Gottvertrauen und gänzliches Misstrauen auf sich selbst.

Das Haus des hl. Josef sei eine Schule aller dieser Tugenden, wenn es den Zweck erfüllen soll (will), zu dem es gegründet worden. Denn ohne die Ausrüstung dieser Eigenschaften würde es auf die Weideplätze des guten Hirten nicht treue Diener, sondern Mietlinge senden, welche vor dem ersten Wolfe, das ist vor den ersten großen Gefahren und Schwierigkeiten zurückweichen und fliehen würden. Der Obere hat daher für die Aufgabe vom ersten Tage an, mit allem Fleiße, aber auch mit aller Diskretion Mäßigung, väterliche Geduld und Klugheit auf die Pflege und Übung dieser Tugenden einzuwirken.

Demut

1. Der hl. Franz schrieb: „Die, welche nach Japan kommen, bitte und beschwöre ich bei Jesus, sich auf das Höchste gefasst zu machen, und ihre Neigungen, welche so viel Gutes verhindern, zu brechen und bezähmen. Seid auf eurer Hut, teuere Brüder, viele werden jetzt in der Hölle gepeinigt, weil sie aufgeblasen von einer falschen, täuschenden Meinung von sich selbst der germana animi submissione entbehrten, aber sie mit ihren Reden vielen die Pforte zur himmlischen Seligkeit verschlossen und dafür jener ewigen Strafe anheim fielen. Dagegen gibt es in der Hölle nicht eine einzige Seele aus der Zahl derer, die, von den Irrsalen dieses Lebens betrübt, ihr Gemüt mit Demut stärkten." (III, ep. 18, 24). An einer anderen Stelle sagt derselbe heilige Missionär: „Haltet euch bereit. Denn vielleicht werde ich im Verlauf von zwei Jahren viele von euch nach Japan rufen. Inzwischen betrachtet und übt fleißig darauf. Besiegt euch selbst in allen Dingen, vor welchen die verweichlichte Natur zurückschreckt".

Lasst uns, meine Brüder, dieses ernste Wort des hl. Missionärs zum Nutzen gereichen, und mit dem hl. Apostel „beschwöre ich euch, des Berufes, zu dem ihr berufen seid, würdig zu wandeln mit aller Demut (Sanftmut und Geduld)" (Eph 4,1-5). Wir wollen, meine Brüder, unser Heil sichern durch die Demut, welche vor dem Falle in die Hölle mit Sicherheit bewahrt und die Regel, die der hl. Franziskus v. Sales seiner Kongregation gab, werde auch die unsrige: „Tuet alle Dinge im Geiste einer tiefen, entschiedenen und aufrichtigen Demut". Eine der Hauptübungen des religiösen Lebens im St. Josefshause bleibe stets die fleißige Sorge, sich in einem jeden Dinge, in einem jeden ohne Ausnahme, zu verdemütigen. Damit aber jeder Oblate die Gelegenheiten hierzu besser wahrnehmen könne, stellen wir ihnen hier die vorzüglichsten vor Augen, wobei die weisen Räte des hl. Franziskus Xaverius zu Grunde gelegt sind.[a]

[a] Ergänzung Amrheins auf der folgenden Seite: Zur No. 1 vorige Seite St. Xaver: „Ich nehme an, dass Ihr alle, welche in diesem Colleg des hl. Glaubens lebet, Euch lange und viel in der Kenntnis der eigenen Schwachheit übet und Eure bösen Neigungen (vitia) den Männern, die Euch mit Rat und Tat helfen können, (d.i. Eure Beichtväter und andere geistliche Hausgenossen) vollständig offenbart."

2. Wie sich selbst in allem, so den Mitbruder in nichts beurteilen. „Wer bist du, dass du über deinen Bruder urteilst?", fragt zürnend der Apostel. Wer auf jener ersten Stufe der Demut steht, sich auf diese Frage von Herzen gesteht: *„Nihil sum ante te"* oder ich bin „Abschaum des Volkes und der Auswurf der Menschheit", der denkt von sich selbst nie besser als von anderen und hält einen anderen nicht für weniger fromm, gottgefällig, gescheit und brauchbar als sich selbst. Dagegen dankt er Gott für alle Gnaden und Verdienste, die ein anderer ihm voraushat und ist von der Überzeugung durchdrungen, dass jeder Mensch in einem Punkte Gutes an sich habe, von dem er lernen könne.

3. Einen Mitbruder nicht bloß innerlich nicht beurteilen, sondern auch äußerlich weder loben noch tadeln, weder in seiner Gegenwart noch in seiner Abwesenheit. Geschieht es, dass man unser Urteil erfragt, dann sage man in Aufrichtigkeit und Bescheidenheit, was man denkt. Es sei an dieser Stelle aber nicht bloß nahe gelegt, sondern ausdrücklich verboten, sich untereinander zu loben und zu tadeln und kritisieren, weil dadurch eine Menge von Sünden, Unvollkommenheiten, Beunruhigungen und Schäden der Seelen vermieden werden. Wer dagegen fehlt, klage sich im Kapitel an. Der Obere aber lobe und tadele in heiliger Absicht.

4. Einen Mitbruder, der von dem Oberen gedemütigt wird, deshalb nicht geringer schätzen oder gar sich für berechtigt halten, ihn abermals zu demütigen. Überhaupt sich vor der großen Anmaßung hüten, einen Mitbruder von sich aus zu demütigen, selbst nicht in guter Absicht. Dagegen gebe jeder von sich aus ein Beispiel wahrer Demut und nütze ihm so durch eine stillschweigende Belehrung.

5. Wenn andere geringschätzig uns begegnen, ihm dafür nicht zürnen, sondern unser stolzes Herz überzeugen, dass, wenn jene Menschen alles Böse wüssten, das wir getan, gesprochen, gedacht, sie notwendig eine noch geringere Achtung von uns haben müssten. Über Geringschätzung und Vernachlässigung, Zurücksetzung nicht traurig werden, sondern aus der Not eine Tugend machen, diese demütig Gott aufopfern und dann sich mit den Heiligen freuen, um Gottes Willen verachtet zu werden: Per te contamini.

6. Wenn ungerecht geschmäht und hart getadelt, dann nicht gleich Abner dem Schmähenden das Haupt abschlagen wollen, sondern gleich David denken: „Lasset ihn, Gott heißt ihn mich schmähen". – *„Bonum mihi, quia humiliasti me ut discam justificationes tuas"*.

7. Nie etwas sagen oder tun, um sein Wissen und Können zu zeigen, was bei weltlich gesinnten Werkleuten die Gewohnheit ist. Dagegen es verabscheuen, in etwas seine eigene Ehre zu suchen und vor allem sich hüten vor der Heu-

chelei, welche meint oder vorgibt, die Ehre Gottes zu suchen und dabei doch auch der Eitelkeit genügt.

8. Hingegen öfter, wo es ohne Ärgernis geschehen kann, in aller Einfalt und Diskretion sich in anderer Augen herabzusetzen suchen, wie der Apostel tat, als er seiner Schwachheit Versuchungen erzählte, „damit kein anderer Höheres von mir denke als er an mir wahrnimmt", dabei uns aber hüten vor der Selbstverleugnung und asketischen Selbstanklage, welche unschwer verrät, dass wir demütig erscheinen wollen.

9. Oft die Worte betrachten: „Wenn ich noch den Menschen gefallen wollte, wäre ich kein Diener Christi" (Gal 1,10). Und „dienet nicht den Augen, wie um Menschen zu gefallen, sondern als Diener Christi" (Kol 3,22). 1 Thess 2,4 und die Worte des Psalmisten: *„Dissipaverit Deus ossa eorum qui hominibus placent"* (Ps 52,6). Dagegen *„qui placet Deo et probatus est hominibus"* (Röm 14,18). Das lege ich euch ans Herz, dass die gute Meinung der Menschen euch keine Freude bereiten soll, sondern vielmehr Beschämung. (Aus derartiger Selbstgefälligkeit, Selbstgenügsamkeit) entsteht nämlich die Nachlässigkeit seiner selbst, welche viele täuscht, dass sie nicht einsehen, wie großen Schaden sie erlitten haben und anrichten. Allmählich verlieren dieselben das Streben nach Frömmigkeit und die Ruhe des Gemütes; und immerfort besorgt und ängstlich finden sie weder in ihnen noch außer ihnen Trost.[a]

10. Wenn wir anderen mit Ehren zuvorkommen, d.h. nicht warten, bis ein anderer uns die Ehre erweist, z.B. grüßt, auch dann nicht, wenn derselbe schuldig wäre als der Jüngere oder niedriger Gestellte uns zuerst zu ehren. Denn was ist das Großes, spricht der Heiland, wenn wir nur die grüßen, die uns grüßen? „Tun dies nicht auch die Heiden?"

An sich selbst kein Wohlgefallen finden, in keinem Dinge, da sogar der Allerheiligste, als er im Kleide des Sünders, das ist im menschlichen Fleische auf Erden wandelte, nach des Apostels Zeugnis nicht sich selbst gefiel, *„etenim Christus non sibi placuit"* (Röm 15,3).

11. Zu Hilfeleistungen stets bereit sein, ohne Rücksicht darauf, ob derjenige, dem wir durch unsere Aufmerksamkeit wohl tun, ein Höher- oder niedriger Gestellter sei.

[a] Randnote: Siehe Franz Xaver III, 8; Schaden und Gefahr der Selbstgenügsamkeit und Freude an Menschenlob.

12. Sich nicht vornehm benehmen, wenn man in der Welt reicher war und eine bessere Erziehung genossen hat. Dagegen wenn man in der Welt arm und ungebildet war, das Recht der Gleichberechtigung aller nicht zum Schilde der Anmaßung machen und nicht fordern, was man in der Welt nicht haben konnte. Dagegen um so dankbarer alles annehmen, was man jetzt im Dienste Gottes reichlicher vorfindet.

13. Sich selbst besiegen in allen Dingen, vor welchen die verweichlichte, stolze Natur zurückschreckt. Daher dieselben nie unter seiner Würde halten und denken: dies sollte ein anderer tun, der zu Besserem nicht taugt. Denn Gott richtet die Demütigen auf und stärkt sie, besonders jene, welche in der Verrichtung demütiger, niedriger und verächtlicher Dinge sich selbst überwinden, indem sie dabei einen Spiegel ihrer Schwachheit vor Augen haben. Solche werden in den größten Leiden und Mühen und Trübsalen Kraft und Ausdauer beweisen und weder Satan und seine Diener noch die Stürme des Meeres noch menschliche Völker und Barbaren, noch irgendetwas immer vermag sie von der Liebe Christi zu trennen.

14. Mit dem Geringsten, das man bekommt (in Speise, Kleidung, Wohnung, etc.) zufrieden sein und die Armut um Jesu und seiner armen Eltern wegen lieben.

15. Der Zunge die Demut zum Gesetze machen. Sich angewöhnen, anderer Meinungen mit aller Achtung anhören, weil andere gleichfalls denken und vielleicht besser als wir selbst. Es sei denn, sie enthalten einen Irrtum gegen den hl. Glauben. Im Sprechen nicht prahlen, Widerspruch ohne Zorn ertragen, nicht die eigene Meinung eifrig und hartnäckig verteidigen, auch wenn man glaubt, im Recht zu sein. Dagegen Unrecht nicht nur bald einsehen, sondern auch sofort eingestehen, was stets den besten Eindruck der Erbauung erzeugt. In der Rekreation andere gerne zu Worte kommen zu lassen und nicht das große Wort führen. Dagegen auch nicht vornehm zurückhaltend schweigen. Eine Einwendung bis zu Ende anhören und keinen Sprechenden unterbrechen; stets lieber sich belehren lassen als belehren wollen. Nie eine gekränkte Miene sehen lassen. Unverzüglich um Verzeihung bitten, wo die Liebe eine Störung erlitten hat und nicht warten wollen, bis der andere um Verzeihung bittet. Dem um Verzeihung Bittenden sogleich von Herzen entsprechen. Alle diese Regeln soll der Oblate seinem Munde zu Gesetze machen. „Denn in der Gewalt der Zunge ist Leben und Tod“ (Ecclesiasticus).

16. Schnell, pünktlich, unverzüglich Gehorsam leisten, ohne den Befehl des Obern zu beurteilen und zu kritisieren.

17. Gegen einen Auftrag nur im Notfall eine Einwendung machen. Dabei die Gründe der Unmöglichkeit oder andere wichtige Bedenken mit großer Be-

scheidenheit dem Obern darlegen, nicht in der Weise eines versteckten oder offenen Vorwurfs, sondern in Einfalt und demütiger Unterwürfigkeit.

18. Nicht Dinge phantasieren, die über die Kräfte und die Stellung gehen, zu der uns Gott berufen. Denn solche Phantasien sind eine überaus schädliche Torheit, welche stets bei Gott Demütigungen hervorrufen. Dagegen mit dem Propheten diese Träumereien verwerfen, sprechend: „Herr, mein Herz ist nicht hochfahrend und meine Augen sind nicht stolz. Ich wandelte auch nicht in großen Dingen noch Wunderdingen, die mir zu hoch sind. Wenn ich nicht demütig fühlte, sondern meine Seele hochmütig erhob, erging es meiner Seele gleich dem Kinde, das von der Mutter entwöhnt wird. Vergebens streckt ein solches die bittende Hand nach den tröstenden Stärkungen der Gnade aus." (Psalm 130).

Stets zufrieden sein, an jedem Orte und mit jeder Aufgabe, die uns angewiesen und mit dem Stande und Range, den wir berufshalber einnehmen. „Jeder verbleibe in dem Berufe, zu welchem er berufen worden" (1 Kor 7,20). „Ich fürchte," schreibt St. Franz Xaver, „der Dämon möge den einen oder anderen von euch mit großen, schönen Worten aufstacheln, dass er an anderem Orte und mit anderer Beschäftigung den Dienst Gottes tun sollte. Seine Ratschläge gehen aber einzig nur darauf aus, euch geistig besorgt (soliciti) und ängstlich zu machen, damit ihr weder euch selbst noch den anderen, bei denen ihr seid, zum Nutzen gereichet. Daher flüstert er ein: Was tust du da? Siehst du nicht, dass du mit deinen Versuchen Anstrengungen, Mühe und Arbeit verlierst? Mit derlei Gedanken werden die, welche sich dem Dienste Gottes weihen, ganz gewöhnlich versucht. Ich bitte und flehe euch daher innigst an, denselben stark und ausdauernd zu widerstehen. So verderblich ist diese Pest der Traurigkeit und der Unlust, dass sie uns nicht nur auf der begonnenen Laufbahn anhält (verspätet), sondern uns mit großer Gemütsqual und Angst davon abbringt. Daher soll jeder von euch, wo immer er sei, überzeugt sein, nirgends besser Gott (operam navare) dienen zu können als dort, wo ihn sein Vorgesetzter gestellt hat. Und habet zugleich das Vertrauen, Gott werde, wenn die Zeit gekommen sein wird, dem Vorgesetzten in den Sinn geben, euch dorthin zu schicken (und so zu verwenden), wo eure Arbeit am fruchtbarsten sein wird. So werdet ihr froh und freudig große Fortschritte in der Tugend machen und die Zeit wohl benützen, den Preis, obschon vielen unbekannt, doch sehr groß ist, (zu erjagen). Ängstlich (anxii) und vor der Zeit handelnde (ancipites) handelnde Menschen nützen nichts an den Orten, wo sie zu sein wünschen, weil sie nicht dort sind, und nützen auch nichts an den Orten, wo sie sind, weil sie die Gedanken anderswo haben" (III, ep. 18, 28).

19. Mit dem Stande und Range, den man einnimmt, mit der Arbeit und dem Orte, der uns angewiesen, zufrieden sein.

20. Besonders sich vor dem Laster des Neides und der Eifersucht mit aller Sorgfalt hüten.

21. Leiden, Krankheiten, Trockenheiten, Demütigungen und Missgeschicke im Geiste der Buße annehmen zur Genugtung für unsere Untreuen gegen die Gnaden, sich denkend: *„nos iuste patimur, digna factis recipimus"* (Lk 23,41) – oder sie als Warnungen der göttlichen Erbarmung und Langmut ansehen und zur Besserung des Lebens Frucht daraus ziehen.

Dieser Glaube ist ein Teil der Demut. Wir müssen für erwiesen halten, dass uns ohne Gottes Erlaubnis gar nichts schaden darf und müssten die Überzeugung haben, dass wir unter dem Schutze Gottes, dessen Wink und Ratschluss alles und jedes anordnet, gar nichts zu fürchten haben, als allein nur, ihn zu beleidigen. Wenn wir daher vom Teufel oder Menschen oder anderen Dingen mit Gottes Erlaubnis bedrängt und gepresst werden, müssten wir uns überzeugen, dass sie nur ihre Vollmacht ausüben, um unsere Laster und Sünden zu sühnen, unsere Verdienste aber die Demut zu verrichten habe, und daher sollen wir für so große Guttaten Gottes den schuldigen Dank entrichten und dafür, uns Gelegenheit zu Tugend und Belohnung zu geben, von Gott Frieden und Verzeihung herzlichst erflehen. *„Tales ego vos, Deo bene adiuvante, confido futuros"* (III, ep. 18, 23). Ich kenne einen Menschen, fügt der Heilige hinzu, wobei er vielleicht von sich selbst spricht, der in vielen Gefahren alle Hoffnung und alles Vertrauen auf Gott gesetzt habe und dafür mit himmlischen Gnadengaben überschüttet worden.

Die älteren Mitglieder sollen die später gekommenen Brüder nicht für geringer halten als sich selbst und sich kein Vorrecht vor denselben herausnehmen. Viel besser wäre, die Tugenden der Neuangekommenen sich zur Beschämung vorzuhalten (III, 18, 25). Die jünger Neuangekommenen sollen aber die älteren Mitglieder ehren, und ihnen überall den geziemenden Vortritt lassen und sie zuerst grüßen.[a]

Das St. Josefshaus nicht früher verlassen und in die Mission ausziehen wollen, als die Oberen von sich aus für gut finden. St. Franziskus Xaverius: „Noch eine Sorge liegt mir auf dem Herzen, dass etwa der Dämon im Gewande eines Engels des Lichtes euch betrüge, indem er euch die unendlichen Verdienste Gottes an euch und das Elend, aus dem heraus er euch zur Gesellschaft seines

[a] Randnotiz: Demut der älteren Mitglieder gegen jüngere und viceversa.

Sohnes berufen hat, und zur Zuversicht und Sicherheit veranlasst, dass ihr begehrt, etwa vor der Zeit ausgesandt zu werden, wobei er auch etwa folgende Vernunftgründe vorhalten würde: wenn auch Gott in diesem Hause in so kurzer Frist schon so viele und so große Wohltaten verrichte, würde es auch noch viel mehr und größere geben, wenn ihr erst zur Bekehrung der Heiden ausgeschickt wäret. Gelingt es dem Dämon, diese ersten Gedanken einzuflößen, so wird es ihm leicht, euch auch die Überzeugung beizubringen, dass ihr da müßig und nutzlos dasitzt." So der Heilige.[a]

22. Nicht durch äußere Zeichen, wie durch Haltungen des Körpers, Mienen und Gebärden, große Andacht, Sammlung und Demut zur Schau tragen. Jedoch auch nicht weltliches Auftreten und keckes Benehmen ohne Bescheidenheit, welche dem demütigen Kleide des Oblaten St. Josefs Hohne sprechen.

23. Außergewöhnliche Gnaden, die man empfängt, niemandem erzählen als dem Obern und Beichtvater. Viele, welche behaupteten, Gesichte und Stimmen zu haben, haben sich und andere getäuscht. Die beste Probe der Echtheit besteht in unausgesetzten harten Demütigungen, welche den wirklich Begnadigten heiligen, doch den Betrüger oder Betrogenen vertreiben oder heilen würden.

24. Frei sein von allem Vertrauen auf sich selbst; dagegen unerschütterlich im Vertrauen auf Gott und ihn daher vor und während jeder Arbeit, überhaupt jedem Beginnen mit starker Hoffnung anrufen, dass er durch die zuvorkommende Gnade uns anrege und durch die helfende und vollendende Gnade das Begonnene zum guten Ende führe, damit sich kein Fleisch selbst rühme, sondern Gott alleine in allem alle Ehre habe. Amen.[b]

10. Juni 1882

[a] Randnotiz: Demütig die Zeit der Missionstätigkeit abwarten.

[b] Randnotizen: Wirkung des Gottvertrauens und Selbstmisstrauens – Hierher No. 8, zu verschmelzen mit 24 – „Daher bitte ich inständig, alles und jedes Vertrauen auf unsere eigenen Kräfte und auf menschliche Weisheit und Hochschätzung zu verwerfen und alle neuen Hoffnungen und Gedanken einzig auf Gott gerichtet zu halten. Dann glaube ich, dass ihr so gegen alle Widerwärtigkeiten des Leibes und der Seele, welche euch zustoßen können, genügend gewaffnet und vorbereitet seid" (Fr. X. III, 18).

Wie die 24 Stunden den Tag bilden, so vollenden diese Übungen der Demut den Tag der Gnade, *dies quam fecit Dominus.* Will einer wissen, wie hoch er ungefähr gestiegen sei auf dem Wege zum hl. Berge der Vollkommenheit, der nehme die Demut zum Maßstab. Je tiefer in ihm die Überzeugung seines Nichts, seiner Unbrauchbarkeit, Tugendlosigkeit und Sündenfülle ist, – vorausgesetzt sie sei zugleich mit dem Willen gepaart, aus allen Kräften und voll Gottvertrauen am Heile zu wirken, um so höher steht er auf dem Pfade des Heiles, um so näher Gott, und um so ruhiger mag er sein bezüglich der Ungewissheit, ob er im Stande der Gnade oder nicht. Wer dagegen dieser Überzeugung mangelt und wer gegen diese Punkte der Demut gewohnheitsmäßig fehlt, soll eher zweifeln als glauben, dass er im Zustand der Gnade sei, weil Gott die Gnade den Demütigen gibt, den Hochmütigen aber entgegen ist nach dem einstimmigen Ausspruch des hl. Petrus wie des hl. Jacobus (Jak 4,6; 1 Petr 5,5).

Wer von jener Überzeugung sich tief durchdrungen und gleichwohl in der Hoffnung nicht gelähmt fühlt, (sondern viel eher gerade um so mehr gestärkt in ihr), der darf im Gebete seine Sache mit der größten Zuversicht zu Gott richten und sicher sein, erhört zu werden und gerechtfertigt nach Hause zu kehren. Denn Gott schaut auf „das Gebet des Demütigen" (Ps 101,18), und es ist, wie Judith zum Herrn sagte: *„humilium et mansuetorum semper tibi placuit deprecatio"* (Jd 16,13). Keiner darf dem Gerichte mit so guter Hoffnung entgegensehen als solch ein Demütiger, weil die Schriftstellen in Erfüllung gehen müssen: *Quoniam tu populum humilem salvum facies* (Ps 17,28) und *humiles spiritu salvabit* (Ps 33,19) und *humilem spiritu suscipiet gloria* (Prov 29,23).

Der Hochmütige aber „ist Gott und den Menschen verhasst" (Eccl. 10,7) und geht im Gerichte sicher der Beschämung und Erniedrigung entgegen.

Lasst uns daher weise sein, meine teuren Brüder, und alles tun und leiden, um so ein sicheres Unterpfand unserer Rettung zu besitzen. Es sage jeder täglich mit David: *Vilior fiam plus quam factus sum et ero humilis in oculis meis* (2 Kön 6,22)... *Quis ego sum, Domine Deus, et quae Domus mea, quia adduxisti me hucusque?* (2 Kön 8,18).

Dem Hause des demütigen Nährvaters Christi möge das Laster Satans, der Hochmut, ewig fern bleiben. Nichts ist auch einem Arbeiter des Evangeliums so sehr entgegen. Der Fehlende werde zuerst durch die milde brüderliche Zurechtweisung insgeheim, dann, wenn er dieselbe nicht gut aufnimmt, durch den Oberen selbst belehrt, welcher ihn zu sich rufen und ihm diesen Passus der Regel über die Demut ganz vorlesen lasse zu seiner eigenen Beschämung und Verurteilung. Nützen dann die Ermahnungen nichts, so werde der Hochmütige ohne weiteres entlassen und in seinem Zeugnisse soll der Grund der

Entlassung angegeben werden. Der Obere nehme aber niemals und unter keinen Umständen gesuchte auffallende Demütigungen vor, da solche, wie die Erfahrung lehrt, wohl die Scham ertöten, aber nicht den Hochmut, dem Geiste der Einfalt, die in diesem Institut als Grundsatz gilt, entgegen sind, selten nützen, dagegen meistens das Gemüt verbittern oder aufregen. Im Institute des hl. Josef soll die Demut vorzüglich vom Beispiel und Vorbild sowie durch *gravamina* durch Befolgung der Regel gelernt werden, nicht durch extra erdachte Demütigungen, die nicht selten von Seiten solcher kommen, die selbst mit keinem Finger die Lasten berühren, die sie anderen aufladen.

11. Juni 1882

Anmerkungen

[1] Amrhein bezieht sich auf die Worte des Psalmisten, dass er seine Augen nicht auf Dinge richtet, die ihm zu hoch sind (Ps 130,1).

[2] Der nicht von der Regel eingenommene Schlussteil des Heftes enthält Leseeindrücke, kirchenrechtliche Bestimmungen zu Ordensfragen und Abschriften von Dokumenten, die mit dem Gründungsplan zusammenhängen. In ähnlicher Weise enthält das zweite Heft Notizen und Ideen für das geplante Ordensinstitut.

[3] Gemeint ist der damalige Prior von Maredsous und spätere Abt von Rio de Janeiro, P. Gérard van Caloen (1853-1932).

[4] Johann Anton Friedrich Baudri (1804-93), seit 1849 Weihbischof von Köln, zeitweise Generalvikar und herausragender Vertreter der ultramontanen Linie. Als Weihbischof hatte Baudri 1850 den Gründern von Beuron, den Gebrüdern Wolter, die Priesterweihe erteilt. Ein Neffe von ihm, P. Bruno Baudri, war Mitglied der Beuroner Kommunität.

[5] Der Kölner Domvikar Adolph Kolping (1813-65) baute – ausgehend von seiner Pfarrei Elberfeld – im ganzen Reich katholische Gesellenvereine (heute Kolpingverein) auf, die er als Präses von 1847 bis zu seinem Tod leitete. Als Domvikar hatte er zugleich die Stelle eines persönliches Kaplans von Weihbischof Baudri inne.

[6] Gemeint ist wohl Heinrich Böckeler (1836-99), Stiftsvikar und katholischer Kirchenmusiker in Aachen, der 1881 die Organistenschule „Gregoriushaus" gründete und sich um die Wiedereinführung des Gregorianischen Chorals verdient machte.

[7] Die Tagebücher Amrheins aus seiner Beuroner Zeit scheinen nicht erhalten.

[8] Bis hierhin liegen die Notizen in Reinschrift vor. Die folgenden Ausführungen sind dem gleichfalls im Notizheft enthaltenen Entwurf entnommen. Der Abbruch der Reinschrift könnte darauf hindeuten, dass Amrhein mit dem bisherigen Entwurf nicht zufrieden war.

[9] Der im Folgenden beschriebene Aufnahmeritus besteht beinahe durchgehend aus Schriftzitaten, die vor allem den Paulusbriefen und den Psalmen entnommen sind. Inhaltlich werden mehr die Aspekte der Selbstheiligung und der Dienstbereitschaft als das missionarische Anliegen der Benediktineroblaten betont. Es ist auffällig, dass im weiteren Verlauf der Oblatenregel kein weiterer Ritus der Noviziats- oder Professaufnahme beschrieben wird.

[10] Die Niederschrift der folgenden Passagen geht wahrscheinlich auf Amrheins Zeit im englischen Missionshaus Mill-Hill zurück (März-Oktober 1882), wo er sich ausführlich mit den Briefen von Franz Xaver beschäftigte.

Religious Institute
of
The „Missionary Brothers“ [Oblats:]
of St. Joseph's Society of the Sacred Heart
for foreign Missions.

(Fundamental principles)

1. I. The object of the (Brothers) Missionary Oblats of St. Joseph is to undertake that portion of the work among the heathen of uncivilized countries entrusted to the Society, which does not require the graces & vocation of the Priesthood, thus leaving the Priest on the Mission free for „prayer & the ministry of the Word“ [Act. Ap. VI. 2]
This work consists of Orphanages with & industrial Schools for boys; – Dispensaries for medicine, Hospitals; –
care of the Sanctuary & assisting the missionaries to render public worship more solemn (ecclesiastical chant & music etc); –
– Building of chapels, missionary residences, schools etc. –
– and agriculture, partly for their support & the support of the Mission, & partly to teach the natives practical industry & improved cultivation, so as to train them to the settled habits of civilized life.

II II. The Postulate & Novitiate is of three years duration, in the Mother House. The training consists of: testing & cultivating the vocation, – the regular observances of religious discipline; – the exercise of religious life under individual spiritual guidance; – an appropriate „officium divinum“ with proper devotions in common; – daily instructions in the necessary branches of religious & profane knowledge, to fit eachone according to his individual capacities; – and in labour.

V. III. After the three years probation temporary vows of obedience, chastity & poverty are taken, – at first for fife years, after

Beginn der „Fundamental Principles“ von 1882 (Archiv St. Ottilien, A 1.8.1.)

The Religious Institute of the „Missionary Brothers“ of St. Joseph's Society of the Sacred Heart for Foreign Missions (1882)

Einführung

Mit dem Nachlass Amrheins gelangte auch ein englischsprachiges Programm für ein Laienbrüderinstitut ins Archiv St. Ottilien. Nach eigenen Angaben übersandte Amrhein dieses Programm dem Salforder Bischof Herbert Vaughan (1832-1903) im Frühjahr 1882. Der Gründer und Leiter der Mill-Hill-Missionare hatte sich bereit erklärt, den Mönch für ein halbes Jahr (16. März - 29. Oktober 1882) aufzunehmen, damit dieser im Auftrag von Abt Maurus Wolter seine missionarische Berufung prüfen könne. Amrhein beschloss, von Anfang an seine Anliegen offen zu legen:

„Schon vor meiner Ankunft, noch von Erdington aus, hatte ich, um von allem Anfang an wieder mit jener Offenheit zu handeln, welche ich vor meinem Eintritt in Beuron beobachtet hatte, meinen ganzen Missionsplan in seinen Hauptzielen und Hauptgrundsätzen brieflich dem Rektor von Mill Hill mitgeteilt...“ (Anfänge und Kämpfe eines Missionsberufes, S. 97).

Bischof Vaughan, dessen Institut bisher rein priesterlicher Art war, zeigte sich sehr angetan von der Idee, eine Art Arbeitsteilung zwischen Priestern und Laien im Missionsbetrieb vorzunehmen. Er legte die Gedanken Amrheins dem Leitungsgremium seiner Gesellschaft am 12. April 1882 vor, bei dem Amrheins Gedanken ebenfalls Zustimmung fanden. Amrhein wurde daraufhin mit dem Aufbau einer Laiengenossenschaft beauftragt, die das Mill-Hill-Institut durch die Ausführung katechetischer und handwerklicher Tätigkeiten unterstützen sollte. Gegen Ende 1882, als Amrhein bereits wieder in Deutschland weilte, löste sich die Zusammenarbeit auf: das Mill-Hill-Institut legte dem Beuroner Mönch als Vorbedingung für eine Weiterführung des Projekts nahe, dass er sich vollständig in die englische Gesellschaft eingliedere. Auch wenn Amrhein mit dem Gedanken eines Übertritts spielte, war für ihn letztendlich die Ordenszugehörigkeit – gerade auch im Hinblick auf sein Drittordensinstitut auf benediktinischer Grundlage – zu wichtig, als dass er sie aufgeben wollte.

Der handschriftliche Text mit der Angabe „Frühjahr 1882“ ist wohl als Entwurf zu betrachten, von dem aus dann die Reinschrift für Bischof Vaughan erstellt wurde. Die vielen Änderungen und Umstellungen sowie Rechtschreibefehler und Schwächen im Ausdruck hängen sicher auch mit der Verwendung der englischen Sprache zusammen, die Amrhein erst spät erlernte und in der er immer etwas unsicher blieb. Im Folgenden wird der Erstentwurf wiedergeben, dessen Verbesserungen und Überarbeitungen in den Fußnoten zu finden sind.

Inhaltlich stellt der Entwurf weitgehend eine Zusammenfassung der „Institutio Tertiae Ordinis S. Benedicti" dar. Doch findet sich manches neue dabei, so insbesondere die Regelung, dass in der Mission mindestens sechs Mönche eine Zelle bilden sollten (Punkt 6) oder die Anordnung, einen roten Gürtel zu tragen entsprechend dem Brauch anderer Missionskongregationen (Punkt 11). Eine nachträgliche Änderung der Reihenfolge deutet auf eine Änderung des Schwerpunkts hin: statt der mehr organisatorischen Frage der Ausbildungslänge stellte Amrhein bei einer Überarbeitung die dringlichere Frage nach Zulassungskriterien in den Vordergrund.

The Religious Institute of the „Missionary Brothers“[a] of St. Joseph's Society of the Sacred Heart for Foreign Missions (1882)

Fundamental Principles

I. The object of the Brothers[b] of St. Joseph is to undertake that portion of the work among the heathen of uncivilized countries entrusted to the Society, which does not require the graces and vocation of priesthood, thus leaving the priest on the mission free for "prayer and the ministry of the Word" (Act. Ap. 6,2).

This work consists of orphanages with[c] industrial schools for boys; dispensaries for medicine, hospitals; care of the Sanctuary and assisting the missionaries to render public worship more solemn (ecclesiastical chant and music etc); building of chapels, missionary residences, schools, etc; and agriculture, partly for their support and the support of the Mission, and partly to teach the natives practical industry and improved cultivation, so as to train them to the settled habits of civilized life.

II. The Postulate and Novitiate is of three years duration in the Mother House. The training consists of : testing and cultivating the vocation; the regular observances of religious discipline; exercise of religious life under individual spiritual guidance; an appropriate "officium divinum", proper devotions in common; daily instructions in the necessary branches of religious and profane knowledge to fit each one according to his individual capacities; and in labour.

III. After the three years probation temporary vows of obedience, chastity and poverty are taken; at first for five years, after which a renewing of vows may take place. At the end of the second term (10th year of profession) perpetual vows are permitted.

[a] Nach „Brothers“ in Klammern mit Fragezeichen: Oblats?

[b] Brothers befindet sich in Klammern und darüber ist angemerkt: Missionary Oblats.

[c] Das ursprüngliche „and“ wurde durchgestrichen und durch „with“ ersetzt.

The vow of poverty implies that the use of all property and proceeds of labour are during the existence[a] of the vow vested in the Society (vz. Institute) and not at the private disposal. Private capital shall be administered during the term of temporal vows by someone previously invested with the necessary faculties. Revisions of accounts, testimentary dispositions etc. may take place previous to the vows or their renewal.

The admission to the noviciate (after one year postulate) as well as to the profession or the renewal of vows is decided by the Superior only, according to the consultative voting of the members of the house.

The perpetual vows are preceded by the voting with a decisive majority of two thirds of votes of all the members of the Institute.

IV. The Mother House is separate from and at a distance from that for educating priests.

No one who has ever entered the Brothers' House can pass to the Priests'.

The Superior of the Mother House will always be a priest of the Society of St. Joseph, appointed by the Superior General. He will be Superior of the whole Brotherhood, judge of the fitness of the applicants for their admission to the postulate, novitiate and temporal vows, direct each member's spiritual life and the carrying out of the rule. He gives notice[b] to the Superior General, when any missionary brothers are ready for departure and sends them out to the Mission designated by the Superior General.

He is bound by the Constitutions of the Institute, which have to be approved first by the Superior General of the Society and then, after a due time of probation, by the Apostolic See.

He is not allowed to have another charge.

To the Superior of the Institute one or two more Priests (of the Society) will be associated who will be initiated into its administration and direction in such a manner that they will be able to take the Superior's place if required or to be sent out as the Brothers' Provincial in the Vicariates.

VI. The Brothers on the Mission live in communities of not less than six, in order to be enabled for leading the life of religious. They settle where two

[a] „existence" ist eingeklammert und darüber geschrieben: „term".

[b] „gives notices" ersetzt das durchgestrichene „proposes".

priests of the Society have established a mission. There they proceed to build a residence for the missionaries, a chapel, a monastic home for themselves and orphanages and do their work according to their rule. As regards all work outside their own community, the work undertaken and their dealing with the natives, they are under the control of the local Missionary Priests and their Provincial, but as regards their internal arrangements, discipline and officers, they govern themselves and are subject to their own brother-provincial and to the Superior of the Mother House.

VII. Only those are admitted, who show a pure intention; whose testimonials (procured from each place where the postulant has remained over one year since the age of fifteen) are complete and satisfactory; who enjoy good health; who never aspired to the priesthood and who show an aptitude for some distinct occupation which will be useful.

VIII. The missionary Brother is incorporated by his Superior in that class of the Institute for which his education and occupation fits him. There are two classes: one for those who teach or who practice medicine etc or are engaged in any other intellectual pursuits, and another class consisting of workmen. The regulation of their mutual relation forms one of the objects of their training. All follow however the same rule, wear the same habit and enjoy the same rights.

All without distinction must be engaged in some manual labour every day and on the other hand all without exception must have[a] an hour daily of intellectual and spiritual reading. All take equally their turns in keeping the house in order.

IX. After 5 years on the Mission the Brothers have a claim on the Institute in case of sickness and old age.

X. As means of maintaining the religious spirit in Brothers who have the capacity of being catechists the Brothers say daily a part of the office in common, or the officium parvum of the Blessed Virgin and follow the Church in her Calendar.

[a] Durchgestrichen: „at least“.

XI. The "missionary brothers" wear a distinct religious habit. The postulant shall wear his secular dress for the first month; then a uniform dress of a secular shape. The Novice a cassock ("tunica") with black belt; the professed members the same cassock with red belt. At the departure for the mission they receive a white cowl.

Der Laienbruder als Heidenmissionär (1883)

Einführung

Nach eigenem Bekunden hatte P. Andreas bei seinem achtmonatigen Aufenthalt in Steyl (1883) erfahren, wie bedeutsam ein Schriftenapostolat sich erweisen kann, um neue personelle und finanzielle Unterstützung zu gewinnen. Als in schneller Folge sein Gründungsprojekt sich realisierte, das Unternehmen sich über alle Erwartung ausweitete und schon im Jahre 1887 die erste Missionarsgruppe nach Deutsch-Ostafrika ausgeschickt wurde, so dass das öffentliche Interesse sich schlagartig auf die St. Benediktus-Missionsgenossenschaft konzentrierte, entschloss sich Amrhein zur Begründung der Missionsblätter. Sein anfängliches Ziel einer 14-tägigen Zeitschrift musste Amrhein, der sowohl Redakteur als auch Autor der meisten Artikel war, bald aufgrund von Überlastung und Krankheit auf ein monatliches Erscheinen reduzieren. Nach 10 Nummern (1888/89) wurde die Zeitschrift vorläufig eingestellt und erschien erst wieder unter gleichem Namen ab dem Jahre 1897.

Die ersten Nummern enthalten sichtlich die Handschrift und thematische Schwerpunkte Amrhein. Eine Reihe der Artikel tragen grundsätzlichen Charakter und sollen das Anliegen der neuartigen Missionsgenossenschaft einem großen Publikum in populärer Form nahe bringen. Zu den programmatischen Aufsätzen zählt vor allem der in drei Fortsetzungen erschienene Artikel über den „Laienbruder als Hilfsmissionär" (Missionsblätter 1 / 1888, Sp. 34-45, 2 / 1888, Sp. 76-90, 3 / 1888, Sp. 133-138), der eines der Hauptanliegen Amrheins enthält. Vorstudien für diesen Artikel hatte er unter anderem während seiner halbjährigen Aufenthaltes im englischen Missionsseminar von Mill Hill (19. März – 28. Oktober 1882) betrieben, wo er durch intensive Lektüre von Missionsliteratur Material für Beispiele und ausführliche Zitate gewann. Einen darauf folgenden Kuraufenthalt in Freiburg i.Br. nutzte Amrhein zur Ausarbeitung des Artikels, wie er selber in seinen autobiographischen Briefen an Erzabt Ildefons Schober beschreibt:

„In der ruhigen Winterzeit des Jahres 1882/83 arbeitete ich das seit Jahr und Tag angesammelte Material meiner (früher schon erwähnten) Missionsstudien durch, um es druckfertig zu machen; die Konzepte wurden durch die Güte der Tochter des Hauses, eines frommen, im Sacre-Cœur-Institut erzogenen Marienkindes – nachher Frau Oberlandesgerichtsrat B. – ins Reine geschrieben; darunter auch der im Jahrgang 1889 meiner Missionsblätter gedruckte Aufsatz „Der Laienbruder als Heidenmissi-

onar" (Sp. 34, 76, 133), welcher – wenn nachgedruckt (auch anonym) – nur Gutes wirken würde."

Der Artikel ist als Werbeschrift gedacht, die Berufungen für den Dienst als Laienmissionar ermutigen möchte. Da damals die Auslandsmission Priestern vorbehalten schien, benutzt Amrhein für den Laienbruder den Ausdruck „Hilfs-Missionar", was als Aufwertung, nicht etwa – wie es heute scheinen mag – als Degradierung gemeint war. Andererseits scheut sich Amrhein auch nicht, den Begriff „Missionar" auf den Laienbruder anzuwenden und seinen Dienst als vollwertige Missionstätigkeit zu bezeichnen.

Die klare Textgliederung – Einleitung, fünf mögliche Einsatzbereiche der Laienmissionare und abschließende Stellungnahme – wird durch vielfältige Beispiele angereichert, die einem nicht-akademischen Publikum die Bedeutung der Laienmission veranschaulichen sollen. Die Beschreibung der Einsatzmöglichkeiten wird weitgehend durch ausführliche Zitate aus verschiedenen Missionsberichten und Geschichtswerken bestritten.

In der Einleitung legt Amrhein zunächst dar, dass nicht jeder für das Priestertum geeignet ist. Dies sei jedoch kein Grund, auf geistliche Tätigkeit ganz zu verzichten. In der Auslandsmission seien nämlich zwei Drittel der anfallenden Aufgaben praktischer Art, wie Amrhein mit ausführlichen Beispielen zu belegen sucht. Im praktischen Bereich ist der Laienmissionar aufgrund seiner einschlägigen Ausbildung dem Priester vielfach überlegen und kann diesen durch Übernahme handwerklicher, karitativer, katechetischer oder auch erzieherischer Aufgaben für die eigentlich pastorale und sakramentale Arbeit freistellen. Daher sei der Laienbruder ebenso wie der Priester als Missionar im Vollsinne anzusehen.

Im ersten Abschnitt zeigt Amrhein die Bedeutung der Laienmission für die Kinder- und Jugenderziehung. Dabei greift er vor allem auf die Briefe des hl. Franz Xaver SJ zurück, in denen dieser die Jugenderziehung als vorrangiges Mittel der Missionierung beschreibt und dafür Laienkräfte einsetzt. Er schließt daran die Forderung an, dass an einer Missionsgemeinschaft vor Ort sowohl Priester als auch Laienbrüder beteiligt sein sollten. Der zweite Abschnitt legt dar, dass vom Missionar regelmäßig auch medizinische Hilfe erwartet wird. Der Missionserfolg könnte durch qualifizierte medizinische Versorgung bedeutend gesteigert werden. Der Priester selbst sei bei solchen Aufgaben oft überfordert und führe sie auch besser aus Gründen der Schicklichkeit nicht selbst durch. Der dritte und ausführlichste Abschnitt beschreibt Einsatzmöglichkeiten des Laien im Bereich von Ackerbau, Viehzucht, Handwerk und künstlerischen Tätigkeiten. Einen Schwerpunkt legt dabei Amrhein auf die sogenannte „Zivilisationsarbeit", d.h. die Einführung europäischer Arbeitstechniken verbunden mit christlich fundierten ethischen Werten, unter denen – verständlich aus dem kolonialen Kontext heraus – die Arbeitsmoral vordergründig scheint. Aufgrund dieser kulturellen Vermittlungstätigkeit ist die Forderung nach Schulen und Ausbildungszentren naheliegend.

In den letzten drei Abschnitten fasst Amrhein nochmals das von ihm entworfene Bild des Laienmissionars zusammen: der Laienmissionar entlastet durch seine mehr praktische ausgerichtete Arbeit den Priester und stellt diesen so für pastorales Wirken im engeren Sinne frei. Die Aufgabe des Laienmissionars ist echt missionarisches Tun, so dass er sich nicht gegenüber dem Priester zurückgesetzt zu fühlen braucht. Voraussetzung für seinen Einsatz ist jedoch zunächst die Selbstheiligung, da er sonst kein glaubwürdiger Vermittler der Frohen Botschaft sein kann. Als praktisch-organisatorischer Rahmen für das Tun von Laienmissionaren scheinen daher Klostergemeinschaften besonders geeignet zu sein: bereits von ihrem Ursprung her sind sie auf Laien hin zugeschnitten, sie haben die Selbstheiligung ihrer Mitglieder als Anliegen und ermöglichen zwanglos die Zusammenarbeit von Laien und Priestern bei apostolischen Aufgaben.

Auch wenn Amrheins Programm eine klare Arbeitsteilung und fruchtbare Zusammenarbeit zwischen Priestern und Laienbrüdern anstrebt, so scheint doch seine Bewertung des Laiendienstes gelegentlich zu schwanken. Einerseits möchte er den selbständigen Beitrag der Laienmission im praktischen Bereich aufwerten und strebt daher zumindest verbal eine möglichst weitgehende Gleichstellung zwischen den beiden Gruppen an. Andererseits ist für ihn der Vorrang der Wortverkündigung und der Sakramentenspendung eine unumstößliche Gewissheit, so dass er dem priesterlichen Dienst ohne weiteres eine Vorrangstellung einräumt. Die ungelöste Spannung schlägt sich im Begriff des „Hilfsmissionärs" nieder. Amrhein wollte damit zunächst die selbständige Hilfeleistung des Laien im Missionseinsatz unterstreichen. Das Wort drückt jedoch auch eine zweitrangige Stellung des Laien aus, der eben nur hilfsweise dem Priester als dem aufgrund seiner Amtsgnade eigentlichen Missionar im Vollsinne beigeordnet ist. Die Unklarheit Amrheins entsprach wohl auch einem zeitgenössischen theologischen und auch praktischen Problem, wie nämlich die Rolle der zunehmend aktiver werdenden „Laien" (bereits das Wort drückt die gesamte Problematik aus) in der Kirche zu definieren sei. Von ihm hier tiefgründige theologische Klärungen zu erwarten, wäre eine Überforderung. Bemerkenswert bleibt, dass er mit sicherer Intuition die Stunde des Laien erkannte und im Rahmen seiner Möglichkeiten ein breites Einsatzfeld für die Laienmission schaffen wollte. In dieser Hinsicht eilte er vielen Zeitgenossen voraus.

Der Laienbruder als Heidenmissionär (1883)

In der ersten Christengemeinde von Korinth riss einmal aus hl. Übereifer ein solcher Trieb und Drang nach geistlichem Wirken und kirchlichen Würden ein, dass es schien, ein jeder müsse Priester oder Katechet, oder Prophet, oder Apostel werden oder zum wenigstens in fremden Sprachen reden, Wunder wirken oder Ekstasen haben. Da kam noch zur rechten Zeit der hl. Apostel über sie mit der Kraft und dem Licht seines herrlichen „ersten Briefes an die Korinther" und belehrte sie, dass unmöglich alle Propheten, Lehrer oder Apostel werden können, auch nicht alle die Gabe der Predigt noch der wunderbaren Heilkraft empfangen können. Alle aber sollen nach einer noch vollkommneren Gnade, nämlich nach der alles vermögenden Liebe streben[1]. Es geht zu Zeiten ein ähnlicher Zug nach geistlicher Würde und Wirksamkeit durch eine Menge von Seelen, die von Gott nicht dazu begabt sind. Ich kann aus reicher Erfahrung reden und sagen: mach' ein Söhnchen armer Leute bildet sich ein, zum Priester berufen zu sein, plagt seine Eltern, weint und will nicht arbeiten, sondern studieren, hat aber dazu weder genügend Geld, noch Talent, und plagt sich und den Vater und Lehrer umsonst. Würde er ein Handwerk, ein nützliches Gewerbe mit allem Fleiß erlernen, es wäre wahrlich besser, und er könnte schließlich gerade dadurch sogar das erreichen, was er mit seinem Studieren niemals zu erlangen vermöchte, – er könnte noch ein Missionär werden, und an der Bekehrung vieler Heiden mit glücklichem Erfolge mitwirken – könnte in Wahrheit auch ein Gehilfe Gottes bei der Rettung unsterblicher Seelen werden. Du wunderst dich wohl und möchtest mit Maria fragen: „Wie ist das möglich?" Das kannst du lernen aus dem, was ich für dich jetzt niederschreiben will.

In der Mission gibt es zahllose Sorgen und Arbeiten, mehr noch leiblicher als geistlicher Art, und alle sind notwendig, soll das Missionswerk gedeihen. Höre einmal aus dem Briefe eines Indianermissionärs tief in den Urwäldern von Bolivia in Amerika, was für allseitige Geschäfte dem Missionär obliegen; merke auf und frage dich, ob du als Laie, d.h. als nicht-priesterlicher Missionär, nicht Zweidrittel derselben wohl übernehmen, ja besser besorgen könntest, als ein Priester im Stande ist, und ob, wenn du ihm dieselben abnehmen würdest, dann nicht doppelt so vielen Heiden der Unterricht im Christentum und Werke der Barmherzigkeit zu teil werden könnten, also doppelt so viele Seelen für Jesus gewonnen würden, als ohne dich und deine Hilfe? Dieser Missionär, P. Bernhard à Chiampo, erzählt nämlich: „... Wo ich hinkomme, wird den Kindern Schule gehalten und abends den Erwachsenen Unterricht erteilt. An Sonn- und Feiertagen ist Erklärung des Katechismus oder Evangeliums oder eine Predigt über die wichtigsten Pflichten eines Christen. Während der übrigen Zeit bin ich im Beichtstuhl, bei Kranken und mit andern pfarrlichen Angelegenheiten beschäftigt. Der Missionär hat hier überhaupt für alles zu sorgen. Er ist gleichsam der Papst, indem er für seine Gemeinde die ausgedehntesten geistlichen Vollmachten besitzt; er ist König, weil er regiert; Richter und Advokat, indem er über alle Streitfragen und Zwistigkeiten entscheiden muss; Arzt und Apotheker für unzählige Leidende; er ist auch Ökonom, indem er die Oberaufsicht über den Feldbau zu führen hat. Gegenwärtig bin ich gerade mit Verteilen der Samen beschäftigt. Auf den Viehstand muss ich mein besonderes Augenmerk richten, denn derselbe bildet das Hauptprodukt dieses Landes und vermehrt sich auf den großen Weiden und in den Wäldern fast wunderbar. Die Wohnungen werden sämtlich aus Holz, Stroh und Backsteinen aufgeführt, welche an der Sonne getrocknet worden sind. Für den Bau der Kirchen verwendet man dasselbe Material. Vor zwei Jahren erbaute ich eine Kirche, die nicht bloß anständig, sondern fast schön und mit allem zum Gottesdienst Notwendigen ausgestattet ist. Ich habe übrigens noch zwei andere Kirchen gebaut und zwei Gottesäcker angelegt. Ihr seht also, dass ich auch Baumeister geworden bin, und zwar was für einer!"

Nun sage mir, könnte ein Laie als Hilfsmissionär nicht zwei Drittel dieser Beschäftigungen übernehmen? Könnte er nicht den Baumeister, den Arzt, den Apotheker, den Ökonomen, den Viehzüchter, den Krankenwart, den Schullehrer der Kinder, oder gar den Katecheten machen? Würde er nicht dadurch dem Missionspriester es möglich machen, sich ganz der Predigt des Evangeliums, dem Beichtstuhl, den seelsorglichen Verrichtungen, dem Gebet und den geistlichen Funktionen zu widmen, und so zwei- oder dreimal mehr zu wirken und auszurichten, als früher?

Und glaubst du nicht auch, dass dein gutes Beispiel, dein lehrreicher Verkehr mit der Jugend, dein hilfreicher, liebevoller Beistand bei Kranken und Hilfsbedürftigen, der Nutzen deiner Arbeiten, der gute Eindruck deiner gelegentlichen Ermahnungen und Lehren, kurz dein ganzes Wirken ein wahrer Himmelssegen für das zu bekehrende Volk sein würde, und dass du so einen vollen Anteil an der Rettung der Seelen, an ihrem zeitlichen Wohl und ewigen Heile gewinnen würdest? Wärest du nicht auf diese Weise ein wahrer Missionär?

Das bedenken wenige. Und dass es unermessliche Missionsgebiete gebe, wo das Christentum mit seiner erhabenen Lehre auf keinem anderen Wege Eingang finde, als nur auf dem Umwege all' dieser Arbeiten, die am besten ein geübter und geschickter Laie verrichten kann, das scheinen sogar viele gebildete Katholiken nicht zu wissen. Während zivilisierten Heidenvölkern, wie den Chinesen und Japanern, das Christentum nur im Gewande und Geleite der erhabensten Wissenschaft Eindruck macht, wogegen technische Fertigkeiten, in denen sie selber Meister sind, der Predigt des Evangeliums keinerlei Vorschub leisten, haben alle barbarischen Völker für die neue göttliche Lehre nur dann Verständnis, wenn sie sich ihnen mit Hilfe nützlicher Arbeiten, leiblicher Werke der Barmherzigkeit und des Unterrichts empfiehlt, – des Unterrichts in solchen Beschäftigungen, welche das Leben geehrt und glücklich, gesittet und friedsam machen. So ist es bei allen wilden Ureinwohnern Afrikas, Amerikas, Australiens und der Südseeinseln, also bei vielen hundert Millionen Heiden. Da ist also das weite Gebiet, wo du auch als Laie, ich meine als Laienbruder oder Hilfsmissionär, zum Werke Gottes ebenso nötig bist als ein Missionspriester.

Damit dir aber kein Zweifel an dieser Tatsache mehr bleibe, will ich dir an der Hand vieler Zeugnisse bewährter und heiliger Missionäre die Beweise erbringen, wie viel ein Laienbruder in der Heidenmission wirken kann.

I.

Gerade diejenige Missions-Methode, welche sich stets und überall als die erfolgreichste erprobt hat, jene nämlich, welche der Jugenderziehung eine besondere Aufmerksamkeit schenkt, bietet eine sehr ausgiebige Gelegenheit für Laien, ihr Wissen und Können für Gott und den Mitmenschen zu verwerten. Auf die Gewinnung der Kleinen, der Lieblinge des göttlichen Kinderfreundes, muss der Missionär das größte Gewicht legen. Es ist eine anerkannte Tatsache, dass das Christentum dort am tiefsten Wurzel schlägt, wo es mit dem „Kinde in der Krippe“ beginnt, d.h. wo es in Kinderherzen eingepflanzt wird, welche die Entartungen des Heidentums noch nicht in Fleisch und Blut aufgenommen haben, wie die Erwachsenen. Schon im ersten Jahre seiner Missionstätigkeit (1542) begann der hl. Franziskus Xaverius dies einzusehen, denn er schrieb damals seinem hl. Vater Ignatius: „Ich taufte eine sehr große Anzahl Kinder... Sie ließen mich weder das Brevier beten, noch Speise zu mir nehmen, noch des Schlafes genießen, bevor ich sie beten gelehrt hatte. Da begann ich zu fühlen, dass »solcher das Himmelreich ist.« Ich konnte natürlich ein solches Begehren nicht in unfrommer Weise abschlagen, und angefangen mit dem Bekenntnisse des Vaters, des Sohnes und des Heiligen Geistes (Kreuzzeichen nämlich), übte ich mit ihnen das apostolische Glaubensbekenntnis, das Vaterunser und Ave Maria ein. Ich nahm in ihnen eine außerordentliche Begabung wahr, und wenn jemand da wäre, der sie mit dem christlichen Glauben bekannt machte, zweifle ich nicht, dass aus ihnen sehr gute Christen würden“[2].

„Wenn jemand da wäre!" Der Heilige empfindet also bereits das Bedürfnis nach Hilfsmissionären zum Zwecke des Jugendunterrichts. Zwei Jahre darauf erzählt er in einem Bericht, wie er von Ort zu Ort die hl. Glaubenslehren in Form eines kurzen Katechismus verkündete[3]. „Die Kinder", schrieb er, „wissen denselben in einem Monat ganz prächtig auswendig. Ich trage ihnen dann auf, das, was sie selbst gelernt haben, von jetzt ab auch ihren Eltern, Hausgenossen und Nachbarn zu lehren". Das taten dann auch die kleinen Katecheten mit Lust und Liebe. „Es ist unglaublich", fährt daher der Heilige an einer späteren Stelle fort, „welche reiche Seelenfrucht durch den Unterricht der Kinder gewonnen wird. Ich zweifle gar nicht, dass diese Kinder mit Gottes Hilfe weit besser als ihre Eltern werden. Sie zeigen einen außerordentlich guten Willen, das göttliche Gesetz zu befolgen und den größten Eifer, die christliche Sittenlehre kennen zu lernen und auch andern beizubringen." Er erzählt hierauf Proben von dem tiefen Hasse dieser Kleinen gegen die Götzen und wie er mit ihrem Beistand gegen den Götzendienst erfolgreich zu Felde ziehe. Im Jahre darauf äußerte er dann in einem Schreiben an den hl. Ignatius zum ersten Male den Gedanken, zum Unterrichte der Kinder und ungebildeten Leute solcher Mitglieder der Gesellschaft Jesu zu verwerten, „die weder zum Beichthören, noch zum Predigen, noch zu andern priesterlichen Amtsverrichtungen verwendbar, dafür aber rüstig, tugendhaft und eifrig sind," und er bat, „ihm von dieser Gattung Arbeiter eine möglichst große Anzahl zu schicken; die christliche Sache werde daraus den größten Vorteil ziehen[4]."

Die gute Erfahrung, welche er mit denselben machte, muss diese Idee in ihm so bestärkt haben, dass er vier Jahre darnach (1549) den Wunsch äußerte, an jeder größeren Missionsstation in Indien, wo sich zwei Priester zur Predigt des Evangeliums und zur Sakramentspendung befänden, eine Niederlassung von derartigen Lehrern der Jugend gründen zu können. „Schon dadurch, dass sie den Kindern den Katechismus lehren, die Gebete einprägen und sie in guter Zucht halten, nebenbei auch noch die Kranken besuchen und die sterbenden Kinder taufen," sagt der hl. Missionär, „leisten sie einen bedeutenden Dienst." Und einem Confrater, den er aufmunterte, zu diesem Zwecke recht viele Missionsgenossen dieser Art nach Indien mitzunehmen, stellte er vor, „er werde dadurch der Sache des Christentums in jenem Lande einen weit größeren Dienst erweisen, als er denke.[5]" Ohne Zweifel entsprach man nach Kräften seinen Bitten, denn wir sehen aus Briefen späterer Jahre, dass seine großen Erwartungen ihn nicht getäuscht hatten.

Die Kinder sind ihm ans Herz gewachsen; in ihnen erblickte er die Hoffnung des Volkes und er will lieber das Einkommen auf ihren Unterricht, als auf steinerne Kirchenbauten verwenden. So schreibt er im letzten Jahre seiner Tätigkeit in Indien (1552) an einen Vorsteher der Gesellschaft Jesu daselbst: „Die

Verwendung des Einkommens auf die Erbauung von Tempeln aus Stein und Holz soll sich auf das unumgänglich Nötige erstrecken; dafür soll, was übrig bleibt, dem Bau der geistigen Tempel (er meinte damit die Kinder und ihre christliche Erziehung) zugewendet werden, in welchen Gott noch mehr geehrt wird. Denn als Männer werden sie später einmal durch ihr gutes Beispiel und die Mitteilung der empfangenen Heilslehre in Gottes Hand Werkzeuge sein zu großen Dingen für seine Glorie und der Menschen Heil.[6]"

Welcher Reichtum an ewigen Verdiensten muss sich also nicht an den Bau dieser geistigen Tempel Gottes knüpfen, – und dieser Schatz liegt im Bereiche des frommen Laien!! Denn es ist nicht zu leugnen, dass das, was jene Hilfs-Missionäre leisten konnten, welche zum Beichthören, Predigen und den übrigen geistlichen Funktionen untauglich waren und welche, wie St. Franz Xaver schreibt, „genügten, wenn sie nicht gänzlich ungebildet waren", – dass dies auch ganz in der Wirkungssphäre von Laien liegt, insbesondere wenn dieselben Ordensmänner sind. Und all der Nutzen, den die Sache des Evangeliums und das Heil der Seelen nach dem Zeugnisse dieses großen Heiligen aus der christlichen Erziehung der Heidenkinder zog, muss unter ähnlichen Verhältnissen derselbe bleiben, wenn eigens dafür ausgebildete Laien-Missionäre (Laienbrüder) damit betraut werden.

Wir betonen „unter ähnlichen Verhältnissen" – und wollen damit sagen, wie damals St. Franz Xaver an jenen Orten, wo zwei Missionspriester eine Christengemeinde gegründet hatten, einige nicht priesterlich tätige Mitglieder seiner Gesellschaft ansiedelte und ihnen den Unterricht der Jugend und die Sorge für die Kranken übertrug, so muss es auch jetzt noch mit Laienbrüdern als Hilfsmissionären gehalten werden. In erster Linie fällt denselben also die Sorge für die Jugend-Asyle, Waisenhäuser usw. zu, da in denselben die Waisen oder die Kinder, die von ihren Eltern zur vollständigen Erziehung überlassen werden, wie in einem Erziehungshause unter beständiger Aufsicht leben und nicht bloß in Religion und Elementarkenntnissen Unterricht empfangen, sonder auch in allen Einzelheiten, die in der häuslichen Erziehung der Muttersorge anheimfallen, gepflegt werden müssen, und in jedem nützlichen Gewerbe wie auch im Ackerbau Beschäftigung finden. Solche Erziehungsanstalten sind wahre Pflanzschulen christlicher Familien, ja ganzer christlicher Ortschaften. So berichtet Msgr. Cugnet, Apostolischer Vikar in Indien, von seinen im Jahre 1866 angelegten zwei Waisenhäusern seien bereits vier große christliche Dörfer ausgegangen. Ähnliches wird aus verschiedenen Teilen Afrikas gemeldet, und der leider zu früh dem Werke der Evangelisierung Afrikas entrissene Msgr. Comboni gründete auf diese Missionsmethode seinen ganzen Wirkungsplan. Wo das Werk der hl. Kindheit, und dies ist vorzüglich in China der Fall, Waisenhäuser errichtet, verdoppelt sich schnell die Zahl der

Christen, so dass ein Missionär schreibt: „Es ist eine erprobte Tatsache, dass das Werk der hl. Kindheit den Glauben wunderbar verbreiten hilft.“ Der hl. Vater empfahl daher dasselbe dringlich in seiner Enzyklika vom 3. Dezember 1880[7].

II.

Der hl. Franz Xaver äußerte sich, wie wir schon oben sahen, dass die nicht als Priester wirkenden, sondern als Hilfs-Missionäre vorzüglich mit der Schule betrauten Mitglieder seiner Gesellschaft nebenbei auch die Kranken besuchen und zu pflegen hatten. Da ihnen mehr die körperliche Tätigkeit zukommt, sind sie sehr geeignet, das Wort Gottes mit leiblichen Werken der Barmherzigkeit gleichsam zu empfehlen und glaubwürdig erscheinen zu lassen. Es ist nun einmal ein besonderer Trieb des menschlichen Herzens, die Werke selbstloser Liebe als Beweise der Aufrichtigkeit, der Wahrhaftigkeit, und also auch für Beweise der Wahrheit selbst zu halten, weil nicht die Unwahrheit die Gnade verleiht, sich aus übernatürlicher Liebe für den fremden unbekannten Mitmenschen aufzuopfern. Diese Konsequenz sollten jene aufrichtigen Protestanten ziehen, welche in Missionsberichten freimütig eingestehen, dass die bedeutend größere Seelenernte der katholischen Missionäre in der unstreitig größeren Opferfähigkeit und werktätigen Liebe der katholischen Missionäre ihren Grund habe, „welche sich nicht mit Bibelverschenken und Reisausteilen begnügen, sondern zum Elend des Armen und Kranken herabsteigen; mit den Schwachen schwach werden; ihm von dem Wenigen mitteilen, was sie haben und damit etwas übernehmen von der Entbehrung, dem Hunger und der Verlassenheit, welche sie an Andern lindern“ (Worte eines Protestanten in einer indischen Zeitschrift). Dies war wohl auch der Grund, warum der Heiland selbst nicht nur lehrend, sondern zugleich Wohltaten spendend durch die Welt ging und auch die Glaubensboten nicht aussandte, nur um zu predigen, sondern sie auch beauftragte, Kranke zu heilen und vom bösen Geiste zu befreien. „In dem Hause, das euch aufnimmt, ... da wohnet und heilet die Kranken, die dortselbst sind.“

Derselbe Grund veranlasste den hl. Apostel Paulus, mit der Arbeit seiner Hände etwas zu verdienen, für seine eigenen geringen Bedürfnisse, wie für die Armen und Kranken, die er unterstützte. Seinen Händen durfte er in der rührenden Abschiedsrede an die Epheser das schöne Zeugnis geben: „Das, was mir und meinen Begleitern nötig war, verdienten diese meine Hände. Alles zeigte ich euch, dass man so arbeitend die Kranken und Schwachen unterstützen müsse, der Worte unseres Herrn Jesu eingedenk: Geben ist weit seliger denn Empfangen“. Wenn je eine Stelle der heiligen Schrift eine Hindeutung enthält, wie Laien selbst schon durch Arbeit der Hände apostolisch wirken und die Predigt des Wortes Gottes durch leibliche Werke der Barmherzigkeit unterstützen können, so ist es die soeben angeführte. Diese Möglichkeit ist am größten im Missionsgebiete der noch unzivilisierten Heiden. Dort liegen ganze Völkerschaften nicht weniger im leiblichen als geistigen Elende darnieder. Bischof Salvado erzählt, wenn er den australischen Wilden die göttlichen Wahrheiten vortrug, haben ihn dieselben zuweilen mit den Worten unterbrochen: „Das ist recht schön und gut und mag sehr wahr sein, aber wir haben großen Hunger; sag', hast du etwas zu essen oder nicht?" Er macht daher die gewiss richtige Bemerkung: „Die Missionäre wilder Völker müssen gleichzeitig auf die geistlichen wie auf die zeitlichen Bedürfnisse derselben Bedacht nehmen."

Einem merkwürdigen Instinkte zufolge nehmen die Wilden allerorts, besonders in Krankheiten, ihre Zuflucht zum Missionär. Gott legt in sie den Glauben, dass seine Boten, welche als Seelenärzte zu ihnen kamen, auch ihre kranken Leiber heilen können. Das Dusan-Dorf Mado auf Borneo hatte noch nie einen Missionär oder überhaupt Europäer gesehen, und doch, als der Apostolische Präfekt von Labuan es zum ersten Male besuchte, kamen gleich in den ersten Stunden „Scharen von Eingeborenen, damit er ihnen gegen ihre Krankheiten Arzneien verabreiche." – „Es vergeht kein Tag, an welchem nicht Kranke nach mir senden", schreibt kurz nach seiner Ankunft in Sarawak ein anderer Missionär. – „O wie viel vermöchte über diese Unglücklichen ein Missionär, der Medizin verstünde!" schreibt Bischof Salvado aus Australien. Hochw. Dunn[8] bemerkt in einem Missionsberichte aus Borneo: „Indem ich von Medizin schreibe, kann ich die Wichtigkeit medizinischer Kenntnisse für Missionäre nicht übertreiben, wenigstens für alle diejenigen, welche hierher geschickt werden (in ein noch unkultiviertes Land). Sie alle sollten in der Arzneikunde und Chirurgie genügenden Unterricht genossen haben, nicht von einigen wenigen Stunden, sondern von wenigstens einem halben Jahre, wöchentlich zwei Stunden. Man ist in der Tat zum Mitleid angeregt, beim Anblick des körperlichen Elends, welchem die kranken Eingeborenen hilflos verfallen. Die ganze ärztliche Kunst der Eingeborenen besteht aus einem Kneten des Kranken und einem schrecklichen Lärm, womit man die bösen Geister vertreiben will... Wie leid tut es mir, ihnen aus Unkenntnis der Heilkunde nicht helfen zu können!" Hochw. Jackson[9], apostolischer Präfekt von Nordborneo, schreibt: „Mein Besuch bei diesem Volke bestärkte meine alte Überzeugung, von wie großer Wichtigkeit es sei, dass unsere Alumnen in der Arzneikunde unterrichtet werden. Eine derartige Kenntnis würde ihnen einen ungeheuren Einfluss in diesem Lande verschaffen, wo es so mancherlei Krankheiten und Leiden und keinerlei Heilmittel dagegen gibt."

Dieser Einfluss kommt von der Rückwirkung der Dankbarkeit, welche aus einer empfangenen leiblichen Hilfe oder Heilung ein großes Vertrauen schöpft, dass der Wohltäter bei allem, was er lehre und anstrebe, nur das Beste wolle und auch für das geistige, ewige Heil die richtigen Mittel biete. Ob nun der Missionspriester in eigener Person oder durch einen Missionär, der nicht Priester, aber sein Ordensbruder ist, dem Volke diese Wohltat zukommen lässt, bleibt sich in der Wirkung gleich.

Der hl. Franz Xaver empfand eine große Freude darüber, dass ein gewisser Doktor der Medizin ihm mit seiner Berufswissenschaft aus Liebe zu den Seelen helfend zur Seite stehen wollte. Er schrieb an die Obern: „Ein Doktor der Medizin, mit dem ich mich in Paris befreundete, versprach mir, mich nach Indien zu begleiten, um dortselbst von seiner Heilkunde unentgeltlichen Gebrauch zu machen, zu dem alleinigen Zwecke, die Seelen vermöge dieser Hilfe zur Wissenschaft des Heils und ihres Schöpfers anzuziehen." Der Heilige selbst wurde, wie er in einem Briefe erzählt, „zu unzähligen Kranken" gerufen, um über sie zu beten, so dass die Krankensegnung allein seine Zeit und Kraft in Anspruch genommen hätten, wenn die Sorge für die Seelen ihn nicht auch anderswie beschäftigt haben würde. Da er nun aber, sagte er, unfähig sei, allein dieser Anforderung zu genügen und es doch für ein Unrecht halte, die Kranken abzuweisen, weil sie dadurch an ihrem Vertrauen und Eifer für die christliche Religion Schaden erleiden könnten, so habe er geeignete Gehilfen (Laien) ausgewählt. „Ich schickte geeignete junge Leute, die Kranken zu besuchen. Sie müssen beim Kranken die Hausgenossen und Nachbarn zusammenberufen, mit ihnen das Glaubensbekenntnis beten und dem Leidenden Vertrauen zusprechen... Dann beten sie über denselben die kirchlichen Orationen. Was geschieht da? Bewogen vom Vertrauen und der Frömmigkeit dieser jungen Leute und der mit ihnen Betenden, schenkt Gott sehr vielen Kranken die Gesundheit des Leibes und der Seele. So erweist Gott dem Kranken eine doppelte große Wohltat: er beruft sie durch die Krankheit zum Heile und zieht sie gleichsam mit Gewalt zum Glauben an Christus." (Brief vom Januar 1544).

Dies sind mehr als genügende Beweise für die Behauptung, dass fromme, intelligente Laien gerade auf dem Gebiete leiblicher Werke der Barmherzigkeit mächtige Gehilfen der Apostel Christi, ja in der Tat „Menschenfischer" und wahre Missionäre sein können. Ärztliche Praxis eignet sich überdies für Laien viel besser als für Priester, speziell was ins Gebiet der Chirurgie einschlägt.

III.

Nicht weniger wichtig als Jugendunterricht und Krankenpflege ist die Anleitung kulturloser Heiden zur Arbeit, als Mittel, um der Lehre des Christentums Eingang zu verschaffen. In Afrika zumal ist es geradezu das einzige Mittel zu diesem Zwecke. P. Horner[10], von der Kongregation des hl. Geistes, wohl der bewährteste Missionär der Afrika-Neger, schreibt in seinen Notizen über Ukami: „Seit mehr als 20 Jahren mit der Wiedergeburt der Schwarzen beschäftigt, habe ich das einzige Mittel, sie aus der tiefen Jahrhunderte langen Erniedrigung zu erheben, angewendet, nämlich die durch das Christentum geheiligte Arbeit. Aus diesem Grunde habe ich die Ackerbau- und Handwerks-Schule zu Bagamoyo gegründet. Ich habe die Überzeugung, dass der Erfolg der afrikanischen Missionen zum großen Teil von der Achtung und Liebe zur Arbeit abhängen wird, die man den Schwarzen, welchen man das Evangelium verkündet, einflößen wird. In der Tat, die Arbeit, verbunden mit dem Elementar-Unterricht und der christlichen Belehrung, verschafft großen Vorteil. Lehrt sie nicht das Leben in edler Weise zu genießen? Gewiss, Liebe zur Arbeit ist mehr wert als Gold und irdische Genüsse. Denn die Arbeit entwickelt den Verstand, stählt zur Ertragung des Unglücks, befähigt zur Betätigung edler Gesinnungen und zur Wertschätzung des wahren Glückes, vermehrt endlich die Quellen der materiellen Wohlfahrt. Ich wiederhole es, einzig und allein durch die im christlichen Geiste geübte Arbeit wird man es zur Umwandlung der Schwarzen bringen."

Dieselben Gedanken, wie der katholische Missionär, spricht ein auf ganz anderem Boden stehender Gelehrter, Professor Dr. Friedrich Müller, aus, wenn er bemerkt: „Alle Missionäre haben über den Mangel an Arbeitslust des Negers Klage geführt, und namentlich darin das Haupthindernis einer gründlichen Bekehrung des Negers gefunden. Denn solange der Neger nicht durch Gewöhnung an regelmäßige Arbeit und Lust zum Erwerben vor der Not geschützt ist, ist an ein Gewinnen desselben für unsere Kultur nicht zu denken". Kaufmann (Schilderungen aus Zentralafrika, S. 145) bemerkt richtig, „dass eine Mission unter den Negern nur nach Art der Benediktiner in Deutschland gedeihen könne; dass der Missionär zugleich wie ein Kolonist arbeite und die Mission zugleich eine Ackerbauschule sein müsse; der Neger kann nur durch Arbeit erzogen und erhoben werden, die Schule allein vermag es nicht."

Diese Arbeit muss den Bedürfnissen der Eingeborenen entsprechend, teils im Ackerbau, teils in Handwerken und den verschiedenen Gewerben der Industrie, teils in den Beschäftigungen des Baufaches, im Straßenbau, auch in den Handelsgeschäften bestehen.

Was den Ackerbau anbelangt, so gehört derselbe zu den ersten zeitlichen Sorgen eines Missionärs in unkultivierten Ländern; denn der Landbau ist vor allen anderen Arbeiten geeignet, den Arbeiter sesshaft, ruhig, geduldig und religiös zu machen, weil seine Arbeit ihn an die Scholle fesselt, ihn andauernd beschäftigt, ihn gegen Wind und Wetter und Klima und gegen angestrengte, mühsame Tätigkeit abhärtet, ihn lang zu warten und zu hoffen zwingt, wobei die Frucht seiner Mühen sichtlich abhängig ist von der Güte und Barmherzigkeit Gottes, welche von der Aussaat bis zur Ernte tausend Gefahren und Hindernisse des Gedeihens abwenden muss, soll der Mensch sein tägliches Brot essen. Zudem liefert der Ackerbau den Unterhalt für so viele arme Neubekehrte und Waisenkinder, welche von der Mission leben müssen. Durch ihn macht sich eine Mission am ehesten selbsterhaltend. „Die Schwierigkeit, unsere Katechisten und Zöglinge zu unterhalten – so schreiben die Missionäre von den Fidschi-Inseln – wird bald schwinden dank der bedeutenden Pflanzungen, welche wir durch unsere Zöglinge machen ließen, und wir dürfen hoffen, dass ihre Zahl sich deshalb bald verdoppeln werde.“ Kardinal Baluffi[11] gibt uns in seiner Geschichte von „Spanisch-Amerika“ einen übersichtlichen Bericht von der Tätigkeit der alten Missionäre Mexikos und Südamerikas im Feldbau. Er sagt unter anderem: „Zu den Mitteln, wodurch Spanien seine amerikanische Kolonie bewahrte, zählt auch der Unterricht im Feldbau und in den Gewerben, welchen die Ureinwohner von den Missionären empfingen. Die Missionäre unterrichteten und beschäftigten sich damit, vergüteten ihnen hierdurch in etwa den Verlust der Unabhängigkeit (durch die staatliche Gewalt) und machten sie sogar glücklich damit. P. I. Nixo pflanzte in der Umgebung seines Franziskanerklosters zu Quito das erste europäische Getreide an; und P. Th. Verthangas verpflanzte die Platane nach Amerika, und die europäischen Garten- und Küchengewächse verbreiteten sich von den Gärten der Missionsklöster aus über ganz Amerika. Während die Eroberer durch ihre Kriege die arbeitsfähigen Armen dem Landbau entzogen, unterwiesen die Missionäre die Jugend in der Feldkultur und fesselten sie sozusagen an die heimatliche Scholle, welche durch neue Erzeugnisse sich ihnen dankbar und wohltätig erwies.

Besonders der Präsident von Neu-Spanien, der Prälat S. Ramirez, fügte zu seinen anderen wohltätigen Instituten und Stiftungen auch die Einführung des Feldbaues. Flachs, Hanf und Korn wurden auf seinen Impuls hin eingeführt. Der unvergleichliche Prälat flößte durch solche friedliche Beschäftigungen den unterjochten Mexikanern auch friedliche Gesinnungen ein. Die ihnen bisher unbekannten Tiere, Gewächse und Ackerbauwerkzeuge gewannen ihr Interesse; ihre Abneigung gegen die Fremdlinge wurde dadurch vermindert, und die neue Herrschaft erschien ihnen minder unerträglich. Ramirez veranlasste auch die Eingeborenen in Tiascala zur Kultur der Cochenille, die eine Quelle des Wohlstandes für sie wurde.

Die Gaue der Verapaz, wo ausschließlic Ureingeborene wohnten, wurden unter den Missionären ein Garten aller Getreide-, Frucht- und Blumenarten, der Tropen sowohl als auch Europas. Wenn ich mich in Neu-Granada umschaue, nehme ich ebenfalls wahr, wie da die Missionäre zu gleicher Zeit Lehrer in der Religion, in den Handwerken und Gewerben sowie in der Landwirtschaft waren. Von P. de Parrago liest man, dass er die Indianer von Capueza katechisierte und schulte und ihre Ortschaft baute und ihnen den Anbau des Flachses und der Obstbäume, sowie das Pfropfen derselben lehrte. Es ist eine ununterbrochene Überlieferung, dass P. A. Rufas die Indianer von Formequa bekehrte, ihnen bei der Erbauung ihres Dorfes half, ihnen das erste europäische Saatkorn und die ersten Ackerbauwerkzeuge verschaffte und den Gebrauch derselben ihnen durch eigenes Arbeiten zeigte.

Ich könnte eine endlose Reihe von Namen ausgezeichneter Missionäre aufzählen, welche die neue politische Ordnung der Dinge für die Eingeborenen dadurch erträglicher machten, dass sie die Wildnisse in lachende Felder verwandelten und überall Gewerbe und Industrie einführten. So wurde die spanische Herrschaft von Männern erhalten, die der Welt unbekannt, aber des Ruhmes würdiger sind als jene Zerstörer, jene Geisseln der Menschheit, die Conquistadoren, welche ihrem eigenen Glücke nachjagten, während die Missionäre andere zu beglücken suchten.

Livingstone erzählt: „Der Distrikt Cazengo (in Afrika) ist durch die Menge und Güte seines Kaffees berühmt. Wir sahen ausgedehnte Kaffeepflanzungen an den hohen Bergabhängen. Jesuiten und andere Missionäre (Benediktiner, deren Klöster jetzt noch stehen, obwohl nun unbewohnt) brachten, wie man allgemein weiß, echten Mokka mit, den sie weit und breit anpflanzten; daher die Güte des Angola-Kaffees. Die Jesuiten führten bekanntlich auch viele Bäume, bloß des Holzes wegen, ein."

An den Ackerbau schließt sich die Viehzucht. Der obenerwähnte Prälat Ramirez schuf durch die Importierung europäischer Haustierrassen in den spanischen Kolonialländern Amerikas die amerikanische Viehzucht. Der P. Juan Ramirez, Missionär von Combita, beschenkte seine Neubekehrten mit Wollvieh, unterwies sie in der Wollenschur und Verarbeitung der Wolle, im Melken und in der Bereitung von Käse und Butter. Die Eingeborenen von Hoache erhielten von P. A. de la Cueva Kühe, Ziegen und dergleichen Haustiere mehr, die Fluren nützlich zu beleben. In Gegenden, welche von Zeit zu Zeit Misswachs ausgesetzt sind, schützt die Viehzucht noch besser als der Ackerbau gegen Hungersnot, wie es sich bei der schrecklichen Hungersnot in Ober-Nubien (1878 und 1879) gezeigt hat. Die Missionäre sollen daher in ihren Gebieten die Viehzucht möglichst pflegen und verbreiten.

Nebst Ackerbau und Viehzucht bilden die verschiedenen Handwerke und Gewerbe der Industrie den notwendigsten und nützlichsten Unterrichtszweig, durch welchen die Missionäre auf die Eingeborenen einen bildenden und beglückenden Einfluss ausüben und sie für das Christentum vorbereiten und gewinnen. Der gegenwärtig mächtigste Häuptling im Innern Südafrikas verbot den Vätern der Zambesi-Mission Schulen für den Unterricht im Lesen und Schreiben zu errichten, bat sie aber, die Kinder seines Volkes und auch seine eigenen „Prinzen" in den nützlichen Handwerken und Kunstgewerben zu unterweisen.

„So ist dadurch den Missionären," schreibt P. Spillmann, „ein Weg zur Eroberung dieser wilden Jugend für Christus verschlossen; ein anderer aber steht ihnen offen, wenn auch ein Umweg... sie müssen nämlich durch Unterricht in den europäischen Handwerken und im Landbau diese wilden Seelen zähmen, zu Menschen heranziehen und nach und nach der Lehre Christi und den Forderungen des christlichen Sittengesetzes näher bringen" (Vom Cap zum Zambesi).

Kardinal Baluffi schreibt: Höchster Anerkennung ist auch der Hauptmitarbeiter des Präsidenten von Spanisch-Amerika (des mehrerwähnten edlen Prälaten Ramirez) würdig, der noch nicht zur Genüge gepriesene Laienbruder Pedro de Gante, ein Mann von ganz besonderem Talent und ausgezeichneter Geschicklichkeit. Dieser war der erste, welcher eine Schule für Gewerbe und Handwerke errichtete, und den Anstoß gab, dass andere den Unterricht in denjenigen Gewerben erteilten, deren er selbst nicht fähig war. Ein halbes Jahrhundert des arbeitsamsten Lebens stempelte ihn zum allgemeinen Lehrer, ja Urheber der mexikanischen Handwerke, Gewerbe und technischen Künste."

„Basco de Quiroga, erster Bischof von Mechnacan" (Mexiko), erzählt derselbe Autor, „zeichnete sich dadurch aus, dass er die Eingeborenen zum Gewerbefleiß und zur industriellen Betriebsamkeit anhielt. Jeder Indianeransiedlung wies er einen besonderen Gewerbezweig an, damit sie sich durch diese Teilung der Gewerbe besser darin vervollkommnen könnte. Noch heutzutage bewahren die dankbaren Eingeborenen jener Gegend sein Andenken, nennen ihn noch immer ihren „Vater" und verehren seine Gebeine als Reliquien; und eine seiner Willensverordnungen gilt ihnen heute noch als Gesetz, nämlich, dass jede Woche ein Einwohner des von ihm gegründeten Indianerdorfes Santa Fede sich zur Dienstleistung in das Seminar von Pazcuara begeben solle. So groß war seine Wohltätigkeit, dass noch nach drei Jahrhunderten dieser Wunsch treulich respektiert wird"; und so weit geht ihre Dankbarkeit für das Gelernte, dass sie ihrem längst verewigten Lehrer von der Früchten ihrer Arbeit für alle Zeiten einen Tribut zu schulden glauben.

Von besonderem Vorteil für die Ausbildung der Eingeborenen in den verschiedenen Gewerbezweigen und Arbeiten erweist sich ihre Verwendung bei den Hauser- und Kirchenbauten der Missionäre. „Der Augustiner-Pater Casanuova, Baumeister und Priester zugleich, führte in seinen Missionen von Peru viele Gotteshäuser auf und lehrte mit seinen eigenen Händen die Bevölkerung die Baumaterialien von Stein, Holz und Eisen zu bearbeiten, während er die Herzen seiner Lehrlinge durch heilsame Religions- und Sittenlehren gleichzeitig zu Tempeln des hl. Geistes gestaltete." Im „Ausland", einer Wochenschrift für Länder- und Völkerkunde, wird diese Art der Missionstätigkeit vollkommen gewürdigt. Adolph Bandelier[12] (Briefe aus Neu-Mexiko 1886) schreibt daselbst: „Im Jahre 1628 langte Fray Estivan de Peréa mit einer Anzahl frischer Missionskräfte in Neu-Mexiko an; der Bau von Kirchen in den Pueblos wurde emsig befördert. Solche Kirchenbauten sind allzu oft ungerechterweise als nutzlose und grausame Frondienste, als Beweise von Knechtschaft der Indianer unter das vermeintlich tyrannische Joch des Klerus bezeichnet worden. Es wäre richtiger, sie als Mittel zur praktischen Heranbildung des Indianers zu charakterisieren. Indem der Eingeborene nach den Regeln europäischer Baukunst zu verfahren lernte, ward ein Schritt getan zu seiner weiteren geistigen Entwicklung, der durch keine theoretische Belehrung möglich gewesen wäre. Die Väter des Franziskanerordens hatten längst erkannt, dass der Indianer, auch der weitest Vorgeschrittene, gleich einem Kinde behandelt und erzogen werden müsse, indem zuerst seine äußere Tätigkeit geregelt und befördert wurde. Abstrakten Ideen fremd, war es für ihn das Konkrete des Lehrkurses, durch welchen er langsam emporgehoben werden sollte und konnte zu der Reife von Kenntnis und Einsicht der Europäer. Der Bau von Kirchen und Priesterwohnungen (in Neu-Mexiko oft noch Conventos, Kloster genannt) lehrte die Eingeborenen das Eisen kennen und gebrauchen, machte sie vertraut mit den damals gebräuchlichen Hilfsmitteln der Mechanik und öffnete ihnen so auch geistig eine neue Sphäre, während die direkte Beteiligung an der Aufrichtung des Tempels, in dessen Innern eine Reihe ansprechender, symbolischer Handlungen sie dauernd an ein Reich höherer Ideen fesseln sollten, diesen Tempel und somit den darin gelehrten Glauben zum Gemeingut der Erbauer stempelten" (Ausland 1886, Nr. 24). Zu dieser Tätigkeit bietet sich in jeder Mission unter barbarischen Heiden reichliche Gelegenheit. Zuerst erfordert das gefährliche Klima Afrikas sofortiger Herstellung gesunder Wohnungen für die Missionäre. In der französischen Mission Gabun (Westafrika) nahm die große Sterblichkeit unter den Missionären auffallend ab von dem Tage an, wo sie ihre Lehmhütten verließen und ein steinernes Haus nach europäischem Muster bezogen (1879). Dann sind Waisenhaus, Krankenhaus, vor allem aber Kirche oder Kapelle zu bauen; später erfordert auch die neue christlich gehobene Gesittung der Neubekehrten selbst geordnetere Wohnungsverhältnisse. Der Missionär tut wohl daran, ihnen neue Wohnungen bauen zu lassen, in welchen Ordnungssinn, Reinlichkeit, Zweckmäßigkeit in Bezug auf Einrichtung für ein gesittetes Familienleben und für Gewerbstätigkeit zur Geltung kommen. Der Benediktinerabt Salvado, Gründer der Mission Neu-Nursia in Westaustralien, ließ durch seine Laienbrüder für jedes neuvermählte Paar aus den bekehrten Landeseinwohnern ein hübsches kleines Haus bauen.

Im Zusammenhang mit der Baukunst steht das Kunsthandwerk und die Malerei, welche, wie die Musik, vor allem in der Kirche, zur Verherrlichung des Gottesdienstes, Anwendung findet. Wie St. Paulinus von Nola im fünften Jahrhundert eine Kirche, die er gebaut hatte, über und über mit Bildern aus dem alten und neuen Testament hatte bemalen lassen, zu dem Zwecke, dass die Landleute vor und nach dem Gottesdienst die wichtigsten Tatsachen und Lehren des Christentums durch den lebendigen Eindruck bildlicher Darstellungen sich einprägen konnten, ähnlich so bedienten sich Missionäre von Mexiko, von China und anderen Ländern der Malerei mit großem Nutzen zur Verkündigung des Evangeliums. Sogar die Glaubensdogmen und die zehn Gebote Gottes wussten die Missionäre Mexikos in Bildern auf Leinwand gemalt anschaulich zu machen. Die Jesuiten hatten im vorigen Jahrhundert unter den Missionäre von Peking in China einen kunstverständigen Laienbruder, der vermittels seiner Malerkunst die höchste Gunst des Kaisers und einen hohen Mandarinenrang erlangte, die derselbe mehr als einmal zum Schutze der Christen und zur Förderung der christlichen Sache mit Erfolg benützte. Der englische Missionär Dunn schreibt aus Borneo: „Beim Unterricht der Dajaken in den Glaubensgeheimnissen unserer heiligen Religion erweist sich der Gebrauch von Bildern als sehr nützlich, ja notwendig; erstens wegen dem großen Interesse, das sie an dergleichen nehmen, zweitens wegen der Armut ihrer Sprache, infolge deren es leichter ist, einen religiösen Begriff durch ein Bild oder ein Symbol ihnen klar zu machen, als das richtige präzise Wort dafür zu finden (was um so schwieriger ist, da dem Europäer die Sprache der Dajaken noch nicht vollständig bekannt ist). Je größer und farbiger die Bilder, desto besser."

Wegen der großen Vorliebe aller Völker, namentlich der sinnlicheren, für Musik und Gesang, muss auch die Pflege dieser Kunst als Hilfsmittel zur Milderung der Sitten, zur Anregung religiöser Gefühle, ja selbst zur religiösen Belehrung der Heiden dienen. „Die Missionäre von Mexiko und Südamerika setzten das nötigste aus der Christenlehre in Musik," erzählt Kardinal Baluffi. „Es war ein sanfter, schlichter Gesang. Zuerst lernten die Zöglinge den Kirchengesang, welcher dann auch auf die Erwachsenen einen großen Einfluss ausübte, indem er sie anzog und zugleich belehrte. Kinder und Greise sangen denselben, wo sie gingen und standen, ruhten oder arbeiteten. Er kam dergestalt in Gebrauch und gereichte so sehr zur Freude, zur rührenden Erbauung, dass das Volk diese religiös-didaktischen Lieder dann und wann fünf bis sechs Stunden unablässig wiederholte." Ein Bericht der neuesten Zeit (1886) aus dem Indianerstamme der Sioux schildert ihren christlichen Gottesdienst: „Alle singen während des Gottesdienstes", heißt es darin, „und zwar mit Kraft und Ernst. Vor und nach dem Hochamte, vor der Christenlehre singen sie in der Indianersprache; aber während des Hochamtes ertönt nur römischer Choralgesang und zwar mit größter Präzision. Bei der Vesper wird ebenfalls alles genau nach dem Vesperale gesungen. Ein Indianerjüngling von 15 Jahren spielt die Orgel, und obwohl die guten Leute nicht zum Cäcilienverein gehören, sind sie doch Cäcilianer von Herzen und in der Tat: die Indianer singen gern; sie haben starke melodische Stimmen, die sich sehr zum Gregorianischen Gesang eignen, und manche alte Rothaut hat in diesem Winter lesen gelernt, um nur in der Kirche aus dem Buche mitsingen zu können".

Musik und Gesang wirken zauberartig, selbst auf die Barbaren. Aber, wie schon der hl. Kirchenlehrer Clemens von Alexandrien bemerkt, und wie der chinesische Philosoph Konfuzius an einer Stelle seines Lun-Yu (Gespräche) zur Belehrung seiner Schüler es aussprach, gibt es eine Musik, welche die Leidenschaften weckt und aufregt, und eine andere, welche dieselben besänftigt. Ersterer Art sind die meisten musikalischen Produkte der Barbaren. Es ist nun Sache des christlichen Missionärs, dieselben durch neue zu ersetzen, welche einen veredelnden, besänftigenden Einfluss auf die Gemüter ausüben. Wenn die australischen Wilden, welche der Abt Salvado zur Feldarbeit anzuhalten suchte, ihre Sicheln überdrüssig wegwarfen und sich zum Nichtstun niedersetzten, brauchte der Missionär nur einen gewissen Gesang anzustimmen und sofort sprangen sie auf, als ob sie elektrisiert wären, nahmen ungeheißen ihre Sicheln wieder zur Hand und arbeiteten im Takte um die Wette weiter. Die Neger in Gabun empfangen von einem Missionär Musik- und Gesang-Unterricht mit bewunderungswürdigem Erfolge. Viele der schwarzen Zöglinge spielen mit ihren Instrumenten vom Blatte weg. Als ein Häuptling zum erstenmal einer Produktion dieser Musikbande anwohnte, rief er nach jedem Stück: „Gené Pehé!" (Noch mehr, immer so fort!) und konnte vor Entzücken nicht genug bekommen. Durch dieses milde, schöne Mittel der Veredelung kann das christliche Leben der Neubekehrten einen gewissen Ersatz erhalten für so viele unschöne Vergnügungen, denen es entfremdet werden soll.

Der freundliche Leser, der mit mir nun die Gebiete der Industrie und der Kunst, des Ackerbaues, der Viehzucht, der Gartenkultur, dann der verschiedenen nützlichen Handwerke und Gewerbe bis hinauf zu den idealen Arbeiten der Baukunst, Malerei und Musik durchstreift hat, um an der Hand von geschichtlichen Tatsachen und von Zeugnissen apostolischer Männer die Wichtigkeit und Unentbehrlichkeit all dieser Arbeiten zur Unterstützung und Förderung der heiligen Glaubensverbreitung und der Bekehrung wilder Völker wahrzunehmen, der möge mir nun auf die Frage Antwort geben: „Hat Gott nicht diese ganze große Wirksamkeit in die Möglichkeit von Laien, Laienbrüdern, von nicht priesterlichen Missionäre gelegt?" Die Antwort wird zweifellos lauten: „Zu dieser herrlichen Wirksamkeit werden religiöse Laien, gute, geschickte Laienbrüder nicht bloß genügen, sondern sind noch eher am Platz als Priester. Denn sie sind für diese Arbeiten in langer Lehrzeit besonders gebildet, mit eigenen Kenntnissen ausgerüstet und vorgeübt worden, ebenso wie der Priester für sein geistliches Wirken durch eigene langjährige Studien vorbereitet wird. Ein Missions-Geschichtsschreiber nennt es einen „erhebenden Anblick", einen Priester zu sehen, „welcher Monate und Jahre zubrachte, um wilden Heiden die Elemente der Gesittung zu lehren, sie im Hobeln einer Holzbohle, im Weben eines groben Baumwollenzeuges, in der Verfertigung von Stoffen aus Binsen und Palmfasern zu unterweisen. Den einen unterrichtete er im Schneiderhandwerk, den andern im Schmiedegewerbe, unterwies sie in der Bestellung der Felder und in der Ernte derselben". Wenn dies an einem Priester ein „erhebender Anblick" war, dann wäre der Anblick eines frommen Laienbruders, der diese Arbeiten gewerbsmäßig versteht, und darum sicherlich auch besser ausüben und lehren kann, gewiss ein noch erhebender! Denn es handelt sich hier um die praktischen Erfolge. Und wenn dieselben von einem Laien erreicht werden können, währenddem der Priester, der sich sonst mit teilweiser Versäumnis seiner geistlichen Pflichten damit abplagen müsste und noch dazu mit geringerem Erfolge, sich jetzt ungeteilt den geistlichen Hirtensorgen eines Apostels widmen kann, dann bekommt die Sache des Evangeliums durch diesen Laienbruder einen zweifachen Gewinn.

IV.

Stelle dir, lieber Leser, einen Missionspriester vor, dem kein Laienbruder als Hilfsmissionär zur Seite steht! Ein solcher Priester ist übel dran. Er muss seine Zeit und Kraft auf tausend Arbeiten verwenden, die auch ein Laienbruder besorgen könnte, ja sogar noch besser verrichten würde, und doch hätte er alle seine Zeit und Kraft nötig zum geistlichen Amt eines Apostels. Er kann nicht anders, er muss also das Wichtigere in vielen Stücken vernachlässigen. Er ist beständig zwischen zeitlichen und ewigen Sorgen geteilt und reibt sich vor der Zeit auf. Manches Nützliche und Notwendige muss unverrichtet bleiben. In einem Berichte aus nordamerikanischem Missionsgebiete war vor kurzem zu lesen, dass der Bischof auf der Visitationsreise das Indianervolk nicht genügend unterrichtet fand und sich über diesen bedauerlichen Mangel beklagte. Dennoch kann man den Missionär dortselbst leicht entschuldigen, nachdem man einige Zeilen vorher gelesen hat, dass derselbe ganz ohne Hilfe aus übergroßer Armut das Land bebauen und sich den kargen Unterhalt „mit energischer Arbeit im Schweiße seines Angesichtes" selbst aus dem Boden herausschlagen musste, wobei ihm kein Indianer half, „da dieselben träge sind und nicht arbeiten wollen". Würde ihm ein Laie zur Seite gestanden sein, so würde der religiöse Unterricht des Volkes nicht unter der Notwendigkeit, das Feld zu bebauen, gelitten haben.

„Es ist nicht recht", sagten die Apostel, „dass wir das Wort Gottes bei Seite setzen und den Dienst der Tische besorgen. Schaut euch daher, oh Brüder, nach Männern um, von gutem Leumund, erfüllt vom Hl. Geiste und voll Weisheit, und wir wollen sie mit diesem Geschäfte betrauen, während wir selber dem Gebete und dem Dienste des Wortes Gottes obliegen wollen." (Apg, 6. Kapitel). Das ist es auch, was die St. Benediktus-Missionsgenossenschaft anstrebt, wenn sie möglichst viele Laien für ihre Mission in Afrika ausbildet und aussendet: sie will es den Missionspriestern durch Übernahme der nicht priesterlichen Missionsarbeiten von Seite der Laienbrüder möglich machen, dem Beispiel der Apostel zu folgen. Nach dem hl. Johannes Chrysostomus war dies auch die Absicht des Herrn, als er seine Apostel jeder weltlichen Sorge enthob. „Jesus Christus", sagt der hl. Kirchenlehrer in einer Homilie, die von der Sendung der Apostel handelte, „verbannte aus dem Herzen seiner Jünger jede zerstreuende Geschäftigkeit, entfremdete sie allen weltlichen Geschäften, befreite sie von jeder Sorge um zeitliche Dinge und machte sie dadurch gleichsam stählern und wie von Diamant", d.h. er machte sie dadurch zu tauglichen, unverwüstlichen Werkzeugen des göttlichen Meisters. Der heilige Franz Xaver verordnete aus diesen Gründen in einem Schreiben an P. Melchior Nunez, dass die zeitlichen Sorgen und Geschäfte, weil nicht genug Laienbrüder vorhanden waren, „Fremden aus dem Laienstande" übertragen werden sollen; er selbst ließ sich auf seiner Reise nach China von einem Laien begleiten, „weil er", wie er schrieb, „dessen Hilfe überaus bedurfte".

V.

Fassen wir alles zusammen, so müssen wir gestehen: wie zahlreich und verschieden sind die Dienstleistungen, womit Laien das Verdienst von Missionären erwerben können! Es ist somit ein großer Irrtum, wenn man glaubt, dass alle, welche an der Rettung der Milliarde Heiden auf Erden arbeiten, mit der priesterlichen Würde bekleidet sein müssen. „Es wäre nicht gut, wenn ein Heer aus lauter Offizieren und Hauptleuten bestände", schrieb der hl. Papst

Klemens, Schüler des heiligen Apostels Paulus an die Korinther, „einfache Soldaten sind ebenso nötig". Genau so verhält es sich auch mit dem Heere, welches unter der Fahne des Kreuzes, im Geleite der Heerschar Michaels die heidnische Welt für Christus erobern und dessen Reich ausbreiten soll. Es darf nicht bloß aus Hauptleuten, d.h. aus Bischöfen und Priestern bestehen, sondern eine große Anzahl einfacher Soldaten, Hilfsmissionäre aus dem Laienstande, tun ebenso not.

Der seraphische Vater Franziskus war kein Priester; der hl. Patriarch der Mönche, St. Benediktus, war kein Priester ebenso wenig wie seine großen Schüler St. Maurus und St. Placidus! Aber sie waren vollkommene Ordensmänner, deren erstes Streben war, sich selbst zu heiligen... und siehe, wer hat größeres gewirkt für Gottes Ehre, wer hat mehr Seelen gerettet als gerade diese Männer Gottes?

Ihre hl. Orden haben den Zweck, den Menschen zu heiligen (nach dem Worte der Schrift: „Das ist der Wille Gottes, eure Heiligung"), und dadurch machen sie den Menschen zum Werkzeug der Gnade Gottes, tauglich zur Rettung der Seelen, zur Ausbreitung des Reiches Christi und Verherrlichung des göttlichen Namens.

VI.

Wie großes auch nichtpriesterliche Missionäre zur Verbreitung des hl. Glaubens und christlicher Sitte unter den Heiden leisten können – sie ernten diese Früchte nur dann, wenn sie gute Ordensmänner sind und wenn sie, bevor sie ins Missionsland ziehen, eine gute Berufsprüfung durchgemacht haben, wobei sie ihre Beharrlichkeit, Geduld, Demut, Folgsamkeit, brüderliche Liebe und keusche Enthaltsamkeit längere Zeit bewährt, ihre Brauchbarkeit und Gesundheit bewiesen und dazu noch manches Notwendige gelernt haben. Denn die Gehilfen der Apostel müssen, wie wir oben gehört haben, „Männer von gutem Leumund, guter Begabung (Weisheit) und vom Hl. Geiste erfüllt sein". Es würde nichts taugen, wollte ein Laie, selbst in der besten Absicht, von Haus weg direkt in eine heidnisches Land ziehen, um dort unter einem Missionär zu arbeiten. Es wäre eine sehr gewagte Sache für sein geistiges wie leibliches Leben. Es wäre auch für seine Zukunft im Falle der Not oder Krankheit und im Alter nicht gesorgt. Er würde überhaupt nicht so viel nützen können als dies in einer klösterlichen Genossenschaft der Fall wäre.

Wer sich also danach sehnt, in Gottes Hand ein Werkzeug und Gefäß der Gnade und Erbarmung zum Heile der Heiden zu werden, dem raten wir, er möge vor allem den Ordensstand erwählen und sich darin Gott zum vollständigen, immerwährenden Opfer darbringen, ohne Falsch und Untreue, mit dem entschiedenen Willen, sich zu heiligen durch die einfache, treue, liebende Befolgung der Regel.

Dies ist das goldene Mittel, das schon Hunderttausende aus allen Menschenklassen zu Gehilfen Jesu Christi bei der Rettung der Seelen und zu großen Vorbildern und Wohltätern der Menschheit gemacht hat; dies ist der gerade Weg, wenn auch ein Kreuzweg, der sie sichern Schrittes zum Glorienthrone führt, auf dem sie jetzt im Kreise der unbeschreiblich glücklichen, durch sie der ewigen Verdammnis entrissenen Seelen, sich der höchsten Seligkeit erfreuen.

Anmerkungen

[1] 1 Kor 12-14.

[2] Franz Xaver an Ignatius von Loyola, Tuticorin, 28. Oktober 1542.

[3] Franz Xaver an die Gefährten in Rom, Cochin, 15. Januar 1544.

[4] Franz Xaver an Ignatius von Loyola, Cochin, 27. Januar 1545.

[5] Franz Xaver an P. Simon Rodrigues, Cochin, 2. Februar 1549.

[6] Franz Xaver an P. Melchior Nunez Barreto, Bassein, 3. April 1552.

[7] Papst Leo XIII., Enzyklika „Sancta Dei civitas" (über Missionsgesellschaften), 3. Dezember 1880.

[8] P. Edmund Dunn (1857-1933), Missionar von Mill Hill, der seit 1880 in der Apostolischen Präfektur von Labuan und Nordborneo wirkte, das dem englischen Missionsinstitut übertragen worden war. Seit 1897 dritter Apostolischer Präfekt dieses Gebietes.

[9] P. Thomas Jackson (1846-1916), Missionar von Mill Hill, zweiter Apostolischer Präfekt von Labuan und Nordborneo von 1881 bis 1897.

[10] P. Anton Horner (1827-80), Heilig-Geist-Vater, Einsatz seit 1854 in Réunion und seit 1863 in Sansibar. Von dort aus gründete er 1868 die Festlandsstation Bagamoyo, die zu einem wichtigen Ausgangspunkt für die Missionierung Ostafrikas wurde.

[11] Gaetano Kardinal Baluffi (1788-1866), 1833 Bischof von Bagnoregio, 1836 Apostolischer Nuntius in Neu-Granada (Kolumbien), seit 1842 an der Kurie tätig. Verfasser einer Kirchengeschichte Südamerikas (Rom 1848).

[12] Adolph Bandelier (1840-1914), Schweizer Ärchäologe und Anthropologe, der die Indianervölker Mexikos erforschte.

Die Opportunität eines ausschließlich deutschen Missionshauses in Süddeutschland (1883)

Einführung

Unmittelbar nachdem P. Andreas Amrhein das aufgelassenen Klostergebäude in Reichenbach übernommen hatte, stellte er beim Kultusministerium in München den Antrag auf Genehmigung eines „Missionsseminars". Der Antrag wurde dabei wohl am 4. Dezember 1883 bei einem persönlichen Treffen mit dem bayerischen Kultusminister Dr. Johann v. Lutz abgegeben[1]. Um der Eingabe Nachdruck zu verleihen, fügte Amrhein das im Folgenden wiedergegebene Promemoria bei. Dieses spielt in geschickter Weise auf der Klaviatur nationalistischer Gefühle, indem es unterstreicht, dass das religiöse Unternehmen durchaus auch in staatlichem Interesse liegt. Der Antrag Amrheins blieb dennoch über Monate hinweg liegen, da manche rechtliche Aspekte, besonders die Genehmigungsfähigkeit des angestrebten Schulbetriebs nicht ausreichend klar erschienen.

Das Original des Promemorias verbrannte mit anderen Akten des bayerischen Kultusministeriums im Zweiten Weltkrieg. Kultusminister v. Lutz ließ jedoch zwei erhaltene Abschriften erstellen, von denen eine für das bayerische Außenministerium und die andere für das preußische Kultusministerium bestimmt war. Die Umstände der letzten Abschrift – die im Folgenden wiedergegeben wird – sind bemerkenswert: Amrhein hatte bei einem persönlichen Gespräch mit dem Bischof von Fulda, Georg v. Kopp (1837-1914), für sein Projekt geworben. Dieser machte im Oktober 1885 das preußische Kultusministerium auf die neu gegründete Missionsanstalt in Bayern aufmerksam. Gerade in dieser Zeit warf die Zentrumspartei der Reichsregierung in scharfen Tönen vor, dass in der neuen ostafrikanischen Kolonie bisher nur evangelische Missionsgesellschaften gefördert würden. Diesen Verstoß gegen paritätische Grundsätze räumte sogar die evangelische Presse teilweise ein, so dass die Reichsregierung unter beträchtlichen Druck seitens der Öffentlichkeit und der parlamentarischen Opposition geriet[2]. Wohl daher reagierte das Berliner Kultusministerium sehr interessiert auf den Hinweis des Fuldaer Bischofs und forderte Ende 1885 einen Bericht aus München an. Kultusminister v. Lutz sandte unter dem 7. Januar 1886 ausführliche Informationen über das Missionsinstitut von Reichenbach, worunter sich eine Zusammenfassung der Statuten und eben auch eine Abschrift des Promemorias befand.

Die Opportunität eines ausschließlich deutschen Missionshauses in Süddeutschland (1883)

1. Mit Rücksicht auf nationale Interessen

Erfahrene Missionäre stellen es einhellig als eine Notwendigkeit dar, dass Seminarien und Gesellschaften der ausländischen Mission einen nationalen Charakter tragen und nur solche aufnehmen, die einer und derselben Nation angehören. Das „Seminaire des Missions étrangères" in Paris, das größte Missionsinstitut der Katholischen Kirche hat es ausdrücklich durch die Statuten festgesetzt, dass nur Franzosen Aufnahme finden sollen. Die Gründe erklären sich aus Folgendem:

Die Missionäre gehören meistenteils Missionsgesellschaften an, von denen einer jeden ein eigener ausländischer Missionsdistrikt zugewiesen ist, wo ihre Mitglieder unter dem Protektorat einer europäischen Macht stehen. Bisher besaß vorzüglich Frankreich das Protektorat der katholischen Missionen; England schützt die Missionen seiner eigenen Länder. Auch protestantische und liberale Regierungen gewähren gerne diesen Schutz, weil der große zivilisatorische Einfluss der katholischen Missionäre die Kolonialzwecke der Protektoratsmächte am besten anbahnt und die Missionäre aus angeborenem Patriotismus überall durch ihre Schulen ihre eigene heimatliche Sprache und ihre nationalen Interessen zur Geltung bringen. Die Einwohner der französischen Missionsgebiete lernen nur Frankreich respektieren und Französisch sprechen, für die der englischen existiert nur England und die englische Sprache. Ein deutscher Missionsdistrikt würde deutsch gesinnt werden. Aber wegen dem Mangel an deutschen Missionsseminarien und Missionsgesellschaften ist der deutsche Missionär gehalten, fremdländischen Gesellschaften beizutreten, und seinem patriotischen Sinne zuwider, mit seinem apostolischen Opferleben auch fremden Nationalinteressen zu dienen.

Dass die Verschiedenheit der Nationalität auf die Einheit des Wirkens und der Gesinnungen störend einwirken muss, liegt auf der Hand. Daher tritt auch kein Franzose in eine andere als in eine französische Missionsgesellschaft, kein Engländer in eine französische oder italienische. Dagegen müssen die deutschen Missionäre den Gesellschaften von Lyon[3], Angers[4], Verona[5], Mailand[6], Turin[7], Mill-Hill (London) oder einem belgischen[8] oder holländischen[9] Seminar angehören, weil außer dem vorherrschend norddeutschen Missionshaus Steyl in Holland, dessen Missionäre in China unter französischem

Protektorate stehen, kein deutsches Missionsseminar besteht. Besonders für Süddeutschland, die Schweiz und Deutsch-Österreich macht sich das Bedürfnis eines eigenen Seminars fühlbar, da die zahlreichen von diesen Ländern ausgesandten Missionskandidaten die verschiedenen fern gelegenen Seminarien aufsuchen müssen.

2. Mit Rücksicht auf die Missionsmethode

Vom deutschen Missionsseminar aus sollten Kultur und Christentum in derselben Weise, in welcher sie einst nach Germanien und von da nach dem skandinavischen Norden verpflanzt worden, nun auch nach den noch unkultivierten Ländern getragen werden. Es ist dies ohne Zweifel die erfolgreichste Missionsmethode für unzivilisierte Völker, wird aber heutzutage von den neueren Missionsgesellschaften nicht mehr angewandt, da sie eine andere Organisation erheischt, als dieselben angenommen haben. Nach dieser Methode werden nicht nur einzelne Missionäre ausgesendet, sondern Gruppen von zwölf und mehr Missionären, die zur Mehrzahl aus vorgeübten Laien bestehen können; diese gründen inmitten eines unkultivierten, aber wohlbevölkerten Gebietes je einen festen Herd und Mittelpunkt des Unterrichts für alle nützlichen Kenntnisse des gesitteten christlichen Lebens, also Schulen für Katechese, Elementarschulkenntnisse, Ackerbau und die verschiedenen notwendigen Gewerbe, ferner Asyle für Kranke, wo dieselben Pflege und ärztlichen Beistand finden und Hospitien für Verlassene usw. Den Eingeborenen wird zu Ansiedlungen im Umkreise der Mission verholfen.

Diese Methode erfordert freilich viel zahlreichere Missionäre als eine andere. Die Priester allein würden hierzu werden ausreichen, noch auch durchweg geeignet sein. Da können und sollen Laien aushelfen. Pedro de Gante, ein Laie, der nach der Entdeckung Amerikas in Mexiko große katechetische und industrielle Schulen gründete, leistete der christlichen Religion und Kultur die größten Dienste. Auch in der Krankenpflege, zumal in der Heilkunde und Chirurgie, können Laien-Missionäre, die hierfür die notwendige Vorbildung genießen, schicklicher und besser wirken als Priester. Handwerke, Landwirtschaft, Straßen- und Häuserbau und was dergleichen mehr zur Kultivierung eines Landes gehört, liegen ebenfalls der Aufgabe von Laien-Missionären näher als der geistlichen Seelsorger.

Diese älteste und beste Missionsmethode für die christliche Zivilisierung heidnischer Völker wieder in Anwendung zu bringen, hierfür nebst der nötigen Anzahl von Geistlichen, namentlich Lehrer, Meister des Handwerks, Mechaniker auch Ingenieure und Ärzte auszubilden, soweit dies im Bereiche der Anstalt liegt und für den Missionszweck nötig ist, und dabei – was sich von selbst versteht, erst ihre Zuverlässigkeit und Tauglichkeit einer längeren Beobachtung zu unterziehen, das würde die besondere Aufgabe des Missionsseminars bilden.

Anmerkungen

[1] Zur Entstehungsgeschichte der Eingabe vgl. Renner, Der fünfarmige Leuchter, Bd. 1, S. 18ff.

[2] Zur Pressefehde um die Präsenz katholischer Missionsgesellschaften in den deutschen Kolonien und zur politischen Interessenlage vgl. Horst Gründer, Christliche Mission und deutscher Imperialismus 1884-1914, Paderborn 1982, S. 46-79.

[3] Die „Gesellschaft der afrikanischen Missionen" (SMA) oder „Lyoner Missionare" wurde 1856 von Bischof Melchior de Marion Brésillac in Lyon begründet.

[4] Der Bezug auf Angers ist nicht ganz klar, da es zur Zeit Amrheins dort kein Missionsseminar gab.

[5] Gemeint sind die Comboni-Missionare, die von Bischof Daniel Comboni 1867 in Verona gegründet wurden. Ihr Schwerpunkt liegt auf der Afrikamission und inzwischen auch in Südamerika.

[6] Das erste italienische Missionsinstitut PIME (Pontificio Istituto Missioni Estere), zunächst auch „Seminario lombardo per le missioni estere" oder Missionare von Mailand genannt, wurde 1850 von Erzbischof Angelo Ramazzotti (1800-61) ins Leben gerufen. Zu den Missionsfeldern zählen unter anderem New Guinea, China und Indien.

[7] Gemeint ist wohl die „Apostolische Schule" des Jesuitenpaters Alberic de Foresta, die 1868 in Turin begründet wurde und für Missionstätigkeit entschlossene Jugendliche aufnahm.

[8] Die „Missionare von Scheut" wurden 1862 von P. Theophile Verbist in Scheut, einem Vorort von Brüssel, für die Missionierung Chinas begründet.

[9] Missionsseminar der 1875 gegründeten „Gesellschaft vom Göttlichen Wort" in Steyl.

Haus- und Disziplinarordnung für ein Deutsches Seminar der ausländischen Mission in Reichenbach (1884)

Einführung

Unmittelbar nach der Übernahme der Baulichkeiten in Reichenbach bemühte sich Amrhein um eine staatliche Genehmigung seines geplanten Missionsseminars. Nach einem persönlichen Treffen mit dem bayerischen Kultusminister Dr. Johann v. Lutz am 4. Dezember 1883 wurde er aufgefordert, das geplante Unternehmen schriftlich zu begründen unter Beilage von Statuten und einer Hausordnung[1]. Amrhein arbeitete wohl den ganzen Dezember hindurch an diesen Eingaben, die er Anfang Januar 1884 in München einreichen konnte. Dort blieben sie freilich zunächst liegen, da die Genehmigungsfähigkeit des Unterrichtsbetriebs Bedenken erregte. Um die behördlichen Einwände zu entkräften, erstellte Amrhein am 18. Dezember 1884 eine erneute Eingabe mit Modifikationen, die in erster Linie den Aufbau einer eigenen Schule betrafen[2]. Unter Hinweis auf den Rücktritt einiger vorgesehener Lehrer und der geringen Zahl der Studenten kündete Amrhein an, dass die Mitglieder des Missionsseminars an staatlichen Lehranstalten unterrichtet werden sollten. Beim neuen Antrag entfielen damit alle Punkte der Hausordnung und Statuten, die sich auf den Unterricht bezogen. Der neue Antrag lautete daher nicht mehr auf Errichtung eines „Missionsseminars“, sondern vielmehr auf eine „Katholische deutsche Missionsgesellschaft für Inner-Afrika“.

Der folgende Text folgt dem Exemplar im Diözesanarchiv Augsburg, das Amrhein eigenhändig für Bischof Pankratius v. Dinkel abgeschrieben hatte[3]. Später ließ Amrhein auch eine Druckversion der Hausordnung herausgegeben, bei welcher die Bezeichnung „Seminar“ durch „Institut“ bzw. „Missionshaus“ ersetzt wurde.

Haus- und Disziplinarordnung für ein Deutsches Seminar der ausländischen Mission in Reichenbach (1884)

§ 1.

Bei der Aufnahme eines Kandidaten wird folgendes Verfahren beobachtet.

A. Setzt jemand den Vorstand des Seminars von dem Vorhaben des Eintritts in Kenntnis, so teile ihm letzterer die Aufnahmebedingungen nach § 2 der Statuten mit und lade ihn ein, sich über die Punkte a, b, c und e dieses Paragraphen brieflich zu äußern und in Betreff Punkt d die Schriften für den erforderlichen Ausweis einzusenden.

Die Bedingungen lauten:

a) Beruf für das Missionsleben, Handgelöbnis, sich der ausländischen Mission widmen zu wollen.

b) Katholische Konfession; deutsche Nationalität.

c) Die nötigen geistigen und körperlichen Eigenschaften, nämlich 1) Fähigkeiten zu einer nützlichen Verwendung, 2) das erforderliche Alter, - zwischen zurückgelegter vorgeschriebener Schulzeit und dem 40. Lebensjahre, 3) gute Gesundheit, keine Gebrechen, welche andere belästigen, 4) befriedigende Legitimationsschriften von der kirchlichen und Zivilbehörde, 5) das nötige Einkommen zur Deckung des persönlichen Bedarfs, gemäß § 3d der Statuten.

B. Entspricht diese Auskunft den Anforderungen, so werden dem Angemeldeten erst die Statuten und die Hausordnung übersandt, damit er sich genau prüfen könne. Entspricht sie nicht, so unterbleibe diese Mitteilung.

C. Beharrt derselbe bei seinem Vorhaben, so stelle er sich persönlich zur Aufnahme vor, welche ihm nun gewährt werde.

D. Der Aufgenommene werde vom Vorstand einer der beiden Abteilungen der Kandidaten zugesellt, vgl. Statuten § 3a. Die Zuteilung ist unabänderlich.

§ 2.

Die beiden Abteilungen der Kandidaten entsprechen den beiden Klassen der eigentlichen Mitglieder, welche die Unterscheidungsnamen „Missionäre" und „Hilfsmissionäre" tragen. Priester, Priesteramtskandidaten, Studierende und Männer von Bildung gehören zur 1. Abteilung, die übrigen zur 2. Abteilung. Die Trennung der Klassen beschränke sich auf dasjenige, in welchem die Bildung dieselbe nötig macht, - also auf die Arbeit, das gemeinschaftliche gottesdienstliche Gebet, die täglichen Konferenzvorträge und die Rekreation, sowie auf das Beisammensein in gemeinschaftlichen Lokalen. Im Übrigen – mit Ausnahme der durch § 5 der Statuten der 1. Abteilung vorbehaltenen Rechte der Mitgliedschaft – gelten für beide Abteilungen gleiche Pflichten und Rechte.

§ 3.

Die beiden Hauptgrundsätze der Disziplin im Missionshause seien „Charitas" und „Arbeitsamkeit".

a) Die Charitas ist nach der Auseinandersetzung in 1 Kor 13 zu verstehen. Sie allein begründet ein friedliches gegenseitig hilfreiches und zuvorkommendes, in allem takt- und rücksichtsvolles, einiges Zusammenleben und -wirken. Sie macht die Befehle des Vorstandes diskret und den Gehorsam pünktlich und verdienstlich.

b) Die Arbeitsamkeit soll den Missionär nach dem Vorbilde des größten Lehrers der Heiden

1. befähigen, niemandem zur Last zu fallen, sondern sich selbst und wenn möglich auch noch Notleidenden den Lebensunterhalt zu erwerben:

„Ihr wisset schon, wie ihr mich nachahmen sollt. Ich habe mein Brot nicht auf Kosten eines anderen gegessen, sondern in Anstrengung und Ermüdung Tag und Nacht arbeitend, um keinem von Euch lästig zu fallen, ... und um mich auch als Vorbild hinzustellen" (2 Thess 3,7).

„Um Geld oder Kleidung habe ich niemanden angesprochen. Denn was ich selbst bedurfte und was meine Begleiter bedurften, verdienten diese meine Hände. Alles zeigte ich euch; so muss man arbeiten, um Kränklichen helfen zu können, des Wortes Jesu eingedenk: Viel seliger ist Geben denn Empfangen."

2. Der Kandidat bestrebe sich eifrigst, die Zeit der Vorbereitung auf die Mission zur Ausbildung seiner Fähigkeiten und zur Aneignung nützlicher Kenntnisse verschiedener Art zu verwerten.

„Die Unsrigen sollen lernen, gute Werke zu unternehmen entsprechend den nötigen Bedürfnissen, damit sie nicht unfruchtbar bleiben“ (St. Paulus an Titus).

§ 4.

Was die Wohn-, Arbeits- und Schlafräume anbelangt, so erhalten erwachsene Kandidaten und Mitglieder der 1. Abteilung eigene Zimmer angewiesen. Die Kandidaten und Mitglieder der 2. Abteilung sowie die Zöglinge der 1. Abteilung haben gemeinsame Säle. In letzteren ist Stillschweigen vorgeschrieben. Nach einem neueren System soll in denselben, wie auch in den Korridoren, für zugluftlose beständige Ventilation gesorgt werden.

§ 5.

Zum Gebrauche sind für jeden aus dem Inventar der Anstalt bestimmt:

1. Ein Bett,

2. ein Kleiderschrank,

3. eine Kommode für Wasch- und Nachtgerät,

4. ein oder zwei Sessel (ungepolstert),

5. ein Tisch oder Schreibpult.

§ 6.

Von den mitgebrachten Sachen jedes Kandidaten fertigt der Ökonom des Seminars zugleich nach dessen Eintritt ein Verzeichnis an, das von beiden zu unterzeichnen ist und im Falle des Austrittes die richtige Zurückerstattung ermöglicht. Wird etwas verdorben, verloren oder verbraucht, so werde dies im Verzeichnis bemerkt. Das Seminar leistet Schadensersatz, wenn der Schaden nicht durch den betreffenden Kandidaten selbst herbeigeführt wurde.

§ 7.

Kleiderordnung. Jeder habe einen doppelten Anzug, einen festtäglichen und einen für die Wochentage, und besitze genügende Wäsche und Unterkleider. Die Priester und übrigen Kleriker tragen das in Seminarien allgemein üblicher Klerikerkleid. Wenn für die Übrigen neue Kleider zu verfertigen sind, so werde darauf geachtet, dass nicht der eine vornehm, der andere ärmlich oder vernachlässigt gekleidet sei, sondern so gleichförmig wie möglich. Bei Mitgliedern der 2. Abteilung werde Kleidern aus dunkelgrauen Stoffen der Vorzug gegeben, bei den anderen aus schwarzen. Die Wäsche werde wöchentlich gewechselt.

§ 8.

Die Kost soll so nahrhaft und leicht verdaulich sein, dass kein Ausnahmetisch für die Schwächeren nötig werde. Es gelte als Grundsatz, dass durch die Nahrung die Kräfte zu halten und die Gesundheit gekräftigt werden sollen. Ohne dieser ist keiner zum Missionsleben tauglich. Zuckergebäck und dergleichen ist untersagt. – Täglich gebe es zwei Hauptmahlzeiten, eine gegen die Mittagszeit, eine gegen Abend, nach dem Morgengottesdienste ein Frühstück.

§ 9.

Bibliotheksordnung. Nebst den zum Inventare des Seminars gehörenden Büchern werden auch die Bücher der Kandidaten und Mitglieder, nachdem ihr Verzeichnis auf die Namen der Eigentümer angefertigt worden, in einem öffentlichen Studiersaale der allgemeinen Benützung zugänglich gemacht, vgl. § 6. Zum Privatgebrauche dürfen nur die notwendigen Bücher behalten werden. Allmonatlich muss entweder um Verlängerung der Erlaubnis nachgesucht oder das benützte Buch dem Bibliothekar abgegeben werden.

§ 10.

a) Für Beheizung und Beleuchtung werde genügend gesorgt. In Schlafsälen brenne die Nacht hindurch ein geruchloses Ligroinlicht in einer Laterne.

b) Mit der Überwachung der Reinlichkeit werde ein Mitglied als „Hausmeister“ betraut, der auch die Einrichtung und Instandhaltung des Hauses zu besorgen hat. Täglich werden alle bewohnten resp. benützten Räume gekehrt.

c) Die Aborte sollen nach Art der englischen sog. „geruchlosen“ eingerichtet sein. Die der Infirmerie dagegen nach Art der englischen Sand- oder Aphenaborte, wobei zudem für Desinfizierung gesorgt werde, wenn Krankheitsfälle diese Vorsicht ratsam machen.

§ 11.

Tagesordnung. In den Wintermonaten wird morgens um 5 Uhr, in den Sommermonaten um 4 ½ Uhr aufgestanden. Eine halbe Stunde darauf beginne der Frühgottesdienst, bestehend im Morgengebete (bei den zum Brevier Verpflichteten im Breviergebet) und Meditation der hl. Schrift, worauf die hl. Messe folgt. Nach der Messe eine viertelstündige Pause zur Besorgung der Betten etc. Hierauf Frühstück (gemeinschaftlich). Dann das Arbeitsgebet (ca. 7 Uhr). Nach demselben Beginn der Arbeit oder Studien. Um ½ 11 Uhr erste Mahlzeit, dann Rekreation bis ¾ 12 Uhr. Vor Wiederaufnahme der Arbeiten und Studien ein viertelstündiger Kirchenbesuch. Von 12 Uhr bis 4 ½ Uhr Fortsetzung der Arbeiten. Für Studierende eine Viertelstunde Erholung um 2 Uhr. Um ½ 5 Uhr zweite Mahlzeit, hernach Rekreation, oder bei guter Witterung in den Sommermonaten ein Erholungsgang im Freien für die 1. Abteilung, bis 6 Uhr. Um 6 Uhr Konferenzvortrag. Um ½ 7 Uhr Abendgebet im Oratorium. Von 7 bis 8 Uhr Privatstudium oder Lektüre für die 1. Abteilung, instruktive Vorträge oder Anleitungen etc. für die 2. Abteilung. Um 8 Uhr kleine gemeinsame Kollation. Darnach gemeinschaftliches Nachtgebet in der Kirche. Freie Zeit. Um ½ 10 Uhr begebe sich jeder zur Ruhe. Vom Nachtgebete bis zum Morgengebete werde Stillschweigen beobachtet.

Der Empfang der Sakramente außer der österlichen Zeit ist jedem freigestellt, wie auch in andern Übungen, in welchen sich ein wahrer Missionsberuf spontan äußert, kein obligater Zwang herrschen soll, weil die Prüfung und Beurteilung des Berufes, welche eine Aufgabe des Seminars bildet, durch den Zwang irregeführt werden könnte.

Die Erholungsgänge sind gemeinsam, zur Winterzeit von ½ 4 bis ½ 5 Uhr, im Sommer von 5-6 Uhr täglich. Während der Rekreation dürfen nicht Arbeiten vorgenommen werden. Karten- und Würfelspiele sind untersagt. Herzliche, frische Fröhlichkeit herrsche im gleichen Maße wie guter Anstand. Gespräche über Politik sind von der Unterhaltung ausgeschlossen, wie überhaupt den Mitgliedern und Kandidaten jede Beteiligung in Sachen der Politik verboten ist.

§ 12.

Vorkommende Fehler werden vom stellvertretenden Vorstand, der über die Disziplin zu wachen hat, zuerst privatim gerügt, im Wiederholungsfalle auch öffentlich. In ernsteren Fällen spricht der Vorstand selbst in einer Konferenz oder Seminarversammlung die Rüge und Verwarnung aus. Tritt keine Besserung ein oder handelt es sich um ein Vergehen ernster Art, so wird der Schuldige zur Verantwortung vor den Seminarsrat gezogen und eventuell entlassen.

Anmerkungen

[1] Zur Entstehungsgeschichte der Hausordnung vgl. Renner, Der fünfarmige Leuchter, Bd. 1, S. 22-26.

[2] Amrhein legte einem Brief vom 25. März 1886 an den Augsburger Bischof Pankratius v. Dinkl als Information eine Kopie der Hausordnung bei, die im Diözesanarchiv unter den Klosterakten St. Ottilien – Missionshaus Reichenbach (1884-1887) – aufbewahrt wird. Die an das Kultusministerium gesandte Kopie ging bei den Angriffen des Zweiten Weltkriegs verloren.

[3] A.a.O.

Statuten für ein Deutsches Seminar der ausländischen Mission in Reichenbach (1884)

Einführung

Mit der Hausordnung des Missionsinstituts Reichenbach reichte Amrhein im Anfang Januar 1884 Vereinsstatuten beim Kultusministerium in München ein[1]. Ermöglicht werden sollte auf diese Weise eine rechtliche Organisation in Form eines privatrechtlichen Vereins. Nachdem am 15. März 1885 das Kultusministerium entschied, dass ein Privatverein keiner ministeriellen Genehmigung bedürfe, ließ Amrhein die Statuten drucken und neuen Kandidaten jeweils zuschicken. Nach dem Umzug nach Emming-St. Ottilien arbeitete Amrhein gemeinsam mit den Klerikern die Statuten nochmals völlig um. Die so entstandenen „Satzungen der »Deutschen St. Benediktus-Genossenschaft für ausländische Missionen« in St. Ottilien zu Emming (Anerkannter Verein)" regeln gegenüber der ersten Fassung weit ausführlicher die Organisation und die Rechte und Pflichten der Mitglieder.

Die folgende Textwiedergabe beschränkt sich auf die erste Fassung der Vereinsstatuten. Als Vorlage wurde das handschriftliche Exemplar im Diözesanarchiv Augsburg benutzt. Bei der offensichtlich schnell erfolgten Abschrift unterliefen Amrhein kleinere Versehen, vor allem bei der Unterteilung, die im Folgenden stillschweigend korrigiert wurden.

Statuten für ein Deutsches Seminar[a] der ausländischen Mission in Reichenbach (1884)

I. Zweck des Seminars

§ 1.

Im Königreiche Bayern wird ein deutsches Missionsseminar gegründet mit dem Zwecke, um zur Einführung der christlichen Religion und Kultur in unzivilisierten heidnischen Ländern beizutragen und deutschen, namentlich süddeutschen Missionskandidaten eine einheimische Anstalt zur Vorbereitung hierfür zu eröffnen.

Seine spezielle Aufgabe hat zum Ziele:

a) Die Ausbildung geistlicher Lehr- und Arbeitskräfte für die religiöse Missionstätigkeit, – „den Heiden zu predigen, auf dass sie selig werden" (1 Thess 2,16).

b) Die Ausbildung nicht-geistlicher Unterrichts- und Arbeitskräfte (Hilfsmissionäre) zur Unterstützung der Erstgenannten bei Einführung der Kultur.

c) Die Aneignung resp. Erprobung jener religiös-sittlichen Eigenschaften, ohne welche der eigentliche Zweck der Mission unerreichbar ist.

II. Mitgliedschaft

§ 2.

Aufnahme in das Seminar könne alle finden,

a) welche einen Beruf für das Missionsleben und bei ihrem Eintritte ins Seminar handgelübdlich das Vorhaben bekunden, sich der ausländischen Mission zu widmen;

[a] In den den gedruckten Exemplaren der Statuten, die als erste Information Kandidaten zugeschickt wurden, ist „Seminar" durch „Institut" ersetzt.

b) von deutscher Nationalität sind und der katholischen Religion angehören;

c) die nötigen geistigen und körperlichen Eigenschaften besitzen;

d) Zeugnisse eines guten Leumundes aufzuweisen haben;

e) das nötige Vermögen besitzen, um für die Dauer ihres Aufenthaltes im Seminar ihren Lebensunterhalt bestreiten zu können.

Die Aufnahme erfolgt nach Ermessen des Seminarvorstandes.

§ 3.

Kandidaten

a) Die Aufgenommenen gliedern sich in Kandidaten für den geistlichen Zweck (solche, welche als Priester eintreten oder zu Missionspriestern sich vorbilden sollen) und in Kandidaten für die technischen Zwecke der Anstalt.

b) Die Kandidatenzeit dauert für Studierende bis zur Vollendung der Studien, für Lehrlinge bis zur Ende der Lehrzeit, für die übrigen zwei Jahre. Letztere werden vorzüglich mit dem Unterrichte der Jüngeren beschäftigt.

c) Der Unterricht teilt sich in einen wissenschaftlichen und einen gewerblichen[a]. Die Unterrichtsfächer richten sich, dem Charakter einer Vorbereitungsanstalt für Lehrer kulturloser Völker gemäß, nach den speziellen Bedürfnissen der Mission. Da infolge hiervon das Seminar von der Schulorganisation anderer öffentlicher Lehranstalten abweichen muss, will es keinen Ersatz bieten für irgendeine öffentliche Lehranstalt des Staates (vgl. § 2 der Kgl. Verordnung vom 18. April 1873). Die Lehrer werden aus den Mitgliedern genommen.

d) Zur Bestreitung des Lebensunterhaltes etc. haben die Kandidaten an die Seminarkasse in vierteljähriger Vorauszahlung zu entrichten:

[a] Anmerkung: Letzterer wird gleich vom Beginn des Seminars an seinen Anfang nehmen können, wenn auch noch nicht nach einem förmlichen Plane. Ersterer Unterricht hingegen wird erst erteilt und organisiert werden können im Laufe der Entwicklung des Seminars, wenn Lehrkräfte und Schüler sich für die ausländischen Missionen melden. Es ist dieses der übliche Entwicklungsgang aller Missionshäuser. Hierzu unterscheidet sich diese Gründung eines Missionsseminars wesentlich von der Gründung gewöhnlicher Lehranstalten.

400 Mark für einen Kandidaten der 1. Abteilung im Altar von über 18. Jahren,

150 Mark für einen der 2. Abteilung, wenn derselbe ein Gewerbe versteht,

300 Mark für jeden Kandidaten unter dem 18. Lebensjahre.

§ 4.

Eigentliche Mitglieder

können diejenigen Kandidaten beider Abteilungen werden, die am Schlusse ihrer Vorbildungszeit sich zur Aufnahme melden. Die Aufnahmebedingungen sind:

a) Schriftliches Aufnahmegesuch.

b) Günstiges Skrutinium in Betreff ihrer Tauglichkeit und zusagende Stimmenmehrheit des Seminarrates.

c) Jahresbeitrag zur Deckung der Unterhaltskosten, nämlich 150 Mark für ein gewerbetreibendes und 400 für die übrigen Mitglieder. Diese Verpflichtung dauert bis zur Aussendung in das Missionsland.

d) Eingehung folgenden schriftlichen Vertrages: „Ich unterzeichneter N.N. verpflichte mich hiermit, von diesem Tage an sechs Jahre in der Mitgliedschaft des Missionsseminars von *** zu verbleiben und die Statuten, die Hausordnung und die Anordnungen des Vorstands gewissenhaft zu befolgen. Zudem erkläre ich, dass dies meine freie, wirklich bedachte Willensentscheidung ist. Für diese meine Verpflichtungen wird mir der Anteil an allen Rechten der Mitgliedschaft des Seminars gewährleistet."

Nach Ablauf der 6 Jahre findet Verlängerung des Vertrages statt, falls die Bedingungen sub a, b, c, d dieses § wieder erfüllt werden.

§ 5

Rechte

Die Mitglieder beider Abteilungen haben in Seminarversammlungen beschließende Stimme; beratende Stimme dagegen nur die Mitglieder der 1. Abteilung.

Jedes Mitglied darf bei der Vorstandswahl das Wahlrecht ausüben; passiv wahlfähig sind nur Mitglieder der 1. Abteilung.

§ 6.

Austritt, Entlassung Ausschluss

Der Austritt steht einseitig nur nach Ablauf des Vertrages frei.

Entlassung darf dagegen auf Beschluss des Seminarrates jederzeit stattfinden, liegt ein genügender Grund vor, nämlich ein schweres oder fortgesetztes Vergehen gegen die Vertragsverpflichung oder gegen den Frieden oder ein Vergehen gegen die Sittlichkeit.

Der Ausschluss tritt *ipso facto* ein, wenn ein Mitglied durch Agitation und dergleichen den Fortbestand des Seminars gefährdet.

III. Finanzielle Verwaltung

§ 7.

a) Jeder Kandidat und jedes Mitglied hat die Auslagen für seinen Lebensunterhalt selbst zu bestreiten durch Entrichtung der jährlichen Vergütungssumme, welche unter den Aufnahmebedingungen bestimmt wurde, vide § 3d, § 4c, § 2e.

b) Das Vermögen der Mitglieder bleibt denselben unangetastet eigen und wird während der Vertragsdauer vom Ökonom des Seminars verwaltet. Demselben ist verboten, sich auf Spekulationen einzulassen. Er legt jährlich Rechnung ab vor dem Seminarsrat und am Ende des Vertrages vor dem Mitgliede. Bei Austritt oder Entlassung wird dem Ex-Mitgliede die Verwaltung seines Vermögens sofort wieder übertragen.

c) Der Ökonom hat für Auslagen von über 50 Mark die Erlaubnis des Vorstandes und letzterer bei Auslagen von über 500 Mark die Einwilligung der Mehrheit des Seminarrates notwendig.

d) Über die Deckung der Aussendungskosten siehe § 12c.

§ 8.

IV. Die Organe des Seminars

sind: 1. der Vorstand, 2. der Seminarsrat, 3. die Seminarsversammlung.

§ 9.

Der Vorstand

a) Der Vorstand vertritt das Seminar nach außen im amtlichen und außeramtlichen Verkehr, wacht über die Aufrechterhaltung der Disziplin, die Einhaltung der Statuten und der Hausordnung und besonders der dem Seminar zu Grunde gelegten Zwecke, entscheidet über die Aufnahme der Kandidaten und ihre Zuteilung zu einer der beiden Abteilungen.

Er bestellt zwei Assistenten, nämlich einen Stellvertreter und einen Ökonomen, mit welchen er den Seminarsrat bildet und bestellt auch alle übrigen Ämter im Seminar, die jährlich neu zu besetzen sind, – beruft und präsidiert den Seminarsrat und die Seminarsversammlung und unterzeichnet deren Protokolle, nimmt die Rechnungsablagen des Ökonomen entgegen.

Seine Amtsdauer beträgt sechs Jahre. Vor Ablauf derselben ordnet er eine Vorstandswahl an und bringt dabei zwei Mitglieder in Vorschlag; jedoch ist der abtretende Vorstand wieder wählbar. Der Gewählte muss eine zwei Drittel Stimmenmehrheit auf sich vereinigen.

§ 10.

Der Seminarsrat

besteht aus dem Vorstande und seinen beiden Assistenten. Der 1. Assistent ist der Stellvertreter des Vorstandes im Falle des Ablebens oder schwerer Erkrankung oder zeitweiliger Amtsübertragung des Vorstandes. Er überwacht das Geistliche und Wissenschaftliche im Seminar. Er ist der Schriftführer. Der 2. Assistent übernimmt die Sorge für das Materielle, Gewerbliche und was immer ins Gebiet der Hausökonomie fällt. Er darf aus der 2. Abteilung genommen werden. Der 1. Assistent dagegen gehört stets der 1. Abteilung an.

Der Seminarsrat entscheidet durch Abstimmung über die Mitgliedschaftspetitionen und Mitgliederentlassungen, nimmt die Rechenschaftsablegung der Vermögensverwaltung und § 7b entgegen, unterzeichnet den Mitgliedschaftsvertrag und stimmt über Ort, Zeit und Teilnahme der Missionsexpedition ab.

§ 11.

Die Seminarsversammlung

ist die in wichtigen Angelegenheiten vom Vorstand angeordnete Versammlung derjenigen eigentlichen Mitglieder, welche im Seminar wohnen.

V. Aussendung in die Mission

§ 12.

a) Wenn die Zahl der Mitglieder auf 18 gestiegen ist, findet eine Aussendung von 12 Mitgliedern statt, wovon 3 Mitglieder (2 Priester und 1 Hilfsmissionär) ein oder zwei Jahre vorher vorauszusenden sind, um die Missionsniederlassung vorzubereiten. Diese wiederholt sich so oft die Mitgliederzahl im Seminar wieder auf 18 gestiegen ist. Sechs Mitglieder bleiben im Seminar zurück.

b) Ort, Zeit und Teilnehmer der Missionsexpedition bestimmt der Seminarsrat.

c) Die Aussendungskosten tragen nach Umständen die Propaganda in Rom, der Missionsverein in Lyon[2] und der von Seiner Majestät König Ludwig I. für solche Zwecke gegründete Ludwigs-Missions-Verein von Bayern[3] mit den Beiträgen, welche dieselben in derartigen Fällen Missionsseminarien zu spenden pflegen.

d) Die Missionsstation im Auslande erhält sich selbst, durch Agrikultur.

Anmerkungen

[1] Zur Entstehungsgeschichte der Statuten vgl. Renner, Der fünfarmige Leuchter, Bd. 1, S. 22-26.

[2] Das 1822 in Lyon von Laien gegründete „Werk der Glaubensverbreitung" wurde 1922 nach Rom verlegt.

[3] Der Ludwigs-Missions-Verein wurde 1839 zunächst als bayerischer Zweig des Lyoner Missionsvereins gegründet, bis er sich 1844 verselbständigte. 1922 wurde er in das neugeschaffene Päpstliche Werk der Glaubensverbreitung eingegliedert.

Eingabe an die Propagandakongregation (1884)

Einführung

Eine festere rechtliche Grundlage erhielt Amrheins Neugründung in Reichenbach durch die Bestätigung der Propaganda vom 5. Juli 1884. Dieser vorausgegangen war eine Eingabe Amrheins vom 21. März desselben Jahres, in der er knapp die Ziele seines Projektes zusammenfasste. Über die Entstehung dieses Dokumentes berichtet er selbst:

„In meinem Notizbuch dieses Jahres unter dem Datum »29. September, Fest des hl. Erzengels Michael« steht eingetragen: »Liedberg. Der Text meiner Eingabe an die Propaganda behufs päpstlicher Genehmigung einer eigenen Benediktiner-Ordensgenossenschaft für das einst so glorreich und erfolgreich von Benediktinern ausgeübte Apostolat der Heidenbekehrung, das wieder aufgenommen werden soll, ist vollendet sowohl Deutsch als auch Lateinisch. Deo gratias! Begonnen am 20. September. Arbeit von neun Tagen. I.O.G.D.« Freilich ist in dieser wichtigen kurzen Notiz nicht gesagt, dass sie das Endresultat einer gleichsam organisch sich entwickelnden Überlegung von 13 Vorstudien- und Vorbereitungsjahren (1870-83) sei und in diesen wenigen Zeilen resümiere (was dem Dokumente zu Grunde lag) eine Menge Konzepte und wohl hundert Aufzeichnungen von nach und nach entstandenen Vorarbeiten und Vorstudien" (Zum Anfange unserer Congregation, S. 216).

Eine Wiedergabe dieses Entwurfs findet sich in den Notizbüchern Amrheins (Archiv St. Ottilien) mit dem Schlussvermerk: „in domo Missionis Steylensis, mense Octobri 1883"[1]. Zur öffentlichen Rechtfertigung und Absicherung seines Unternehmens gab Amrhein seine Eingabe und die Genehmigung der Propagandakongregation in den folgenden Jahren mehrfach in Druck. Dabei entspricht die Druckversion weitgehend dem oben genannten Entwurf. Etwas seltsam mutet freilich an, dass diese Druckkversion gegenüber der eigentlichen Eingabe Amrheins, so wie sie im Archiv der Propagandakongregation zu finden ist, im Wortlaut beträchtliche Unterschiede aufweist, auch wenn sich die Texte inhaltlich durchaus entsprechen. Man kann nur vermuten, dass Amrhein in Rom seinen Eingabeentwurf nochmals überarbeitete und straffte. Für die Druckversion zog er es anscheinend vor, sich wieder näher an den Ausgangsentwurf zu halten, der gerade die benediktinische Verankerung ausführlicher anspricht. Im Folgenden wird als Haupttext die vom Vatikan genehmigte Eingabe wiedergegeben, während die von Amrhein verbreitete Druckversion in die Fußnoten gesetzt wurde.

Die Eingabe selbst ist an den Präfekten der Propagandakongregation, Giovanni Kardinal Simeoni (1816-1892), gerichtet, der nach Rücksprache mit der Vollversammlung der Kongregation vom 28. April 1884 grundsätzlich zustimmte, aber hinsichtlich der Ausbildung noch Klärungen verlangte. Nachdem Amrhein der Propaganda ausführlich seine Ausbildungsgrundsätze dargelegt hatte, erfolgte eine auf drei Jahre befristete Genehmigung des Reichenbacher Missionsseminars.

Eingabe an die Propagandakongregation (1884)

Eminentissime et Reverendissime Domine,

Ex litteris cum hoc libello conjunctis[2], quibus, quod ad vitam meam attinet, breviter exponitur, Eminentia V. Reverendissima cognoscet, multis jam ab annis magnum me studium tenere, etiam pro aliorum salute laborandi, praecipue eorum qui, quum Salvatorem nemo eis annuntiet, Eum adhuc semper ignorant; – nec videbatur hic animus talis esse, quem longinquitas temporis vel adversaria minuerent vel mollirent. Ad quae quum accessissent hortatores Superior Societatis Miss. Ext. Millhillensis in Anglia nuperque etiam Soc. tis Steylensis in Hollandia fundator et rector, in quorum Seminariis Superiore meo anuente amplius anno hospes fui, Revssms Abbas Generalis Congregationis nostrae Beuronensis petitioni meae benigne voluit indulgere. At, quandoquidem haec Congregatio a missionibus externis suscipiendis omnino aliena est, Reverendissimus Abbas Generalis litteris declaravit, *nihil obstare, quin ego, ut in servitio Sacrae Congregationis Vostrae propagandae Fidei perpetuo me devovendi facultas mihi fieri possit, iis obligationibus solvare, quae ad dictam Congregationem Beuronensem me allegant.* Sic, ut ex litteris privatis plane et distincte apparet, documentum permissionis intelligitur, quod sub Litt. A libello adjunctum invenitur.

Itaque, Eminentissime ac Reverendissime Domine, haec est *prima rogatio* mea supplex, humilis et devota, ut me, quamvis indignum, *ad opus Propagandae Fidei admittere dignemini,* eo modo quo res quam primum fieri potest, si beneficio Eminentiae V. Reverendissimae eas obtineam dispensationes quae necessariae sunt ut operi perpetuo me dedere possim.

Altera rogatio mea ad quoddam opus speciale spectat, quod breviter exponam mihi liceat[a].

[a] Ab hier entsprechen sich inhaltlich die Eingabe an die Propaganda und die folgende Druckversion Amrheins: »Libellus ad S.C. de Propaganda Fide directus, cujus a propositione Monasterium pro Missionibus exteris condendi, fundatio Collegii Reichenbachensis initium cepit«.

Nonnulli qui cognoverant, licentiam »laborandi ad lucrandas paganorum animas« a Superiore mihi concessam esse, mihi obtulere se socios, – partim juvenes qui sacerdotii aeque ac missionis gratia vocari videntur, – partim alii alio magno rerum usu, qui ad missionarios adjuvandos fortasse aptis praediti sunt viribus atque ad talis vitae incommoda sustinenda haud parum idonei ac parati. Quos omnes more Ordinis nostri, qui, tot aliquando pro missione Ethnicorum constitutis coenobiis, tantam frugem in conversione gentium olim jam ferebat, libentissime mecum ad opus Evangelii adhibere vellem, si hoc Sacrae Congregationi Vostrae placeret. Tum, post aliquot tempus probatione exactum, Vestro jussu in parte quadam paganorum, qui nondum excultam humanitatis vitam noscunt, coenobium constructuri forent, ut vitae regularis agendae facultatem haberent, qui sacras gererent res Evangelii. Ibi gentibus Fidei gratiam commendabunt beneficiis Caritatis, ut benefactores et corporum et animarum, magistri orationes et laboris. Ibi fratres ipsi auxiliarii »magno emolumento rei Christianae esse poterunt«, si in asylis indigenarum liberos instituent atque erudient ad Religionis instituta atque disciplinam, ut jam ineunte aetate ad christianam consuetudinem moremque deducantur; vel si aegrotos in nosocomiis arte medicinali omnique cura juvabunt, vel si in omni genere operum, quae vitae civilis gerendae honesteque sustentandae

Eminentissime et Reverendissime Domine,

... Simul ut aliqui cognoverunt, licentiam »in externis missionibus ad lucrandas paganorum animas laborandi«, a Superioribus benigne mihi concessam esse, si quidem hoc ad beneplacitum Sanctae Sedis »in obedientia erga S. Congregationem de Propaganda Fide« fieret, nonnulli sponti mihi obtulere se socios, – partim juvenes qui sacerdotii aeque ad missionis gratia vocari videntur, partim viri alio magno rerum usu, qui ad missionarios adjuvandos aptis praediti sunt viribus atque ad talis vitae incommoda sustinenda haud parum idonei ac parati.

Tum in diem magis persuasum habui, Deo gratissimum multisque animabus saluti fore, si Vestro jussu et hortatu, Em^{mi} et Rev^{mi} D^{ni}, operam darem tali instituto monastico-missionario, quale nunc breviter exponam mihi liceat.

I. Post aliquot tempus in sociorum primum probatione exactum certoque eorum numero completo Sacram Congregationem Vestram humiliter rogabo, ut in quamdam emittantur partem Ethnicorum, qui nondum excultam humanitatis vitam noscunt. Jbi coenobium construant, ut vitae regularis agendae facultatem habeant, qui sacras gerent res Evangelii. In eo Regulam S. Benedicti religiose observent, quam reminiscentur esse scriptam eo loco, ubi ipse S. Legislator sacrilega sacra deorum demolitus paganis Christum praedicaverat, unde etiam discipulum praedilectum suum Maurum his verbis dimisit in Galliam; »quia Charitas benigna est, inquit, non aditum praebent, neophitos instruent; vel si agricolarum labore coenobium sustentabunt, aedificia construent caeteraque saecularia missionis negotia agent, ita, ut sacerdotibus non jam opus sit »Verbum derelinquere et ministrare mensis«, sed ut Apostolorum instar »orationi et ministerio Verbi instantes esse possint«.

Sed eodem loco Sacrae Scripturae deposcitur, ut ministri Apostolorum »viri boni testimonii plenique Spiritu sancto et sapientia« sint. Nonne ergo curandam est, ut hujus Operis socii, antequam in missionem mittantur, satis probentur, instruantur, formentur? Et altera oritur non minoris gravitatis quaestio: quomodo jam ab origine operis curandum sit, ne coenobium, postquam in longinqua terrae parte fundatum fuerit, paullatim labefiat, neque sine novitiis succedentibus deficiat, sed ut subole bene probata ac parata continuo sustineatur, – vel etiam ut aliae novae missiones monasticae fundari ac propagari possint!

Quae quum longe mecum consideraveram, in diem magis id constitit consilium meum, quod Eminentiae Vostrae Reverendissimae Sacraeque Congregationi nunc examinandum probandumque, si benigne velitis, proponam. Itaque *secunda rogatio* mea subjectissima haec est:

nostra tantum quantum aliena quaerere debemus«. Pii aemulatores tanti Patris, eodem ibi studio quo sibimet ipsis consulent saluti, omnes etiam opes in animas salvandas aliorum impendant. More igitur Patrum Ordinis nostri, qui, tot aliquando pro salute Ethnicorum constitutis coenobiis, tantam frugem in conversione gentium olim jam ferebant, missionarii nostri gentibus in circuitu coenobii habitantibus Fidei gratiam commendabunt multiformis beneficiis Caritatis, – benefactores et corporum et animarum, magistri orationis et laboris. Praecipue in asylis liberos indigenarum instituant atque erudiant ad Religionis instituta atque disciplinam, ut jam ineunte aetate ad christianam consuetudinem moremque deducantur. Aegrotos in nosocomiis omni cura juvabunt. Neophitos in omni genere operum, quae vitae civilis gerendae honesteque sustentandae aditum praebent, fratrum laicorum cura instruent. Magno inde emolumento fratres auxiliarii rei Christianae esse poterunt. Agricolarum etiam labore coenobium sustentabunt, aedificia construent caeteraque saecularia missionis negotia agent, ut sacerdotibus non jam opus sit, »Verbum divinum derelinquere et ministrare mensis«, sed, ut Apostolorum instar »orationi et ministerio Verbi instantes esse possint.« (A. Ap. c. 6).

II. Certe autem curandum erit, ut hujus Operis Socii, antequam ad tot tantosque labores suscipiendos mittantur, satis probentur, instruantur, formentur, ne ad opus Evangelii admittantur, nisi qui antea dignum atque aptum se praestiterit.

Placetne, Eminentissime ac Reverendissime Domine, ut jubeatis me eos viros ac juvenes qui pro missionibus nunc jam se socios mihi obtulerunt vel postea adjungent, primum congregare in domo propria et idonea, illa nempe, quam Divina Providentia miranda benignitate nunc jam ad hanc rem dono mihi dedit, eosque ibi per aliquot annos satis probare, ne quis ad opus Evangelii admittatur nisi antea dignum atque aptum se praestiterit, – eosque instruere, alios in litterarum studiis si ad sacerdotium vocarentur vel si ad artem medicinalem et chirurgicam addiscendam bonae indolis viderentur, – alios autem in aliis cognitionibus vel in artibus opificum, ut pro sua quisque facultate sacerdotes missionarios adjuvare vel in certis rebus etiam supplere queant? Fratrum enim auxiliariorum quam plurimas attrahere copias velim, si Vobis videatur, atque curare, ut pii, probatae fidei utilesque »adjutores apostolicorum virorum« evadant. Post aliquot annos, sociorum certo numero completo, Sacram Congregationem Vostram rogaturus ero, ut eorum aliquos jubeat in Ethnicorum quamdam dirigi terra ut ibi more Patrum Ordinis nostri coenobium construant, in Regulam S.P. Benedicti religiose observent, eodemque studio, sibimet ipsis consulent saluti, omnes etiam opes viresque in animas salvandas aliorum impendant, memores exhortationis, qua idem B. Patriarcha monachis animos addidit, quum »ad Opus Dei construendum« eos in Galliam misit: »Viriliter agite, inquit, confortetur cor vestrum in sancto proposito et Religione, procul dubio scientes, quia quanto austeriora causa salutis aliorum pertuleritis, tanto majora a Deo recipietis coelestium gaudia praemiorum«.

Quae quum mecum consideraveram, id constitit consilium meum, quod Eminentiae V^{ae} R^{mae} Sacraeque Congregationi rogatione sequenti examinandum ac probandum, si benigne velitis, proponam: Placetne, Em^{me} ac Rev^{me} D^{ne}, ut jubeatis me eos viros ac juvenes, qui pro missionibus jam se socios mihi obtulerunt vel postea adjungent, primum congregare in domo propria et idonea, illa forsitan, quam in Bavariae quodam pago, nomine Reichenbach, una cum opibus aliis Divina Providentia miranda benignitate nunc jam ad hanc rem dono mihi dedit, eosque ibi per aliquot annos satis probare, educare, atque instruere, – ac primum quidem ad vocationem Religionis monasticae, tum vero ad officia operariorum Jesus Christi inter gentes.

Bona disciplina secundum Regulam S. Benedicti ad proprias quasdam Constitutiones, quae potissimum ad speciale Evangelii opus attinent, velut fundamentum Instituti ibi vigeat.

Ii qui ad sacerdotium vocari videntur ibi excolendi sint litteris. – Caeteri vero, laici fratres, quorum quam plurimas attrahere copias velim, ut pii, probatae fidei utilesque »adjutores apostolorum virorum« evadant, – hi excolantur atque exerceantur in cognitionibus artibusve magnae utilitatis, alii in scholis habendis, alii in opificiis mechanicis, alii in arte aedificia construendi, alii in aliis (quidam edocendi erunt in nosocomiis arte chirurgica), ita ut fratres laici pro sua quisque facultate sacerdotes missionarios adjuvare vel quibusdam in laboribus, – v.g. in scholis – etiam supplere queant.

Hac prima »sacra expeditione« emissa domus illa, ubi praeparabatur, non jam desinat, sed porro permanere et continuari liceat, ut inde oriatur suboles bene probata ac parata, qua coenobium missionis continuo sustineatur, vel Deo favente, postea aliquanto aliud quoque novum constitui possit.

Ob hanc aliasque peculiares Operis rationes necesse erit, ut independens sit ab aliis monasteriis aut seminariis, si tamen hoc fieri fas sit.

Eminentiam Vestram Reverendissimam Sacramque Congregationem Vostram humiliter deprecor, ut rogationibus subjectissimis hujus supplicis libelli benigne favere velitis, si Deo gratum multisque animabus saluti fore vobis videatur.

D. Romae, die 25. m. Martii 1884

P. Andreas Amrhein O.S.B.

Post primam autem sacram expeditionem emissam haec domus Novitiatus non jam desinat, sed porro permanere et continuari liceat, si S. Congr^{ni} V^{ae} bonum videatur, ut juniores vel qui posterius advenerint, similiter praepararentur. Inde loci orietur suboles bene probata ac parata, qua coenobium illud sustentetur, ne paullatim labefiat neque sine novitiis succedentibus deficiat, vel etiam ut aliae novae missiones monasticae inde fundari ac propagari possint.

Sed hoc institutum, i.e. tam domus Novitiatus pro missionibus exteris fundanda, quam fundationes ejus etiam in terra Ethicorum necesse habebunt, non ab aliis dependere seminariis neque monasteriis etiamsi Ordinis S. Benedicti, quia nulli, ut metuo Congregationum omnium O.S.B. in animo erit, talis operis suscipere onus, praesertim cum Constitutiones propriae necessariae sint.

Subsidia, quibus porro opus erit, nec jam pro initiis desunt, ut ex documentis hoc cum libello conjunctis satis apparet, nec deerunt, simul ut Vestro jussu et hortatu rem aggredi potuero.

Nunc demum nihil obstaret eo consilio perficiendo quod supra explicavi, si Vobis Em^{mi} et Rev^{mi} D^{ni} bonum videretur, licentiam meam acceptam habere mihique Operis aggrediendi potestatem dare. Itaque humiliter V. Cong^{nem} deprecor, ut subjectissimae rogationi meae benigne favere velitis, dumtaxat sit voluntas Dei.

Magnum sane opus et arduum, multo majus, si tam exiguis cum viribus, quibus utor, comparetur. Sed animum addit mihi exhortatio ipsius S.P. Benedicti, qua S. Maurum cum sociis in Galliam dimisit: »Viriliter agite, inquit, confortetur cor vestrum in sancto proposito et Religione, procul dubio scientes, quia quanto austeriora causa salutis aliorum pertuleritis, tanto majora a Deo recipietis coelestium gaudia praemiorum«.

Roma, die f. Annuntiationis B. Mariae V. 25a m. Martii 1884

Eminentiae V^{ae} Illustrissimae ac Reverendissimae
Addict^{ms} et obseq^{ms} servus

P. Andreas Amrhein O.S.B.

Anmerkungen

[1] Der Entwurf in Notizheft 1 (Archiv St. Ottilien) enthält noch keinen Hinweis auf Reichenbach, sondern merkt lediglich an, dass das Missionsseminar und Mutterhaus in Europa zu gründen sei.

[2] Der Eingabe fügte Amrhein als ergänzende Schriften (Fondo S.O.C.G., vol. 1019, f. 739-775) bei: einen kurzen Lebenslauf in italienischer Sprache, in der er hervorhebt, dass er Priester geworden sei „per l'unico motivo ed a lo scopo di dedicarsi tutto, essendo sacerdote, alla salvezza delle anime"; eine Erlaubnis von Erzabt Maurus Wolter vom 29. August 1882, in einer Missionskongregation tätig zu sein; eine Erlaubnis von Erzabt Maurus vom 30. August 1883, sich der Prograndakongregation zu unterstellen; Empfehlungsschreiben von P. Benoît vom 8. September 1883 und von P. Arnold Janssen vom 21. September 1883; eine Erklärung der Regensburger Priester Georg Dengler und Friedrich Scheugenpflug vom 6. März 1884, dass sie Kloster Reichenbach dem neuen Missionshaus überschreiben würden, falls die Propagandakongregation die Zustimmung zur Eröffnung gebe; eine Erklärung von Pfarrer Scheugenpflug, dass er in diesem Fall der Neugründung 10.000 Mark zukommen lassen werde; eine Erklärung von Mathilde Jörres, Direktorin des Marienstifts München, dass sie die Studenten der Neugründung unterstützen werde; eine Erklärung des Regensburger Bischofs Ignaz Senestrey, dass er das Missionshaus als „opera pia et privata" in seiner Diözese aufnehmen werde, falls die Propagandakongregation ihre Zustimmung erteile.

Prospectus
Das Missionsinstitut und die Missionsgesellschaft von Reichenbach (1885)

Textgeschichte

Zu den ersten Druckerzeugnissen der Missionspresse von Reichenbach gehörte 1885 ein „Prospectus" über das neue Missionshaus. Dieser war vor allem für Kandidaten bestimmt, die einerseits angezogen, andererseits aber auch über die Härten des missionsbenediktinischen Einsatzes aufgeklärt werden sollten. Amrhein versuchte daher für sein Anliegen zu begeistern, aber auch durch Warnungen und Hinweise auf Schwierigkeiten ungeeignete Kandidaten abzuschrecken.

Die Broschüre enthält zwei Teile: ein erster programmatischer Teil entwickelt kurz die Notwendigkeit von christlicher Mission und leitet daraus die Erforderlichkeit opferbereiter Missionare, von Mission in Gemeinschaftsform und von Mission in speziell benediktinischer Tradition ab. Ein weiterer Teil mit dem Titel „Die St. Benediktus-Missionsgenossenschaft von Reichenbach" listet anschließend die Eintrittsbedingungen auf. Inhaltlich greift der Prospectus viele Ideen und Formulierungen früher Programme auf, die zwecks besser Wirkung mit einer Vielzahl von Beispielen und Zitaten angereichert sind. Bei der Ausarbeitung kamen Amrhein nach seiner eigener Darstellung die Studien in Mill Hill im Jahre 1882 zugute:

„Von ganz besonderem Nutzen waren mir die ausführlichen und ungemein lehrreichen brieflichen Berichte des hl. Franz Xaver an seinen Obern, den hl. Ignatius. Dann die authentischen, einlässlichen Lebensbeschreibungen des Apostels von England Augustinus und des Apostels der Deutschen St. Bonifazius, sowie der übrigen Benediktiner-Missionare des vorigen Jahrtausends. Auch die Missionsberichte der Neuzeit las ich mit Nutzen, jedoch nach dem Grundsatz: »Prüfet alles, das Beste behaltet!« Daraus gewann ich eine große Menge von Lehrsätzen, Maximen und Regeln der besten, erfolgreichsten Missionstätigkeit monastisch geschulter, frommer Ordensmänner, speziell unseres Ordens, die ich später dem für Laien berechneten »Prospekt« der St. Benediktus-Missionsgesellschaft und den für die Mitglieder der »Congregatio O.S.B. pro missionibus exteris« verfassten, ersten, bischöflich approbierten »Constitutiones« zugrunde legte" (Anfänge und Kämpfe eines Missionsberufes, S. 100f).

Der Umzug nach Emming-St. Ottilien und nachfolgende Entwicklungen machten Umarbeitungen nötig, so dass der „Prospectus" in fünf verschiedenen Fassungen vorliegt: die Ursprungsfassung Amrheins, die im Haupttext wiedergegeben wird (P^1), eine noch in Reichenbach leicht überarbeitete Fassung (P^2), die nach dem Umzug nach Emming-St. Ottilien im Februar 1887 mittels Überklebungen und Ausstreichungen die Hinweise auf Reichenbach tilgte (P^3), ein teilweiser Neudruck, der jedoch auch noch mit Ausstreichungen und Überklebungen arbeitete (P^4), und eine vollständige Neubearbeitung (P^5), die nach Amrheins Resignation offensichtlich in den Händen von P. Cyrillus Wehrmeister lag und statt des bisherigen Quartformats ein mit vielen Photographien bereichertes Kleinformat benutzte. Die oft nur stilistischen Umarbeitungen von P^5 werden im Folgenden nur bei wichtigeren inhaltlichen Änderungen wiedergegeben, da sie nicht mehr von Amrhein stammen. Die wohl je nach Bedarf gedruckten Prospekte tragen keine Jahreszahl. Ersetzt wurden sie wohl schließlich durch die neu erarbeitete Werbeschrift von P. Cyrillus Wehrmeister „Das Missionswerk der Benediktiner von St. Ottilien" (1909) bzw. „Die Benediktinermissionäre von St. Ottilien" (1. Auflage 1916).

Prospectus
Das Missionsinstitut und die Missionsgesellschaft von Reichenbach[a] (1885)

Dem unbefleckten Herzen Mariä und dem hl. Nährvater Josef geweiht

„Die Liebe ist guttätig; darum lasst uns das Heil Anderer ebenso wie das unsrige suchen." St. Benedikt in der Abschiedsrede an den hl. Maurus.

Prospectus

Mitteilungen an Missions-Candidaten sowie an Gönner und Freunde eines katholischen Missionshauses in Deutschland[b]

I. Beweggründe zur Teilnahme an der Ausbreitung des Reiches Christi auf Erden

In der Enzyklika vom 3. Dezember 1880 schrieb unser hl. Vater Papst Leo XIII.: „Wir ermahnen euch dringend, ehrwürdige Brüder, euer Sinnen und Trachten mit dem Unsrigen zu vereinen, um einmütig, eifrig und aus allen Kräften die apostolischen Missionen zu unterstützen, fest im Gottvertrauen und ohne von Schwierigkeiten euch abschrecken zu lassen. Es steht das Heil von Seelen in Frage, um dessentwillen unser Heiland sein Leben dahingegeben... Geben wir uns alle Mühe, den hl. Missionen wieder jene Hilfsmittel zu verschaffen, welche der Kirche im Anfang ihrer Ausbreitung zu Gebote standen, nämlich einerseits die Verkündigung des Evangeliums (durch Glaubensboten), andrerseits die Gebete und Almosen von frommen Gläubigen".[1]

[a] P[3] und P[4] überkleben den Außentitel „von Reichenbach" mit der Bezeichnung „vom hl. Benedikt" bzw. reißen den Umschlag weg. P[5]: „Prospektus oder kurze Darlegung der Bedingungen zum Eintritt in die St. Benediktus-Missions-Genossenschaft in St. Ottilien".

[b] P[2]: „Das St. Josefs-Missionshaus und die Missionsgesellschaft von Reichenbach. Prospectus". P[3] und P[4] überkleben die Titelzeile.

1. Von den ersteren, an der man durch persönliche Mitwirkung als Missionär und Mitglied einer Missionsgesellschaft teilnimmt, sagt der Vater der katholischen Christenheit: „Dieses heilige Werk zielt direkt auf die Ehre des göttlichen Namens und auf die Ausbreitung des Reiches Christi auf Erden hin... Es ist eine unglaublich große Wohltat für diejenigen, welche dadurch dem Schmutze der Laster und dem Schatten des Todes entrissen, und außerdem, dass sie des ewigen Heiles teilhaft werden, auch noch aus der rohen Verwilderung der Sitten zu einer menschenwürdigeren Lebensweise erhoben werden. Aber auch für die Teilnehmer an der Glaubensbotschaft selbst ist es überaus gewinnbringend; denn es belohnt sie mit Gnadenreichtümern, gewährt ihnen Gelegenheit zu großen Verdiensten und macht ihnen für das gute Werk sozusagen Gott zum Danke verpflichtet."

2. „Die anderen" (die Teilnehmer an Missions-Unterstützungsvereinen und andere Wohltäter der Missionen) – so fährt der hl. Vater fort – „werden durch ihre Gebete und Almosen wahre Gehilfen der in der Ferne wirkenden apostolischen Männer, und machen sich zu Genossen ihrer Arbeiten wie auch ihrer Verdienste. Sicherlich wird der reichste Lohn auf jenen warten, der mit einem, wenn auch bescheidenen, Geldbeitrage für die hl. Missionen und mit frommen Gebeten, womit er die Gabe begleitet, verschiedene Liebeswerke zumal verrichtet und so ein Gehilfe Gottes bei der Rettung der Seelen wird – was die hl. Väter das göttlichste aller göttlichen Werke nennen."

Dies sind die Beweggründe, welche auch der Gründung der katholischen deutschen Missionsgesellschaft von Reichenbach[a] und des damit verknüpften Liebeswerkes der „Missionsopfer St. Benedikts" zu Grunde liegen, - einer frommen freien Vereinigung zur Unterstützung des Unternehmens, zu der jedermann eingeladen ist, klein und groß, Männer und Frauen.

II. Was ist und wirkt ein Missionär?

Die Aufgabe, die ein Missionär der Heiden zu erfüllen hat, ist von Jesus Christus selbst ausgesprochen worden, in den Worten, womit Er den hl. Paulus zum Apostolate berief (nach dessen eigener Erzählung vor König Agrippa): „Ich sende dich jetzt zu den Heiden, um ihnen die Augen zu öffnen, dass sie von der Finsternis zum Lichte, von Satans Gewalt zu Gott sich bekehren,

[a] P^3 und P^4 überkleben „Reichenbach" mit „St. Ottilien".

damit sie durch den Glauben an Mich Vergebung der Sünden und das Erbteil mit den Geheiligten erlangen“ (Apg 26,18). In diesen klaren Worten bezeichnet der Herr die Aufgabe eines Missionärs als eine vierfache: durch ihn sollen die Heiden der Finsternis entrissen und zum Lichte der Heilswahrheit geführt werden; – durch ihn von Satans Knechtschaft befreit und zur „Freiheit der Kinder Gottes“ bekehrt werden; – durch ihn sollen sie auf Erden zur Gnade der Sündenvergebung, – durch ihn zur Glorie der Auserwählten im Himmel gelangen. Welch' gotteswürdige Aufgabe eines sterblichen Menschen! Und so groß sie ist, so nötig ist sie auch; und obschon sie so wenigen zu Teil wird, ist sie doch für Unzählige nötig! Denn von den 1 ½ Milliarden Erdenbewohnern sind noch über 1 Milliarde Nichtchristen und diese zur großen Mehrzahl Heiden. „Und die Heiden“, – sagt derselbe hl. Völkerlehrer im Epheserbrief, „sind, (weil) ohne Christus, ausgeschlossen vom Himmelsbürgerrecht des auserwählten Volkes, entfremdet dem Bunde der Verheißung, ohne Hoffnung und ohne Gott in der Welt – (wer dürfte es wagen, von diesem furchtbaren Ausspruche des hl. Geistes ein Wort zu streichen oder abzuschwächen?) – in Jesu Christo aber und in Christi Blut werden sie zu Gott gebracht“, so dass sie „nicht mehr Fremdlinge sind, sondern Mitbürger der Geheiligten und Hausgenossen Gottes, erbaut auf der Grundlage der Apostel“ (Eph 2,11-19). Das kostbare Blut, das den Heidenvölkern eine so wunderbare Wohltat zur Rettung und Beseitigung erweist, wird ihnen durch die Glaubensboten übermittelt. Dies alles wirkt ein Missionär, mit Gottes Gnade.

III. Was ist und soll ein Missionshaus?

Ein Missionshaus hält es für seine erste Aufgabe, jene Bitte unseres hl. Vaters, Papst Leo XIII. zu erfüllen: „Wenn ihr um solche wisset, welche Eifer für die Ehre Gottes haben und bereit und auch geeignet sind, die heiligen Missionen zu übernehmen, so bestärkt sie in ihrer Neigung und ermahnt sie, Fleisch und Blut nicht mehr nachzugeben, nachdem sie den göttlichen Willen befragt und ihn klar erkannt haben, sondern dem Rufe des hl. Geistes ohne Zögern zu folgen“ (Enzyklika vom 3. Dezember 1880). So geht das Missionsinstitut darauf aus, Berufe für den Dienst des Evangeliums zu wecken, sie bezüglich des göttlichen Willens zu erproben und dann sie zu fördern. Die Probe erstreckt sich vor allem auf die mit besondern Tugenden verbundene Berufsgnade, auf die geistige Begabung und auf die körperliche Tauglichkeit, welche von einer so großen Aufgabe erfordert und von Gott hierzu auch verliehen werden. – Die Förderung des Berufes besteht in der Vervollkommnung des eigenen inneren Menschen, in der Ausbildung der geistigen und körperlichen Fähigkeiten mit zweckdienlichen Kenntnissen. Die Anregung, Probe und Förderung des Missionsberufes bilde die erste Aufgabe eines Instituts der ausländischen Missionen.

Die zweite besteht in der Ausrüstung und Aussendung der Missionäre. Der Apostel wirft die Frage auf: „Wie können die Heiden (um durch die Anrufung des Herrn selig zu werden) den verehren, an den sie nicht glauben? Wie können sie an den glauben, von dem sie nichts gehört haben? Wie können sie aber hören, wenn niemand predigt? Wie kann man aber predigen, ohne gesandt zu sein?..." (Röm 10,13). Das Missionshaus sorgt für Beschaffung der Mittel, welche für die Ausrüstung, die Reise und die Ansiedelung im Missionslande erfordert werden, und sendet die Missionäre in ein Gebiet aus, das ihm von der hl. Kongregation der Propaganda zu Rom als Arbeitsfeld angewiesen worden ist. Seine Niederlassungen daselbst werden vom Missionshause aus jährlich verstärkt oder ergänzt und allmählich vermehrt.

Die dritte Aufgabe macht das Missionshaus zum Mittel- und Einigungspunkt einer vom Mutterhaus ausgehenden Genossenschaft. Alle Häuser, die von derselben gegründet werden, bleiben mit dem Mutterhause verbunden durch die Einheit der Regel und der Gebräuche. Es ist der Sitz des Zentralvorstandes.

Ein vierter Zweck des Missionshauses besteht darin, dass es erkrankten oder altersschwachen Missionären der Gesellschaft ein Asyl oder vielmehr ein väterliches Heim bietet.

IV. Was strebt das Missionshaus von Reichenbach[a] im Besonderen an?

Pius IX. schrieb in einem Breve: „Die fortlaufende Geschichte der Jahrhunderte lehrt mit einer Stimme, die lauter spricht als alle anderen Beweise, wie durch die Mönche des hl. Benedikt die christliche Religion ausgebreitet worden ist und wie durch dieselben die wilden Völker zur Zivilisation gebracht, ihre Sitten veredelt, ihnen Gesetze gegeben, Kenntnisse und Wissenschaft verbreitet, Künste und Gewerbe gefördert, der Ackerbau gehoben, die Völker durch Handel und freundschaftlichen Verkehr einander näher gebracht und überhaupt der Menschheit unzählbare Wohltaten erwiesen worden sind" (Breve an Msgr. Freppel). Diese Überzeugung war es, welche schon vor vielen Jahren dem jetzigen Vorstand des Missionshauses den Plan eingab – zu einer Zeit, als er noch nicht wissen konnte, wo er denselben ausführen würde –, in heidnischen Landen eine Mission nach dem Vorbilde der alten englischen,

[a] P[3] und P[4] überkleben „Missionshaus von Reichenbach" mit „Missionshaus St. Ottilien" oder auch mit „die St. Benedictus Missions-Genossenschaft".

deutschen und nordischen Missionsklöster St. Benedikts mit einem Mutterhaus und Noviziat in Europa zu gründen. Denn die nämlichen Verhältnisse, welche jener Orden vor mehr als tausend Jahren in einem großen Teil Europas angetroffen, findet der Missionär auch heutzutage noch in den kulturlosen Ländern heidnischer Völkerschaften Asiens, Afrikas, Australiens und Amerikas vor. Wer die dortigen Zustande durch langjährige Beobachtung gründlich kennen gelernt hat, wie ein Dr. David Livingstone, der muss daher, das unbefangene Urteil dieses großen Mannes vorausgesetzt, gleich ihm die den alten Benediktiner-Missionsklöstern ähnlichen Missionsstationen für das erfolgreichste Mittel zur Christianisierung jener Gegenden halten. Obwohl Protestant, gab derselbe den anglikanischen Missionären den Rat, die Klöster der alten Zeiten sich zum Muster zu nehmen. „Können die Weisen uns erklären", fragt er in seinem Reisewerk, „weshalb die früheren Missionsstationen, ich meine die ursprünglichen Klöster, sich selber erhalten konnten und blühend waren als Träger der Zivilisation, deren Wohltaten wir jetzt noch genießen, und warum unsere modernen Missionsstationen bloß armselige Anstalten sind ohne die Lebensfähigkeit und innere Kraft, welche jene besaßen? Die Mönche hielten es nicht unter ihrer Würde, Hand an den Pflug zu legen. Sie pflanzten Obstbäume und Getreide, sie lehrten und emanzipierten die Leibeigenen, ihre Klöster waren Missionsstationen der christlichen Heilslehre, Apotheken der leiblich Kranken, Versorgungsanstalten für Arme, Schulen der Gelehrsamkeit. Sollten wir von ihnen nichts lernen können, wenn wir sie während ihrer höchsten Blüte als die Schulen von Europa betrachten?"

Missionsklöster dieser Art tun also in heidnischen Landen Not. Ein solches zu gründen war der Plan. Dort sollten die Religiosen vor allem nach jener Regel sich heiligen, welche auf Montecassino, an dem Orte geschrieben worden, den der heilige Gesetzgeber selbst als „Missionär" zuerst von heidnischen Heiligtümern gereinigt und wo er das Landvolk zu Christus bekehrt hatte, nach dem Grundsatz, den er bei Aussendung seines Lieblingsjüngers St. Maurus aussprach: „Die Liebe ist guttätig, darum lasst uns das Heil anderer ebenso wie das unsrige suchen". So sollten jene Religiosen als Nachahmer eines solchen Vaters dann auch für die Rettung der Heiden tätig sein, als ihre wahren Wohltäter an Leib und Seele, als Lehrer des wahren Glaubens, des Gebetes und der Arbeit. Weil aber ein so entfernt liegendes Missionskloster, wie dies die Klöster von Neu-Nursia in Australien, und jene auf Ceylon beweisen, unmöglich zu einer dauernden Blüte gelangen können, wenn nicht ein Mutterhaus und Noviziat in Europa für einen regelmäßigen, wohlvorbereiteten Nachwuchs sorgt, so nahm sich der Vorstand des jetzigen Missionshauses zu Reichenbach damals vor, mit der Genehmigung des apostolischen Stuhles vor allem eine Anstalt in Deutschland ins Leben zu rufen, wo die künftigen Missionäre ihre Probe- und Vorbereitungszeit zubringen könnten. Aber wo sollte dieser Plan sich verwirklichen können?

Durch göttliche Fügung bot sich in der ehemaligen Benediktinerabtei zu Reichenbach in der bayerischen Oberpfalz, die von einem geistlichen Kunstfreunde vor dem Verfall gerettet, angekauft und zum Teil restauriert wurde, ein geeigneter Platz zu einem solchen Missionshaus.[a]

Doch war jener ursprüngliche Plan nicht angepasst den staatlichen Verhältnissen dieses Landes, durch die er deshalb seitdem in manchen Punkten modifiziert wurde, was das Missionshaus daheim in Bayern selbst betrifft. Was dagegen wesentlich ist, die Erziehungs- und Missionsmethode, ist unverändert geblieben.

Ein besonderer Hauptzweck bei der Gründung der Anstalt war, nicht bloß recht viele Missionspriester zu gewinnen, sondern auch, weil deren Zahl und Kraft doch nie ausreichend ist und überdies im Missionslande auch noch durch zahllose zeitliche Geschäfte sonst in Anspruch genommen würde, diesen Mangel durch Herbeiziehung möglichst vieler Hilfsmissionäre aus dem Laienstande zu ergänzen. Der hl. Franziskus Xaverius erbat sich von seinen Obern eine große Anzahl solcher Mitbrüder, welche ohne wissenschaftliche Bildung, also auch nicht zu priesterlichen Funktionen befähigt, im übrigen aber von praktischem Verstande und erprobten Sitten seien. Diese sollten, nachdem sie einige Monate lang in demütigenden häuslichen Diensten geübt worden seien, zur Unterstützung der wenigen Missionspriester verwandt werden. Wo zwei Priester eine Missionsstation gegründet hatten und dem Dienste des Evangeliums oblagen, da sollte nach dem Wunsche des Heiligen eine Anzahl jener nichtpriesterlichen Hilfsmissionäre mit dem Unterrichte der Jugend, mit dem Krankenbesuche und vielen andern nützlichen und notwendigen Hilfeleistungen betraut werden. „So werden sie, glaube mir", schrieb er an seinen hl. Obern, „der christlichen Sache einen sehr großen, ja größeren Dienst erweisen, als man sich vorstellt". In den vom Missionshaus in Reichenbach[b] vorbereiteten und davon ausgehenden Missionen werden Hilfskräfte dieser Art die vom heiligen Franz Xaver beabsichtigte Verwendung finden.

Der Missionsplan, der auf einer solchen Tradition fußte, fand nach reiflicher Prüfung der Umstände die volle Billigung der Kongregation der Propagan-

[a] P[3] und P[4] überkleben diesen Absatz mit folgenden Ausführungen: „Die göttliche Vorsehung fügte es, dass sich dieses Vorhaben in Bayern ausführen ließ und gewiss ist es kein zufälliges Zusammentreffen, dass gerade in dieser Zeit das deutsche Reich ernstliche Schritte zum Erwerb größerer Länderstriche in Afrika tat."

[b] P[3] - P[5]: St. Ottilien

da, an deren Beratungen eine größere Anzahl Kardinäle teilnahmen, darunter auch Kardinal Lavigerie, der hochverdiente Gründer der Missionsgesellschaft für Algier und Zentralafrika. Das Dokument, worin der Präfekt der Propaganda, Seine Eminenz Kardinal Simeoni, dem Antragsteller und nunmehrigen Vorstand des Unternehmens die Genehmigung desselben mitteilte, lautet:

Betreff: Mitteilung einiger Beschlüsse der hl. Kongregation der Propaganda

Rom, den 5. Juli 1884

P.T.

Ich habe dieser, der Ausbreitung des christlichen Namens gewidmeten heiligen Versammlung die Bitten deiner Paternitas vorgelegt, darin du den Wunsch aussprachest, es möchte dir die Befugnis erteilt werden, ein Kollegium der Auswärtigen Missionen in Reichenbach, in Bayern[a]*, zu gründen. Ihre Eminenzen, die Väter der Kongregation sind der Ansicht, ein derartiges Unternehmen werde den Missionen zum Besten gereichen, und erlaubten daher in Güte, dass du die Zöglinge auf die bestmögliche Weise zum Lebensberufe der Missionäre vorbereitest und sie in den für die auswärtigen Missionen zweckdienlichen Studien unterweisen lassest. Hierbei wird dieselbe hl. Kongregation von der Hoffnung beseelt, dass das glücklich begonnene Vorhaben mit Gottes Hilfe einen gedeihlichen Fortgang nehmen und die heiligen Missionen hieraus einen reichlichen Zuwachs an Früchten gewinnen werden.*

Ich indessen bitte Gott, dass er dich segne!

D.P. ergebener Johannes Kardinal Simeoni, Präfekt

An Rev. P. Andreas Amrhein O.S.B.

Der hl. Vater Papst Leo XIII. hatte diesen Beschluss der Propaganda am Feste der hl. Apostelfürsten Petrus und Paulus, am 29. Juni 1884, bestätigt. Durch Vermittlung S.E. des Erzbischofs von Tyrus und Sekretärs der Propaganda Jacobini, der sich der Gründung des deutschen Missionshauses mit besonderer Liebe angenommen hatte, erteilte Seine Heiligkeit dem Unternehmer, den Stiftern, den künftigen Mitgliedern und Wohltätern desselben den apostolischen Segen.

Nicht lange nachher, als der Priester, dem das Werk oblag, zu den Füßen Seiner Heiligkeit seinem tief empfundenen Danke Ausdruck gab und nochmals

[a] P^3 und P^4 überkleben „in Reichenbach, in Bayern“ mit „St. Ottilien, in Bayern“ oder „in Bayern, Deutschland“.

um den Segen bat, antwortete der Papst in seiner väterlichen Weise: „Ich erteilte den Segen schon einmal; ich spende ihn wieder. Ich segne; wer aber das Gedeihen gibt, ist Gott. Mögen recht zahlreiche Missionäre von dem neuen Institute ausgehen und viele Jünglinge Deutschlands dort zum Werke Gottes unter den armen Heiden Beruf und Ausbildung empfangen"[a].

Die Missionsgesellschaft von Reichenbach[b]

Da die Gaben und Bestimmungen der Einzelnen verschieden sind, sollen einige zur priesterlichen Missionstätigkeit herangebildet werden, andere, die nicht diesen Beruf haben, sonst aber eine gute Bildung besitzen oder bildungsfähig sind, können als Katecheten, d.i. als Lehrer in den Missionsschulen eine wirksame Stütze der ersteren sein. Die übrigen können als Hilfsmissionäre durch Übernahme der zeitlichen Geschäfte, durch Unterricht und Ausübung der verschiedenen Handwerke und Gewerbe eine sehr nötige und nützliche Hilfe bei der Ausbreitung der christlichen Religion und Kultur leisten. – Die Missionäre von Reichenbach teilen sich demnach in drei Abteilungen: 1. Priester, 2. Katecheten, 3. Arbeiter mit ihren entsprechenden Kandidaten- und Vorbildungsklassen.

I. Aufnahme von Kandidaten

Wer glaubt, für die Heidenmission und speziell für diese Missionsgesellschaft berufen zu sein, der gehe an der Hand der folgenden Angaben mit sich selbst zu Rate und frage sich, ob eines der Hindernisse, die im Folgenden aufgezählt sind, seinem Wunsche entgegenstehe und ob er zu den darauf erwähnten Anforderungen bereit sei.

Die Hindernisse können in äußerlichen Verhältnissen bestehen oder innerer Art sein.

Keine Aufnahme zu hoffen (in Hinsicht auf folgende meist äußerliche Verhältnisse): 1. Die außerehelich Geborenen. 2. Die von anderen Missions- oder Ordenshäusern Entlassenen. 3. Die schon in mehreren Missions- oder Ordens-

[a] Anmerkung: Sollte es nicht diesem Segen zu verdanken sein, dass in den ersten 7 Monaten nach Eröffnung des Missionshauses (Ostern 1885) bei 150 Kandidaten aus allen Gauen Deutschlands um Aufnahme nachsuchten?

[b] P^3 und P^4 überkleben „von Reichenbach" mit „vom hl. Benedikt". Bei P^5 heißt es: „Die St. Benediktus-Missions-Genossenschaft St. Ottilien".

häusern sich versucht hatten. 4. Die schon längere Zeit in keiner regelmäßigen Berufs- oder Arbeitsstellung sich befinden. 5. Die kein gutes Sittenzeugnis oder keinen tadellosen Ruf haben. 6. Wer schon kompromittierende gerichtliche Strafen zu verbüßen hatte. 7. Welche eine schwache Gesundheit oder ein für andere sehr lästiges Gebrechen haben, sowie jene, deren Eltern oder Großeltern oder Geschwister an der Schwindsucht gestorben (oder krank) sind, oder an Geistesstörung und Gemütskrankheit gelitten haben, resp. leiden. 8. Die nicht bereit sind, nach dem Gutdünken des Vorstandes sich für die Heidenmission verwenden zu lassen[a]. 9. Wer nicht mit gutem Gewissen die Versicherung geben kann, nicht etwa zeitliche Versorgung, sondern Dienst und Arbeit für Gott und die Seelen zu suchen. 10. Diejenigen, welche das schulpflichtige Alter noch nicht zurückgelegt, sowie die, welche das 40ste Lebensjahr überschritten haben. 11. Zu den Studien (wohl aber zur Klasse der Katecheten oder Arbeiterkandidaten) werden diejenigen nicht zugelassen, welche in anderen Studienanstalten in den für die Mission wichtigen Fächern, z.B. in Religion, Latein, Deutsch, neueren Sprachen usw. die Prüfung nicht bestanden haben.

Wer durch keinen dieser äußerlichen Umstände gehindert ist, prüfe sich aber noch, wie es mit den innerlichen Vorbedingungen des Missionsberufes stehe. Hierzu wird ihm im weiteren Verlaufe dieses Prospektus das, was über die „Probe" und die „Grundsätze der Erziehung für den Missionsberuf" gesagt ist, die nötigen Anhaltspunkte der Selbstprüfung bieten (siehe III).

Wer sich nicht von ganz reiner und frommer Absicht, d.h. nicht von Gottes- und Nächstenliebe angetrieben fühlt, wer sich nur zeitlich versorgen lassen möchte, wer gegen Demütigungen, wie z.B. Belehrungen, notwendige Zurechtweisungen, zeitweilige niedere Verrichtungen usw. Widerwillen hat, wer verweichlicht ist und an Bequemlichkeiten hängt, wer ein mürrisches Wesen hat, wer nicht in allem gehorchen will, wer viel auf Essen und Trinken hält, wer gegen Hausgenossen nicht liebevoll und zuvorkommend, wer hochmütig und empfindlich ist in seinem Umgang, Abneigungen und Zuneigungen vorwalten lässt, hier Feindschaft oder Freundschaft oder Gleichgültigkeit zeigt und nicht eine mehr gleichmäßige Liebe und Freundlichkeit gegen alle Mitgenossen, – wer für Gebet und Sakramente keinen Eifer und für die Arbeit keinen Fleiß besitzt, wer sich nicht gerne unterordnet, nicht ordnungsliebend ist und vor allem, wem das ernstliche Streben mangelt, an

[a] Anmerkung: Gestattet ist es, den Eintritt an die Bedingung zu knüpfen, im Missionshause verbleiben zu dürfen.

seiner eigenen Besserung und Heiligung zu arbeiten und arbeiten zu lassen, – ein solcher melde sich nicht einmal zur Vorprobe des Missionsberufes. Er würde schon nach kurzer Zeit enttäuscht das Missionshaus verlassen oder verlassen müssen.

Beabsichtigt jemand einzutreten, so hat er folgendes Vorgehen einzuhalten:

a. Es ist dem Vorstand des Missionshauses ein schriftliches Aufnahmegesuch einzusenden. Dies soll vor allem die Beweggründe des Vorhabens darlegen und angeben, ob der Bittsteller Missionspriester oder Hilfsmissionär (Katechet oder Gewerbetreibender) zu werden die Absicht habe, oder ob er dies der freien Entscheidung des Vorstandes überlasse. Es darf nicht verschwiegen werden, ob und welche Versuche, in einem Orden oder ein Missionshaus zu treten, schon vorausgegangen sind, und aus welcher Ursache dieselben rückgängig wurden.

b. der Aspirant warte dann die Beantwortung seines Gesuches ab, welchem der Vorstand einen Prospektus, einen Auszug der Hausordnung und das sogenannte Nationale befügt, welches verschiedene Fragen bezüglich Namen, Alter, Eltern, Geburts- und Wohnort, Militärpflicht, Studien oder Lehrgang usw. enthält. Diese Fragen sind vom Kandidaten auf dem Formular selbst zu beantworten und vom Pfarramt zu beglaubigen. Man vernachlässige nicht die genaue Beantwortung der Frage nach den sämtlichen Orten, an welchen der Kandidat seit seinem 15. Lebensjahre sich über ein Jahr aufgehalten hat. Denn laut päpstlichem Dekret vom 25. Januar 1848 muss der Vorstand eines religiösen Instituts über jeden Aufzunehmenden bei den Pfarrämtern aller dieser Orte Erkundigungen einziehen.

c. Beharrt der Kandidat nach Lesung des Prospekts und der Hausordnung auf seinem Begehren, so übersende er dem Vorstande des Missionshauses folgende Papiere: 1. Taufzeugnis. 2. Ein verschlossenes Zeugnis vom Pfarramt seines derzeitigen Aufenthaltsortes, über sittliche Aufführung, Erfüllung der religiösen Pflichten, über die wichtigsten offenkundigen Charaktereigenschaften, besonders was Aufrichtigkeit, Fügsamkeit, Verträglichkeit, Fleiß usw. anbelangt. 3. Ein Führungszeugnis von der Polizeibehörde seines derzeitigen Aufenthaltsortes[a]. 4. Ein ärztliches Gesundheitszeugnis. 5. Schulzeugnisse. 6. Studienzeugnisse werden gefordert von studierenden Kandidaten, und Zeugnisse von Meistern, wenn der Kandidat als Handwerker in den Lehrjahren steht; für

[a] P^2 - P^5: 3. Heimatschein (für Nichtbayern Pass).

letztere zudem das Wanderbuch. 7. Das sogenannte Nationale, ausgefüllt mit der Beantwortung sämtlicher Fragen.

II. Vorprobe

Wenn der Vorstand aus dem Aufnahmegesuch und den Zeugnissen auf das mögliche Vorhandensein von Beruf schließen zu dürfen glaubt, so wird er den Bittsteller einladen, sich persönlich im Missionshaus einzufinden und daselbst einen vorläufigen mehrmonatlichen Aufenthalt zu nehmen, damit sowohl dem Obern als den Hausgenossen wie auch dem Kandidaten selbst die Möglichkeit geboten sei, Personen und Verhältnisse erst kennen zu lernen, bevor eine definitive Zulassung zur eigentlichen Probe erfolgt. Vor Antritt dieser Versuchszeit, welche „Vorprobe" heißt, hat der Kandidat einen Auszug der Statuten, soweit sie die Vorprobe betreffen, sowie die Erklärung zu unterzeichnen, dass er sich zur Befolgung derselben verpflichte. Sie halten ihn an, alle Übungen der Hausordnung mitzumachen, sich beliebig beschäftigen zu lassen, damit man in Betreff seiner späteren Verwendbarkeit einige Gewissheit erlange; sie bestimmen den Pensionspreis für diejenigen, welche studieren wollen oder kein Gewerbe verstehen (siehe IV). Zu Ende der Vorprobe, welche 13 Wochen[a] dauert, wird dem Kandidaten eröffnet, ob er zur Probe zugelassen werde. Verharrt er in seinem hl. Vorhaben, so hat er ein Aufnahmegesuch für die eigentliche Probe einzureichen.

III. Von der Probe: Grundsätze

Oben, wo von der Aufgabe eines Missionshauses die Rede war, wurden drei Punkte bezeichnet, in welchen sich der wahre Missionsberuf erproben soll: 1. Die Berufstugenden. 2. Die nötigen Geistesgaben. 3. Die körperliche Tauglichkeit. Diese bilden die drei unumgänglichen Erfordernisse zum Berufe eines Missionärs der Heiden. Von diesen darf keines fehlen. Alle drei müssen daher im Missionshause sorgfältig geprüft, geübt und gefördert werden.

A. Das erste und wichtigste in der Vorbereitung auf die Mission ist die Disziplin und das ihr zu Grunde liegende Streben der Vervollkommnung seiner selbst. Jenes Reich Gottes, von dem der Apostel sagt, dass es in unserm eige-

[a] P^2 - P^4: wenigstens 13 Wochen.

nen Innern liege, muss zuerst im Missionär selbst fest gegründet sein, bevor es durch ihn auch fernen Völkern „zukommen" kann.

Der Missionskandidat ist jenem Jüngling im Evangelium zu vergleichen, an den der Herr zuerst nur die Anforderung stellte, einfach die Gebote zu halten, damit er selbst zum Leben eingehe („Willst du zum Leben eingehen, so halte die Gebote"), dem dies aber nicht genügte, weil er nach höherem Verdienste strebte. Der Herr ging darauf ein. Er blickte ihn mit unendlicher Liebe an und bot ihm die Gnade des apostolischen Berufes an, „wenn er vollkommen sein wolle", das heißt, wenn er nicht bloß die Gebote halte, sondern überdies allem entsage, alles eigene veräußere, und den armen Mitmenschen damit Barmherzigkeit erweise. „Dann komme und folge Mir nach!" war durch das Wörtchen „dann" ganz deutlich an eine Vorbedingung geknüpft, und diese Bedingung hieß: „Willst du vollkommen sein usw." Wo kein ernstes Streben nach Vollkommenheit ist, da ist sicher kein Missionsberuf. Für den Verkünder der Heilsbotschaft, an dessen Wort und Vorbild sich die Gnaden der Bekehrung zum christlichen Glauben und Leben knüpfen, ist eine höhere Vollkommenheit, ein gerechtes „Leben aus dem Glauben" unumgänglich nötig. Jeder, der berufen ist, Seelen zu bekehren, fängt bei sich selbst an. Kein Orden hat Größeres zur Bekehrung heidnischer Völker geleistet, als gerade jener, dessen Mitglieder durch ein eigenes Gelübde der Selbstbekehrung und Selbstheiligung *(conversio morum)* es sich zur heiligsten Pflicht machen, vor allem und immer an der eigenen Seele bessernd zu arbeiten. Der Missionär muss mit dem Erlöser beten können: „Vater, ich habe Deinen Namen den Menschen geoffenbaret, die Du aus der Welt mir übergeben hast... Die Lehren, die Du mir aufgetragen, habe ich ihnen mitgeteilt... Für sie bitte ich,... für sie heilige ich mich selbst, damit auch sie in der Wahrheit geheiligt werden." (Joh 17,6.8.9.19). So muss der Missionär sich selbst heiligen für die Seelen, die Gottes Gnadenwahl ihm aus der Welt gibt, damit auch sie in der Wahrheit geheiligt werden und er keine aus ihnen verliere; und er muss sich heiligen, damit auch er „selbst nicht verloren gehe, während er andern predigt."

Dringend richtet sich daher die Bitte des hl. Franziskus Xaverius an jeden Vorsteher eines Missionshauses: „Ich bitte und beschwöre Dich um der Erbarmung Jesu willen, dass alle Missionäre, die du hierher schickest, lang und viel in den Tugenden geübt worden seien. Denn hierzulande bieten sich sehr viele und große Gefahren zur Sünde dar." Auch erfordern die harten Mühsale des Apostolates eine in Ausdauer bewährte Geduld und große Kreuzesliebe, ein Gottvertrauen, das nur dem gänzlichen Selbstmisstrauen gleichkommt, eine alles für Jesus willig ertragende Demut und Sanftmut, eine ganz selbstvergessene, opferfähige Nächstenliebe, einen vollkommenen Gehorsam, endlich einen innig mit Gott verkehrenden Gebetsgeist. Dieses sind die Tugenden, ohne welche ein Missionär nicht hoffen darf, ein wirksames Werkzeug der Gnade zu werden. Es sind die Tugenden, die man daher im Missionshaus täglich lehren und unausgesetzt üben soll.

In Wahrheit zielt die ganze Erziehung und das ganze Augenmerk der Probe im hiesigen Missionshause vorzugsweise auf das Lernen und Üben dieser Tugenden hin, und eher wird auf einen sonst sehr nützlichen Kandidaten, eher auf jeden möglichen äußerlichen Vorteil verzichtet, als zugelassen, dass die gute Disziplin oder die schöne Harmonie der geistlichen Familie durch denselben Schaden leide. Hier gilt ausnahmslos der Grundsatz: „Suchet vor allem das Reich Gottes...", und siehe die Verheißung, die daran geknüpft ist, – „alles andere wird euch zugegeben werden", hat sich bis jetzt noch täglich bewahrheitet.

Während der Weg des innerlichen Fortschrittes jeden Tag in Vorträgen, geistlichen Lesungen und gelegentlichen Ermahnungen gezeigt und empfohlen wird, bilden die täglichen Übungen der Andacht, der Arbeit, der christlichen Liebe und der Entsagung die vier Hauptmittel der Erziehung und Vorübung für den Dienst des Evangeliums.

1. Die Andachtsübungen

„Wir aber wollen dem Gebete und der Verkündigung des Wortes obliegen", sagten die Apostel (Apg 6). Die Missionäre müssen Männer des Gebetes sein. Altar und Tabernakel gelten für den geistigen Herd des Missionhauses. Der Missionskandidat lerne besonders die geheimnisreichen Schönheiten des Gottesdienstes kennen, lieben und üben. Sie werden ihm einst ein wichtiges Hilfsmittel bei der Bekehrung der Heiden sein. Für ihn selbst sind Tag für Tag das hl. Opfer und der Dienst des Altars, die gemeinschaftlichen kirchlichen Gebete und Gesänge (auch die Hilfsmissionäre beten täglich das kleine Offizium), Betrachtung und Rosenkranz, der wöchentliche Empfang der Sakramente, die Stationen und was immer den Geist der Andacht nähren kann, ebenso viele notwendige Gnadenquellen der Kraft, um im Berufe auszudauern und um die Wege der Gnade zu den Herzen der Heiden zum voraus zu bereiten. Das Gebet im Missionshause gehört zu den wichtigen Vorarbeiten für ein erfolgreiches Wirken im Missionslande.

2. *Die Arbeiten*

Mit dem „Apostolate des Gebetes“ geht das „Apostolat der Arbeit“ Hand in Hand. Der Missionär ist in so ausgeprägtem Sinne und nach so vielen Richtungen hin ein Mann der Arbeit, dass Christus der Herr selbst seine Jünger kurzweg „Arbeiter“ nannte. „Der Arbeiter sind wenige. Bittet den Herrn der Ernte, dass er Arbeiter in seine Ernte sende“ (Lk 10,2).

Das Wirken des Missionärs umfasst sowohl geistige als körperliche Arbeiten. Seine geistige Tätigkeit besteht in der Erlernung der erforderlichen Wissenschaften, in der Aneignung der nötigen Sprachen, in der Verkündigung der Glaubenswahrheiten und Sittenlehre, Widerlegung der Irrtümer, in den Ermahnungen und Tröstungen der Religion, Verwaltung der Sakramente, im Unterrichte und in anderen vielfältigen Studien und Sorgen eines Berufes, in welchem man Tag und Nacht bedacht sein muss, wie man allen alles werde und wie man allen diene, um desto mehrere für Christus zu gewinnen. Diese Geistesarbeit kommt den Missionspriestern und teilweise den Katecheten zu. Die Kandidaten dieser beiden Klassen haben sich daher mit den nötigen Vorbereitungsstudien zu befassen, worüber im Abschnitt B (Unterricht) das Nötigste gesagt wird.

Aber auch der körperlichen Arbeit fällt beim Missionswerke eine sehr hohe, ja viel größere Aufgabe zu, als es scheinen möchte. Nicht als ob sie im Missionshause von Reichenbach[a] mehr als die geistige Arbeit geübt werden sollte, sondern weil ihr daselbst eine besondere Auffassung zu Grunde gelegt und ein besonderer Zweck gegeben wird, muss hier etwas Einlässliches davon gesagt werden.

Die heidnischen Völker betrachten die Arbeit nicht als eine Bestimmung des Menschen, die älter ist als Sünde und Mühsal (Gen 2,15), sondern als einen Fluch oder eine Schande der Menschheit oder bloß als ein Erwerbsmittel zur Befriedigung der Habsucht, des Ehrgeizes und der Genusssucht. Die Arbeit wird daher bei den Wilden auf das unumgänglich Nötigste beschränkt und dem schwachen Geschlecht aufgebürdet, wodurch die Polygamie gefördert wird; denn je mehr Frauen, desto mehr Arbeiterinnen und desto müßiger kann der Mann leben. Diebischer Sinn, unbegrenzter Eigennutz, der allzeit auf Kosten des Nächsten das Eigene sucht, Müßiggang mit all' seinem Lastergefolge, unstet schweifende Wildheit, Blutdurst, Trunksucht, Unsittlichkeit,

[a] P^3 - P^5: St. Ottilien.

und bei alldem ein stets tiefer demoralisierendes Elend[a], – das sind bei barbarischen und halbbarbarischen Völkern meistens die Folgen der Arbeitsscheu und Arbeitsunkenntnis. Ein Arbeiten im christlichen Sinn, dass heißt, „um niemand zur Last zu fallen", sondern um vielmehr sich nützlich zu machen und „im Stande zu sein, den Dürftigen mitzuteilen" (Eph 4,28; Thess 3), – das ist den Heiden so unbekannt wie die christliche Liebe überhaupt. „Gott liebt euch Weiße mehr als uns", klagte einst ein afrikanischer Häuptling bei Livingstone, „denn Gott lehrte euch viele nützliche Arbeiten, gab euch Schießpulver, euch der Feinde zu erwehren und gab euch ein Herz, einander zu lieben. Uns aber gab er nichts als den Wurfspieß und die Kunst, Regen zu machen; auch lieben wir einander nicht; wir misstrauen, bekämpfen, belügen und berauben einander immerfort." Ein solches Volk zum Christentum zu bekehren, ohne es vorher im christlichen Sinne arbeitsam gemacht zu haben, ist offenbar ein Ding der Unmöglichkeit. Ohne ein Lehrmeister der Arbeit zu sein, wird hier der Missionär nie mit Erfolg ein Lehrer des Gebets. Er komme als ein Abgesandter jenes für die Weißen so freundlichen Gottes, der Seine Gaben auch allen Andersfarbigen mitteilen und auch den Schwarzen „die vielen nützlichen Arbeiten lehren", und ihnen dazu „ein Herz geben" will, die Arbeit aus Liebe zu üben und bei den stillen Beschäftigungen des Friedens von der ewigen Tier- und Sklavenjagd, von Diebstahl, Betrug und Raubmord, von Schwelgereien und Zaubereien abzulassen, sich mit einer Frau zu begnügen und die Familie ehrbar zu ernähren.

Zu diesem Zwecke muss nun der Missionär entweder Gehilfen haben, welche sich auf nützliche Arbeiten verstehen und die Heiden – wenigstens die Jugend – darin unterweisen können; (dies wird in der Reichenbacher Missionsgesellschaft[b] der Fall sein, wo den Missionspriestern Hilfsmissionäre begeben werden) oder aber, er muss wie St. Paulus beides zugleich tun: mit dem Munde das Wort Gottes lehren und mit der Hand das Arbeiten. „Ihr wisset, wie ihr mich nachahmen sollt," schreibt er, „indem ich nicht unordentlich unter euch gelebt und niemandes Brot umsonst gegessen, sondern wie gearbeitet habe mit Mühe und Anstrengung Tag und Nacht, um keinem unter Euch zur Last zu fallen und um mich euch selbst als Muster zur Nachahmung aufzustellen." So an die Thessaloniker. Ähnlich den Ephesern: „Al-

[b] P³ - P⁵: Müssiggang mit all' seinem Lastergefolge, Unsittlichkeit, Trunksucht, alle Arten unredlichen Erwerbes durch Diebstahl, Betrug, durch Raub und Mord; unstet schweifende Wildheit, Blutdurst und bei alldem ein stets tiefer demoralisierendes Elend

[a] P³ - P⁵: St. Benediktus-Missionsgenossenschaft.

les habe ich euch gezeigt; so muss man arbeiten und den Arbeitsunfähigen beistehen." Nach diesem Vorbilde haben viele große Missionäre gehandelt. So z.B. jene, welche einst Amerika Christo gewannen. P. de Parrago[2] baute seinen Indianern eigenhändig Häuser, lehrte ihnen den Anbau des Flachses und Obstbaumzucht. P. Ramirez pflanzte zu Quito das erste europäische Getreide in Amerika an. P. Casanuova baute Kirchen und Schulen, wobei er als Architekt, Maurer und Zimmermann mittätig, das Volk abwechselnd in der Arbeit und im hl. Glauben unterwies. Uns so brachten und bringen noch heutzutage viele Missionspriester, wie z.B. der noch jetzt wirkende Benediktinerbischof und Missionär der westaustralischen Wilden, Msgr. Salvado, Jahre damit zu, den Eingeborenen die Elemente der Gesittung vermittelst der guten Grundsätze und Kenntnisse der Arbeit beizubringen, wobei sie alle Handwerke ausüben, die Felder bestellen usw. Sie halten gleich den Vätern des 4. Konzils von Karthago die Handarbeit (nicht saecularia negotia) für eine apostolische, mit der priesterlichen Würde gar wohl vereinbare Beschäftigung; ja nebst dem Apostolat der Predigt und neben dem Apostolate des Gebetes üben sie auch die Arbeit geradezu als Apostolat. Das Apostolat der Arbeit ist bei den am tiefsten gesunkenen Völkern, wie bei den afrikanischen und australischen Stämmen, den Indianern und Bewohnern der Südseeinseln zur Vorbereitung des Christentums oft sogar das allein erfolgreiche, um erst eine Anfangsstufe der Menschenwürde als Boden für die elementaren Lehren der christlichen Religion und Sittlichkeit zu schaffen. Der gegenwärtig mächtigste Häuptling Südafrikas verbot den Vätern der Zambesi-Mission (SJ) Schulen für den Unterricht im Lesen und Schreiben zu errichten. „Dadurch ist den Missionären", schreibt ihr Berichterstatter, „ein Weg zur Eroberung dieser wilden Jugend für Christus verschlossen; ein anderer aber steht ihnen zwar offen... Sie müssen nämlich durch Unterricht in den europäischen Handwerken und im Landbau (dies wird gestattet), namentlich aber durch die Ausübung der Werke der Barmherzigkeit, diese wilden Seelen zähmen, zu Menschen heranziehen und nach und nach der Lehre Christi und den Forderungen des christlichen Sittengesetzes näher bringen" (P. Spillmann, Vom Cap zum Zambesi, S. 422).

Freilich, wenn dabei dem Missionär nicht die nötigen Gehilfen zur Seite stehen, zersplittern sich seine Kräfte zum Nachteil der priesterlichen Hirtensorge. Ein solcher muss mit den Aposteln bekennen: „Es geziemt sich nicht, dass wir den Dienst des Wortes bei Seite setzen und die Tische besorgen. Stellet daher einige Männer auf, die voll Weisheit und des hl. Geistes sind und einen guten Leumund haben, damit wir sie mit diesem Geschäfte betrauen. Wir aber wollen dem Gebete und der Verkündigung des Wortes Gottes obliegen" (Apg 6). Auf die Ausführung dieses Ratschlusses, auf diese unbedingt notwendige Fürsorge, den Aposteln Gehilfen zu geben für die zeitlichen Geschäfte, ist das

Missionshaus von Reichenbach[a] ganz besonders bedacht (siehe oben IV). Es lehrt also einerseits die Arbeit als Apostolat auffassen und üben und bildet andererseits hierzu eigene Hilfsmissionäre aus, welche den Missionspriestern seiner Genossenschaft beigegeben werden.

Jener Laienbruder Pedro de Gante[3], der durch seine Katecheten- und Gewerbeschulen zur Christianisierung Mexikos so Großes geleistet, beweist, wie wahrhaft apostolisch ein Hilfsmissionär wirken kann, wenn er ein wahrer Religiose und zu diesem Amte befähigt und vorgebildet worden ist. Hierzu gehört vor allem, dass er von der Arbeit jene erhabene Ansicht und jene evangelische Absicht habe, welche den Völkerapostel bewegte, wenn derselbe, wie er selbst gesteht, arbeite „um allen ein Vorbild zu sein, wie man arbeiten müsse, um sich selbst zu erhalten und andern helfen zu können" (Gal 4,12); um Kranken und Arbeitsuntauglichen beizustehen (Apg 20); „um selbst niemanden zur Last zu fallen" (2 Thess 3,7); um auch seine Mitarbeiter im Evangelium der Sorge für den Lebensunterhalt zu entheben (Apg 20,34); um das apostolische Amt unabhängig zu bewahren, dagegen durch Uneigennützigkeit andere für sich zu verpflichten, zu ihrem Heil (1 Kor 9,12); um ein großes Hindernis des Glaubens zu beseitigen, nämlich den Argwohn der Heiden, die Glaubensbotschaft sei nur ein Erwerbsmittel des Missionärs (1 Kor 9,12); besonders aber um sich von den falschen Aposteln (der Häresie) zu unterscheiden, welche den Apostel der Wahrheit in allem nachäffen, nur nicht im unentgeltlichen Arbeiten für das Evangelium, weshalb sie von Paulus „schlechte Lohnknechte" genannt werden (2 Kor 11,11).

Diese Beweggründe sind es, welche aus der Arbeit ein Apostolat und auch aus dem Laien einen wahren Missionär und Mitarbeiter Christi und seiner Apostel machen.

Bei dieser Auffassung wird das Missionshaus keinen dulden, der nicht arbeitssam und arbeitstüchtig ist. Es darf zu seinem Wahrzeichen einen goldenen Bienenkorb nehmen, wo in schönster Ordnung und Unterordnung alles tätig ist, die einen geistig, die anderen mit ihrer Hände Geschick oder mit der Kraft ihrer Arme. Die Missionskandidaten der zwei ersten Abteilungen (Priester und Katecheten) haben täglich sieben[b] Stunden Studiumszeit; aber außerdem sollen sie täglich eine passende, nicht zu ermüdende Handarbeit verrichten und sich in einem Handwerk üben, teils aus Gesundheitsrücksichten, teils

[a] P^3 - P^5: St. Ottilien.

[b] P^4: neun.

zur Übung der Demut, Armut und des Gehorsams, teils weil es altkirchlicher, apostolischer Brauch ist.[a] Die Kandidaten der 3. Abteilung (Arbeiter-Hilfsmissionäre) werden in den Werkstätten, in der Druckerei, in Hausdiensten oder in Feld und Garten beschäftigt, jedoch so, dass ihr körperliches Tagwerk mit einer geistlichen Übung oder einem Vortrag, sei es über das innerliche Leben oder über Missionssachen sowohl begonnen als geschlossen werde.

Typographen und Mechaniker; Schreiner, Schuster, Schneider, Schmiede, Schlosser und Spengler, Zimmerleute und Wagner; Maler und Buchbinder; Gärtner, Ökonomen, die sich auf die Bodenkultur oder auf Pferde- und Viehzucht verstehen, – alle können sich für die Missionen und das Missionshaus nützlich machen, wenn sie nur nach der Disziplin des Hauses lebend, im rechten Geist arbeiten, das heißt: sie müssen allein im Hinblick auf Gott und Gotteslohn den frommen Dienst versehen, den ihnen der Gehorsam anweist, geleitet von einer oder der anderen der obenerwähnten hl. Absichten des arbeitenden Apostels; sie dürfen ihre Beschäftigungen nicht selbst wählen, müssen stets zu jeder Arbeit bereit sein, auch zu einer ungewohnten oder geringeren, dürfen außer der vorgeschriebenen Erholungszeit nie untätig sein; haben sich mit den Mitarbeitern bescheiden und liebevoll zu vertragen; dürfen auf anderer Arbeit nicht eifersüchtig, auf eigene Arbeit nicht eingebildet und für Berichtigungen und Belehrungen nicht unzugänglich und empfindlich sein; sie müssen auf Lohnansprüche verzichten und auf das Wohl und Gedeihen des Hauses, der Gesellschaft und deren Missionen bedacht sein; dürfen sich aber von Schwierigkeiten nicht entmutigen oder zum Murren hinreißen lassen, sondern haben sich als Arbeiter Christi starkmütig, ausdauernd, eifrig und aufopferungsfähig zu zeigen. Wer von der Liebe Gottes getrieben wird, findet seine Wonne darin, so für Gott zu arbeiten. Und dies ist dem wahren Missionsberufe eigen[a].

[a] Anmerkung: Der hl. Benedikt sagt in der hl. Regel (Kap. 48): „Dann sind sie wahre Mönche, wenn sie von der Arbeit ihrer Hände leben, wie auch unsere Väter und die Apostel". „Die Geistlichen", sagt der 3. Kanon des 4. Konzils von Karthago, „wie fähig sie immer im Worte Gottes sein mögen, sollen ein ehrbares Handwerk verstehen, womit sie ihren Lebensunterhalt verdienen." Der 32. Kanon wiederholt dies mit dem Beisatz: „oder durch Feldarbeit... ohne darum ihre hl. Pflichten zu versäumen." Das Verbot der „weltlichen Geschäfte", d.h. der Wirts-, Handels- und Geldgeschäfte (Konzil von Trient, 21. Session) steht jenen Vorschriften der Arbeit nicht entgegen. Es gilt auch besonders den Missionären. Handelsgeschäfte haben in den 50er Jahren den ersten katholischen Missionsversuch auf Borneo zunichte gemacht. Der Missionär arbeite, hüte sich aber vor Handelsgeschäften. Der Evangelist Matthäus wurde nicht mehr ein Levi.

[b] Anmerkung: Über die verdienstvolle Aufgabe der Hilfsmissionäre (Katecheten, Ärzte, Krankenpfleger, Handwerker und Arbeiter) erscheint demnächst eine Broschüre *(Anm. des Herausgebers: aus dieser geplanten Broschüre wurde dann wohl der Aufsatz in den Missionsblättern, der auf S. 281ff zu finden ist).*

3. Übung der Grundtugenden

Wo Gebet und Arbeit, da sind auch die Tugenden zu Hause, gerade wie umgekehrt Nichtbeten und Müßiggehen der fruchtbare Boden der Laster sind. Zwei Haupttugenden sind es vorzüglich, welche sozusagen als die Wurzeln der übrigen bei der Erziehung für den Missionsberuf angestrebt werden müssen:

a. Die Charitas (Liebe) soll die charakteristische Tugend der Glaubensboten sein. Papst Gregor der Große spricht diesen Grundsatz in einer Homilie aus und die Kirche stellt ihn uns im Festoffizium der hl. Evangelisten immer wieder vor Augen. Er heißt: „Dadurch, dass der Herr seine Jünger zur Verkündigung des Evangeliums je zwei und zwei aussandte (wodurch uns die Zweizahl der höchsten Gebote – der Gottes- und Nächstenliebe – und die Gegenseitigkeit der Liebe überhaupt angedeutet wurde), wollte Er uns stillschweigend die Lehre geben: „Wem es an der Liebe zum Mitbruder fehle, dem soll das Amt der Glaubensverkündigung durchaus nicht übertragen werden."

Die Liebe ist also ein Hauptprüfstein des Missionsberufes und sein vornehmstes Kennzeichen. Wer dem Obern kindlich liebend und vertrauensvoll ergeben ist und allen Mitbrüdern ohne Ausnahme gütig, bescheiden, hilfsbereit, ehrerbietig und freundlich begegnet, wer „mit aller Demut und Sanftmut, mit schonender Nachsicht den anderen in der Liebe erträgt und es sich recht angelegen sein lässt, die Einigkeit des Geistes durch das Band des Friedens zu erhalten", der „wandelt würdig des apostolischen Berufes, der an ihn ergangen" (Eph 4,1-4). Ein solcher wird auch aus Liebe zu Gott und herzlichem Erbarmen mit den Irrenden ein Gehilfe des liebenden Erlösers sein. *Omnia in charitate fiant* (alles geschehe in Liebe), ist die beste Portalüberschrift eines Missionshauses. Alle hier Wohnenden haben sich als Glieder einer Familie zu betrachten, sollen einander als Brüder und den Obern als Vater lieben. Missgunst, Misstrauen, Absonderung von Andern, gegenseitiges Beurteilen, unbefugtes Tadeln, anmaßendes Wesen, unfreundliches Benehmen, Zanken, unnötiges Denunzieren, Abneigungen gegen die einen, Privatfreundschaften mit anderen, Parteibildungen, Aufreizungen zu Unzufriedenheit, Friedensstörungen welcher Art immer werden sehr ernst geahndet, und wenn Ermahnungen nicht fruchten, soll bald die Entlassung erfolgen, weil von diesen Mängeln an Liebe mit Sicherheit auf Nichtberuf zu schließen ist. *Qui charitatem erga alterum non habet, praedicationis officium suscipere nullatenus debet.*

b. Entsagung. „Keiner von euch, der nicht allem, was er hat, entsagt, kann Mein Jünger sein" (Lk 14,33). „Von euch", den Aposteln und jenen 72, welche Er mit Auftrage, die Ankunft des Reiches Gottes zu verkünden, „vor Seinem Antlitze hersandte an alle Orte, wohin Er Selbst nachkommen wollte." Diese sind unter den „Jüngern" wohl an erster Stelle zu verstehen. Und so ist es klar, dass jenes Wort vor allen anderen den Gesandten Christi, den Missionären gilt: „Keiner von euch, der nicht allem, was er hat, entsagt, kann Mein Apostel, ein Bote Meines Evangeliums sein.“ Die Entsagung ist daher das zweite Hauptwahrzeichen des Missionsberufes. Wie kann dieselbe aber im Missionshause beobachtet und wie kann eine so wesentliche Eigenschaft des guten Missionärs zum voraus gebildet, geübt und gefördert werden? Es geschieht durch die folgenden Übungen, zu denen der Kandidat beständig mit größter Sorgfalt angeleitet und angehalten wird:

Durch Entsagung des Verfügungsrechtes über Mein und Dein (freiwillige Armut), Entsagung des eigenen Willens (Gehorsam), Entsagung aller sinnlichen Genüsse (Enthaltsamkeit), Entsagung aller eiteln Ehre und Einbildung (Demut), Entsagung in Speise und Trank (Mäßigkeit), Entsagung im Reden (Stillschweigen außer der Erholungszeit), Entsagung der Bequemlichkeit und weichlichen Selbstpflege (Abhärtung und Kreuzesliebe), Entsagung der Bande von Fleisch und Blut (Trennung von der Heimat und den Seinigen).

Die Regeln des Hauses enthalten einlässliche Bekehrungen und Anweisungen über jede dieser Tugenden der Entsagung. Hier mögen zur anfänglichen Orientierung der Kandidaten einige Andeutungen genügen.

Armut

Jeder gibt nach seiner Ankunft alle seine Habseligkeiten, Geld, Bücher, Kleider usw. samt deren Verzeichnis ab. Der Obere überlässt ihm das Nötige, das Übrige wird im Depositorium verwahrt. Geld darf keiner besitzen, keiner ohne Erlaubnis etwas geben oder empfangen. Dagegen sorgt der Vater des Hauses für alle Bedürfnisse. Durch diese Losschälung des Herzens von jedem irdischen Gute soll Gottes ungeteilte Liebe gefördert werden. Aber auch aus Nächstenliebe werde durch Arbeiten, Sparen, durch Schonung der Kleider und der Habe des Hauses die Armut geübt, eingedenk, dass milde Gaben das Haus erhalten, und dass diese Spenden der Liebe nicht den Zweck haben, Überfluss zu verschaffen, sondern es auch den Armen zu ermöglichen, dem Missionsberufe zu folgen.

Gehorsam

Erfordert schon die militärische Manneszucht den unbedingten Gehorsam, wie viel mehr nicht die Miliz Christi, der, obschon Heerführer und Vorkämpfer, es doch für gut und notwendig erachtete, selbst „gehorsam zu sein bis zum Kreuzestode“, uns zum Vorbild, weil ohne Gehorsam kein geordneter und darum auch kein siegreicher Kampf möglich ist. Es liegt im Gehorsam das Geheimnis einer großen, alles überwindenden Kraft. Sei es die Demut der Unterwerfung unter die Autorität, sei es der Opfermut der Selbstüberwindung, sei es der Glaube, der im Menschen Gott allein dient, sei es die Hoffnung auf den sicheren Lohn, sei es die alles vermögende Liebe, die Gott im Gehorsam das Opfer des Liebsten (der Freiheit des eigenen Willens und Urteils) bringt, oder sei es, dass vielmehr alles dies zusammenwirkt, den Gehorsam so segensreich zu machen, – ohne ihn gibt es keinen Fortschritt im Guten, keinen Sieg über das Böse, keinen Frieden, keine Ordnung, kein harmonisches Zusammenleben, keine Familie, kein einheitliches Wirken, keinen dauernden Erfolg.

Diesem wahren Grundsatz gemäß muss im Missionshaus wie in jeder wohlgeordneten religiösen Genossenschaft alles mit Erlaubnis des Oberen geschehen, zur bestimmten Zeit, in der vorgeschriebenen Weise. Der Gehorsam sei freudig („einen freudigen Geber hat Gott lieb"); es ist erfordert, dass er ohne Widerrede, ohne Aufschub, ohne Zögern und Zagen, ohne Murren und Unzufriedenheit, ohne Kritik des Befehls geleistet werde. Nur so ist er verdienstvoll. Dieser Gehorsam macht das Herz frei und glücklich und erleichtert den Beruf. Derjenige fängt am besten und klügsten an, der gleich von Anfang mit der ganzen Entschiedenheit des ersten Eifers sich ohne Bedingung und Furcht, mit Gottesvertrauen, in die Hände des Oberen übergibt. Ein solcher wird vor anderen die Gnade der Beharrlichkeit erlangen. Jeder Eintretende, sei er auch Priester oder habe er in der Welt was immer für eine Würde bekleidet, glaube jener Lehre eines hl. Kirchenvaters, dass „nur der Sieg über den Eigenwillen ihn befähigen werde, von Stufe zu Stufe bis zur Vollkommenheit emporzuklimmen", – zur Vollkommenheit, deren Streben, wie wir oben hörten, an die Berufung zum Apostolate als Vorbedingung geknüpft wurde.

Enthaltsamkeit

Der Missionär, der um des Himmelreiches willen sich den Seelen zum Opfer bringt, zählt zu jenen, von denen Christus sagt, es gebe Enthaltsame, die sich des Himmelreiches wegen selbst zur Enthaltsamkeit verpflichten (Mt 19,12). Enthalten sie sich aber deshalb der Ehe, um wie viel mehr der Unlauterkeit! Wer sich durch diese vom Himmelreich ausschließt (1 Kor 6,9), ist gewiss am wenigsten im Stande, anderen die Gnade der himmlischen Erbschaft zu vermitteln. Nach der Lehre des hl. Thomas[a] sind die acht Töchter dieses Lasters

[a] Anmerkung: Summa 2 2ae LIII 6; CLIII 4 et 5.

folgende: „Geistesblindheit“ – wie kann ein damit Behafteter berufen sein, „den Heiden die Augen zu öffnen, dass sie von der Finsternis sich zum Lichte bekehren“? Ferner „Liebe zum gegenwärtigen Leben“ - darum wird ein solcher nicht das Opfer seines Lebens bringen können. Ferner „Eigenliebe und Vernichtung der Gottesliebe“ – doch des Apostels Beruf ist gerade in der selbstlosesten Gottes- und Nächstenliebe begründet! Ferner „Unbedachtsamkeit, Übereilung und Unbeständigkeit“ – kein Beruf erfordert aber mehr Umsicht, Festigkeit und Beharrlichkeit als der des Missionärs! Schließlich „Verzweiflung am künftigen Leben“ – der Verkünder des Glaubens jedoch ist ein Bote der frohen Hoffnung auf das Jenseits! Dem apostolischen Berufe kann also kaum etwas direkter entgegen sein als diese Leidenschaft. Mit vollstem Rechte zählt der hl. Lehrer zu den fünf schädlichen Wirkungen derselben das *impedimentum bonorum operum* (Hindernis der guten Werke). Bedenkt man nun, dass die heidnischen Länder, wie der hl. Franz Xaver schreibt, sehr viele Anlässe und Verlockungen zur Sünde bieten, so versteht man den Nachdruck, womit dieser hl. Apostel den Missionskandidaten die Bedingung stellte, sie müssen *eximia castitate*, mit ungewöhnlicher Reinheit begnadet sein. Man wird auch verstehen, warum im Missionshause bei der Kandidaten- und Mitgliederaufnahme auf sittliche Unverdorbenheit gesehen und warum durch das strenge Verbot der Privatfreundschaften, des Sonderverkehrs Einzelner, des vertrauten Verkehrs mit Weltleuten und Personen des anderen Geschlechtes, durch Nichtzulassung der Ferien etc. tunliche Schutz- und Vorsichtsmaßregeln getroffen sind.

Demut

Der Kandidat tut wohl daran, gleich vom Anbeginn seiner Probezeit mit ganzer Entschlossenheit sich dieser Fundamentaltugend hinzugeben. Er stelle sich in Einfalt unter die Leitung des Oberen und habe vor ihm keine Geheimnisse. Er nehme die Belehrungen dankbar an, unterziehe sich jeder Arbeit, füge sich willigst, jedem Auftrage. Er muss als der zuletzt Angekommene allen anderen den Vortritt lassen; muss die Regeln der Ehrerbietung vor dem Vorgesetzten und des Anstandes und der Achtung gegenüber allen Mitgliedern des Hauses frei von Hochmut beobachten; er soll sich gern auf Fehler aufmerksam machen lassen; darf sich nicht entschuldigen, wenn ihn Tadel trifft; muss, wo der Nutzen seiner Seele oder die Disziplin des Hauses eine Satisfaktion erheischt, für besondere Fehltritte eine Buße tragen. Er halte es nicht für unter seiner Würde, wer immer er sei oder war, die demütigendsten niedrigsten Dienstleistungen im Haus zu verrichten, in denen St. Franz Xaver die Missionskandidaten eine genügende Zeit lang geübt wissen will. Er beanspruche nicht gleich von Anfang ein seiner Bildung (oder gar Einbildung) entsprechendes Amt, bevor er sich nicht zuerst in dem bewährt hat, was wichtiger ist als jede Amtsleistung. Er vermesse sich in keinem Falle, über Mitbrüder oder Vorgesetzte oder über Institutionen des Hauses oder über Anordnungen ein Urteil auszusprechen. Er betrachte an sich die Mängel, an anderen die Vorzüge, und nicht, wie es gewöhnlich ist, das Umgekehrte. Er sage oft mit dem Psalmisten „Meine Wahl ist diese: lieber will ich im Hause Gottes der Letzte sein, als in den Häusern der Sünder wohnen." Fühlt er sich durch etwas beschämt, so sage er zu Gott: „Es ist gut, dass Du mich gedemütigt hast; so lerne ich deine Rechtfertigung" (nicht „meine", d.i. die Selbstrechtfertigung).

St. Franziskus Xaverius beschwört den Vorsteher eines Missionshauses, doch keine Mitglieder aufzunehmen, welche von der „Pest" des Stolzes angesteckt seien. Das Werk Gottes werde durch ein paar Demütige viel besser gefördert als durch einen Haufen Hochmütiger, so begabt sie auch wären. Der demütige Missionär allein sei im Stande, auch „in den größten Nöten und Sorgen, Misserfolgen und Leiden und Anstrengungen die Seelenstärke, das Gottvertrauen und die Ausdauer zu bewahren", weil der Demütige, der nie etwas von sich selbst erwartet hat, stets seine Stütze in Gott findet.

Mäßigkeit

Die Erziehung für das Missionsleben hat bezüglich der Nahrung eine doppelte Aufgabe zu lösen: sie soll die leiblichen Kräfte für den harten Dienst der Mission stärken und soll andererseits durch Vereinfachung und Einschränkung ungeregelter, übermäßiger Bedürfnisse den Missionär in Stand setzen, dereinst im Missionslande zeitweilige Entbehrungen, wie das Leben in noch unkultivierten Ländern solche zuweilen mit sich bringt, leichter zu ertragen. Beides wird erreicht durch Beobachtung der weisen Nährungsregel, die der hl. Kirchenlehrer Johannes Chrysostomus dem Volke einst vortrug: „Willst du den Körper nähren? Gib ihm an Speise, was zureicht und verdaut werden kann und entziehe ihm, was darüber hinausgeht. Dann machst du deinen Leib arbeitstüchtig, brauchbar und gesund und stark und für die Tätigkeit der Seele tauglich" (29. Homilie zum Hebräerbrief). Ein Missionär, der in diesem Punkte genusssüchtig (unabgetötet), gaumenwählerisch, verwöhnt oder maßlos wäre, der würde im Missionslande sehr wahrscheinlich den hohen Beruf seiner Seele an den zu hohen Ansprüchen seines Leibes scheitern sehen, besonders wenn er einige Male Gelegenheit hätte, mit dem hl. Apostel Paulus sich des „Hungers und Durstes für das Evangelium rühmen zu können". Ungeregelten, übertriebenen Ansprüchen und Bedürfnissen eines derartigen

Kandidaten darf im Missionshause selbstverständlich nicht Rechnung getragen werden. Überdies werden Neuangekommene auf folgende Regeln aufmerksam gemacht. In der Zeit zwischen den Haupt- und Nebenmahlzeiten darf nichts gegessen werden, gleichviel ob man sich im Hause oder im Freien oder auf Besuchen oder Kommissionen in dem Umgebung befinde. Vom Essen zu sprechen ist als ganz unstatthaft verpönt, es sei denn, dies geschehe dem Oberen gegenüber.

Abhärtung

Die Klugheit nimmt hierbei die Gesundheit zum Maßstab, die dadurch gekräftigt werden soll, und beschränkt daher die Abhärtung auf Übungen, welche nur der Verweichlichung entgegenwirken sollen. Daher erlaubt sie keine verzärtelnden Kleider usw. Bei leichtem Unwohlsein oder nach bereits erfolgter Genesung gestattet sie nicht unnötiges Zu-Bette-Liegen, unzeitiges Ruhen und Nichtstun oder Dispensen von gemeinschaftlichen Übungen, auch nicht leicht Extraspeisen, und lässt ängstliche Selbstpflege und übertriebene Selbstschonung nicht zu. Derartige kleine Entsagungen fallen denjenigen leicht, welche es mit der Vorbereitung auf den entsagungsreichen Missionsberuf ernst nehmen. Können sie auch nicht in der ganzen Strenge des gegen sich selbst unnachsichtigen Völkerapostels St. Paulus sagen: „Ich züchtige meinen Leib,“ so folgen sie doch der schonenden Mahnung des hl. Johannes Chrysostomus: „Lasst uns, ich bitte euch, unseren Leib abhärten und ihn nicht durch Verweichlichung kränklich und der Seele hinderlich machen.“

Kreuzesliebe

Wer echten Missionsberuf hat, rüstet sich von Anfang an zur Ertragung von Leiden. Für Christus, mit Christus leiden können und leiden, gehört zu den Kennzeichen des wahren apostolischen Berufes. „Die Beweise des Apostelamtes sind unter euch abgelegt worden durch Erduldung von Leiden aller Art...“, schreibt der Apostel Paulus (2 Kor 12,12). Ja, das Maß von Mühen und Leiden stellt er als den Gradmesser des größeren oder geringeren Dienstes Christi hin: „Sind sie Diener Christi? Viel mehr noch ich, denn mehr Mühseligkeiten, mehr Misshandlungen hab' ich erlitten...“ (2 Kor 11,23). Jeder berufene Herold des Heiles bei den Heiden ist „ein Gefäß der Auserwählung, Jesu Namen zu den Heiden zu tragen und Jesus zeigt ihm, wie viel er um dieses Namens willen leiden soll“ (Apg 9,16). Aber bei all diesen Leiden überströmt er von Trost und überirdischen Freuden, gleichviel, ob er erst nur säe und noch keine Ernte erlebe oder ob er ernte, was er nicht gesäet; er weiß ja, dass einst „der Säende wie der Erntende zugleich sich freuen" (Joh 4,36). Leidend und arbeitend ruft er voll heiliger Begeisterung: „Ich will mit Freuden Opfer bringen, ja mich selbst für die Seelen opfern" (2 Kor 2,15).

Trennung von der Heimat und den Seinigen

Unter Papst Pius[a] geschah es, dass ein Kleriker aus Gaeta, der sich dem Missionsbischof Salvado angeschlossen hatte, um ihn nach Australien zu begleiten, sich aber durch das Flehen seiner Mutter von diesem Berufe wieder hatte abbringen lassen, am ersten Morgen nach seiner Rückkehr zur Mutter tot im Bette gefunden wurde (P. Berangier, Mission von Neu-Nursia). Welch' ein Fingerzeig auf jene Stelle der Schrift: „Wer Vater oder Mutter mehr liebt als Mich, ist Meiner nicht wert. Wenn jemand Mir nachfolgen will, und nicht entsagt seinem Vater, seiner Mutter... Brüdern und Schwestern... der kann Mein Jünger nicht sein". Der Größe dieses Opfers ist aber auch die Verheißung entsprechend: „Überhaupt jeder, der Häuser oder Brüder oder Schwestern oder Vater oder Mutter... verlässt um Meines Namens willen, wird Hundertfaches dafür empfangen und das ewige Leben besitzen".

„Um Christi Namen willen", bringt der Missionär dies Opfer. Es ist daher nötig, schreibt der hl. Franz Xaver, dass derselbe schon im Missionshause das Vergessen menschlicher Angehörigkeit pflege und lerne ganz in Gott sein Genüge zu finden. (Dies einigermaßen zu üben, soll der Kandidat vor seiner Aussendung keine Besuche zu Hause machen, keine Ferien daheim zubringen und nicht häufiger als etwa alle sieben Wochen heimschreiben.)

Der zweite Hauptpunkt, in welchem der Missionsberuf erprobt werden soll, betrifft die nötige Begabung, sei es zur geistlichen, sei es zu einer technischen Missionstätigkeit. Diese wird in beiden Fällen durch Unterricht und Übung ermittelt und gefördert. Daher besteht eine fernere Hauptaufgabe des Missionshauses im Unterricht.

[a] P^2 und P^3: Pius IX.

B. Unterricht

Jedem Missionär ist eine gute Ausbildung wenigstens in denjenigen Kenntnissen notwendig, die sein Wirken unterstützen können. Missionäre von heidnischen Kulturvölkern wie z.B. der Chinesen, Japaner etc. bedürfen weniger der technischen Kenntnisse, dagegen einer höheren Bildung in Philosophie, Theologie, Literatur, Naturwissenschaften und Sprachenkunde. St. Franziskus Xaverius bekennt, er habe oft all' sein Wissen, allen Scharfsinn und alle dialektische Kunst aufbieten müssen, um die Fragen gelehrter Heiden lösen und ihre Einwände widerlegen zu können. Dagegen schreibt er mit Bezug auf die Missionen bei mehr oder weniger kulturlosen Völkern, z.B. den Hindu, Negern etc.: „Seid überzeugt, man brauche keine weitschichtige Gelehrsamkeit, um die Völker zu Christus zu bringen: große Erfahrenheit auf den Wegen der Heiligkeit, und eine große Kraft des Heiligen Geistes – die tun das meiste" (Brief aus Malacca). Doch stellt er anderswo auch für diese Missionen die Anforderung eines mehr als gewöhnlichen praktischen Verstandes, einer guten Begabung, um in fremden Sprachen zu verkehren, pädagogischen Taktes, der Klugheit und Menschenkenntnis. Technische Kenntnisse und Fertigkeiten sind hier vom größten Nutzen. Die Ansicht, dass für die Heidenmissionen ein jeder, auch ein nur halbwegs Befähigter, tauglich sei, ist eine sehr irrige. Papst Gregor II. schrieb an den hl. Bonifatius in dem Briefe, in welchem er ihn zum Apostel der germanischen Barbaren bestimmte: „Da Wir in Erfahrung gebracht, dass du die hl. Wissenschaft von Jugend auf erlernt hast und nachdem du in denselben vorangeschritten, mit dieser Gabe zur Vermehrung des vom Himmel anvertrauten Talentes wucherst, nämlich die Gnade der Offenbarungskenntnis zum Werke des heilbringenden Predigtamtes verwendest, um den heidnischen Völkern das Geheimnis des Glaubens bekannt zu machen, so wünschen Wir Mithelfer an der dir verliehenen Gnade zu werden." So achtet der apostolische Stuhl selbst bei einem Missionär kulturloser Barbaren auf wissenschaftliche Befähigung. Und nicht bloß „wissenschaftliche." Überhaupt wissen, mit Wort und Tat das Vertrauen der fremden Heiden zu gewinnen und ihr totes Interesse für das Überirdische und für die Bedürfnisse der Seele zu wecken; wissen, wie und wann und an was das Bekehrungswerk anzuknüpfen und wie durchzuführen; die zahllosen Gefahren von Seiten der Natur und der Menschen zu verhüten oder ihnen zu begegnen wissen, – dies und so viel Anderes erfordert ohne Zweifel eine gute geistige Begabung und Vorbildung. Jene zu erproben und diese zu fördern ist Sache des Unterrichts im Missionshaus.

Während der Probezeit wird durch Lehrübungen festgestellt, ob der Kandidat sich zu den Studien eigne. Wenn dies der Fall, dann trägt das Missionshaus für dessen weitere, gründliche Ausbildung Sorge. Dieselbe ist aber speziell für den Missionsberuf und die Missionen unserer Gesellschaft berechnet. Das Missionsinstitut bietet keinen Ersatz für eine öffentliche Lehranstalt des Staates im Sinne des § 2 der Königlichen Verordnung vom 18. April 1873[a].

C. Zu den drei unumgänglichen Erfordernissen für den Beruf eines Missionärs gehört endlich die körperliche Tauglichkeit, die daher den dritten Hauptpunkt der Berufsprobe bildet. Der hl. Franz Xaver schreibt hierüber: „In der Mission werden Land und Meer die körperliche Kraft und Ausdauer auf die Probe stellen. Die Verhältnisse (des Klimas, der Nahrung und der Bodenbeschaffenheit unkultivierter Länder) sind so, dass sie Männer von einer festen Körperkonstitution und von noch jugendlichem Alter erfordern, und dass sie sicher mehr für jüngere als ältere Kräfte passen, obwohl sie auch Leute von fortgeschrittenem Alter, wenn sie noch rüstig sind, keineswegs zurückweisen."

Der Infirmar des Missionshauses führt über den Gesundheitszustand eines jeden Kandidaten ein Tagebuch, das bei der Entscheidung über die Zulassung zur Mitgliedschaft zu Rate gezogen wird.

IV. Pekuniäre Bedingungen

Das Missionshaus – dies ist wohl bei allen neu entstehenden Missionshäusern der Fall – ist nur auf den Gründungsfond der göttlichen Vorsehung gebaut. St. Josef ist sein Patron und Verwalter. Es muss von den Kandidaten selbst ein Beitrag zu ihrem Unterhalt erbracht werden für so lange, bis sie Mitglieder der Gesellschaft werden (Siehe V). Die hierfür festgesetzte Pension, 1 Mark

[a] Anmerkung: Auf einen wesentlichen Unterschied zwischen dem Missionshaus und einer bloßen Lehranstalt muss aufmerksam gemacht werden. An einer Lehranstalt sucht man weiter nichts als die nötigen Studien zu machen. In einem Missionsinstitute dagegen sucht der Eintretende ein Mitglied der Missionsgesellschaft zu werden, teils zum eigenen Seelengewinn, teils zum Zwecke der Glaubensverbreitung unter den Heiden. Alles andere, z.B. ob und welche Studien, wo und wie lange solche zu machen seien, überlässt er dem, in dessen Hände er vertrauensvoll zur Prüfung und Erreichung seines Berufes seinen Willen übergibt, überzeugt, derselbe kenne keine größere Sorge als die, dass der Beruf des Einzelnen wie der Zweck der Genossenschaft möglich erreicht werde. (Ganz ähnlich wie auch der, welcher in einem religiösen Orden Aufnahme sucht, die Frage nach den Studien ganz außer acht lässt). Wer unter dem Vorgeben, Missionär werden zu wollen, ins Missionshaus kommt, in Wahrheit aber nur in der Absicht, daselbst seine Studien zu betreiben, der wird jedenfalls an der Disziplin des Hauses, die Prüfstein des Berufes ist, bald einen Anlass zu seiner Entlassung finden.

Es wird auch ernstlich davor gewarnt, dass man bloß durch den Misserfolg an früheren Lehranstalten sich bewegen lasse, sich der ausländischen Mission zuzuwenden.

täglich, reicht zwar kaum hin; doch ersetzen Liebesgaben das Fehlende. Um so mehr ist jeder Kandidat, der von Hause aus oder durch Unterstützung von wohltätiger Seite aus im Stande ist, das Missionshaus schadlos zu halten (und wer kein Handwerk gründlich versteht), im Gewissen verpflichtet zu diesem Beitrag. Doch wünscht das Haus sehr, es auch unbemittelten braven Knaben ermöglichen zu können, dem Missionsberuf zu folgen. Dies kann aber nur nach Maßgabe der empfangenen Unterstützungen geschehen.

Die Kandidaten haben bei der Erfüllung der Anmeldungsformalitäten (oben Ib) auf dem vom Pfarramt beglaubigten Nationale anzugeben, wie viel von der Pension sie entrichten können. Freiplätze gibt es erst nach der wohlbestanden einvierteljährigen Vorprobe und nur für solche Kandidaten, deren Missionsberuf in allen drei Haupt-Probepunkten keinen ernstlichen Zweifel zulässt. Für die Vorprobe selbst beträgt die Pension gleichmäßig für alle, je nach dem Alter, 70 bis 100 Mark (beim Eintritt zu erlegen).[a]

Auf Arbeitslohn hat kein Kandidat Anspruch, auch nicht nach Entlassung oder Austritt.

Nähere Bestimmungen betreffs der mitzubringenden Kleider, Wäsche und dergleichen enthält der Hausordnungs-Auszug, der den um Aufnahme Bittenden zugeschickt wird.

V. Aufnahme der Mitglieder

„Ich bitte dich inständig", schrieb der hl. Franz Xaver an der Vorsteher eines Missionsinstituts, „nur Wenige, aber Gute in die Gesellschaft aufzunehmen und die Aufgenommenen betreffs ihrer Tugenden lange und sorgfältig zu beobachten und zu prüfen. Ich fürchte, es seien schon viele aufgenommen, die man besser entließe." Und anderswo: „Ich ermahne dich, bezüglich der Auf-

[a] Bemerkung für unbemittelte Kandidaten: Nach der Vorprobe, am Schlusse eines Semesters, wird braven, armen Kandidaten eine Empfehlung ausgestellt, womit dieselben sich an edle Wohltäter wenden mögen. Auf die Garantie der wohlbestandenen Vorprobe hin wird man eher geneigt sein, ihnen zum hl. Berufe zu verhelfen. Schon vor der Aufnahme sollte sich ein Aspirant vergewissern, ob er in diesem günstigen Falle auf Wohltäter rechnen könne, und sollte nicht unterlassen, dies im Aufnahmegesuch zu bemerken.

P[4]: Bemerkung für unbemittelte Kandidaten: Schon vor der Aufnahme sollte sich ein Aspirant vergewissern, ob er in diesem günstigen Falle auf Wohltäter rechnen könne, und sollte nicht unterlassen, dies im Aufnahmegesuch zu bemerken.

nahme, ich möchte sagen, sehr wählerisch und streng zu sein; ... dies erheischt der Ruf und die Ruhe unseres Ordens." Und an anderer Stelle: „Wieder und wieder befehle ich dir, keinen in die Gesellschaft aufzunehmen, der hierzu nicht geeignet und der nicht in und außer dem Hause nützlich ist. Hüte dich, mit Unbrauchbaren die Gesellschaft zu belasten." Nach diesen Grundsätzen des hl. Missionärs muss jedes Missionshaus handeln.

Besondere Gründe der Entlassung sind u.a.: Wiederholte erhebliche Verletzung der brüderlichen Liebe, Störung der Eintracht, obstinater Ungehorsam, Unsittlichkeit, Unmäßigkeit, Unredlichkeit, unaufrichtiger Charakter, hochmütiges oder zum Murren geneigtes Wesen, Geringschätzung der religiösen Übungen, Herabsetzung der Regel und der Anordnungen, Weichlichkeit, Mangel an der nötigen Gesundheit oder Begabung, Unbrauchbarkeit.

Die Aufnahmebedingungen sind: 1. Volljährigkeit. 2. Vollendung einer wenigstens fünfvierteljährigen Probezeit (d.i. einer vierteljährlichen Vorprobe und einer einjährigen Probe). 3. Gegen Ende derselben ein schriftliches Gesuch um Aufnahme in die Mitgliedschaft. 4. Ein günstiges Ergebnis des Skrutiniums bezüglich eines jeden der drei von S. 7 III bis 18 V dargelegten Probepunkte. 5. Dreiviertelmehrheit der Stimmen der Mitglieder. 6. Ablegung eines feierlichen und bindenden Versprechens, nach den Satzungen der Gesellschaft und den Weisungen der Vorgesetzten sich dem Werke der Heidenmission zu widmen, sei es auswärts im Missionslande, sei es daheim im Mutterhause, sei es für sechs Jahre oder auf Lebenszeit.

Wird ein Mitglied im Dienste der Mission krank oder dienstunfähig, so genießt es das Verpflegungsrecht als Sohn des Hauses für die ganze Dauer der Mitgliedschaft, zu der es sich verpflichtet hat.

VI. Mit Gutheißung des Apostolischen Stuhles wird zur ersten Missionsniederlassung ein Land gewählt, dessen Klima dem Mitteleuropäer zuträglich ist, welches die Selbsterhaltung der Mission ermöglicht und hoffen lässt, ein dankbares Arbeitsfeld für die heilige Seelenernte zu werden.[a]

[a] P^3: Mit Gutheißung des hl. Apostolischen Stuhles wurde für die erste Missionsniederlassung Ostafrika gewählt, dessen Klima dem Mittel-Europäer größtenteils zuträglich zu sein scheint und das der Hoffnung Raum gibt, ein dankbares Arbeitsfeld für die hl. Seelenernte zu werden. P^4: Als Arbeitsfeld zur Ausbreitung des Reiches Jesu Christi wurde Deutsch-Ostafrika gewählt, wovon der südliche Teil vom hl. Apostolischen Stuhl am 13. November 1887 als Apostolische Präfektur Süd-Sansibar errichtet und der St. Benediktus-Missions-Genossenschaft übertragen wurde. Es umfasst mehrere Millionen heidnische Eingeborene, untermischt mit mehreren Tausend Anhängern Mohammeds.

Adresse[a]

für deklarierte Briefe: Missionsinstitut Reichenbach, Post Rittenau (bayerische Oberpfalz)

für gewöhnliche Briefe und Pakete: Missionsinstitut Reichenbach, postlagernd Walderbach bei Oberpfalz

für Frachtsendungen: Missionsinstitut Reichenbach, bahnhoflagernd Regensburg

Liebesgaben

wolle man gefälligst adressieren

Hochw. Hrn. Domvikar Georg Dengler in Regensburg oder

Hochw. Hrn. Pfarrer Friedrich Scheugenpflug in Ramspau, Post Ponholz oder

Hochw. Hrn. Joseph Ehring, Rektor, Münster i.W.[4]

Hochw. Hrn. Andreas Amrhein, Rektor des Missionsinstituts, Reichenbach

In Omnibus Glorificetur Deus

[a] P[3] hat folgende Adressangaben:

a) für Briefe, Aufnahmsgesuche, Liebesgabe und Frachtsendungen: An den Hochw. Obern der St. Benediktus-Missionsgenossenschaft im Missionshaus St. Ottilien, Post und Station Türkenfeld, Oberbayern.

b) für Druckerei Betreffendes: An die Druckerei im Missionshaus St. Ottilien, Post und Station Türkenfeld (Oberbayern).

c) für das Liebeswerk Betreffendes: An die Direktion des Liebeswerkes im Missionshaus St. Ottilien, Post und Station Türkenfeld, Oberbayern.

P[4] fügt nach a) als zusätzliche Angabe ein:

b) die Adresse der Schwesterngenossenschaft: An die Wohlerw. M. Oberin der St. Benediktus-Missionsschwestern, St. Ottilien, Post Türkenfeld, Oberbayern.

Anmerkungen

[1] Papst Leo XIII., Enzyklika „Sancta Dei Civitas" (1880), 11.

[2] P. Sebastian de Parrago OFM, spanischer Missionar des 16. Jahrhunderts in Mexiko.

[3] Fr. Pedro de Gante OFM (1490-1572), flämischer Missionar in Mexiko, der besonders durch die Gründung von Handwerksschulen bekannt wurde.

[4] Joseph Ehring (1830-1904), zunächst an der Rektoratsschule Beckum tätig, dann von 1867 bis 1878 Leiter des Collegium Americanum in Münster, das deutsche Priesteramtkandidaten für den Einsatz in Nordamerika ausbildete. Nach Schließung des Kollegs im Kulturkampf zeitweise Zusammenarbeit mit den Missionsbenediktinern. Später Leiter des Priesterseminars Collegium Carolinum in Münster. Vermittelte die ersten Missionsschwestern nach Reichenbach.

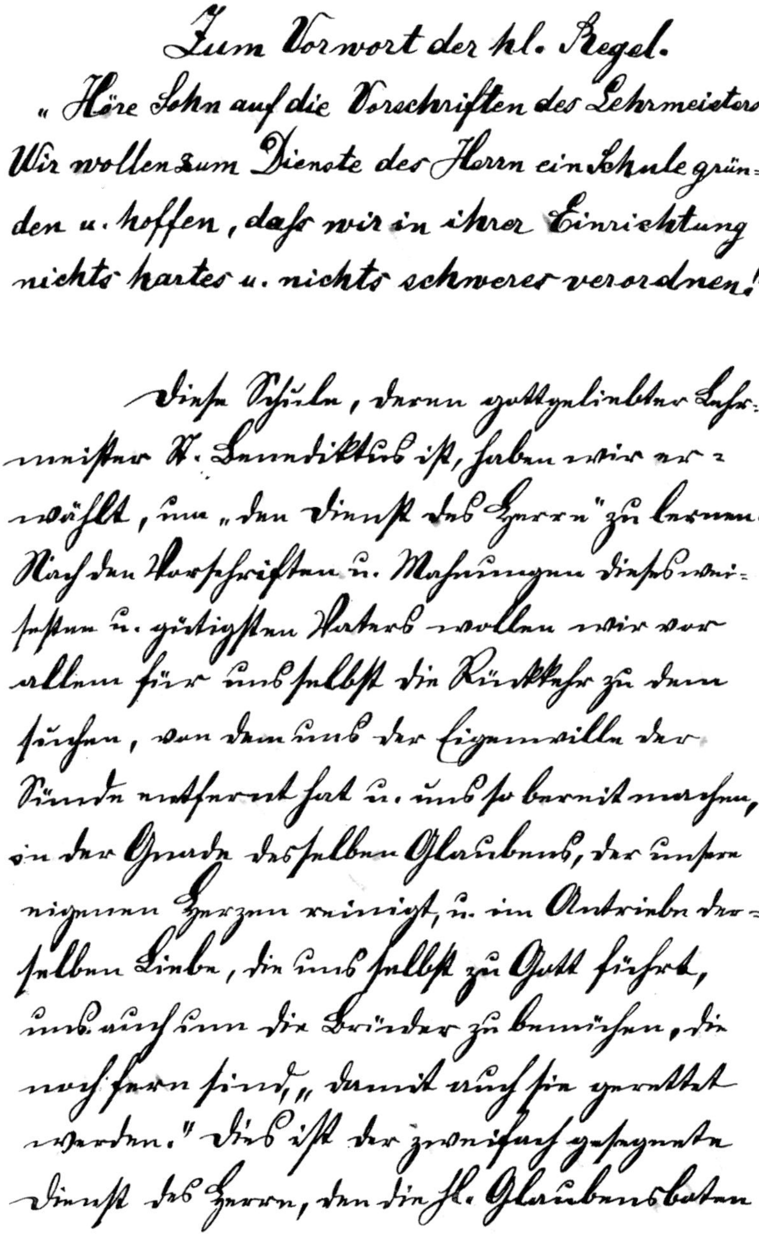
Zum Vorwort der hl. Regel.
„Höre Sohn auf die Vorschriften des Lehrmeisters: Wir wollen zum Dienste des Herrn eine Schule gründen u. hoffen, daß wir in ihrer Einrichtung nichts hartes u. nichts schweres verordnen!"

Diese Schule, deren gottgeliebter Lehrmeister St. Benediktus ist, haben wir erwählt, um „den Dienst des Herrn" zu lernen. Nach den Vorschriften u. Mahnungen dieses weisesten u. gütigsten Vaters wollen wir vor allem für uns selbst die Rückkehr zu dem suchen, von dem uns der Eigenwille der Sünde entfernt hat u. uns so bereit machen, in der Gnade desselben Glaubens, der unsere eigenen Herzen reinigt, u. im Antriebe derselben Liebe, die uns selbst zu Gott führt, uns auch um die Brüder zu bemühen, die noch ferne sind, „damit auch sie gerettet werden." Dies ist der zweifach gesegnete Dienst des Herrn, den die hl. Glaubensboten

Oben: Beginn der Konstitutionen von 1886 (Fassung K², Archiv St. Ottlien, K 1.1.)

Konstitutionen der St. Benediktus-Missionsgenossenschaft (1886)

Einführung

Um als neugegründetes Institut die kirchliche Genehmigung seitens des Ortsbischofs und des Heiligen Stuhls zu erhalten, musste die „St. Benediktus-Missionsgenossenschaft" unter anderem Konstitutionen einreichen. Noch in Reichenbach selbst – wohl im Verlaufe des Jahres 1886 – erstellte Amrhein eine solche Konkretisierung der Benediktusregel, über deren Entstehung er an Erzabt Ildefons Schober schreibt:

„In Reichenbach verfasste ich nach dem »Prospekt« für »Publikum und Kandidaten« die für die monastische Erziehung der künftigen Mitglieder bestimmten »Konstitutionen der St. Benediktus Missions-Gesellschaft« in deutscher Sprache aus Rücksicht auf die Laienbrüder. Ich legte denselben die Beuroner Konstitutionen zugrunde, ganz getreu und nur in denjenigen Punkten modifiziert und erweitert, welche speziell die Missionsaufgabe unserer als Benediktiner zu erziehenden Genossenschafts-Mitglieder betrafen oder welche ad interim infolge des (als vorübergehend gedachten) Klosterverbotes der Kulturkampf-Gesetze, nach außen hin noch nicht beobachtet werden konnten, wohl aber dem Geiste nach gekannt, angestrebt und soweit möglich eingehalten werden sollten. Es befand sich darunter kein einziger Punkt, der von der Regel St. Benedikts abgegangen oder dieselbe auch nur im geringsten modifiziert oder alteriert hätte" (siehe S. 143).

Diese Konstitutionen mussten zunächst vom Ortsbischof approbiert werden, wobei sich in Reichenbach die Schwierigkeit ergab, dass Bischof Ignatius v. Senestrey aufgrund vorhergehender Konflikte mit Amrhein nicht zu einer schriftlichen Approbation bereit war. Eine Genehmigung seitens Rom war somit kaum zu erwarten. Amrhein schreibt dazu:

„Bischof Senestrey von Regensburg, dem ich sie zur eventuellen bischöflichen Approbation einreichte, schickte sie dem Abt von Metten, welcher ebenfalls nichts daran auszusetzen fand. Gleichwohl, dem Wort getreu, das der Bischof nach meiner Rückkehr aus Rom zu mir gesagt..., approbierte derselbe die Konstitutionen (wenn er auch nichts auszusetzen fand), nicht schriftlich, sondern nur mündlich, mit der Bemerkung, sie dürfen eingehalten werden, aber das sage er mir, niemals werde er für Reichenbach einen Priester weihen" (siehe S. 144).

Als aufgrund solcher Schwierigkeiten sich in der Regensburger Diözese keine Zukunft für die Missionsgenossenschaft abzuzeichnen schien, verlegte Amrhein am 6. Januar 1887 den Sitz des Instituts in die Diözese Augsburg, nach Emming-St. Ottilien. Bereits am 1. Februar reichte er die deutschen Konstitutionen beim Ortsbischof Pankratius v. Dinkel zusammen mit den staatlichen Statuten, einer Ämtertabelle und einem Bericht über die bisherigen Aktivitäten ein. Zu den Konstitutionen merkt er an, dass der Bischof Änderungen vornehmen könne, jedoch diese vorher mit ihm absprechen möge. Bischof Pankratius genehmigte die Konstitutionen am 7. November 1887, die Amrhein daraufhin in einer lateinischen Abschrift an die Propagandakongregation sandte. Der Vatikan schob allerdings die Approbation dieser Konstitutionen auf eigenen Wunsch Amrheins hinaus, damit insbesondere die Erfahrungen in der Mission noch ausführlicher berücksichtigt werden könnten. Nach seiner Übersiedlung nach Rom im Oktober 1895 begann Amrhein eine vollständige Neubearbeitung der Konstitutionen (in diesem Band zu finden unter „Fragmenta Constitutionum"), die dann von Abt Ildefons Schober weitgehend wörtlich in die zweiten Konstitutionen der Missionsbenediktiner von 1897 übernommen wurden.

Während die für staatliche bzw. öffentliche Kenntnisnahme bestimmten Statuten, die Hausordnung und der Prospektus des Missionsseminars klösterliche Prinzipien kaum berücksichtigen, legen die Konstitutionen von 1886/87 ein klar benediktinisches Fundament[1]. Entsprechend der Vorlage der Beuroner Konstitutionen bettete Amrhein seine Konkretisierung der Benediktusregel in Form von Declarationes in die einzelnen Kapitel der Regel ein. Dabei werden nicht alle Kapitel behandelt, sondern innerhalb von 24 Paragraphen fasst Amrhein manche Kapitel zusammen (z.B. die liturgischen Anordnungen), andere lässt er ganz weg. Die von ihm angeführte Anlehnung („ganz getreu") an die Beuroner Konstitutionen[2] ist mehr im Sinne einer Inspiration als einer wörtlichen Übernahme zu verstehen. Es lassen sich zwar in der Stoffverteilung und in manchen Anordnungen einige Anleihen erkennen. Doch der weitaus größere Teil der Bestimmungen ist konkret auf die Situation des missionarisch ausgerichteten Konvents in Reichenbach bzw. Emming ausgerichtet und übergeht daher wichtige Teile der Beuroner Konstitutionen.

Der Prolog wird zur Erläuterung des missionsbenediktinischen Programms genutzt, indem Amrhein den „zweifach gesegneten Dienst" darlegt, die Selbstheiligung und die missionarische Tätigkeit. Die folgenden Abschnitte enthalten detaillierte Regelungen des Alltags und der Liturgie, die recht spezifisch auf die Verhältnisse von Reichenbach zugeschnitten sind und in ihrer Genauigkeit wohl bald schon Änderungen notwendig gemacht haben werden. Auffällig ist die ausnehmend ausführliche Regelung von Bewerbung und Eintritt in die Missionsgenossenschaft, da hier wohl einer der Schwerpunkte von Amrheins Tätigkeit lag. § 23 mit der Regelung der Oberenwahl und dessen Amtssitz zeugt von der Sorge Amrheins um seine Nachfolge und die Zukunft seines noch weithin ungesicherten Werkes.

Insgesamt wirken die Konstitutionen trotz vieler bemerkenswerter Formulierungen noch wie ein erster Wurf, bei dem vielfach Kleinigkeiten zuviel Raum gelassen wird. Gegenüber diesen recht pragmatisch anmutenden Konstitutionen legen die später unter Abt Ildefons Schober erstellten Konstitutionen mehr Gewicht auf spirituelle Grundlagen.

Die Konstitutionen von 1886 sind in mehreren Abschriften überliefert. Im Archiv von St. Ottilien befinden sich drei handschriftliche Fassungen (K 1.1). Die wohl früheste Fassung mit Verbesserungen und Ausstreichungen stammt noch aus der Reichenbacher Zeit (K^1)[3]. Aus dieser Fassung wurden wohl nach dem Umzug nach Emming die Hinweise auf Reichenbach und den Regensburger Bischof Ignatius v. Senestrey getilgt. Eine weitere Fassung ist offensichtlich eine in Emming entstandene Abschrift, da nunmehr die Hinweise auf Bischof Senestrey ganz weggefallen sind (K^2). Eine weitere Abschrift dieser Art bricht bereits mit § 14 (Kapitel 35) ab (K^3). Eine vierte Fassung wird im Archiv des Ordinariats Augsburg aufbewahrt (K^4)[4]. Diese Abschrift wurde nach einem beiliegenden Schreiben Amrheins Bischof Pankratius am 1. Februar 1887 zugeschickt, damit dieser einen Eindruck von der Missionsgesellschaft erhalten könne, der er die Gründung einer Filiale in der Diözese Augsburg zugestanden hatte. Diese Fassung entspricht naheliegenderweise noch der Reichenberger Erstfassung, d.h. K^1 ohne die späteren Überarbeitungen. Nach einem eingefügten handschriftlichen Nachsatz von Bischof Pankratius v. Dinkel hatte dieser die Konstitutionen am 7. November 1887 genehmigt, worauf Amrhein eine lateinische Kopie an die Propaganda geschickt habe[5]. Schließlich befindet sich auch im Archiv der Abtei Münsterschwarzach eine Version, die in ihren Varianten zwischen K^1 und K^4 steht. Die folgende Textausgabe versucht, eine möglichst frühe Version zugrunde zu legen. Daher wurde für den folgenden Text die Reichenbacher Fassung K^1 benutzt, mit der K^2 und K^3 weitgehend übereinstimmen. Da andererseits K^3 einige spätere Textänderungen von K^1 aufnimmt, die bei K^2 noch fehlen, ist davon auszugehen, dass K^2 etwas älter als K^3 ist. Eine Reihe von Varianten ergeben sich zwischen diesen drei Abschriften und den Fassungen K^4 und K^5, die bei letzteren beiden zu einem guten Teil aus stilistischen Verbesserungen bestehen.

Konstitutionen der St. Benediktus-Missionsgenossenschaft (1886)

§ 1 Zum Vorwort der heiligen Regel

„Höre, Sohn, auf die Vorschriften des Lehrmeisters..." ... „Wir wollen (also) zum Dienste des Herrn eine Schule gründen und hoffen, dass wir in ihrer Einrichtung nichts Hartes und nichts Schweres anordnen"[a]

Diese „Schule", deren gottgeliebter Lehrmeister St. Benediktus ist, haben wir erwählt, um den „Dienst des Herrn" zu lernen. Nach den Vorschriften und Mahnungen dieses weisesten und gütigsten Vaters wollen wir vor allem für uns selbst die Rückkehr zu dem suchen, von dem uns der Eigenwille der Sünde entfernt hat und uns so bereit machen, in der Gnade desselben Glaubens, der unsere eigenen Herzen reinigt, und im Antrieb derselben Liebe, die uns selbst zu Gott führt, uns auch um die Brüder zu bemühen, die noch ferne sind, „damit auch sie gerettet werden". Dies ist der zweifach gesegnete Dienst des Herrn, den die heiligen Glaubensboten so mancher Völker in der Schule des heiligen Vaters Benediktus gelernt und geübt hatten. Darum haben wir von unserm heiligsten Vater Papst Leo XIII. die Gnade erfleht, Jünglinge und Männer, welche sich dem Werke des Evangeliums unter den Heiden widmen wollen, zu einer solchen „Schule der Disziplin" vereinigen zu dürfen, darin sie dem Dienste des Herrn nach den Vorschriften des[b] Lehrmeisters Benediktus obliegen könnten.

Inmitten eines fernen heidnischen Landes, das noch nicht die Segnungen der Religion unseres Herrn Jesu Christi kennen lernte, sollen sie ein Kloster gründen und darin nach der Regel und dem Vorbilde ihres heiligen Lehrmeisters[c] leben, der auch schon als Jüngling das Vaterhaus verlassend,

[a] K^4: (Vorwort der hl. Regel)

[b] K^4: heiligen

[c] K^3: durchgestrichen „Vater" und darüber „Lehrmeister"; K^4 fügt an: Benediktus

die Wildnis zur Wohnung nahm, wo er „sich unbefleckt bewahrte vor dieser Welt“, und um so wirksamer dem umwohnenden, rohen[a] Volke, das ihn zu sehen kam, Christum verkündigte, so dass, wie St. Gregor schreibt, „ihre tierische Lebensweise bald christlich umgewandelt wurde“; – und der auch später den zweiten Schauplatz seines Wettlaufs nach der ewigen Krone, das ist den Berg Cassino, vorerst von den Altären der Dämonen gereinigt und die heidnischen Pilger durch die Predigt des Evangeliums „zum Berge, welcher Christus ist“, geführt hat, während er selbst mit den Seinigen Tag und Nacht Gott durch Gebet, Arbeit und Selbstverleugnung[b] ehrte.

Da aber ein Kloster im fernen fremden Erdteil nicht leicht von solchen aufgesucht wird, welche sich über den Willen Gottes bezüglich ihres Berufes noch nicht vorher vergewissert haben, so erschien es als eine Notwendigkeit, dass in unserer Heimat vor allem ein Haus bestehe, welches die Stelle eines Noviziates vertrete[c]. Zu diesem Zwecke wurde mit der Erlaubnis, Ermunterung und dem Segen Sr. Heiligkeit Papst Leo XIII., nach Gutheißung Ihrer Eminenzen der Kardinäle und Väter[d] der Propaganda, sowie mit Genehmigung und unter dem huldvollen Schutze Sr. Gnaden des Hochwürdigsten Bischofs von Regensburg Dr. Ignatius Senestrey[e], zu Reichenbach der Anfang mit einem Hause gemacht, darin die Postulanten des künftigen auswärtigen[f] Missionsklosters ihre Probezeit bestehen und ihre Vorbereitung empfangen können. Da sollen dieselben, wie das Schreiben der hl. Kongregation der Propaganda sich ausdrückt, „auf die bestmögliche Weise zum Missionsberufe[g] der Missionäre vorbereitet und in den für die ausländischen Missionen zweckdienlichen Studien unterrichtet werden.“ Was den erstgenannten Zweck des Missionshauses betrifft, – welche bessere Weise der Vorbereitung auf den apostolischen Lebenslauf, zumal von künftigen Missionären O.S.B.,

[a] K^4 lässt „rohen“ aus.

[b] K^1 und K^5 hatten zuerst „Selbstbeherrschung“ statt „Selbstverleugnung“.

[c] K^4 und K^5 fügen hier an: (solange die heimatlichen Gesetze nicht gestatten, dass dies ein Kloster sei).

[d] K^4 nach „Väter“: der heiligen Kongregation

[e] Der Verweis „sowie ... Senestrey“ findet sich noch in K^4, ist bereits in K^1 ausgestrichen und fehlt in K^2, K^3 und K^5 ganz.

[f] K^4 : ausländischen

[g] K^4 : Lebensberufe

wäre möglich gewesen, als jene ist, welche durch die Erziehung in der „schola disciplinae“ oder „Dominici schola servitii“, wie der hl. Vater Benediktus seine Vorschriften nennt, gewonnen werden kann? Daher soll nicht erst im ausländischen Missionskloster, sondern schon im Hause oder in den Häusern, wo die Vorbereitung darauf stattfindet, die Regel des hl. Benediktus insoweit befolgt werden, als die stattlichen Landesgesetze dies erlauben. Mit Rücksicht auf letztere Bedingung sind mit gnädigster Genehmigung des Hochwürdigsten Herrn Bischofs der Diözese, in welcher sich das Probe- und Vorbildungshaus befindet[a], die gegenwärtigen Konstitutionen aufgestellt worden, welche die durch die Verhältnisse nötig gemachten Beschränkungen und Zusätze zur hl. Regel und noch anderweitige zweckmäßige Bestimmungen enthalten und die auf Grund der oberhirtlichen Gutheißung gewissenhaft zu befolgen sind. Es gibt keinen besseren Prüfstein des Missionsberufes als die vollkommene Einhaltung der Vorschrift: „In allem sollen alle der Regel als Meisterin folgen, und niemand darf vermessen davon abweichen“; „auch der Obere selbst tue alles mit Beobachtung der Regel“ (Kapitel 3, Abs. 2[b]). Da gilt auch das Segenswort des Apostels: „Die diese Regel befolgen, über sie komme Friede und Barmherzigkeit als über die wahren Israeliten Gottes“ (Gal 6,16).

Was den zweiten Zweck des sogenannten Missionshauses anbelangt, („die Unterweisung der Zöglinge in den für die auswärtigen Missionen zweckdienlichen Studien“), so soll womöglich darnach getrachtet werden, die Talente der Zöglinge für die vielseitigen Anforderungen des Missionsberufes durch eigenen Schulunterricht zu entwickeln und auszubilden.

§ 2. Zum 1. Kapitel der hl. Regel: „Von den 4 Gattungen der Mönche“[c]

1) „Die erste Gattung ist die der Zönobiten oder Klosterbewohner, welche dem Herrn dienen unter einer Regel oder einem Abte...“ 2) „Wir gehen daran, dem starken Geschlechte der Cönobiten eine feste Ordnung zu geben.“

[a] Durchgestrichen: „mit gnädigster Genehmigung... befindet“, ebenso K[5]. K[4] bringt die Stelle ohne Ausstreichung. In In K[2] und K[3] ist der Hinweis auf den Bischof ganz weggelassen.

[b] K[4] und K[5]: „der Regel“.

[c] K[4]: „der Religiosen“.

Die Missionäre, welche nach dem Hause zu Reichenbach, von dem sie ausgegangen, die Benennung „Missionäre von St. Joseph zu Reichenbach" tragen[a], sollen im Missionslande nicht einzeln leben, noch unstet von Ort zu Ort wandern, sondern sollen stets als Cönobiten in der festgeregelten Ordnung einer klösterlichen Gemeinschaft leben. Wo sie am Werke des Herrn arbeiten wollen, sollen sie womöglich eine bleibende Niederlassung gründen, und[b] in nicht geringerer Anzahl als zu Zwölfen, nie aber unter Sieben, wovon wenigstens zwei Mitglieder Priester seien, ausgesandt werden[c]. Sie sollen sich zu diesem Zwecke ein größeres Grundstück erwerben, von dessen Ertrag sie leben und auf dem sie ungestört ein Kloster mit Gotteshaus, Schule, Krankenhaus und den nötigen Gebäulichkeiten für die Ausübung der verschiedenen Handwerke und Gewerbe bauen können, teils für ihren eigenen Bedarf, teils für den Zweck der Missionstätigkeit. Weil es sich nach dem Worte des hl. Apostelfürsten nicht geziemt, dass die Träger des apostolischen Amtes die Verkündigung des Wortes Gottes bei Seite setzen, um die Tische zu besorgen, sollen für die mehr klösterlichen und zeitlichen Missionsarbeiten wohlerprobte nichtpriesterliche Mitglieder als Hilfsmissionäre verwendet werden, gleichwie in den Tagen der Apostel hierfür „Männer von weiser Einsicht und voll des hl. Geistes" als Diakone bestimmt waren, damit die Priester[d] Zeit und Kraft dem Gebete, der Verkündigung des göttlichen Wortes und den anderen geistlichen Arbeiten widmen können (Apg, Kapitel 6). Geeignete Brüder betraue man auch mit dem Unterricht und der Überwachung der männlichen Jugend, welche man in der Asyl-Schule[e] des Klosters, bei mehrjähriger Absonderung von der heidnischen Umgebung im Christentum erziehe und in den nützlichen Kenntnissen des ruhigen, arbeitsamen Lebens ausbilde. Andere sollen die männlichen Kranken besuchen und pflegen. Durch solche und ähnliche leibliche Werke der Barmherzigkeit werden sie auch Seelenärzte, weil die armen Heiden, die nicht weniger tief im Elend der leiblichen Hilflosigkeit, wie in dem der geistigen[f] danieder liegen, in den Wohltaten der Liebe

[a] Die Benennung nach Reichenbach ist in K^1 ausgestrichen und fehlt in K^2 und K^3.

[b] Ausgestrichen in K^5: „eine bleibende Niederlassung gründen, und".

[c] K^4: „unter Sieben, sich ansiedeln, wovon wenigstens zwei Mitglieder Priester seien".

[d] K^4: „mehr".

[e] K^4: nur „Schule".

[f] K^4: „Hilflosigkeit" nach „geistlichen" anstatt nach „leiblichen".

die sicheren Beweise für die Wahrheiten des Glaubens erkennen, welche ihre Wohltäter ihnen als Heilmittel der Seele bieten.

Die priesterlichen und nichtpriesterlichen Missionäre bilden eine Familie in zwei Abteilungen. Beide sollen einander in Demut ehren und lieben als Kinder desselben Vaters und als Streiter Christi unter derselben Fahne. Alle mögen mit aller Demut und Sanftmut, mit schonender Nachsicht einander in Liebe ertragen und es sich recht angelegen sein lassen, die Einigkeit des Geistes durch „das Band des Friedens zu erhalten" (Eph 4,1-4). Wer die höhere Würde besitzt, gebe das Beispiel größerer Vollkommenheit. Den übrigen geziemt größere Unterwürfigkeit.

Das Mutterhaus, das ist das Haus in Europa, in welchem die Probezeit zugebracht wird, bleibt das Haupt jedes von ihm ausgehenden Missionsklosters, auch wenn dasselbe später zur Abtei erhoben würde, und alle zusammen stehen im fortdauernden Verbande der vom apostolischen Stuhle zu bestätigenden gemeinsamen Regel und der Konstitutionen[a]. Das Mutterhaus darf, wenn die Umstände es ratsam machen, von Reichenbach[b] verlegt werden, soll aber stets in Europa und womöglich in Deutschland bleiben. Der hochwürdigste Bischof der Diözese, in welcher sich das Mutterhaus befindet ist der oberste Hüter der Regel und Konstitutionen desselben, und überwacht deren getreue Befolgung. Dem Obern des Mutterhauses liegt seinerseits die Hut über die Einhaltung dieser Institutionen in sämtlichen Häusern seiner Kongregation und die einheitliche Oberleitung ob. Dasselbe gilt auch von dem Mutterhause und den Häusern der mit den Missionären vom hl. Joseph zu Reichenbach[c] affiliierten Missionsschwestern, wie deren Konstitutionen des näheren besagen[6]. (Über die Wahl des Abtes[d] und die Organisation der Verwaltung im Besondern, siehe Paragraph 23 der Konstitutionen, zum Kap. 64 der hl. Regel).

[a] K[4]: „im fortdauernden Verbande der vom Diözesanbischof und später vom apostolischen Stuhle zu bestätigenden (gemeinsamen Regel und der) Konstitutionen".

[b] K[1] hat „von Reichenbach" durchgestrichen. Bei K[2] und K[3] fehlt der Hinweis ganz.

[c] „... den Missionären vom heiligen Joseph zu Reichenbach" ist durchgestrichen und mit „St. Benediktus-Congregation" ersetzt. Die ursprüngliche Fassung auch in K[4], während K[2] und K[3] gleichfalls von der „St. Benediktus-Congregation" sprechen.

[d] K[4] und K[5]: „Oberen".

§ 3. Zum 2. Kapitel der hl. Regel: Von den Eigenschaften des Abtes

„Der Abt soll immer bedenken, was er heißt, und den Namen eines Obern durch die Tat bewähren."

Wenn die Verhältnisse nicht gestatten, dass das Mutterhaus den Namen eines Klosters trage, so sei die offizielle Benennung seines Obern „Rektor". Das Mutterhaus selbst heiße in diesem Falle „Missionshaus." Im Missionskloster dagegen gelten bezüglich der Benennungen die Vorschriften der hl. Regel (siehe auch Kap. 63 der hl. Regel und dazu Paragraph 22 der Konstitutionen).

§ 4. Zum 3. Kapitel der hl. Regel

„Von den Brüdern, welche bei Beratungen beizuziehen sind."

In diesen Beratungen sollen nicht durch Abstimmung Beschlüsse gefasst werden. Nach dem Wortlaute der Regel soll der Obere dadurch nur mit Rat unterstützt werden, „er überlege daraufhin alles noch einmal und tue dann, was er selbst für das Nützlichste hält." Ebenso verhält es sich mit der vorgeschriebenen engeren Beratung über minder wichtige Angelegenheiten. An der Beratung sollen in der Regel nur eigentliche Mitglieder teilnehmen; doch darf der Obere, wenn er es für nützlich hält und es klugerweise geschehen kann, auch Nichtmitglieder beiziehen. Es soll von diesen Beratungen wie über die Beschlüsse des Oberen ein Protokoll geführt werden.

§ 5. Zum 4. Kapitel der hl. Regel: Von den Werkzeugen der guten Werke

Von den 72 Grundsätzen des vollkommenen christlichen Lebens, welche der hl. Gesetzgeber „Werkzeuge der guten Werke" nennt, womit wir das Heil zu wirken haben, beziehen sich nicht weniger als 32 direkt oder indirekt auf das Gebot der Liebe und zwar nicht weniger als 30 auf die Nächstenliebe (1, 2, 3, 4, 5, 7, 8, 9, 14, 15, 16, 17, 18, 19, 21, 22, 23, 24, 25, 26, 29, 30, 31, 32, 40, 64, 65, 66, 68, 69, 70, 71). Es entspricht daher gewiss dem Willen des hl. Ordenspatriarchen, wenn wir die Übung dieser Tugend der Nächstenliebe als das Hauptwerkzeug zu dem Werke unseres Berufes und als das notwendige charakteristische Wahrzeichen aufstellen, an dem die wahren Mitglieder unserer Genossenschaft zu erkennen sein sollen. Wie eine jede Ordensfamilie, obschon alle Tugenden in ihr geübt werden, sich doch in der einen vor anderen Genossenschaften auszeichnet, – die eine in der Pflege der Armut, die andere im betrachtenden Gebetsgeiste usw., so dass dieselbe gleichsam als ihr geistiges Wahrzeichen erscheint, – so soll dies mit der einträchtigen brüderlichen Liebe[a] in unserer geistlichen Familie der Fall sein. Möge uns der Herr an ihr als seine Jünger erkennen! Dann können wir hoffen, dass er uns der Berufung würdige, gleich jenen ersten 72 vor seinem Angesichte hergesandt zu werden, um an den Orten, wohin er selbst dann kommen will, das Reich Gottes zu verkünden (Lukas).

Sowohl das Werk der Selbstheiligung als das der Missionen sind Werke der vollkommenen Liebe. Daher muss die Übung dieser Tugend als der sicherste Prüfstein des Berufes für das Leben sowohl eines Religiosen als eines apostolischen Arbeiters angesehen werden, und der Obere hüte sich, ein Mitglied aufzunehmen, das während der Probezeit einen ernstlichen Mangel an Liebe und Friedfertigkeit erkennen ließ[b]. Es leite ihn der Grundsatz des hl. Papstes Gregor d.Gr.: „Wenn es an Liebe zum Mitbruder fehlt, dann darf das Amt der Glaubensverkündigung durchaus nicht übertragen werden."

Zur Wahrung und Vermehrung dieser Tugend ist uns von der Erfahrung ein Hilfsmittel empfohlen, das wir hiermit in die Zahl der regelmäßigen Übungen aufnehmen wollen. In jedem Hause unserer Genossenschaft werde täglich zweimal, nämlich nach der Morgen- und nach der Abendandacht, im Oratorium vom Obern das kirchliche Gebet „Pro concordia in congregatione" laut vorgebetet und von allen mit dem „Amen" geschlossen. Hat sich jemand gegen die Liebe und Eintracht verfehlt, so soll der Obere anordnen, dass derselbe während dieses Gebetes mit ausgebreiteten Armen inmitten des Chores knien, und alle sollen das Gebet für ihn verrichten, damit er gebessert und das Ärgernis wieder gut gemacht werde. Wie die Erfahrung lehrt, wirkt dieses Heilmittel[c] besser als jede Züchtigung.

§ 6. Zum 6. Kapitel der hl. Regel: „Vom Stillschweigen"

„Soll man sich manchmal sogar auch guter Gespräche enthalten, so muss man um so mehr böse Reden unterlassen".

Strenges Stillschweigen, das durch kein Reden und kein lärmendes Geräusch gebrochen werden darf, ist geboten:

[a] K[4]: „der Tugend der einträchtigen brüderlichen Liebe".

[b] K[4]: „nicht dauernd abgelegt hat".

[c] K[4]: „Mittel".

Nachts vom Schlusse der öffentlichen Abendandacht an bis zum Schluss der Morgenandacht[a];

Auf dem Gange zur Kirche oder zum göttlichen Offizium im Oratorium; ebenso bei der Rückkehr; im Oratorium selbst[b];

Im Refektorium zur Essenszeit;

In den gemeinschaftlichen Studiensälen, wann jemand daselbst studiert, und in den Räumen, welche den Exerzitanten und denen, welche der monatlichen Rekollektion obliegen, angewiesen sind.

Auf den Gängen und Stiegen des Hauses darf nur mit gedämpfter Stimme und nur das Notwendige gesprochen werden.

Jederzeit, auch zu den Stunden und an den Orten, wo kein Stillschweigen geboten ist, und selbst in den Stunden der Rekreation ist es streng verboten, über folgende vier Dinge Gespräche zu führen:

Über einen Mitbruder oder Vorgesetzten darf niemals und bei niemanden eine aburteilende Äußerung fallen. Ferner ist es unerlaubt, Versuchungen oder Schwierigkeiten oder Gnaden des eigenen innerlichen Lebens einem Mitbruder mitzuteilen, zumal wenn sie dem Obern gegenüber, der allein davon in Kenntnis gesetzt und darüber beraten werden sollte, verschwiegen werden. Endlich sind unerbauliche Unterhaltungen weltlicher Art, Narrenpossen, Zankreden, sowie Gespräche über das Essen und Trinken ernstlich untersagt, da sie sich für Männer eines so hl. Berufes schlecht geziemen und leicht zur Versuchung oder Sünde werden.

§ 7. Zu den Kapiteln 8-18 der hl. Regel: „Die gottesdienstlichen Verordnungen betreffend“

Es soll im Winterhalbjahre um ein Viertel nach vier Uhr geweckt[c] und um halb fünf Uhr mit der Morgenandacht begonnen werden, woran sich die Matutin schließt, im Sonnenhalbjahr wird um ein Viertel vor vier Uhr geweckt[d] und

[a] K[4] numeriert die folgenden Punkte durch.

[b] K[5]: „im Oratorium selbst, ebenso bei der Rückkehr“.

[c] K[4]: 4.00 Uhr.

[d] K[4]: 3.30 Uhr.

um vier Uhr[a] das gemeinschaftliche Gebet begonnen. An Sonn- und Festtagen werde der Nachtruhe eine halbe Stunde zugesetzt. Die Priester und Kleriker beten das „Breviarium Monasticum Benedictinum“, wie es vom hl. Benedikt im 11-18 Kapitel der hl. Regel festgesetzt wurde. Alle Übrigen beten das „kleine Offizium“. Auf die Matutin und Laudes folgt eine halbstündige Betrachtung, nach einer Pause die hl. Messe, welcher alle anwohnen sollen. Nach dem Frühstück wird im Oratorium die Prim und Terz gebetet. Darauf folgen die Gebete zur Weihe der Arbeit des Tages, daran Aufträge für den Vormittag[b] an die Einzelnen verteilt werden. Um 11 Uhr sollen sich alle im Chore vor dem Allerheiligsten zur stillen Anbetung versammeln und dann die Sext beten. Nach der Mittagsrekreation sammle man sich im Oratorium durch eine geistliche Lesung, bete nach Verfluss einer kleinen halben Stunde die Non und Vesper und zum Schlusse das Arbeitsgebet für die Beschäftigungen des Nachmittags. Abends im Anschlusse an die halbstündige Konferenz, in welcher der Obere vor den versammelten Brüdern täglich über einen Gegenstand der Erbauung und Belehrung spricht, gehe man zum Chore und verrichte vor dem Tabernakel die übliche Andacht der Anbetung, Danksagung, Gewissenserforschung und Abbitte, und schließe mit den Aufopferungen des kostbaren Blutes für die verschiedenen Anliegen der hl. Kirche. Die Viertelstunde bis zum Abendessen werde durch eine gemeinschaftliche Andacht zu Ehren des Patrons des Hauses und der Genossenschaft, des hl. Joseph, ausgefüllt. Nach der Abendrekreation, das ist um acht Uhr, wird der gemeinschaftliche Rosenkranz und hierauf die Komplet gebetet. Der Obere erteile der versammelten Familie den Abendsegen und besprenge sie mit Weihwasser unter der üblichen Antiphon: „Asperges“ oder „Vidi aquam egredientem“ und einem Psalmteil des „Miserere“ oder „Confitemini“, worauf sich alle zur Ruhe begeben. Diese Ordnung werde das ganze Jahr eingehalten, nur finde der Morgengottesdienst im Winterhalbjahr, d.i. vom 1. Oktober bis 1. April, um eine halbe Stunde später statt. Vom Feste der Kreuzauffindung (14. September) bis zur Quadragesima werde die Non gleich nach der Sext noch vor dem Mittagessen gebetet (Kapitel 41) und in der Quadragesima bis Ostern bete man Terz und Sext vor der viertelstündigen, stillen Anbetung des Allerheiligsten und nach derselben Non und Vesper, worauf man um 12 Uhr zum Mittagessen gehe. In der Quadragesima werde zu geeigneter Zeit der Kreuzweg gemeinschaftlich gebetet.

[a] K^4: 3.45 Uhr.

[b] Durchgestrichen: „Nachmittag dann“

„Operi Dei nihil praeponatur“

Der Obere gestatte nicht leicht, sondern nur im Notfalle und nie auf die Dauer Dispense vom gemeinschaftlichen Gottesdienste. Dieser aber werde so abgehalten, dass die Gemüter aller dadurch in Andacht gehoben und entflammt und nicht etwa eher gestört werde. Die Art und Weise, wie das göttliche Offizium gebetet wird, ist der sicherste Maßstab für die Disziplin einer geistigen Genossenschaft. Die Rezitation sei nicht etwa schreiend, nicht roh, nicht undeutlich, nicht ungleichzeitig und verworren, nicht schleppend noch übereilt, sondern sei von innigstem Ausdrucke und ehrerbietigstem Tone, maßvollem Tempo, verständlich, genau und wie aus einem Munde[a], dass man auch äußerlich am schönen Einklang aller Stimmen vernehme, wie lebendig die Andacht aller Seelen zu einer großen Flamme der Gottesliebe sich vereinigt habe.

Jeden Sonntag werde eine halbe Stunde auf die Einübung der gemeinschaftlichen Rezitation und des Choralgesanges verwendet, der mit besonderem Verständnis gepflegt werden soll. Dabei mögen die Kapitel 19, 20, 45, 50, 52[b] der hl. Regel, welche von der Haltung beim Psalmengebete und von der Ehrfurcht des Gebetes, vom Betragen im Bethause usw. handeln, öfters vorgelesen und erklärt werden. Die Intonation des Vorbeters treffe die mittlere Stimmlage, damit niemand durch einen zu hohen oder zu tiefen Ton gehindert werde mitzubeten oder mitzusingen. Auch suche der Obere zu wiederholten Malen durch die Erklärung der im Offizium vorkommenden Psalmen zum besseren Verständnisse derselben beizutragen. An den Vorabenden wichtigerer Feste, namentlich der Feste des Herrn, der seligsten Gottesmutter und der hl. Patrone der Gesellschaft, soll in der Konferenz die Bedeutung des kommenden Tages an der Hand des göttlichen Offiziums dargelegt werden, damit die Brüder mehr und mehr das Gebetsleben ihrer hl. Mutter der Kirche mitleben lernen. Anfänger müssen auch im betrachtenden Gebete unterrichtet und angeleitet werden, auf dass sie daraus Früchte für das innere Leben gewinnen. – Außer den Festen der Diözese, in welcher sich das Mutterhaus oder Missionskloster befindet, feiere man noch die Hauptfeste des Benediktiner-Ordens, namentlich die des hl. Vaters Benediktus und seiner Schwester, der hl. Scholastika (beide 1. Klasse und ersteres cum octava) ferner seiner Schüler St. Maurus und Plazidus, sowie des hl. Bischofs und Martyrers Bonifatius, Apostel der

[a] K^4: „sei von innigstem Ausdrucke, verständlich, genau und ehrerbietigstem Tone, maßvollem Tempo und wie aus einem Munde“.

[b] K^4: „und andere Stellen“.

Deutschen (2. Klasse). Als Feste 2. Klasse werden ferner gefeiert, das des hl. Franziskus Xaverius und aller hl. Apostel und Evangelisten mit Ausnahme der hl. Apostelfürsten Petrus und Paulus (1. Klasse), auf deren Festtag die Gedächtnisfeier der Stiftung unserer Genossenschaft fällt.

Wöchentlich einmal ist der Empfang der hl. Sakramente der Buße und des Altars obligat; ebenso an allen Festen 1. und 2. Klasse, sowie am Feste der hl. Erzengel Michael, Gabriel und Raphael.

Die fromme Übung, auch am Mittwoch zu Ehren des hl. Joseph zum Tische des Herrn zu treten, wird angelegentlich empfohlen. Zu noch öfteren Kommunionen ist die Erlaubnis des Obern erforderlich, der sie nach weisem und vorsichtigem Ermessen erteile oder verweigere. Wenigstens einmal im Jahre berufe der Obere einen außerordentlichen Beichtvater.

Allmonatlich habe jeder einen Tag zur Geisteserneuerung frei, an welchem er außer der gewöhnlichen Andachtsübung in völliger Abgeschiedenheit in einem besonderen Zimmer nahe der Kirche nach einer bestimmten Anleitung sich nur mit Gott und seiner Seele beschäftige, abends dem Obern den Gewissenszustand eröffnen und die gewonnenen Erkenntnisse und die gefassten Entschließungen aufschreibe. Tags darauf empfange er den Leib des Herrn und beginne damit einen neuen Abschnitt im Leben der eigenen Vervollkommnung.

Alle religiösen und gottesdienstlichen Übungen im Hause und in der Kirche sollen von einem Dekan überwacht werden, unter dessen Kontrolle die Ämter der Sakristane, Akolythen, Thuriferare, Messdiener, Cantores[a], Vorbeter usw. stehen. Die näheren Bestimmungen hierüber enthält § 8, der Abschnitt über den ersten Dekan oder Kustos. Die verschiedenen Ämter des kirchlichen Dienstes, wie z.B. der Sakristane, sind in besonderen Reglementen[7] nach dem römischen Ritus geregelt und festgestellt und müssen von allen, die zu diesen Ämtern tauglich sind, wohl gelernt werden.

Bezüglich der Messintentionen sei folgendes die Regel: der Obere bezeichne den Priestern ihre Intentionen, wofür er zur Unterstützung des Missionswerkes Unterstützungen annehmen darf. Sieben hl. Messen sind der eigenen Meinung des zelebrierenden Priesters freigegeben und zwar eine am Tage der Profess oder an deren Jahrestag, eine am Namenstag, eine am Tag der Aussendung in die Mission und an deren Jahrestag, die anderen an beliebigen Tagen,

[a] K[4]: Kirchensänger.

die nicht mit dem Datum einer obligaten Intention zusammentreffen. Solche obligate Intentionen gibt es jährlich 26: Am ersten Sonntag jeden Monats haben die Priester der Gesellschaft für die lebenden und verstorbenen Wohltäter zu zelebrieren[a], am Namenstag des regierenden Papstes für den hl. Vater[b], am Namenstag des Diözesanbischofs für den Bischof[c], am Feste des hl. Apostels Andreas für den Stifter der Gesellschaft, am Namenstage des jeweiligen Generalobern für den letzteren, am St. Josephsfeste, Herz-Jesu-Feste und am St. Peter- und Paulfeste für die Mitglieder und Kandidaten und für das Gedeihen der Missionsgesellschaft, an fünf Semiduplextagen für die Bekehrung der Heiden unserer Mission (Votivmesse *pro propaganda fide*), am Allerseelentage für alle Abgestorbenen, die zweite Weihnachtsmesse für die Anliegen der hl. Kirche nach der Meinung des hl. Vaters. Fällt einer der genannten Tage auf den ersten Monatssonntag, so werde die Messe für die Wohltäter an einem andern Tage desselben Monats zelebriert[d].

§ 8. Zum 21. Kapitel der hl. Regel: „Von den Dekanen"

Wie aus diesem Kapitel hervorgeht, ist die Einrichtung der Dekane vom hl. Vater Benediktus zur Erleichterung der Verwaltung einer zahlreichen Gemeinde und der zu großen Bürde des Obern getroffen worden. Unsere Verhältnisse machen es ratsam, diese Einrichtung nicht sowohl an die Kopfzahl der Genossenschaft, als vielmehr an die Zahl der verschiedenen Aufsichtsämter zu knüpfen. Der Obere bestimme also folgende Dekane: der erste Dekan werde unter dem Titel „Kustos" zur Überwachung aller religiösen und gottesdienstlichen Übungen im Hause und in der Kirche aufgestellt. Es liegen ihm ob die Aufsicht über die Pflege der kirchlichen Musik und des Psalmengesanges im Betreff der Richtigkeit und Schönheit, über die Dienste der Sakristane und aller beim Gottesdienst beteiligten Diener, ferner die rechtzeitige Bekanntmachung der kirchlichen Feste und Anordnung der Feierlichkeiten, Vorübung

[a] Spätere Einfügung an dieser Stelle: „Seit Einführung des Liebeswerkes fallen diese hl. Messen aus, da jeden Mittwoch und Samstag für die Wohltäter eine hl. Messe gelesen wird". Ebenso bei K³, während K², K⁴ und K⁵ die Neuregelung nicht aufführen.

[b] Spätere Einfügung an dieser Stelle: „in jedem Kloster eine hl. Messe".

[c] Spätere Einfügung: „in jedem Kloster der Diözese eine hl. Messe".

[d] Später folgendermaßen abgeändert: „die erste Weihnachtsmesse als Bitt- und Dankopfer für das Gedeihen der Kongregation, die zweite Weihnachtsmesse für alle (lebenden und verstorbenen) Angehörigen der Mitglieder". Ebenso bei K³, während K², K⁴ und K⁵ die Neuregelung nicht aufführen.

der Zeremonien, Vorsorge für die notwendigen Bücher und Kleider, Paramente, Gebetsformulare, Schmuck und anderer Gegenstände, die Beschaffung wie z.B. der Palmen am Palmsonntag, der Bücher zur Betrachtung und geistlichen Lesung, die Anbringung und Erhaltung der religiösen Bilder, Weihwassergefäße und dergleichen in allen öffentlichen Räumen des Hauses, die regelmäßige Vornahme der Lustratio des Hauses, der Ankauf und die Verteilung der notwendigen Devotionalien usw. Die Ämter der Sakristane, Akolythen, Thuriferare, Messdiener, der Kirchensänger, der Vorbeter usw. stehen unter der Kontrolle des Kustos.

Ein zweiter Dekan mit der Benennung „Magister" oder „Obmann"[a] hat die Obhut über die sittliche Ordnung im Hause und soll dem Obern in ihrer Aufrechterhaltung beistehen. Er hat die genaue und gewissenhafte Befolgung aller Vorschriften der hl. Regel und der Konstitutionen und der angeordneten Gebräuche und Befehle des Obern zu überwachen. Er hat Neuangekommene damit bekannt zu machen (sein Dienst umfasst also auch das Amt, das im Noviziate der Novizenmeister versieht), hat Fehlende auf die verletzte Vorschrift aufmerksam zu machen und sie in gewissenhaftester Treue, ohne Menschenfurcht, aber mit um so größerer Gottesfurcht in aller Demut und Sanftmut zu ermahnen und zu ermuntern. Die Ämter des Hospitalars, Infirmars, Bibliothekars, Cellerarius, Vestiars und des Hausordners stehen insofern unter der Kontrolle des Obmanns, als er die Pflicht hat zu wachen, dass keine gegen die Reglemente dieser Ämter verstoßende Nachlässigkeit und Säumnisse vorkommen oder Missbräuche sich einschleichen.

Ein dritter Dekan mit dem Titel „Schulpräfekt" ist dem Unterricht vorgesetzt und alles hierauf Bezügliche fällt in seine Obsorge. Die Dienstleistungen der Lehrer wie der Schüler unterstehen seiner Überwachung[b].

Ein vierter Dekan hat als „Werkmeister" die Arbeiten in den Werkstätten und in Wald[c] und Garten zu überwachen und anzuordnen. Er hat Morgens und Mittags nach dem Arbeitsgebete die Arbeitsaufträge zu erteilen, Samstag Abends die Tagebücher der Werkstätten einzusammeln und zu kontrollieren und dem Oberen daraus am Sonntag Bericht zu erstatten und für die Arbeiten der kommenden Woche Aufträge zu empfangen.[d]

[a] K[4]: „Obmann oder Magister".

[b] K[4]: Leitung und Überwachung.

[c] K[4]: „Feld" statt „Wald".

[d] Nachträglich eingefügt: Der fünfte Dekan ist der Cellerar, worüber § 11 handelt.

§ 9. Zum 28. Kapitel der hl. Regel: „Von denen, die sich nach öfterer Zurechtweisung nicht bessern“

(„Nachdem er Rutenhiebe angewandt hat...“) Statt dieser körperlichen Züchtigung soll das mehrmalige Entziehen der Zwischenmahlzeit um 4 Uhr Nachmittags als Strafmittel angewandt werden („Zuletzt ... schaffet das Böse weg aus eurer Mitte.“) Dies letzte Mittel, das der Ausschließung oder Entlassung, werde vorzüglich in folgenden Fällen angewandt: Wenn ein Mitglied oder ein Kandidat wiederholt großen Unfrieden stiftet oder sich von keinen Vorstellungen, Warnungen, Verboten und Strafen bewegen lässt, einer Feindschaft oder gefährlichen Privatfreundschaft zu entsagen; ferner bei solchen, die zum Obern und Vater des Hauses nicht nur selbst keine Liebe und kein Vertrauen haben, sondern noch auch andere hierzu aufwiegeln, ferner wegen offenkundiger oder wegen gewohnheitsmäßiger[a] Vergehen wider die Sittlichkeit, auch wegen unverbesserlicher Arbeitsscheu, wegen fortgesetzter absichtlicher Missachtung der hl. Regel und Konstitutionen und wegen hartnäckiger Auflehnung gegen die Oberen.

Ein Kandidat während der Probezeit im Mutterhause muss überdies auch wegen anhaltenden Mangels an körperlicher Gesundheit, wegen Unbrauchbarkeit und wegen schwerer unverbesserlicher[b] Charakterfehler, wie z.B. der Unverträglichkeit gegen die Mitbrüder, entlassen werden. Der Obere kann nicht genug die Warnung des hl. Franziskus Xaverius beherzigen: „Ich beschwöre dich, treffe bei der Aufnahme von Mitgliedern eine sehr strenge Auswahl, lieber nur wenige, aber gute und brauchbare.“

Wer schon Mitglied ist, darf krankheits- und arbeitsunfähigkeitshalber, die es im treuen Dienste der Mission befallen haben, nicht entlassen werden, sondern soll mit aller Liebe und Schonung und Geduld gepflegt werden bis zum Tode oder während der ganzen Dauer der Gelübdepflicht.

§ 10. Zum 29. Kapitel der hl. Regel: „Ein Bruder, der aus eigener Schuld das Kloster verlässt“

Die Wiederaufnahme, welche, wie die Erfahrung lehrt, nur sehr selten zum Bessern führt, darf nur solchen zuteil werden, welche durch die Schuld anderer

[a] K^4: „gewohnheitsmäßiger geheimer“.

[b] K^4: „schwer verbesserlicher“.

zum Verlassen ihres Berufes verleitet wurden, oder solchen, die wegen Mangels an Gesundheit, der sich aber seitdem gebessert[a] hat, austreten oder entlassen worden sind. Wer den Austritt begehrt, oder wer nach der Entscheidung des Obern das Haus zu verlassen hat, der darf hierüber keinem Mitbruder oder Kandidaten Mitteilung machen, weil schwächeren Brüdern dadurch Versuchungen bereitet werden. Er fürchte sich vor der Schuld, auch andere in den Verlust des Berufes zu verstricken. Das Zeugnis darf nicht schon beim Weggange ausgestellt, sondern soll einige Tage später nachgesandt werden. Wenn einer, um sein Weggehen zu entschuldigen, zum wirklichen[b] Nachteil des Hauses Unwahrheiten ausstreute, soll im Oratorium in aller Liebe für ihn gebetet werden. So wird[c] Gott das Haus in Schutz nehmen und dem Schuldigen verzeihen.

§ 11. Zum 31. Kapitel der hl. Regel: „Vom Cellerarius"

Der Cellerarius führe ein Inventar aller Vorräte, Geräte und Werkzeuge des Hauses. Er hat zu sorgen, dass Inventarlisten verfasst werden vom Meister einer jeden Werkstätte, vom fr. Ökonomen, vom Hausordner, vom ersten Refektoriumsdiener, vom Küchenmeister (oder von der Vorsteherin der Schwestern, falls solche die Küche führen), vom Infirmarius oder dem Vorsteher (oder Sr. Vorsteherin) der Dispensieranstalt, vom Vestiarius und vom Depositorius und vom Schulpräfekten und vom Kustos. Er hat die Vollständigkeit dieser Inventarlisten zu kontrollieren. Er hat alle Bestellungen und Anschaffungen[d] zu besorgen und in einem besonderen Buche einzutragen. Er soll auch alles, was eingekauft oder geschenkt sowie alle Einlieferungen bestellter Sachen kontrollieren und im Buche eintragen. Ohne sein Wissen darf[e] niemand etwas kaufen oder verkaufen, empfangen oder weggeben, weil die Ordnung erfordert, dass er über alles ein genaues Verzeichnis führe und für alles verantwortlich sei. Die Frachtstücke, die von der Post oder vom Fuhrmann oder direkt vom Verkäufer in Hause abgeliefert werden, müssen dem Cellerar zur Kontrolle übergeben und dürfen nicht eher an den Ort ihrer Bestimmung gebracht werden, als

[a] K^4 und K^5: „gehoben".

[b] K^4 und K^5: „ernstlichen".

[c] K^4: „wird damit".

[d] K^4 und K^5: „Anschaffungen und Bestellungen".

[e] K^4 und K^5: „darf daher".

bis der Cellerar sie gesehen und notiert hat. Wenn jemand etwas verliert oder bricht oder verdirbt, so hat er den Schaden dem Cellerar anzuzeigen, der für den Ersatz zu sorgen hat. Damit aber der Cellerar nicht überbürdet und jederzeit zu sehr überlaufen werde, ist bezüglich der Einkäufe und Bestellungen folgende Ordnung zu beachten. Es werden in der Woche ein oder zwei Tage für Einkäufe festgesetzt. Bedürfnisse für die Arbeiten in den Werkstätten oder in der Bäckerei oder Bierbrauerei sind vorher von dem Meister der betreffenden Werkstätte etc. rechtzeitig vor den Einkaufstagen dem Werkmeister vorzubringen, der sie notiert und sie dann allwöchentlich ein oder zwei Mal dem Cellerarius einreicht und sich mit ihm bespricht[a]. Ist etwas für die Ökonomie anzuschaffen, so ist es Sache des Oberökonoms dem Cellerar wöchentlich einmal in der obenbesagten Weise Mitteilung zu machen. Hat jemand etwas an Bett- und Leibwäsche oder an Kleidern nötig, so begehre er es vom Vestiarius, falls solches vorrätig ist. Wäre es erst anzuschaffen, so notiere der Vestiarius das Verlangte und bringe es dem Cellerar an einem bestimmten Tage der Woche zur Kenntnis. Das für den Gottesdienste und für Festlichkeiten Nötige ist vom Kustos zu verabfolgen, der die Schlüssel zu den Paramentenschränken usw. verwahrt. Das Anzuschaffende aber werde vom Kustos dem Cellerarius mitgeteilt und von diesem besorgt. Das für die Lektüre oder die Studien Nötige, sowie das Schreibmaterial ist zu einer festgesetzten Stunde des Tages vom Studienpräfekten[b] in Empfang zu nehmen. Das für die Reinlichkeit des Hauses Erforderliche (Bürsten, Besen, Wichse etc.), sowie das zur Beleuchtung und Beheizung Dienliche ist vom Hausordner zu erbitten. Das Fehlende haben beide dem Cellerar anzuzeigen, der die Anschaffung besorgt. Gleichso verhalte es sich mit den Bedürfnissen der Küche.

Die[c] Einhaltung dieser Ordnung und dieser bestimmten Tage erleichtert das schwere Amt des Cellerars um vieles. Er soll sich daher möglichst genau daran halten. Er gehe mit Sachverständigen gerne zu Rate, damit nicht Überflüssiges oder zu Teueres angekauft werde, und dass er nie das Maß der Mittel, über welche das Haus verfügt, überschreite. Die Aufträge betreffs anzuschaffender Gegenstände sollen ihm daher von den[d] Verwaltern der verschiede-

[a] K[4]: „... und sie dann alle miteinander rechtzeitig vor dem Einkaufstage an bestimmten Tagen der Woche dem Cellerar einreicht und mit ihm bespricht". K[5]: „... und sie dann alle miteinander rechtzeitig vor dem Einkaufstage, wöchentlich ein oder zwei Mal dem Cellerar einreicht und mit diesem bespricht".

[b] K[4] und K[5]: „Schulpräfekten".

[c] K[4]: „Die genaue".

[d] K[4] und K[5]: „den genannten".

nen Ämter nicht in der Form von Befehlen, sondern bloß von Mitteilungen gemacht werden. Er aber halte sich stets an den Willen und den Wunsch des Oberen, dem er täglich zu einer festgesetzten Stunde über die Angelegenheiten seines Amtes sprechen soll, und beherzige das Wort der hl. Regel: „Er hat für alles zu sorgen, soll aber nichts tun ohne Geheiß des Abtes."

Es sind dem Cellerar als *solatia* beizugeben und seiner Kontrolle untergeordnet: der Hausdiener[a], der Vestiarius, der Depositarius, sowie der Küchen- und Refektoriumsdiener, deren Dienstpflichten im Buche der „Gebräuche und Hausordnung" näher dargelegt sind.[b] Dem Hausdiener liegt die wichtige Pflicht ob, für die Reinlichkeit und schöne Ordnung im ganzen Hause zu sorgen. Auch hat er die Beleuchtung und Beheizung und das hierzu nötige unter seiner Obhut. Bedarf er Hilfeleistung, so erbitte er sie vom Werkmeister, der die Arbeiten anzuweisen hat. Er ist verantwortlich für die Ausführung seiner Weisungen zur Erhaltung der Reinlichkeit und räumlichen Ordnung und hat, falls dieselben nicht beachtet würden, dem Obern Bericht zu erstatten, der die Schuldigen ermahne oder strafe.

Der Vestiarius bewahrt die Bett- und Leibwäsche und die nicht im Gebrauch befindlichen Kleider und Utensilien der Kandidaten und Mitglieder in einem verschlossenen Zimmer auf, wohlgeordnet nach dem Namen. Er führe auf jeden Namen ein genaues Verzeichnis. Er verteilt die reine Wäsche und sammelt mit einem Gehilfen die unreine ein und kontrolliert gewissenhaft, was er hergibt und zurückempfängt. Defekte Wasch- und Kleidungsstücke soll er nicht im Vestiarium verwahren, bevor sie ausgebessert sind.

§ 12. Zum 33. Kapitel der hl. Regel: „Vom Eigentum"

Beim Eintritt verfertige jeder Postulant ein Verzeichnis aller Gegenstände seiner Habe, Kleider, Bücher, Geldvorräte usw., die er mitgebracht hat, und übergebe die Liste dem Obern. Dieser bezeichnet auf dem Verzeichnis desselben diejenigen Sachen, welche der Postulant zum Gebrauche behalten darf. Das Übrige nehme der Cellerarius samt dem Verzeichnis in Empfang und verwahre es im Vestiarium und Depositorium. So oft er davon etwas abgibt oder zurückempfängt, vermerke er es auf der Liste, damit im Falle, dass der

[a] K^4 und K^5: „Hausordner".

[b] K^4 und K^5 beschreiben im Folgenden die Ämter des Hausordners und Vestiarius in umgekehrter Reihenfolge.

Postulant die Probezeit nicht bestünde, dem Scheidenden alles ihm Gehörige wieder zurückgestellt[a] werden kann.

Nach bestandener Probezeit, unmittelbar vor der Aussendung in die Mission, treffe jeder seine testamentarische Verfügung.

§ 13. Zum 34. Kapitel der hl. Regel: „Jedem werde gegeben, was er nötig hat".

Wer neue Kleider oder irgend etwas nötig hat, erbitte es vom Cellerar. Dieser verabreiche das Nötige, führe aber ein Verzeichnis auf den Namen jedes Einzelnen, worauf das einem jedem Abgegebene oder für ihn Angeschaffte mit Angabe des Datums aufgezeichnet wird. Zur Anschaffung neuer Kleider oder größerer Vorräte ist die besondere Erlaubnis des Obern notwendig, die der Cellerar nachzusuchen hat.

§ 14. Zum 35. Kapitel der hl. Regel: „Von den Wöchnern der Küche"

Was der hl. Vater von den Wöchnern der Küche sagt, das gilt bei den Häusern, wo die Küche von den Missionsschwestern besorgt wird, von den Refektoriumsdienern. Das Nähere über diesen Dienst ist im Buche der „Gebräuche und Dienstübungen" enthalten.

(„Ist die Gemeinschaft eine zahlreiche...") Der Präfekt, die Professoren, der Cellerar sowie verschiedene andere, welche für wichtigere Dienste verwendet werden, sind von diesem Dienste ausgenommen.

(„Gehilfen"...) Der Dienst dauere zwei Wochen und werde stets von zweien besorgt, wovon der eine bereits eine Woche gedient haben muss, wenn der zweite den Dienst antritt. Der letztere hat als zweiter Refektoriumsdiener dem ersteren in allem demütig zu gehorchen, mag er sein, wer er will, und der erste hat dem Neueintretendem in dem, was derselbe nicht recht macht, sanft und demütig zu unterrichten[b].

(„Die inzwischen austretenden Wöchner...")[c] Der Dienst wird am Sonntagmorgen angetreten. Jeden zweiten Samstag, also alle 14 Tage, soll am Samstag der Boden

[a] K[4] und K[5]: „zugestellt".

[b] K[4] und K[5]: „unterweisen".

[c] K[4] und K[5]: „die ein- und austretenden Wochner...".

des Refektoriums gescheuert werden. Die Tische sind stets reinlich gescheuert zu halten. Die Aufsicht über den Refektoriumsdienst werde dem Dekan zur Pflicht gemacht, welcher für die Reinlichkeit des Hauses zu sorgen hat.

§ 15. Zum 36. Kapitel der hl. Regel: „Von den Kranken“[a]

Die näheren Verordnungen des Krankendienstes sind im Buche der „Gebräuche und Dienstübungen“ enthalten. Der Infirmar führe über die Kranken, ihren Zustand und ihr Verhalten[b] ein Buch, das wöchentlich einmal dem Obern zur Durchsicht eingereicht werden soll und das auch zur Zeit, wo es sich um Aufnahme in die Mitgliedschaft handelt, zu Rate[c] gezogen werden soll.

§ 16. Zum 39. und 40. Kapitel der hl. Regel: „Vom Maße der Speisen und des Getränkes“

„Eine Hemina Wein...“[d] *„Ein Pfund Brot...“*

Nach unsern Verhältnissen werde täglich mit Ausnahme der Fasttage jedem im Ganzen ein modernes Pfund Brot (500 g), auf die verschiedenen Mahl-

[a] K^4: „Von dem Krankendienste“.

[b] K^4 und K^5: „sowie über die Art und Dauer der Krankheit“.

[c] K^4 und K^5: „wohl zu Rate“.

[d] Anmerkung Amrheins, die in K^2 und K^3 fehlt: Zuverlässige, archäologische Forschungen, welche die Irrtümer der Mauriner auf ihre Quellen zurückführten, haben in unseren Tagen den Nachweis erbracht, dass die vom hl. Vater Benedikt bestimmten Maße keine willkürliche noch auch bloß provinziale Maße gewesen sein können, da (man) unter dem gotischen Herrscher Cassiodor, zur Zeit des hl. Benedikt, als *iudex palatinus* von ganz Italien, in verschiedenen Dekreten auf die Einheit des Maß- und Gewichtssystems in allen italischen Provinzen und zwar ausdrücklich auf die einheitliche Beibehaltung und Heilighaltung der uralten capitolinischen Maße drang und sowohl im Süden als vordern Italiens bekanntgewordenen Abweichungen hiervon ernstlich ahndete. Wie die auf dem Kapitol contrasignierten, campanischen Waagen- und Basalt-Gewichtsteine, die in den Museen aufbewahrt werden, auch das Wassergewicht der ebenfalls auf dem Kapitol gereichten Amphore und besonders das Gewicht unversehrter Goldmünzen nahezu übereinstimmend ergaben, wog eine capitolinische Libra 327 Gramm unseres Gewichtes. Eine Hemina fasste Wasser oder Wein im Gewicht von 10 capitolinischen Unzen (d.i. eine alte As-Libra), also 272 ½ Gramm, d.i. 22 ½ Gramm über einem Viertelliter. Nach der Sitte des italischen Altertums pflegte man 1/3 starken Weins mit 2/3 Wasser zu genießen oder verdünnte minder feurigen Wein wenigstens zur Hälfte, so dass also das vorgeschriebene Maß der Hemina einen gutgemessenen Viertelliter unverdünnten oder gegen ein Halbliter verdünnten, italischen Weines betrug. Ein Brotlaibchen von 350-400 g Gewicht kann als eine wohlgewogene *libra proponsa* gelten. *(Anm. des Herausgebers: Amrhein schöpft hier aus seinem Aufsatz „Die hemina und libra der Benedictinerregel“, in: Studien und Mitteilungen aus dem Benediktiner- und Zisterzienser-Orden 4 (1883), S. 249-267; 5 (1884), S. 37-60).*

zeiten verteilt[a], gereicht und ½ Liter Bier, wenn keine schweren Arbeiten zu verrichten sind, oder zwei Halbliter Bier, zu zwei Mahlzeiten, bei schwerer Arbeit. Der Obere sorge für eine gesunde, nahrhafte und reichlich genügende Kost, aber vermeide es standhaft, den Ansprüchen der Feinschmeckerei oder der Unmäßigkeit Rechnung zu tragen. Vom Essen und Trinken sich in Gesprächen zu unterhalten, darüber zu murren, bei Tisch wählerisch zu sein oder nach gewissen Speisen mit Vorliebe Verlangen zu äußern, zeugt von großer Unvollkommenheit und darf an denen, welche sich für das entbehrungsreiche Missionsleben vorbereiten sollen, durchaus nicht geduldet werden. Wer hierin fehlt, werde das erste Mal verwarnt, und im Wiederholungsfalle mit Entziehung des nachmittägigen Vesperbrotes bestraft, bis Besserung erfolgt.

§ 17. Zum 41. Kapitel der hl. Regel „Von der Essenszeit"

Die Essenszeit muss sich im Missionslande nach den klimatischen Verhältnissen richten und soll daher so geregelt werden, wie es für die dortigen Verhältnisse am passendsten erscheint, wobei aber der Geist der Regel möglichst gewahrt werde. Im Mutterhause dagegen mag folgende Ordnung eingehalten werden: Morgens nach der hl. Messe nehme man das Frühstück ein, Mittags um halb 12 Uhr das Mittagsmahl, um 4 Uhr eine Stärkung und etwa um 7 Uhr das Abendessen. Diese Ordnung werde das ganze Jahr hindurch eingehalten, mit Ausnahme der Fastenzeit vor Ostern, in welcher das Mittagessen erst um 12 Uhr, nachdem Non und Vesper gebetet sind, stattfinden soll[b]. Schwächliche, Kinder, Greise etc. und die, welche schwere Arbeiten zu verrichten haben, können um halb 10 Uhr Vormittags eine Stärkung genießen (Cap. 37). Bei gesunden Brüdern im kräftigen Alter ist aber diese Erlaubnis nur an die Bedingung schwerer Arbeit geknüpft und hört auf zur

[a] K[4] und K[5] bringen folgende Tabelle:

	An gewöhnlichen Tagen		*An Fasttagen*	
	bei leichter Arbeit	*bei schwerer Arbeit*	*bei leichter Arbeit*	*bei schwerer Arbeit*
Frühstück	150 gr	150 gr	50 gr	75 gr
Vormittags, 9.00 Uhr	-	100 gr	-	50 gr
Mittagessen	50 gr	50 gr	75 gr	100 gr
Vesperbrot	100 gr	150 gr	50 gr	50 gr
Abendessen	50 gr	50 gr	50 gr	50 gr

[b] K[4] bringt den folgenden Text bis zum Paragraphenende in einer Fußnote.

Zeit einer leichteren[a] Arbeit. Über die Einhaltung dieser Vorschrift hat der Obmann oder Magister zu wachen, der sich mit dem Infirmar und mit dem Werkmeister hierüber jederzeit ins Einvernehmen setzen muss. Doch erwarten wir zuversichtlich von der Liebe der Brüder zur Abtötung, dass sie freiwillig sich bereit zeigen, hierin den Geist der Regel zu wahren.

§ 18. Zum 48. Kapitel der hl. Regel: „Von der täglichen Handarbeit"

Von der täglichen Handarbeit sei außer dem Obern, dem Cellerar und den Lehrern, deren Kraft und Zeit für andere Pflichten genügsam in Anspruch genommen sind, niemand ausgenommen, auch nicht die Priester und Studierenden. Täglich sollen letztere im Winter wenigstens eine Stunde und im Sommer 1 ½ Stunden lang eine Handarbeit verrichten, welche sie sich vom Werkmeister anweisen lassen sollen.

Ein Religiose und zumal ein Missionär soll von der Arbeit jene erhabene Ansicht und jene evangelische Absicht haben, welche den Völkerapostel bewegte, wenn er, wie er selbst gesteht, arbeitet, um allen ein Vorbild zu sein, wie man arbeiten müsse, um sich selbst zu erhalten und auch anderen helfen zu können (Gal 4,12), um Kranken, Arbeitsuntauglichen beizustehen (Apg 20,19.36), um selbst niemandem zur Last zu fallen, sondern sein eigenes Brot zu essen (2 Thess 3,7-8), und auch seine Mitarbeiter im Evangelium der Sorge für den Lebensunterhalt zu entheben (Apg 20,34), um das apostolische Amt unabhängig zu bewahren, dagegen durch Uneigennützigkeit und Wohltätigkeit andere sich verpflichten zu können zu ihrem Heile (1 Kor 9,12), um nicht auf Kosten der Neubekehrten zu leben zu müssen und so ein großes Hindernis des Glaubens zu beseitigen, nämlich den Argwohn der Heiden, der Missionär suche nur sein Brot durch die Glaubensbotschaft (1 Kor 9,12), besonders aber um sich von den falschen Aposteln der Häresie zu unterscheiden, welche den Apostel der Wahrheit in allem nachäffen, nur nicht, dass sie sich für ihr Predigtamt nicht besolden lassen, weshalb sie von St. Paulus „schlechte Lohnknechte" genannt werden (2 Kor 11,11). Diese Beweggründe machen aus der Arbeit ein Apostolat und auch aus dem Laien, wenn er als Hilfsmissionär apostolischen Priestern zur Seite steht, einen wahren Missionär und Mitarbeiter Christi und Nachahmer der Apostel. Da also der körperlichen Arbeit beim Missionswerke eine so hohe[b] Aufgabe zufällt, wozu noch der Umstand tritt,

[a] K^4: „leichten".

[b] K^4 und K^5: „große".

dass nur ein Lehrmeister[a] der Arbeit unter barbarischen Heiden mit Erfolg ein Lehrmeister des Gebets werden kann und nur durch den Unterricht in ehrbarem Gewerbe und Handwerke[b] und im Landbau, namentlich aber durch Ausübung der Werke der Barmherzigkeit diese wilden Seelen gezähmt und nach und nach der Lehre Christi und Seinem Sittengesetze näher gebracht werden können, so muss im Missionshause während der Probe- und Vorbildungszeit der körperlichen Arbeit eine ganz besonders fleißige Pflege gewidmet werden. Keiner werde da geduldet, der nicht arbeitsam und arbeitstüchtig ist. Selbst Priester und Studierende sollen täglich in einer passenden Handarbeit sich üben, teils aus Gesundheitsrücksichten, teils zur Übung der Demut, Armut und des Gehorsams. Die Laienbrüder sollen in den Werkstätten, in Hausdiensten oder in Feld und Garten beschäftigt werden, jedoch so, dass ihr körperliches Tageswerk die tägliche geistliche Lesung und Betrachtung und das Anwohnen der täglichen Abendkonferenz nicht unmöglich mache. Alle sollen sich für die Missionen oder Missionshaus nützlich machen können. Sie tun dies aber nur dann wirklich mit Segen, wenn sie im rechten Geiste arbeiten und dabei die Disziplin des Hauses beobachten. Sie müssen alleine im Hinblick auf Gott und Gotteslohn den frommen Dienst versehen, den ihnen der Gehorsam anweist. Sie dürfen ihre Beschäftigung nicht selbst wählen, müssen stets zu jeder Arbeit bereit sein, auch zu einer ungewohnten oder geringeren, dürfen außer der vorgeschriebenen Erholungszeit nicht untätig sein, haben sich mit Mitarbeitern bescheiden und liebevoll zu vertragen, dürfen auf anderer Arbeit nicht eifersüchtig, auf eigene Arbeit nicht eingebildet und für Berichtigungen und Belehrungen nicht unzugänglich und empfindlich sein, müssen auf Lohnansprüche verzichten und auf das Wohl[c] des Hauses, der Gesellschaft und deren Missionen bedacht sein, dürfen sich aber in Schwierigkeiten nicht entmutigen oder zum Murren hinreißen lassen, sondern haben sich als Arbeiter Christi starkmütig, ausdauernd, eifrig und aufopferungsfähig zu zeigen. Wer von der Liebe Gottes getrieben wird, findet seine Wonne daran, so für Gott zu arbeiten. Und dies ist dem wahren Missionsberuf eigen.

§ 19. Zum 53. Kapitel der hl. Regel: „Vom Empfang der Gäste"

Damit den Gästen all die Liebe und Aufmerksamkeit erwiesen werde, welche der hl. Vater Benediktus aus Liebe zu Jesus, den wir im „Fremdling" pflegen

[a] K^4: „Lehrer".

[b] K^4 und K^5: „in ehrbaren Gewerben und Handwerken".

[c] K^4 und K^5: „Wohl und Gedeihen".

sollen, seinen Söhnen zur Pflicht macht, werde ein eigener Bruder von guter Gesittung und reifer Gesinnung mit dem Amte betraut, als „Hospitalar" sich den Gästen zu widmen. Ein Gehilfe werde ihm beigegeben, welche dieselben zu bedienen hat. Der Hospitalar beobachte in Gesprächen mit Fremden eine ebenso weise Zurückhaltung als liebevolle Freundlichkeit und eine ungeheuchelte Demut und Bescheidenheit. Er mache die Gäste mit der Tages- und Hausordnung, soweit es ihnen erwünscht oder notwendig ist, damit sie die Ordnung des Hauses nicht stören, bekannt. Wenn der Raum des Hauses es zulässt, sollen die Gastzimmer womöglich abgesondert sein von den Wohn- und Arbeitsräumen der zum Hause gehörigen Bewohner. Der Gäste wegen darf das Lesen und das Stillschweigen[a] bei Tische nicht unterlassen werden, falls sie zur Essenszeit der Brüder im Refektorium essen. Besser aber ist es, sie speisen nach Anordnung der hl. Regel allein mit dem Obern (Kap. 56). Im Missionskloster beobachte man die Vorschrift der Regel[b] voll und ganz mit Ausnahme der Fußwaschung.

§ 20. Zum 55. Kapitel der hl. Regel: „Von der Bekleidung"

„Die Kleidung werde je nach Beschaffenheit des Ortes und des Klimas gegeben...", „Die Bestimmung hierüber stehe soweit dem Obern zu..."

Im tropischen Klima des Missionslandes sollen die vom hl. Benediktus vorgeschriebenen Gewänder und zwar aus Gesundheitsrücksichten von weißer Wolle getragen werden. Im Mutterhause richte sich die Kleidung nach den Verhältnissen, welche keinen Ordenshabit, wohl aber den Talar der Seminarien oder des Weltklerus gestatten. Die Kleidung bestehe in einem Talar, bei Mitgliedern der ersten Abteilung von schwarzer und bei denen der zweiten Abteilung von dunkelgrauer Farbe, vorne und um den Hals mit dunkelrotem Bande gefasst und die Lenden umgürtet mit einem wollenen, drei fingerbreiten Gürtel von dunkel- oder blutroter Farbe zum Zeichen der Bereitschaft, für das Zeugnis des hl. Glaubens oder aus Liebe zu Gott und den Seelen Blut und Leben zu opfern. Dieses Kleid werde bei einem festlichen Anlass gesegnet und dem Kandidaten nach bestandenem Postulate überreicht. Er trage es bis zu seiner Aussendung in die Mission. In Rom, wo die ausgesandten Missionäre ihr Gelübde ablegen, ziehen die Priester die weiße, die Hilfsmissionäre das graue Ordensgewand an.[c]

[a] K^4 und K^5: „das Stillschweigen und die Lesung".

[b] K^4 und K^5: „Vorschrift der Regel bezüglich der Gäste".

[c] K^4: „In Rom, wo die ausgesandten Missionäre von Reichenbach ihre Gelübde ablegen, ziehen sie das weiße Ordensgewand an".

§ 21. Zum 58. Kapitel der hl. Regel: „Von der Aufnahme neuer Ordensbrüder“

„Der Eintritt soll nicht leicht gemacht werden...“ (1. Abschnitt)

Die Zulassung zur Berufsprobe im Missionshause, sowie die Probe selbst, erfordert die ganze Vorsicht und Strenge, welche die hl. Regel empfiehlt und macht überdies eine noch längere Zeit nötig, als die in der hl. Regel vorgeschriebene wäre. Denn der Name eines Missionshauses lockt stets sehr viele an, denen es ferne liegt, das Leben der evangelischen Räte gewählt zu haben[a], da ihre eigentliche Absicht in erster Linie nach dem Studium zum Priestertum oder nach sonst einem zeitlichen Vorteil zielt. Der beste[b] Prüfstein ist die Disziplin eines treu nach bewährten Ordensvorschriften geregelten Lebens. Sie ist den wirklich Berufenen leicht und eine Quelle der Freude und des Fortschrittes, für den Unberufenen aber wird sie auf die Dauer unerträglich. Darum sollen alle auf längere Zeit die Übungen des Postulats und Noviziates durchmachen und keiner kann in die Genossenschaft als Mitglied aufgenommen werden, der nicht sein Noviziat und zwar in der Genossenschaft selbst durchgemacht hat.

Bei der Aufnahme in das Postulat halte der Obere folgendes Verfahren ein. Der Obere lasse sich bei der Frage der Aufnahme niemals von der Güte des Herzens bewegen, einen ernstlichen Zweifel der Vernunft hintanzusetzen. In dieser Angelegenheit rächt sich jeder Mangel an Nüchternheit des Urteils und jedes Übersehen von Lehren der Erfahrung. Aus derartigen Gründen darf in folgenden Fällen die Aufnahme niemals gemacht[c] werden, selbst wenn viele andere Verhältnisse günstig für die Aufnahme zu sprechen scheinen:

1) Wenn der Angemeldete von anderen Missionshäusern[d] entlassen worden ist.

2) Wenn er sich schon in mehreren Missions- oder Ordenshäusern versucht hat.

3) Wenn er kein gutes Sittenzeugnis oder keinen guten Leumund hat oder falls er kompromittierende gerichtliche Strafen verwirkt hätte.

4) Wenn nahe Verwandte an Geistesstörung oder Gemütskrankheit leiden.

[a] K^4 und K^5: „... gewählt zu haben, und darunter nicht wenige, die auch selbst nicht Missionäre zu werden im Sinne haben, da ihre...“.

[b] K^4 und K^5: „sicherste“.

[c] K^4 und K^5: „gewährt“.

[d] K^4 und K^5: „Missions- oder Ordenshäuser“.

5) Wenn er sich nicht zu jeder Verwendung bereit[a] erklärt, also z.B. wenn er das Studium oder anderes zur Bedingung macht.[b]

6) Wer offenbar eine zeitliche Versorgung sucht.

7) Wer an einem für andere lästigen Gebrechen leidet.

Eine besondere Vorsicht beobachte der Obere in den Fällen, wo Studierende sich anmelden, denen infolge ungünstiger Resultate ihrer Studien die Fortsetzung derselben an einer öffentlichen Lehranstalt unmöglich geworden ist, oder bei solchen, welche sich anmelden, nachdem sie an Lehranstalten vergeblich um Aufnahme nachgesucht haben, oder denen hierzu die erforderlichen Mittel fehlen, ferner wenn der Angemeldete seit längerer Zeit arbeitslos ist, wenn er oft oder längere Zeit krank war, wenn er von einer anderen religiösen Anstalt kommt und zumal, wenn er zur Motivierung seines Weggangs über dieselbe Nachteiliges aussagt. In letzterem Falle gewährt ein weiser Oberer niemals Aufnahme. Ferner wenn der Kandidat zu jugendlich[c] ist. Eine ganz besondere Klugheit und Festigkeit beweise der Obere, wenn sich ein Priester oder ein Mann um die Aufnahme bewirbt, der in der Welt bereits eine selbständige Stellung hatte. Er beherzige wohl, was darüber der hl. Vater Benediktus im 60. Kapitel der hl. Regel sagt[d] und hält für sicher wahr, dass die Genossenschaft nur dann durch die Aufnahme einer tüchtigen Kraft gewinne und nicht vielmehr verliere, wenn dieselbe sich in aller Demut den Regeln des Hauses und Vorschriften des Obern ganz unterwirft[e].

„Man mache ihn mit allen Härten und Beschwerlichkeiten bekannt, durch welches wir zu Gott gelangen..." (2. Abschnitt)

Wenn jemand sich zur Aufnahme meldet, werde ihm der Prospektus zugesandt, welcher das Ziel und die Mittel, aber auch die Hindernisse dieses We-

[a] K4 und K5: „gerne bereit".

[b] Fußnote Amrheins: Es versteht sich ja von selbst, dass der Obere einen jeden, der sich wirklich zum Priester oder zum Arzte oder sonst zu einer höheren Verwendung eignet, denselben im Interesse des Evangeliums hierzu ausbilden lässt, sobald bezüglich seines Berufes kein Zweifel mehr obwaltet und zum Leben der angestrebten Vollkommenheit der innerliche Grund gelegt ist.

[c] K4: „jung".

[d] K4 und K5: „schreibt".

[e] K4 und K5: „wenn dieselbe in aller Demut gewillt ist, sich den Regeln des Hauses und Vorschriften des Obern ganz zu unterwerfen".

ges zur Vollkommenheit, den er zu wandeln wünscht, anschaulich darlegt[a]. An der Hand desselben soll er nochmals reiflich mit sich zu Rate gehen. Er werde eingeladen, nachdem er dies getan, sich nochmals schriftlich zu äußern. Auch ist es gut, wenn er, im Falle es ihm möglich ist, sich persönlich im Mutterhause einfindet, damit man ihn kennen lerne und er selbst aus eigener Anschauung beobachten und über das, was er anstrebt, sich vergewissern kann. Erklärt er bei seinem Bittgesuch zu beharren, so sende ihm der Obere das Rationale, ein Formular, auf welchem der Kandidat verschiedene Fragen bezüglich Namen, Alter, Eltern, Stand, Geburts- und Wohnort, Lehrgang usw. zu beantworten hat. Auch soll er folgende Papiere besorgen und einsenden: Taufschein, ein pfarramtliches Zeugnis, ein beglaubigtes Vermögens- oder Armutsattest, ein Heimatschein (für Ausländer ein Pass), ein ärztliches Gesundheitsattest, Schulzeugnisse und vollständige schriftliche Ausweise für das ganze letzte Jahr. Daraufhin gibt der Obere einen Bescheid der Zulassung oder Nichtzulassung des Kandidaten.

Wer sich ohne vorhergehende[b] schriftliche Anmeldung persönlich einfindet, darf nur dann zu einem Probeaufenthalt als Gast sofort beherbergt[c] werden, wenn er von einer zuverlässigen Seite als ein seit längerer Zeit Bekannter wohl empfohlen ist und auch in diesem Falle nur dann, wenn keiner der obengenannten hindernden Umstände vorliegt. Dadurch werden dem Hause Gottes oft große Unannehmlichkeiten und selbst Gefahren erspart, welche die Nichtbeachtung dieser Regel für fromme Anstalten zur Folge haben kann.

„Nach Verlauf von zwei Monaten... Nach weiteren 6 Monaten... Nach Verlaufe von ferneren 4 Monaten..."

Entsprechend dieser Einteilung des 12-monatlichen Noviziates in drei Zeitabschnitte, zerfällt auch das Probejahr[d] in drei Abschnitte von 2, 6 und 4 Monaten, nach deren Verlaufe[e], also drei Mal im Probejahr, jedes Mal der Obere mit den Dekanen ein Skrutinium über jeden Postulanten abhalte. Dabei werde

[a] Anmerkung in K^4 und K^5: Regel und Konstitutionen dürfen Postulanten nicht mitgeteilt werden.

[b] K^4 und K^5: „vorangegangene".

[c] K^4: „aufgenommen".

[d] K^4 und K^5: „erste Probejahr".

[e] K^4 und K^5: „Verfluss".

untersucht, ob der Kandidat die dreifache Probe, nämlich bezüglich der Berufstugenden, der nötigen Begabung und der körperlichen Gesundheit bisher wohl bestanden habe. Liegen Mängel vor, welche nach den Bestimmungen der Konstitutionen § 9 die Entlassung nach sich ziehen, so darf der Postulant nach einer ernsten Verwarnung noch zum zweiten Probetermin zugelassen werden. Bessert er sich aber nicht, so werde er im 2. Skrutinium entlassen. War seine Besserung eine ungenügende, so darf der Obere nach seinem Ermessen mit der Entlassung noch einige Zeit zuwarten, jedoch niemals bis über ein Jahr seit dem Eintritte verflossen ist. Vor jedem Skrutinium soll der Postulant nach der Vorschrift der Regel vernommen werden[a]. Hat er sich wohl bewährt, so empfange er nach dem dritten Skrutinium das Kleid, von dem § 20 der Konstitutionen handelt. Wessen Beruf und Beharrlichkeit außer Zweifel erscheint, darf das Kleid schon gleich nach dem zweiten Skrutinium empfangen.

„Der Aufzunehmende gelobe..."

Wer so ein Jahr lang in gewissenhafter Treue nach den Vorschriften der Regel gelebt hat, darf in den ersten Grad der Mitgliedschaft aufgenommen werden. Er verfasse ein schriftliches Aufnahmegesuch, das der Obere verwahre. Auf einen bestimmten Festtag schreibe er dann zunächst den von § 4 der Zivilstatuten der Gesellschaft vorgeschriebenen Gelöbnisakt, womit er sich vertragsmäßig[b] auf ein Jahr zur Einhaltung der zivilen Pflichten der Mitglieder verbindlich macht.

Diesen Akt lese er im Kapitel nach beendigtem Gottesdienste vor allen versammelten Mitgliedern und Kandidaten vor. Dem Gottesdienste selbst gehe in geheimer Versammlung des Obern, der Dekane und bloß der Mitglieder (also mit Ausschluss aller Postulanten) die Ablegung der Gelöbnisse voraus, die auf die Dauer eines Jahres abgelegt werden. Der Wortlaut derselben ist der von der hl. Regel angegebene mit dem Zusatz „auf die Dauer eines Jahres". Ihre Verpflichtung ist die eines vom Beichtkinde in die Hand des Beichtvaters abgelegten Gelübdes, was dem Gelobenden vorher mitgeteilt werden soll. Hierauf werde ihm vom Obern ein Abzeichen der Mitgliedschaft in Form eines unter dem Kleide zu tragenden, kurzen Skapuliers mit eingesticktem Monogramm Christi angelegt, und er empfange die Begrüßung der

[a] K^4: „nach Vorschrift bezüglich der Ausdauer seines Berufes".

[b] KK^4 und K^5: „vertragsmäßig vorerst".

Brüdermitglieder. Im darauffolgenden Gottesdienste trete er zum Tische des Herrn.

Die Mitglieder des ersten Grades sollen während dieses Jahres, welches ihre Probezeit beendet, womöglich beisammen in einem besonderen Hause der Genossenschaft wohnen und gewissenhafter als jemals nach den Regeln lebend auf ihre baldige Aussendung in die Mission und auf den Eintritt in den zweiten Grad, d.i. der eigentlichen, dauernden Mitgliedschaft sich würdig vorbereiten. Dieser Eintritt findet nämlich sofort nach ihrer Aussendung in Rom statt, wo sie die eigentlichen Ordensgelübde abzulegen und das Ordensgewand zu empfangen haben, bevor sie mit dem Segen des Statthalters Christi ans Werk des Herrn in den fernen Erdteil ziehen. Das volle Jahr der sogenannten Mitgliedschaft des ersten Grades soll deshalb die Bedeutung des kanonischen Noviziates haben, bis Gott die Gesetze der Länder so umgestaltet, dass sie wieder die freie Errichtung eines Klosters gestatten. Sollte dies nach göttlicher Fügung einst eintreffen, so trete anstelle der ersten Mitgliedschaft das Noviziat und sollen die Gelübde im Mutterhause selbst feierlich abgelegt werden.

§ 22. Zum 62. Kapitel der hl. Regel: „Von den Priestern des Klosters"

„Wenn der Abt einen Priester oder Diakon weihen lassen will..."

Der Abt suche mit aller Sorgfalt und Festigkeit der Gefahr zu steuern, welche unserer Genossenschaft daraus erwachsen könnte, dass man den Charakter eines Ordensinstituts allmählich in den Charakter eines Seminars umwandeln wollte. Er räume daher keinem Kandidaten eine Art Recht und Anspruch auf die priesterliche Würde und auf die hierzu nötigen Studien ein, sondern mache ihnen den Geist der Regel klar, nach welcher die Wahl dieser Würde ganz im Ermessen des Obern und nicht des Bruders liegt. Er halte keinen für würdig, solange derselbe in der Demut, die sich eines so hohen Amtes für unwürdig erachtet, und in der vollkommenen Entsagung des eigenen Willens bezüglich des Strebens nach der Priesterwürde oder hinsichtlich der Zeit der Weihe oder auch der Studien sich nicht bewährt gezeigt hat. Darum gewähre er auch nur solchen den Eintritt, welche ihr Schicksal ohne Vorbehalt in die Hand des Obern legen und sich zu allem gleich bereit erklären, was der Vorgesetzte als das Bessere erachten werde.

„Er behalte immer den Platz..."

Der Priester sei, was die Pflicht der Beobachtung der Regel, Konstitutionen und Gebräuche betrifft, in allem dem Nichtpriester gleichgestellt.

§ 23. Zum 64. und 65. Kapitel der hl. Regel: „Von der Wahl des Abtes und vom Prior"

1) Der Obere des Mutterhauses, dessen Pflicht es ist, die ihm anvertraute Kongregation im Geiste der hl. Regel, der Konstitutionen und in seiner ursprünglichen Bestimmung unverändert zu erhalten und zu leiten, bekleide sein Amt auf Lebenszeit. Würde er aber diese Pflicht nicht erfüllen oder würde er der Genossenschaft eine von der ursprünglichen abweichende Bestimmung oder Verfassung zu geben versuchen, so müsste der Hl. Apostolische Stuhl in einer von zwei Dritteln der Mitglieder unterzeichneten Bittschrift gebeten werden, eine Neuwahl zu verfügen, die in der beim Hinscheiden des Obern vorgeschriebenen Weise vorzunehmen ist. Ist nämlich der Obere von Gott abberufen worden, so übernehme der mit der Stellvertretung betraute Dekan des Mutterhauses die Oberleitung bis nach erfolgter Neuwahl. Dieselbe werde ohne Säumen gleichzeitig mit der Anzeige seines Hinscheidens angeordnet. Der Obere soll bei Lebzeiten in seinem Testamente einen oder zwei Mitglieder als Nachfolger im Amte empfehlen. Dieses Testament soll jedem Hause der ganzen Genossenschaft in einer vom Generalvikar der Diözese beglaubigten Abschrift mitgeteilt werden. Während sieben Tagen soll täglich die Konventmesse zur Anrufung des Hl. Geistes zelebriert und am Schlusse das „*Veni creator*" gesungen werden. Am achten Tage versammle sich der Konvent eines jeden Hauses zur Wahl. Die beschriebenen Stimmzettel sollen zusammengefaltet, vor aller Augen versiegelt, in ein Kuvert verschlossen und an den stellvertretenden Obern eingesandt werden. Sind die Wahlzettel aller Häuser eingetroffen, so erfolge die Öffnung derselben in einer allgemeinen Versammlung der Mitglieder des Mutterhauses, der Delegierten der anderen Häuser, welche die Versammlung beschicken können, sowie in Gegenwart des bevollmächtigten Stellvertreters des Hochwürdigsten Diözesanbischofes, im Falle der Hochwürdigste Oberhirte einer diesbezüglichen Einladungsbitte zu gewähren geruht. Die Wahl werde durch Stimmenmehrheit entschieden. Das Resultat soll noch durch den stellvertretenden Dekan im Namen des Mutterhauses bekannt gegeben werden. Befindet sich der Gewählte in einem anderen Hause, so soll er nach dem Mutterhaus übersiedeln, das sein Hauptsitz sein muss. Es steht jedoch in seiner Befugnis, aus triftigen Gründen dasselbe von einem Hause der Genossenschaft in ein anderes zu verlegen, nur soll es in Europa und wenn immer möglich in Deutschland gelegen sein.

„Der Abt wähle selbst nach dem Rate gottesfürchtiger Brüder einen Prior und bestelle ihn als solchen..."

2) Der Obere eines jeden neugegründeten Hauses der Genossenschaft werde direkt vom Obern des Mutterhauses bestimmt. Stirbt ein Oberer oder wird

aus triftigen Gründen dessen Versetzung oder Ersetzung durch einen anderen ratsam, so erfolge die Ernennung des neuen Obern in folgender Weise: Der Obere des Mutterhauses bringe dem verwaisten Hause zwei oder drei Mitglieder der Genossenschaft in Vorschlag, und die Mitglieder des betreffenden Hauses sollen einen derselben wählen. Wird ein Haus der Genossenschaft zur Abtei erhoben, so hat die Abtswahl in gleicher Weise zu erfolgen. Die Versetzung oder Absetzung eines Abtes aber kann vom Generalobern nur mit Zustimmung des Apostolischen Stuhls vorgenommen werden.

3) Allmonatlich sende der Obere eines jeden Tochterhauses einen Bericht an den Obern des Mutterhauses. Derselbe enthalte einen Personalbericht über jeden einzelnen Missionär, eine Darlegung der Arbeiten, Erfolge, Schwierigkeiten und Erlebnisse des Hauses, ferner des Gesundheitszustandes, der finanziellen Lage und Bedürfnisse derselben usw. Aus diesen Berichten werde die Chronik der Genossenschaft zusammengestellt, die den einzelnen Häusern von Zeit zu Zeit mitgeteilt werden soll, um das Gefühl der Zusammengehörigkeit einer geistlichen Familie stets lebendig zu erhalten.

§ 24. Zum Schlusskapitel der hl. Regel

Ein jeder lasse sich von der Überzeugung leiten, es hänge die Blüte und die Bewahrung der Kongregation vor dem Verfalle ganz von dem Eifer, von der Treue und Gewissenhaftigkeit eines jeden Einzelnen ab, dass eine jegliche Untreue etwas zur Verwitterung des Baues beitrage, der einst mit Gottes Segen und unter wunderbaren Beweisen Seiner Erbarmung, mit großen Opfern und unzähligen Leiden, Tränen, Arbeiten, im unausgesetzten harten Kampfe gegen den Urfeind des Menschenheiles, zur Heiligung des göttlichen Namens, zur Ausweitung des göttlichen Reiches und zur Erfüllung des göttlichen Willens mühsam aufgeführt wurde.

Ut in omnia glorificetur Deus

Anmerkungen

[1] Inhaltliche Würdigungen der ersten Konstitutionen bei Paulus Weißenberger, Abt Plazidus Vogel und die Anfänge der Benediktinerkongregation von St. Ottilien, in: Würzburger Diözesangeschichtsblätter 25 (1963), S. 264f, 269f; Frumentius Renner, Der fünfarmige Leuchter, B. 1, St. Ottilien 1971, S. 66-68; Basilius Doppelfeld, Benediktinisch-missionarische Lebensordnung. Andreas Amrheins erste Konstitutionen für die Missionsbenediktiner von Reichenbach-St. Ottilien, in: Joachim F. Angerer, Josef Lenzenweger (Hgg.), Consuetudines Monasticae. FS Kassius Hallinger, Roma 1982 (= Studia Anselmiana 85), S. 375-383.

[2] Zu den Beuroner Konstitutionen vgl. Johanna Buschmann, Beuroner Mönchtum. Studien zu Spiritualität, Verfassung und Lebensformen der Beuroner Benediktinerkongregation von 1863 bis 1914, Münster 1994 (= BGAM 43), S. 258-266. Eine erste gedruckte Fassung erschien 1883.

[3] Gefolgt wird diese Fassung von Regelungen zur Hausordnung: Der Sakristan-Dienst, Gesundheitspflege, Bibliotheks-Ordnung, Der Dienst der Tischleser, Der Dienst der Tischdiener, Gehorsam, Reglemente bezüglich der Effekten der Postulanten und Novizen, Armut. Die Regelungen fanden sich auch im sogenannten „Buch der Gebräuche", von dem mehrere Exemplare im Archiv der Erzabtei St. Ottilien aufbewahrt werden (K 1.2. Consuetudines).

[4] Archiv Ordinariat Augsburg, GV-Klosterakten (MKl.), St. Ottilien, Missionshaus Reichenbach (= St. Ottilien) 1884-1887, Nr. 13.

[5] Dazu vgl. auch Renner, Leuchter, B. 1, S. 67 und 103. Im Archiv St. Ottilien sind zwei recht unterschiedliche lateinische Übersetzungen der Konstitutionen von 1886 aufbewahrt, wobei die eine Übersetzung eventuell eine Vorarbeit und die andere eine Reinschrift darstellt (K 1.1.). Das an den Heiligen Stuhl gesandte lateinische Exemplar konnte trotz intensiver Nachsuche in keinem der Vatikanischen Archive gefunden werden.

[6] Die Konstitutionen der Schwestern wurden von Amrhein aufgrund Zeitmangels nie ausgearbeitet.

[7] Auf den Abdruck dieser Regelungen (vgl. Anmerkung 3) wurde hier verzichtet.

Die praktischen Möglichkeiten einer Lösung der afrikanischen Sklavenfrage. Gedanken für Antisklaverei-Kongresse (1889)

Einführung

Auch wenn seit Beginn des 19. Jahrhunderts viele Staaten die Sklaverei geächtet hatten, war sie noch bis gegen Ende des Jahrhunderts weit verbreitet. Auf kirchlicher Seite war Charles M.A. Kardinal Lavigerie (1825-92) einer der schärfsten Gegner der Sklaverei. Die von ihm 1868 gegründete Missionsgesellschaft der Weißen Väter, die in afrikanischen und islamischen Ländern tätig war, hatte gerade die Abschaffung der Sklaverei auf ihre Fahnen geschrieben. Der beträchtliche Einfluss des Kardinals bewegte Papst Leo XIII. zur Enzyklika „In Plurimis" vom 5. Mai 1888, in der Sklaverei scharf verurteilt und Katholiken zu Gegenmaßnahmen aufgerufen wurden. Im Gefolge der Enzyklika kam es in vielen Ländern zu Antisklavereikongressen und der Bildung von Antisklavereikomitees. In Deutschland fand der erste Antisklavereikongress am 27. Oktober 1888 in Gürzenich bei Köln statt. Der preußische Offizier und Forschungsreisende Hermann v. Wissmann (1853-1905) forderte dabei ein stärkeres Engagement der Reichsregierung in Deutsch-Ostafrika zum Schutze der einheimischen Bevölkerung. Zentrumsführer Ludwig Windthorst griff diese Forderung in einer Eingabe an den Reichstag auf, die am 14. Dezember 1888 zur Bewilligung umfangreicher Mittel zur Eindämmung des Sklavenhandels führte. Der sogenannte Araber- oder Buschiri-Aufstand, der gegen Ende 1888 in Ostafrika ausbrach, wehrte sich unter anderem gegen die Antisklaverei-Politik, welche die Reichsregierung mittels einer Seeblockade durchzusetzen versuchte. Die Antisklaverei-Bewegung lieferte so eine entscheidende Rechtfertigung, um 1890 Ostafrika zum deutschen Schutzgebiet zu erklären.

P. Andreas Amrhein nahm erstmals am 16. Dezember 1888 an einer Antisklaverei-Versammlung in München teil, zu der die politischen und kirchlichen Führungskräfte der Landeshauptstadt erschienen waren. Sein Auftreten mit drei afrikanischen Jugendlichen, die kurz zuvor nach St. Ottilien zur Ausbildung gekommen waren, erregte beachtliches Aufsehen. Im Mai 1889 kam dann noch ein weiterer Jugendlicher aus dem Sudan zur Gruppe der afrikanischen Lehrlinge hinzu. Drei der Jugendlichen waren als Kinder von arabischen Händlern versklavt und später durch europäische Beamte freigekauft worden. Amrhein setzte sich in diesen Monaten viel mit dem Schicksal der jungen Leute auseinander, die immer wieder in seiner Begleitung an öffentlichen Veranstaltungen und Besuchen teilnahmen wie am Freiburger Katholikentag im September 1888. Ein Höhepunkt dieser öffentlichen Auftritte war die Teilnahme mit zwei der afrikanischen Lehrlingen am zweiten Antisklavereikongress in Gürzenich im November 1889, was ein erhebliches Presseecho nach sich zog[1]. Die dabei von Amrhein gehaltene Rede[2] kreiste vor allem um das Schicksal seiner afrikanischen Begleiter, deren Lebenslauf als Sklaven er ausführlich beschrieb. Dabei wies er darauf hin, dass die Beseitigung der Sklaverei vor allem durch zwei Hauptmittel zu erreichen wäre: eine Mentalitätsänderung der afrikanischen Bevölkerung, die durch Christianisierung zu födern sei, und eine stärkere koloniale Erschließung des Kontinents, wodurch ein Gegengewicht gegen die arabischen Sklavenhändler gesetzt würde.

Diese Gedanken hatte Amrhein bereits zuvor ausführlich in einem Aufsatz in den Missionsblättern niedergelegt. Im Augustheft 1889 beschrieb er die „praktischen Möglichkeiten einer Lösung der afrikanischen Sklavenfrage", wobei er freilich beim zweiten Hauptmittel zur Beseitigung der Sklaverei – der verstärkten Christianisierung des Kontinents – einen recht konkreten Vorschlag bereit hielt: gerade die missionsbenediktinische Vorgehensweise mit ihrer weitgespannten Kulturarbeit wäre am besten geeignet, die gewünschte Mentalitätsänderung herbeizuführen. Derselbe Aufsatz wurde kurz darauf mit einigen Erweiterungen nochmals als Sonderdruck veröffentlicht. Die Annalen von St. Ottilien schreiben dazu unter dem 22. August, dass Amrhein durch den Sonderdruck seine Gedanken „weiteren Kreisen zugänglich zu machen" suche. Im Folgenden wird der erweiterte Text des Sonderdrucks wiedergegeben, der den Aufsatz in den Missionsblättern weitgehend wörtlich übernimmt, jedoch gelegentlich umformuliert und die gedankliche Reihenfolge umstellt.

Den Missionsbenediktinern wurde dank der Antisklaverei-Bewegung zusätzliches öffentliches Interesse und moralische und finanzielle Unterstützung zuteil. Papst Leo XIII. führte mit der Enzyklika *Catholicae Ecclesiae* (1890) die Epiphaniekollekte ein, deren Ergebnisse vor allem dem Sklavenloskauf zugute kommen sollte. Die Missionsbenediktiner erhielten seit 1891 entsprechende Gelder über die bayerische Epiphaniekollekte[3].

Die praktischen Möglichkeiten einer Lösung der afrikanischen Sklavenfrage. Gedanken für Antisklaverei-Kongresse (1889)

I. Sklaverei und Sklavenhandel. Um welches von beiden handelt es sich?

Der Afrikareisende Gerhard Rohlfs[4] machte in seiner Rede vor der Antisklaverei-Versammlung zu München[5] auf den Unterschied zwischen Sklavenhandel und Sklaverei aufmerksam. Welchem von beiden gilt der Kampf? Die Sklaverei in Afrika ist im Allgemeinen ein erträgliches Verhältnis, gewöhnlicher weniger hart als das Los vieler europäischer Lohnarbeiter und Arbeiterinnen. Der Sklavenhandel dagegen ist bekanntlich mit den himmelschreienden Unmenschlichkeiten der Sklavenjagden, welche ganze weite Länderstrecken entvölkern und veröden und des Sklaventransports verbunden, welcher die Karawanenstraßen nach den Sklavenmärkten mit den Gebeinen unzähliger unterwegs Verdorbener und Verstorbener kenntlich macht.

Ausgehend von der sittlichen Empörung über die Gräuel der Sklavenjagden und Sklaventransporte kommt man daher auf die Bekämpfung des afrikanischen Sklavenhandels überhaupt. Diese ist aber gleichbedeutend mit der Unterdrückung der Sklaverei selbst, im ganzen großen Erdteil Chams und darüber hinaus in Arabien, das schon in alten Zeiten sich aus Ostafrika das Gold, den Weihrauch, das Elfenbein und die Sklaven geholt hat, womit es von jeher seinen Welthandel trieb. Mit andern Worten: Um die grausamen Sklavenjagden und Sklaventransporte zu verhindern, muss dem Sklavenhandel ein Ende gemacht werden, weil derselbe selbstverständlich nirgends ohne vorhergehende blutige Überfälle, Abfangung und Wegschleppung der Einwohner möglich wird. Auf gütlichem, friedlichem, rechtlichem Wege wird Niemand zum Sklaven. Um aber den Sklavenhandel zu unterdrücken, ist es nötig, die Sklaverei selbst abzuschaffen; denn solange dieselbe bei den Völkern Afrikas als sozialer Rechtsbegriff gilt, und als vermeintliche Notwendigkeit behufs der Arbeit angesehen wird, so lange werden Afrikas Machthaber alle Mittel der Gewalt und alle Schliche gebrauchen, um Sklaven zu bekommen, und so lange werden die Araber Sklaven als ihren ergiebigsten Handelsartikel, der zugleich als billigstes Transportmittel dient, aufzutreiben suchen.

Um in dieser Sache über die praktischen Möglichkeiten sich klar zu werden und um nicht theoretisch zu schwärmen, muss man also vor allem fragen:

II. Ist die Abschaffung der Sklaverei in Afrika möglich?

Es hat Jahrtausende gebraucht, bis selbst die humansten, gebildesten Kulturvölker Europas ihre uralte Rechtsauffassung bezüglich der Sklaverei aufgaben und sich zu der Einsicht aufschwingen konnten, die Sklaverei sei dem Naturrecht entgegen. Es bedurfte zu diesem Umschwung einer jahrhundertelangen Vorbereitung durch den Geist des Christentums. Ist Afrika hierzu vorbereitet? Überzeugt uns nicht unser Glaube, nur das Christentum allein könne fähig sein, den Fluch des Patriarchen Noe: „Verflucht sei Chanaan (der Sohn Chams), ein Sklave der Sklaven sei er seinen Brüdern," – von den schwarzen Söhnen Chams hinwegzunehmen, und erst, wenn sie durch den Glauben an Christus, „der am Kreuze den Fluch auf sich genommen," (Gal 3,13) zur Freiheit der Kinder Gottes gelangt seien, könne auch der Fluch der leiblichen Sklaverei von ihnen weichen? Und wenn dem nicht anders ist noch sein kann, müssen wir fragen: Ist das Christentum in Afrika bereits soweit gediehen, diesen Einfluss auszuüben? Wir sehen im Gegenteile den Geist Mohammeds, den eigentlichsten Hort der Sklaverei, seit Jahrhunderten halb Afrika in seinen Bann ziehen. Die mächtigsten Herrscher Afrikas huldigen ihm, die kulturfähigsten Völker Afrikas, wie die Somali, die Ägypter, Marokkaner, Tunesen, Suahili, Sudanesen werden dafür von Tag zu Tag mehr fanatisiert, und was der Koran, Kapitel 9, vorschreibt: „Sind die vier heiligen Monate zu Ende, so tötet die Heiden, wo immer ihr sie vorfindet oder nehmt sie gefangen, lauert ihnen auf und überfallet sie plötzlich vom Hinterhalte aus". Dieses Gebot findet durch die arabischen Sklavenhändler seine wortgetreue Erfüllung, wenn sie die heidnischen Schwarzen Afrikas überfallen, töten oder rauben, in Fesseln legen und in die Sklaverei schleppen. Und die Gräuel sind also in den Augen von hundert Millionen Mohammedanern Afrikas durch das Gebot der Religion geheiligt!

Die heidnischen Afrikaner selbst aber werden durch die Tyrannei ihrer eignen Stammesoberhäupter und durch die Grausamkeit der immerwährenden Fehden, wodurch ihre Stämme sich gegenseitig zerfleischen und berauben, auch noch aus eigener Schuld zum Sklavenraub getrieben; vorzüglich aber durch die falsche, unchristliche Auffassung, welche sie von der Arbeit und von der menschlichen Arbeitsverpflichtung haben. Weil nämlich jeder freie Afrikaner aus Hochmut und Trägheit die Arbeit verachtet, so müssen sich die Reicheren und Mächtigeren unter ihnen möglichst viele Frauen und Sklaven anschaffen, um die nötigen Arbeiten getan zu bekommen. Also Vielweiberei und Sklaverei sind die unmittelbarsten Folgen ihrer von Kindheit auf anerzogenen Abneigung gegen die Arbeit; und solange diese andauert, solange vererbt sich in Afrika die Sklaverei von Generationen auf Generationen, auch unter den Schwarzen selbst.

Aus der Betrachtung dieser zu wenig beachteten Tatsachen bilde jeder sich selbst die Antwort auf die Frage:

III. Wie wird die Abschaffung der Sklaverei in Afrika verwirklicht werden können?

Viele werden jetzt fragen: Ist sie überhaupt denkbar unter solchen Verhältnissen? Unsere Überzeugung hierüber, die sich aus unmittelbarer Bekanntschaft mit den afrikanischen Verhältnissen, andererseits aus den Lehren der Missionsgeschichte heraus entwickelt hat, kann zunächst für deutsche Kreise, welche sich um die Sklavenfrage annehmen, nicht ohne Interesse sein, da sie der Organisation unserer St. Benediktus-Missionsgenossenschaft zu Grunde gelegt ist, die vor fünf Jahren speziell für die Bekehrung Afrikas, näherhin Deutsch-Ostafrikas gegründet wurde, als „Congregatio Germanica Sancti Benedicti pro missionibus exteris“, wie der Hl. Apostolische Stuhl selbst unsere Genossenschaft benannte. Auf obige Fragen würde dieser Überzeugung gemäß unsere Antwort, kurz gefasst, lauten:

Die Unterdrückung des Sklavenhandels und die Abschaffung der Sklaverei in Afrika wird möglich, wenn in Europa die Antisklavereibewegung durch wenigstens zwei, drei oder mehr Generationen hindurch nicht ermüdet noch nachlässt, die folgenden Haupt-Hilfsmittel für diesen Zweck zu fördern:

Als erstes Hauptmittel:

Die Ausbreitung des Christentums durch möglichst viele Missionsklöster nach dem alten Muster der Missionsklöster Germaniens, Britanniens und anderer Länder, welche durch Ordenshäuser aus der heidnischen Barbarei zur christlichen Kultur und Wahrheit gebracht wurden. Wir betonen das Wort „Missions-Klöster“ zur Unterscheidung von „Missions-Stationen“, wo vereinzelte Missionäre ohne die klösterliche *vita communis* leben. Der klösterliche Grundsatz des „gemeinsamen Lebens“ erheischt eine geordnete geistliche Familie von wenigstens sieben (nach unseren Konstitutionen von 12) Ordensmitgliedern, darunter Priester für die Leitung und geistlichen Funktionen, und Laienbrüder, welche mit Handarbeiten für die leiblichen Bedürfnisse des Hauses sorgen[a].

In Missionsklöstern wird von vielen vereinten Kräften gebetet, gearbeitet und unterrichtet; also von vielen ausdauernden, selbstlosen, nur auf Gutestun bedachten „Kolonisten", lernen die der Arbeit entwöhnten Völker beten und arbeiten, und werden so nach und nach durch Heranbildung freiwilliger Arbeiter die Sklaven ersetzlich gemacht. Es sind wahre „Medizinmänner", welche mit guten Werken und Wohltaten die Heiden für Christus gewinnen, aus der Gewalt Satans zu Gott bekehren und mit dieser Entknechtung auch Chams Fluch der Sklaverei aufheben. Ihrer größeren Anzahl wegen können sie sich in den vielen Krankheitsfällen gegenseitig ersetzen und sich durch ihr Zusammenwirken im Stande, auch größere Werke auszuführen. Aus diesen Gründen soll von möglichst vielen Missionsklöstern, in welchen die Liebe zur hl. Regel lebt, über Afrikas bevölkertste Länder mit Gottes und der Menschen Hilfe allmählich ein weites Netz des göttliches Fischfanges ausgespannt werden.

In den Missionsklöstern Afrikas muss aber das Element der Katecheten oder Laienbrüder, sowie der Ordensfrauen (für Kindererziehung, Krankenpflege und weibliche Haus- und Handarbeiten) das der Ordenspriester überwiegen, weil, wie schon Chateaubriand (Génie du Christianisme) vollkommen richtig sagte: zivilisierte Völker, wie die Chinesen und Japaner, durch Wissenschaft, also durch priesterliche Missionäre, zur Wahrheit geführt werden, wilde und kulturlose Völker aber, wie die Afrikaner, durch Arbeit und Werke der leiblichen Barmherzigkeit, also vorzüglich durch Katecheten und Katechetinnen, welche auch in nützlichen Arbeiten erfahren, in Arbeit und Gebet unterrichten können, und in der Arzneikunde, kleinen Chirurgie und Krankenpflege Kenntnisse besitzen. Zehn Laienbrüder oder Schwestern und nur zwei Pries-

[a] In der Wirksamkeit der Missionsklöster tritt der ganze Vorteil der *vita communis* mit Evidenz zu Tage. Wo viele durch den Gehorsam vereinte Kräfte arbeiten, wo viele abgetöteten, wahre Ordensmänner oder Ordensfrauen einmütig beten, einträchtig einander beistehen, ermutigen und aushelfen, wo die Kenntnisse vieler, sich wechselseitig ergänzend, für alle vorkommenden Bedürfnisse der Missionäre sowohl als des zu unterrichtenden, zu bekehrenden und zu heilenden Volkes ausreichen, wo endlich die wichtigsten apostolischen Tugenden (Gehorsam, Liebe, Demut) notwendig im gemeinsamen Leben immer zur Übung kommen müssen, da wird jedenfalls ein viel reicherer und dauernderer Erfolg, ein viel größerer Nutzen für das Volk wie auch für jeden einzelnen Ordensmissionär selbst erreicht werden, als wo nur ein paar vereinsamte, für die Bedürfnisse des Missionswerkes unzureichende Kräfte, ohne Hilfe in der Not, ohne Belehrung und Warnung in Versuchung, ohne Aufmunterung guter Beispiele, ohne Leitung in Zweifeln, in Sorgen und Mühsalen zu vielfacher Art sich aufreiben müssen, um dann vielleicht das Begonnene unvollendet zu lassen

ter wirken in Afrika weit mehr für die Christianisierung und Kultivierung der heidnischen Barbaren als umgekehrt zehn Priester mit nur zwei Brüdern oder Schwestern. So öffnet sich in Afrika für fromme Laien ein Feld der Mission von unermesslicher Ernte und unendlichem Verdienst.

Was folgt daraus für die Afrika-Vereine und Antisklaverei-Kongresse?

1. Es ergibt sich daraus die verdienstliche Aufgabe, zur Ausbreitung des Christentums in Afrika das Wirksamste und Erfolgreichste dadurch beizutragen, dass eine jede Nation Europas, zumal jene, welche in Afrika Kolonien haben, angeregt werde, für zweckmäßig organisierte Missionsorden Mutterhäuser mit Noviziaten (auch sogenannte Missionshäuser und Missionsseminarien) im eigenen Lande zu gründen.

2. Dieselben zu unterstützen oder durch Legate und Schenkungen (wenn auch unter Vorbehalt lebenslänglicher Nutznießung) ausreichend zu dotieren, dass sie in Stand gesetzt werden, recht viele auch unbemittelte, wenn nur tüchtige und gute Ordens- und Missionskandidaten aufzunehmen, ihnen eine gründliche und vielseitige Ausbildung zuteil werden zu lassen, die vielen notwendigen großen Gebäude zu errichten usw; zum Zwecker dieser Unterstützung auch die hierfür eigens eingeführten Hilfsvereine, z.B. in Deutschland den Ludwig-Missionsverein (Bayern) und das Liebeswerk vom hl. Benedikt speziell für die deutsche St. Benediktus-Missionsgenossenschaft und ihre Apostolische Präfektur Südsansibar gestiftet, nach Kräften zu verbreiten und durch Beitritt oder Beiträge zu fördern.

3. Für die kostspielige Ausrüstung der Missionsexpedition und ihre enormen Reiseauslagen, für den Ankauf von Missionsländereien zur Ansiedlung der Missionäre und Neophyten, für den Bau und die Ausstattung der Missionsgebäude, Kapelle, Waisen- und Krankenhäuser, Asyle und Werkstätten verschiedener Art, für den Loskauf von Sklaven und den Unterhalt zahlreicher Waisenkinder usw. Geldbeiträge zusammenzusteuern, Missionsdruckschriften (Kalender, Missionsblätter und dergleichen) zu verbreiten, Kirchenopfer zu veranstalten, – der ermunternden Worte des Heidenapostels Paulus eingedenk, dass „solche Opfer ein wohlgefälliger Wohlgeruch vor Gott seien, für den Apostel ein süßer Trost, aber zum eigenen Nutzen der Geber" (Phil 4,18).

4. Junge, seeleneifrige Personen von gereiftem Charakter und unverdorbenen Sitten, besonders solche von guter Gesundheit und nützlicher Begabung, opferwilligem Sinn und ernstem Streben nach Heiligung, welche zum Ordens- und Missionsleben Neigung zeigen, „aufzumuntern, Fleisch und Blut nicht nachzugeben, sondern dem Rufe des Hl. Geistes folgend, sich dem göttlichs-

ten aller gotteswürdigen Werke zu widmen und Gehilfen Gottes zu werden bei der Rettung unsterblicher Seelen" und zwar zumeist jener, welche bisher die verlassensten waren, – die Seelen der Milliarden von Heiden (Enzyklika Leo XIII., Dezember 1880)[6], „damit dieselben, wie der Herr Jesus selbst zu Paulus sagte, von der Finsternis zum Lichte, von Satans Gewalt zu Gott sich bekehren und Mitgenossen der Heiligen werden" (Apg 28).

Doch wenden wir uns von diesem unbedingt wirksamsten Mittel zur Lösung der Sklavenfrage Afrikas zum nächst erfolgreichsten.

Das zweite Hauptmittel

das die Freunde Afrikas in Europa angelegentlich fördern sollten, ist friedlich industrieller Art: die Anlegung von Eisenbahnen und Telegraphen... Für die Kolonisation sind Eisenbahnen das, was im Römerreich die römischen Heerstraßen für die Kolonisation der alten Welt waren. Ihnen folgte der Soldat, der Kaufmann und der christliche Glaubensbote; der Reihe nach erhoben sich an ihnen befestigte Ortschaften (castra), Christengemeinden und Handelsstädte.

England verdankt sein Glück in der Kolonisation großenteils der baldmöglichsten Anlegung von Eisenbahnen. Amerika hat seine ungeheuren Wildnisse und unbebauten Territorien durch große Eisenbahnen erstaunlich rasch der Kultur eröffnet. In Afrika wird dieses Mittel um so notwendiger und um so nutzbringender sein, als bisher das einzige Transportmittel Zentralafrikas in menschlichen Lastträgern bestand. Es gibt weite Länder, wo weder Pferd, noch Kamel, noch Lastochse fortkommt. Die afrikanischen Flüsse sind sehr unsichere Verkehrsadern, der vielen Stromschnellen, Bettveränderungen und Untiefen wegen. Es bleibt nichts übrig, als Kopf und Schulter der armen Schwarzen zu benützen, um Transportgegenstände von der Küste ins Innere, aus dem Innern an die Küste zu befördern. Dass der Sklaverei dadurch Vorschub geleistet wird, ist klar, Und dass die Gesundheit der Reisenden, Soldaten und Missionäre auf ihren monatelangen Reisestrapazen lebensgefährlich bedroht ist, wo sie auf Eisenbahnen vollkommen geschützt wäre, bedarf auch keiner Darlegung. Und dass die mannigfache Ausbeutung des Bodens durch Kulturarbeiten erst durch Eisenbahnen im großen Maßstab möglich wird, hierdurch aber das einwohnende Volk in großer Menge zur freiwilligen Lohnarbeit herangezogen werden müsste, wodurch dem Sklavenwesen in praktischer Weise entgegen gearbeitet wäre, das wird auch niemand bezweifeln.

Daher wird der Antisklaverei-Kongress dem schwarzen Erdteil sich als wahrer Freund erweisen, wenn er dieses gewaltige Mittel der Zivilisation zur Annahme empfiehlt und zur Beteiligung daran aufmuntert. Wollen europäische Staaten, Gesellschaften oder Private für die Erhebung Afrikas aus seinen menschenunwürdigen Zuständen und zu seiner Erschließung für die christliche Kultur Opfer bringen, so mögen sie doch solche bringen, welche sich lohnen. Die Anlegung von Eisenbahnen und Telegraphen von der Küste nach dem Innern Afrikas lohnt die dafür gebrachten Opfer ohne Zweifel durch geistigen wie auch materiellen Gewinn.

Man sprach viel von noch anderen Opfern als die für Missionen und Eisenbahnen. Es ist die Rede von militärischen Expeditionen, europäischen Freiwilligen-Truppen, von Einschreiten europäischer Staaten, von internationalen Unternehmungen und dergleichen. Vielleicht haben sich schon viele gewundert, warum dieselben unter den Hauptmitteln, den schwarzen Einwohnern in Afrika zu Hilfe zu kommen, nicht an erster Stelle besprochen wurden. Wir müssen daher noch auf die Frage antworten:

IV. Wie verhält es sich mit den andern vorgeschlagenen Mitteln zur Unterdrückung des Sklavenhandels?

Als man auf Mittel dachte, den Sklavenhandel in Afrika zu unterdrücken, kam man auf die Ideen: die Küste zu blockieren, die Küstenstädte, in welche die Karawanenstraßen ausmünden, zu besetzen, an den Karawanenstraßen selbst eine Reihe von befestigten Plätzen anzulegen; ferner, auch die ausgedehnten Ufer der großen Seen mit Truppen zu überwachen, die Schließung der Sklavenmärkte durchzusetzen, die immerwährenden Fehden der afrikanischen Volksstämme mit Waffengewalt zu verhindern und die der Sklaverei zugetanen Regierungen „Könige" Afrikas zu zwingen, den Sklavenjagden, sowie Kauf und Verkauf von Sklaven zu untersagen! Dass dies alles nur mit Anwendung von Gewalt erreicht werden könnte, verstand sich von selbst. Aber woher die nötigen Truppen und Gelder bekommen? Von einer internationalen Staaten-Allianz? Oder von einzelnen, in Afrika besonders interessierten Staaten Europas? Oder vermittelst eines Kreuzzuges von europäischen Freischaren oder durch Errichtung eines Ritterordens?

Diese Mittel würden in Amerika oder Asien zu den „praktischen Möglichkeiten" gehören; in Ost-, West und Innerafrika dagegen gehören sie für so lange zu den Unmöglichkeiten, als die beiden ersten erwähnten Mittel (Ausbreitung der Missionen und namentlich Anlegung von Eisenbahnen) nicht vorher zur Ausführung gelangt sein werden. Eher ganz gewiss nicht. Die Naturbeschaffenheit des „dunklen Erdteils" macht vorher unmöglich oder doch sicher erfolglos. Auch die hochherzigste Begeisterung, auch der größte Opfermut wäre vorher nicht im Stande, eine militärische Expedition, sei es auch einen Kreuzzug, vor dem Schicksal aller andern bisherigen Kreuzzüge zu retten, auch wenn die Truppen den besten Armeen Europas angehörten, vom mächtigsten Staate oder gar von einem Staatenbunde ausgesandt, unter Flaggen auszögen, an welche sich bisher nur das Siegesglück geheftet hätte, oder wenn der Kreuzzug von einem zweiten Papst Urban oder einem zweiten hl. Bernhard mit Flammenzungen gepredigt würde und ebenso begeisterte Ritter fände, die das Kreuz nähmen. Europäische Milizen würden infolge der klimatischen Krankheiten (Sonnenstich, Fieber, Dissenterie) stets zur Hälfte oder zwei Drittel krank sein und in Bälde allesamt erliegen. Missionäre haben sich geringeren Strapazen auszusetzen als Soldaten und dennoch sind von der großen Sambesi-Mission (Jesuiten) die Mehrzahl der Mitglieder schon auf dem Weg gestorben und von den zehn Missionären, welche Lavigerie an die Seen sandte, haben die Hälfte schon unterwegs ihr Grab gefunden, und von den 14 Missionären der St. Benediktus-Genossenschaft lagen einst alle bis auf zwei todkrank darnieder, trotzdem sie ihre Gesundheit besser schonen konnten als Soldaten im Feld und auf dem Marsche durch tropische Wüsten und Urwälder dies tun können. Nur eingeborene Truppen können dort bestehen. Und von diesen brauchte es Heere an allen Ecken und Enden, nicht bloß an den bisherigen Karawanenstraßen und Hauptstädten. Karawanenstraßen sind in Afrika Fußpfade, auf denen einer hinter dem anderen marschiert. Solche Pfade gibt es überall. Solche findet der Sklavenhändler nach allen Richtungen, wenn ihm der altgewohnte Weg verlegt wird. Mit dem Verlegen der Karawanenstraßen verhält es sich also ähnlich, wie mit der Blockade der Küstenstädte. Unsere gefangenen Missionäre in Ostafrika wurden zusammen mit einer Karawane von 80 Sklaven, während der schärfsten deutsch-französisch-englisch-italienischen Blockade in der Seestadt Kondutschi untergebracht, und am hellen Tage von Morgen bis Abend fand hier an der Küste unter betäubendem Geschrei die Versteigerung der Sklaven an den Meistbietenden statt. Was half da die Blockade gegen den Sklavenhandel? Weder jeder Pfad, noch jeder Punkt der Küste kann durch Militärmacht oder Marine überwacht und vom Sklavenhandel ferngehalten werden.

Militärische Maßregeln können in tropischen, fernen Kolonialländern nur von den wenigsten Mächten auf die Dauer mit ausreichendem Nachdruck durchgeführt werden, und dadurch werden sie den Missionen, also gerade dem unstreitig ersten und wirksamsten Mittel der Zivilisation und Gegenmittel der Sklaverei, sehr gefährlich und bereiten ihnen die größten Hindernisse. Der Rachezorn der besiegten oder gereizten Barbaren fällt immer auf die Christen und ihre europäischen Meister, Lehrer und Priester, und wehe ihnen, wenn für die Missionäre samt ihren befreiten Schützlingen nicht eine Besatzung im Lande zurückbleibt, welche die Leidenschaften am blutigen Ausbruch hindert! Unsere hoffnungsvolle Mission Pugu würde zum Segen

Ostafrikas heute noch blühen, wenn sie nicht eine unzureichende, bloß halbe Kriegsaktion, welche sich mit der Wegnahme und Unterbringung von Sklaven, Zerstörung der Sklavenschiffe und Bombardierung der Küstenstädte begnügte, aber nichts für den Schutz der Missionen und die militärische Deckung der befreiten Sklavenscharen tat, der Wut der Feinde überlassen hätte. Selbst die Mission von Bagamoyo samt ihrer wundersamen Blüte, dem Ergebnis einer zwanzigjährigen, opfervollen Tätigkeit der Missionäre vom Hl. Geist, verdankt ihre Rettung nur dem Umstand, dass Buschiri sie nicht den Deutschen, also nicht der kriegführenden Nation beizählt. Sie befürchtet aber, wie die Briefe bezeugen, trotzdem das Schlimmste für die Zukunft.

Halbe Militärinterventionen Frankreichs in Tonkin haben unter Napoleon III. viel tausend Christen Gut und Blut gekostet und viele hundert Christengemeinden vom Erdboden vertilgt[7]. Man lese nur die Klagen der Missionsberichte jener Zeit nach. Dazu kommt der nachhaltige Hass, der nach einer kriegerischen „Aktion“ im Volke zurückbleibt, so dass der Missionär von da an Misstrauen und Abneigung begegnet, wo er Vertrauen und Liebe gewinnen sollte, um wirken zu können. Also nicht Gott Mars kann es sein, welcher von Cham und seinen schwarzen Nachkommen den Fluch der Knechtschaft hinwegnimmt.

Oder gilt unser Wort einer „internationalen Aktion“, einem gemeinsamen Vorgehen der Mächte Europas in Afrika? Das würde uns wohl an dritter Stelle als das wirksamste Mittel scheinen, wenn wir uns nicht sagen müssten: haben sie keinen kriegerischen Charakter, so richten sie in Afrika nichts aus; sind sie aber kriegerisch, so bringen sie den Missionen Untergang und Verderben, wie oben gesagt worden, und sind im Innern Afrikas zudem große Abenteuer der gewagtesten Art.

Ein militärisches Unternehmen zur Unterdrückung des Sklavenhandels in Afrika, gehe es auch von mehreren Mächten zusammen aus, ist ein so riesenhaftes Unternehmen, von so unübersehbaren Folgen und so unermesslichen Lasten für jede daran beteiligte Macht, dass sie nie und nimmer zustande kommen wird, wenigstens nicht in dem Maßstab, welcher zu einem Erfolge nötig ist. Alle afrikanischen, meist mohammedanischen Staaten, welche noch die Sklaverei erlauben, wie Marokko, Tunis, auch Abessinien usw. samt allen afrikanischen Völkern, welche den Sklavenhandel mit ihrer eigenen Menschenware betreiben, müssten unter die „Protektion“ dieser europäischen Antisklaverei-Allianz gestellt werden, wobei natürlich weniger die Feder als das Schwert zu tun bekäme. Und die ganze, nach Tausenden zählende Menge der Araber, welche in Afrika angesiedelt sind und mit Sklaven und Elfenbein Handel treiben, müssten durch einen Existenzkrieg vertrieben oder vernichtet werden. Denn wie Araber in Buschiris oder Solimans Lager zu unseren gefangenen

Missionären öfters sagten, fassen sie die Unterdrückung des Sklavenhandels als Existenzfrage auf und wollen sich dagegen bis aufs Messer wehren[8]. Sklaverei und Sklavenhandel in Afrika mit dem Schwerte unterdrücken und namentlich den Arabern, Mahdisten und Marokkanern hierin das Handwerk legen zu wollen, heißt einen Krieg führen, welcher von Tanger bis Mozambique, von Sansibar im Osten bis zum Guineagolfe im Westen sich erstrecken und viele Jahre dauern müsste. Man stelle sich dabei aber vor, diese gemeinsame, internationale „Kriegsaktion" habe in dem heißen, fieberschwangern, weglosen, von wilden Urwäldern auf Hunderte von Meilen hin versperrten, endlos ausgedehnten Afrika stattzufinden, wahrhaft in *terra deserta*, in *via inaquosa*, so wird jedermann das Traumhafte, fantastisch Abenteuerliche, völlig Erfolglose einer zur Unterdrückung der Sklaverei unternommenen, großen militärischen Aktion mit europäischen Truppen einsehen.

Nicht die Größe der Idee, nicht der edelste Zweck vermag das Mittel möglich und ratsam zu machen. Wie könnte man angesichts dieser unwiderleglichen Tatsachen auf dem Antisklaverei-Kongress, einer solchen Idee, so großartig und edel sie auch ist, mit gutem Gewissen das Wort reden!

Auch angenommen, es lasse sich trotz alledem ein und die andere europäische Macht durch den Afrika-Kongress bewegen, in Afrika zur Abschaffung des Sklavenhandels einzuschreiten; und es gelinge ihnen das Unmögliche, sei es auf diplomatischem Wege, sei es nach ungeheuren Opfern an Geld und Menschenleben, die Sultane Afrikas z.B. zur Schließung ihrer Sklavenmärkte zu bewegen, was wäre damit gewonnen? Wenn nicht stehende europäische Heere ein Jahrzehnt lang in Afrika zurückbleiben könnten, um die Ausführung der aufgedrungenen Friedensbedingungen zu überwachen, ähnlich wie die Engländer in Ägypten es tun und tun können (dies ist aber des Klimas wegen in West-, Ost- und Zentralafrika total unmöglich) würde der Sklavenhandel unvermindert und ungehindert im Stillen fortwuchern angesichts der (mohammedanischen) Behörden, die ja selbst Sklaven und Sklavinnen brauchen. Statt je eines großen öffentlichen Sklavenmarktes entständen drei kleinere im Verborgenen. Einen Beweis haben wir am Sultanat Sansibar. Angeregt durch den berühmten Sklavenfreund Livingstone setzten die Engländer vor etwa 15 Jahren die Aufhebung des großen Sklavenmarktes zu Sansibar durch. Wie viel diese Maßregel zur Verhinderung des Sklavenhandels beigetragen, zeigen die Hunderte und Tausende junger Sklaven, denen man noch heutigen Tages in Sansibar und an der ganzen Küste begegnet, wie sie oft an langen Ketten zusammen gefesselt, Holz und Wasser tragen; zeigen die Schiffsladungen voll Sklaven, welche wöchentlich an Sansibar vorbeisegelten bis die Blockade erfolgte.

Die Verhältnisse von Sansibar legen uns überdies die Einsicht in ein anderes großes Hindernis nahe, welches dem Erfolge einer gemeinsamen Aktion der

Mächte in Afrika entgegensteht. In einem Lande wie Afrika, dessen Teilung unter die Kolonialmächte immer noch nicht abgeschlossen ist, und also jede der Mächte noch irgend ein Gebiet, möglichst groß und vorteilhaft, für seine „Protektion“ oder Annektion ins Auge gefasst hat oder dasselbe wenigstens keiner anderen Macht gönnen mag, da verhindert die gegenseitige Eifersucht auch das beste gemeinsame Ziel. Keine Regierung zieht nur für die Neger ins Feld, wenn sie keinen Vorteil dabei gewinnt. Man sehe nur auf Samoa und Sansibar, wo von der deutschen, englischen, französischen, amerikanischen oder portugiesischen Macht jede die andere an Einfluss übertrumpfen will, eine über die andere den Vorrang erstrebt durch diplomatische Intrigen am Hofe, durch Bildung von Parteien im Volke, durch Erregung und Ausnützung von Aufständen usw. Was Gutes kommt dabei heraus?!

Was nun noch das Eintreten einzelner Mächte für die Lösung der Sklavenfrage in ihren eigenen Kolonien anbelangt, so haben wir unsere Ansicht schon Eingangs ausgesprochen, wo von militärischen Unternehmungen überhaupt die Rede war. Ist aber einmal eine kriegerische Verwicklung herbeigeführt, wie in Ostafrika, dann gilt es große Energie und große Schnelligkeit, dazu genug Truppen, womöglich aus nicht mohammedanischen Eingeborenen, um dem Feind nach den ersten vernichtenden Schlägen den Rückzug ins Innere abzuschneiden und dem Krieg eine möglichst kurze Dauer zu geben. Zieht er sich in die Länge, so ist kein Ende und kein Erfolg abzusehen, weil die Europäer den Afrikanern vergeblich in die Wälder und Gebüsche folgen, der Feind aber immer Zeit findet, mehr Völkerschaften zum Krieg aufzustacheln. Als Deutsche können wir darum nur wünschen, dass die nun einmal begonnenen kriegerischen Unternehmungen in Deutsch-Ostafrika mit den Mitteln unterstützt werden möchten, welche eine ebenso rasche, als vorsichtige und energische Kriegsführung daselbst erfordert, um zu einem baldigen siegreichen Abschluss gelangen zu können. Auch als Missionäre wünschen wir dies, weil an eine Missionstätigkeit in den vom Aufstand angesteckten Gebieten vorher nicht zu denken ist.

Die Ergebnisse der Beweisführung, welche im Rahmen der kurzen Abhandlung sich oft auf Andeutungen beschränken mussten, lauten in einer übersichtlichen Zusammenstellung der

Schlussfolgerungen:

Die Gräuel des Sklavenraubes und der Sklaventransporte hören nur mit der Unterdrückung des Sklavenhandels überhaupt auf, dieser aber nur mit der Aufhebung der Sklaverei selbst.

Die Sklaverei findet in Afrika ihre Stütze im Einfluss der islamitischen Religion, ja selbst in Geboten des Korans; ferner in der anerzogenen Missachtung der Arbeit sowohl bei den Mohammedanern als Heiden; in den immerwährenden Fehden der eingeborenen Stämme und in der Tyrannei ihrer Gewalthaber, kurz im Mangel des Christentums und seines Einflusses. Um die Sklaverei abzuschaffen muss also vor allem das Christentum eingeführt werden. Nur das Christentum allein vermag den Fluch des Patriarchen von Chams Nachkommenschaft hinwegzunehmen. Das erfolgreichste Mittel hierzu ist die Gründung vieler Missionsklöster, welche mit zahlreichen Kräften besonders Arbeit, Jugendunterricht und Werke der Barmherzigkeit pflegen. Zu diesem Zwecke sind in allen Staaten Europas entsprechende Missionsorden mit Noviziaten oder Seminarien für die afrikanische Mission einzuführen und durch zahlreiche Beitritte zu kräftigen. Hilfsvereine sollen zu ihrer Unterstützung organisiert und die schon bestehenden ausgebreitet werden.

Gleichzeitig soll das bewährte Mittel zur Erschließung eines großen kulturlosen Landes, die Anlegung von Eisenbahnen, in Anwendung gebracht werden, ohne welches europäische Truppen, Missionäre und Handelsleute nur unter größten Lebensgefahren, langwierigsten Mühsalen und unsäglichen Hindernissen in Afrika vordringen und den Sklavenhandel unmöglich verdrängen können. Bevor nicht durch diese beiden Hauptmittel, die militärische Bekämpfung des Sklavenhandels vorbereitet worden, ist eine solche wegen der territorialen und sanitarischen Verhältnisse Afrikas unausführbar, ein ritterliches Abenteuer, welches viel Gut und Blut umsonst opfern und dabei den afrikanischen Missionen statt des Schutzes nur den sichern Untergang bringen würde. Nach Jahr und Tag, nachdem einmal erst ein friedliches Heer von Missionären, und ein weites Netz von Missionsklöstern sich über Afrika verbreitet hat und große Eisenbahnen einen raschen, der Gesundheit ungefährlichen Verkehr zwischen dem Innern und der Küste vermitteln, dann mag es an der Zeit sein, dass auch jene „weltliche Gewalt, welche das Schwert nicht umsonst von Gott bekommen hat" (Röm 13,4), dasselbe für die etwa noch fesseltragenden Völker Chams in die Wagschale der Gerechtigkeit werfe. Bis dahin stirbt Afrika nicht aus.

Es soll mit diesen Zeilen das erhabene, vom Hl. Vater Leo XIII. so sehr gewünschte und von einem wahrhaft apostolischen Kirchenfürsten angeregte und gepredigte Werk auf die nach unserer Überzeugung beste Art gefördert und daher auch vor jenen (von manchen Seiten in Vorschlag gebrachten) Missgriffen bewahrt werden, welche dem frommen Eifer, wie einst zu Zeiten der Kreuzzüge ganz sicher die schmerzlichste Enttäuschung bereiten würden. Es wird dabei unsere Feder auch durch die Erfahrungen unserer kleinen Genossenschaft geleitet, welche ob den ersten Versuchen bewaffneter Mächte Europas, in Afrika den Sklavenhandel zu vernichten, ihre blühende Mission selbst der Vernichtung anheimfallen sah. Keine andere Missionsgenossenschaft hat für diese Sache schon solch' große und schmerzliche Opfer zu bringen das Unglück – oder die Gnade gehabt, – Opfer, welche wir von den übrigen Missionen abwenden möchten, darum wagen wir es unserer Überzeugung einen entschiedenen und freimütigen Ausdruck zu geben.

Anmerkungen

[1] Vgl. die Beschreibung der Annales vom 19. November bis 24. Dezember 1889. Dazu auch Frumentius Renner, Der fünfarmige Leuchter, Bd. 1, St. Ottilien 1971, S. 132.

[2] Redekonzept in A 1.8.1. Amrhein.

[3] Vgl. Frumentius Renner, Der fünfarmige Leuchter, Bd. 1, St. Ottilien 1971, S. 166-170.

[4] Gerhard Rohlfs (1831-96), Afrikareisender und Geograph, dessen Reisebeschreibungen weite Kreise erreichten.

[5] Amrhein nahm an dieser Veranstaltung am 16. Dezember 1888 selbst teil.

[6] Enzyklika „Sancta Dei Civitas" (3. Dezember 1880), Nr. 12.

[7] Durch den französisch-chinesischen Krieg von 1881-85 konnte die französische Regierung das bislang chinesisch dominierte Vietnam unter ihren Einfluss bringen.

[8] Die im Araber- oder Buschiri-Aufstand gefangenengenommenen Missionare waren nach zweimonatiger Gefangenschaft im März 1888 gegen Zahlung von Lösegeld und Geiseltausch freigekommen.

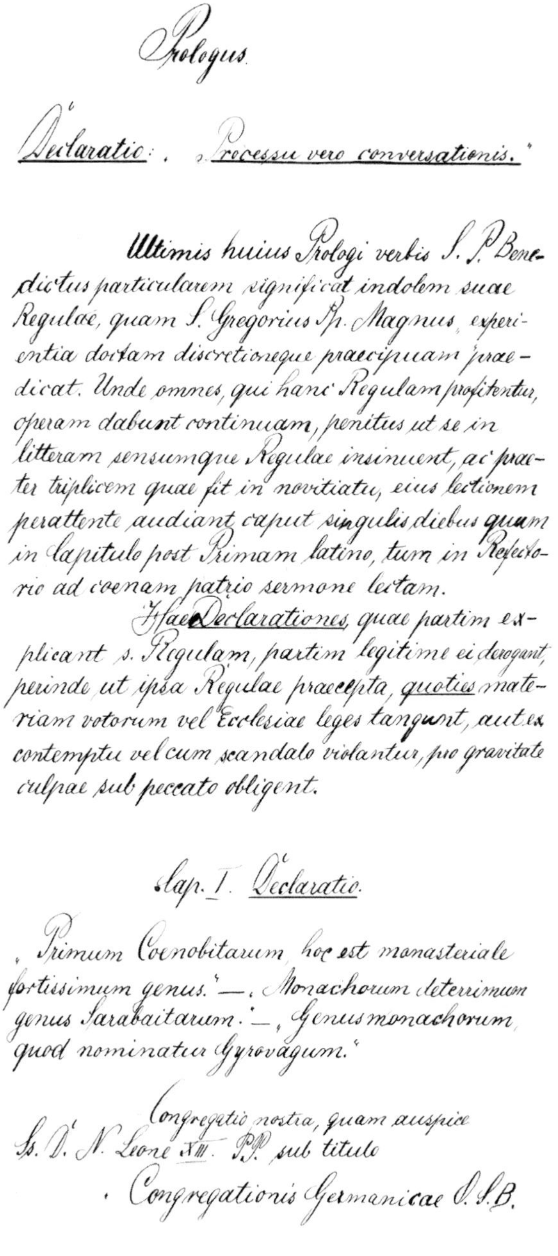
Prologus.

Declaratio: „Processu vero conversationis."

Ultimis huius Prologi verbis S. P. Benedictus particularem significat indolem suae Regulae, quam S. Gregorius Pp. Magnus, experientia doctam discretioneque praecipuam praedicat. Unde omnes, qui hanc Regulam profitentur, operam dabunt continuam, penitus ut se in litteram sensumque Regulae insinuent, ac praeter triplicem quae fit in novitiatu, eius lectionem perattente audiant caput singulis diebus quum in Capitulo post Primam latino, tum in Refectorio ad coenam patrio sermone lectam.

Ipsae Declarationes, quae partim explicant s. Regulam, partim legitime ei derogant, perinde ut ipsa Regulae praecepta, quoties materiam votorum vel Ecclesiae leges tangunt, aut ex contemptu vel cum scandalo violantur, pro gravitate culpae sub peccato obligent.

Cap. I. Declaratio.

„Primum Coenobitarum, hoc est monasteriale fortissimum genus." — „Monachorum deterrimum genus Sarabaitarum." — „Genus monachorum, quod nominatur Gyrovagum."

Congregatio nostra, quam auspice Ss. D. N. Leone XIII. PP. sub titulo „Congregationis Germanicae O. S. B.

Beginn der „Fragmenta Constitutionum" von 1897 (Archiv St. Ottilien, K 1.1.)

Fragmenta Constitutionum (1896)

Einführung

Für die Anerkennung der „Benediktus-Missionsgenossenschaft" seitens des Heiligen Stuhles war die Vorlage lateinischer Konstitutionen erforderlich. Bereits im Mai 1887 hatte Amrhein über den Augsburger Bischof Pankratius v. Dinkel dem Vatikan Konstitutionen zukommen lassen, die *ad experimentum* genehmigt worden waren. Das rasche Wachstum der Kongregation ließ jedoch bald viele Regeln dieser ersten Konstitutionen als überholt erscheinen, die insbesondere den Missionsbereich kaum regelten. Nachdem Amrhein im Oktober 1895 die Kongregationsleitung nach Rom verlegt hatte, verfolgte er mit Nachdruck die volle kirchliche Anerkennung als eigenständige benediktinische Kongregation. Dazu begann er eine Neubearbeitung der Konstitutionen, die jedoch aufgrund seiner Resignation zu Beginn des Jahres 1896 ins Stocken kam. Mit dem Augsburger Bischof Petrus v. Hötzl vereinbarte Amrhein zwar noch eine Weiterführung dieser Arbeit. Doch die Verschlechterung von Amrheins Nervenzustand bewegten diesen dazu, Ende März dem Augsburger Bischof einen handschriftlichen Konstitutionsentwurf zukommen, der bis zum 19. Kapitel der Benediktsregel reicht. Amrhein teilte dabei dem Bischof mit, dass es sich zwar um ein Fragment handele, aber die nach seiner Meinung wesentlichen Elemente enthalten seien und daher gute Dienste leisten könne. Zwei Bogen des Fragments (bis einschließlich Kapitel 7 der Benediktsregel) hatte er zuvor noch in Rom drucken lassen. Im Folgenden wird der handschriftliche Konstitutionsentwurf Amrheins wiedergegeben, von denen das Archiv in St. Ottilien zwei Abschriften aufbewahrt. Diese sind – abgesehen von Schreibfehlern – identisch. Dagegen finden sich geringfügige Abweichungen gegenüber der Druckfassung, die einige stilistische und grammatische Verbesserungen gegenüber der handschriftlichen Fassung aufweist.

Inhaltlich orientierte sich Amrhein bei seinem Entwurf weit mehr als bei seiner ersten Vorlage an den Beuroner Konstitutionen, von denen er Teile wörtlich übernahm wie beim Rat der Brüder (Cap. III) oder über das Schweigen (Cap. VI). Wahrscheinlich sollte so die Anerkennung der neuen Konstitutionen erleichtert werden, wobei Amrhein freilich auch die Beuroner Ordensreform und -observanz, durch die er geprägt worden war, als verbindlich für seine Kongregation erachtete. Auf der anderen Seite nahm er sich viel Freiheit beim Umgang mit der Beuroner Vorlage. So übernahm er kaum jemals wörtlich oder änderte die systematische Ordnung, wenn er beispielsweise die wichtigen Regelungen über die Kongregationsleitung und das Generalkapitel zum Abtskapitel (Cap. III) zog, während es die Beuroner Konstitutionen bei der Abtswahl (Cap. LXIV) behandeln. Auffällig ist – wohl auch aufgrund der engen Anbindung an die Beuroner Vorlage –, wie sehr Amrhein die Sorge um die Wahrung des kontemplativen Lebens betont. Hier schlagen sich eventuell Erfahrungen nieder, wie die praktische Seelsorge der Missionstätigkeit tendenziell die Betroffenen dem klösterlichen Gemeinschaftsleben entfremdet. Heutige Leser mag verwundern, dass Amrhein das zentrale siebte Kapitel über die Demut nicht kommentiert. Dies entspricht nicht nur der Beuroner Vorlage, sondern ist auch Ausdruck eines Spiritualitätswandels: Zu Amrheins Zeit wurde die Demut als klösterlicher Wert weniger thematisiert als es heute der Fall ist, da das *Officium Divinum* ganz im Mittelpunkt der Überlegungen stand, wie man beispielsweise den „Prolegomena“ von Erzabt Maurus Wolter entnehmen kann. Aus diesem Anliegen heraus erklärt sich auch die sehr detaillierte Regelung von Gebet, Gottesdienst und Choral.

Bei der Ausarbeitung der zweiten Kongregationskonstitutionen von 1897 unter Leitung von Abt Ildefons Schober wurde Amrheins Entwurf weitgehend übernommen. Abt Ildefons erweiterte diesen freilich auch beträchtlich, wie ein im Ottilianer Archiv aufbewahrtes Schema zeigt, das farblich die Textteile des Amrheinschen Entwurfs, der Beuroner Konstitutionen und sonstige Ergänzungen voneinander absetzt. Insgesamt verstärkte Abt Ildefons bei seiner Weiterbearbeitung nochmals die Anlehnung an die Beuroner Vorlage, deren wörtlich übernommene Regelungen den überwiegenden Anteil der Neufassung ausmachten. Es bleibt jedoch das Verdienst der Amrheinischen Vorarbeiten, dass ihre recht ausgereifte Fassung die Arbeit des Nachfolgers erleichterte und damit die rechtliche Anerkennung der Kongregation beschleunigte.

Fragmenta Constitutionum (1896)

Prologus

Declaratio[a]*: „Processu vero conversionis"*

Ultimis huius Prologi verbis S.P. Benedictus particularem significat indolem suae Regulae, quam S. Gregorius Pp. Magnus "experientia doctam discretioneque praecipuam" praedicat. Unde omnes, qui hanc Regular profitentur, operam dabunt continuam, penitus ut se in litteram sensumque S. Regulae insinuent, ac praeter triplicem quae fit in novitiatu, eius lectionem perattente audiant caput singulis diebus cum in Capitulo post Primam latino, tum in Refectorio ad coenam patrio sermone lectum.

Hae *Declarationes*, quae partim explicant S. Regulam, partim legitime ei derogant, perinde ut ipsa Regulae preacepta, *quoties* materiam votorum vel Ecclesiae leges tangunt, aut ex contemptu vel cum scandalo violantur, pro gravitate culpae sub peccato obligent.

Capitulum I[b]*: Declaratio*

Declaratio in cap. I.: "Primum coenobitarum, hoc est monasteriale fortissimum genus" – "Monachorum deterrimum genus Sarabaitaram" – "Genus monachorum, quod nominatur Gyrovagum"

Congregatio nostra, quam auspice SS. D.N. Leone XIII. PP. sub titulo "Congregationis germanicae O.S.B. pro missionibus exteris"[c] conditam nominatamque gaudemus, hunc sibi proponit finem:

Deo auxiliante ac Ssa. et Immaculata Dei Genitrice V. Maria suffragante pro viribus conferre aliquid conatur ad religiosam S. Benedicti familiam, – de

[a] Druckfassung: Declaratio in prologum

[b] Druckfassung: Capitulum I: De generibus Monachorum

[c] Anmerkung: S.C. Propagandae F. hoc usa est titulo in decreto 13. d. Nov. 1887, quo primam erexit Congregationis nostrae Praefecturam Apost. in Africa orientali vel Zanzibar meridionali.

christiana, civili ac litteraria repubblica tot nominibus optime meritam – in S. Fundatoris spiritu sub ea quam S. Sedes pro Congregatione Beuronensi approbavit forma restituendam, augendam, propagandam, idque in distantibus praesertim terrae partibus, inter gentes nec modo excultas nec scientia salutis iam instructas; ubi observata quam diligentissime regulari disciplina "omnem sui[a] operam in maiori Dei gloria promovenda et animarum salute procuranda indesinenter adhibeat", ita ut in ordine S. Benedicti pristina propagationis fidei tam salutaris actio prospere reviviscat.

Regulam enim Ss. Patris N. Benedicti cum religiose observamus, immemores esse nequimus, eam illo scriptam fuisse loco, ubi S. Legislator sacrilega sacra deorum primum demolitus ipse paganis Christum praedicaverat, unde postea discipulum praedilectum suum Maurum his in Galliam emisisse verbis dicitur: "Quia caritas benigna est, inquit, non nostra tantum quantum aliena quaerere debemus"; semper porro memoria tenentes, patres Ordinis nostri tam eximio formatos exemplo innumerabilia aliquando pro salute Ethnicorum tam in Angliae ac Germaniae quam aliarum regionibus terrarum constituisse coenobia, ibique tantam frugem in conversione gentium tulisse, ut SS. D. Pius P.P. IX. praeclare haec confirmaverit testimonio: "Constantem saeculorum historiam docere, quomodo per monachos S. Benedicti diffusit fuerit christiana Religio et eius ope barbarae gentes ad civilem ordinem compositae, cicurati mores, leges datae, propagatae litterae ac scientiae, artes excultae, agricoltura provecta, mutuae populorum amicitiae et commercia conciliata[b] ac innumerata parta hominibus beneficia"[c].

Hanc qua gloriamur traditionem ut non tantummodo colendam habeamus in honore, sed magis imitemur agendo, SS. D.N. Leo PP. XIII magnopere nobis suadet in Encyclica die 3. Dec. 1880, per quam Ecclesiae pios animavit fideles ad cogitandum, agendum, largiendum, quo innumerabiles gentilium animae adhuc procul errantes ducerentur ad Salvatorem. Itaque monachi fratresque Congregationis nostrae humiles tanti Patris tantorumque antecursorum aemulatores facti, eodem studio quo sibimet ipsis consulent saluti, omnes etiam opes in animas salvandas aliorum impendant, simul ut a Superiore suo in qualemcunque partem Ethnicorum a S. Sede curae nostrae commissam emit-

[a] Druckfassung: suam.

[b] Druckfassung: conciliatae.

[c] Anmerkung: Breve P. Pii IX., 10. Apr. 1876, ad Mgr. Freppel, Ep. Andegar.

tentur[a]. More igitur a patribus spectato et probato missionarii nostri ibi *coenobia* construant, ut regularis vitae communisque agendae facultatem habeant, qui sacras gerunt res Evangelii, – ne *Sarabaitarum* instar "bini aut terni aut certe singuli sine pastore" habitantes, neve ad *Gyrovagorum* speciem "semper vagi et nunquam stabiles" gravia inde animae ferant damna.

Illic gentibus in circuitu coenobiorum habitantibus fidei gratiam commendabunt multiformis beneficiis charitatis, magistri orationis et laboris, benefactores animarum ac corporum. Praecipue in asylis liberos indigenarum instituant atque erudiant ad Religionis instituta atque disciplinam, ut iam ineunte aetate ad christianam consuetudinem moremque deducantur. *Aegrotis* in nosocomiis arte medicinali omnique cura auxiliabuntur. *Neophytos* in *omni genere operum*, que vitae civilis gerendae honesteque sustentandae aditum praebent, industria fratrum laicorum instruent, qui agricolarum etiam laboribus coenobia iuvabunt, aedificia construent caeteraque saecularia missionis negotia agent, ut sacerdotibus non iam opus sit "Verbum divinum derelinquere et ministrare mensis", sed ut Apostolorum instar "orationi et ministerio Verbi instantes esse possint". Tali modi fratres etiam laici velut sacerdotum auxiliarii magno rei christianae esse emolumento poterunt, si modo, ante-quam emittuntur, ad omnia haec proprie instructi fuerint, nec non satis experti tum ratione valetudinis animi et corporis ad perferendos labores et aerumnas, tum respectu virtutum adversus multas huius vitae peccandi illecebras.

At vero una omnibus Congregationis nostrae monachis communis est eaque *indispensabilis conditio*, ut haec charitatis opera omni ex parte *cum claustro congruant*, neu sanctae repugnent *professioni*. Qua de causa inviolabilem rationem nostram stabilemque eam tenemus, quam Benedictus P.P. XII. in Constitutione "Summi magistri" cp. 25 his declaravit verbis: "Ordinamus et volumus, *Lateranensis* Concilii *De monachis singulis per villas vel oppida et parochiales ecclesias non ponendis*", et *Clementis* Praedecessoris Nostri editam in Concilio *Viennensi* Constitutionem *Ne ipsi singuli monachi in singulis sibi commissis administrationibus habitare praesumant*, firmiter observari". – Statuimus ergo, ne monachis singulis liceat administrationes illas ad parochiale ministerium pertinentes, quas, quum commorationem extra claustrum exigant[b], in Germania "expposituras" nuncupant, unquam suscipere qualicunque sub specie vel praetextu, neque in missionis regionibus unquam locare sedes minus sociorum quinque aut sex,

[a] Druckfassung: emittuntur.

[b] Druckfassung: exigeant.

in quibus duorum saltem sacerdotum, eo quod minori cum numero ut vitam claustralem agerent divinumque palmare officium vel cae-tera Regulae officia conservarent, fieri plane non posset; praesertim si aliquot morbus urgeret sociorum vel magna laborum necessitas.

Eiusdem vi rationis id quoque profitemur quod *Concilium provinciale Ultraiectense* anno 1865 his habuit statutum verbis: "Illud urgendum atque inculcandum haec Synodus ducit, religiosos parochiali – seu dico – missionario ministerio addictos ne praetereat unquam, se quantum pro suscepto officio licet, non solum ad votorum, sed ad universae Regulae, quam professi sunt, observantiam ligatos constanter atque omnino esse, neque adeo ultra id, quod animarum cura requirit, posse se dispensatos reputare."

Haec quidem gravissimis de causis! Nam "si coenobium externam ita absorbeatur operibus, ut vita claustralis, Opus Dei caeteraque monastici ordinis fundamenta sensim quassata corruant, talis monasterii rem ita eversam esse, vix ut ulla spes restitutionis superet"[a], Annalium paginae satis demonstrant. Immo potius, quidquid ponatur studii in animarum salute procuranda, propriam monachi sanctificationem compleat. "Tum certe quaecunque monachi suscipiunt caritatis opera mirifice sunt benedicta, gratiis fecunda, utpote aedificata *super fundamentum sanctae orationis, humilitatis, obedientiae* perfectaeque sui ipsius abnegationis. Tam magnanimos, firmos valentesque in sancto se praebent Ministerio Evangelii, ut palam fiat, virtute illos Spiritus Sancti repletos operari[b].

Capitulum III.[c]

Declaratio I.[d]*: "Quoties praecipua agenda sunt"*

A[e]. Omnis domus Congregationis, duodecim professis legitime erecta, Capitulum cum iure proprias decernendi res constituit, per cuius suffragia deliberationes ac sententiae rogationesque arbitrio Superioris generalis vel Capituli provincialis seu generalis permittendae confici possunt. Hoc Capitulum "Speciale" nominamus vel "Domesticum" ut a "Generali" discernatur Capitulo.

[a] Anmerkung: Archiabbas Wolter, Elementa monastica, pg. 627.

[b] Die Druckfassung fügt vor dem 3. Kapitel ein: Capitulum II: Qualis debeat Abbas.

[c] Druckfassung: Capitulum III: De adhibendis ad consilium fratribus.

[d] Druckfassung: Declaratio I in cap. III.

[e] Druckfassung: Pars prima declarationis.

Speciale vel Domesticum, de quo hic agitur, Capitulum Superior in consilium sibi adhibebit, quoties tractantur res vel temporales vel spirituales conventum graviter attingentes.

In domo paterna, id est, si novitiatus sedesque principalis Superioris generalis illic locati sunt, capitulum ad haec praecipua convocetur agenda: Deliberationes certis temporibus[a] de candidatis instituendis ac novitiorum acceptione ad professionem; deinde qualescunque emptiones alienationesque immobilium vel pretiosiorum mobilium et locationes, quae supra summam mille Marchorum[b] faciendae sunt; porro onera omnia communiter portenda; pecuniae debitae tam contrahendae quam dandae; hospitum receptio ad plus tres menses; expensa quae solitas vitae necessitates ultra mille Marchorum[b] excedunt, ac similia maioris momenti negotia conventus nomine demandandae.

In caeteris vero domibus Congregationis iam de summa quae Marchos ducentos[c] exsuperat, a Superiore cum Capitulo suo ineundum est consilium; de summa autem Marchorum[b] mille maiore aut ad Superiorem generalem aut ad Praesulem illius, cuius est particeps, Praefecturae apostolicae vel Vicariatus recurrendum est, quorum primo cum consensu seniorum ad Marchorum[b] usque decem milia, secundo vero usque quinque milia Marchorum[b] potestas decernendi est. Quod ultra decem milia Capitulo generali tantum competit.

B[d]. Sancta monente Ecclesia[e] salutare institutum *Capituli generalis* singulis annis celebrari debet, feria quarta vel tertia incipiens Hebdomadae Pentecostes. Superior generalis, vel si eo tempore e vita hic discesserit, Superior domus

[a] Anmerkung der Druckfassung: S. Bern. Ep. 397 n. 4.

[b] Druckfassung: marcarum.

[c] Druckfassung: marcas ducentas.

[d] Druckfassung: Declarationis primae pars secunda.

[e] Anmerkung: "Quia", sic Innocentius PP. III. scribit, "integrum consuevit esse iudicium, quod plurimorum sententiis confirmatur et quae profectum communem respiciunt, tractari solent melius in communi, annalium interesse Capitulo generali, omni occasione postposita, studeatis, quae ibidem secundum Deum et B. Benedicti Regulam fuerint instituta, firmiter servaturi". (Ergänzung der Druckfassung: Eadem de ejus necessitate fructuque senserunt alii Romanorum Pontificum complures, veluti Gregorius PP. IX. in Constit. "Behemoth" itemque Benedictus PP. XII. in Constit. "Fulgens sicut stella". „Duo sunt, sicut eruditissimus monachorum quidam ait, quae magna spe perseverantiam disciplinae pollicentur, „videlicet annuum Capitulum et officium visitationis". Unum istorum si tollatur, cito bonus initii zelus vel labentis reformatio disciplinae peribit.

paternae haec Congregationis comitia convocet, eorumque sit moderator et praeses.

In Capitulo generali de totius Congregationis rebus gestis, consiliis, necessitatibusque tractatur. Itaque omnes Congregationis professi votorum perpetuorum, qui dicuntur chori, ius habent, ut capitulo generali intersint consiliando et suffragia ferant. At remotiorum vero domorum capitularis utantur *vicariis*, nempe Praesulibus eorum, ad quos pertinent, Vicariatum[a] vel Praefecturarum nostrarum, itemque Superioribus singulorum missionis monasteriorum, quae non in aliqua propriae Congregationis Praefectura vel Vicariatu, sed in Dioecesi vel in territorio alienae iurisdictionis sita sunt.

Vicarii autem, qui vel corporis infirmitate detinentur vel in regionibus tam remotis morantur, ut a loco capituli nimio absint spatio, vel etiam ii, qui propter officiorum necessitates ex missione diutius abire omnino non possunt, hi omnes pro Capitulo generali sibi alios vicarios, quos ad indicia sua informent, substituere debent.

Cuilibet vicario tanta in Capitulo generali suffragia impertiant delegantes, quantis eorum numerus convenit, modo contingat, ne eorum aliquis post deliberationem prius habitam in capitulo speciali proprium sibi reservet suffragium. Qua de causa necesse est, convocatio Capituli Generalis ita mature fieri, id est non multo tardius quam Dominica Sexuagesimae, et hoc quidem nunquam sine expositione litteris mandata earum omnium rerum gravioris momenti, quae tractandae erunt, – ut in singulis remotissimarum quoque domorum capitulis omnia haec, sicut fas iusque est, antea deliberari possint, quam in generali Capituli constituantur vel aliquod de eis consilium capiatur.

Capituli generalis res agendae fere haec sunt

1° Exponitur, qui familiarum Congregationis sit status, quaeque spes, enarranturque fortunae vicissitudines, labores, difficultates.

2° In deliberationem vocantur res prosperitasque totius Congregationis, specialiter Missionum eius ; bonum pacis et concordiae; et prae caeteris disciplinae vigor regularisque observantiae. De salute animarum suarum tractent.

[a] Druckfassung: Vicariatuum Apostolicum.

3° Procurator generalis ad aerarium referat rationes ex acceptorum expensorumque codicibus Congregationis, quibus dispunctis congruentiae designentur consilia de expensis opportunis, quae admitti anno futuro possunt. Derogentur superflua, ut s. paupertas servetur, sed necessitates componantur et quidquid solamen utendi est, largiantur vota. Pro sumptibus vel emptionibus, quae 10.000 Marchorum[a] exsuperant, permissio quaeritur. Si aliqua domus vel rei familiaris vel personarum angustiis premitur, subsidium petitur fratrum, qui maximo caritatis studio ad propulsandam necessitatem concurrunt. Si aliqua domus pauperiem incurrerit, Superior illius loci Capitulo Generali hanc causam intimet et hoc de rebus a Deo sibi collatis penuriam studeat sustentare. Omnes enim sibi invicem tamquam unius familiae membra manum porrigunt, opem ferunt, praesto sunt.

4° In libro usuum consuetudinemque vel in civilibus institutis si quid emendandum fuerit vel amplificandum, ordinetur, modo exclusum sit, quod s. Regula vel Constitutiones a S. Sede approbatae eo violentur.

5° Superior generalis si defunctus est vel si abdicavit se superioratu, capitulum generale novum Congregationis eligat Superiorem, eo qui in libro usuum descriptus est modo.

6° Si quod Congregationis coenobium novam condere familiam vel novas missiones intendit, de rationibus conditionibus, opibusque fundationis Superior generalis aut Superior missionis capitulo dicant, et quod decernerit, efficiatur.

7° Si quid Superiores deliquerint in munere suo fungendo, quin etiam Abbates aut Apostolici Praefecti, id magno humilique animo in Capitulo generali Praesidi confitentur eiusque piam reprehensionem, admonitionem, poenitentiam grati excipiunt. Ne autem praesentibus monachis, Patrum auctoritas ullum detrimentum faciat, aequum est, ad hunc Capitulum culpae solos admitti Superiores[b].

Per singulos Capituli dies Missa cantetur solemnis in honorem Spiritus Sancti Paracliti; in fine autem capituli conclusio fit cum Missa solemni Hymnoque Ambrosiano in gratiarum actione. In cunctis insuper Congregationis ecclesiis atque oratoriis per totum tempus[c] quotidie preces supplicationesque dicantur ad Divini obtinendam luminis gratiam.

[a] Druckfassung: marcarum.

[b] Anmerkung: Cf. Charta Caritatis, n. 14.

[c] Druckfassung: per totum hoc tempus.

Actis Capituli accurate compositis atque approbatis, de his referatur ad auctoritates competentes singulisque Congregationis domibus[a] mandetur relationis exemplar.

C[b]. Ne memoria excidant in grave monasterii Congregationisve damnum, quae acta deliberataque fuerint, Superior, Senioribus in consilium adhibitis, eligat prudentem aliquem e monachis *Scribam Capituli*, cuius sit, acta capitularia conficere, annales monasterii, vel si scriba Capituli generalis sit, congregationis, litteras relationesque mittendas scribere, sigilloque munire conventus.

Declaratio II.: "Convocet omnem congregationem..." "Ideo omnes ad consilium vocare diximus"

Speciali monasterii capitulo omnes intersunt Professi votorum perpetuorum, licet simplicium, nisi quis forte ex Regulae sententia in c. 23 constituta vel ex Declaratione V. huius capitis eo tempore sit exclusus. Ad deliberationem ergo consiliumque adhibeantur professi omnes, ad suffragia autem soli admittantur ii, qui dicuntur chori.

Declaratio III.: "Abbas dicat ipse... et audiens consilium"

Deliberationes in Capitulo habendae cum precibus et inchoentur et claudantur. Superior, ut rem, de qua agitur, exposuit, allatis si opus est, in utramque partem rationibus, singulorum per ordinem sententias rogat, quarum quidem ea valebit omniumque obtinebit assensum, cui faverit maior suffragiorum numerus, aut, si aequales sunt duae partes, a qua stat Superior vel qui eius loco Capitulo praeest.

Declaratio IV.: "Abbas... quod utilius iudicaverit faciat..." "Magis in Abbatis pendeat arbitrio"

At vero in suffragiis subditorum, ne voto contraria quaedam propriae voluntatis actio appareat, qua verae obedientiae forte laberetur et officium et intel-

[a] Druckfassung: singulique Congregationis domui.

[b] Druckfassung: Declarationis primae pars tertia.

ligentia, illam s. Regulae plane evidentem oportet meminisse sententiam: "ut Abbas consilio fratrum audito, faciat ea quae magis salutaria ipse censuerit cunctique ei obediant", – quamobrem S. Bernardi negligere verba non possumus: "Quid? inquit, quod statuerit Abbas cum consilio seniorum, stare non debet, si non omnes consenseritis? Itaque in Regula vestra manifestam super hoc sententiam aut non attenditis aut contemnitis?"[a]

Declaratio V.: "Fratres cum omni humilitatis subiectione… non praesumant procaciter defendere"

Si quis fratrum, quod absit, superbia inflatus iraque commotus in Capitulo cum Superiore omni reverentia abiecta contendere praesumit, ius in consilio locum capiendi ac suffragium ferendi statim amittat, quanto pro tempore Abbas vel Superior poenam istam vel ad emendationem errantis vel ad disciplinam sustentandam iudicaverit opportunam.

Declaratio VI.: "Si qua vero minora agenda sunt"

Quot ad res attinet levioris momenti[b], Superior consilio utatur privato, de quo agitur Decl. ad cap. XXI.[c]

Capitulum VI.

Declaratio: "Rara loquendi concedatur licentia"

Silentium servetur in ecclesia omnique oratorio (pracipue in choro), in capitulo, refectorio, dormitoriis, ac cellis studiorum, quibus in locis si quid necessario dicendum est, fiat id breviter ac submissa voce. Liceat, sed ea dumtaxat, quam modo significavimus, moderatione, loqui in bibliotheca, in claustro et scalis, in recessibus, ad dormitorii fenestras et in sacristia, non autem collocutiones otiosae aut loquaces, sed brevia verba de necessariis tantum rebus, neque alta unquam voce.

[a] Anmerkung: S. Bernardi Ep. 397, n. 4.

[b] Druckfassung: Si res levioris momenti sunt tractandae...

[c] In der Druckfassung folgt der vollständige Abdruck der Kapitel IV - VI.

Concessum sit fratribus de more antiquitus in Ordine recepto colloquium, quod nomine *"Recreatione"* appellamus, quia ad reficiendam *recreandamque* mentem permittitur, horis competentibus, id est, tam post prandium per unam fere horam (vel aliquanto nonnunquam amplius ex discreta Superioris permissione ob caritatis vel religionis causam data), quam post coenam usque ad completorium, insuper horis deambulationis, quam certis diebus valetudinis causa Superior ordinare solet, – exceptis tamen feria IV. Cinerum, feriis VI. Quadragesimae, feria VI. Hebdomadae Sanctae diebusque Exercituum spiritualium. Ad "Recreationem" omnes fratres, nisi quis legitime impeditus sit, simul conveniant; nemo ab ea se subducat nisi cum permissu, ac si sero venerint, rationem dent morae Superiori, qui colloquio praesidet; nemo se a caeteris disiungat; nemini seperatim colloqui cum alio liceat. Fratres sive intus sive extra domum summopere cavebunt a clamoribus et dissolutionibus; nec se invicem tangent vel manibus brachiisve amplectentur. Nullis quum gravitati religiosorum non congruant ludis se oblectent. Nunquam contendant verbis. Caeteroquin libere iuxta capacitatem suam quisque loquatur absque formidine, absque ullo vanitatis studio vel superbiae, nec alter alterius simplicitatem spernat vel derideat. Loquente uno ceteri silendo auscultent, et Superiore incipiente loqui, omnes pariter attendant, qui et pusillanimes animare, et nimiae doctrinae iactatores sive scurrilles mite reprimere debet. Quae ut melius serventur omnia, semper aut Superior aut Seniorum aliquis adsit. Sic verbis bonis de rebus utilibus vel iucundis, in quibus nihil detractationis, nihil inhonestum, ad invicem loquentes consolentur, ne ob indiscretum silentium taedio afficiantur. Post huiusmodi colloquendi licentiam severius ad taciturnitatem admoneri et coerceri poterunt. Hoc ergo orationis laborisque intervallum, tam utile quam dulce, peraeque Deo dicatum scias, ut humilitatis pariter et caritatis studio cum fratribus certes.

Capitulum VIII.

Declaratio I.: "Octava hora noctis"

In domibus, quae in Europa sunt, fratres aestate inita, id est a Kalendis Maiis usque ad tempus brumale, Kalendas scilicet Septembres, hora quarta vel tertia quadrante ad quartam excitati Chorum adeant; per hiemem vero, id est a Kalendis Novembribus ad Kalendas usque Martias hora quinta; denique per quatuor menses interpositos, videlicet Martii, Aprilis, Septembris atque Octobris semihora ad quartam.

In domibus vero missionum, quae in zona calida sitae sunt, ubi per totum annum aequaliter sexta quasi hora dies illucescit, fratres quotidie quinta hora matutina surgant. Excipe festum Nativitatis Domini, cuius vigiliae celebrantur hora noctis decima et dimidia, porro tenebrarum officia in hebdomada sancta, hora quinta et dimidia post meridiem anticipanda, et festa cum utraque commemoratione defunctorum concurrentia, quorum nocturna officia anticipari solent hora octava vespertina.

Declaratio II.: "Hora vigiliarum"

Haec regula in hora Vigiliarum statuenda (quae nunc Matutini nomine appellari solent), communiter sanciatur, ut earum officium hora prima post consurrectionem matutinam persolvatur. Sed Superioris Generalis Praesulumque singularum Praefecturarum vel Vicariatuum Apostolicorum permittimus discretioni, ut Vigilias ad vesperum pridie anticipandas, si eis videatur, curent.

Declaratio III.: "Meditationi inserviatur"

Fratres praeter lectiones spirituales, i.e. mysticae Theologiae atque Asceseos, quibus sedulo se dedunt, etiam communiter in Choro vel Oratorio hora competenti vacabunt per semihoram Meditationi. Quod salutare, immo pernecessarium exercitium, si ullo modo fieri poterit, nulla die omitti licet.

Capitula IX. - XVIII. incl.

Declaratio I.: "Qualiter divina opera per diem agantur"

Fratres chori Breviario Monastico utantur, quod Pauli P.P. V. iussu editum, Urbani P.P. VIII. et Leonis P.P. XIII. auctoritate recognitum, pro omnibus sub Regula SS. Patris Benedicti militantibus iuxta sancitas leges est emendatum et a S. Rituum Congregatione approbatum.

Fratres laici aut coniunctim Officium parvum recitentur B.M.V. aut, si rationibus circumspectis Superior pro opportunitate habeat, ut aliquibus eorum sivi simplicioribus sive plurimis occupationibus impeditis pro officio quinquagies et semel Dominicam Orationem cum Salutatione angelica dicere concedat, eam separatim aut communiter duodecies pro Matutino dicant, septies et pro Laudibus et Vesperis, quinquies pro singulis aliis Horis. Haec licentia a Superiore cuiuscumque domus dari licet sive suo iure ad tempus sive cum permissu Superioris Generalis in perpetuum.

Declaratio II.: "Omnibus solemnitatibus"

In omnibus festis Domini, B.M.V. ac Sanctorum, quae sunt de praecepto Ecclesiae, nemini inter coenobii septa liceat in opus servile incumbere. Festa vero inferioris classis plerorumque St. Apostolorum atque Evangelistarum, St. Archangelorum, S. Bonifacii, Mauri, Placidi, Scholasticae omniumque St. Monachorum Ordinis, nec non S. Francisci Xaverii, sub praecepto observabunt tantum fratres chori, partim tota die, partim solummodo ante meridiem, prout *Directorium chori* postulat.

In Praefecturis Vicariatibus Apostolicis nostrae Congregationis curae a S. Sede commissis, solemnia divini cultus proprium *Calendarium perpetuum* propriumque *Directorium* chori exigunt, cui necessario caeterarum quoque domorum, quae in Europa sunt, officia divina celebranda congruant, observatis tamen legibus accomodationis respectu Directorii Dioeceseos.

Capitulum XIX.

Declaratio I.: "Cum ad Opus Divinum assistimus... semper memores simus... Servite Domino in timore"

1. Fratres ad Chorum advocati *campanae signo*, omnibus relictis sine ulla mora eo contendant.

2. Congregati ad *"Stationem"* alienam quamlibet ex animo pellant cogitationem, meditantes de loco sancto quo aggressuri sunt. "Quam metuendus est locus iste! Non est hic aliud, nisi Domus Dei et porta Coeli! *Vere* etenim *Dominus* est in loco isto,... ipse Creator,... ipse Salvator,... ipse Pater futuri saeculi..." Haec ac similia quasi per *quinque* horae *minuta*, quae Statio durare soleat, secum animo volutant, ut dignius coram Domino appareant, compunctiores, humiliores animoque magis collecto aptiores gratiae Signo a Superiore vel Seniore facto bini Chorum ingrediuntur. Erit gravis incessus, non praeceps, totusque corporis habitus sic ad modestiam compositus, ut adorationem spiret Deique praesentiam testetur. Ecclesiae limen non aliter transeant quam velut memores sic se aliquando morituros per limen vitae suae transgredi ad visionem *revelati Iudicis*, Eiusdem quem nunc *misericordem et velatum* eis adhuc in tabernaculo adire liceat.

3. *In Choro* religiose servabunt, quae praescripta sunt in *Caeremoniali monastico*, ita stantes, sedentes, se inclinantes aut genuflectentes, ut externis his ceremoniis plane exprimant religionis zelum.

Qui sacra peragunt, de Rubricarum praeceptis ante certiores facti et instructione et usu ea cum pietate pariter et intelligentia perficiant, non quovis modo, ne alii aliter agant aut cantent, sed omnes sint pares in canendi vel agendi modis et aequales. Mollem omnem et affectatum corporis habitum vitent et universum Opus Dei cum summa gravitate, dignitate, unctione, simplicitate, sed etiam gaudio spirituali, devoto ac dilitato corde perficiant.

Caeteris, qui rebus divinis intersunt, non aliis quam solis libris liturgicis uti licet. Summa cum animi attentione attentioneque sacrae Liturgiae preces vel actus omnes sequi continuo studeant. Quam diligentissime caveant omnes, ne orantium quies turbetur aliquo strepitu, fragore, murmure vel screatus foedo sono, quorum causa plerumque in negligentia vel distractione animi, aut certe in defectu quodam educationis ac disciplinae, reverentia nulla consistit. Eadem de causa evitandum est etiam illud inconsiderate, nulla re urgente huc et illuc circumeundi, vel inquiete se movendi, circumspiciendi vitium.

4. *Altare Sacrificii* cum *Tabernaculo* Sanctissimi, ubi Christo Salvatori nostro in deliciis est, habitare cum filiis hominum, a servis Christi locus totius domus *medius* et quasi *focus,* eius habeatur, unde cibus, unde calor Vitae pro familia Deo sacrata ordiuntur; quo familiares Christi quotidie in unum conveniunt; quo etiam die noctuque animae eorum intendunt oculis in Eum, qui "de praeparato habitaculo suo respexit super omnes, qui habitant terram... qui intelligit omnia opera eorum."

Excelsum *Missae* sacrificium suscipiunt fratres quasi finem et centrum totius cultus Dei. *Sacerdotes,* si Missam non confestim post Officium divinum vel post meditationem celebrant, nunquam omni praemeditatione omnique oratione antecedenda praetermissis, imparate sancta sanctorum ac temerarie audeant adire, nec gratiarum actionem post Missam finitam nimis maturent. Tempus Missae privatae inter 25 fere ac 35 horae minuta medium teneat, ne praefestinata Missa scandalo offendat, nec nimis protracta paret taedium.

5. Fratres, ardentiore semper desiderio flagrantes Iesum, *Panem vitae in Ss. Sacramento* singulis diebus Dominicis et festis de Ecclesiae praecepto, vel etiam permittente Superiore singulis feriis IV., perraro autem, propter elationis periculum saepius sibi communicabunt; quod ut quam dignissime fiat accedere ad mensam Domini non audeat, nisi qui vel post confessionem factam die Sabbati vel aliis temporibus post conscientiam humiliter probatam in puritate cordis ac spe divinae misericordiae se accedere sibi conscius esse potest. Festis nemini autem arbitratu suo a s. Communione, quae de praecepto est, Superiore inscio se abstinere licet.

Declaratio II.: "Psallite sapienter!"

1. Superiores diligenter frequenterque erudiant fratres ad divinum implendum servitium, quomodo *bene* orando, meditando, psallendo, canendo "in

Spiritu et Veritati" operantur *Opus Dei.* Doceant eos, quo meliore modo in sacro officio *totus homo,* et corpore et spiritu, "Sacrificium Laudis" constituat, ut "honorificet Deum", qui "illic ostendet eis vias Suas".

Discant fratres, quae in *Breviario* Historia instruit, lex quae docet, Prophetia annuntiat ac quomodo correptio castigat, moralitas suadet. In *Psalterio* praecipue quaerant medicinam quandam salutis humanae, "quoniam, quicunque legerit, illic habet, quo propriae vulnera passionis speciali possit curare remedio."[a]

2. Qui ut ita sint effectus psalmodiae, "strenue divinis interesse debemus laudibus"[b] "reverenter simul et alacriter, non pigri, non somnolenti, non oscitantes, non (nimis) parcentes vocibus, non praecidentes verba dimidia, non integra transsilientes, non fractis et remissis vocibus muliebre quiddam balba de nare sonantes, sed virili, ut dignum est, et sonitu et affectu voces sancti Spiritus depromentes". Ne aliis nimium acuta vel elata, aliisve nimis gravis vox sit psallentium, cantor chori, quotiescumque hebdomadarius Horam incipit, antea organo praestitutum quemdam *medium sonum,* omnibus facilem, breviter ei indicere soleat. Studeant omnes semper *unisono canere* vel *orare;* uno eodemque tempore et incipientes et terminantes verba. Unus sonus sit totius recitationis psalmi orationisque, et unus accentus omnium, quo significantius sensum enuntient. Voces moderate sint ac purae, ad audiendum dulces quidem, sed nec molles, nec asperae. "Speculum mentis plerumque in verbis refulgere" sciant. Ideo vocis sonum librat *modestia,* ne cuiusquam offendat *aurem vox fortior*[c]. Quod de nostro psallendi modo statuimus, id opportune his admonitionis concludamus verbis, quibus *Benedictus P.P. XIV.* in Constitutione "Annus qui", ubi multa de istis rebus disseruit praeclara, usus est: "Nihil est magis Ecclesiae disciplinae inimicum aut perniciosum, quam divinam psalmodiam in ecclesiis Dei contemptim aut negligenter obire... Hinc autem necessario sequitur, diligenter invigilandum, ut cantus praeceps minime sit aut citior quam decet, utque suis locis *pausae* fiant et ut altera pars chori versiculum psalmi subsequentem non exordiatur, priusquam altera antecedentem absolverit."[d]

[a] Anmerkung: Experientur certe, ut ab iracundia mitiget, a sollicitudine abdicet a moerore alevet, discordes societ offensos reconciliet, peccatores ad poenitentiam confessionemque provocet, laetentes ad gratiarum actiones excitet, daemones fuget, angelos invitet, Deum ad miserendum veluti cogat (S. Ambrosius Ep., "Enarrationes in psalmos", I – S. Ioannes Chrysostomus, "Homilia de studio" – Ven. Blosius, Canon Vitae).

[b] Anmerkung: Verbis S. Bernardi utimur.

[c] Anmerkung: S. Ambrosius, "De officiis ministrorum", l. 1, c. 18.

[d] Anmerkung: Benedictus P.P. XIV., Constitutio "Annus qui", a. 1749, n. 2.

3. Denique instruantur fratres quam diligentissime ad *cantus* vere ecclesiastici, vere religiosi instituta ac regulas. "In *pie* canendi, quod Ecclesiam unice decet, prima disciplina *verecundia* est"[a]. Audiant haec, quibus psallendi in ecclesia officium est, Deo non *voce* magis quam *corde cantandum*; nec in ecclesia theatrales moduli audiantur et cantica, sed in timore Dei, in veritate Spiritus[b]. Manifestum est autem, quod secundum diversas sonorum melodias animi hominum diversi modo disponuntur."[c] Profecto enim quantum differt illa sacra, quam David Angelorum chorum subauscultando excepisse videtur, musica, ab altera profana, quae Iubal, filium Cain, "patrem canentium cithara et organo" (Gen. 4,21) habuit inventorem! Bene igitur Iubal in Ecclesia Dei magistrum sequi, permulti Conciliorum canones multaque Romanorum Pontificum instituta vetuerunt. Inter quos solummodo duos hic producimus testes: Ioannem quippe P.P. XXII. et Benedictum P.P. XIV., qui eo tempore, quo musica sacra vel coeperat labi vel iam fuerat maxime lapsa, contra talem profanationem exarserunt; inter Concilia eutem veluti recentiora notamus tantum Provinciale Pragense, Rotomagense (1850), Burdigalense (1850), Bituricense (1850), ac demum Coloniense (1860), cum quo plane.

[a] Anmerkung: S. Ambrosius, "De officiis ministrorum", l. 1, c. 18.

[b] Anmerkung: "Sic cantet servis Christi, ut *non vox canentis,* sed magis *verba* commoveant animam", S. Hieronymus in "Epistola ad Ephesos", c. 5, v. 19.

[c] Anmerkung: S. Thomas Aquinas, II. II. q. 91 a. 1 c. 2.

Die VII Grundgedanken,

auf deren Basis die von S.H.P. Leo XIII
ins Leben gerufene

Congregatio O.S.B. pro mission. exteris

gegründet wurde.

Grundlage

der am 25. März 1884 dem Hl. Apostolischen Stuhle eingereichten

Eingabe des Gründers,

vom Stellvertreter Christi gutgeheissen u. z. Ausführg. gesegnet.
(29. Juni 1884)

Unabänderliches Fundament

der darauf zu bauenden

Konstitutionen.

Eigenhändige Kopie des Gründers, deponiert im Archiv d. Rmi Abt Primas O.S.B. zu Rom, u. in den Arch. der 4 ersten Abteien d. Congr. O.S.B pro m. ext.

Eingangsblatt der handschriftlichen Version der „VII Grundgedanken" (Archiv St. Ottilien, A.1.8.1.)

Die VII Grundgedanken der Eingabe zur Gründung der Congregatio O.S.B. pro missionibus exteris (1921)

Einführung

Nachdem Amrhein seit Mai 1907 als Schwesternspiritual im Stuttgarter Marienhospital Aufenthalt genommen hatte, wurden die nie ganz abgerissenen Kontakte zur Kongregation der Missionsbenediktiner zunehmend intensiver. Besonders in der Zeit nach dem 1. Weltkrieg, als das Wachstum der Kongregation und Modernisierungsbestrebungen nach strukturellen Änderungen zu verlangen schienen, wurde sein Rat als die authentische Stimme des „Gründers" immer wieder angesucht. Als die Konstitutionen im Jahre 1920 neu gefasst werden sollten, beschäftigen die weitreichenden Änderungen ihn so sehr, dass er drei Memoranden[1] einschickte, mit denen er die Entwicklung zu beeinflussen suchte. Manche der geplanten Änderungen gingen ihm offensichtlich zu weit, so dass er ein Abweichen von seinen Gründungsideen befürchtete.

Gegen Ende des Jahres 1919 hatte Amrhein auch endlich seine exegetischen Studien zum Geburtsjahr Jesu abgeschlossen, die ihn über viele Jahre hinweg beschäftigt hatten. Angeregt von den an ihn herangetragenen Fragen beschloss er, eine Art „geistliches Testament" für die Missionsbenediktiner zu verfassen:

„Ein von Liebe und Dankbarkeit erfülltes Entgegenkommen von Seite meiner so herrlich entwickelten Missionsordens-Genossenschaft hat mich mit ihr durch ein allerfreundlichstes Verhältnis in der Weise wieder vereinigt, dass ich seit vorigem Frühjahr ihr alle Arbeitszeit widmete, und noch lange, lange zu denken zu schreiben haben werde, bis ich Versäumtes nachgeholt und alles das niedergeschrieben habe, was ich hinterlassen möchte, um zu verhüten, dass das gewaltig entwickelte, sichtlich gottgewollte und gottgesegnete Werk jemals von der Richtschnur der Gründungsprinzipien abweiche. Diesem guten Zweck habe ich alle andern Arbeiten, selbst die liebsten, untergeordnet" (an Charlotte Betzinger, Stuttgart, 27. Dezember 1920).

Wie bereits die Briefstelle andeutet, handelt es sich bei der Niederschrift um eine neue gedankliche Fassung der Gründungsprinzipien. Im Vorwort und auch an anderen Orten scheint Amrhein zwar auszusprechen, dass die Grundgedanken eine „Kopie" seiner schriftlichen Vorarbeiten aus den Jahren 1882/83 seien, die in die Eingabe an die Propaganda vom 5. März 1884 mündeten. Aber dies muss so verstanden werden, dass die sieben Punkte die wesentlichen Anliegen zusammenfassen, die ihn zur Gründungszeit bewegten. Es handelt sich jedoch insgesamt um eine völlig neue Ausarbeitung, bei denen Amrhein freilich auf Dokumente der Gründungszeit zurückgriff. Anhand der erhaltenen handschriftlichen Vorarbeiten kann man auch nachvollziehen, wie Amrhein seine Gedanken ständig stilistisch überarbeitete im Bemühen um eine möglichst klare und prägnante Fassung der Gründungsprinzipien. Eben diese gründliche Durchgestaltung eines vergleichsweise kurzen Textes erklärt auch die lange Entstehungszeit.

Inhaltlich griff Amrhein eine Reihe neuerer Entwicklungen der Kongregation auf, die er über den Verweis auf die „authentischen" Prinzipien der Kongregation beeinflussen wollte. Die dabei von ihm gewählte Rolle des Propheten wirkt teilweise überzogen, wenn er offensichtliche Rückschau immer wieder als Vorausschau zu deklarieren versucht und mit Droh- und Mahnworten Treue zu seinen Ideen einfordert. Manches nähert sich auch bedenklich dem Anachronismus. So hat ihn der VI. Grundgedanke über die notwendige Beteiligung von Missionsschwestern sicher nicht vor der Eingabe an die Propaganda bewegt, da ausweislich seiner eigenen Aufzeichnungen aus dieser Zeit er lediglich ein Männerinstitut im Sinne hatte. Die Erweiterung der Kongregation um einen weiblichen Zweig war vielmehr eine spontane Entwicklung, als sich im September 1885 einige Schwestern dem Reichenbacher Missionshaus anschlossen. Auch bei vielen anderen Punkten findet man Formulierungen und Aspekte, die Erfahrungen aus Amrheins späterer Zeit als Generalsuperior und aktuelle Fragen der Kongregation aufgreifen, wie beispielsweise die Ausbildung eher im eigenen Haus als auswärts, das Gebot eingeschränkter Kontakte zwischen Professen, Novizen und Zöglingen oder die enge Anbindung von Missionsstationen an ein Missionskloster. Abgesehen von solchen Einschränkungen bezüglich der Entstehungszeit der Gedanken geben sie jedoch zweifellos Amrheins Ideal der Missionsbenediktiner am Ende seines Lebens wieder und haben als solche den von ihm beanspruchten Wert eines geistigen Testaments. Vielleicht brauchte es auch die Reifezeit eines langen Lebens, um Anliegen, die Amrhein jahrzehntelang umgetrieben hatten, in derart prägnanter Weise zusammenzufassen. Für die Gesamtschau der späten Jahren war es für den Gründer wohl kaum mehr unterscheidbar und entscheidend, welche Gedanken einer früheren oder späteren Zeit angehörten.

Bereits im Frühjahr 1921 gab Amrhein handschriftliche Kopien der „Grundgedanken" an die Archive von St. Ottilien und Tutzing weiter. Stilistisch überarbeitet und angereichert mit Fußnoten und eingestreuten Anmerkungen ließ er sie schließlich im November 1921 bei der Stuttgarter Volksblatt-Buchdruckerei drucken und schickte in den folgenden Monaten Widmungsexemplare[2] an Mitglieder der Ottilianer und Tutzinger Kongregation, aber auch an ehemalige Weggefährten aus der Beuroner Kongregation. Zudem ließ er Exemplare in den Archiven des Abtprimas und der Abteien St. Ottilien, Seoul, Münsterschwarzach und Schweiklberg deponieren. Dabei ließ er keinen Zweifel daran, dass es sich um sein geistiges Vermächtnis handele. So teilte er Abt Placidus Vogel von Münsterschwarzach im Begleitbrief mit, dass er die Grundgedanken im „Archiv testamentartig aufzubewahren ergebenst bitte".[3]

Die folgende Textwiedergabe folgt der gedruckten Version der „Sieben Grundgedanken" von 1921, da diese die von Amrhein erstellte Endfassung darstellt. Die handschriftliche Fassung, die Amrhein im Frühjahr 1921 dem Archiv St. Ottilien zukommen ließ (A 1.8.1, Amrhein, Diverse Notizen), enthält derart viele Varianten, dass eine vollständige Wiedergabe im Anhang die einfachste Lösung schien. Die handschriftliche Fassung illustriert auch die Arbeitsweise Amrheins, der bei seinen ständigen Überarbeitungen kaum jemals endgültige Texte kannte. Zu berücksichtigen waren zudem noch Änderungen und Kommentare, die Amrhein handschriftlich in die bereits gedruckten Exemplare eintrug.

Die VII Grundgedanken der Eingabe zur Gründung der Congregatio O.S.B. pro missionibus exteris (1921)[4]

PAX!

Intelligite prius, et sic loquamur (Job 18,2)

„Garantien"

Vorwort[5]

Die „VII Grundgedanken", denen die junge Benediktiner-„Kongregation für die ausländischen Missionen" ihre Entstehung verdankt, sind die Frucht von 17 gottgeweihten Jahren (1867 bis 1883 inkl.), wovon die ersten drei Jahre, noch vor dem Ordenseintritt des Gründers, dem Studium der Theologie gewidmet waren[a]), und die letzten zwei der praktischen Vorbereitung für die ausländische Mission in zwei Missionshäusern, wohin der Gehorsam ihn zu diesem Zwecke geschickt hatte, ehe sein Abt ihn mit seinem Segen der hl. Kongregation der Propaganda zur Verfügung stellte. Die dazwischen liegenden wichtigen 12 Jahre (1870-1882 inkl.) umfassten das in der Kongregation O.S. B. von B. zugebrachte Ordensleben. In diesem langen Zeitraume von 17 Jahren reiften die „Grundgedanken" zu dem Missionsplane unter fortgesetztem Studium der Religions-, Ordens- und Missionsgeschichte, auch der brieflichen Berichte aus alten und neuen Zeiten der christlichen Glaubensverbreitung in den verschiedensten Ländern, – und, was dazu den Segen gegeben haben wird, – unter den Gebeten, Übungen, Arbeiten und Leiden eines im

[a] Dem Studium, namentlich der Kirchengeschichte, vorgetragen von Prof. Dr. v. Hefele (nachmals Bischof von Rottenburg), welcher das Wirken des Benediktinerordens zur Ausbreitung der christlichen Religion und Kultur begeisternd schilderte, verdanken die „Grundgedanken" ihre erste Anregung und den Beginn ihrer Vorstudien.

Dienste Gottes aufrichtig bestrebten Lebens. Diese „Grundgedanken" sind so die Früchte einer sehr langen, an Erfahrungen, Beobachtungen und Belehrungen wahrlich nicht leeren Reifezeit eines monastischen Missionsberufes.

Die vielen Aufzeichnungen darüber sammelten sich während derselben zu einem Buche an. Ihre abschließende kurze Zusammenfassung, wie sie in nachstehender Kopie vorliegt, datiert vom Jahre1882/1883, niedergeschrieben als Grundlage der offiziellen Eingaben an den Hl. Stuhl, welche das Datum des Festes Mariä Verkündigung 1884 trug. Die hl. Kongregation der Propaganda widmete ihrer Prüfung und Beratung etwa drei Kardinalsitzungen, in denen u.a. besonders S.E. Kardinal Franzelin S.J.[6] mit Begeisterung dafür eintrat. Es wurde nichts daran abgeändert. S.H. Papst Leo XIII. sanktionierte das befürwortende Gutachten der Propaganda mit Freuden am Feste der hl. Apostelfürsten, 1884, und erteilte zur Ausführung des Werkes dem Unternehmer und dem Unternehmen in einer Privataudienz den Apostolischen Segen.

So haben diese „Grundgedanken" der Congregation O.S.B. pro miss. ext. alle Garantien des göttlichen Willens und Segens,

ut in omnibus glorificetur Deus

I. Grundgedanke: Motiv und Zweck

Welcher Christ, der Gott und die unsterblichen Seelen liebt, fühlt sich nicht bewegt ob der Tatsache, dass noch heute, fast zwei Jahrtausende nach dem Tode des Erlösers, noch weit über die Hälfte der Menschheit auf Erden im Todesschatten des Heidentums lebt[a], eine *„massa corruens in abyssum"*, wenn ihr niemand Rettung bringt[b], während die Eine wahre Kirche Jesu Christi noch nicht einmal einen siebenten Teil der Menschheit umfasst, also von der Zahl der Heiden mehr als viermal übertroffen wird?!...

Einerseits unter dem Eindrucke dieser traurigen Tatsache, anderseits bei der Erinnerung, wie viele Länder und Völker, einst gleichfalls heidnisch, dem

[a] Die Statistik des Jahres 1880 konstatiert, dass auf der ganzen Erde insgesamt gegen 1,5 Milliarden (1484 Millionen) Menschen leben, wovon 856 Millionen (57,8%) Heiden; 201 Millionen Katholiken (13,6%); 247 Millionen christliche Schismatiker, Protestanten und Renegaten aller Sorten (16,6%); 173 Millionen Mohammedaner (ll,5%) und 7 Millionen Juden (0,5%).

[b] Homilie des hl. Augustinus, D.E.

Benediktinerorden und seinen Aposteln das Heil und die Zivilisation des Christentums verdankten, entstand der Gedanke: auch heute noch könnte dieser Orden zur Bekehrung der Heidenwelt das nämliche leisten, wenn er die gottgesegnete alte Tradition seiner Missionstätigkeit wieder aufnähme.

Daraus reifte der Entschluss, mit dem Segen des Gehorsams zu diesem Zwecke vorerst in Europa (wenn möglich in Deutschland[a]) ein Ordenshaus ins Leben zu rufen mit der Bestimmung, das Mutterhaus einer in ihm ausgebildeten und von ihm ausgehenden neuen Kongregation des Benediktinerordens zu werden, deren Mitglieder durch den Beruf des perfekten Religiosen zum Berufe des Apostolates unter den Heiden würdig vorbereitet und dafür in allem, was dieser Doppelberuf erfordert, unterrichtet und dann im Gehorsam zum Werke des hl. Evangeliums in die Heidenwelt ausgesandt werden könnten.

In diesem Mutterhause soll also die Ordensregel des hlst. Vaters Benediktus in ihrer unverstümmelten, unverfälschten Auffassung gelehrt, gelernt und geübt werden. Sie eignet sich schon darum zur Erziehung von Missionären, weil ihr Stifter, dieser große Lehrmeister christlicher Vollkommenheit, den Grundsatz aufstellte: „...da der Apostel sagt *„charitas benigna est“* ist es unsere Pflicht, die Güte unserer Caritas auf jede Art und Weise (omnimodis) denjenigen zu erweisen, die wir derselben bedürftig wissen, und nicht allein nur unser eigenes, sondern auch anderer Heil zu suchen...“[b] Ferner weil St. Benediktus persönlich diesen Grundsatz betätigte, seinen Söhnen zum Vorbilde, und zwar gerade zur Bekehrung der Heiden, indem er dem umwohnenden, noch heidnischen Landvolke, das zu ihm kam, Christum verkündete und ihre Götzenheiligtümer zerstörte[c]; von seinen zwei heiligen Lieblingssöhnen den Plazidus nach dem großenteils noch heidnischen Sizilien aussandte, wo derselbe samt seiner Klosterkommunität von Piraten den Märtyrertod erlitt[d];

[a] Erschwert durch die (damals noch geltenden) Kulturkampfgesetze.

[b] Aus der Abschiedsrede des hl. Benediktus bei der Aussendung des hl. Maurus nach Gallien. Siehe im Anhang zu den „VII Grundgedanken“ diese Rede im lateinischen Originaltext, aufgezeichnet von dem Ohrenzeugen Faustus, Begleiter des hl. Maurus (Mabillon, Acta SS. O.S.B., Vita S. Mauri, verf. von Faustus).

[c] Erzählt von Papst Gregor d.Gr. in den „Dialogen“, nach Berichten noch lebender Schüler St. Benedikts.

[d] Im Mittelalter „Sarazenen“ genannt, zu St. Benedikts Zeiten Heiden, 1 ½ bis 2 Jahrhunderte später Mohammedaner.

darnach den Maurus, ebenfalls mit einer Kommunität von Benediktiner-Mönchen zum monastischen Missionswerke nach Gallien entsandte (wie im folgenden II. Grundgedanken ausgeführt wird). Von allen großen Ordensstiftern ist Benediktus der einzige, welcher persönlich mitwirkte an der Bekehrung der Heiden. – So konnte es nicht fehlen, dass seine hl. Ordensregel, wie zur Selbstheiligung ihrer eigenen Befolger, so auch zur Ausbreitung christlicher Religion in Heidenländer sich als außerordentlich gesegnete Gnadenquelle bewährt, da ihre Disziplin, wie die Missionsgeschichte lehrt[a], so viele Ordensmänner zu großen Aposteln geheiligt hat, aber auch aus einem besonderen, nicht allein monastisch-aszetischen, sondern auch praktischen Grunde, weil die Benediktiner-Missionsart grundsätzlich und vor allen Dingen – über die Begründung spricht der nächste Grundgedanke – Missionsklöster und nicht Missionseinsiedeleien vorschreibt und dadurch keine bloß vorübergehende, sondern bleibende Erfolge erreicht hat[b] und auch fernerhin erreichen wird.

Aus dieser Geschichtslehre und dieser Überzeugung ging der Plan hervor zur Gründung eines Ordensmissionshauses nach derjenigen hl. Regel, welche so viele Heilige und darunter so viele große Heidenapostel gebildet und durch diese in der Christianisierung ganzer Völker und Kultivierung ganzer Länder das Größte geleistet hat. –

(Dieses hohe, vielumfassende Ziel kann natürlich nicht gleich von Anfang an ganz erreicht werden, zumal in so ungünstigen Zeiten[c]). Wie jedes organische Wesen braucht es Zeit zur Entwicklung, wird mühsam aus notdürftigen Anfängen, mit allmählicher Überwindung vieler Hindernisse und Schwierigkeiten, der Vollendung zustreben müssen, bis sie mit Gottes Hilfe und der ausdauernden Geduld frommer, eifriger und treuer Mitglieder unter Opfern erreicht sein wird).

[a] Vgl. Montalemberts klassisches Geschichtswerk „Die Mönche des Abendlandes" (Deutsche Übersetzung aus dem Französischen).

[b] Ein unparteiisches Urteil fällte der berühmte Afrikaforscher Livingstone, welcher, obwohl anglikanischer Missionär, in seinem Reisewerk die ironische Frage aufwarf, worin das wohl liegen möge, dass die Benediktinerklöster in Heidenländern so großartige Erfolge, die Jahrhunderte überdauerten, erzielten, während die modernen, vereinzelt arbeitenden Missionäre nur Kümmerliches erreichen, nichts Bleibendes, das nach einer Generation noch eine Spur zurückließe!

[c] (Anmerkung aus späterer Zeit.) Damals (1882) verhinderte noch der „Kulturkampf" das Bestehen und Neuerstehen von Klöstern in Deutschland. Jetzt, nach dem Weltkriege und der Revolution, werden vielleicht schwere Zeiten wiederkehren.

II. Grundgedanke

Das Fundamentalprinzip der traditionellen, regeltreuen Missionsart O.S.B.

Die Tradition dieses Prinzips hatte ihren Ursprung in der Missionstätigkeit des hlst. Ordensstifters selbst, die er sowohl in Subiaco als auch auf Monte Cassino nur vom Kloster aus entfaltete, ging von ihm auf seine besten Söhne über, zunächst auf den hl. Maurus, und erhielt sich jahrhundertelang, bis ganz Europa christlich geworden war.

Als der hlst. Vater Benediktus seinen geliebten Sohn Maurus nach Gallien aussandte, um die vom hl. Martinus von Tours[a] begonnene Christianisierung dieses Landes fortzusetzen und zu vollenden, gab er ihm Mitbrüder mit in der gewohnten Zahl, um vor allem ein *claustrum*, wie seine Regel vorschreibt (die er ihm in eigenhändiger Abschrift mitgab), zu gründen. Bei der Aussendung, als er die Zurückbleibenden und die Scheidenden im Trennungsschmerze weinen sah, hielt er die herrliche Abschiedsrede, die von einem der Mitausgesandten, Mönch Faustus, aufgeschrieben wurde und wovon schon der „I. Grundgedanke" einen charakteristischen Ausspruch mitgeteilt hat. Von dem übrigen[b] seien hier die Schlussworte erwähnt: „Ihr aber, geliebteste Brüder, die wir in jenes Land entsenden, um das Werk des Herrn aufzubauen *(ad opus Domini construendum)*, handelt mannhaft! Macht euer Herz stark im heiligen Vorhaben und im Ordensgeiste![c] Haltet dabei für zweifellos gewiss: je Härteres ihr erdulden werdet um des Rettungsheiles anderer willen, desto größer wird euer Lohn an himmlischen Freuden sein, der euch erwartet. Lasset euch auf keine Weise in Trauer versetzen durch die baldige Auflösung dieses meines Leibes[d], denn wenn ich von der Last des Fleisches entbunden bin, werde

[a] St. Martinus, 316-400 n.Chr. Über seine durch Wunder unterstützte und verherrlichte Missionstätigkeit zur Bekehrung der Heiden Galliens berichtete ein anderer Heiliger, Sulpicius Severus, der sein Schüler und Mitarbeiter gewesen war. St. Benediktus verehrte den hl. Martinus so hoch, dass er ihm auf Monte Cassino eine Kapelle weihte, wie er eine andere dem Vorläufer Christi, dem hl. Johannes d.T. geweiht hatte.

[b] Siehe den Text des Hauptteiles der Rede zusammenhängend im Anhang.

[c] In sancto proposito et in religione. Der hlst. Vater Benediktus gebrauchte für die Begriffe „Orden" (im allgemeinen) und „Ordensgeist" (im besonderen) stets das Wort „religio". Davon abgeleitet ist „religiosus", der Religiose, Ordensmann, in der Sprache der hl. Kirche.

[d] Die Aussendung des hl. Maurus geschah am 5. Tag der Epiphanie-Oktav des Jahres 543, und 70 Tage darauf (21. März) sah St. Maurus in einer Vision seinen hlst. Vater verklärt auf einer Lichtbahn gen Himmel schweben – es war der Tag seiner seligen Auflösung.

ich mit Gottes Gnade euer beständiger Mitarbeiter sein und bleiben – *vestri per Dei gratiam cooperator existam assiduus!"* –

Wer kann das lesen und noch behaupten, Missionstätigkeit sei nicht in der Intention des hl. Benediktus gelegen und liege daher dem Geiste seines Ordens fern? An welchem wahren Sohne St. Benedikts bewährte sich nicht in seinen Missionserfolgen das Versprechen des heiligsten Ordensvaters: Ich werde euer beständiger Mitarbeiter sein? Verdient war es durch treuestes Festhalten am „heiligen Vorsatz (propositum) und am Ordensgeist" der hl. Regel. Denn darin liegt die Bedingung *sine qua non* der Mitarbeit St. Benedikts vom Himmel aus. Ein „Benediktiner" bloß dem Namen nach darf es nicht der Ordensregel und ihren Vorschriften zuschreiben, sondern schreibe es seinem Mangel an „Ordensgeist" zu, den er entweder verloren oder nie erfasst und besessen hat, wenn ihm in der Mission keine Erfolge beschieden sind oder wenn sie keinen Bestand haben. Es fehlte ihm daher der Gnadenbeistand der „Mitarbeit" St. Benedikts, des Freundes Gottes. Wahrlich nicht dieser Art waren die glorreichen Benediktiner-Apostel! Darum, und aus keinem andern Grunde, war ihr Wirken so wunderbar gesegnet! Das vom hl. Marus in Gallien gegründete Kloster wurde das Mutterhaus vieler anderer Ordenshäuser, von welchem aus sich ein so reicher Gnadensegen über das ganze Land verbreitete, dass es fast ein Jahrtausend lang für die treueste Tochter der Kirche galt. – In gleicher Weise verfuhren die vom hl. Papst Gregor d.Gr. nach England gesandten Benediktinermissionäre St. Augustinus mit Gefährten, welche, in klösterlicher Gemeinschaft (im Kloster Canterbury) ihrer Regel nachlebend, das Inselreich für Christus eroberten. Nicht anders die irischen Mönche O.S. B., worunter St. Bonifatius, Bischof und Martyr, und alle die andern, welche Friesland, Westfalen, Helvetien, Dänemark, Skandinavien und andere Länder christianisierten. Darin offenbarte sich ganz sichtlich die versprochene Mitarbeit des hlst. Ordensvaters, in diesem erstaunlichen Erfolge, der weit über die Hälfte Europas zum Christentum bekehrte und zugleich zivilisierte, ein Erfolg, der Bestand hatte auf Jahrhunderte.

Er war dadurch verdient, dass diese Ordensmissionäre alle beseelt waren von dem Grundsatze:

Der Missionsberuf darf nicht den Ordensberuf schädigen oder gar aufheben. Denn der treuerfüllte Ordensberuf hebt, stärkt und begnadet den Missionsberuf, so dass sein Wirken mit einer Fruchtbarkeit gesegnet wird, die nur den hl. Aposteln Christi beschieden war.

Der Ordensberuf des Benediktiners erfordert aber als notwendigste Grundbedingung ein Kloster mit einer Kommunität, nicht weniger im Missionslande als in der Heimat. Wer dies nicht einsieht, der hat den Geist der hl. Regel St.

Benedikts nie erfasst, versteht weder die Notwendigkeit, noch den Nutzen dieses Erfordernisses und dieser Vorschrift.

Im Missionslande wird das Kloster ein Gnaden-Zentrum, eine gefasste Quelle („Brunnstube") des Evangeliums für die weite Umgegend, den Missionären selbst ein Hort in Leiden und Gefahren jeder Art. Stirbt einer, so sind andere da, die Lücke sofort auszufüllen. Jeder findet in der Gesamtheit Kraft und Halt, Rat und Trost. Nicht umsonst nennt St. Benediktus die in klösterlicher Gemeinschaft Lebenden *„genus fortissimum"*.

Aber Notwendigkeit und Nutzen beruhen noch auf andern Gründen wichtigster Art, die gleiche Beachtung fordern; daher noch ein Wort von diesen.

Über zwei andere Vorzüge des Missionsklosters vor Einzelstationen

Das „Geheiligt werde Dein Name", das der Herr dem „Zukomme uns Dein Reich" vorausgehen lässt und allem voranstellt, besteht zumeist im Gebet und Gottesdienst. Darum stellt die hl. Regel St. Benedikts das *Officium divinum* auch allem anderen voran und regelt es mit Sorgfalt bis ins einzelne. Darf der Benediktinermissionär es aus der ersten Stelle zurückversetzen und das „Zukomme uns Dein Reich" dem „Geheiligt werde Dein Name" voranstellen, d.h. der Missionstätigkeit das Chorgebet opfern und nachsetzen? Sich in keinem höheren Grade dazu für verpflichtet halten, als der Weltpriester, der seiner Brevierpflicht genügt, wenn er es für sich allein flüstert? Das taten die alten Benediktinerapostel nicht. Sie hielten am gemeinschaftlichen Chorgebet fest auch in der Mission. Aus triftigen Gründen. Das göttliche Offizium ist eine Gnadenquelle, welche im gemeinschaftlichen Chorgebet viel reichlicher quillt und mit ganz anderer Gottbegeisterung und Kraft der Andacht „hinüberströmt ins ewige Leben", als selbst im andächtigsten Geflüster eines vereinzelten Rezitanten. Heller und höher und wärmer loht das Feuer der Andacht, wenn viele Flammen vereint brennen als ein einzelnes Flämmchen. Feierlicher strahlt der Altar im Lichtglanz vieler Kerzen, als im Scheine einer Lampe oder Kerze. Wenn schon der Gebetsgemeinschaft von „Zweien oder Dreien" eine größere Gewalt über das göttliche Herz verheißen ist, als dem Einzelgebete, weil Jesus „in ihrer Mitte ist, wo Zwei oder Drei in seinem Namen versammelt sind" (Mt 18), so bezeugt Gott selbst die größere Gebetswirkung einer Versammlung von Betern. Wie viel muss erst ein Chor von betenden Gesandten des göttlichen Wortes über dieses „Wort, das Gott ist" vermögen, wenn es *„uno ore et corde"* um eine reiche Seelen-Ernte angefleht wird? Es ist in ihrer Mitte. Kann es mit dem Segen der Erhörung zurückhalten? Welcher Verständige ahnt da nicht die Erklärung des Geheimnisses, warum das Wirken der alten Missionsklöster so außerordentlich gesegnet war?

Ferner lehrt die Erfahrung, welch tiefen Eindruck die Heiden von einem feierlichen Gottesdienste empfangen. Eine viel größere, eindrucksvollere Feierlichkeit wird aber, wie wohl alle einsehen, vom Chor- und Altardienste einer stattlichen Klostergemeinde entfaltet, als selbst dem besten Willen eines vereinzelten Missionspriesters möglich wäre.

Einzelstationen seien Filialen eines Missionsklosters

Hiermit ist aber den Einzelstationen keineswegs für alle Fälle eine an Bedingungen geknüpfte Berechtigung und auch Nützlichkeit und Notwendigkeit abgesprochen. Dass sie als Filialen von einem Missionskloster ausgehen und von demselben mit Missionären und allem Nötigen versehen werden und dass ihre Missionäre in der Weise und zu dem Zwecke mit ihrem Missionskloster in Verbindung bleiben, welche in der nachstehenden Anmerkung (S. 457f) näher bezeichnet werden, – das war und ist ihr Existenzbedingung und begründet ihre monastische Lizenz, ihr Gedeihen und ihren Fortbestand. Einzelstationen dieser Art pflegten die alten Benediktiner im weiten Umkreise eines Missionsklosters anzulegen, in reichbevölkerten Gegenden, die zu entfernt lagen, um vom Kloster aus missioniert und pastoriert werden zu können, aber zu nah, um daselbst auch ein Kloster zu gründen. Aus solchen „Stationen" wurden mit der Zeit Pfarreien, als die Missionsklöster Bischofssitze wurden. Man denke an die aus Missionsklöstern entstandenen Bischofssitze von Fulda, Mainz, Paderborn, Münster i.W. (das vom monasterium noch den Namen hat), Freising und sehr viele andere in Deutschland, England (z.B. Canterbury), Frankreich, in Schweden (vor der Reformation) usw. Alle diese Bischofssitze waren vorher Missionsklöster O.S.B., und als solche waren sie Zentren von fernen oder näheren Missionsstationen, aus welchen Pfarreien wurden.

So wird es wieder kommen, wenn die geplante neue Benediktiner-Kongregation pro mission. ext. der Ordenstradition treu bleibt. Sähe ich im Geiste voraus, dass sie jemals aus Unverständnis, verführt vom Zeitgeiste, davon abgehen oder gar nicht darauf eingehen werde, so würde ich mich verpflichtet fühlen, die Gründung zu – unterlassen.

Die Benediktiner-Missionäre alter Zeit, von denen so viele die Kirche Christi als Heilige zieren, waren alle vollkommene Kenner und Befolger ihrer hl. Regel und waren darum einig im Fundamental-Prinzip der regeltreuen Missionsart ihre Ordens. Sie begründeten die Tradition, die von unserer neuen Kongregation wieder aufgegriffen und fortgesetzt werden soll. Man sage nicht, das System sei veraltet, weil die Neuzeit neue Verhältnisse geschaffen habe. Das trifft nicht zu auf die Völker und Länder, die noch jetzt im uralten Heidentum verharren. Die Verhältnisse in den fast durchweg noch barbarischen, unzivilisierten und nur im asiatischen Osten sich der Zivilisation mehr oder weniger nähernden Heidenländern gleichen auch heute noch denselben Verhältnissen, welche die alten Benediktiner-Missionen in Europa zu überwinden hatten. Daher ist daselbst auch heute noch ihr Missionssystem das beste und erfolgreichste. Nie und nimmer darf von uns davon abgegangen werden, sollen unsere Arbeiten und Opfer gleichen Segen haben wie vor alters. Wird dies eingehalten, dann – und nur dann! – wird auch noch heutigen Tages der alte Erfolg erzielt und aufs neue wahr werden, was Papst Pius IX., ehrwürdigen Andenkens, in einem Breve an Bischof Freppel geschrieben hat: *„Constans saeculorum historia docet, quomodo per monachos S. Benedicti diffusa fuerit christiana religio, et eius ope barbarae gentes ad civilem ordinem compositae, leges datae (etc.)"*

Anmerkung des Originalmanuskriptes zum II. Grundgedanken:

Das rationelle und traditionelle benediktinische Missions-Ansiedlungssystem

Wie es ein Missverständnis wäre, zu meinen, dasselbe fordere, dass überall im Missionsgebiete nur Klöster und nicht auch Einzelstationen errichtet werden sollen, so wäre es andererseits auch ein Unverständnis, zu glauben, es erlaube lauter Einzelstationen ohne ein Missionskloster als Zentrum. Ersteres wäre unmöglich und unpraktisch; letzteres wäre regelwidrig, unmonastisch und vom größten Nachteil. Die von Heiligen und wahren Aposteln O.S.B. eingeführte weise Methode verbindet beides miteinander, und dadurch verliert das eine sein Unpraktisches und das andere sein Nachteiliges.

1. Womit soll begonnen werden? – Antwort: Das erste, womit alle heiligen Apostel unseres Ordens angefangen haben, war, dass sie in einem mit größter Umsicht und Vorsicht gewählten heidnischen Bevölkerungszentrum ein komplettes Kloster gründeten, wo ihr Wirken begann und von wo aus der nähere Umkreis missioniert wurde. Dehnte sich dieser Kreis mit der wachsenden Zahl der Bekehrungen so weit aus, dass das Missionswerk in solcher Entfernung nicht mehr ohne Nachteile und Schwierigkeiten vom Kloster aus besorgt werden konnte, so wurden in entfernten Gegenden von zahlreicher Bevölkerung Filialen des Missionsklosters errichtet, wo je zwei Missionspriester mit der nötigen Laienbrüderzahl stationiert wurden (daher diese Filialen „Stationen" genannt werden). Das ist das Vorbild, das unsere Kongregation treu nachzuahmen hat! So und nicht anders sollen auch unsere Missionen beginnen! Eine Einzelstation zu errichten, bevor das Kloster bestände, zu dem sie gehören muss, wäre ein verständnisloses Abgehen von der weisen, erfolgbewährten Ordenstradition und ganz regelwidrig, zudem höchst unpraktisch, weil eine solche Station alle die Vorteile entbehren müsste, die

sie aus der Verbindung mit dem Klosterzentrum zöge. Die Missionspriester jeder Station bleiben nämlich beständig in Verbindung mit dem Kloster im Lande ihrer Tätigkeit, – teils dadurch, dass sie von demselben stets mit dem Notwendigen versorgt werden – teils, indem sie einmal in jedem Jahre zur geistigen und leiblichen Erholung und Stärkung und zur Erneuerung des monastischen Geistes auf einen Monat ins Kloster des Missionsgebietes zurückkehren, jedoch in der Weise, dass jedesmal der zweite der beiden Stationspriester während der Abwesenheit des ersten auf der Station zurückbleibt, nach der Rückkehr desselben dann selbst auch seinen Ferienmonat im Kloster antritt. Diese Praxis trägt zur Erhaltung des monastischen Geistes nicht weniger bei als zur Erhaltung der Gesundheit. Schon aus diesen, aber auch noch aus andern wichtigen Gründen muss jede Station von nicht weniger als zwei Priestern besorgt werden. *„Binos"*, zu zwei und zwei sandte der Herr seine 72 Jünger aus, „in jede Stadt und Ortschaft, wohin er selbst kommen wollte" (Lk 10,1). Göttliche Gründe bewogen den Erlöser zu dieser Maßregel. Die sollen beachtet werden.

2. Hat sich mit Gottes Segen der Kreis der Filialen (Stationen) des ersten Missionsklosters sehr weit ausgedehnt und wären immer neue, noch weiter entfernte Stationen anzulegen, die aber wegen zu großer Entfernung vom ersten Kloster nicht mehr in dieser vorschriftsmäßigen Weise mit demselben verkehren könnten, so ist die Zeit gekommen zur Schaffung eines zweiten Missionsklosters, entfernt vom ersten und mit einem eigenen Umkreis von Filialstationen, die nach und nach auch von ihm ausgehen sollen, nach derselben Methode.

3. Die hiezu nötigen Missionäre und Mittel zu beschaffen, ist Aufgabe des Mutterhauses in der Heimat, dem auch die Pflicht obliegt, jedem seiner Klöster in den Missionen Ersatz zu schicken für alle in die Filialstationen abgehenden Missionäre, damit der Personalstand der Klöster in den Missionen konstant sich gleich und unvermindert bleibe.

In solcher Weise schreitet die benediktinische Missionsmethode systematisch geregelt, solid und rationell voran, bis nach Generationen das ganze Volk und Land der uns vom hl. Apostolischen Stuhle einst übertragenen Missionsgebiete für Christus erobert sein wird.

III. Grundgedanke

A. Das Klosterpersonal im allgemeinen

Das Personal des Mutterhauses und jeder künftig daraus hervorgehenden Abtei bestehe aus drei getrennten, d.h. voneinander abgesonderten Abteilungen:

1. Professen, d.i. durch die Ordensgelübde verpflichteten Mitglieder.

2. Novizen.

3. Zöglinge.

In Frieden und Eintracht vereinigt, dürfen diese drei Abteilungen doch nicht frei unter sich verkehren, sondern nur dienstlich, wenn eine Pflicht dies erheischt. Jede dieser Abteilungen besteht aus zwei Unterabteilungen:

die der Professen:

a) aus sogen. Chorprofessen (Priestern und Klerikern)

b) aus Laienbrüdern

die der Novizen und Postulanten: gleichfalls aus Chornovizen resp. Chorpostulanten und Brüdernovizen und Brüderpostulanten

die Zöglinge:

a) studierende Zöglinge, für den Ordenspriesterstand bestimmt,

b) Zöglinge der Handwerksschulen.

Jede Aufnahme, sei es in die eine oder in die andere der drei Abteilungen, erfordert vom Obern die gewissenhafteste Beobachtung aller Anweisungen der Vorsicht und „Unterscheidung der Geister" und Eintrittsmotive, welche die Regel des Ordensstifters angibt. Nur ist noch mit Rücksicht auf den anstrengenden Dienst in ausländischen Missionen auch darauf zu achten, dass die Aufzunehmenden ganz gesund seien.

B. Von den studierenden Zöglingen im besonderen[a]

Für den geistlichen Stand berufene und befähigte junge Kräfte sollen aus allen Schichten und Klassen der Gesellschaft gewonnen, erzogen und ausgebildet

[a] (Zur Zeit der Abschrift nachgetragene Anmerkung): Der Erziehung der Zöglinge widmete die hl. Kongregation der Propaganda eine besondere Sorgfalt. Als der Gründer am 25. März 1884 die Eingabe an den Hl. Stuhl eingereicht hatte, antwortete die Propaganda nach der ersten Beratung ihrer Kardinäle (unter dem Datum des 17. Mai): *„Propositio tua… placuit huic S. Congregationi. Attamen priusquam executioni demandetur, quasdam ultiores notitias dignoscere cupit. Desiderat itaque, ut latius enucleare velis modum quo juvenes ad missiones peragendas praeparentur ac formentur."* Sie wünschte also über die Erziehung der Zöglinge noch Einlässlicheres zu erfahren, ehe sie den end-

werden, wenn ihr Verlangen nach der Priesterwürde gepaart ist mit Bereitwilligkeit zum Ordensleben im Kloster und zum Opferleben in der Heidenmission, falls der Gehorsam dies verlangt. Unverdorbene Sittenreinheit sei oberste Bedingung; gute geistige Begabung darf nicht fehlen. Es soll bei der Aufnahme nicht unerlässliches Erfordernis sein, dass sie die Kosten, sei es ganz oder teilweise, bestreiten können. Auch ganz Arme weise man nicht ab, wenn vorzüglich gute Eigenschaften all ihr Hab und Gut sind. Wählte doch der Herr seine Apostel auch größtenteils aus dem armen Arbeiterstande aus und sorgte, dass ihnen nie etwas mangelte (vgl. Lk 22,35 und 36). Er wird wieder sorgen. Auf diese Weise – und das ist Zweck und Absicht – wird der vom Herrn beklagten Not an Arbeitern gesteuert, weil ihre geringe Zahl vermehrt wird durch viele Missionspriester, die aus großer Armut sonst nie und nirgends diesem Berufe hätten folgen können.[a]

Die berufswissenschaftliche Ausbildung soll grundsätzlich, sobald hierzu Möglichkeit vorhanden ist, im eigenen Ordenshause und nicht an auswärtigen Lehranstalten stattfinden. Dies bewahrt vor Berufsgefahr und Verweltlichung. Sind aber für den Anfang aus Mangel an eigenen Lehrkräften die Schwierigkeiten so groß, dass sie die Befolgung dieses Grundsatzes unmöglich machen, und muss deshalb zum Notbehelf eines Studienhauses fern vom Kloster gegriffen werden, von welchem aus die Missionszöglinge eine auswärtige Lehranstalt besuchen können, so geschehe das in der Weise, dass dieselben unter guter Leitung und Obhut die klösterliche Disziplin und Ordnung beibehalten und eine vom Weltumgang abgesonderte *vita communis* führen. Auch höre dieser Ausnahmezustand des Notbehelfes so bald wie tunlich auf.

Besitzt das Mutterhaus der Kongregation mit der Zeit einmal eine vollständige Lehranstalt, ein richtiges Missionsseminar, so darf es nur dem eigenen Bedarf

gültigen Bescheid erließ. Der Gründer entsprach diesem Auftrage durch eine sehr eingehende (im Druck ca. 12 Kleinfolioseiten umfassende) Auseinandersetzung, welche die unbeanstandete Gutheißung der Kardinäle fand, worauf die päpstliche Genehmigung der Gründung erfolgte. Auch im Gründungsdokumente (ausgestellt am 5. Juli nach dem am 29. Juni erfolgten päpstlichen Akt) betonte die hl. Kongr. der Propaganda ihre Sorgfalt für die Zöglinge, indem sie dem Gründer schrieb: „*... ut praepares juvenes, quo meliori potest modo ad vitam Missionariorum eosque imbuere cures studiis, exteris Missionibus accomodatis.*"

[a] Anmerkung aus späterer Zeit: Dieser Grundsatz wurde vom Gründer während seiner ganzen 12jährigen Amtsdauer eingehalten trotz finanzieller Schwierigkeiten der Anfangsjahre. Er erwies sich als segensreich. Verdankt doch z.B. einer der vier ersten Äbte der Kongregation demselben seine Aufnahme als Zögling!

der Kongregation dienen, darf bloß eigene Kräfte ausbilden und darf niemals zu einer öffentlichen Unterrichtsanstalt für jedermann, auch für fremde, weltliche Schüler (Gymnasium und Lyzeum für Weltleute und Ordenszöglinge) erweitert werden. Denn dies liegt ganz außerhalb unseres speziellen Berufes *„pro missionibus exteris"*, wozu Gott durch seinen Stellvertreter uns bestimmt hat, wenn es sein Wille ist, dass die Gründung zustande komme, und wird ja schon von sehr zahlreichen andern Orden und Klöstern besorgt, deren Aufgabe eine ausschließlich der innern Mission gewidmete ist, während die unsere ausschließlich den äußeren Missionen geweiht sein soll und nur für diese gegründet wird. Wir schulden alle unsere Kräfte der an größtem, beklagenswertesten Arbeitermangel leidenden Ernte Christi unter den mehr als 800 Millionen Seelen zählenden Heidenvölkern. Nur dazu beruft uns der Herr der Ernte, wenn er unsere Kongregation ins Leben ruft! Nur auf diesem riesengroßen Arbeitsgebiete dürfen wir unsere Gesamtkraft betätigen. Nur da werden wir Segen und Erfolg haben, und nicht im Unverstande der Zersplitterung, die überall Halbes und nirgends etwas Ganzes und Durchgreifendes leistet.[a]

Wenn Eltern einen Sohn, der noch im Knabenalter steht, zu uns ins Kloster bringen werden mit der Bitte, seinem eigenen Verlangen entsprechend ihn zu einem künftigen Ordenspriester und Missionär ausbilden und erziehen zu wollen, so bringen sie durch diesen frommen Akt ihr Kind Gott dem Herrn zum Opfer dar, – nicht anders, als wie die gottesfürchtigen Eltern der Knaben Maurus und Placidus sie Christo opferten, als die dieselben zum hlst. Vater Benediktus brachten, der sie zunächst als „Oblaten" (Gottgeopferte) aufnahm und dann zu heiligen Ordensmännern heranbildete. Aus diesem Grunde haben unsere künftigen Zöglinge große Ähnlichkeit mit den jugendlichen Benediktiner-Oblaten der ersten Jahrhunderte unseres Ordens. Dieser Grundgedanke soll der Erziehungsmethode der Zöglinge unserer Kongregation zugrundegelegt werden und als Leitfaden dienen.

[a] (Anmerkung später nachgetragen bei der Abschrift). Der deutsche Charakterfehler der Selbstüberschätzung neigt zur Torheit der Zersplitterung, was als eklatantes Beispiel der dadurch verlorene Völkerkrieg 1914-1918 beweist, in welchem die deutsche Heermacht auf der halben Welt bis nach Mesopotamien verzettelt, anstatt zum rasch entscheidenden Schlage am Hauptpunkt des Kampfes vereinigt wurde, so dass über 2 Millionen Deutsche unnötig und nutzlos in Russland, Polen und im Orient bis an den Euphrat standen, als im Westen „aus Mangel an Reserven" der so unselige Waffenstillstand geschlossen werden und Deutschland sich für besiegt erklären musste. Was auf diese Weise durch Zersplitterung im großen verschuldet wurde, soll nicht auch im kleinen, auf geistlichem Gebiet und im Kriege mit dem Reiche Satans nachgeahmt werden.

Daraus erwachsen für den Klosterobern ganz andere Pflichten als für Direktoren und Rektoren weltlicher Schulen und weltlicher Schüler. In diesen wird bloß auf den schulwissenschaftlichen Unterricht und Fortschritt das Hauptgewicht gelegt und alle Sorge darauf verwendet, dass die Schüler gut und viel lernen, um tüchtig zu werden für einen weltlichen Beruf. Auf Charakter- und Seelenbildung wird wenig oder gar nicht geachtet. Unsere Klosterzöglinge dagegen sollen nicht bloß für den Priester- und Missionsberuf geistig ausgebildet werden, sondern auch, und zwar in erster Linie, für ein gottgeweihtes Leben des Ordensberufes seelisch erzogen und vorgebildet. Es soll damit in ihnen der Grund gelegt werden zum künftigen Eintritt in den monastischen Stand der Vollkommenheit. Eine so beschaffene Erziehung der Zöglinge ist die beste Vorschule des Noviziates; eine andere würde die Pflanzschule weltlich und unmonastisch gesinnter „Religiosen“ sein, welche für die Grundgedanken unserer Kongregation kein tieferes Verständnis hätten und daher den Geist, die Disziplin, die Zwecke und damit auch die gottgewollte Bestimmung der Kongregation verkennend, sie zu ändern bestrebt wären, indem sie dieselben den Irrtümern und Unklarheiten ihres Verständnismangels zu akkommodieren trachten würden, weil sie mehr vom Zeitgeist in sich hätten als vom Geiste Gottes. Die Zeit schafft Ruinen, aber noch mehr Ruinen schafft der Zeitgeist, und eine der traurigsten würde sehr bald unsere Kongregation sein.

IV. Grundgedanke

Laienbrüder als Hilfsmissionäre

Das Studium der Berichte aus fern von der Kultur gelegenen und unzivilisierten Missionsgebieten lehrt uns durch manches Beispiel überzeugend, wie viel kostbare Zeit und Kraft ein Missionspriester für seine geistliche (apostolische) Aufgabe verliert, wenn er selbst auch für das Materielle sorgen muss und darin nicht von Laien unterstützt wird, welche aus Religiosität und um Gotteslohn seine materielle Sorge und Arbeitslast übernehmen; und man erkennt mit Bedauern, wie sehr das Evangelium und die apostolische Seelenernte darunter leiden[a]. Dadurch wurde der Gründer überzeugt, es wäre ein überaus großer Vorteil für die beschleunigte und größere Ausbreitung des Christentums und seiner Kul-

[a] In einer Serie von Artikeln im Jahrgang 1889 der Missionsblätter von St. Ottilien, betitelt „Der Laienbruder als Hilfsmissionär“, ist diese Erfahrung mit zahlreichen Beispielen aus authentischen Missionsberichten beleuchtet und nachgewiesen und dadurch die Notwendigkeit und Nützlichkeit des Hilfsmissionärs klargelegt (Anmerkung bei der Abschrift).

tur unter Heiden, namentlich kulturloser Länder, wenn eine reichliche Anzahl frommer und monastisch disziplinierter Laien unsern Priestern als Hilfsmissionäre zur Verfügung stände. Er fand, der Heilige Geist selbst habe den Apostel St. Petrus hiervon überzeugt, weil derselbe sprach: „Es geziemt sich nicht, dass der Apostel das Wort Gottes vernachlässige, um die Tische zu bedienen. Sehet euch daher nach Männern um von gutem Leumund, voll des Heiligen Geistes und der Weisheit, die wir mit diesem Werke betrauen werden. Wir (Apostel) dagegen werden dem Gebete und dem Dienste des Wortes Gottes obliegen" (Apg 6,1-3).

Dieses Apostelwort soll in der Benediktiner-Missionskongregation, der wir uns widmen wollen, zur Tat werden. Es geschieht dadurch, dass fromme und nützliche Laien aufgenommen, monastisch geprüft und geschult, sowohl für den Ordensberuf als auch für den Missionsdienst ausgebildet, und wenn sie nach bestandenem Noviziate sich durch die hl. Ordensgelübde verpflichtet haben, den Missionspriestern unserer Kongregation als Begleiter und Hilfsmissionäre zugesellt werden, so oft ein Missionskloster oder eine von ihm ausgehende Filialstation zu gründen ist.

In diesem Gedanken werden wir bestärkt durch den hl. Franziskus Xaverius, der als Apostel Ostindiens seinem Obern, dem hl. Ignatius, schrieb: „Wenn du mir zahlreiche Laien, tugendhafte und begabte, schicken würdest, damit an jedem Orte, wo ein paar Priester dem Dienste der hl. Glaubensverbreitung obliegen, eine Anzahl solcher Laienkräfte zu Hilfsarbeiten verwendet werden könnte, so würde daraus für die Sache des Evangeliums ein größerer Nutzen (emolumentum) erwachsen, als du dir nur vorstellen kannst" (S. Fr. Xaver. Epist.). Es wäre kein gutes Zeugnis, wenn ein Missionspriester *Ordinis Nostrae* hierfür kein Verständnis hätte. Dürfte er glauben, im Apostolat erfahrener und erleuchteter zu sein, als dieser große hl. Missionär, dessen Arm oft erlahmte ob der Menge der gespendeten Taufen? Sein hl. Oberer verstand ihn und seine weise Anregung und willfahrte ihr[a].

[a] (Anmerkung nachgetragen bei der Abschrift.) Als unser Gründer im Jahre 1882 den hier behandelten IV. Grundgedanken dem Gründer der englischen Missionsgesellschaft von Mill-Hill, Msgr. Vaughan, damals Bischof von Salford, später Kardinal und Primas von England, mitteilte, da war derselbe so sehr dafür eingenommen, als für „ein längst empfundenes Bedürfnis der Missionen", dass er unsern Gründer ersuchte, diese Idee für seine englische Missions-Gesellschaft zu realisieren. In dieser Absicht nahm er ihn mit zur Besichtigung einer großen herrschaftlichen Villa, die ihm für die ausländische Mission geschenkt worden war und die er zur Ausführung des Projektes der „Laien-Hilfsmissionäre" herzugeben willens war. Unser Gründer, so einladend das Anerbieten auch war, lehnte es gleichwohl ab, weil nur die Regel St. Benedikts und Deutsche ihm zur Gründung am Geeignetsten erschienen.

V. Grundgedanke

Das Verhältnis zwischen Priestern und Brüdern im Orden

Da nun Missionspriester und Laienbrüder ein gemeinsames Werk Gottes zu vollbringen haben und im Missionslande aufeinander angewiesen sind, in innigen religiösen Beziehungen zueinander leben und wirken müssen, so ist nötig, dass beide im Geiste einer Ordensregel, die für beide geschaffen ist, seelisch hierzu erzogen, gebildet und vorgeübt worden seien. Hierzu eignet sich gewiss keine andere Regel besser als die des hl. Benediktus, welche in ihrem Ursprunge nicht allein für Priester, sondern ebenso für Laien bestimmt war, da anfangs für jedes Kloster nur die zum Gottesdienst des Altares notwendigen Priester und Leviten ordiniert wurden. Die hl. Regel O.S.B. gleicht die Klüfte zwischen allen Ständen aus, z.B. die einst so große Kluft des Standesunterschiedes zwischen Freien und Sklaven, Adeligen und Pebejern, römischen Bürgern und Barbaren (Goten). Sie macht alle zu Brüdern einer Gottesfamilie – wodurch? Vermöge ihrer Lehren und Vorschriften, namentlich der Demut als Grundlage der brüderlichen Liebe, des Gehorsams und gegenseitigen Achtung. Dieser Fundamentaltugend widmet St. Benedikt mehr Kapitel seiner Regel (vgl. die „12 Stufen der Demut"), als allen übrigen Erfordernissen der Conversio morum. Ihre Befolgung ist es, welche auch den Standesunterschied zwischen Priestern und Laienbrüdern ausgleicht, so dass beide sich als Söhne eines Ordensvaters und folglich als Ordensbrüder gegenseitig achten und lieben und doch dabei die Grenze respektieren, welche Gott zwischen ihnen gezogen hat durch göttliche Gnadenvorzüge der Priester vor Nichtpriestern. Keine andere Regel hat diese fast unlösbar scheinende Aufgabe der Standesausgleichung vollkommener gelöst, jedoch – was selbstverständlich ist – nur in solchen Klöstern und Kongregationen O.S.B., in welchen ihre Observanz blüht, nicht aber in Ordenshäusern mit verfallener oder verfallender Regeltreue und daher schlechter Zucht.

In Klöstern vollkommener Observanz ist das Verhältnis zwischen Priestern und Brüdern so beschaffen, wie es im folgenden vorgezeichnet wird:

1. Der Laienbruder sieht im Priester allezeit, und ohne es je aus dem Auge des Glaubens zu verlieren, den Träger wahrhaft göttlicher Vollmachten: durch göttliche Worte Brot- und Weingestalten in die Substanz des mit der Gottheit und Menschheit beseelten Leibes und Blutes Christi unseres Heilandes zu verwandeln; in seinem Namen Sünden zu vergeben oder zu behalten; auf Erden zu binden (z.B. den Ehebund), was auch im Himmel als gebunden gilt; was er segnet, das ist gottgesegnet; kurz, ein frommer, im Glauben erleuchteter Laienbruder verehrt im Priester die Würde des Mittlers zwischen Him-

mel und Erde, Gott und den Menschen. Menschliche Schwächen am Priester vermögen diesen Glaubensblick nicht zu trüben (weil sie diese Gnadenvorzüge nicht tilgen). Daher maßt ein guter Laienbruder sich niemals an, dem Priester gleichgestellt sein zu wollen, und wäre es auch bloß in der äußeren Erscheinung, z.B. Kleidung[a], kritisiert sie nicht als Splitterrichter, achtet sie nicht gering im Selbstgefühl bessern Wissens und Könnens bezüglich materieller Dinge und lässt sich nicht aus diesem oder anderem Grunde zum Murren und zur Widersetzlichkeit hinreißen und was dergleichen Auswüchse des Mangels an Demut und des unabgetöteten Hochmutes mehr sind. Denn er übt die Demut, die seine hl. Regel lehrt.

2. Der vollkommene Ordenspriester seinerseits betrachtet den Laienbruder ebenfalls aus Demut und Regeltreue nicht etwa als „Knecht" und behandelt ihn nicht, als wäre er sein „Herr"; schaut nicht aus der Höhe hochmütigen Standesdünkels auf ihn hinab; nimmt im Materiellen von ihm gern auch bescheidene Ratschläge an; schätzt seine Hilfeleistungen nach Gebühr, wenn auch ohne eitelmachende Lobeserhebungen, und anerkennt im Herzen dankbar seine Bemühungen und Erfolge; ehrt und liebt ihn als Sohn des gemeinsamen heiligsten Vaters (daher er ihn auch im Herzen und nicht bloß mit dem Munde „Bruder" nennt); würdigt ihn als einen von Gott ihm zugesellten Mitarbeiter am göttlichen Heilswerke. –

Wo das geschieht, sei es in den Ordenshäusern der Heimat oder in den Missionen, da wird die hl. Regel von beiden treu befolgt und da blüht wahre Ordenszucht. Das Verhältnis zwischen Priestern und Brüdern im Kloster (und in den Missionen) ist der untrügliche Gradmesser der monastischen Disziplin einer Kongregation. Das Verhältnis, wie es im obigen gezeichnet wurde, ist das sichere Kennzeichen des guten Klosters.

[a] Der Gründer bestimmte aus den gewichtigsten Gründen, der Bruder solle zwar sämtliche von der hl. Regel vorgeschriebenen monastischen Kleidungsstücke, und zwar vom gleichen Schnitte wie der Priester tragen. Ein Unterscheidungs-Kennzeichen zwischen Priester und Laienbruder sei aber durchaus notwendig. Sowohl triftige moralische als auch praktische Gründe fordern eine Unterscheidung. Dazu genüge ein zwar unauffälliger, aber doch erkennbarer Unterschied der Stoff-Farbe, – schwarz für Priester und dunkelgrau für Brüder.

Der VI. Grundgedanke

betrifft nicht eine Institution unserer Kongregation, sondern ein wichtiges Prinzip ihrer ausländischen Missionstätigkeit

Unsere Missionen müssen notwendig dafür sorgen, dass die Bekehrung der heidnischen Frauenwelt und die christliche Erziehung der im Heidentum geborenen weiblichen Jugend gleichen Schritt halte mit derjenigen der Männerwelt und männlichen Jugend. Das erfordern schon die Ehen der Neophyten, dass Mann und Frau gleich gute Christen und im gleichen Grade zivilisiert seien. Nun kann und darf aber diese Erziehung und Bildung der Mädchen und Frauen nicht Aufgabe der Priester und Brüder sein. Diese Pflicht wird schicklicherweise und besser erfüllt durch

Missionsschwestern.

Überall, wo unter zahlreicher Bevölkerung eine hoffnungsvolle Mission unserer Kongregation entsteht, in welcher unsere Missionäre am Bekehrungs- und Erziehungswerke der Knaben und Männer arbeiten, soll entweder gleichzeitig oder doch so bald wie möglich auch eine klösterliche Niederlassung von Missionsschwestern gegründet werden, welche für die Erziehung der Mädchen und Frauen zum christlich-zivilen Leben Sorge trägt. Nur dadurch wird das Bekehrungswerk gleichmäßig durchgeführt und zu guten christlichen Ehen und Familien ein solider Grund gelegt. Das haben auch die alten Benediktiner-Apostel erkannt und befolgt. St. Bonifatius z.B. ließ in der Nähe seines Missionsklosters zu Fulda durch seine Schwester, die hl. Lioba, ein Kloster von Benediktinerinnen gründen. Zu Eichstätt entstand zu gleichem Zwecke das Kloster der hl. Walburga, im Missionsgebiete ihres hl. Bruders Willibald, usw.

Außerdem sollen die Missionsgehilfinnen als „Barmherzige Schwestern" die Krankenpflege sich zur Aufgabe machen, da dieses Werk der leiblichen Barmherzigkeit gewöhnlich auch die Seelenrettung nach sich zieht. Denn es ist am meisten geeignet und gesegnet, die Heiden zu überzeugen, wie gut wir es mit ihnen meinen, und sie für Christus zu gewinnen, welcher ja selbst auch aus diesem Grunde, „Kranke heilend und Wohltaten spendend", die Menschen zu überzeugen suchte, er sei zu unserer Erlösung gekommen – *qui pertransiit benefaciendo et sanando omnes oppressos* (Apg 10, 38).

Wie gut wäre es, wenn daher die hl. Mutter Scholastika auch ein Mutterkloster für „Benediktinerinnen der ausländischen Missionen" ins Leben riefe[a]! Kann dies nicht geschehen, so wende sich der Apostolische Vikar oder Präfekt unseres künftigen Missionsgebietes an andere gutdisziplinierte weibliche Kongregationen oder Orden, um Schwestern für seine Missionen zu erhalten.

Die Niederlassungen der Schwestern in den Missionen, gleichviel, welchem Orden sie angehören, müssen in allen Fällen wie die unserigen einen entschieden klösterlichen Charakter haben, für sich und abgesondert sein vom Männer-Missionskloster (resp. Station), jedoch in Sachen der Mission der Obedienz des Missionsobern unterstellt, in allem übrigen dem *regimen* ihrer eigenen Generaloberin und ihrer eigenen Regel verpflichtet sein.

Der VII. Grundgedanke

fasst alles zusammen in den Grundsatz: Kommen diese Gedanken von Gott und entsprechen sie Gottes hl. Willen und Ratschluss, so wird dies uns kund werden durch den Stellvertreter Unseres Herrn Jesu Christi auf Erden, dessen Entscheidungen die Verheißung des Beistandes des Heiligen Geistes und der Gültigkeit im Himmel haben für alles (*quodcumque ligaveris,* Mt 16,19), was er „auf Erden bindet oder löst". Die „VII Grundgedanken" werden daher dem hl. Apostolischen Stuhle zur Prüfung vorgelegt werden in Form einer „Eingabe" an die S. Congregatio Propaganda F., welche sie nach reiflich beratener Begutachtung entweder verwerfen oder ändern oder für gut erachten und daraufhin dem Hl. Vater zur Bestätigung oder Nichtbestätigung unterbreiten werden. Was dann der Stellvertreter Christi beschließt, das ist sicher und gewiss der göttliche Wille und hat Gottes Wohlgefallen und Segen. Auf diese im katholischen Glauben begründete Gewissheit baut der Verfasser der „VII Grundgedanken" den Satz auf:

„Wird der Heilige Vater der Christenheit diese Grundgedanken einer neuen Benediktiner-Kongregation für die apostolische Aufgabe der Heidenmission, nachdem sie von der hl. Kongregation der Propaganda geprüft und gutgeheißen sind, gleichfalls in allem gebilligt, in nichts abgeändert oder beanstandet, sie in allem sanktioniert und ihre Ausführung mit seinem Segen erlaubt oder

[a] (Anmerkung aus späterer Zeit.) Etwa 4 Lustra, nachdem der hl. Apostolische Stuhl im Jahre 1884 den Verfasser der „VII Grundgedanken" mit der Ausführung derselben betraut hatte, entstand *durch Abt Ildephons Schober O.S.B., der (1896-1903) das begonnene Werk von St. Ottilien vollendete,* auch ein Kloster und Mutterhaus einer Kongregation von „Benediktinerinnen für ausländische Missionen" zu Tutzing (Oberbayern), *als deren Gründer der genannte Abt und hochverdiente Gottesmann daher zu gelten hat.* So erfüllte sich der Wunsch des VI. Grundgedankens noch in den letzten Jahren Papst Leos XIII., dem auch St. Ottiliens Kongregation ihre Gründung verdankt. *(Anm. des Herausgebers: den kursiv gesetzten Text strich Amrhein aus den Druckexemplaren wieder heraus, als ihm bekannt wurde, dass die Konstitutionen der Missionsbenediktinerinnen nicht von Abt Ildefons Schober ins Werk gesetzt wurden.)*

angeordnet haben, dann müssen sie als geheiligt angesehen werden durch den von der höchsten Autorität auf Erden bekundeten Willen Unseres Herrn und Heilandes, welcher durch dieses Werk das hl. Evangelium und das Reich Gottes weiter ausgebreitet und die geringe Zahl seiner Arbeiter vermehrt haben will"[a]. Und darum darf dann niemals davon abgegangen, sondern muss immer daran festgehalten werden. Kein Generalkapitel der Zukunft darf jemals etwas von den „VII Grundgedanken" streichen oder umändern oder etwas denselben Widersprechendes, etwas davon Annullierendes, in die Konstitutionen aufnehmen. Denn der Geist Gottes, der sie bestätigte, offenbart sich nicht heute als „Ja" und morgen als „Nein". Die „VII Grundgedanken" sind in ihrer generellen Fassung so weitgedehnt, dass sie den speziellen Detailbestimmungen der Konstitutionen große Freiheit und weiten, ja allen notwendigen Spielraum lassen. Sie sind aber das feste, unabänderliche Fundament; die Konstitutionen sind der darauf errichtete Bau. Die sieben Grundgedanken müssen die unantastbare, unverrückbare Grundlage der künftig darauf zu bauenden, den wechselfälligen Zeitumständen anzupassenden und daher nicht unveränderlichen Konstitutionen und Usancen sein und bleiben. Diese mögen sich modifizieren nach Bedürfnis, aber es muss immer unter treuer Wahrung der Fundamentalgedanken geschehen. An dieses Fundament darf nicht gerührt werden, wenn auch der darauf ruhende Bau der Konstitutionen Reparaturen benötigt.

Wird an diesem Grundsatze in Treue festgehalten, so ruht sicher und gewiss Gottes Wohlgefallen und Segen darauf, und die Kongregation wird die große Aufgabe lösen, wofür Gott sie ins Leben rief und St. Benediktus seine „Mitarbeit" verhieß[b]. Mit dem Verrate an der Grundlage würde die Kongregation ebenso gewiss für andrer Heil unfruchtbar werden, sich selbst aber zum Unheil und Verfall – was Gott verhüten möge.

[a] Die Eingabe an den Hl. Stuhl datierte vom Feste der Menschwerdung Christi, 25. März 1884. Die Bestätigung durch S.H. Papst Leo XIII. erfolgte am Feste der hl. Apostel Petrus und Paulus, 29. Juni. Das schriftliche Dokument folgte am 5. Juli nach; es schließt mit den Worten: *„... Eadem Sacra Congregatio spe fulcitur fore ut propositum opus feliciter inceptum, Deo adjuvante progrediatur, atque Sacrae Missiones exinde uberiores fructus consequantur." (Sig.) Ioannes Card. Simeoni Praefectus.*

[b] Siehe II. Grundgedanke.

Anhang[8]

Aus der Abschiedsrede des hlst. Ordensvaters Benediktus bei der Aussendung des hl. Maurus und Gefährten zu Ordensmissionsgründungen in Gallien.

(Überliefert vom Mönche Faustus, Gefährten und Biographen des hl. Maurus und Ohrenzeugen der Rede.)

Anrede an die ganze trauernde Kommunität

„...Si tristandum pro tali esset negotis[a], mihi magis quam vobis in hoc esset moerendum, qui, quantum ad praesens, magnis videor destitui solatiis. Sed quia dicente Apostolo „charitas benigna" est, benignitatem charitatis nostrae omnimodis impendere debemus his, quos aliquomodo ea indigere cognoscimus: nec nostra tantum, quantum aliena quaerere. Quapropter vos amoris paterni sollicitudine a fletibus et moerere temperare deposcimus, quia potens est Deus meliores nobis post huius depositionem corporis huic sanctae Congregationi; quorum meritis et exemplis longe praestantius quam nostris aedificemini.

Sed et illud summopere nobis procurandum est, ne versutia antiqui hostis unde aliis salus acquiritur, inde nobis tristitiae malo detrimentum in aliquo ingeratur. Non etenim quos unitatis semel in sancta charitate junxit concordia, nunquam vel longissima terrarum divident spatia: quoniam semper interioris hominis aspectu, qui renovatur secundum imaginem Eius qui creavit eum, nos quod vixerimus tempore invicem intuebimur."

Nach diesen Worten redete er Maurus und Gefährten so an:

„Vos autem, fratres charissimi, quos ad Opus Dei construendum ad illas dirigimus partes, viriliter agite et confortetur cor vestrum in sancto proposito et religione, procul dubio scientes, quia quanto austeriora causa salutis aliorum, in huius via saeculi pertuleritis, tanto majora a Deo recipictis coelestium gaudia praemiorum. Nec vos ullo modo resolutio huius nostri moestifice corpusculi; quoniam praesentior vobis ero carnis deposito onere, vestrique per Dei gratiam cooperator existam assiduus." (Mabillon, Acta SS. O.S.B., Vita S. Mauri).

[a] Die Klosterkommunität trauerte und weinte wegen eines doppelten großen Verlustes: erstens, weil sie vom hlst. Vater schon vernommen hatte, dass seine Auflösung nahe bevorstehe (sie erfolgte am 70. Tage nach der Rede), und zweitens, weil St. Maurus, welcher dessen würdigster Nachfolger und Ersatz geworden wäre, sie nun auch verließ. St. Benediktus begann daher seine Rede mit Trostworten, worauf er auch den Opfermut der Scheidenden aufrichtete. Es spricht daraus der wahre, erleuchtete Geist der Caritas Christi, der in den Ordensmissionen sich offenbaren soll, damit sie der „Mitarbeit St. Benedikts vom Himmel aus" würdig seien.

Handschriftliche Fassung

Titelblatt:

Die VII Grundgedanken auf deren Basis die von S.H. P. Leo XIII. ins Leben gerufene Congregatio O.S.B. pro mission. exteris gegründet wurde. Grundlage der der am 25. März 1884 dem Hl. Apostolischen Stuhle eingereichten Eingabe des Gründers, vom Stellvertreter Christi gutgeheißenen und zur Ausführung gesegnet (29. Juni 1884). Unabänderliches Fundament der darauf zu bauenden Konstitutionen. Eigenhändige Kopie des Gründers, deponiert im Archiv des Rms Abtprimas O.S.B. zu Rom und in den Archiven der vier ersten Abteien der Congregatio O.S.B. pro missionibus exteris.

PAX!

Intelligite prius, et sic loquamur! Job 18,2

Garantien

Vorwort aus dem geistlichen Testament des Gründers

Nachstehende „7 Grundgedanken" sind die Frucht von gottgeweihten 17 Jahren (1867-1883 inkl.), wovon die ersten drei Jahre noch dem Studium der Theologie vor dem Ordenseintritte des Gründers in die Benediktiner-Kongregation von Beuron angehörten und wovon die letzten zwei Jahre seiner praktischen Vorbereitung für die ausländische Mission in zwei Missionshäusern gewidmet waren, wohin der Gehorsam ihn zu diesem Zwecke geschickt hatte, ehe sein Abt ihn mit seinem Segen der hl. Kongregation der Propaganda Fide zur Verfügung gestellt hatte. Die dazwischen liegenden 12 Jahre (1870-1882 inkl.) umfassten den in der erwähnten Kongregation O.S. B. zu Beuron zugebrachten Zeitraum. Die „Grundgedanken" zu dem Missionsplan reiften in dieser langen Zeit unter fortgesetztem Studium der Religions-, Ordens- und Missionsgeschichte, auch der Original- oder brieflichen Missionsberichte alter wie neuer Zeiten, und – was dazu den Segen gab –, unter den Gebeten und asketischen Übungen, Arbeiten und Leiden eines rein und unbescholten Gott dienenden Lebens. Die so wohlüberlegten „Grundgedanken" sind also Früchte einer sehr langen Berufs-Reifezeit, die reich an Erfahrungen und Beobachtungen, Lehren und Übungen war.

Die Aufzeichnungen hierzu sammelten sich im Verlaufe dieser 17 Jahre an. Ihre abschließende Abfassung, wie sie in nachstehender Kopie vorliegt, datiert vom Jahre 1882/3, niedergeschrieben als Grundlage der offiziellen „Eingabe" an den Hl. Ap. Stuhl, welche am Feste von Mariä Verkündigung 1884 erfolgte. Die hl. Kongregation der Propaganda widmete ihrer Prüfung und Beratung mehrere Kardinalssitzungen, in denen u.a. S. Eminenz Kardinal Franzelin S.J. mit wahrer Begeisterung dafür eintrat. Er wurde nichts daran abgeändert. S. Heiligkeit Papst Leo XIII. sanktionierte ihr befürwortendes Gutachten mit Freuden am Feste der Apostel St. Petrus und Paulus 1884 und erteilte zur Ausführung des Werkes dem Unternehmer und der Unternehmung in einer Privataudienz den Apostolischen Segen.

So haben diese „Grundgedanken" der Congregation O.S.B. pro miss. ext. alle Garantien des göttlichen Willens und Segens,

ut in omnibus glorificetur Deus

I. Grundgedanke

Motiv und Zweck

Wer liebt Gott und die unsterblichen Seelen, für welche sein Sohn Mensch ward, litt und starb – und fühlt sich nicht bewegt bei dem Gedanken, dass heute, fast zwei Jahrtausende nach seinem Tode, noch weit über die Hälfte der Menschheit auf Erden im Todesschatten des Heidentums lebt, eine „massa corruens in abyssum“[a], wenn ihr niemand Rettung bringt[b], während die Eine wahre Kirche Jesu Christi noch nicht einmal einen siebenten Teil der Menschheit umfasst, also von der Zahl der Heiden mehr als viermal überboten wird?!... Einerseits unter dem Eindrucke dieser traurigen Tatsache, anderseits bei der Erinnerung, wie viele Völker und Länder, einst gleichfalls heidnisch, dem Benediktinerorden und seinen Aposteln das Heil des Christentums verdankten, entstand der Gedanke: auch heute noch könnte dieser Orden zur Bekehrung der Heidenwelt das nämliche leisten, wenn er die gottgesegnete alte Tradition seiner Missionstätigkeit wieder aufnähme.

Daraus reifte der Entschluss, zu diesem Zwecke vorerst in Europa (wenn möglich in Deutschland) ein Ordenshaus ins Leben zu rufen mit der Bestimmung, das Mutterhaus einer in ihm ausgebildeten und von ihm ausgehenden neuen Kongregation des Benediktinerordens zu werden, deren Mitglieder durch den Beruf des perfekten Ordensmannes zum Berufe des Apostolates unter den Heiden würdig vorbereitet und dafür monastisch erzogen; in allem, was dieser hohe Doppelberuf erfordert, unterrichtet und dann im Gehorsam zum Werke des hl. Evangeliums in die Heidenwelt ausgesandt werden können.

In diesem Mutterhause soll also die Ordensregel des hl. Benediktus in ihrer unverstümmelten, unverfälschten Auffassung gelehrt, gelernt und geübt werden. Sie eignet sich schon darum zur Erziehung von Missionären, weil ihr Stifter, dieser große Lehrmeister christlicher Vollkommenheit, den Grundsatz aufstellte: „...da die Charitas voll Güte ist, müssen wir nicht unser eigenes (Heil) allein, sondern auch das der anderen suchen“[c], aber ihn nicht bloß lehrte, sondern ihn auch selbst betätigte, seinen Söhnen zum Vorbilde, – indem er Stätten des heidnischen Kultus zerstörte und dem umwohnenden Landvolke, das noch heidnisch war, Christum verkündete[d]; von seinen zwei heiligen Lieblingssöhnen den Plazidus nach dem großenteils noch heidnischen Sizilien aussandte, wo er mit seiner Klosterkommunität von heidnischen Piraten den Märtyrertod erlitt[e]; den andern, St. Maurus, ebenfalls mit einer Kommunität von Benediktinern, zum Missionswerke nach Gallien entsandte (wie im II. Grundgedanken ausgeführt wird). Von allen heiligen Ordensstiftern ist Benediktus der einzige, welcher persönlich mitwirkte an der Bekehrung

[a] *St. Augustinus.*

[b] *Die Statistik des Jahres 1880 konstatiert, dass auf der ganzen Erde 1484 Millionen Menschen leben, wovon 856 Millionen Heiden (57,8%); 201 Millionen Katholiken (13,6%); 247 Millionen christliche Schismatiker, Häretiker und Renegaten aller Sorten (16,6%); 173 Millionen Mohammedaner (ll,5%); 7 Millionen Juden (0,5%).*

[c] *Aus der Abschiedsrede des hl. Benediktus bei der Aussendung des hl. Maurus nach Gallien. Siehe die Stelle vollständiger und im Originaltext unten, im 2. Grundgedanken (Mabillon, Acta SS O.S.B.)*

[d] *Berichtet von Papst St. Gregor d.Gr. in den „Dialogen“.*

[e] *Im Mittelalter „Sarazenen“ genannt, zu St. Benedikts Zeiten Heiden, 1 ½ bis 2 Jahrhunderte später Mohammedaner.*

der Heiden zum Christentum. – Besonders aber hat seine Ordensregel, wie zur Seelenrettung und Selbstheiligung ihrer eigenen Befolger, so auch zur Ausbreitung der chirstlichen Religion und Zivilisation in Heidenländern sich als außerordentlich gesegnete Gnadenquelle bewährt, da ihre Disziplin, wie die Missionsgeschichte lehrt, so viele Ordensmänner zu großen Aposteln geheiligt hat, und aus dem praktischen Grunde, weil die Benediktiner-Missionsart grundsätzlich und vor allen Dingen Missionsklöster und nicht Missionseinsiedeleien vorschreibt und dadurch keine bloß vorübergehende, sondern bleibende Erfolge erreicht hat und auch fernerhin erreichen wird (Worüber mehr im II. Grundgedanken)[a].

Aus dieser Geschichtslehre und dieser Überzeugung ging der Plan hervor zur Gründung eines Ordensmissionshauses nach derjenigen hl. Regel, welche so viele große Apostel ausgebildet und in der Christianisierung ganzer Völker und Kultivierung ganzer Länder das Größte geleistet hat.

Dieses hohe, vielumfassende Ziel kann natürlich nicht gleich von Anfang an ganz erreicht werden, zumal in so ungünstigen Zeiten[b]. Wie jedes organische Wesen braucht es Zeit zur Entwicklung, wird mühsam aus notdürftigen Anfängen, mit allmählicher Überwindung vieler Hindernisse und Schwierigkeiten, der Vollendung zustreben müssen, bis sie mit Gottes Hilfe und der ausdauernden Geduld frommer, eifriger Mitglieder unter Opfern erreicht sein wird.

II. Grundgedanke

Das Fundamentalprinzip der traditionellen, regeltreuen Missionsart O.S.B.

Die Tradition derselben hatte ihren Ursprung in der Missionstätigkeit des hlst. Ordensstifters selbst, die er sowohl in Subiaco als auch auf Monte Cassino nur vom Kloster aus entfaltete, ging von ihm auf seine besten Söhne über, zunächst auf den hl. Maurus, und erhielt sich jahrhundertelang, bis ganz Europa christlich geworden war. Als der hlst. Vater Benediktus seinen geliebten Sohn Maurus nach Gallien aussandte, um die vom hl. Martinus von Tours begonnene Christianisierung dieses Landes fortzusetzen und zu vollenden, gab er ihm Mitbrüder mit in der gewohnten Zahl[c], um vor allem ein claustrum, wie seine Regel (die er ihm in eigenhändiger Abschrift mitgab) vorschreibt, zu gründen. „Da die Charitas gütig ist," sprach er in seiner Abschiedsrede an die Scheidenden, (wie oben schon erwähnt), „so müssen wir ebenso sehr das Heil anderer suchen, wie unser eigenes... Handelt männlich! Macht euer Herz stark im heiligen Vorhaben und im Ordensgeiste![d] Haltet für zweifellos gewiss: je Härteres ihr erdulden werdet

[a] *Ein unparteiisches Urteil fällte der berühmte Afrikaforscher Livingstone, welcher, obwohl anglikanischer Missionär, in seinem Reisewerk ironisch die Frage aufwarf, worin das wohl liegen möge, dass die Benediktinerklöster in heidnischen Ländern so großartige Erfolge, die Jahrhunderte überdauerten, erzielten, während die modernen, vereinzelt arbeitenden Missionäre nur Kümmerliches erreichen, – nichts Bleibendes, das nach einer Generation noch eine Spur zurückließe!*

[b] *Damals (1882) verhinderte noch der „Kulturkampf" das Entstehen und Bestehen der Klöster.*

[c] *12 (vgl. Dialoge von Papst Gregor I.)*

[d] *St. Benedikt gebraucht für „Ordensgeist" und „Orden" überhaupt stets das Wort „religio", davon „religiosus", der Religiose, d.i. der Ordensmann.*

um der Rettung anderer willen, desto größer wird euer Lohn an himmlischen Freuden sein, der euch erwartet."[a] Das vom hl. Maurus in Gallien gegründete Kloster wurde das Mutterhaus vieler anderer Ordenshäuser, von welchen aus sich ein so reicher Gnadensegen über das ganze Land verbreitete, dass Gallien fast ein Jahrtausend lang für die „treueste Tochter der Kirche" galt.

In gleicher Weise verfuhren die von St. Gregor d.Gr. nach England gesandten Benediktiner St. Augustinus mit Gefährten, welche, in klösterlicher Gemeinschaft ihrer Regel nachlebend, das Inselreich für Christus eroberten. Nicht anders die irischen Mönche O.S.B., worunter St. Bonifatius, und alle die andern, welche Friesland, Germanien, Helvetien, Skandinavien mit Dänemark und andern Ländern christianisierten. Darum war ihr Wirken so wunderbar gesegnet und hatte auf Jahrhunderte Bestand. Sie waren alle beseelt von dem Grundsatze:

Der Missionsberuf darf nicht den Ordensberuf schädigen oder gar aufheben! Vielmehr hebt, stärkt und begnadet der Ordensberuf den Missionsberuf, dass sein Wirken apostolische Erfolge zur Frucht hat.

Der Benediktiner Ordensberuf erfordert aber als Notwendigstes ein Kloster mit einer Kommunität, nicht weniger im Missionslande als in der Heimat. Wer dies nicht einsieht, besitzt nicht den Geist der hl. Regel, hat ihn nie erfasst! Er versteht weder die Notwendigkeit, noch den Nutzen dieses Erfordernisses und dieser Vorschrift.

Im Missionslande wird das Kloster ein Gnaden-Zentrum, eine gefasste Quelle („Brunnstube") des Evangeliums für die weite Umgegend, den Missionären selbst ein Hort in Leiden und Gefahren jeder Art. Stirbt einer, so sind andere da, die Lücke sofort auszufüllen. Jeder findet in der Gesamtheit Kraft und Halt und Trost. Nicht umsonst nennt St. Benediktus die in klösterlicher Gemeinschaft Lebenden „genus fortissimum".

Aber Nutzen und Notwendigkeit beruhen noch auf andern Gründen wichtigster Art, die gleiche Beachtung fordern; daher noch ein Wort von diesen:

Das „Geheiligt werde Dein Name", das der Herr dem „Zukomme uns Dein Reich" vorausgehen lässt und allem voranstellt, besteht zumeist im Gebet und Gottesdienst. Darum stellt die hl. Regel St. Benedikts das *Officium divinum* auch allem anderen voran und regelt es mit Sorgfalt bis ins einzelne. Darf der Benediktinermissionär es aus der ersten Stelle in eine untergeordnete versetzen? Das „Zukomme uns Dein Reich" dem „Geheiligt werde Dein Name" voranstellen? Sich in keinem höheren Grade dazu für verpflichtet halten als der Weltpriester, der seiner Pflicht genügt, wenn er sein Brevier für sich allein flüstert?

Das göttliche Offizium ist eine Gnadenquelle, welche im gemeinschaftlichen Chorgebet viel reichlicher quillt und mit ganz andere Gottbegeisterung und Kraft der Andacht „hinüberströmt ins ewige Leben", als im Geflüster eines vereinzelten Rezitanten, mag er noch so andächtig rezitieren. Heller und höher und wärmer loht das Feuer der Andacht, wenn viele Flammen vereint brennen als ein einzelnes Flämmchen, das, bald ermattet, gegen das Verglimmen sich behaupten muss. Feierlicher strahlt der Altar im Lichtglanz vieler Kerzen als nur im flackernden Schein einer Lampe oder zweier Kerzen. Wenn laut göttlicher Verheißung (Mt 18,19f) schon

[a] *Im Urtext: Quia charitas benigna est, non nostra tantum quantum aliena quaerere debemus... Viriliter agite! Confortetur cor vestrum in sancto proposito et religione, procul dubio scientes, quia quanto austeriora causa salutis aliorum pertuleritis, tanto maiora a Deo recipietis coelestium gaudia praemiorum (aufgeschrieben vom Mönch Lupus, Begleiter des hl. Maurus und Ohrenzeuge der Rede. Mabillon, Acta SS O.S.B.)*

die Gebetsgemeinschaft von „Zweien oder Dreien", die „im Namen des Herrn Jesu versammelt sind", Ihn vom Himmel „in ihre Mitte" herabzuziehen vermag, wie viel muss erst ein ganzer Chor frommer Beter vermögen über sein gnaden- und erbarmungsvolles Herz, zumal wenn ein Chor von Tapfern, die Gott zur Ausbreitung seines Reiches auf Erden ausgesandt hat, *uno ore et corde* den Herrn der Seelenernte um reichen Erntesegen anflehen? Kann er mit der Erhörung zurückhalten? Wird er in ihrer Mitte nicht mit Huld auf ihr vereintes Lob- und Bittgebet hören? Das zu seiner Ehre und zur Rettung vieler Erbetene nicht mit seiner ganzen Macht und Liebe gewähren? Wer daran zweifelt, hat seine Verheißung nicht begriffen.

Auch lehrt die Erfahrung, welch tiefen Eindruck die Heiden von einem feierlichen Gottesdienste empfangen. Eine viel größere und eindrucksvollere Feierlichkeit wird aber, wie alle einsehen, vom Chor- und Altardienste einer stattlichen Klostergemeinde entfaltet, als selbst dem besten Willen eines vereinzelten Missionspriesters möglich wäre.

Mit diesen Beweisen, dass in den Heidenmissionen dem Kloster der große Vorzug vor einer Einzelstation von bloß einem oder zwei Missionären zuerkannt werden muss und daher im Benediktiner-Missionssystem die *conditio sine qua non* aller großen Missionsunternehmen war und bleibt, soll aber den Einzelstationen keineswegs für alle Fälle eine, wenn auch an Bedingungen geknüpfte Berechtigung, Nützlichkeit, ja Notwendigkeit abgesprochen werden. Als Filialen eines Missionsklosters sind sie berechtigt und notwendig. Darin liegt die Bedingung, dass sie nur Filialen seien, ausgegangen von einem Missionskloster, von welchem aus sie verwaltet und mit Missionären und allem Nötigen versehen werden. So war es von Alters her und so soll es wieder sein. Aus den Stationen werden im Laufe der Zeit Pfarreien, und das Kloster, das sie gegründet, wird einst Bischofssitz der Diözese. Man denke an die Bischofssitze von Fulda, Mainz, Paderborn, Münster i.W. (das von dem „monasterium" noch den Namen hat), Freising und sehr viele andere Bischofssitze Deutschlands, Englands (z.B. Canterbury, Kloster der Apostel Englands, St. Augustin mit Gefährten), welche alle ursprünglich Benediktiner-Missionsklöster und also solche Missions-Zentren waren, von welchen aus die jetzigen Pfarreien als Missionsfilialen, d.i. Missions-Stationen, gegründet worden sind. So wird es wieder kommen, wenn die geplante neue Benediktinerkongregation pro missionibus exteris der Ordenstradition treu bleibt. Sähe ich voraus, dass sie jemals aus Unverständnis davon abginge oder gar nicht darauf einginge, so würde ich mich für verpflichtet halten, die Gründung zu – unterlassen![a]

[a] *Anmerkung des Originalmanuskriptes: Das rationelle und traditionelle benediktinische Missions-Ansiedlungssystem*

Es wäre ein Missverständnis zu meinen, dasselbe fordere, dass überall im Missionsgebiete nur Klöster und nicht auch Einzelstationen errichtet werden sollen. Aber ein Unverständnis wäre es zu glauben, es erlaube lauter Einzelstationen ohne ein Missionskloster als Zentrum. Ersteres wäre unmöglich und unpraktisch; letzteres wäre unmonastisch, regelwidrig und vom größten Nachteil. Die von Heiligen und wahren Aposteln O.S.B. eingeführte weise Methode verbindet vielmehr beides miteinander, und dadurch verliert das eine sein Unpraktisches und das andere sein Nachteiliges.
1. Womit soll begonnen werden? Das erste sei, dass in einem mit größter Umsicht und Vorsicht gewählten heidnischen Volkszentrum ein komplettes Kloster gegründet werde, wo das Wirken beginnt und von wo aus der nähere Umkreis missioniert wird. Damit haben alle heiligen Apostel unseres Ordens angefangen, – alle ohne Ausnahme! Dehnt sich dieser nähere Umkreis mit der zunehmenden Zahl der Bekehrungen so weit aus, dass das Missionswerk in solcher Entfernung nicht mehr ohne Nachteile und Schwierigkeiten vom Kloster aus besorgt werden kann, so wurden in entfernten Gegenden oder Ortschaften, die eine zahlreiche Bevölkerung haben, Filialen des Klosters gegründet, wo je zwei Missionspriester mit der nötigen Laienbrüderzahl (Hilfs-Missionäre) stationiert werden, – teils, indem sie einmal in jedem Jahre zur geistigen

Die Benediktiner-Missionäre alter Zeit, von denen so viele die Kirche Christi als Heilige zieren, besaßen alle einmütig die vollkommene Kenntnis der hl. Regel und waren darum einig im Fundamental-Prinzip der regeltreuen Missionsart ihres Ordens. Sie begründeten die Tradition, die von unserer neuen Kongregation wieder aufgegriffen werden soll. Man sage nicht, das System sei veraltet, weil die Neuzeit neue Verhältnisse geschaffen habe. Das trifft nicht zu auf die Länder und Völker, die noch jetzt im alten Heidentum verharren. Die Verhältnisse in den fast durchweg noch barbarischen, unzivilisierten und nur im asiatischen Osten sich der Zivilisation und Halbzivilisation nähernden Heidenländer gleichen auch heute noch den Verhältnissen, welche die alten Benediktiner-Missionen in Europa zu überwinden hatten. Daher ist daselbst auch heute noch ihr Missionssystem das beste und erfolgreichste. Nie und nimmermehr darf von uns davon abgegangen werden, sollen unsere Arbeiten und Opfer gleichen Segen haben wie vor alters. Wird dies eingehalten, dann - und nur dann! - wird auch noch heutigen Tages der alte Erfolg erzielt, und aufs neue wahr werden, was Papst Pius IX., ehrwürdigen Andenkens, in einem Breve an Bischof Freppel geschrieben hat: *„Constans saeculorum historia docet, quomodo per monachos S. Benedicti diffusa fuerit christiana religio, et eius ope barbarae gentes ad civilem ordinem compositae, cicurati mores, leges datae... etc."*

III. Grundgedanke

A. Das Klosterpersonal im allgemeinen

Das Personal des Mutterhauses und jeder künftig daraus hervorgehenden Abtei bestehe aus drei getrennten, d.h. voneinander abgesonderten Abteilungen:

1. Professen, d.i. durch die Ordensgelübde verpflichtete Mitglieder.

2. Novizen und Postulanten;

3. Zöglinge.

und leiblichen Erfahrung und Stärkung und zur Erneuerung des monastischen Geistes, auf einen Monat ins Kloster der Mission zurückkehren, jedoch in der Weise, dass jedesmal der eine der beiden Stationspriester während der Abwesenheit des andern auf der Station zurückbleibt (wo nötig, von einem Vertreter aus dem Kloster im Amte unterstützt), und nach der Rückkehr des ersten dann selbst auch seinen Ferienmonat im Kloster antritt. Diese Praxis trägt zur Erhaltung des monastischen Geistes nicht weniger bei als zur Erhaltung der Gesundheit. Schon aus diesen, aber auch noch aus andern wichtigen Gründen muss jede Station von nicht weniger als zwei Priestern besorgt werden. „Binos", zu zwei und zwei sandte der Herr seine 72 Jünger aus, „in jede Stadt und Ortschaft, wohin er selbst kommen wollte" (Lk 10,1). Göttliche Gründe bewogen ihn zu dieser Maßregel.

2. Hat sich mit Gottes Segen der Kreis der Missionsfilialen (Stationen) so sehr vergrößert, dass noch weiter entfernte neue Stationen anzulegen sind, die aber wegen zu großer Entfernung nicht mehr in dieser vorgeschriebenen Weise mit dem Kloster verkehren könnten, so ist die Zeit gekommen zur Schaffung eines zweiten Missionsklosters, weit entfernt vom ersten, mit einem eigenen neuen Umkreis von Filialstationen, die nach und nach auch von ihm ausgehen sollen. Die hiezu nötigen Missionäre und Mittel zu beschaffen, ist Aufgabe des heimatlichen Mutterhauses, dem auch die Pflicht obliegt, jedem seiner Klöster in den Missionen Ersatz zu schicken für alle in die Filialstationen abgehenden Missionäre, damit der Personalstand der Klöster in den Missionen sich stets unvermindert gleich bleibe. In dieser Weise schreitet die benediktinische Missionsmethode systematisch geregelt, solid und rationell voran, bis nach Generationen das ganze Volk und Land für Christus erobert ist.

In Frieden und Eintracht vereinigt durch das Band gemeinsamer Gottes- und Nächstenliebe, dürfen diese drei Abteilungen doch nur dienstlich, wenn eine Dienstpflicht es erheischt, miteinander verkehren.

Jede dieser Abteilungen besteht aus zwei Klassen:

1. die der Professen: a) aus Priester (mit Priesteramtskandidaten) oder sogenannten Chorprofessen, b) aus Laienbrüdern;

2. die der Novizen und Postulanten: a) gleichfalls aus Chornovizen und Chorpostulanten, b) aus Laiennovizen und -postulanten;

3. die der Zöglinge: a) studierende Zöglinge, für den Ordenspriesterstand bestimmt, b) Zöglinge, die sich für den Laienbrüderstand eignen und ausbilden lassen.

Jede Aufnahme, sei es in diese oder jene der drei Abteilungen, erfordert vom Obern die gewissenhafteste Beobachtung aller Anweisungen der Vorsicht und „Unterscheidung der Geister" und Eintrittsmotive, welche die Regel des Ordensstifters angibt. Nur ist noch mit Rücksicht auf den Dienst in ausländischen Missionen auch darauf zu achten, dass die Aufzunehmenden ganz gesund seien.

B. Von den studierenden Zöglingen im besonderen

Für den geistlichen Stand berufene und befähigte junge Kräfte sollen aus allen Schichten und Klassen der Gesellschaft gewonnen, erzogen und ausgebildet werden, wenn ihr Verlangen nach der Priesterwürde gepaart ist mit Bereitwilligkeit zum Ordensleben im Kloster und zum Opferleben in der Heidenmission, falls der Gehorsam dies verlangt. Unverdorbene Sittenreinheit sei oberste Bedingung; gute geistige Begabung darf nicht fehlen. Es soll bei der Aufnahme nicht unerlässliches Erfordernis sein, dass sie die Kosten, sei es ganz oder teilweise, bestreiten können. Auch ganz Arme weise man nicht ab, wenn vorzüglich gute Eigenschaften all ihr Hab und Gut sind. Wählte doch der Herr seine Apostel auch größtenteils aus dem armen Arbeiterstande aus und sorgte, dass ihnen nie etwas mangelte. Er wird wieder sorgen[a]. Auf diese Weise wird die von ihm beklagte geringe Zahl seiner Arbeiter vermehrt werden durch viele Missionspriester, die aus großer Armut sonst nie diesem Berufe hätten folgen können.[b]

Die berufswissenschaftliche Ausbildung soll grundsätzlich, sobald hierzu Möglichkeit vorhanden ist, im eigenen Ordenshause und nicht an auswärtigen weltlichen Lehranstalten stattfinden. Dies bewahrt vor Verweltlichung und Berufsgefahr. Sind für den Anfang aus Mangel an Lehrkräften die Schwierigkeiten sehr groß, und machen sie die Befolgung dieses Grundsatzes unmöglich, und muss zum Notbehelf eines Studienhauses fern vom Kloster gegriffen werden, von welchem aus die Missionszöglinge eine auswärtige Lehranstalt besuchen können, so geschehe dies in der Weise, dass dieselben unter guter Leitung und Obhut die klösterliche Disziplin und Ordnung, Religiosität und Weltabsonderung regelrecht beibehalten. Auch höre dieser Ausnahmezustand des Notbehelfes so bald wie tunlich auf.

[a] *Vgl. Lk 22,35 und 36.*

[b] *(Anmerkung aus späterer Zeit) Dieser Grundsatz wurde vom Gründer während seiner ganzen 12jährigen Amtsdauer eingehalten trotz finanzieller Schwierigkeiten der Anfangsjahre. Er erwies sich als segensreich. Verdankt doch z.B. einer der vier ersten Äbte der Kongregation demselben seine Aufnahme als Zögling!*

Besitzt das Mutterhaus der Kongregation (oder eine von ihm ausgegangene Abtei) einmal eine vollständige Lehranstalt, ein richtiges Missionsseminar, so darf es nur dem eigenen Bedarf der Kongregation dienen, darf bloß eigene Kräfte ausbilden und darf niemals zu einer öffentlichen Unterrichtsanstalt auch für weltliche Nichtmitglieder (Gymnasium und Lyzeum für jedermann) erweitert werden. Denn dies liegt außerhalb unseres speziellen Berufes der Heidenmission, wofür uns Gott durch den Apostolischen Stuhl eigens bestimmt haben wird, wenn es sein Wille ist, dass die Gründung zustande komme, und wird ja schon von sehr zahlreichen andern Ordensgenossenschaften besorgt, deren Aufgabe eine andere ist als die unsere. Wir schulden alle unsere Kräfte ausschließlich der an Arbeitermangel leidenden Seelenernte Christi unter den immer noch weit über 800 Millionen Seelen zählenden Heidenvölkern. Dazu beruft uns Gott, der Herr der Ernte! Nur auf diesem, ungeheuer großen Arbeitsfelde haben wir Segen und Erfolg![a]

Wenn Eltern einen Sohn, der noch im Knabenalter steht, zu uns ins Kloster bringen werden mit der Bitte, seinem eigenen Verlangen entsprechend ihn zu einem künftigen Ordenspriester und Missionär ausbilden und erziehen zu wollen, so bringen sie durch diesen frommen Akt ihr Kind Gott dem Herrn zum Opfer dar, – nicht anders, als wie die gottesfürchtigen Eltern der Knaben Maurus und Placidus sie Christo opferten, als die dieselben zum hlst. Vater Benediktus brachten, der sie zunächst als „Oblaten" (Gottgeopferte) aufnahm und dann zu heiligen Ordensmännern heranbildete. Aus diesem Grunde haben unsere Zöglinge große Ähnlichkeit mit den jugendlichen Benediktiner-Oblaten der ersten Jahrhunderte unseres Ordens. Dieser Grundgedanke soll der Erziehungsmethode der Zöglinge unserer Kongregation zugrundegelegt werden und als Leitfaden dienen. Daraus erwachsen für den Klosterobern ganz andere Pflichten als für Direktoren und Rektoren weltlicher Schulen und weltlicher Schüler. In diesen wird bloß auf den schulwissenschaftlichen Unterricht das Hauptgewicht gelegt und alle Sorge darauf gewendet, dass die Schüler gut und viel lernen, um tüchtig zu werden für einen weltlichen Beruf. Auf Charakter- und Seelenbildung wird weniger oder gar nicht geachtet. Unsere Klosterzöglinge dagegen sollen nicht bloß für den Priester- und Missionsberuf geistig ausgebildet werden, sondern auch, und zwar in erster Linie, für ein gottgeweihtes Leben des Ordensberufes seelisch erzogen und vorgebildet. Es soll damit in ihnen der Grund gelegt werden zum künftigen Eintritt in den monastischen „Stand der Vollkommenheit"[bc].

[a] *Vgl. die statistische Notiz zum I. Grundgedanken. Auch was in No... der „Zusätze zu den Grundgedanken" („Wichtige Ordens-Missionslehren") von der missionsberufswidrigen Zersplitterung unserer Kräfte und Mitglieder für die „innere" Mission gelehrt wird, möge auch an dieser Stelle Beachtung finden (Anm. des Herausgebers: Amrhein bezieht sich hier anscheinend auf eine geplante, aber nicht zustandegekommene Schrift).*

[b] *Hierher gehört No... der „Zusätze" im Anhang („Wichtige Ordens-Missionslehren"), wo die Frage beantwortet wird, ob unsere Missionszöglinge die Ferien im Kloster oder daheim zubringen sollen (dürfen).*

[c] *(Anmerkung aus späterer Zeit) Als der Gründer am 25. März 1884 die, auf die 7 Grundgedanken basierte Eingabe an den Hl. Stuhl eingereicht hatte und am 17. Mai die Propaganda darauf antwortete: „Propositio tua… placuit huic S. Congregationi", wünschte sie noch über die Erziehung und Bildung der Zöglinge Einlässlicheres zu erfahren, ehe sie den endgültigen Bescheid erließ. Sie fügte dem vorläufigen Bescheide bei: Attamen priusquam executioni demandetur, quasdam ulteriores notitias dignoscere cupit. Desiderat itaque, ut latius enucleare velis modum quo juvenes ad missiones peragendas praeparentur ac formentur." Der Gründer entsprach diesem Auftrage durch eine sehr eingehende (im Druck bei ca. 12 Kleinfolioseiten umfassende) Auseinandersetzung, welche die unbeanstandete Gutheißung der hl. Kongregation fand, worauf die päpstliche Genehmigung der Gründung erfolgte. Auch im Gründungsdokumente (ausgestellt am 5. Juli nach dem am 29. Juni erfolgten päpstlichen Akt) betonte die hl. Kongr. ihre Sorgfalt für eine gute Erziehung der Zöglinge: „... ut praepares juvenes, quo meliori potest modo, ad vitam Missionariorum eosque imbuere cures studiis, exteris Missionibus accomodatis..."*

Eine so beschaffene Erziehung der Zöglinge ist die beste Vorschule des Noviziates; eine andere würde die Pflanzschule weltlich und unmonastisch gesinnter Religiosen sein, welche für die Grundgedanken unserer Kongregation kein tieferes Verständnis hätten und daher den Geist, die Disziplin, die Zwecke und Grundsätze und damit auch die gottgewollte Bestimmung der Kongregation verkennend und ändernd, den Irrtümern und Unklarheiten ihres Verständnismangels sie zu akkommodieren trachten würden, weil sie mehr vom Zeitgeist in sich hätten als vom Geiste Gottes. Die Zeit schafft Ruinen, aber noch mehr Ruinen schafft der Zeitgeist, und eine der traurigsten würde sehr bald unsere Kongregation sein.

IV. Grundgedanke

Laienbrüder als Hilfsmissionäre

Das Studium der Berichte aus unzivilisierten, fern von der Kultur gelegenen Missionsgebieten lehrt durch manches Beispiel überzeugend, wie viele kostbare Zeit und Kraft ein Missionspriester für seine geistliche Aufgabe verliert, wenn er auch für das Materielle selbst sorgen muss und darin nicht von Hilfskräften aus dem Laienstande unterstützt wird, welche aus Religiosität und um Gotteslohn seine materielle Sorge und Arbeitslast übernehmen; und man erkennt mit Bedauern, wie sehr das Evangelium und die apostolische Seelenernte darunter leiden[a]. Dadurch wurde der Gründer überzeugt, es wäre ein überaus großer Vorteil für die beschleunigte und größere Ausbreitung des Christentums und der christlichen Kultur unter Heiden, namentlich kulturloser Länder, wenn eine reichliche Anzahl frommer, monastisch disziplinierter Laienkräfte unsern Priestern als Hilfsmissionäre zur Verfügung stände. Er fand, der Heilige Geist selbst habe den Apostel St. Petrus hiervon überzeugt, weil derselbe sprach: „Es geziemt sich nicht, dass der Apostel das Wort Gottes vernachlässige, um die Tische zu bedienen (d.h. für den Lebensunterhalt zu sorgen). Sehet euch daher nach Männern um von gutem Leumund, voll des Heiligen Geistes und der Weisheit, die wir mit diesem Werke betrauen werden. Wir (Apostel) dagegen werden dem Gebete und dem Dienste des Wortes Gottes obliegen“ (Apg 6,1-3).

Dieses Apostelwort soll in der „Benediktiner-Kongregation für ausländische Missionen“ zur Tat werden.

Es geschieht dadurch, dass gute, fromme und nützliche Laien aufgenommen, monastisch geprüft und geschult, sowohl für den Ordensberuf als auch für den Missionsdienst ausgebildet, und wenn sie nach bestandenem Noviziate sich durch die hl. Ordensgelübde verpflichtet haben, den Missionspriestern unserer Kongregation als Begleiter und Hilfsmissionäre zugesellt werden, so oft ein Missionskloster oder eine von ihm ausgehende Filialstation zu gründen ist.

In diesem Gedanken werden wir bestärkt durch den hl. Franziskus Xaverius, der als Apostel Indiens seinem Obern, dem hl. Ignatius, schrieb: „Wenn du mir zahlreiche Laien, tugendhafte und begabte, schicken würdest, damit an jedem Orte, wo ein paar Priester dem Dienste der hl. Glaubensverbreitung obliegen, eine Anzahl solcher Laienkräfte zu Hilfsarbeiten verwendet werden könnte, so würde daraus für die Sache des Evangeliums ein größerer Nutzen (emolumentum) erwachsen, als du dir nur vorstellen kannst“ (Epist. S. Fr. Xaver). Es wäre ein schlechtes Zeugnis, wenn ein Missionspriester hiefür kein Verständnis hätte! Dürfte er glauben, im Apostolat erfah-

[a] *(Anmerkung aus späterer Zeit) Siehe im Jahrgang 1889 der Missionsblätter von St. Ottilien den Artikel: „Der Laienbruder als Hilfsmissionär“, worin die Notwendigkeit und Nützlichkeit des Hilfsmissionärs mit zahlreichen Beispielen beleuchtet und begründet sind.*

rener und erleuchteter zu sein, als dieser große hl. Missionär, dessen Arm oft erlahmte ob der Menge der gespendeten Taufen? Sein heiliger Oberer verstand ihn und seine weise Anregung und willfahrte ihr[a].

V. Grundgedanke

Das Verhältnis zwischen Priestern und Brüdern im Orden

Da nun Missionspriester und Laienbrüder ein gemeinsames Werk Gottes zu vollbringen haben und im Missionslande aufeinander angewiesen sind, in innigen religiösen Beziehungen zueinander leben und wirken müssen, so ist nötig, dass beide im Geiste einer Ordensregel, die für beide geschaffen ist, seelisch hierzu erzogen, gebildet und vorgeübt worden seien. Hierzu eignet sich gewiss keine andere Regel so gut wie die des hlst. V. Benediktus, welche in ihrem Ursprunge nicht allein für Priester, sondern ebenso für Laien bestimmt war, da anfangs für jedes Kloster nur die zum Gottesdienst des Altares notwendigen Priester und Leviten ordiniert wurden. Die hl. Regel St. Benedikts gleicht die Klüfte zwischen allen Ständen aus, z.B. die einst so große Kluft des Standesunterschiedes zwischen Freien und Sklaven, Adeligen und Pebejern, römischen Bürgern und Barbaren (z.B. Goten). Sie macht alle zu Brüdern einer Gottesfamilie – wodurch? Durch ihre Lehren und Vorschriften der Demut als Grundlage des Gehorsams und der brüderlichen Liebe und Eintracht im Kloster, kurz jeglicher Tugend und Vollkommenheit. St. Benediktus widmet der Grundtugend der Demut mehr Kapitel seiner Regel (vgl. die „12 Stufen der Demut") als allen andern Tugenderfordernissen der gelobten *Conversio morum*. Ihre Befolgung gleicht auch den Standesunterschied zwischen Priestern und Laienbrüdern so aus, dass beide sich als Ordensbrüder und Söhne eines Ordensvaters gegenseitig achten, ehren und lieben und dabei doch die Grenze respektieren, welche Gott selbst zwischen ihnen gezogen hat teils durch die göttlichen Gnadenvorzüge der Priesterweihe, teils durch die höhere geistliche Wissensbildung des Priesters vor dem Laien. Keine andere Regel hat diese fast unlösbar scheinende Aufgabe der Standesausgleichung so gut oder besser gelöst, – jedoch nicht in jedem Kloster, nicht in jeder Kongregation des Ordens, sondern nur in solchen von guter Observanz der hl. Regel, d.i. nur wo dieselbe richtig verstanden und gut befolgt wird. Und eine solche soll unsere Congregatio O.S.B. pro missionibus exteris mit Gottes Gnade werden, sein und bleiben. Dann wird in ihr das Verhältnis zwischen Priestern und Brüdern so geregelt sein, wie es im Folgenden vorgezeichnet wird.

1. Der Laienbruder sieht im Priester allezeit, und ohne es je aus dem Auge des Glaubens zu verlieren, den Träger der wunderbarsten göttlichen Vollmachten: Sünden zu vergeben oder zu behalten, sogar durch göttliche Worte Brot und Wein in den Leib und das Blut des Herrn und Heilandes zu verwandeln; er weiß, was der Priester segnet, ist gottgesegnet, was er bindet (z.B.

[a] *Als unser Gründer im Jahre 1882 den hier behandelten „IV. Grundgedanken" dem bischöflichen Gründer der englischen Missionsgesellschaft von Mill-Hill (London) mitteilte, Msgr. Vaughan, damals Bischof von Salford, später Erzbischof von Westminster, Kardinal und Primas von England, – da war derselbe so sehr dafür eingenommen, dass er unsern Gründer ersuchte, diese Idee für seine englische Missions-Gesellschaft zu realisieren. In dieser Absicht nahm er ihn mit zur Besichtigung einer großen herrschaftlichen Villa, die ihm für die ausländische Mission geschenkt worden war und die er zur Ausführung des Projektes der „Laien-Hilfsmissionäre" hergeben wollte. Unser Gründer lehnte das Anerbieten, so verlockend es war, dennoch ab, weil er nur die Benediktiner-Ordensregel dazu für geeignet hielt und es vorzog, in Deutschland mit Deutschen das Werk auszuführen.*

den Ehebund), ist im Himmel gebunden. Kurz, er verehrt im Priester die Würde des Mittlers zwischen Himmel und Erde, Gott und den Menschen. Menschliche Schwächen am Priester vermögen diesen Glaubensblick nicht zu trüben. Daher maßt ein guter Laienbruder sich niemals an, dem Priester gleichgestellt sein zu wollen, und wäre es auch nur in der äußern Erscheinung (Kleidung und dergleichen)[a], kritisiert sie nicht, achtet sie nicht gering im Selbstgefühl bessern Wissens und Könnens bezüglich materieller Dinge und lässt sich niemals aus diesem oder sonst einem Grunde zu Widersetzlichkeit und Murren gegen sie hinreißen und was dergleichen Auswüchse unabgetöteten Hochmutes mehr sind. Denn er besitzt die Demut, welche die hl. Regel, die er zu beobachten heilig gelobte, ihm zur Pflicht macht.

2. Der vollkommene Ordenspriester seinerseits betrachtet den Laienbruder ebenfalls aus Demut und Regeltreue nicht etwa als „Knecht" und behandelt ihn nicht, als wäre er sein „Herr"; schaut nicht aus der Höhe hochmütigen Standesdünkels auf ihn hinab; nimmt im Materiellen von ihm auch bescheidene Ratschläge an; schätzt seine Hilfeleistungen nach Gebühr, anerkennt im Herzen seine Leistungen und Bemühungen; ehrt und liebt ihn als Sohn des gemeinsamen Vaters Benediktus (daher er ihn auch im Herzen und nicht bloß mit dem Munde „Bruder" nennt); würdigt ihn alsvon Gott ihm zugesellten Mitarbeiter am Heilswerke. –

Wo das geschieht, da wird die hl. Regel von beiden befolgt und da blüht wahre Ordenszucht. Das Verhältnis zwischen Priestern und Brüdern im Kloster und in den Missionen ist der untrügliche Gradmesser der monastischen Disziplin einer Kongregation. Das Verhältnis, wie es im obigen gezeichnet wurde, ist das sichere Kennzeichen des guten Klosters.[b]

Der VI. Grundgedanke

betrifft nicht eine Institution unserer Kongregation, sondern ein wichtiges Prinzip ihrer ausländischen Missionstätigkeit

Unsere Missionen müssen notwendig dafür sorgen, dass die Bekehrung der heidnischen Frauenwelt und die christliche Erziehung der im Heidentum geborenen weiblichen Jugend gleichen Schritt halte mit derjenigen der Männerwelt und männlichen Jugend. Das erfordern schon die Ehen der Neophyten, dass Mann und Frau gleich gute Christen und im gleichen Grade zivilisiert seien. Nun kann und darf aber diese Erziehung und Bildung der Mädchen und Frauen nicht Aufgabe der Priester und Brüder sein. Diese Pflicht wird schicklicherweise und weit besser erfüllt durch

Missionsschwestern.

[a] *Der Gründer bestimmte aus den gewichtigsten Gründen, der Bruder solle zwar sämtliche von der hl. Regel vorgeschriebenen Kleidungsstücke, und zwar vom gleichen Schnitte wie der Priester tragen. Ein Unterscheidungs-Merkmal zwischen Priester und Bruder sei aber durchaus notwendig. Dazu genüge ein unauffälliger und doch erkennbarer Unterschied der Stoff-Farbe, – schwarz für Priester und dunkelgrau für Brüder. Sowohl moralische als praktische Gründe fordern eine äußerliche Unterscheidung.*

[b] *Daraus erklärt sich das sonst Unfassliche, dass in einer gewissen Kongregation, in welcher die Ordenszucht total verfallen war, das Generalkapitel die Laienbrüder – abschaffte und an ihrer Statt weltliche Dienstboten und Lohnarbeiter einstellte, weil Priester wie Brüder, alle beide, keine Befolger der Regel mehr waren und in Folge dessen sich nicht mehr vertrugen! Gott möge unsere Kongregation lieber nicht entstehen als ein solches Ende nehmen lassen!*

Überall, wo unter zahlreicher Bevölkerung eine hoffnungsvolle Mission unserer Kongregation entsteht, in welcher unsere Missionäre am Bekehrungs- und Erziehungswerke der Knaben und Männer arbeiten, soll entweder gleichzeitig oder doch so bald wie möglich auch eine klösterliche Niederlassung von Missionsschwestern gegründet werden, welche für die Erziehung der Mädchen und Frauen zum christlich-zivilen Leben Sorge trägt. Nur dadurch wird das Bekehrungswerk in einem heidnischen Volke gleichmäßig durchgeführt und zu guten christlichen Ehen und Familien ein solider Grund gelegt. Das haben auch die alten Benediktiner-Apostel erkannt und befolgt. St. Bonifatius z.B. ließ in der Nähe seines Missionsklosters zu Fulda durch seine Schwester, die hl. Lioba, ein Kloster von Benediktinerinnen gründen. Zu Eichstätt entstand zu gleichem Zwecke das Kloster der hl. Walburga, Schwester des hl. Benediktiner-Missionärs... usw.

Außerdem sollen die Missionsgehilfinnen als „Barmherzige Schwestern" die Krankenpflege sich zur Aufgabe machen, da dieses Werk der leiblichen Barmherzigkeit gewöhnlich auch die Seelenrettung nach sich zieht. Denn es ist am meisten geeignet und gesegnet, die Heiden zu überzeugen, wie gut wir es mit ihnen meinen, und sie für Christus zu gewinnen, welcher ja selbst auch aus diesem Grunde, „Kranke heilend und Wohltaten spendend", die Menschen zu überzeugen suchte, er sei zu unserer Erlösung gekommen – *qui pertransiit benefaciendo et sanando omnes oppressos* (Apg 10, 38).

Wie gut wäre es, wenn daher die hl. Mutter Scholastika auch ein Mutterkloster für „Benediktinerinnen der ausländischen Missionen" ins Leben riefe[a]! Kann dies nicht geschehen, so wende sich der Apostolische Vikar oder Präfekt unseres künftigen Missionsgebietes an andere gutdisziplinierte weibliche Kongregationen oder Orden, um Schwestern für seine Missionen zu erhalten. Dies nicht zu tun, wäre eine höchst nachteilige Unterlassung.

Die Niederlassungen der Schwestern in den Missionen, gleichviel, welchem Orden sie angehören, müssen in allen Fällen wie die unserigen einen durchaus klösterlichen Charakter haben, für sich und abgesondert sein vom Männer-Missionskloster, jedoch in Sachen der Mission der Obedienz des Missionsobern unterstellt, in allem übrigen dem *regimen* ihrer eigenen Generaloberin und ihrer eigenen Regel verpflichtet.

Der VII. Grundgedanke

fasst alles zusammen in den Grundsatz: Kommen diese Gedanken von Gott und entsprechen sie Gottes hl. Willen und Ratschluss, so wird dies uns kund werden durch den Stellvertreter Unseres Herrn Jesu Christi auf Erden, dessen Entscheidungen die Verheißung des Beistandes des Heiligen Geistes und der Gültigkeit im Himmel haben für alles, was er „auf Erden bindet oder löst". Die „sieben Grundgedanken" werden daher dem hl. Apostolischen Stuhle zur Prüfung vorgelegt werden in Form einer „Eingabe an die hl. Kongregation der Propaganda", welche sie nach reiflich beratener Begutachtung entweder verwerfen oder verbessern oder, wenn die Kardinäle sie für gut erachten, dem Hl. Vater zur Bestätigung vorlegen und empfehlen werden[b]. Was dann der Stellvertreter Christi beschließt, das ist sicher und gewiss der göttliche Wille und hat Gottes Wohlgefallen und Segen. Auf diese im katholischen Glauben begründete Gewissheit baut der Gründer den Satz auf:

[a] *(Anmerkung aus späterer Zeit) Etwa 3 Lustra nach der Gründung der hier geplanten Benediktiner-Missionsgenossenschaft entstand zu Tutzing durch Abt Ildephons Schober O.S.B. von Beuron das Kloster und Mutterhaus der „Benediktinerinnen für ausländische Missionen". So ging der Wunsch in Erfüllung.*

[b] *(Spätere Anmerkung) Die Eingabe datierte vom Feste der Menschwerdung Christi, 25. März 1884.*

„Wird der Vater der Christenheit diese Grundgedanken einer Benediktiner-Kongregation für die apostolische Aufgabe der Heidenmission, nachdem sie von der hl. Kongregation der Propaganda geprüft und gutgeheißen sind, in allem sanktioniert, in nichts abgeändert und ihre Ausführung mit seinem Segen angeordnet haben[a], – dann sollen dieselben für alle Zeiten festgehalten werden als geheiligt durch den von der höchsten Autorität auf Erden erklärten Willen Unseres Herrn und Heilandes, welcher durch dieses Werk die von ihm beklagte geringe Zahl seiner Arbeiter vermehrt haben will"; und niemals darf davon abgegangen werden, auch von keinem Generalkapitel der Zukunft. Denn der Heilige Geist, der in der Kirche Christi waltet und spricht, offenbart sich nicht heute als Ja und morgen als Nein. Die sieben Grundgedanken müssen das unverrückbare Fundament, die unabänderliche Grundlage der künftig darauf zu bauenden, den wechselfälligen Zeitumständen anzupassenden und daher auch selbst veränderlichen Konstitutionen und Usancen der *Congregatio O.S.B. pro missionibus exteris* sein und bleiben. Diese mögen sich mit der Zeit modifizieren und verändern nach Bedürfnis; – aber es muss immer unter treuer Wahrung der zu Grunde liegenden Fundamentalgedanken geschehen. An dieses Fundament darf nie gerührt werden, so oft auch der darauf ruhende Bau der Konstitutionen Reparaturen benötigt. Die „7 Grundgedanken" sind in ihrer generellen Fassung so weitgedehnt, dass sie den Detailbestimmungen der Konstitutionen größte Freiheit und allen Spielraum lassen, der nötig werden kann.

Groß wird der ewige Lohn der Treue sein, welche dieses Fundament hütet und wahrt; groß die Verantwortung derer, die es untergraben.

[a] *Die päpstliche Bestätigung durch S.H. Papst Leo XIII. erfolgte am Feste der Apostelfürsten St. Petrus und St. Paulus (1884) und wurde zur nämlichen Stunde (Mittag) vom Sekretär der Propaganda, Msgr. Jacobini, dem Gründer in der Sakristei der St. Peterskirche mündlich mitgeteilt. Das schriftliche Dokument folgte am 5. Juli. Es schließt mit den Worten: „. . . Eadem Sacra Congregatio spe fulcitur fore ut propositum opus feliciter inceptum, Deo adjuvante progrediatur, atque Sacrae Missiones exinde uberiores fructus consequantur." (Sig.) Ioannes Card. Simeoni Praefectus.*

Anmerkungen

[1] Die Memoranden (Archiv Schweiklberg, A 234-1) enthalten Vorschläge zur Neugestaltung des Novizenskrutiniums, zur rechtlichen Fassung des Verhältnisses von Generalabt und Missionsbischof und zu einer abwechslungsreicheren Gestaltung des Brüderoffiziums.

[2] Im Archiv von St. Ottilien, ebenso wie in anderen Archiven der Kongregation, werden eine ganze Reihe dieser Widmungsexemplare aufbewahrt.

[3] Schreiben vom 15. Januar 1922, Archiv Münsterschwarzach, Mappe „Amrhein".

[4] Das Außenblatt der Druckausgabe trägt noch folgende Angaben: Approbiert von Sr. H. Papst Leo XIII. – Festbleibendes Fundament der Konstitutionen (Leitfaden der erfolgreichsten Missionstradition O.S.B.).

[5] Bereits am 4. März 1921 schickte Amrhein eine handschriftliche Kopie der Grundgedanken an Mutter Melanie Vollmer von Tutzing (Archiv Generalat Rom), wobei er im beiliegenden Brief folgenden Text als aufzubewahrendes „Vorwort" bezeichnete:

„Ihr (d.h. die Missionschwestern von Tutzing) findet als Beilage zu diesen Zeilen die eigenhändige Abschrift eines Dokuments, das ich in meinem geistlichen Testamente einzuverleiben gedenke, weil es die obersten Grundsätze unserer (so möchte ich sagen) „Zwillings"-Kongregationen O.S.B. pro missionibus exteris wie „in nucleo", d.i. wie in einem Fruchtkern oder in einer Knospe eingeschlossen enthält. Seine Abfassung datiert aus der allerfrühesten Zeit der Gründung, und nichts ist daran geändert worden.
Nachdem ich im Jahre 1882 im englischen Missionskolleg St. Joseph zu Mill-Hill bei London, wo der Wille meines Abtes ca. 8 Monate lang meinen Missionsberuf prüfen ließ, meinen ganzen Plan unter vielem Gebet durchdacht und bis in alle Einzelheiten aufgeschrieben hatte, zog ich daraus „Grundgedanken", d.i. in kürzester Fassung das Wesentlichste, Wichtigste, unumgänglich Notwendige, was das Bleibende sein sollte und niemals abgeändert werden dürfte, soll das Werk als das fortbestehen, wofür es gegründet wurde. Darin ist nebst der Männerkongregation auch einer weiblichen Congregation desselben Ordens und derselben Bestimmung schon von Anfang an gedacht, und zwar aus Gründen ihrer notwendigen geistigen Zusammengehörigkeit nicht bloß auf Grund der nämlichen Ordensregel, sondern auch des nämlichen Missionshauses. Die beiden waren als „Zwillingsgeschwister" gedacht, wie St. Benedikt und St. Scholastika, und auf einander bis zu einer bestimmten Grenze angewiesen.
Als ich mich nach glücklich verlaufener Probezeit aus England nach dem Continente begab, um zur Gründung die Vorbereitungen zu beginnen, gedachte ich dieselben durch eine Wallfahrt zum nächsten Apostelgrab einzuleiten. Das war das Grab des hl. Apostels Matthias bei Trier, in der Kirche der Benediktinerabtei St. Matthias. Zu jener Zeit (1882) traf ich Kloster und Kirche duch den damaligen Kulturkampf verödet, keine Mönche, kein Gottesdienst, im Tabernakel kein heiligstes Sakrament mehr, daher auch keine Beter im Gotteshause. So kam es, dass ich fast den ganzen lieben Tag des 3. November ganz allein und ungestört in dem großen, verlassenen Heiligtum des Apostels verweilen konnte, dessen hl. Leib in einem von vier hohen Marmorsäulen getragenen Sarkophag ruht. Zwischen dessen Säulen unter dem hl. Grab kniend, vom lautlosen Stillschweigen begünstigt, von der völligen Einsamkeit, betete ich das göttliche Offizium und las danach und überdachte vor Gott und seinem hl. Apostel unter inbrünstigem Gebete die „Grundgedanken" der geplanten Gründung, flehte inständig um Erleuchtung, ob dies alles nach dem Willen des Herrn und Meister der Apostel sei. Nachdem diese ernste und innige Geistesübung den größten Teil des gnadenreichen Tages gedauert hatte, fühlte ich mich über alles beruhigt und bestärkt und zu keinen Abänderungen veranlasst, so dass ich das ganze Werk den heiligen Aposteln weihte, namentlich den Apostelfürsten Petrus und Paulus (an deren Fest später der Stellvertreter Jesu Christi den Plan

bestätigte und das Werk segnete), sowie dem hl. Apostel Matthias, dem vom hl. Geiste als Ersatz der hl. Zwölfzahl Erkorenen.
Kürzlich fiel mir dieses jetzt schon 39 Jahre alte Schriftstück wieder in die Hände, und ich kopierte es für die Archive von St. Ottilien und von Tutzing, der Mutterhäuser der beiden Congregationen, damit es dort verwahrt bleibe für die noch übrige, schwere letzte Zeit der Kirche Christi auf der alten ‚sündigen Erde! Die Erinnerung daran wieder zu erneuern wird später sehr nötig und nützlich sein."

[6] Johannes Baptist Kardinal Franzelin SJ (1816-86), Professor für Dogmatik in Rom, der als Sachverständiger die Entscheidungen des 1. Vatikanischen Konzils maßgeblich beeinflusste. Zugleich Konsultor verschiedener Kongregationen.

[7] Handschriftliche Anmerkung in einer der Druckausgaben: Treffend schreibt der weise Salomon im Prediger (hebräischer Text): „Besser zwei als einer! Denn sie haben bei ihren Mühen besseren Gewinn!"

[8] Den Anhang fügte Amrhein offensichtlich ein, um eine beim Druckexemplar freigebliebene Seite zu füllen.

Herkunftsnachweise

Lebenslauf (1880)

Archiv der Erzabtei Beuron, Personalakte P. Andreas Amrhein.

Anfänge und Kämpfe eines Missionsberufes 1866 - 1870

Missionsblätter 1 (1888), Sp. 67-78, 106-117, 157-168, 214-225.

Anfänge und Kämpfe eines Missionsberufes 1870 - 1884, 1885 - 1887

Archiv der Abtei Schweiklberg, 234-1, Archiv der Abtei Münsterschwarzach, Andreas Amrhein.

Zum Anfange unserer Congregation (1927)

Handschriftliche Fassung (HP^1), zwei typographische Abschriften mit handschriftlichen Überarbeitungen Amrheins (HP^2, HP^3) im Archiv der Erzabtei St. Ottilien, A 1.8.1. (Andreas Amrhein).

Institutio Tertiae Regulae (1880 - 1882)

Archiv der Erzabtei St. Ottilien, A 1.8.1. (Andreas Amrhein).

The Religious Institute of the „Missionary Brothers" (1882)

Archiv der Erzabtei St. Ottilien, A 1.8.1. (Andreas Amrhein), Diverse Notizen.

Der Laienbruder als Heidenmissionär (1883)

Missionsblätter 1 (1888), Sp. 34-45, 76-90, 133-138.

Die Opportunität eines ausschließlich deutschen Missionshauses in Süddeutschland (1883)

Abschriften in: Geheimes Staatsarchiv Preußischer Kulturbesitz Berlin, Rep. 76 IV, Sekt. 1a, Abt. I, Nr. 271, B. 1, S. 185-186; Geheimes Staatsarchiv München, MA 95355 Abschrift ad Nr. 4276 Nr. 186.

Hausordnung (1884)

Dem Kultusministerium vorgelegte Fassung in Abschrift im Archiv des Ordinariats Augsburg, ABA GV-Klosterakten (MKl.) St. Ottilien, Missionshaus Reichenbach (= St. Ottilien) 1884-1887, Nr. 4, Druckfassungen (ohne Jahr und Ort) u.a. im Archiv St. Ottilien.

Statuten (1884)

Dem Kultusministerium 1884 vorgelegte Fassung in Abschrift im Archiv des Ordinariats Augsburg, ABA GV-Klosterakten (MKl.) St. Ottilien, Missionshaus Reichenbach (= St. Ottilien) 1884-1887, Nr. 5, eine erneuerte Fassung von 1887 ebenfalls im Archiv des Ordinariats Augsburg, ABA GV-Klosterakten (MKl.), Missionshaus St. Benedicti in Emming-Reichenbach (St. Ottilien) unter Bischof Pankratius v. Dinkel 1887 - 1894, Nr. 10. Druckfassungen (ohne Jahr und Ort) u.a. im Archiv St. Ottilien.

Eingabe an die Propagandakongregation (1884)

Entwurf in Notizheft 1, Archiv der Erzabtei St. Ottilien, A 1.8.1. (Andreas Amrhein), Eingabe an die Propandakongregation in deren Archiv, Fondo S.O.C.G., vol. 1019 (1884), f. 748-750, von Amrhein verbreitete Druckversion (ohne Orts- und Jahresangabe des Druckes) u.a. im Archiv des Ordinariats Augsburg, ABA GV-Klosterakten (MKl.) St. Ottilien, Missionshaus Reichenbach (= St. Ottilien) 1884-1887, Nr. 1.

Prospectus (1885)

Das Missionsinstitut und die Missionsgesellschaft von Reichenbach. Als Manuscript gedruckt, St. Josefs-Missionsdruckerei in Reichenbach o.J. (1885). Nach dem Umzug 1887 nach Emming-St. Ottilien wurde auf dem Titelblatt und im Innenteil der Hinweis „von Reichenbach“ jeweils überklebt mit „vom hl. Benedikt“. Bei den Neuauflagen wurde als Druckort jeweils angegeben:

„Druckerei der St. Benediktus-Missions-Genossenschaft in St. Ottilien". Eine Sammlung der verschiedenen Versionen findet sich im Archiv der Erzabtei St. Ottilien, A 3.2.2. (Prospekte).

Konstitutionen der St. Benediktus-Missionsgenossenschaft (1886)

Drei handschriftliche deutsche Fassungen (K^1, K^2 und K^3) im Archiv der Erzabtei St. Ottilien, K 1.1. (Konstitutionen 1880-1913), wo auch zwei lateinische Fassungen in der Mappe „Konstitutionen und Statuten aus der Zeit des Gründers" aufbewahrt werden. Eine deutsche Fassung (K^4) befindet sich im Archiv des Ordinariats Augsburg, ABA GV-Klosterakten (MKl.) St. Ottilien, Missionshaus Reichenbach (= St. Ottilien) 1884-1887, Nr. 13, die von Bischof Pankratius v. Dinkl 1887 approbiert wurde. Eine weitere Abschrift (K^5) im Archiv der Abtei Münsterschwarzach, VII D II 1,a.

Möglichkeiten einer Lösung der afrikanischen Sklavenfrage (1889)

Die praktischen Möglichkeiten einer Lösung der afrikanischen Sklavenfrage. Gedanken für Antisklaverei-Congresse, in: Missionsblätter 2 (1889), Sp. 23-32; als Sonderdruck unter demselben Titel mit den Angaben: Vom P. Superior der (deutschen) St. Benediktus-Missionsgenossenschaft. Druck und Verlag der St. Benediktus-Missionsgenossenschaft, St. Ottilien zu Eming 1889.

Fragmenta Constitutionum (1896)

Zwei Handschriftliche Fassungen und gedruckte Teilfassung in Archiv der Erzabtei St. Ottilien, K 1.1. (Konstitutionen 1880-1913), Mappe „Konstitutionen und Statuten aus der Zeit des Gründers".

Die VII Grundgedanken (1921)

Handschriftliche Fassung ebenso wie Druckfassung in Archiv der Erzabtei St. Ottilien, A 1.8.1. (Andreas Amrhein).

Verzeichnis der Schriften Amrheins

Bei gedruckten Manuskripten wird nach dem Titel ein Asteriskus angefügt. Bei unveröffentlichten Manuskripten wird das Archiv genannt, wo die Schrift aufbewahrt wird. Die Missionsblätter von 1888/89 wurden weitgehend von Amrhein selbst verfasst. Es werden im Folgenden daraus nur seine wichtigeren Artikel genannt. Die oft nicht datierbaren und immer wieder neu bearbeiteten Aufsätze der „Synoptischen Studien" sind am Schluss aufgeführt.

1866

*Die volkstümliche Schönheitslehre und ihr Einfluss auf die Erziehung**. Fundort: unbekannt. Nach Amrheins Angaben (S. 21) in Karlsruhe gedruckter Aufsatz.

1870

Qui spem non habent oder Sind denn die Heiden alle ewig verloren? Fundort: unbekannt. Nach Amrheins Angaben (S. 48f) in Tübingen verfasste Abhandlung zur Frage, ob auch außerhalb der Kirche Heil zu finden sei.

Die Sintflut. Fundort: Archiv der Erzabtei St. Ottilien, A 1.8.1. (Amrhein, Exegetisches I). Geplante theologische Dissertation, aufgegeben bei Noviziatsantritt auf Verlangen des Beuroner Abtes Maurus Wolter, später abgeschlossen im Februar 1918. Inhaltlich versucht Amrhein anhand naturwissenschaftlicher Erkenntnisse und mythischer Berichte der Völker nachzuweisen, dass die „Sintflut" weltweit gewesen sei. Amrhein erhielt dafür ein Placet des Stuttgarter Bischofs Hefele vom 7. Februar desselben Jahres, ohne jedoch einen Druck zu veranlassen, da die Schrift in die geplante Ausgabe der „Synoptischen Studien" aufgenommen werden sollte.

1880

Lebenslauf, Fundort: Archiv der Erzabtei Beuron, Personalakte P. Andreas Amrhein. Bekenntnishafte Lebensdarstellung bis zum Klostereintritt 1870.

Institutio Tertiae Regulae, Fundort: zwei Hefte in Archiv St. Ottilien, A 1.8.1. (Andreas Amrhein). Entwurf einer Regel für ein benediktinisches Oblateninstitut mit missionarischer Ausrichtung.

1882

The Religious Institute of the „Missionary Brothers", Fundort: Archiv der Erzabtei St. Ottilien, A 1.8.1. Vorschlag an das Mill-Hill-Institut, wie ein missionarisches Laienbrüderinstitut zu gründen sei.

1883

*Die hemina und libra der Benedictinerregel**. Fundort: Studien und Mitteilungen aus dem Benediktiner- und dem Zisterzienser-Orden 4 (1883), S. 249-267; 5 (1884), S. 37-60. Veröffentlicht unter dem Kürzel „D.A. in Maredsous". Nach der Vorrede nur ein Auszug einer umfangreicheren Arbeit über „Das capitolinische Maß- und Gewichtsystem". Darin arbeitet Amrhein das römische Gewichts- und Maßsystem auf, wonach ein libra 327,4 gr und eine hemina 0,2729 l betragen hätten.

Die Opportunität eines ausschließlich deutschen Missionshauses in Süddeutschland, Fundort: Geheimes Staatsarchiv Preußischer Kulturbesitz Berlin, Rep. 76 IV, Sekt. 1a, Abt. I, Nr. 271, B. 1, S. 185-185. In der Stellungnahme für die bayerischen Behörden legt Amrhein dar, dass ein deutsches Missionshaus durchaus auch im nationalen und kolonialpolitischen Interesse liege.

Die Religion der Dajaken nach ihren religiösen Gesängen des Tiwak, verschollen. Nach Amrheins Angaben (S. 200-203) im August 1883 ausgearbeiteter ethnologischer Aufsatz, den er verlieh und nicht mehr zurückerhielt.

1884

Hausordnung,* Fundort: Druckfassungen ohne Jahr und Ort im Archiv St. Ottilien. Staatlicherseits erforderliche Zusammenstellung der Hausregeln in Reichenbach bzw. St. Ottilien.

Statuten für ein Deutsches Seminar für ausländische Mission in Reichenbach,* Fundort: Druckfassungen ohne Jahr und Ort im Archiv St. Ottilien. Satzungen der St. Benediktus-Missionsgenossenschaft, die deren staatliche Anerkennung ermöglichten.

1885

Das Missionsinstitut und die Missionsgesellschaft von Reichenbach. Prospectus,* Fundort: Missionsdruckerei Reichenbach 1885, seit 1887 Missionsdruckerei St. Ottilien. Werbeschrift für das Missionshaus Reichenbach bzw. seit 1887 St. Ottilien.

1885-96

Predigten und Konferenzen. Fundort: Archiv St. Ottilien, A 1.8.2. (Amrhein). Teilweise sind die Predigten und Konferenzen auch in den Annalen (Annalen I, A 3.4.) in Mitschriften enthalten.

1886

Konstitutionen der Missionäre für ausländische Missionen O.S.B., Fundort: Abschriften in den Archiven St. Ottilien, Münsterschwarzach und des Ordinariats Augsburg. Erste Konstitutionen der Missionsbenediktiner, die am 17. November 1887 vom Augsburger Bischof Pankratius v. Dinkel approbiert wurden.

1888

Papst Leo XIII. und das Apostolat unter den Heiden, Fundort: Missionsblätter 1 (1889), Sp. 1-18. Programmatischer Auftakt der „Missionsblätter", in dem gezeigt wird, dass Mission ein besonderes Anliegen des Heiligen Vaters sei.

Unsere Mission, Missionsblätter 1 (1888), Sp. 25-33, 49-60, 115-122. Amrhein legt als Auftakt der Sparte „Unsere Mission" dar, dass innerhalb des Kolonialbetriebs Zivilisationsarbeit am besten von Missionären geleistet werden könne.

Der Laienbruder als Heidenmissionär, Fundort: Missionsblätter 1 (1888), Sp. 34-45, 76-90, 133-138. Nachweis, dass die vielen praktischen Aufgaben der Mission ebenso und besser von Laien als von Priestern erledigt werden können.

Anfänge und Kämpfe eines Missionsberufes, Fundort: Missionsblätter 1 (1888), Sp. 67-78, 106-117, 157-168, 214-225. Erinnerungen Amrheins 1866-70.

Das Christentum in Japan, Fundort: Missionsblätter 1 (1888), Sp. 223-234, 253-273. Geschichtlicher Überblick über Anfänge des japanischen Christentums.

Gemischte Ehen, Fundort: Missionsblätter 1 (1888), Sp. 361-375, 568-588. Erzählung eines Selbstmordfalls, der zur ehelichen Treue ermutigen soll.

Das große Sühn- und Brandopfer zu Pugu, Fundort: Missionsblätter 1 (1888), Sp. 553-570. Bericht über die Zerstörung der ersten ostafrikanischen Missionsstation.

1889

In Gefangenschaft bei den Arabern, Fundort: Missionsblätter 2 (1889), Sp. 3-14. Von Amrhein bearbeitete Erlebnisberichte der beim Araber-Aufstand gefangengenommenen Missionare.

Die praktischen Möglichkeiten einer Lösung der afrikanischen Sklavenfrage. Gedanken für Antisklaverei-Kongresse, Fundort: Missionsblätter 2 (1889), Sp. 23-32; auch als Sonderdruck mit Angaben: vom P. Superior der (deutschen) St. Benediktus-Missionsgenossenschaft, St. Ottilien zu Eming 1889. Amrhein schlägt vor, die afrikanische Sklaverei durch verstärkte Kolonialisierung und (benediktinische) Missionierung zu beseitigen.

1895

*Compte rendu de l'état des Missions O.S.B. dans la Préfecture Apostolique du Zanzibar méridional (Avril 1894 - Mai 1895) à Son Eminence Rme Mgr. Ledóchowksky par le Supérieur Général de la Congregation allemande O.S.B. pour les Missions étrangères**, Fundort: ohne Orts- und Jahresangabe. Jahresbericht über Situation in St. Ottilien und in der ostafrikanischen Mission für die Propagandakongregation.

1896

*Fragmenta Constitutionum**, Fundort: Manuskript im Archiv St. Ottilien, K 1.1. (Konstitutionen). Bis einschließlich Kapitel 7 auch in Rom gedruckt.

1898

Chronologische Concordanz der vier Evangelien, Florenz, Oktober 1898, siehe auch: Synoptische Studien.

Tabelle der feriae jedes 1. Tages der Monate vom 1. Januar 70 v.Chr. bis 70 n.Chr., vollendet 21. Oktober 1898 in Rom, erprobt zu Zürich am 29. April 1906, siehe auch: Synoptische Studien.

1911

Die astronomisch korrekte Interkalation durch den 33jährigen Cyclus, gemeinverständlich berechnet und dargelegt von J.G. Amrhein, Seminardirektor a.D., siehe auch: Synoptische Studien.

1912

Anfänge und Kämpfe eines Missionsberufes 1870 - 1884, 1885 - 1887, Fundort: Archiv Schweiklberg, Abschrift in Archiv Münsterschwarzach. Es handelt sich ursprünglich um Briefe, die an der Beuroner Erzabt Ildefons Schober im Jahr 1912 gerichtet wurden. Allerdings sind in Beuron derartige Briefe nicht aufbewahrt, die wohl nach der Überlassung an Amrhein nicht mehr zurückkamen.

Die Frühlings-Aequinoctien (nach julianischer Berechnung), berechnet von J.G. Amrhein, gewesenem Seminardirector, siehe auch: Synoptische Studien.

1915

Parallel-Tabellen der wahren und falschen Wochentage in denjenigen Jahren zwischen 5 v.Chr. und 30 n.Chr., in welchen der julianische Kalender wegen seiner Intercalationsfehler abweicht von der astronomisch richtigen Sonnenzeit, Juli 1915, siehe auch: Synoptische Studien.

Genetische Tabelle der mosaischen Festjahr-Anfänge, von P. Amrhein, frei resignierter Missionsseminar-Direktor, 1915/17, siehe auch: Synoptische Studien.

1917

Quellenmaterial (aus den Schriften des Alten Testaments und aus Josephus) zu einem Geschichts-Compendium der alttestamentlichen Schriften, druckfertiges Manuskript, von Joseph Amrhein, Stuttgart, 1. - 9. März 1917, siehe auch: Synoptische Studien.

Das Verfahren des Verfassers bei der Berechnung alt-israelitischer Daten, Stuttgart, August 1917, von P. Amrhein, freiwillig resignierter Missionsseminar-Direktor, siehe auch: Synoptische Studien.

Geschichte und Chronologie der alt-israelitischen Sabbat- und Jubeljahre. Aus dem handschriftlichen Nachlasse eines ehemaligen Benediktiner-Oberen, verfasst 1917, überarbeitet 1919, siehe auch: Synoptische Studien.

1919

Neue Forschungen – neue Resultate. Folgt: Vollständiges Verzeichnis aller auf Jesus Christus... bezüglichen Stellen in meinen 36 Studien-Notizbüchern, die das Material zu meinem „Calendarium hist.-chronol. Vitae D.N. Jesu Christi enthalten", abgeschlossen: 16. Juni 1919, siehe auch: Synoptische Studien.

Fasti Herodiani. Neueres gründliches Quellenstudium der Geschichte des Königs Herodes. Sichere Feststellung seines Todesjahres, maßgebend für die Geburtszeit U.H. Jesu Christi. Dokumentierte Lösung der sog. Quiriniusfrage und ein neues chronologisches Argument für das Anfangsjahr des öffentlichen Wirkens Christi im Anhang. Nach der Auswertung verschiedener antiker Quellen kommt Amrhein zum Schluss, dass Jesus Christus 4. v.Chr. geboren wurde. Siehe auch: Synoptische Studien.

Vollständige Tabelle und Fasti der Regierungsjahre der Könige von Juda und Israel, siehe auch: Synoptische Studien.

1921

Sieben Fundamentale Grundgedanken,* Fundort: ein Manuskript im Archiv St. Ottilien. Druckfassung: Stuttgart 1921. Gründungsprogramm der Missionsbenediktiner in sieben Punkten zusammengefasst. Nach Amrheins Darstellung handelt es sich um den Abdruck eines Manuskriptes von 1882/83, wobei aber kräftige Überarbeitungen unverkennbar sind.

Der jüdische Jahres- und Monatskalender der Zeit vom Jahre 20 v.Chr. bis 45 n.Chr., P. Amrhein, siehe auch: Synoptische Studien.

1926

Der betrachtete Rosenkranz. 150 kurze Betrachtungen über die 15 Geheimnisse der drei Rosenkränze, verteilt auf 150 Ave Maria, Einleitung: Entstehungsgeschichte des Rosenkranzes,* verfasst von einem Benediktiner-Pater der ausländischen Missionen, herausgegeben von Placidus Vogel O.S.B., Missions-Verlag Münsterschwarzach 1926. Kurzmeditationen zu Bibeltexten, die zwischen die Rosenkranzgebete jeweils eingeschoben werden sollen.

1927

Zum Anfange unserer Kongregation, Fundort: Manuskript und zwei von Amrhein überarbeitete Abschriften in Archiv St. Ottilien, A 1.8.1. (Amrhein). Gedacht als authentisches Zeugnis über die Gründungszeit der Kongregation. Der letzte (vierte) Brief an P. Engelbert Giersbach blieb unvollendet.

Synoptische Studien

Nach seiner Resignation als Generalsuperior befasste sich Amrhein über beinahe 30 Jahre hinweg mit der Ausarbeitung archäologischer, bibelwissenschaftlicher und exegetischer Studien, die einen Schwerpunkt auf Kalenderberechnung und Zeitvergleichung legten. Das von ihm dabei verfolgte Projekt war ambitioniert: die gesamte biblische Zeitberechnung sollte auf eine wissenschaftlich gesicherte Grundlage gestellt werden, wobei der sich daraus ergebende Höhepunkt eine vielseitig abgesicherte Berechnung der Lebenszeit und des Wirkens Jesu bildete. Seine Forschungen wollte Amrhein nach seinem Tode unter dem Titel „Synoptische Studien", „Chronologische Studien und Forschungen" oder auch „Neue Studien und Beiträge zu Geschichte, Chronologie und Exegese" veröffentlicht wissen, was dann aber nicht geschah: der wissenschaftliche Wert war wohl teilweise zweifelhaft und die nötigen Druckvorbereitungen beträchtlich. Die wachsende Zahl der Manuskripte und geänderte Konzeptionen ließen Amrhein immer wieder neue Inhaltsverzeichnisse seines geplanten Werkes erstellen (im Nachlass sind vier erhalten), in denen die Manuskripte jeweils in geänderter Reihenfolge und Nummerierung aufgeführt oder auch ausgeschieden und neu aufgenommen wurden. Der Einfachheit halber werden die erhaltenen Manuskripte (Archiv St. Ottilien, A 1.8.3., Amrhein, Exegetisches I und II) im Folgenden alphabetisch aufgeführt. Die Nummerierung der Manuskripte – soweit vorhanden – wird dabei am Schluss angegeben, wobei die erste Zahl jeweils die ältere Nummerierung darstellt (im Original mit rotem Stift) und die zweite Zahl (im Original in blau) auf eine spätere Redaktion zurückgeht. Die vielen Einzeltabellen werden nicht gesondert aufgeführt.

„Anno quintodecimo imperii Tiberii Caesaris“ (= Manuskript -/43)

Die *astronomisch und historisch festgestellten Regierungsjahre der Könige von Babylon und Persien* (= Manuskript Nr. 28/35-36)

Astronomisch-historisches Calendarium des Lebens Jesu Christi D.N., 1915 (Manuskript -/39)

Die *astronomisch korrekte Interkalation durch den 33jährigen Cyclus*, gemeinverständlich berechnet und dargelegt von J.G. Amrhein, Seminardirektor a.D., 1911 (= I. Manuskript Nr. 3-4, II. Manuskript 1-2/47)

Das *attische Jahr des Calippus*, der attische Monat, die gegenseitige Lage der römischen, griechischen (attischen) und agyptischen Jahre und ihrer Monate (= Manuskripte 11 a-c/24)

Über die *Bevölkerung der Erde in den Anfangszeiten der Menschheit* (= Manuskript -/16)

Caesaraea Augusta vel maritima (= Manuskript -/46)

Calendarium perfectum (= Manuskript 49/8)

Chronologische Concordanz der vier Evangelien, Florenz, Oktober 1898 (= Manuskript 50/-)

Die *chronologische Vita D.N. Jesu Christi secundum Evangelias* (= Manuskript -/-)

Die *drei Eroberungen Jerusalems durch Nebukadnezar* (= Manuskript -/48)

Fasti Machabaei. Die chronologisch festgestellte und chronologisch geordnete Geschichte der Machabäer, aus dem handschriftlichen Nachlasse eines Benedictiners, druckfertig (Manuskript -/12)

Forschungen über das Buch Esther (= Manuskript 80/37)

Die *Frühlings-Aequinoctien* (nach julianischer Berechnung), berechnet von J.G. Amrhein, gewesenem Seminardirector, 1912 (= Manuskript -/-)

Genetische Tabelle der mosaischen Festjahr-Anfänge, von P. Amrhein, frei resignierter Missionsseminar-Direktor, 1915/17 (= Manuskript 13c/33)

Geschichte und Chronologie der alt-israelitischen Sabbat- und Jubeljahre. Aus dem handschriftlichen Nachlasse eines ehemaligen Benediktiner-Oberen, verfasst 1917, überarbeitet 1919 (= Manuskript -/30)

Das *historisch-wahre Geburtsjahr Jesu Christi bezeugt von einem Argument im Evangelium Lucas* (= Manuskript -/-)

Der *jüdische Jahres- und Monatskalender der Zeit vom Jahre 20 v.Chr. bis 45 n.Chr.*, P. Amrhein, 1925 (= Manuskript -/-)

Konkordanz der griechischen Olympiaden-Jahre (= Manuskript 100/26)

Die *kritischen Maximen, die zur Berechnung alttestamentlicher Daten und zu ihrer Umrechnung in Daten der christlichen Zeitrechnung beobachtet werden müssen*, von P. Andreas Amrhein O.S.B. (= Manuskript -/-)

Die *„Magi ex oriente" und ihr Stern.* Historisch-exegetische Studie zur Epiphania Domini (= Manuskript -/-)

Neue Forschungen – neue Resultate. Folgt: Vollständiges Verzeichnis aller auf Jesus Christus... bezüglichen Stellen in meinen 36 Studien-Notizbüchern, die das Material zu meinem „Calendarium hist.-chronol. Vitae D.N. Jesu Christi enthalten", abgeschlossen: 16. Juni 1919 (= Manuskript -/44)

Neue Untersuchung der Zeitdauer der messianischen Tätigkeit U.H. Jesu Christi, von P.A.A., Benedictiner (= Manuskript -/-)

Parallel-Tabellen der wahren und falschen Wochentage in denjenigen Jahren zwischen 5 v.Chr. und 30 n.Chr., in welchen der julianische Kalender wegen seiner Intercalationsfehler abweicht von der astronomisch richtigen Sonnenzeit, Juli 1915 (= Manuskript 18/2)

Das *Patriarchenjahr* (= Manuskript 60/10)

Quellenmaterial (aus den Schriften des Alten Testaments und aus Josephus) zu einem Geschichts-Compendium der alttestamentlichen Schriften, druckfertiges Manuskript, von Joseph Amrhein, Stuttgart, 1. - 9. März 1917 (= Manuskript 14d/11)

Sabbatjahre (= Manuskript 41/-)

Die *Sintflut* (= Manuskript 59/22)

Die *Sonnenfinsternis während der Kreuzesstunden Jesu Christi* (= Manuskript -/6)

Sonnenfinsternisse vom Jahr 11 v.Chr. bis 70 n.Chr. (= Manuskript -/1)

Studien zum Almagest (= Manuskript -/-)

Tabelle der astronomisch berechneten Entfernungen der julianischen Jahre von der astronomisch mittleren Sonnenzeit (= Manuskript 6-7/3)

Tabelle der feriae jedes 1. Tages der Monate vom 1. Januar 70 v.Chr. bis 70 n.Chr., vollendet 21. Oktober 1898, Rom, erprobt zu Zürich am 29. April 1906 (= Manuskript -/-)

Tabelle des alt-hebräischen „Tages" im Zeitraum der Nissan-Anfänge (März und April), astronomisch berechnet von J. Amrhein (= Manuskripte Nr. 20-22/-)

Tabelle mit kurzen Erklärungen der aus der julianischen Fehlrechnung in die astronomisch richtige Zeit umgerechnete erste Thoth, berechnet von P. Amrhein O.S.B. (= Manuskript 97/4)

Das *Verfahren des Verfassers bei der Berechnung alt-israelitischer Daten,* Stuttgart, August 1917, von P. Amrhein, freiwillig resignierter Missionsseminar-Direktor (= Manuskript -/5)

Vita D.N. Jesu Christi im Jahr 26 (= Manuskript -/41)

Vollständige Tabelle und Fasti der Regierungsjahre der Könige von Juda und Israel, 1919 (= Manuskript 27/9)

Der *wahre Tempel zu Jerusalem zur Zeit Jesu Christi* (= Manuskript -/45)

Die *wahren Wochentage,* berechnet nach der astronomischen Sonnenzeit (= Manuskript -/-)

Wann fand der Auszug der Israeliten aus Ägypten statt? (= Manuskript -/-)

Aus *zehn astronomischen Daten des Almagest von Ptolomaios* berechnete astronomische Entscheidung der Frage: „Ist das Jahr 324 oder 323 das Todesjahr Alexanders d.Gr.?", von P. Amrhein O.S.B. (= Manuskript 28/28)

Literaturverzeichnis zu P. Andreas Amrhein

Bachem, M. Ingeborg, Mutter M. Brigitta Korff. Erste Generaloberin der Missions-Benediktinerinnen von Tutzing, München 1938, S. 28-57

Bopp, Leander, P. Andreas Amrhein O.S.B. Der Gründer der Benediktinerkongregation von St. Ottilien, St. Ottilien 1954 (unveröffentliches Manuskript im Archiv der Erzabtei St. Ottilien)

Bornemann, Fritz, Ein Briefwechsel zur Vorgeschichte von St. Ottilien, Steyl 1965 (= Studia Instituti Missiologici Societatis Verbi Divini 6)

Bornemann, Fritz, Arnold Janssen and the St. Ottilien Benedictines, in: Verbum 7 (1965), S. 193-208

Brandstetter, A., P. Andreas Amrhein von Gunzwil. Der Gründer von St. Ottilien. Sein Leben und Werk, Separatdruck zum Anzeiger für das Michaelsamt (Beromünster), 1973

Brechter, Suso, Artikel „Andreas Amrhein", in: NDB 1, Sp. 260f

Brechter, Suso, Beurons Beitrag zur Gründung von St. Ottilien, in: Virgil Fiala (Hg.), Beuron 1863 - 1963. Festschrift zum hundertjährigen Bestehen der Erzabtei Beuron, Beuron 1963, S. 231-267

Dammertz, Victor, Artikel „Andreas Amrhein", in: Dizionario degli Istituti di Perfezione, Bd. 1, Roma 1974ff, Sp. 537-538

Dammertz, Victor, Artikel „Andreas Amrhein", in: Lexikon für Theologie und Kirche, 3. Auflage, Freiburg - Basel - Rom - Wien 1993, Sp. 542

Doppelfeld, Basilius, Benediktinisch-missionarische Lebensordnung. Andreas Amrheins erste Konstitutionen für die Missionsbenediktiner von Reichenbach-St. Ottilien, in: Consuetudines Monasticae. FS Kassius Hallinger, Rom 1982, S. 375-383 (= Studia Anselmiana 85)

Gründer, Horst, Christliche Mission und deutscher Imperialismus 1884-1914, Paderborn 1982

Kilger, Laurenz, Der Missionsgedanke bei der Benediktinergründung von St. Ottilien und bei der Übernahme der Afrikamission, in: ZMR 24 (1934), S. 213-228

Madl, Hartmut, Pater Coelestin Maier (1871-1935), Winzer 1999 (= Theologia actualis 2), S. 31-35

Maier, Hans, Die Gründung des ersten deutschen Missionshauses in der Zeit des Kulturkampfes, in: SMGB 95 (1984), S. 11-18

Renner, Frumentius, Der fünfarmige Leuchter, B. 1, St. Ottilien 1971

Renner, Frumentius (Hg.), Im Dienst und Schutz des Höchsten. Br. Michael Hofer erzählt sein Leben, St. Ottilien 1978

Renner, Frumentius, Die Kongregation von St. Ottilien und ihre Filiationen, in: ders. (Hg.), Lumen Caecis. Hundert Jahre Missionsbenediktiner, St. Ottilien 1984, S. 19-45

Renner, Frumentius, St. Ottilien. Sein Werden und Wirken, 4. Auflage, St. Ottilien 1985, S. 15-21

Renner, Frumentius, Die Benediktinerkongregation von St. Ottilien, in: Germania Benedictina, Bd. 1, St. Ottilien 1999

Sauter, Paulus, Die St. Benediktus-Missions-Genossenschaft. Rückblick auf die ersten zehn Jahre, St. Ottilien 1894

Schaber, Johannes, Artikel „Andreas Amrhein", in: Biographisch-bibliographisches Lexikon 1 (1975), S. 620

Schäfer, Cyrill, Stella Maris. Größe und Grenzen des ersten Erzabtes von St. Ottilien P. Norbert Weber OSB (1870-1956), St. Ottilien 2005, S. 28-34

Sieber, Godfrey, The Benedictine Congregation of St. Ottilien, St. Ottilien 1992, S. 115-123

Suter, Heinrich, Pater Andreas Amrhein OSB (1844-1927), in: Maria Einsiedeln 10 (2000), S. 282-289

Walter, Bernita, Von Gottes Treue getragen. Die Missions-Benediktinerinnen von Tutzing, Bd. 1, St. Ottilien 1985

Wehrmeister, Cyrillus, Die Benediktiner-Missionäre von St. Ottilien, St. Ottilien, 1. Auflage 1916, 2. Auflage 1928, 3. Auflage 1939

Weissenberger, Paulus, Abt Placidus Vogel und die Anfänge der Benediktinerkongregation von St. Ottilien, in: Würzburger Diözesangeschichtsblätter 25 (1963), S. 253-308

WEISSENBERGER, Paulus, Unveröffentlichte Aktenstücke zur Frühgeschichte der Erzabtei St. Ottilien, in: Jahrbuch des Vereins für Augsburger Bistumsgeschichte 1 (1967), S. 87-102

WOLF, Notker, Missionarische Neubesinnung der Benediktiner im 19. Jahrhundert, in: Heinrich Fries u.a. (Hg.), Warum Mission? Theologische Motive in der Missionsgeschichte der Neuzeit, St. Ottilien 1984, S. 135-167 (= Kirche und Religionen – Begegnung und Dialog 3,1)

WOLF, Theodor, Pater Andreas Amrhein – Porträt einer Gründergestalt, in: Godfrey Sieber OSB u.a. (Hg.), Beständigkeit und Sendung. Festschrift St. Ottilien 2003, St. Ottilien 2003, S. 53-76

Register

Ottilianer Reihe

Schriften zur Geschichte und Sendung der Missionsbenediktiner

Die Reihe möchte Einblick geben in das Werden und Wirken der Missionsbenediktiner von St. Ottilien, die in aller Welt von klösterlichen Zentren aus missionarisch wirken.

Abt Godfrey Sieber OSB / P. Cyrill Schäfer OSB
Beständigkeit und Sendung
Festschrift St. Ottilien 2003

Im Jahre 1903 wurde die mächtige Klosterkirche von St. Ottilien eingeweiht. Bereits ein Jahr zuvor waren dem Kloster die Rechte einer Abtei verliehen worden. Die vorliegende Festschrift vermittelt einen Einblick in die wechselvollen Ereignisse der Gründerzeit, die den Bestand der neuen Benediktinerkongregation in Frage stellten. Entsprechend ihrem Titel umgreift sie den doppelten Aufgabenbereich der Erzabtei St. Ottilien - die Verwurzelung der Mönche in der oberbayerischen Heimat und den weltweiten Horizont ihrer missionarischen Aufgaben, Beständigkeit in der Klostergemeinschaft und Sendung im Dienst des Gotteswortes.

Ottilianer Reihe, Bd. 2
488 Seiten, mit Abbildungen
gebunden, 2003
ISBN 3-8306-8007-4, EUR 28,00

P. Cosmas Hoffmann OSB
Wege zum Heil
Die Stellung der Nichtchristen und der nichtchristlichen Religionen im Werk Thomas Ohms
P. Thomas Ohm (1892-1962), Mönch der Abtei Königsmünster, gehörte zu den profiliertesten Missionswissenschaftlern seiner Zeit.
Ottilianer Reihe, Bd. 1
ISBN 3-8306-7088-5, EUR 38,00

P. Cyrill Schäfer OSB
Stella Maris
Größe und Grenzen des ersten Erzabtes von St. Ottilien, P. Norbert Weber OSB
Norbert Weber (1856-1927), erster Erzabt von St. Ottilien, prägt bis heute das Gesicht der Kongregation der Missionsbenediktiner.
Ottilianer Reihe, Bd. 3
ISBN 3-8306-7223-3, EUR 28,00

Maria Hildebrandt
Lebendige Steine
Baugeschichte der Erzabtei St. Ottilien
Die Baugeschichte des Klosterdorfs St. Ottilien wird hier erstmals eingehend aufgearbeit.
Ottilianer Reihe, Bd. 4
in Vorbereitung

P. Cyrill Schäfer OSB (Hg.)
Der Gründer
P. Andreas Amrhein OSB • Schriften
Ottilianer Reihe, Bd. 5
ISBN 3-8306-7239-X, EUR 48,00

P. Cyrill Schäfer OSB (Hg.)
Der Gründer
P. Andreas Amrhein OSB • Briefe
Ottilianer Reihe, Bd. 6
in Vorbereitung